Lena Zschunke
Der Engel in der Moderne

Studien zur deutschen Literatur

Herausgegeben von
Georg Braungart, Eva Geulen,
Steffen Martus und Martina Wagner-Egelhaaf

Band 227

Lena Zschunke

Der Engel in der Moderne

Eine Figur zwischen Exilgegenwart
und Zukunftsvision

DE GRUYTER

ISBN 978-3-11-153754-2
e-ISBN (PDF) 978-3-11-055262-1
e-ISBN (EPUB) 978-3-11-072985-6
ISSN 0081-7236
DOI https://doi.org/10.1515/9783110552621

Dieses Werk ist lizenziert unter einer Creative Commons Namensnennung - Nicht-kommerziell - Weitergabe unter gleichen Bedingungen 4.0 International Lizenz.
http://creativecommons.org/licenses/by-sa/4.0/.

Library of Congress Control Number: 2021946460

Bibliografische Information der Deutschen Nationalbibliothek
Die Deutsche Nationalbibliothek verzeichnet diese Publikation in der Deutschen Nationalbibliografie; detaillierte bibliografische Daten sind im Internet über http://dnb.dnb.de abrufbar.

© 2024 Lena Zschunke, publiziert von Walter de Gruyter GmbH, Berlin/Boston
Dieser Band ist text- und seitenidentisch mit der 2022 erschienenen gebundenen Ausgabe.
Dieses Buch ist als Open-Access-Publikation verfügbar über www.degruyter.com.

Satz: Integra Software Services Pvt. Ltd.

www.degruyter.com

Vorwort

Bei der vorliegenden Publikation handelt es sich um die leicht überarbeitete Fassung meiner Dissertation, die 2019 an der Sprach- und literaturwissenschaftlichen Fakultät der Humboldt-Universität zu Berlin angenommen wurde.

An dem Gelingen dieser Arbeit waren viele Menschen beteiligt. Ich danke meiner Betreuerin Ethel Matala de Mazza für ihre wertvolle Unterstützung und die Hinweise zu den kniffligen strukturellen Fragen meiner Arbeit. Ebenso danken möchte ich meiner Betreuerin Barbara Thums für ihre akribische Lektüre und die vielen klugen Ratschläge, außerdem dafür, dass sie meiner Freude an der Literatur seit meinem ersten Semester in Tübingen so viel Nahrung gegeben hat. Mein Dank gilt weiter Andrea Polaschegg, die ihr immenses Wissen überaus freigiebig mit mir geteilt und mich in der Vermutung bestärkt hat, dass die Untersuchung von Engeln in der Moderne ein lohnenswertes Unterfangen ist. Burkhardt und Regine Lindner danke ich für die hilfreichen Hinweise zu Walter Benjamin.

Für fachlichen Rat, geduldige Lektüre und freundschaftliche Unterstützung im Arbeitsprozess ebenso wie bei kompensatorischen Aktivitäten möchte ich folgenden Menschen danken: Manuel Förderer, Katrin Frisch, Martin Hollmann, Nina Janz, Harun Maye, Julia Naji, Kaspar Renner, Daniel Späth, Bernhard Stricker, Erika Thomalla, Gabriela Wacker und Anna-Maria Wenzel-Elben, darüber hinaus allen Teilnehmerinnen und Teilnehmern des Forschungskolloquiums des PhD-Nets „Das Wissen der Literatur" sowie der Forschungskolloquien von Ethel Matala de Mazza und Barbara Thums.

Dem Evangelischen Studienwerk Villigst e.V. danke ich für das Promotionsstipendium, das mir die Abfassung dieser Arbeit und die Begegnung mit vielen wundervollen Menschen ermöglicht hat, dem DAAD für die Finanzierung zweier Auslandsaufenthalte in den USA. De Gruyter danke ich für die Aufnahme meines Buchs in die Reihe „Studien zur deutschen Literatur" und für die gute Zusammenarbeit.

Großer Dank gilt meiner Familie: Ale, Stefan und Luciano dafür, dass sie mich beherbergt haben, und allen anderen für die unvergesslichen Treffen am Schlachtensee. Meine Eltern und Geschwister Lisa und Manuel waren in all den Jahren für mich da – ich kann ihnen nicht genug danken für ihren Rückhalt und unsere Verbundenheit. Dennis Romberg hat mich mit seiner Liebe unterstützt und mein Engelprojekt geerdet, dafür bin ich ihm unendlich dankbar. Seit ich denken kann, begleitet meine Großmutter Ingrid Hausmann mein Leben mit Liebe, Weisheit und Humor. Ihr ist diese Arbeit gewidmet.

Inhaltsverzeichnis

Vorwort —— V

1	**Einleitung: Der Engel, eine unstimmige Figur** —— 1	
	Moderne Angelophanien —— 7	
	Vorgehen, Methode und Forschung —— 14	
2	**Angelologie. Kulturhistorische Kontroversen um die Engel** —— 21	
2.1	Die Ordnung der Engel als bürokratisches Chaos —— 22	
2.2	Reinheit und Hybridität in Genese und Wesen der Engel —— 32	
2.3	Zwischen Tugendideal und Gesellschaftsbedrohung: Das engelsgleiche Leben —— 43	
2.4	Angelische (Anti-)Ästhetik —— 50	
2.5	Der Engel als Reflexionsfigur moderner Debatten —— 61	
3	**Rainer Maria Rilke: Der Engel als Motor und (Re-)Medium moderner Paradiesferne** —— 72	
3.1	Gestörte Schöpfung: Die Engelslüge als Ursprung von Geschichte(n) —— 79	
3.1.1	Der Zukunft verpflichtet. Heimatlose Künstler als Träger zeitlicher Transzendenz —— 87	
3.1.2	Nichts für die „Ausgestreuten". Das Verhältnis von Engel, Kunst und Einsamkeit —— 90	
3.1.3	„Eden brennt". Gott und Mensch im Kriegsexil —— 96	
3.1.4	Angelozentrik als modernes Krisenphänomen: Engel in den *Duineser Elegien* (1912–1922) —— 106	
3.2	Angelische Formen des Überwindens —— 121	
3.2.1	Engel als „Scheinwerfer der Sensualität" —— 123	
3.2.2	Geschichtsphilosophische Verbindungen von Petrologie und Angelologie —— 132	
3.2.3	Ringen mit dem Engel —— 139	
4	**Walter Benjamin: Der Engel als Träger eines „realen Humanismus"** —— 149	
4.1	Der Engel zwischen Autobiographie und Theorie: „Agesilaus Santander" (1933) —— 154	
4.1.1	Geheimnis und Veröffentlichung als angelische Formen —— 160	
4.1.2	Unmittelbarkeit von Name und Engel —— 167	
4.1.3	Der Engel als Zerstörer und Bewahrer des Humanen —— 174	

4.1.4	Das Ethos des Wartens —— **182**
4.1.5	Armut des Exils und der Moderne —— **187**
4.2	Der Engel zwischen Apparatur und Apparition: „Über den Begriff der Geschichte" (1940) —— **197**
4.2.1	Die Medialität des Engelsblicks —— **201**
4.2.2	Geschichte als Katastrophenfilm —— **205**
4.2.3	Eingedenken im Exil —— **211**
4.2.4	Engel auf Abwegen —— **216**
4.2.5	Humanismus zwischen Symbol und Allegorie —— **222**

5	**Klaus Mann: Der Engel als Medium einer neuen Ordnung —— 230**
5.1	Exil. Zwischen verlorener Staatsangehörigkeit und transnationalem Zukunftsprojekt —— **237**
5.2	Im Exil und darüber hinaus: Engel in *Der Vulkan* (1939) —— **241**
5.2.1	Von Exilzuständen und der Flucht in künstliche Paradiese —— **245**
5.2.2	Angelisierung der Exilierten —— **253**
5.2.3	Verwandlung des Leids —— **259**
5.2.4	Auf „Dienst-Flug" mit dem Engel der Heimatlosen —— **263**
5.2.5	Chronik des Exils: Der „Roman der Heimatlosen" —— **271**
5.2.6	*Der Vulkan* als Offenbarungstext —— **277**

6	**Ilse Aichinger: Der Engel als theatrale Figur nach 1945 —— 285**
6.1	Engel als Ordnungsstörer —— **295**
6.2	Fest-Schau-Spiel statt Geschichtsphilosophie? Der Engel als Medium einer *Größeren Hoffnung* (1948) —— **310**
6.2.1	Angelische Dramenästhetik im „großen Spiel" —— **318**
6.2.2	Paradoxes Schauen als Bindeglied von Verfolgungsrealität und Angelophanie —— **326**
6.2.3	Engelsoffenbarungen: Umschlag von Mangel in Fülle —— **335**
6.2.4	Falsche und echte Könige —— **346**
6.2.5	Darstellung des Undarstellbaren unter angelischer Regie —— **353**

7	**Fazit: Moderne Angelophanien —— 368**

8	**Literaturverzeichnis —— 397**

Personenregister —— 427

1 Einleitung: Der Engel, eine unstimmige Figur

Die Figur des Engels setzt in der Moderne eine ungeheure Produktivität frei. Der Philosoph Giorgio Agamben mutmaßt sogar, es sei in dieser Epoche „über keinen anderen Gegenstand mehr und zugleich mit weniger Scharfsinn geschrieben worden als über die Engel"[1]. In der Tat gibt es ein buntes Potpourri an Engelsschriften, darunter Überblickswerke und bilderreiche Liebhaberausgaben, aber auch esoterische Blogs, Anthologien und philosophische Traktate.[2] Dieses reichhaltige Angebot trifft in Deutschland auf eine Engelbegeisterung, die mehrere Studien erfasst haben. Gegenläufig zu ihrem Befund, dass das Christentum „gleichsam von innen ausgehöhlt"[3] werde, ergibt eine Umfrage des Allensbach-Instituts einen Anstieg des Engelsglaubens von 22 Prozent im Jahr 1986 auf 30 Prozent im Jahr 2017.[4] Laut einer Forsa-Umfrage glaubten 2005 sogar 66 Prozent der Menschen in Deutschland an Schutzengel, aber nur 64 Prozent an Gott,[5] während eine andere Umfrage 2019 diesen Vorrang der Engel immerhin für den Osten Deutschlands bestätigt.[6] Was ist der Grund für den anhaltenden beziehungsweise wachsenden Engelsglauben, die Faszination und die „Jugendfrische" dieser Figur, die Hubert Herkommer ihr „über alle Säkularisierungsprozesse hinweg"[7] attestiert? Der Engel ist der modernen westlichen Alltagskultur nie fremd geworden. Tatsächlich hat er die größten Probleme nicht der weltlichen Gesellschaft, sondern der christlichen Religion bereitet.[8]

---

[1] Giorgio Agamben, Vorwort. In: Agamben, Die Beamten des Himmels, Frankfurt am Main; Leipzig 2007, S. 11–27, hier S. 11.
[2] Hier sind Webseiten wie https://www.engelmagazin.de zu nennen, aber auch die vielen Bücher des Benediktinerpaters Anselm Grün, darunter *Engel. 50 himmlische Begegnungen* (2018), *Der Stressengel und andere himmlische Boten. Die 33 Engel für alle Fälle* (2015) oder *50 Engel für die Seele* (2002), sowie die Publikationen des „Engelforschers" Uwe Wolff (*Das kleine Buch vom Schutzengel: Wie er dich durchs Leben leitet* (2017), *Engel an deiner Krippe: Boten der Liebe* (2016) oder *Alles über Engel* (2001)).
[3] Thomas Peterson, Heilige Nacht? Eine Dokumentation des Beitrags von Dr. Thomas Petersen in der Frankfurter Allgemeinen Zeitung Nr. 295, 20. Dezember 2017, Allensbach 2017, S. 3.
[4] Vgl. Allensbach-Institut, Studie „Glaube 1986 und 2017".
[5] Vgl. Forsa-Umfrage. In: GEO-Heft „Warum glaubt der Mensch?", 1, 2006.
[6] Vgl. Dietmar Pieper, „Der Himmel ist leer". In: Der Spiegel, 17, 2019, S. 40–48.
[7] Hubert Herkommer, Sphärenklang und Höllenlärm, Lächeln oder Fratzen. Zur sinnenhaften Wahrnehmung der Geistwesen. In: Engel, Teufel und Dämonen. Einblicke in die Geisterwelt des Mittelalters, hg. von Hubert Herkommer u. Rainer Christoph Schwinges, Basel 2006, S. 199–224, hier S. 214.
[8] Zwar sind „[o]ntologische Legitimität und Notwendigkeit vermittelnder Wesen [...] weit davon entfernt, eine rein christliche Eingebung zu sein", wie Andrei Pleșu bemerkt (Andrei Pleșu, Engel. Elemente für eine Theorie der Nähe. In: Engel, :Engel. Legenden der Gegenwart, hg. von

Denn während Kunst und esoterische Strömungen,[9] aber auch Produktgestaltung und Werbeindustrie[10] und davor der sogenannte Volksglaube dem Engel und seinem *Je ne sais quoi* viel abgewinnen können, ist er in theologischer Hinsicht seit langem auf dem Rückzug.[11]

Der erste Verweltlichungsschub, der die Engel nachhaltig getroffen hat, ging nicht von modernen Rationalisierungsprozessen aus – die Naturwissenschaften des 19. Jahrhunderts etwa haben sich für den Engel und seine Vermessung brennend interessiert.[12] Die treibende Kraft seiner Marginalisierung kam

---

Cathrin Pichler, Wien 1997, S. 33–50, hier S. 20). Dennoch wird sich diese Arbeit auf die Traditionslinie der jüdisch-christlichen Angelologien konzentrieren. Die Beschränkung erklärt sich nicht nur aus dem Fokus auf Engelsfiguren in Texten der deutschsprachigen Literatur der Moderne, sondern auch aus der Schwierigkeit, die ein universalisierter Engelsbegriffs im Hinblick auf andere Religionen und Kulturen bedeutet. Problematisch ist dabei nicht nur die Verallgemeinerung der jüdisch-christlichen Terminologie, sondern auch die damit verbundene Zementierung der abendländischen dualistischen Ethik durch die Übertragung des Schemas von „guten Engeln" und „bösen Dämonen" auf Mittlergestalten polytheistischer Religionen, deren Eigenheiten mit diesem binären Zugriff nicht zu erfassen sind. So kritisiert Gregor Ahn, dass eine eurozentrische Religionswissenschaft lange Zeit die transzendenten Bezugssysteme anderer Kulturen durch die Engel-Dämon-Opposition im christlichen Sinne als Variation der eigenen religiösen Erfahrung simplifizierend vereinnahmte (vgl. Gregor Ahn, Grenzgängerkonzepte in der Religionsgeschichte. Von Engeln, Dämonen, Götterboten und anderen Mittlerwesen. In: Engel und Dämonen. Theologische, anthropologische und religionsgeschichtliche Aspekte des Guten und Bösen, hg. von Gregor Ahn u. Manfried Dietrich, Münster 1997, S. 1–48, hier S. 22). Entsprechend soll es hier nicht um den Engel als Figur eines universalisierten christlichen Weltbilds gehen, die durch die Einverleibung von Mittlergestalten jeglicher Couleur zu einer ahistorischen Leerformel gerinnt, sondern um ein kulturspezifisches Deutungsbild von Engeln in der abendländischen Tradition.
9 Einen aktuellen Überblick liefert die Dissertation von Leonie von Oldenburg, Moderne Esoterik am Beispiel von Engel-Orakel-Karten. Verwendung und Verfremdung religiöser Vorstellungen und Sujets, Tübingen 2016.
10 Vgl. Hartwig Frankenberg, Engel in der Werbung. Eine kultursemiotische Analyse. In: Die Wiederkunft der Engel. Beiträge zur Kunst und Kultur der Moderne, hg. von Markwart Herzog, Stuttgart 2000, S. 129–148.
11 Vgl. Markwart Herzog, Einleitung: Rückzug und Wiederkunft der Engel. In: Die Wiederkunft der Engel. Beiträge zur Kunst und Kultur der Moderne, hg. von Markwart Herzog, Stuttgart 2000, S. 9–18, hier S. 14–15. Dabei macht ihre Konjunktur in der Moderne die Engel für die Theologie eher verdächtiger; so sei zu „prüfen, wieviel von solchen Engelerlebnissen sich lediglich poetischer Dramatisierung oder gar der Unterstützung des Aberglaubens verdanken" (Aaron Schart, Der Engelglaube in der biblischen Tradition. Mit Ausblicken in die Religionsgeschichte. In: Die Wiederkunft der Engel. Beiträge zur Kunst und Kultur der Moderne, hg. von Markwart Herzog, Stuttgart 2000, S. 35–69, hier S. 66).
12 Vgl. Sigrid Weigel, Die Vermessung der Engel. Bilder an Schnittpunkten von Kunst, Poesie und Naturwissenschaften in der Dialektik der Säkularisierung. In: Zeitschrift für Kunstge-

vielmehr aus dem Christentum selbst, nämlich aus der Reformation. So prangert Luther den „große[n] Mißbrauch" des „Papstthum[s]" an, „daß man aus den Engeln hat Abgötter gemacht"[13]. Nun seien die Leute dringend aufzuklären, damit „solcher schändlicher Mißbrauch, die Engel und Heiligen anzubeten, nicht wiederum hervor komme; sondern allein angerufen und angebetet werde der einige, ewige, lebendige Gott, welcher Sünde vergiebt, und vom Tode hilft"[14]. Der Begriff des Abgotts (althochdeutsch *abgot*) als Bezeichnung für einen falschen ‚heidnischen' Gott entstand mit der Durchsetzung des Monotheismus, als die Germanen zum Christentum bekehrt wurden.[15] In dieser Unterscheidung zwischen dem einen wahren Gott und den vielen falschen Götzen liegt nach Albrecht Koschorke bereits die Saat der Säkularisierung.[16] Denn mit der Unterdrückung anderer kultischer Praktiken, die der Vermittlung des ‚wahren' Glaubens vorausging, sei die christliche Missionstätigkeit ihrerseits zur Hälfte ein „Säkularisierungsprogramm"[17] gewesen. Dass dieser endogene Hang zur (Selbst-)Entzauberung insbesondere den Engel getroffen hat, hängt mit seiner Rolle als „Residuum alter polytheistischer und animistischer Religion"[18] zu-

---

schichte, 70, 2007, S. 237–262; vgl. auch Sigrid Weigel, Die Grammatologie der Bilder, Berlin 2015, S. 352–401.
13 Martin Luther, Drei Predigten von guten und bösen Engeln, am Fest St. Michaelis zu Wittenberg gethan, Anno 1533. In: Dr. Martin Luther's vermischte Predigten, Bd. 2, hg. von Johann Georg Plochmann, Erlangen 1828, S. 190–221, hier S. 192. Vgl. dazu auch Johann Ev. Hafner, Angelologie, Paderborn u. a. 2010, S. 105–109. Generell ist die Vorstellung im Protestantismus weit verbreitet, dass „Engel für das unmittelbare Gottesverhältnis des Glaubenden belanglos sind oder dieses gar stören" (Schart, Der Engelglaube in der biblischen Tradition, S. 65).
14 Luther, Drei Predigten von guten und bösen Engeln, S. 192. Zwar hebt Luther das positive Wirken der guten Engel als „Hüter und Wächter" der Menschen hervor, für das aber sei ausschließlich Gott „fleißig" zu danken: „Also beten wir die Engel nicht an, setzen auch unser Vertrauen nicht auf sie, wie man bisher gethan hat; wie wir denn auch in der Schrift finden, daß sie sich nirgends haben wollen anbeten lassen; sondern wir danken und loben Gott, daß er sie uns zu gut geschaffen hat" (Martin Luther, Predigt über das Evangelium am Feste Michaelis. In: Dr. Martin Luther's vermischte Predigten, Bd. 2, hg. von Johann Georg Plochmann, Erlangen 1828, S. 177–190, hier S. 184).
15 Vgl. Abgott. In: Etymologisches Wörterbuch des Deutschen (1993). Digitalisierte und von Wolfgang Pfeifer überarbeitete Version im Digitalen Wörterbuch der deutschen Sprache [https://www.dwds.de/wb/Abgott].
16 Vgl. Albrecht Koschorke, ‚Säkularisierung' und ‚Wiederkehr der Religion'. Zu zwei Narrativen der europäischen Moderne. In: Moderne und Religion. Kontroversen um Modernität und Säkularisierung, hg. von Ulrich Willems, Detlef Pollack u. Helene Basu, Bielefeld 2013, S. 237–260, hier S. 250. Zur Säkularisierung generell vgl. Kapitel 2.5 dieser Studie.
17 Koschorke, ‚Säkularisierung' und ‚Wiederkehr der Religion', S. 250.
18 Wilhelm Bousset, Die Religion des Judentums im neutestamentlichen Zeitalter, Berlin 1903, S. 313.

sammen. So besetzen Engel in der Bibel nicht nur den Schwellenraum zwischen irdisch-materieller und himmlisch-spiritueller Sphäre, sie stellen auch ein Tor für die Glaubensinhalte anderer Kulturen dar. In Gestalt des Engels, der als generische Kategorie in nachbiblischer Zeit auf heterogene Phänomene wie Cherubim oder Throne ausgeweitet wurde, fanden sowohl ältere Sagenmotive als auch zeitgleich kursierende pagane Göttervorstellungen Eingang in die Bibel. Sie begründeten dort eine genealogische Hybridität,[19] die der mit der *angelica natura* assoziierten Reinheit diametral entgegensteht. Über die Eingliederung von Fremdgöttern in den christlichen Kosmos wurde der Monotheismus zwar gefestigt, gleichzeitig trugen ihm die neuen Gottheiten, nun als ‚Engel' gewandet, aber auch eine anhaltende polytheistische Spannung ein.[20]

Die Engelsfigur fällt jedoch nicht nur christentumsimmanenten Selbstreinigungsprozessen zum Opfer, in ihrer Wirkungsweise funktioniert sie umgekehrt auch selbst als Motor der Verweltlichung. Dies hängt mit der medialen Herausforderung zusammen, die es bedeutet, einen unsichtbaren Gott zu kommunizieren. Der Engel im engeren Sinne, nämlich als Bote (מַלְאָךְ beziehungsweise ἄγγελος), ist in der Bibel zunächst rein funktional gefasst. Er vermittelt zwischen Himmel und Erde, indem er audiovisuell die göttliche Offenbarung kommuniziert. Diese wird durch das Auf-die-Erde-Bringen in einen weltlichen Raum übersetzt und damit profanisiert. Insofern sind Engel einerseits Repräsentanten der göttlichen Ordnung, andererseits aber aus religiöser Perspektive auch gefährlich weltzugewandte Wesen.

Ein Blick in die Bibel zeigt und verdeckt zugleich diese Spannungen, die den Engel als Figur zwischen Ordnung und Anarchie, Statik und Dynamik, Mangel und Fülle charakterisieren. Denn die Stellen, in denen Engel beziehungsweise später mit ihnen identifizierte absonderliche Wesen vorkommen, sind vielzählig und dabei rätselhaft unbestimmt. Engel tauchen vom ersten bis zum letzten Buch der Bibel immer wieder auf, mal beiläufig und unerkannt als „Männer" (vgl. 1 Mos 19,4–14),[21] mal effektvoll, wie als Auferstehungszeuge am Grab Jesu, als die Wachen angesichts der imposanten Erscheinung und des Erd-

---

19 Vgl. Oliver Dürr, Der Engel Mächte. Systematisch-theologische Untersuchung: Angelologie, Stuttgart 2009, S. 22. Zu der Vorstellung eines bevölkerten Zwischenbereichs in der platonischen Philosophie vgl. Ioana Cosma, Angels In-Between. The Poetics of Excess and the Crisis of Representation, Toronto 2009, S. 6–7.
20 Zu der angelischen Bedrohung des christlichen Monotheismus vgl. Dürr, Der Engel Mächte, S. 43–48.
21 Soweit nicht anders angegeben, werden sämtliche Bibelstellen im Text direkt nach der 2017 revidierten Lutherbibel zitiert (vgl. Die Bibel nach Martin Luthers Übersetzung. Lutherbibel revidiert 2017, Stuttgart 2016).

bebens, das den Engel begleitet, in Ohnmacht fallen (vgl. Mt 28,2–4). Engel treten auf, um zu retten und zu unterstützen. Sie wenden Gefahren ab, erteilen eine den betreffenden Menschen auszeichnende Aufgabe oder unterstützen als Deuteengel (*angelus interpres*) Propheten bei der Auslegung ihrer Visionen (beispielsweise in Sach 4,6). Ihnen eignet aber auch eine zerstörerische Macht, etwa wenn der Engel des Herrn 185.000 Gefolgsleute des Königs von Assur tötet, der Jerusalem belagert (vgl. Jes 37,36), oder wenn die sieben Engel der Apokalypse die „Schalen des Zornes Gottes" auf die Erde gießen und damit mannigfaltige Naturkatastrophen in Gang setzen (vgl. Offb 16,1).

Von den exekutiv tätigen Botenengeln sind Seraphim und Cherubim zu unterscheiden, die sich aus vielfältigen Anleihen anderer Glaubensrichtungen zusammensetzen. Die Seraphim haben nach Jesaja jeweils sechs Flügel, stehen beziehungsweise fliegen über Gott auf seinem Thron und rufen „Heilig, heilig, heilig" (Jes 6,3). Im Gegensatz dazu ist der Cherub als am Paradies postierter Grenzwächter (vgl. 1 Mos 3,24) eine statische Figur. Als Thron Gottes (vgl. Jes 37,16 oder 1 Sam 4,4) sind die Cherubim teils ebenfalls statisch, teils jedoch auch maximal bewegliche Vehikel. Als solche übersteigen sie in Ezechiels Vision jede Vorstellungskraft. Dort werden sie als Wesen beschrieben, die sich mit Rädern, deren „Felgen […] voller Augen" sind, wie der „Blitz" (Ez 1,14–26) in alle Richtungen bewegen. Diese Beschreibung des Gotteswagens, als der die Cherubim hier fungieren, hat rege Spekulationen in Gang gesetzt, die bis in die Gegenwart andauern („Thronwagen oder Quadrocopter?"[22]). So schloss sich nach genauen Rekonstruktionen 1974 der NASA-Wissenschaftler Josef F. Blumrich der Behauptung Erich von Dänikens an, es handle sich bei der Thronwagen-Vision um die Beschreibung eines außerirdischen Raumschiffs.[23] Auch Akte X greift unter dem Episodentitel „Fallen Angel" (1993) den Absturz eines UFOs auf und sogar die Bild-Zeitung hat sich 2016 des Themas angenommen.[24]

Die Ezechiel-Vision ist eines der skurrilsten Beispiele für die vielen rätselhaften und/oder elliptischen Ausführungen, die die Bibel enthält.[25] Dass sie im Hinblick auf die Engel besonders viele Fragen aufwirft, deren Antworten sie

---

22 Max Melzer, Moment mal: Thronwagen oder Quadrocopter? In: theologiestudierende.de [https://www.theologiestudierende.de/2014/07/07/moment-mal-thronwagen-oder-quadrocopter/].
23 Vgl. Josef F. Blumrich, Da tat sich der Himmel auf. Die Begegnung des Propheten Ezechiel mit außerirdischer Intelligenz, Berlin 1994.
24 Vgl. Ingrid Raagaard, Ezechiel im Alten Testament. Sah ein biblischer Prophet ein Ufo? In: Bild, 11.03.2016.
25 Zu dieser Besonderheit der Bibel vgl. Andrea Polaschegg, Literarisches Bibelwissen als Herausforderung für die Intertextualitätstheorie. Zum Beispiel: Maria Magdalena. In: Scientia Poetica, 11, 2007, S. 209–240, hier S. 214.

dann schuldig bleibt, hängt zum einen mit den Hybriditäten und Widersprüchlichkeiten dieser Figur zusammen – die Cherubim sind bei Ezechiel monströse Tiergestalten –, liegt zum anderen aber auch in der Funktionslogik des Boten begründet. Denn als übernatürliche Phänomene sollen Engel auf den übernatürlichen Gott verweisen und dessen Willen umsetzen, dabei als untergeordnete Instanzen aber keinerlei Aufmerksamkeit für sich selbst beanspruchen. Folglich erregt der Engel in seiner sinnlichen Präsenz eine ästhetische Aufmerksamkeit, die in Ermangelung eines sichtbaren Gottes auf den Engel beschränkt und zugleich chronisch unbefriedigt bleibt. Da es um den Engel selbst – beziehungsweise allgemein das Sichtbare – ja gerade nicht gehen soll, wird er nur nebenbei zum Gegenstand von Aussagen. Diese Leerstellen der Bibel regten eine extensive Rezeption des Engels an und wurden über Jahrhunderte hinweg immer wieder narrativ und ikonographisch gefüllt. Als biblisches Sekundärphänomen zirkulieren die Engel vor allem faszinationsgeschichtlich als nichtformalisiertes, proliferierendes Bibelwissen.[26] So gibt es keinen fixen Begründungstext des christlich-jüdischen Engels, nur ein mediales Werden dieser Figur, die mindestens ebenso sehr Bild wie Text ist. Der Engel ist damit nicht nur Medium vielfacher Übersetzungs- und Übertragungsprozesse, sondern zugleich auch ihr Produkt.

Obwohl Engel mit zentralen Episoden des Neuen Testaments wie der Verkündigung der Geburt Jesu und dessen Auferstehung verbunden sind, ist die Kernbotschaft des Christentums nicht auf sie angewiesen. Friedrich Schleiermacher weist im 19. Jahrhundert darauf hin, dass die Engel „außerhalb des eigentlichen Kreises der evangelischen Überlieferungen" stehen und stattdessen in „mehr oder weniger dichterisch gehaltenen Erzählungen"[27] behandelt werden. Hier klingt jene Faszination der Engel an, die nicht nur rezeptionsästhetisch ungeheuer wirkungsvoll wurde, sondern sich bereits in die Form ihrer biblischen Darstellung eingeschrieben hat – als eine Figur, die auf die Mitteilung um ihrer selbst willen verweist, als, so ließe sich mit Roman Jakobson formulieren, Träger der poetischen Funktion im Neuen Testament.[28] Für Schleiermacher

---

26 Zu einem weiten Begriff des Bibelwissens vgl. Polaschegg, Literarisches Bibelwissen als Herausforderung für die Intertextualitätstheorie, S. 214.
27 Friedrich Schleiermacher, Der christliche Glaube, Teilband 1 (1830/31), Berlin 2003, § 42, S. 243. In dieselbe Kerbe schlägt Hegel, für den Engel – anders als Mars oder Apollo – etwas „bloß Erdichtetes" sind (Georg Wilhelm Friedrich Hegel, Vorlesungen über die Aesthetik, Bd. 3, hg. von Heinrich Gustav Hotho, Berlin 1838, S. 374).
28 Vgl. insbesondere folgende Stelle: „Die Einstellung auf die BOTSCHAFT als solche, die Ausrichtung auf die Botschaft um ihrer selbst willen, stellt die POETISCHE Funktion der Sprache dar" (Roman Jakobson, Linguistik und Poetik. In: Jakobson, Ausgewählte Aufsätze 1921–1971, hg. von Elmar Holenstein u. Tarcisius Schelbert, Frankfurt am Main 1979, S. 83–120, hier S. 92).

ist die Beobachtung, dass Engel in der Bibel konsequent Medien und nicht Gegenstand dogmatischer Reflexionen sind, nicht nur ein Argument für ihre Irrelevanz, sondern auch für ihre ontologische Fragwürdigkeit. Engel seien wie die „Feen und Geistererscheinungen", von denen man gelegentlich rede, „ohne daß diese Vorstellungen mit denen, die unsere eigentlichen Ueberzeugungen bilden, in irgend eine bestimmte Beziehung gesezt wären"[29]. Entsprechend möchte er die über Jahrhunderte schwelende angelologische Debatte um Wesen und Wirken der Engel erkennbar beenden: „Das einzige, was als Lehre über die Engel aufgestellt werden kann, ist dieses, daß ob Engel sind, auf unsere Handlungsweise keinen Einfluß haben darf, und daß Offenbarungen ihres Daseins jetzt nicht mehr zu erwarten sind."[30]

Die Randständigkeit und Unbestimmtheit der Engel sowie ihr (meta-)poetischer Charakter, die es so leicht machten, sie im christlichen Glauben zu marginalisieren, haben zusammen mit den biblischen Leerstellen zugleich ihre hohe Adaptivität und damit letztlich auch ihre anhaltende Präsenz in der modernen Alltagskultur begründet. Denn je mehr der Monotheismus an Verbindlichkeit verliert, desto unproblematischer werden Engel. So kann ihre hartnäckige Persistenz in der Moderne als „unvermeidliche Hintergrundstrahlung der monotheistischen Implosion verstanden werden"[31], wie der katholische Theologe und Religionswissenschaftler Johann Evangelist Hafner 2010 schreibt. Welche Charakteristika des Engels aber sorgen dafür, dass diese angelische Hintergrundstrahlung so vordergründig wird?

Moderne Angelophanien

Der hier skizzierte Überblick verdeutlicht, dass es angesichts der Hybridität in Genese, zugeschriebener Wirkungsweise und faktischer geschichtlicher Wirkungsform so etwas wie ein „stimmiges Bild"[32] der Engel schwerlich geben kann. Wenn im Folgenden trotzdem von ‚dem Engel' gesprochen wird, geschieht das aus ökonomischen Gründen; gemeint ist jenes schillernde Mittler-

---

29 Schleiermacher, Der christliche Glaube, § 42, S. 245.
30 Schleiermacher, Der christliche Glaube, § 43, S. 246.
31 Hafner, Angelologie, S. 11.
32 So schreibt Agamben über die Engel: „Ihr ebenso strahlendes wie ausgezehrtes, nachdenkliches und effizientes Bild ist nicht nur in die Malerei und Bildhauerei, in die Gebete und alltäglichen Kulte des Abendlandes, sondern auch in die Tagträume, in die Subkultur und den Kitsch so tief eingedrungen, daß es ausgeschlossen scheint, sich ein annähernd stimmiges Bild des Themas zu machen" (Agamben, Vorwort, S. 11).

wesen, das aus verschiedensten Versatzstücken besteht, keine klare Vorlage hat und unaufhörlich weiteren Anverwandlungen ausgesetzt ist. An den fehlenden einheitlichen Ursprung und die daraus resultierende dynamische Rezeption schließt sich die Beobachtung an, die zu dieser Studie Anlass gegeben hat: Der Engel in der Moderne ist kein statisches Überbleibsel einer verlorenen Glaubensgewissheit, sondern steht in einer produktiven Beziehung zu wesentlichen Fragen der Zeit. Der spezifisch modernen Signatur der angelischen Unstimmigkeiten nachzugehen, ist das Anliegen dieser Untersuchung. Denn gerade ihre Unstimmigkeiten und Unbestimmtheiten machen die Engel, so die These, als Reflexionsfiguren für politische, anthropologische, geschichtsphilosophische und medienästhetische Fragen im 20. Jahrhundert besonders attraktiv. Mit dem Begriff der Unstimmigkeit sind hier zunächst deskriptiv die historisch aufeinander folgenden, aber auch synchron koexistierenden Engelsvorstellungen gemeint, die in einem Spannungsverhältnis zueinander stehen. Darüber hinaus enthält der Engel aber bereits in seiner Funktion als Bote unauflösbare Widersprüche wie den, dass er als reines Geistwesen gedacht und zugleich als Figur einer intensiven Körperlichkeit dargestellt wird.[33] Neben den großen kulturhistorischen Erzählungen, mit denen Engel auch in der Moderne faszinieren, ist es insbesondere diese auf ästhetischer, aber auch ordnungspolitischer und geschichtsphilosophischer Ebene angesiedelte Inkommensurabilität der Engel, die ihre spezifische Modernität ausmacht.

Mit dem Fokus auf den angelischen Spannungen und Ungereimtheiten geraten auch all jene Engelsfiguren in den Blick, die sich nicht in Einklang bringen lassen mit dem Bedürfnis nach Schutz, Trost und Sinn, auf das die anhaltende oder sogar steigende Popularität der Engel in der Gegenwart üblicherweise zurückgeführt wird.[34] „So starrt er dich an und sein Auge zwingt / dir einen würgenden Reif um die Kehle; / So starrt er dich an und sein Auge trinkt / deine Seele ...."[35] – der Todesengel Asrael in dem gleichnamigen Rilke-Gedicht von 1896 verkörpert das genaue Gegenteil des klassischen Schutzengels, und es lässt sich schwerlich eine Darstellung imaginieren, die weniger der Rezeption des Engels als bildgewordener Perfektion entspricht, als sie die folgenden Zeilen in Georg Trakls Gedicht *Psalm* entwerfen: „Aus grauen Zimmern treten Engel mit kotgefleckten Flügeln. / Würmer tropfen von ihren vergilbten Lidern."[36] Der see-

---

33 Vgl. Kapitel 2.4 dieser Arbeit.
34 Vgl. Herzog, Einleitung, S. 16–17.
35 Rainer Maria Rilke, Asrael. In: Rilke, Jugendgedichte. Sämtliche Werke, Bd. 3, hg. von Ernst Zinn u. Ruth Sieber-Rilke, Wiesbaden 1959, S. 264–265, hier S. 265.
36 Georg Trakl, Psalm. Karl Kraus zugeeignet. In: Trakl, Gedichte, Leipzig 1913, S. 47–48, hier S. 48.

lentrinkende und der kotige Engel als Figurationen des Bösen und Hässlichen sind Ausdruck einer ausgestellt unstimmigen Phänomenalität, die für Engelsfiguren in der Moderne charakteristisch ist. So können die Widersprüchlichkeiten, die die spätantiken und mittelalterlichen Angelologien, also die verschiedenen Lehren von den Engeln, nach Kräften einzudämmen suchten, sich mit der Loslösung des Engels aus dem Korsett theologischer Dogmatik frei entfalten. Allerdings verfahren moderne Adaptionen nicht willkürlich – nicht der Engel wird zu einer modernen Figur umgebogen, sondern seine Funktionalitäten, Bilder und Geschichten selbst sind es, die zu mannigfaltigen Anverwandlungen einladen.

Ein zentraler Grund für die bemerkenswerte Konjunktur der Engelsfigur in der Moderne liegt in den sich überlagernden spatialen und temporalen Strukturen, mit denen sie verknüpft ist. Dazu zählt insbesondere die Affinität der Engel zu Exil- und Entfremdungszuständen. Denn nur im Zustand einer konstitutiven Differenz, im Bruch zwischen Gott und Mensch, der durch die Vertreibung aus dem Paradies und das Geworfensein in die historische Zeit entsteht, ist die mediale Tätigkeit der Engel als Vergegenwärtigung von etwas Abwesendem überhaupt erforderlich. Diese Eigenheit trifft im 20. Jahrhundert auf eine Debattenlage, die gemeinhin mit den Schlagwörtern „Gott ist tot"[37] oder „transzendentale Obdachlosigkeit"[38] überschrieben wird. Siegfried Kracauer beobachtet 1922 das Phänomen „eine[r] große[n] Anzahl von Menschen", die meist „in der Einsamkeit der großen Städte" leben und „im Kern an ihrem *Vertriebensein* aus der religiösen Sphäre [leiden], an der ungeheuren Entfremdung, die zwischen ihrem Geist und dem Absoluten herrscht"[39]. Die Kluft zwischen dem Absoluten/Gott und dem Menschen, die nach Kracauer als religiöses Sinnvakuum die radikale Exilierung des modernen Großstadtmenschen begründet, ist zugleich Bedingung der Angelophanie. Vor diesem Hintergrund ist es ein Ziel dieser Studie, Zusammenhänge zwischen den Konjunkturen von Engeln und Entfremdungsdiskursen in der Moderne zu ergründen.

Der Umfang des Exilbegriffs weitet sich im 20. Jahrhundert. Das betrifft die Häufigkeit der Verwendung des Wortes[40] ebenso wie seine semantische Viel-

---

[37] Friedrich Nietzsche, Der tolle Mensch. In: Nietzsche, Die fröhliche Wissenschaft. Werke in drei Bänden, Bd. 2, hg. von Karl Schlechta, München 1954, S. 126–128, hier S. 127.
[38] Georg Lukàcs, Die Theorie des Romans, München 1994, S. 32.
[39] Siegfried Kracauer, Die Wartenden. In: Kracauer, Das Ornament der Masse, Frankfurt am Main 1963, S. 106–199, hier S. 107.
[40] Vgl. DWDS-Wortverlaufskurve für das Wort „Exil", erstellt durch das Digitale Wörterbuch der deutschen Sprache [https://www.dwds.de/r/plot?view=1&corpus=dta%2Bdwds&norm= date%2Bclass&smooth=spline&genres=0&grand=1&slice=10&prune=0&window=3&wbase= 0&logavg=0&logscale=0&xrange=1800%3A2000&q1=Exil].

falt. Grundsätzlich bedeutet das Exil den Zustand „eine[r] verlängerte[n] Abwesenheit von der Heimat"[41], die durch ökonomische, politische oder religiöse Gründe motiviert ist. Das Exil beinhaltet nicht nur die erzwungene Vertreibung, sondern auch die freiwillige Abkehr. Dass die verlassene Heimat auch die Heimat der „Muttersprache bzw. im übertragenem Sinne die angeeigneten kulturellen Regeln und Bräuche"[42] umfassen kann, verdeutlicht die Neigung zur metaphorischen Ausweitung dieses Begriffs, der nicht auf seine territoriale Dimension beschränkt ist.[43] Mögliche Felder der Metaphorisierung des Exilbegriffs sind das Künstlertum (der Künstler als gesellschaftlicher Außenseiter), der Spracherwerb und die Subjektwerdung (als Verlust der Mutter-Kind-Dyade).[44] Zudem gibt es im europäischen Kulturkreis einen reichen Vorrat an Erzählungen und Mythen des Exils, die auf die Vertreibung aus dem Paradies zurückgehen.[45] Da für die Darstellung von historischen Exilerfahrungen auf mythische Exilstrukturen zurückgegriffen wird, mischen sich oftmals Real- und Überhistorisches. Die in der Romantik vielfach bespielte Grenze zwischen einer grundsätzlich in der Heimat verwurzelten und mit den Bedingungen ihrer Existenz versöhnten Masse und dem Dichter als heimatlosem Außenseiter kollabiert im 20. Jahrhundert. Infolge globaler kriegerischer Auseinandersetzungen und Vertreibungen wird das Exil zum Massenphänomen. Zwar besteht die Stilisierung des Künstlers zum unverorteten Außenseiter fort, sie ist aber eingebettet in eine ganze Epochen-Diagnose der Moderne als universalem Exilzustand.[46]

Der Engel ist in der Bibel mehrfach mit dem Exil und seiner Überwindung verbunden. So wird etwa in der wirkmächtigen Darstellung des babylonischen Exils im Buch Daniel eine geschichtsphilosophische Rahmung aufgespannt, die über den Engel vermittelt ist. Der Traumdeuter und Prophet Daniel befindet sich am Hof von König Nebukadnezar II., wo er Visionen von dem Ende des Exils und der zukünftigen Herrschaft Gottes empfängt, die ihm ein Engel erläutert.[47] Diese Verbindung zwischen Engel und Exil erhält in der Moderne weitere, einander

---

41 Elisabeth Bronfen, Entortung und Identität: Zum Thema der modernen Exilliteratur. In: The Germanic Review, 69/1, 1994, S. 70–78, hier S. 71.
42 Bronfen, Entortung und Identität, S. 71.
43 Vgl. Bronfen, Entortung und Identität, S. 72.
44 Vgl. Bronfen, Entortung und Identität, S. 72–73.
45 Vgl. Bronfen, Entortung und Identität, S. 73.
46 Vgl. Lothar Pikulik, Warten, Erwartung. Eine Lebensform in End- und Übergangszeiten. An Beispielen aus der Geistesgeschichte, Literatur und Kunst, Göttingen 1997, S. 12 sowie Edward Said, Reflections on Exile. In: Said, Reflections on Exile and Other Essays, Cambridge 2000, S. 173–186, hier S. 173.
47 Zu der Bedeutung des Engels für Israel vgl. Dürr, Der Engel Mächte, S. 34.

teils widersprechende Facetten. Mit dem Verlust einer verbindlichen theozentrischen Axiologie gewinnt die angelische Vermittlungstätigkeit als Symptom, Ursache und Remedium an Bedeutung. Als Symptom zeigt der Engel den Verlust an – „[w]o die Medien walten, da muss Gott fern sein, denn ansonsten müssten sie nicht in Anspruch genommen werden"[48]. Wenn sich Gott und Mensch im Exil befinden, wie Rainer Maria Rilke im Zusammenhang mit dem Ersten Weltkrieg reflektiert,[49] wenn also jene Bezugsgrößen instabil werden, zwischen denen der Engel vermitteln soll, dann zeigt diese Figur, deren Aufgabe Beziehungsstiftung ist, in ihrer modernen Überpräsenz Beziehungslosigkeit an.[50]

Gleichzeitig ist der Engel selbst eine Figur der Unterbrechung, ja der Spaltung, die exilische Zustände allererst hervorbringt. Besonders wirkmächtig wurde die Erzählung des gefallenen Engels, häufig als Lucifer oder Satan personifiziert, der gegen Gott rebelliert und daraufhin verstoßen wird. Für eine Ästhetik des Bösen, die sich in der Moderne entwickelt und mit Namen wie Lautréamont und Baudelaire verbunden ist, kommt dem gefallenen Engel als Verkörperung eines archetypischen Akts der freien Willensentscheidung eine zentrale Bedeutung zu. Während sich die Erzählung des abtrünnigen Engels als großes Spektakel präsentiert, ist die Spaltung, die sich in der medialen Engelstätigkeit vollzieht, eine schleichende: Dass die angelische Vermittlung in der modernen Welt omnipräsent ist, dabei jedoch geradezu zwangsläufig eine Verfälschung darstellt, weil sie die zu vermittelnde Botschaft niemals getreu wiedergibt, ist die medienphilosophische These, die Michel Serres in *Die Legende der Engel* (1993) in verschiedenen Konstellationen durchspielt.[51]

Den Engel auf seine Rolle als mediales Störphänomen zu reduzieren, greift allerdings zu kurz. Denn der Reiz dieser Figur liegt darin, dass sie nicht nur mit Operationen des Unterbrechens, Ablenkens und Verfälschens verknüpft ist, sondern ebenso Einheit und Zusammenhang stiftet. Sie schützt, begleitet und beglaubigt in ihrer sinnlichen Präsenz den unsichtbaren Gott. Weiter vermag sie es, Löcher in Wahrnehmung und logischer Kohärenz suggestiv zu überspielen und ein sinnliches Kontinuum zwischen entgegengesetzten Bereichen zu etablieren. Als überzeitliche Figur ist der Engel überdies mit transhistorischen Einheitszuständen verbunden und zwar rückwärtig als cherubinischer Posten am Paradies ebenso wie vorwärtsgewandt in seiner eschatologischen Rolle. Da

---

[48] Kyung-Ho Cha, Das „Walten der Boten". Zur Wissensgeschichte vormoderner Medien und Ethik der Neigung bei Walter Benjamin. In: Profanes Leben. Walter Benjamins Dialektik der Säkularisierung, hg. von Daniel Weidner, Berlin 2010, S. 191–212, hier S. 258.
[49] Vgl. Kapitel 3.1.3 dieser Studie.
[50] Vgl. insbesondere die Lektüre der *Duineser Elegien* in Kapitel 3.1.4.
[51] Vgl. Michel Serres, Die Legende der Engel, Frankfurt am Main; Leipzig 1995.

der Engel als religiöse Figur in der Moderne anachronistisch anmutet, als überlebter Rest eines durch die Segnungen der Aufklärung überwundenen Zeitalters, liegt es nahe, ihn der „sentimentalischen Moderne-Erzählung"[52] zuzuschlagen. In dieser wird die schwindende Verbindlichkeit metaphysischer Sinnhorizonte nicht als aufklärerische Errungenschaft gefeiert, sondern als tiefer Verlust beklagt. Der Engel erscheint dann als Ausdruck einer rückwärtsgewandten Sehnsucht nach dem verlorenen Paradies, das eine Geborgenheit verspricht, die die moderne Welt nicht mehr vermitteln kann. Aus dem Blick gerät in dieser Perspektive allerdings nicht nur die Wirkungsweise des Engels als Figur der Unterbrechung, sondern auch die eminente Bedeutung, die dem Engel in modernen Texten für Zukunftsreflexionen innewohnt. Denn Engel sind nicht nur mit dem Paradies verbunden, sondern spielen auch in Apokalypsen eine tragende Rolle, in denen die defizitäre Gegenwart kritisiert und eine für alles Leid entschädigende Zukunft imaginiert wird. Engel vermitteln und deuten dabei die Zeichen des bevorstehenden Untergangs, lenken und versinnbildlichen kosmische Kräfte und werden so zu einem konstitutiven Bestandteil der triadischen Dramaturgie, die vor der Kontrastfolie der verworfenen Gegenwart paradiesische Bilder eines gewesenen und zukünftigen Einst evoziert.[53]

Diese dezidierte Zukunftsorientierung läuft mit dem Macht- und Ordnungsaspekt der Angelologie zusammen, der „älteste[n] und zugleich minuziöseste[n] Reflexion jener besonderen Form der Macht oder des göttlichen Wirkens, die wir als Regierung der Welt bezeichnen können"[54], wie Giorgio Agamben schreibt. So wird der Engel in der Moderne produktiv für diverse Imaginationen neuer Ordnungen. Das betrifft die politische Ebene ebenso wie gesellschaftliche Utopien, die sich auf das Leitbild des Engels als „third sex"[55] stützen. Mit dem Engel als androgynem Vorbild ist auch die individualbiographische Ebene berührt. Schon im 4. Jahrhundert wurde die mit den Engeln assoziierte Fähigkeit zur Grenzüberschreitung in Form des *bios angelikos* (βίος ἀγγελικός) zum Fluchtpunkt monastischen Strebens. Der Verzicht auf Nahrung, Schlaf und Fortpflanzung sollte die wenigen, die die Disziplin für dieses ‚engelsgleiche Leben' aufbringen, zu angelischen Vermittlern zwischen irdischer und transzendenter Hemisphäre machen.

---

52 Koschorke, ‚Säkularisierung' und ‚Wiederkehr der Religion', S. 243. Zu der kulturpessimistischen Variante der Säkularisierungserzählung, die den Verlust an Transzendenz und metaphysischer Ganzheitlichkeit beklagt, vgl. Koschorke, ‚Säkularisierung' und ‚Wiederkehr der Religion', S. 240.
53 Vgl. Dürr, Der Engel Mächte, S. 36–37.
54 Agamben, Vorwort, S. 14.
55 Suzanne Hobson, Angels of Modernism. Religion, Culture, Aesthetics 1910–1960, Basingstoke 2011, S. 112–140.

Als solche nahmen sie eine zukünftige Zugehörigkeit zum himmlischen Reich bereits in der historischen Gegenwart vorweg.⁵⁶ Der Gedanke einer engelhaften, asexuellen Schwerelosigkeit reicht bis in die moderne Bilderwelt der Anorexie.⁵⁷

Die angelische Aisthetik, die sinnliche Dimension der Engel in ihrem Erscheinen, ist ein weiterer Grund für die Faszination, die sie in der Moderne entfalten. Auch sie ist mit jenen gegenläufigen Bewegungen des Unterbrechens und Einheitstiftens verbunden. Ihre Pole sind das Ästhetische und das Un- beziehungsweise Anästhetische, also das sinnlich nicht Wahrnehmbare. So stehen Engel zunächst zwischen Sichtbarem und Unsichtbarem – in ihrer Erscheinung sind sie einerseits Figuren immenser sinnlicher Fülle, andererseits werden sie als mehr oder weniger reine Geistwesen imaginiert.⁵⁸ Darüber hinaus sind Engel aber auch in einem normativen Sinne ästhetisch und antiästhetisch zugleich. Insbesondere durch ihre visuellen Imaginationen werden sie zum Idealbild einer überirdischen, androgynen Schönheit, zu Menschen ohne Mängel. Auch in dieser Symbolisierung der übergeschlechtlichen Einheit liegt im Übrigen eine Bedrohung des Monotheismus, wenn Engel in ihrer blendenden Erscheinung selbst zum Gegenstand eigener Wahrnehmung und Wertschätzung werden.⁵⁹ Neben der menschlichen Perfektibilität figurieren Engel aber auch die radikale Alterität. Hier sei noch einmal an die Cherubim in Ezechiels Vision erinnert, die „vier Flügel", „Füße [...] gleich wie Rinderfüße", „Menschenhände" und „vier Angesichter" haben, nämlich jeweils ein menschen-, löwen-, ochsen- und adlergleiches (vgl. Ez 1,6–10). In dieser Gestalt sind Engel keine auratische Erscheinungen, sondern wirken als Figuren der Zerstörung des Scheins, als monströse Irritation und Träger des „Ausdruckslosen", wie bei Walter Benjamin, wo sie teils klauenbewehrt und raubtierartig auftreten.⁶⁰ Engel sind also einerseits Sinnbilder strahlender Schönheit, andererseits erscheinen sie in animalischer, ja grotesker Gestalt. Wie zu sehen sein wird, rückt auch der Umstand, dass sie sich nicht verlässlich über ihre Erscheinung identifizieren lassen, die Engel ins Zwielicht – vielfältige Erscheinungsweisen und eine überbordende Ästhetik sind genuine Charakteristika des Bösen.⁶¹

---

56 Vgl. Suso Frank, Angelikos Bios. Begriffsanalytische und begriffsgeschichtliche Untersuchung zum „engelgleichen Leben" im frühen Mönchtum, Münster 1964, S. 18.
57 Vgl. Brigitte Biermann, Engel haben keinen Hunger. Kathrin L. Die Geschichte einer Magersucht, Weinheim 2008; Rolf Degen, Engel aus Haut und Knochen. In: Die Zeit, 51, 1993 oder Der Spiegel, Rein wie Engel, 42, 1983, S. 284–285.
58 Zum Körper von Engeln vgl. unter anderem Kapitel 2.2 dieser Studie.
59 Zu der Bedrohung, die die überbordende Ästhetik der Engel für den Monotheismus darstellt, vgl. Kapitel 2.4 dieser Studie.
60 Zu diesem Aspekt des Engels bei Walter Benjamin vgl. Kapitel 4.1.3 dieser Studie.
61 So heißt es etwa in Athanasius' Erzählung vom Leben des heiligen Antonius, der durch verschiedenste Erscheinungen von seinem asketischen Leben abgebracht werden soll: „Denn leicht ist es für den Teufel, alle möglichen Gestalten zur Sünde anzunehmen" (Athanasius,

Ob schön oder schrecklich, in jedem Fall ist der markierten Ästhetik der Engel eine metaästhetische Potenzierung eingeschrieben. Denn die Angelophanie ist mit der Darstellung von etwas Undarstellbarem – dem göttlichen Mysterium – verbunden. In den schriftlichen oder bildlichen Repräsentationen der Engelserscheinung potenziert sich dies zu der Darstellung der Darstellung (des Undarstellbaren) oder, personal gedacht, zu dem „Boten der Boten"[62]. Vor diesem Hintergrund ist die Gestaltung moderner Angelophanien immer auch aufschlussreich für die poetologischen und kommunikationsästhetischen Zusammenhänge, in denen sie auftreten.

Vorgehen, Methode und Forschung

Ausgehend von der beobachteten Affinität des Engels zu geschichtsphilosophischen, ordnungspolitischen und ästhetischen Fragen interessiert sich diese Studie zu modernen Angelophanien für die Punkte, an denen sich die vielfältigen Unstimmigkeiten jener überaus adaptiven Figur mit zentralen Diskursen der Moderne produktiv überschneiden: Welche Rolle spielen Engel in geschichtsphilosophischen Auseinandersetzungen mit der Moderne und den Hypotheken der Aufklärung? Welche Möglichkeiten stellen sie bereit, um szientifische Wissensformen und Ordnungsentwürfe zu erweitern und zu hinterfragen? Wie lassen sich über Engel transzendente, unmenschliche Erfahrungsgehalte kommunizieren? Inwiefern werden anhand ihrer Erscheinung mediale und epistemische Probleme der Repräsentation thematisiert? Auf welche Weise sind Engel als Figuren der Unterbrechung und des Vorscheins zukünftiger Ordnungen mit politischen Fragen des 20. Jahrhunderts verbunden? Und schließlich: Welche ästhetischen und gattungspoetischen Implikationen werden über den Engel verhandelt? Für das Vorhaben, die Schnittstellen von modernen Diskursen und angelischen Unstimmigkeiten aufzudecken, ist es nötig, diese Unstimmigkeiten je nach Debattenkontext flexibel zu fokussieren. Als Grundlage dafür wird im folgenden Kapitel zunächst ein Potentialitätsmodell der Engel entwickelt, das die widersprüchlichen und paradoxen Aspekte integriert, die sich in einem langen Anreicherungsprozess mit ihnen verbunden haben. Im Anschluss werden die vermittelnden, schützenden, zerstörenden, grenzüberschreitenden, deutenden, heiligenden, verweltlichenden und veranschaulichenden Qualitäten der Engel dann in aus-

---

Leben des heiligen Antonius. Ausgewählte Schriften, Bd. 2. Aus dem Griechischen übersetzt von Anton Stegmann u. Hans Mertel, München 1917, S. 701).
62 Eva-Maria Alves, Vorwort. In: Unter Engeln, hg. von Eva-Maria Alves, Berlin 2011, S. 9–29, hier S. 9.

gewählten Texten hinsichtlich der Frage beleuchtet, wie sie sich unter den Prämissen moderner Problemstellungen wandeln.

Ausschlaggebend für die Zusammenstellung des Korpus ist das historisch-geschichtsphilosophische Erkenntnisinteresse. So folgen die untersuchten Texte einem Spannungsbogen, der von Reflexionen eines metaphysischen Exils Anfang des 20. Jahrhunderts über die Zuspitzung existentieller Bedrohung im Ersten und Zweiten Weltkrieg bis zu der Frage nach der Darstellung des Undarstellbaren des Holocaust verläuft. Auf diese Weise treten die unterschiedlichen Bedeutungen der Engel in Konstellationen von sich abzeichnenden, aktuell präsenten oder bereits durchlebten und dennoch fortwirkenden Krisen hervor. Zu dem möglichst vielfältigen Panorama, das in dieser Studie entstehen soll, gehört auch, dass heterogene Werkkontexte beleuchtet werden. In manche scheint sich der Engel passgenau einzufügen, während anderswo sein Auftreten in höchstem Maße irritierend wirkt. Indem die verschiedenen Aspekte der angelischen Unstimmigkeiten untersucht werden, entstehen Verknüpfungen zu unterschiedlichen Gattungen, Themen, Sprechweisen und Diskursen, die ein möglichst detailliertes Bild moderner Angelophanien ergeben.

Als exemplarische Stationen werden zu diesem Zweck Engelsfiguren in den Werken von Rainer Maria Rilke, Walter Benjamin, Klaus Mann und Ilse Aichinger in den Blick genommen, die alle auf ihre Weise unter den Vorzeichen eines modernen Krisendiskurses von Exilierung und Orientierungs-, Erfahrungs- und Anschaulichkeitsverlust stehen. Die Untersuchung verläuft entlang einer historischen Konkretionsbewegung: Die erste Station beleuchtet mit Rainer Maria Rilkes Werk Engel in einem Zusammenhang, in dem die exilische Disposition als metaphysisch-existentielles Schicksal erscheint. In der zweiten Station, die ihren Ausgang von Engelsfiguren in Walter Benjamins Werk nimmt, verschränkt sich die geschichtsphilosophische Dimension des Exils mit der aktuellen Gefahrensituation der faschistischen Bedrohung. Die dritte Station führt in das Herz des antifaschistischen Widerstands und wirft Fragen eines strategischen Erzählens auf, das sich der numinosen Ressourcen des Engels für den Entwurf einer humanistischen Ordnung bedient. Die sich kreuzenden Fluchtbewegungen weisen in Klaus Manns Exilroman *Der Vulkan* (1939) nicht nur auf realgeographische Orte, sondern werden mit transzendenten Visionen einer neuen Friedensordnung überblendet. Ein derart ungebrochener Zweckoptimismus ist in der vierten Station nach 1945 nicht mehr möglich. Ilse Aichingers Roman *Die größere Hoffnung* (1948) unternimmt das Wagnis, die Marginalisierung und Deportation von jüdischen Kindern über die Figur des Engels anschaulich zu machen und zugleich in ihrer Festschreibung zu überwinden.

Die zu untersuchenden Werke geben jeweils unterschiedliche inhaltliche und systematische Schwerpunktsetzungen vor. Mit den Engelsfiguren in Rilkes Werk als Auftakt liegt der Fokus auf einem Entfremdungsdiskurs, dessen Anfänge bis zur Jahrhundertwende reichen. Dreh- und Angelpunkt der geschichtsphilosophischen, ästhetischen und teils politischen Themen in Rilkes Werk bildet das Exil des Künstlers als Außenseiter, über den sich gerade aufgrund seiner abseitigen Position prinzipielle anthropologische Fragen verhandeln lassen. Der Engel erscheint in diesem Zusammenhang als Verursacher des Exils, gleichzeitig ermöglicht er dessen Aufhebung wie im „Märchen von den Händen Gottes" (1900). Er ist dabei eng mit poetologischen Grundsatzüberlegungen und autopoetologischen Selbststilisierungen verbunden, die aber bei näherem Hinsehen durchlässig sind für Einsichten in die besondere Stellung des Engels zwischen modernespezifischen Brüchen und deren Überwindung in einer Vielzahl von Gedichten.

Während Engel in Rilkes Werk Brüche sichtbar machen und diese zugleich als Medien ästhetischer Fülle überwinden, erscheinen sie bei Walter Benjamin als destruktive Figuren. Das betrifft repräsentationslogische Strukturen wie in „Agesilaus Santander" (1933), aber auch den gängigen Blick auf Geschichte wie in „Über den Begriff der Geschichte" (1940). Zu den religiösen, geschichtsphilosophischen und politischen Bedingungen und Leistungen von Kunst, die bei Rilke im Vordergrund stehen, treten mit der Beleuchtung der Engelsfigur in Benjamins Werk als weitere Schwerpunkte Einsichten in moderne Formen der Medialität zwischen neuen Technologien und überkommener Aura, radikale Reaktionsformen auf die anthropologische Deformation im Ersten Weltkrieg und die Bewahrung des im Exil Verlorenen.

Bei Klaus Mann erfährt der Engel demgegenüber eine Erdung und Konkretion. In dem Exilroman *Der Vulkan* (1939) stehen strategische Fragen des antifaschistischen Widerstands Ende der 1930er Jahre im Zentrum. Die Ambivalenzen und Volten, die den Engel bei Benjamin auszeichnen, treten dabei hinter ein politisches Programm zurück. Die Besonderheit des Engels liegt hier darin, dass er über seinen Bezug zu einer höheren Ordnung Sinn, Orientierung und Zuversicht in einer apokalyptischen Situation stiftet. Der „Engel der Heimatlosen" offenbart den göttlichen Plan für eine friedliche Zukunft, den die Exilierten als Träger des göttlichen Willens befördern sollen.

Nach der Vernichtung von Millionen Jüdinnen und Juden weicht im Werk Ilse Aichingers die Orientierung auf eine versöhnte Menschheitszukunft dem Eingedenken an die Opfer des Holocaust. Diese Bewegung wird über den Engel als Figur der Darstellung des Undarstellbaren in dem Roman *Die größere Hoffnung* (1948) ausgestellt und reflektiert. Das Wechselspiel von Sichtbarkeit und Unsichtbarkeit irritiert festgefügte Ordnungen. Es holt die Ausgrenzung jüdischer Kinder über eine theatrale Präsenz in die Gegenwart und zielt damit auf eine umfassende Verunsicherung der Leserinnen und Leser ab.

Der Engel als prototypische Figur von Übersetzungs- und Vermischungspraktiken wird in dieser Studie nicht isoliert betrachtet, sondern in die kontextuellen Zusammenhänge des jeweiligen Werks hinein verfolgt. Daraus ergibt sich eine Doppelperspektive: Die Studie interessiert sich dafür, welche Bilder und Episoden das mediale Werden des Engels im 20. Jahrhundert fortschreiben, und möchte darüber zugleich neue Einsichten in die jeweils untersuchten Werke gewinnen. Entsprechend fragt sie in besonderem Maße nach den konkreten Zusammenhängen, in denen Engel als ästhetische Reflexionsfiguren in modernen Texten auftreten. Dabei geraten auch gattungspoetische Fragen in den Blick. Als Begründer einer Genealogie der Auflehnung initiiert der Engel Handlung und schafft damit Stoff für Erzählungen. Ebenso motiviert und antizipiert er als geschichtsphilosophische Figur kausale Verknüpfungen und verbindet räumlich wie zeitlich weit Entlegenes. Im Gegensatz zu der epischen Breite, mit der die biblischen Engel die Menschheitsgeschichte von Genesis bis Weltgericht umspannen, ist der Gedanke eines persönlichen (Schutz-)Engels eng an individuelle Biographien und entsprechend kürzere Zeitspannen geknüpft. In der Angelophanie, so flüchtig wie intensiv, reduziert sich das Wirken des Engels auf einen Augenblick. Die performative Qualität des Engels als liturgisches Phänomen weist schließlich eine Affinität zur Form des Dramas auf.[63] Mit den verschiedenen Zeit- und Auftrittsformen sind unterschiedliche gattungspoetische Implikationen verbunden, wie zu sehen sein wird. So zählen zu dem in dieser Studie untersuchten Textkorpus Romane mit und ohne dramenhafte(r) Anmutung, Gedichte, philosophische Reflexionen und autobiographische Notizen.

Umgesetzt werden soll das hier skizzierte Vorhaben über eine hermeneutisch-diskursgeschichtliche Aufarbeitung des Phänomens moderner Angelophanien. Dabei sieht sich die Studie mit der Herausforderung konfrontiert, dass Engel als hybride Figuren an den unterschiedlichsten Diskursen partizipieren. Der methodische Zugang zu dem skizzierten Themenkomplex erfolgt entsprechend nicht von einer einzigen theoretischen Warte aus, da die Engelsfigur unter anderem religiöse, geschichtsphilosophische, politische und (medien-)ästhetische Aspekte in sich vereinigt. Diese können nur angemessen erschlossen werden, wenn man auch in methodischer Hinsicht der Vielfalt an disziplinären Verbindungen gerecht wird. Um ein tragfähiges Instrumentarium für die Analyse der Texte zu gewinnen, werden das historische Wissen von der Engelsfigur und ihre hybride Genealogie eingeholt und mit der Untersuchung

---

63 Zu der liturgischen Bedeutung der Engel vgl. Hafner, Angelologie, S. 55–63.

von medialen, repräsentationsästhetischen und epistemischen Aspekten in einem Potentialitätsmodell zusammengeschlossen. Diese gedankliche Beweglichkeit scheint angebracht auch in Anbetracht der Gefahr, die intrinsische Spannung der Engelsfigur einseitig aufzulösen, sie auf die hierarchieaffine Dimension zu beschränken, wie Giorgio Agamben es in *Herrschaft und Herrlichkeit* (2007) tut, oder als Platzhalter für Abstrakta zu funktionalisieren, wie es vor allem in Interpretationen von Rilkes *Duineser Elegien* oft geschehen ist.[64] In den literarischen Einzeluntersuchungen liegt ein besonderes Augenmerk dann auf den intermedialen Formen der Darstellung, da das konstitutive Charakteristikum der Angelophanie das Zusammenspiel von bildlichen und sprachlichen Elementen ist. Leitend für die werkimmanente Analyse wird daher die Frage sein, wie und mit welchen Resultaten ästhetische, performative und semantische Darstellungstechniken verbunden werden und wie diese Verfahren wiederum mit zentralen Diskursen der Moderne in Verbindung stehen. Auf diese Weise soll auch in der Textinterpretation der Beschaffenheit der Engel als Grenzgänger zwischen verschiedenen Wissenstraditionen und medialen Registern Rechnung getragen werden.

Der Ansatz, einen konstitutiven Zusammenhang zwischen angelischen Unstimmigkeiten und prägenden historischen Fragestellungen des 20. Jahrhunderts aufzuspüren, unterscheidet die vorliegende Studie von anderen Arbeiten zu Engeln in der Moderne. So werden die Unstimmigkeiten und integrierten Kehrseiten meist nicht in ihrer Gesamtheit betrachtet. Stattdessen werden einzelne Aspekte herausgegriffen, wie etwa das Problem der Repräsentation in *Angels In-Between. The Poetics of Excess and the Crisis of Representation* (2009) von Ioana Cosma oder das (temporalisierte) Verhältnis von Sichtbarkeit und Unsichtbarkeit in Friedmar Apels *Himmelsehnsucht. Die Sichtbarkeit der Engel in der romantischen Literatur und Kunst sowie bei Klee, Rilke und Benjamin* (1994). Die Studie grenzt sich außerdem von einem lebensweltlichen Ansatz ab, bei dem der Engel als Figur für Glauben und Sinnstiftung dient. Ein Beispiel dafür sind die Schriften des Kulturwissenschaftlers und Theologen Uwe Wolff. Auch der von Kurt Röttgers und Monika Schmitz-Emans herausgegebene Band *Engel in der Literatur-, Philosophie- und Kulturgeschichte* (2004), der einer Vielzahl spannender Fragen nachgeht, verfolgt diese nicht über einen größeren zeitgeschichtlichen Bogen.

Unterbelichtet geblieben ist bisher auch das besondere Verhältnis von Literatur und Religion, über das die Figur des Engels in modernen Texten Aufschluss gibt. Das mag an dem eher eindimensionalen Säkularisierungsschema

---

64 Vgl. die Einleitung zu Kapitel 3 dieser Studie.

liegen, über das Engel in der Moderne oft rezipiert werden. Denn anders als für die hier betrachteten Autoren beziehungsweise die Autorin, die keine derartigen Berührungsängste kennen, bedeutet der religiöse Gehalt der Engel für den modernen (literatur-)wissenschaftlichen Diskurs eine latente Zumutung. Insbesondere die Nachkriegsgermanistik ist geprägt von einer Säkularisierungserzählung, die stark normative Implikationen hat.[65] In dieser bedroht der Engel die Modernität und damit den künstlerischen Wert der Werke und provoziert entsprechend Lektüren, die den Engel eilfertig zur ästhetizistisch überformten leeren Hülle erklären.[66] Die Konstitutionslogiken religiöser und säkularer Narrative verbindet dabei, dass die Attribute heilig und weltlich nicht als bloß typologische Gegensätze gefasst, sondern normativ aufgeladen und teils geschichtsphilosophisch temporalisiert werden. Das erklärt, wieso der Engel in der Moderne als scheinbar unzeitgemäße religiöse Figur eine Zumutung für das aufgeklärte Bewusstsein darstellt, umgekehrt aber als gefährlich weltzugewandte Figur genauso problematisch bereits für ein vormodernes monotheistisches Glaubenssystem ist. Wenn man so will, verkehrt sich das Provokationspotential der Engel: Während es im monotheistisch-religiösen Kontext ihre Sinnlichkeit zu depotenzieren galt, ist die Ästhetik der Engel für die Säkularisierungserzählung das einzig legitime Element; hier stellt der Verweis auf eine göttliche Ordnung eine ungewünschte Mitgift dar. Der Engel erscheint in derartigen Interpretationen oft als sprachästhetisch entkerntes und stillgestelltes Motiv, wahlweise Allegorie des Schönen oder Verkörperung des Verwaltungsparadigmas.[67]

Der Engel ist aber nicht nur eine unter vielen religiösen Figuren, sondern – und dies ist eine weitere wichtige Erklärung für seine Konjunktur in der Moderne – mit seiner Doppelreferenz auf religiöse und profane Codes selbst eine zentrale Figur in der Dynamik von Verweltlichung und Sakralisierung, die Aufschluss über Selbsterzählungen der Moderne gibt. Eine wichtige Grundlage für

---

65 Vgl. Andrea Polaschegg u. Daniel Weidner, Bibel und Literatur. Topographie eines Spannungsfelds. In: Das Buch in den Büchern. Wechselwirkungen von Bibel und Literatur, hg. von Andrea Polaschegg u. Daniel Weidner, München 2012, S. 9–35, hier S. 11.
66 Andrea Polaschegg spricht in Bezug auf Kleist von dem „heutigen literaturwissenschaftlichen Reflex, alles irgendwie ‚Religiöse' in seinen Texten [...] mit einer Geschwindigkeit zu eskamotieren, als gelte es, einer Kontaktinfektion vorzubeugen" (Andrea Polaschegg, Von der Vordertür des Paradieses. Kleists cherubinische Poetik. In: Deutsche Vierteljahrsschrift für Literaturwissenschaft und Geistesgeschichte, 87/4, 2013, S. 465–501, hier S. 469).
67 Für Letzteres vgl. Giorgio Agamben, Herrschaft und Herrlichkeit, Berlin 2010. Bezüglich der vielen Engelbücher des Benediktinerpaters Anselm Grün spricht Johann Evangelist Hafner davon, dass diese „nicht eigentlich von Engeln [handeln], sondern [...] die Engelmetapher [benutzen], um Haltungen und Gefühlen Namen zu geben" (Hafner, Angelologie, S. 28). Zu der Benennungsfunktion tritt außerdem die faszinationsästhetische Aufladung, die der Engel Botschaften verleiht.

die Untersuchung dieser Ambivalenz bildet die Studie von Susanne Hobson *Angels of Modernism* (2011), die den vielgestaltigen Repräsentationen des Engels im angloamerikanischen Diskurs der literarischen Moderne nachgeht. In diesem stellten die Engel einerseits eine Bastion gegen Säkularisierungstendenzen in Kunst und Religion dar, andererseits seien sie in ihrer Indienstnahme für eine Vielzahl emanzipatorischer Bewegungen genuin säkulare Figuren.[68] Da es auch in der vorliegenden Studie darum geht, den vielfältigen Erscheinungsweisen der Engel in Rückbindung an diskursgeschichtliche Eigenheiten Rechnung zu tragen, stellt Hobsons Untersuchung einen wichtigen Anknüpfungspunkt dar, der hier mit einem Fokus auf deutschsprachiger Literatur weiterentwickelt wird.

---

68 Vgl. Hobson, Angels of Modernism, S. 1.

2 Angelologie. Kulturhistorische Kontroversen um die Engel

Warum sollte man sich mit Angelologie beschäftigen, wenn man etwas über Engel in der Moderne erfahren will, einer Zeit also, in der Lehren von den Engeln keine besondere Geltung mehr beanspruchen können? Mit der zunehmenden Loslösung der Engel aus dem Korsett theologischer Dogmatik, der die Angelologie zuzurechnen ist, werden ihre vielen Potenzen frei für kreative Adaptionen. Allerdings hängen, wie eingangs skizziert, die zunehmende Irrelevanz der Engel in der Theologie und ihre wachsende Bedeutung in weltlichen Diskursen zusammen. Daher beschäftigt sich diese Studie zu modernen Angelophanien zunächst mit den biblischen Fundamenten und mehr noch mit den biblischen Leerstellen. Denn die ausufernden angelologischen Debatten in der Spätantike und der Scholastik lassen sich als Reaktion auf fehlende Informationen und Unstimmigkeiten in der Bibel verstehen; sie sind Ausdruck des Bemühens, Konsistenz zu schaffen.

Die in den Angelologien begründeten Annahmen über Funktionen und Beschaffenheit der Engel prägten deren Rezeption bis ins 20. Jahrhundert, ohne dass sich ihre dortigen Adaptionen in der Weiterführung vormoderner Debatten erschöpften. Viele der intensiv diskutierten angelologischen Fragen sind im 20. Jahrhundert obsolet, weil die Maßgaben des weltanschaulichen Kontextes fehlen, die die Abfassung der vormodernen Angelologien prägten. Während die angelischen Unstimmigkeiten bei der Konsolidierung des christlichen Glaubens eingehegt und so begründet werden mussten, dass sie keine Bedrohung für das Axiom der Allmacht und Weisheit Gottes darstellten, sind es im 20. Jahrhundert gerade diese Unstimmigkeiten, die faszinieren und sich als besonders anschlussfähig für Anverwandlungen im Kontext spezifisch moderner Problemstellungen erweisen. Dass die Faszination der Engel bis heute anhält, hängt, so die These dieses Kapitels, mit ihrer ästhetisch vermittelten Spannung zwischen Hierarchie und Umsturz zusammen, mit der die Angelologien fertigwerden mussten. Gerade in ihrer Inkommensurabilität und ambivalenten Stellung zwischen Ordnung und Ordnungsbedrohung, Reinheit und Hybridität, Tugend und Umsturz sowie Schönheit und Monstrosität liegt die spezifische Modernität der Engel. Während dadurch für ein monotheistisches Weltbild auf vielen Ebenen Spannungspotential entstand, bieten diese Eigenheiten des Engels Anschlusspunkte für die Reflexion und Darstellung genuin moderner Fragen.

2.1 Die Ordnung der Engel als bürokratisches Chaos

Wo sind Engel anzutreffen? Gibt es so etwas wie einen spezifisch angelischen Raum? Die Verortung von Engeln ist schwierig, da sie nicht an die Kategorie des Raums gebunden sind (*illocalitas*). Dennoch bezieht sich „ihr Sein und Wirken in der Art auf ein gewisses Wo"[1], wie August Twesten im 19. Jahrhundert resümiert. Die vorsichtige Formulierung zeigt, wie heikel es ist, die Engel einfach unverortet zu lassen. Denn in einem monotheistischen Glaubenssystem darf die angelische Losgelöstheit im Gegensatz zur göttlichen keine absolute sein. Aus dem Bedürfnis, dem diffusen Raum der Engel eine klare Form zu geben, speisen sich die ausgefeilten angelologischen Schriften, die darauf abzielen, das Kollektiv der Engel sinnvoll zu strukturieren. Zahlenmäßige Bestimmungen wie die bei Daniel genannten „[t]ausendmal Tausende [...] und zehntausendmal Zehntausende" (Dan 7,10) beziehungsweise die „zehntausendmal zehntausend und vieltausendmal tausend" (Offb 5,11) in der Johannesoffenbarung suggerieren mathematische Genauigkeit und lassen gleichzeitig vermuten, dass es sich bei Engeln um eine letztlich mathematisch nicht einholbare Pluralität handelt. Thomas von Aquin spricht daher von einer „transcendente[n] Vielheit"[2]. Auch die individuelle Bestimmbarkeit einzelner Engels scheint fragwürdig. So zeigt Johann Evangelist Hafner am Beispiel der Wendung von dem „Engel des Herrn", dass dieser wahrscheinlich „weder eine unbestimmte Bezeichnung noch ein eigenständiges Engelsindividuum"[3] darstellt, sondern eine Rolle, die von unterschiedlichen Engeln besetzt wird, ohne dass sich diese klar gegeneinander abgrenzen ließen.

So sehr Engel zwischen Ort und Ortlosigkeit, Singular und Plural schwanken, so zwiespältig ist auch ihr Verhältnis zur Zeit. Denn weder kommt Engeln Ewigkeit (*aeternitas*) zu wie Gott, noch sind sie als unsinnliche Wesen auf die menschliche Zeit (*tempus*) beschränkt. Als Geschöpfe, die einen Anfang, aber kein Ende haben, weist Thomas von Aquin ihnen das Zeitmaß des *aevum* zu, einer endlosen Zeit, die im Dazwischen von historischer Zeit und Ewigkeit angesiedelt ist.[4] Die Engel ver-

---

[1] August Twesten, Vorlesungen über die Dogmatik der Evangelisch-Lutherischen Kirche, nach dem Compendium des Herrn Dr. W. M. L. de Wette, Bd. 2, Hamburg 1837, S. 308.
[2] Thomas von Aquin, Summe der Theologie. Die katholische Wahrheit oder die theologische Summa des Thomas von Aquin. Deutsch wiedergegeben durch Ceslaus Maria Schneider, Regensburg 1886–1892, Prima Pars, Quaestio 50, Artikel 3c.
[3] Hafner, Angelologie, S. 232.
[4] Vgl. die Ausführungen von Thomas von Aquin: „So haben die Himmelskörper immer dasselbe substantiale Sein; jedoch dieses Sein ist verbunden mit dem thatsächlich beständigen Wechsel von Ort zu Ort. Und auch die reinen Geister gehen nicht von einer Substanz in die andere über; aber gemäß ihrer freien Wahl können sie vom Guten zum Bösen abfallen und ebenso den Ort wechseln, auf den die wirkende Kraft ihrer Natur sich richtet. Solche Substan-

binden so sakrale Ewigkeitszustände und weltliche Geschichte. Ihre räumlich und zeitlich unbestimmte Übermenschlichkeit trägt wesentlich zu der Gefährdung bei, die die Engel für den alleinigen Machtansprach Gottes bedeuten.

Eine weitere Bedrohung liegt in ihrer sinnlichen Präsenz, die mit der Unsichtbarkeit Gottes kontrastiert. Bereits Paulus beziehungsweise sein Umfeld sieht und verurteilt die Gefahr der Idolatrie eines sich verselbständigenden Engelkults, in dem die Engel nicht bloß als mediale Träger, sondern als Adressaten eigener Anbetung wahrgenommen werden:

> Lasst euch den Siegespreis von niemandem nehmen, der sich gefällt in Demut und Verehrung der Engel und sich dessen rühmt, was er geschaut hat, und ist ohne Grund aufgeblasen in seinem fleischlichen Sinn und hält sich nicht an das Haupt, von dem her der ganze Leib durch Gelenke und Bänder gestützt und zusammengehalten wird und wächst durch Gottes Wirken. (Kol 2,18–19)

Auch den potentiellen Machtanspruch der Engel, der aus ihrer exekutiven Tätigkeit herrührt, gilt es zurückzuweisen. So betont Pseudo-Dionysius Areopagita, der Verfasser von *Über die himmlische Hierarchie* (Περὶ τῆς Οὐρανίας Ἱεραρχίας) um 500, dass es „nur eine Urquelle und Vorsehung von allem"[5] gebe. Daraus folgt: „In keinem Fall darf man der Ansicht sein, daß die Urgottheit nach der Auswahl des Loses die Juden leite, Engel dagegen auf eigene

---

zen also mißt das ‚Ävum' und deshalb steht es in der Mitte zwischen Ewigkeit und Zeit. Das substantiale Sein, welches von der Ewigkeit gemessen wird, ist weder in sich selber veränderlich noch mit Veränderlichkeit im Thätigsein verbunden. Die Zeit ist das Maß für das Veränderliche im substantialen Sein selber und hat deshalb ein Vorher und Nachher. Das ‚Ävum' aber hat kraft seines Wesens in sich selber kein Vorher und Nachher; aber nebensächlich kann mit Rücksicht auf die Thätigkeit das mit ihm verbunden werden. Die Ewigkeit hat weder in ihrem Sein ein Vorher und Nachher, noch duldet sie es an denselben" (Thomas von Aquin, Summe der Theologie, Prima Pars, Quaestio 10, Artikel 5a). Vgl. auch die Erläuterung von August Twesten: „Eigentlich soll das aevum oder die aeviternitas ein Mittleres seyn zwischen der aeternitas, welche Gott, und der Zeit, die der Sinnenwelt zukommt [...]; wenn man aber den Unterschied bloß darin setzt, daß die Ewigkeit weder Anfang noch Ende, das aevum zwar einen Anfang aber kein Ende, die Zeit Anfang und Ende habe, so hat man überhaupt nur die Zeit gedacht, und namentlich den Engeln nichts anders beygelegt, als was dem menschlichen Geiste auch zukömmt. Auf etwas Tieferes deutet Scaligers, von Gerhard (Loc. de creatione § 51) verworfene Unterscheidung von aevum und aetas; nach ihr hat letzteres, welche uns zukömmt, die Zeit, erstere, welche den Engeln, die Ewigkeit, die das Wesen Gottes selbst ist, zum Maße" (Twesten, Vorlesungen über die Dogmatik der Evangelisch-Lutherischen Kirche, S. 309). Vgl. außerdem Hafner, Angelologie, S. 116–117.

5 Pseudo-Dionysius Areopagita, Himmlische Hierarchie. In: Des heiligen Dionysus Areopagita angebliche Schriften über die beiden Hierarchien. Aus dem Griechischen übersetzt von Josef Stiglmayr, München 1911, hier Kapitel 9, § 4.

Faust, sei es in gleicher, sei es in entgegengesetzter Tendenz, oder irgend welche andere Götter an der Spitze der andern Völker stehen."[6]

Um die Gefahr einer angelischen Machtaneignung zu bannen, ist eine ausgefeilte Taxonomie nötig. Ordnung im Bereich der Angelologie meint nicht Heterarchie, sondern Hierarchie. Immer geht es um Fragen der Rangordnung. Dabei ist die „himmlische Hierarchie [...] das Muster und Modell für die kirchliche"[7], wie es bei Thomas von Aquin heißt. Auch im Bereich der Innerlichkeit sind Engel modellbildend: Als Bollwerk gegen lasterhafte Dämonen wird der Engel zum tugendhaften, schützenden Alter Ego.[8] Angelologien, die derartige Klassifizierungen entworfen haben, sind so vielzählig (und damit in ihrer Pluralität und Verschiedenartigkeit selbst wiederum tendenziell ordnungsbedrohend), dass es im Rahmen dieser Arbeit nicht möglich und auch nicht nötig ist, genauer auf die verschiedenen Ordnungsentwürfe einzugehen. Wichtig ist vielmehr, anhand exemplarischer Punkte das Spannungsfeld von Ordnungskonstitution und Ordnungsbedrohung auszumessen, das in den Angelologien zum Ausdruck kommt. Die Bedrohung ist dabei teils nur *ex negativo* zu erahnen, als das Moment, das die angelologische Hierarchisierung allererst erforderlich macht. Das Grundmuster der Angelologie besteht in einer Verknüpfung von Hierarchie (es gibt höher- und niederrangige Engel), Axiologie (je allgemeiner, geistiger, substanzloser, desto besser), Topologie (die höheren Engel sind Gott und damit dem geistigen Bereich näher, die niederen haben Berührung mit der stofflichen Welt) und Epistemologie (die höheren Engel wissen mehr).

In Pseudo-Dionysius Areopagitas kanonischer, auf einer neuplatonischen Abbild- und Partizipationstheorie fußender Systematik ist die Engelshierarchie Teil der „durch die göttliche Gesetzgebung festbestimmten Ordnung"[9]. In ihr werden nach einem konzentrisch gegliederten Stufenprinzip abnehmender Vollkommenheit göttliche Schönheit, Erleuchtung und Offenbarung vermittelt. Es gibt neun Engelchöre, die sich in drei Triaden gliedern und deren Distinktionskriterium die Nähe zum göttlichen Urquell darstellt. Ihre Funktion liegt im Empfangen und Mitteilen von „Reinigung, Erleuchtung und Vollendung"[10]. Die

---

6 Pseudo-Dionysius Areopagita, Himmlische Hierarchie, Kapitel 9, § 4.
7 Thomas von Aquin, Summe der Theologie, Prima Pars, Quaestio 108, Artikel 4a.
8 Origenes spricht davon, dass „jeder, auch der geringste in der Gemeinde, einen eigenen Engel hat, der nach dem Ausspruch des Heilandes allezeit das Angesicht Gottes, des Vaters sieht, und dieser ohne Zweifel mit seinem Schützling Ein's ist" (Origenes, Über die Grundlehren der Glaubenswissenschaft. Wiederherstellungsversuch von Dr. Karl Fr. Schnitzer, Stuttgart 1835, S. 158). Zu den Schutzengeln vgl. auch Thomas von Aquin, Summe der Theologie, Prima Pars, Quaestio 113, Artikel 1–8.
9 Pseudo-Dionysius Areopagita, Himmlische Hierarchie, Kapitel 4, § 3.
10 Pseudo-Dionysius Areopagita, Himmlische Hierarchie, Kapitel 7, § 2.

erste Triade setzt sich aus Seraphim, Cherubim und Thronen zusammen. Darauf folgen in der zweiten Herrschaften, Gewalten und Mächte und in der dritten Fürstentümer, Erzengel und Engel.[11] Engel im engeren Sinne stellen als unterste Stufe der Hierarchie den Berührungspunkt zur Menschenwelt dar, in die sie die göttliche Erleuchtung tragen. In diesem Kontakt von untersten Engeln und obersten Menschen ist die Analogie von göttlicher und kirchlich-weltlicher Ordnung verankert. Fast 800 Jahre später greift Thomas von Aquin auf das streng hierarchisch aufgebaute Verweis- und Spiegelmodell der Engel zurück und verfeinert es. Als *doctor angelicus* räumt er der Engellehre in seiner zwischen 1265 bis 1273 entstandenen *Summa Theologica* breiten Raum ein und geht in den Quaestiones 106–114 ausführlich auf die Bedeutung der Engel (auch der bösen) für die Weltregierung ein. Indem Engel alles Körperliche, also Konkrete und damit Minderwertige, leiten, greifen sie in das Geschehen auf der Erde ein.[12]

Der Zusammenhang von Gutem, Gottesnähe und tugendhaftem Verhalten, in dem alle vernunftbegabten Kreaturen durch den Gebrauch des freien Willens navigieren, wird schon früher bei Origenes in *De principiis*, wahrscheinlich zwischen 212 und 215 entstanden, deutlich:

> Und daraus [dass die Urwesentlichkeit des Guten nur der Trinität zukommt, L.Z.] geht denn hervor, daß aller Abfall die natürliche Folge der eigenen Willensrichtung ist; und daß, sowie die höheren Geister nicht nach einem Vorzugsrechte, sondern nach ihrem sittlichen Verdienst ihren Rang behaupten, die vernünftigen Geschöpfe überhaupt nur durch Trägheit und Erschlaffung in irdische Leiber versanken, und, weil sie in ihrem frühern Zustande gesündigt haben, hier gleichsam an einem Strafort sich befinden.[13]

Gut und böse besetzen jeweils eigene Sphären, die in spezifischer Weise angeordnet sind und eine Reihe weiterer Oppositionen wie hell und dunkel, leicht und schwer, ätherisch und leiblich oder rein und sündhaft kodieren. Ihre Grundlage ist eine dichotomische Axiologie, in der gut und böse keine menschlichen Bewertungskategorien, sondern kosmisch-angelische Entitäten darstellen, die stufenförmig strukturiert sind.[14] Entsprechend handelt es sich weniger um ein moralisch diffiziles Bewertungsinstrument als vielmehr, so ließe sich die Fragestellung von gut und böse hier säkularisieren, um die Leitdifferenz in einer räumlichen Ordnung. Allerdings handelt es sich bei dem Bösen, das sich in eine Ordnung einfügt, immer schon um ein domestiziertes Böses. Das wahrhaft Böse negiert diese Leitdifferenz und damit die Ordnung selbst – eine Eigenschaft, die sich bei Engeln in vie-

---

11 Vgl. Pseudo-Dionysius Areopagita, Himmlische Hierarchie, Kapitel 6, § 2.
12 Vgl. Thomas von Aquin, Summe der Theologie, Prima Pars, Quaestio 110, Artikel 1b.
13 Origenes, Über die Grundlehren der Glaubenswissenschaft, S. 57–58.
14 Vgl. Dürr, Der Engel Mächte, S. 26.

lerlei Hinsicht findet. So verflüssigen sich bei näherem Hinsehen die Oppositionen schon in den Angelologien, denn sämtliche Eigenschaften von Geschöpfen sind nicht absolut gegeben, sondern immer relational, als Grad der Teilhabe an oder Abkehr von Gott. Da diese Eigenschaften sich in einem dynamischen Austausch herausbilden, bleiben auch alle unter Gott stehenden Gegensätze keine trennscharfen. So heißt es in § 1 der *Himmlischen Hierarchie* von Pseudo-Dionysius Areopagita: „Gleich allen Gaben Gottes steigt auch der Strahl göttlicher Erleuchtung vom Vater hernieder; er fährt aber auch hinwieder zu der einen Quelle empor und bewirkt Einheit und Ähnlichkeit mit Gott."[15]

Diese Vermittlungen, die in Vermischungen übergehen, werfen die Frage auf, wie durchlässig die Grenze zwischen irdischer und himmlischer Sphäre ist. Dabei geht es nicht nur um räumliche, sondern immer auch um zeitliche Kontaktpunkte, nämlich um das Verhältnis von historischer Gegenwart und dem kommenden Gericht und Reich Gottes. In diesem werden die Karten je nach tugend- oder lasterhaftem Verhalten neu gemischt, sodass „aus Engeln Menschen oder Dämonen, und aus diesen wieder Menschen oder Engel werden können"[16], wie Origenes meint. Der Natur nach können Menschen nicht zu Engeln werden, durch Gnade aber ist dies sehr wohl möglich, was Thomas von Aquin, der in der *Summa theologica* eine Synopsis antiker Angelologien präsentiert, mit Verweis auf Lk 20,36 einräumt: „Die Kinder der Auferstehung werden im Himmel gleich den Engeln sein."[17] Darüber hinaus kursiert auch der wirkmächtige Gedanke, dass die gegenwärtige Ordnung bereits in der Jetztzeit auf jenes himmlische Reich hin transzendiert werden kann. So nähern sich jungfräuliche beziehungsweise asketisch lebende Menschen, die aus der irdischen Welt heraus- und in die übernatürliche Sphäre hineinragen, einem engelhaften Dasein an.[18] Pseudo-Dionysius konzediert dieses Privileg immerhin dem Bischof: Er darf in seiner Tätigkeit als Verkünder und Deuter göttlicher Weisheiten als Engel bezeichnet werden.[19] Die an den Engeln fixierte Durchlässigkeit der scheinbar strikten Hierarchie funktioniert also in beide Richtungen: Engel ermöglichen den Menschen die Teilhabe an der göttlichen Erleuchtung, wie umgekehrt Menschen aufgrund der Fehlbarkeit von Engeln in die himmlische Hierarchie aufsteigen können.

All den ausgefeilten angelologischen Hierarchien zum Trotz wurde jedoch immer wieder das „Chaos" festgestellt, das unter den Engeln herrscht.[20] Der

---

15 Pseudo-Dionysius Areopagita, Himmlische Hierarchie, Kapitel 1, § 1.
16 Origenes, Über die Grundlehren der Glaubenswissenschaft, S. 76.
17 Thomas von Aquin, Summe der Theologie, Prima Pars, Quaestio 108, Artikel 8b.
18 Vgl. Kapitel 2.3 dieser Studie.
19 Vgl. Pseudo-Dionysius Areopagita, Himmlische Hierarchie, Kapitel 12, § 2.
20 Vgl. Serres, Die Legende der Engel, S. 82.

Kunsthistoriker und Künstler Boris von Brauchitsch befindet, dass es „nicht einmal den Menschen mit ihrem ausgeprägten Drang zu Bürokratie und Statistik [...] gelungen [ist], Eindeutiges über Rangordnungen, Anzahl, Aufgabenbereiche und Erscheinungsformen der Engel herauszufinden"[21]. Das Vertrackte ist allerdings, dass dieses Chaos der Bürokratie selbst erwächst. Die Angelologie ist als Entstehungsort moderner Verwaltungsbegriffe wie „Ämter" und „Ministerien"[22] die heimliche Wiege der Bürokratie. Und das Sprechen über Engel bewegt sich immer schon im Bereich des Bürokratischen. Das wird an den begrifflichen Kongruenzen von himmlischen und weltlichen Hierarchien (Herrschaften, Obrigkeiten, Mächte oder Throne) sowie der Konstruktion von kirchlichen und weltlichen Ämtern als Imitation der Engelsordnung deutlich.[23]

Die Verwandtschaft von Angelologie und Bürokratie nimmt Giorgio Agamben zum Ausgangspunkt, um die Engel als Archetypen hierarchischer Ordnung und Regierungsmacht zu entwerfen. Die argumentative Grundlage bildet das Dispositiv der trinitarischen *oikonomia* (οἰκονομία), die nach Agamben das Verwaltungs- und Regierungsparadigma des Christentums darstellt. Demnach sind die Engel konstitutive Träger der *oikonomia*, weil sie die Spannung des dreifaltigen Gottes mit der Idee seiner Einheit vermittelten. Der Preis für diese Einheit der göttlichen Substanz besteht nach Agamben in der Vielfalt von Figuren und Praktiken und dem Bruch von Wesen und Ökonomie, von Herrschaft und Regierung Gottes, wodurch sich ein gnostisches Element ins Christentum eingeschlichen habe.[24] Mit der für das Abendland zentralen Kategorie des Willens sollte dann zwischen den Ebenen einer absoluten und einer geordneten Macht vermittelt und so eine verbindungslose gnostische Teilung in Schöpfergott und Weltenlenker einerseits und eine heidnische Identität von Sein und Tat andererseits verhindert werden.[25] Vor diesem Hintergrund behauptet Agamben, „daß die christliche Theologie von Anfang an nicht im Zeichen der Politik und des Staates steht, sondern in dem der Betriebswirtschaft"[26]. In Form einer „Regierungsmaschine" komme ihr die Aufgabe zu, die Teilung des Seins in einen transzendenten und einen immanenten Bereich zu koordinieren. Diese „Regierungsmaschine" funk-

---

21 Boris von Brauchitsch, Jenseits von Eden. Engel in der zeitgenössischen Kunst. In: Die Wiederkunft der Engel. Beiträge zur Kunst und Kultur der Moderne, hg. von Markwart Herzog, Stuttgart 2000, S. 101–120, hier S. 101.
22 Agamben, Vorwort, S. 12–13.
23 Dabei wurde die entsprechende Terminologie von Verwaltung und Regierung zuerst im Bereich der Angelologie ausgearbeitet, wie Agamben betont (vgl. Agamben, Herrschaft und Herrlichkeit, S. 189).
24 Vgl. Agamben, Herrschaft und Herrlichkeit, S. 72.
25 Vgl. Agamben, Herrschaft und Herrlichkeit, S. 72.
26 Agamben, Herrschaft und Herrlichkeit, S. 87.

tioniere damit „gleichsam als unablässige Theodizee, in der die Herrschaft der Vorsehung die Regierung des Schicksals legitimiert und begründet und diese Ordnung, die erstere festgesetzt hat, garantiert und verwirklicht"[27]. Die Funktionstüchtigkeit der Regierungsmaschine ist wesentlich an die Vermittlung der Herrlichkeit beziehungsweise der Verherrlichung in Form der liturgischen Doxologie gebunden, da nur so eine Versöhnung der Brüche möglich ist.[28]

In dieser Regierungsmaschine nehmen die Engel mit ihrer verwaltenden und lobpreisenden Tätigkeit eine zentrale Rolle ein.[29] Darin liegt für Agamben die Idiosynkrasie der christlichen Angelologien. Zur Erhaltung des Trinitätsparadigmas habe man danach getrachtet, die durch die administrative, heilsvermittelnde Tätigkeit begründete Engelsartigkeit Christi zu beseitigen und die Angelologie „vollständig in eine bürokratisch-exekutive Struktur der göttlichen Vorsehung zu überführen"[30]. Diese Vergöttlichung des angelischen Regierungsparadigmas wiederum habe wesentlich zur Vormachtstellung des christlichen Abendlandes beigetragen:

> Wenn die Weltregierung noch immer (auch wenn wir heute nicht absehen können, wie lange noch) in den Händen des christlichen Abendlandes liegt, hängt dies fraglos auch mit dem Umstand zusammen, daß das Christentum als einzige der drei monotheistischen Religionen die Regierung der Welt in die Gottheit eingefügt und derart die englische [sic] Macht vergöttlicht hat.[31]

Bei Agamben völlig ausgespart bleibt allerdings die Unordnung, ja Chaos stiftende Wirkung der Engel. Diese hängt mit der Ambivalenz der Engelshierarchien selbst zusammen, weil sie die in ihnen angestrebte Einhegung angelozentrischautonomer Tendenzen zugleich unterminieren. Denn die Angelologien schaffen nicht nur keine endgültige (Unter-)Ordnung der Engel, was vor allem hieße, ihre latente Schöpferanmaßung in die Schranken zu weisen; sie sorgen vielmehr dafür, dass ihr Machtbereich als Teil der himmlischen Regierung ausgeweitet wird.[32] Damit entsteht aufs Neue die Notwendigkeit, die Machtfülle der Engel zu beschneiden. Deutlich sieht man das bei Thomas von Aquin, der ausführlich erläutert, wieso Körper, obwohl sie von Engeln gelenkt werden, diesen nicht unmittelbar folgen,[33] und warum Engel selbst keine Wunder vollbringen können.[34]

---

27 Agamben, Herrschaft und Herrlichkeit, S. 157.
28 Vgl. Agamben, Herrschaft und Herrlichkeit, S. 276.
29 Vgl. Agamben, Vorwort, S. 12.
30 Agamben, Vorwort, S. 21.
31 Agamben, Vorwort, S. 24.
32 Vgl. Dürr, Der Engel Mächte, S. 19.
33 Vgl. Thomas von Aquin, Summe der Theologie, Prima Pars, Quaestio 110, Artikel 2.
34 Vgl. Thomas von Aquin, Summe der Theologie, Prima Pars, Quaestio 110, Artikel 4.

Solche kleinteiligen Begründungen wurden in vielen Angelologien unternommen. Während Thomas von Aquin sich an den hierarchischen und exekutiven Aspekten abarbeitet, liegt der Fokus bei Pseudo-Dionysius vor allem auf den Paradoxien der Engelsdarstellungen. Der Informationsmangel und die Widersprüchlichkeiten, die das Auftreten von Engeln in der Bibel begleiten, werden durch exzessive Begründungen in den Angelologien überkompensiert. Als Scharnier zwischen geistiger und stofflicher Welt verhandeln Engel die zentralen Fragen von Ordnung, Macht und Regierung. Dabei wurden mit Origenes und Pseudo-Dionysius wichtige Baumeister der Angelologie später selbst als ketzerisch oder wenigstens unchristlich geächtet.[35]

Der entgegengesetzte Weg, um mit den Unstimmigkeiten der Engel fertigzuwerden, wird dann mit der Reformation beschritten, in der die konsequente Konzentration auf die Schrift großangelegte angelologische Spekulationen unterbindet. Hier gibt es keinerlei weiterführende Überlegungen zu Sein und Tätigkeit der Engel. Vielmehr werden sie zu einem formalen Restbestand ohne soteriologisch-ekklesiologische Funktion für das christliche Dogma marginalisiert, allerdings ohne dass ihre Existenz grundlegend bezweifelt worden wäre – diese wird erst in der Aufklärung zu einem Stein des Anstoßes.[36] Spätestens in dieser Zeit kippt die von Agamben postulierte Hierarchie- und Herrschaftsaffinität der Engel dann in ihr Gegenteil und sie werden vor allem als Bedrohung einer binären Ordnung wahrgenommen.

Im 18. Jahrhundert lehnt Immanuel Kant etwa Engel nicht nur als unbeweisbare Realität, sondern vor allem als Prinzip ab.[37] Auch Gott kann nach Kant als transzendentaler Grund der Welt nicht sinnvollerweise Gegenstand einer Existenzaussage sein.[38] Allerdings steht er für die „systematische Einheit, Ordnung und Zweckmäßigkeit der Welteinrichtung"[39], die zum notwendigen regulativen Prinzip der Naturerforschung erhoben wird. Aus diesem Grund kann Kant „in dieser Idee gewisse Anthropomorphismen, die dem gedachten regulativen Prinzip beförderlich *sind*, ungescheut und ungetadelt erlauben"[40]. Gott fungiert als transzendentaler Stabilitätsanker eines systematischen Ordnungs- und Zweckmäßigkeitsgedankens im Hinblick auf die Naturerkenntnis

---

35 Vgl. Hafner, Angelologie, S. 157.
36 Zu dieser Entwicklung vgl. Dürr, Der Engel Mächte, S. 73–89.
37 Vgl. Kurt Röttgers, Die Physiologie der Engel. In: Engel in der Literatur-, Philosophie- und Kulturgeschichte, hg. von Monika Schmitz-Emans u. Kurt Röttgers, Essen 2004, S. 29–51, hier S. 39.
38 Vgl. Immanuel Kant, Kritik der reinen Vernunft, Hamburg 1998, S. 750–751.
39 Kant, Kritik der reinen Vernunft, S. 751.
40 Kant, Kritik der reinen Vernunft, S. 751.

sowie als Stützpfeiler der Moralphilosophie.[41] Das ist deshalb so wichtig, weil der apriorische Anspruch der Moralphilosopie, die den unter moralischen Gesetzen stehenden Menschen als Endzweck der Schöpfung setzt, aus der Natur nicht hergeleitet werden kann. Engel, die sich grundsätzlich zwiespältig zum Gedanken der Ordnung verhalten, kann Kant anders als Gott nicht als Anthropomorphismus tolieren – denn sie fügen sich nicht naht- und reibungslos in sein System mit universalem Anspruch ein. Diese Aversion reicht so weit, dass Kant es weitgehend vermeidet, Engel beim Namen zu nennen.[42]

Das kantische Erkenntnisgebäude funktioniert über konzise Grenzziehungen der Vernunft, die der Engel als Grenzfigur auch als bloß analogische Metapher gefährdet. Nach Kant ist eine anthropomorphistische Vorstellung übersinnlicher und gewissermaßen frei flottierender Wesen ein Kennzeichen der Dämonologie, sodass er „sich der Engel praktisch dadurch entledigen [kann], dass er sie auf eine empirische Stufe mit den aus menschlicher Furcht geborenen Göttern stell[t]"[43]. Anders als Gott, den man als übergeordnete Ursache sinnvoll annehmen kann, damit die Menschen in ihrem Bemühen um moralisches Handeln nicht demotiviert werden,[44] kommt den Engeln keine derartige Stabilisierungsfunktion zu. Entsprechend werden sie zu einer Gefahr für den kantischen Monotheismus, da für sie als transreale, unsinnliche Geschöpfe keine valide Urteilsbasis besteht. Ohne diese aber verweigern sie sich einer klaren Einordnung und werden so zum potentiellen Affront für das Primat der Vernunft beziehungsweise für den strikt trennenden Verstand und das Sittengesetz. Als ein unkontrollierbarer Überschuss führen sie ab vom geraden Weg der sittlichen Vernunft, sodass ihnen nicht einmal mehr die ethische Funktion zukommt, das Gute zu illustrieren.

---

41 In der *Kritik der Urteilskraft* (1790) hält Kant an der theoretischen Unerkennbarkeit Gottes fest – seine Existenz kann nur als regulatives Prinzip nach den Begriffen der praktischen Vernunft für die subjektiv-reflektierende, nicht aber für die objektiv-bestimmende Urteilskraft angenommen werden (vgl. Immanuel Kant, Kritik der Urteilskraft. Schriften zur Ästhetik und Naturphilosophie. Werke III, hg. von Manfred Frank u. Véronique Zanetti, Frankfurt am Main 1996, S. 479–880, hier S. 843). Die Idee einer obersten transzendentalen Kausalität wird in der Ethikotheologie gesetzt, die der Annahme der einen letzten Welturseache, auf die die Naturzwecke hin organisiert sind und die eine rein naturimmanent verfahrende Beweisführung überschreitet, als einem Postulat der menschlichen Vernunft Rechnung trägt. Dieses allwissende, allmächtige, allgütige, allpräsente, gerechte und ewige Wesen bestimmt nicht nur die Gesetze der Natur, sondern wirkt nach Kant auch als das „gesetzgebende Oberhaupt in einem moralischen Reiche der Zwecke" (Kant, Kritik der Urteilskraft, S. 826).
42 Vgl. Röttgers, Die Physiologie der Engel, S. 38–39.
43 Dürr, Der Engel Mächte, S. 87. Vgl. dazu Kant, Kritik der Urteilskraft, S. 829.
44 Vgl. Kant, Kritik der Urteilskraft, S. 829.

Zygmunt Bauman verortet das scheinbar voraussetzungslose, formalistische System Kants in einem konkreten machtpolitischen Kontext und verweist auf die untrennbare Verquickung der Vision von geistiger und praktischer Herrschaft. Die Aufgabe der kantischen Ordnung sieht er darin,

> die Grenze der „organischen Struktur" scharf und deutlich zu markieren, was bedeutet, das „Mittlere auszuschließen", alles Zweideutige, alles, was quer über der Barrikade sitzt und auf diese Weise den vitalen Unterschied zwischen innen und außen kompromittiert, zu unterdrücken oder auszurotten.[45]

Die Aversion Kants gegen Engel lässt sich ebenso wenig begreifen wie die Engelbegeisterung der Gegenwart, wenn man Engel auf ihre herrschaftsaffine Dimension reduziert. Agambens Beobachtung, dass „die Angelologie unmittelbar mit einer Theorie der Macht zusammenfällt" und „der Engel die Verkörperung der Weltregierung schlechthin ist"[46], berührt wesentliche Aspekte der Angelologie. Allerdings bleibt unbeachtet, dass deren straffe Hierarchisierung nicht nur als Reaktion auf den „angelologische[n] Ursprung der Christologie"[47] zu verstehen ist, der das Trinitätsparadigma bedroht. Die Gründe für die Identifikation der Engel mit dem Herrschaftsparadigma liegen ebenso sehr in den Leerstellen, Unstimmigkeiten und Provokationen, die mit dem Auftreten von Engeln in der Bibel verbunden sind und ihre Einhegung so dringlich machten. Indem die Botenrolle betont und der Engel liturgisch fixiert wurde, sollte der Vorstellung von Wesen mit eigener Machtsphäre, wie sie Mittlerfiguren in anderen Glaubensvorstellungen zukam, entgegengewirkt werden. In den hier betrachteten Angelologien verfügen die Engel über keinen eigenen Raum, sondern besetzen die Schwelle von intelligibler und materieller Welt. Sie verlieren damit vollends ihre Potenz als eigenständige Zwischenwesen, wie sie in der Antike und im nichtisraelitischen Raum bekannt waren.[48] Erst wenn man die Gründe mitbedenkt, die die Depotenzierung der Engel allererst nötig gemacht haben, gerät auch die Dialektik von Regierung und Regierungssturz in den Blick, die die Figur des Engels für die moderne Literatur so attraktiv werden ließ.

Alle hier skizzierten Phänomene betreffen Ordnungsaspekte. Zur Entstehungszeit der betrachteten Angelologien wurde die göttliche Ordnung selbst nicht hinterfragt. Wohl aber wird die Frage der Ordnung auf einer religiösen

---

45 Zygmunt Bauman, Moderne und Ambivalenz. Das Ende der Eindeutigkeit, Hamburg 2005, S. 48.
46 Giorgio Agamben, Die Beamten des Himmels, Frankfurt am Main; Leipzig 2007, S. 69.
47 Agamben, Die Beamten des Himmels, S. 21.
48 Vgl. Dürr, Der Engel Mächte, S. 32.

Binnenebene relevant und zwar immer dort, wo Engel involviert sind.⁴⁹ Das betrifft die Hierarchie von himmlischer und irdischer Ordnung in der christlichen Theologie im Allgemeinen wie auch das konkrete Wesen und Wirken, das Engeln in ihr zugeschrieben wird. Diese Ordnungsaspekte des Engels bieten Anschlüsse für Ordnungsfragen, die Rilke, Benjamin, Mann und Aichinger beschäftigt haben. Der Ausgangspunkt ist dann nicht die gesetzte göttliche Ordnung, sondern im Gegenteil eine bedrohte, teils kriegszerstörte Ordnung. Als Figur zwischen Ordnungssturz und Ordnungskonstitution wird über den Engel die Verheerung der Welt und gleichzeitig die Möglichkeit einer neuen Ordnung reflektiert. In dieser Funktion ist er wesentlich mit politischen Projekten und Gestaltungsutopien verbunden. Das betrifft sowohl Fragen nach einer neuen Ordnung auf politisch-struktureller Ebene als auch eine Verwandlung des Menschen durch angelisierende Praktiken. Eine Spielart der Ordnungsfrage ist die Spannung von Reinheit und Hybridität.

2.2 Reinheit und Hybridität in Genese und Wesen der Engel

Engel, so eine wichtige Beobachtung, stehen sowohl systematisch als auch genealogisch in einem Spannungsfeld von Reinheit und Hybridität. Nach Thomas von Aquin ist der Engel „eine für sich bestehende Form ohne Stoff"⁵⁰, Pseudo-Dionysius Areopagita spricht von „körperlosen Geistern"⁵¹. Aus dieser Annahme geistigstoffloser Wesen, die von den Verstrickungen des „sündigen Fleisches" (Röm 8,3) nicht tangiert sind, ergibt sich das ihnen zugeschriebene Attribut der Reinheit. Pseudo-Dionysius Areopagita expliziert dies für die oberste Engel-Triade folgendermaßen: „Für rein muß man diese Geister erachten, nicht nur insofern, als ob sie von unheiligen Flecken und Makeln befreit und materiell-sinnlichen Phantasievorstellungen unzugänglich wären, sondern in dem Sinne, daß sie ungetrübt über jede Schwächung und über alles minder Heilige hinaus entrückt sind."⁵²

In Abgrenzung zum Menschen werden Engel auch ganz konkret als von dem Kreislauf körperlicher Einverleibungen und Ausscheidungen losgelöste Wesen

---

49 So verweist Agamben auf die Kontinuität zwischen der providentiellen Weltregierung und dem wissenschaftlichen Weltbild der Moderne, die beide auf einem Wechselspiel von allgemeinen Gesetzen und kontingenten zweiten Ursachen immanenter Wirkungen beruhten (vgl. Agamben, Herrschaft und Herrlichkeit, S. 149–150).
50 Thomas von Aquin, Summe der Theologie, Prima Pars, Quaestio 50, Artikel 5b.
51 Pseudo-Dionysius Areopagita, Himmlische Hierarchie, Kapitel 2, § 4. Hingegen wird in Teilen der patristischen Tradition ein „ätherischer Leib" angenommen. Zur Diskussion bezüglich des Engelleibs vgl. Dürr, Der Engel Mächte, S. 164–166.
52 Pseudo-Dionysius Areopagita, Himmlische Hierarchie, Kapitel 7, § 2.

gedacht, deren Essenz diaphaner Geist ist. Damit sind die Assoziationen von Schwerelosigkeit, Entrückung und besonderer Gottesnähe verknüpft. Pseudo-Dionysius zufolge haben Engel als reine Geistwesen höheren Anteil an der göttlichen Schönheit und „bilden sich in rein geistiger Weise zu Nachbildern Gottes um"[53]. Als „Spiege[l]"[54] vermitteln sie zwischen Gott und Menschen, indem „die urgöttliche Erleuchtung in sie zuerst einstrahlt und dann durch sie die unsere Erkenntnis überragenden Offenbarungen uns vermittelt werden"[55]. Trotz seiner Geistigkeit ist dem Engel die Fähigkeit gegeben, sich beziehungsweise die unsinnliche Offenbarung Gottes zu materialisieren, um für die menschliche Wahrnehmung erfahrbar zu werden.[56] Während Pseudo-Dionysius darin vor allem Metaphern sieht, auf die die Verfasser der Bibel zurückgreifen, handelt es sich bei den dort beschriebenen Engelserscheinungen Thomas von Aquin zufolge um tatsächliche Körper, die außerhalb der Einbildungskraft existieren, da sie in der jeweiligen Situation von allen gesehen werden.[57]

Wichtig für die Aufrechterhaltung der angelischen Reinheit ist Thomas allerdings, dass diese Körper nicht wie Körper funktionieren und Engel weder essen noch sexuell aktiv sind. Wenn Engel in der Bibel als essend beschrieben werden wie Raffael im Buch Tobit, dann sei dies „bloß eine äußere Form des Essens, ein Bild, eine Figur davon"[58]. Interessanterweise thematisiert Raffael selbst diese Spaltung und reflektiert damit die Scheinhaftigkeit des eigenen Scheins: „Während der ganzen Zeit, in der ihr mich gesehen habt, habe ich nichts gegessen und getrunken: ihr habt nur eine Erscheinung gesehen!" (Tob 12,19)[59]

Somit ist der Engel in mehrfacher Hinsicht scheinhaft: erstens – nach Pseudo-Dionysius' „*Lichtmetaphysik*"[60] – als ästhetischer Reflektor der göttlichen Offenbarung in wandelnden Darstellungen, zweitens – nach Thomas von Aquins „*Seinsmetaphysik*"[61] – mit momenthaft angenommenen Körpern in Bezug auf menschliche Lebensäußerungen, die ausschließlich figurativ zu ver-

---

53 Pseudo-Dionysius Areopagita, Himmlische Hierarchie, Kapitel 4, § 2.
54 Pseudo-Dionysius Areopagita, Himmlische Hierarchie, Kapitel 3, § 2.
55 Pseudo-Dionysius Areopagita, Himmlische Hierarchie, Kapitel 4, § 2.
56 Vgl. Thomas von Aquin, Summe der Theologie, Prima Pars, Quaestio 51, Artikel 2.
57 Vgl. Thomas von Aquin, Summe der Theologie, Prima Pars, Quaestio 51, Artikel 2b.
58 Thomas von Aquin, Summe der Theologie, Prima Pars, Quaestio 51, Artikel 3c. Kurt Röttgers bezeichnet die Engel daher als „Körper-Simulanten" (Röttgers, Die Physiologie der Engel, S. 34).
59 Zu dieser Stelle vgl. auch Hafner, Angelologie, S. 148–149.
60 Engel. In: Religion in Geschichte und Gegenwart. Handwörterbuch für Theologie und Religionswissenschaft, hg. von Hans Dieter Betz, Don S. Browning, Bernd Janowski u. Eberhard Jüngel, Tübingen 1999, S. 1270–1290, hier S. 1281.
61 Engel, S. 1281.

stehen sind, und drittens, ebenfalls nach Thomas, in ihrer Wirkweise auf die menschliche Vernunft, die sie durch die Einwirkung auf die Einbildungskraft erleuchten.[62] Der Engel oszilliert also zwischen Reflexionen des Geistig-Numinosen (das sich wiederum in sinnliche Attribute wie äußere Schönheit übersetzt), Figurationen des Sinnlich-Menschlichen und mittelbaren Produktionen der menschlichen Phantasie. Als Vor-Schein ist dieses Changieren zwischen Materialität und Spiritualität im Christentum temporalisiert beziehungsweise futurisiert in der zentralen Botschaft des Christentums, dass das Wort Fleisch werde.[63] So heißt es in der *Summa Theologica*: „Daß sie [die Engel, L.Z.] im Alten Testamente Körper annahmen, geschah, damit dies eine Figur und ein Zeichen sei für die heilige Menschwerdung des göttlichen Wortes."[64] Insbesondere dieses Potential des Engels, als eine ästhetische Metalepse Zukünftiges und damit notwendig Unsichtbares in der Gegenwart sichtbar zu machen, wird in Texten der Moderne für Zukunftsentwürfe verschiedenster Art genutzt.

Zugleich sind es die angelischen Vermittlungsakte, die die dem Engel zugeschriebene Reinheit fortwährend unterminieren. Damit sind ordnungspolitische Implikationen verbunden. Nimmt man mit Mary Douglas an, dass „[n]ur dadurch, daß man den Unterschied zwischen Innen und Außen, Oben und Unten, Männlich und Weiblich, Dafür und Dagegen scharf pointiert, ein Anschein von Ordnung geschaffen werden [kann]"[65], wird deutlich, dass der Engel Ordnungen auf mannigfaltige Weise bedroht. Als Wächter steht er zwischen eso- und exoterischem Bereich, als temporale Schwellenfigur zwischen himmlischer und historischer Zeit, als Mittler zwischen überirdischer und irdischer Sphäre, als körperloses beziehungsweise androgynes Wesen über den Geschlechtern und als willensfreies und somit zur Sünde fähiges Geschöpf zwischen göttlichem und widergöttlichem Handeln. Der Engel ist so einerseits Repräsentant und Exekutant der göttlichen Ordnung, andererseits verkörpert er als ambivalente Figur, die sämtliche ordnungskonstitutiven Antagonismen unterläuft, die grundsätzliche Gefahr

---

62 Vgl. Thomas von Aquin, Summe der Theologie, Prima Pars, Quaestio 111, Artikel 1.
63 Vgl. dazu Ioana Cosma: „However, there is another, positive or plenary aspect of representation and it is connected to the equally theological notions of creation and, very importantly for the present study, revelation. Stating that the world is representation also implies a positive act of realization, of *mise en image*, an accomplished germination, much like spirit becoming flesh: *logos*. And this is where angels achieve a crucial function: they are the first expression of this representation of the world. The angels are the primordial bearers of the theophanic vision. They are at once its first accomplishment and perennial expression and passage" (Cosma, Angels In-Between, S. 33).
64 Thomas von Aquin, Summe der Theologie, Prima Pars, Quaestio 51, Artikel 2c.
65 Mary Douglas, Reinheit und Gefährdung. Eine Studie zu Vorstellungen von Verunreinigung und Tabu, Frankfurt am Main 1988, S. 15–16.

des Ordnungsbruchs. Da das Wesen der Engel durch Dynamik und Relationalität charakterisiert ist, die ihr instabiles Erscheinungsbild ebenso wie ihre Vermittlungstätigkeit betreffen, lassen sie sich nicht durch statische Kategorisierungen bannen, unterlaufen die distinkten Trennungen und erscheinen in ihrer Bewegung zwischen heterogenen Bereichen als Katalysatoren von bedrohlich empfundener Vermischung.[66] Der von Mary Douglas postulierte Zusammenhang zwischen Reinheit und Ordnung ist für den Engel deshalb so interessant, weil er einerseits als Statthalter der göttlichen Ordnung firmiert und in der Hierarchie, die Pseudo-Dionysius entwickelt, als besonders geistige – reine – Figur einen hohen Rang einnimmt.[67] Andererseits scheren Engel mit ihren hybriden Erscheinungsformen, aber auch mit ihrer Vermittlung zwischen heterogenen Bereichen fortwährend aus dieser aufsteigend organisierten Reinheitshierarchie aus. Aufschlussreich ist daher, welche Aussagen anhand der Konzeptualisierung der Engelsfigur, deren Körperlichkeit keine fest gegebene, sondern eine momenthaft erscheinende ist, über die kulturelle Ordnung einer Gesellschaft getroffen werden können.

Die Unreinheit des Engels, in dem sich Gegenwart und Zukunft, Materialität und Spiritualität vermischen, setzt allerdings schon viel früher an, mit den unstimmigen Denotaten, die sich hinter dem Begriff ‚Engel' verbergen. Denn die Tendenz zur Vermischung eignet den Engeln nicht nur als Vermittlungsfiguren zwischen göttlicher und weltlicher Hemisphäre innerhalb des biblisch-apokryphen Vorstellungskosmos, sondern betrifft auch ihre konkrete historische Genese. Die Engelsfigur ist nämlich zeitlich wie kulturell mehrschichtig und hybrid, eine Synthese aus älteren Sagen, polytheistischen Glaubenssätzen und sich formierendem israelitischem Monotheismus.[68] Das liegt nicht nur am kompilatorischen Charakter der Bibel, der notwendigerweise heterogene Schilderungen nach sich zieht. Neben den

---

66 Vgl. dazu Pseudo-Dionysius Areopagita: „Das Wesen der Gottheit duldet keine Vermischung mit etwas Fremdartigem, wirkt aber doch in den Geschöpfen Reinigung, Erleuchtung und Vollendung" (Pseudo-Dionysius Areopagita, Himmlische Hierarchie, S. 19).
67 Die besondere Bedeutung von Reinheit und Hybridität beziehungsweise Verunreinigung für Konstitution und Aufrechterhaltung von Ordnungen hat die Sozialanthropologin Mary Douglas mit einem strukturalistisch-kontextualisierenden Ansatz in *Reinheit und Gefährdung* gezeigt. Schmutz und Verunreinigungen erklärt sie nicht individualpsychologisch, sondern betrachtet sie als kulturübergreifende integrale Konstanten der symbolischen Ordnung einer Gemeinschaft, die sich über das Muster von Schmutz und Schmutzbeseitigung beziehungsweise Ordnungsübertretung und Sanktion konstituiere (vgl. Douglas, Reinheit und Gefährdung, S. 51–52). In den von Reinigungs- und Ordnungsbewegungen geprägten ritualisierten Praktiken werde der Körper zu einem Symbol für die Konstitution und Transgression systemischer Grenzen (vgl. Douglas, Reinheit und Gefährdung, S. 152).
68 Vgl. Hermann Gunkel, Göttinger Handkommentar zum Alten Testament. Genesis, Göttingen 1922, S. 56.

Engeln im engeren Sinne als *angeloi* (ἄγγελοι), also als Boten, beinhaltet die Bibel eine Vielzahl weiterer Geistwesen, die vor- und außerisraelitischen Ursprungs sind und erst in nachbiblischen Zeiten unter dem Begriff ‚Engel' subsumiert wurden.[69] Dazu gehören Seraphim (vgl. Jes 6,2), Cherubim (vgl. Ez 1), Throne (vgl. Kol 1,16) sowie Herrschaften, Mächte, Gewalten, Fürstentümer (vgl. Eph 1,21).[70] Darüber hinaus nahmen aber auch unbestimmte übermenschliche Erscheinungen im Laufe ihrer Rezeptionsgeschichte angelische Konturen an. So etwa bei Jakobs berühmtem Kampf mit dem Engel am Fluss Jabbok, der unter anderem von Chagall, Rembrandt, Delacroix und Dix bildgewaltig, aber ohne biblische Grundlage in Szene gesetzt wurde. Denn in der entsprechenden Bibelstelle ist nur von einem „Mann" die Rede, der den seinen Bruder Esau fürchtenden Jakob am Jabbok stellt und bis zum Morgengrauen mit ihm ringt. Der Angreifer schlägt Jakob auf die Hüfte, ohne dadurch irgendeinen Vorteil erlangen zu können, und fordert schließlich, als der Morgen naht, Jakob solle von ihm ablassen. Das will dieser aber nicht ohne einen Segen tun. Daraufhin segnet ihn der Mann und gibt ihm den Namen Israel, ohne im Gegenzug seinen eigenen zu verraten (vgl. Gen 32,24–31). Das Verhalten dieses geheimnisvollen Mannes ist einzigartig im Alten Testament und lässt sich mit keinem der gängigen Engelsattribute in Einklang bringen. Aus diesem Grund wurde in der religionswissenschaftlichen Forschung als Vorlage ein (Fluss-)Dämon/Gott[71] vermutet, jedenfalls eine Figur aus einem präisraelitischen Glauben.[72]

Eine Folge dieser Vermischungen ist, dass es neben den funktional gedachten Boten auch gänzlich andere Engel gibt, die Teil eines himmlischen Hofstaats sind, der auf pagane Götterversammlungen zurückgeht. Aus externen Quellen speisen sich neben den konsultatorisch tätigen Heerscharen auch die Lob singenden beziehungsweise als Gottes Thron fungierenden Seraphim und Cherubim.[73] Diese höhe-

---

[69] Vgl. Dürr, Der Engel Mächte, S. 30–31. Zu den engelsartigen Wesen in der Antike vgl. Hartmut G. Döhl, Engel und andere Geistwesen in der Antike. Ein Beitrag zu den religionsgeschichtlichen Ursprüngen des Engels. In: Die Wiederkunft der Engel. Beiträge zur Kunst und Kultur der Moderne, hg. von Markwart Herzog, Stuttgart 2000, S. 21–34.
[70] Für eine komprimierte Aufzählung vgl. Hafner, Angelologie, S. 127. Für einen Überblick über die Engelsstellen im Alten und Neuen Testament vgl. Monika Schmitz-Emans, Engel. Ein Steckbrief. In: Engel in der Literatur-, Philosophie- und Kulturgeschichte, hg. von Monika Schmitz-Emans u. Kurt Röttgers, Essen 2004, S. 10–28, hier S. 12–13.
[71] Vgl. Gunkel, Göttinger Handkommentar zum Alten Testament, S. 364. Im Buch Hosea wird hingegen der Engel aufgerufen und mit Gott verbunden. Dort heißt es: „Darum rechtet der HERR mit Juda; er wird Jakob heimsuchen nach seinem Wandel und ihm vergelten nach seinem Tun. Schon im Mutterleib hat er seinen Bruder gepackt und im Mannesalter mit Gott gekämpft. Er kämpfte mit dem Engel und siegte, er weinte und flehte ihn an" (Hos 12,3–5).
[72] Vgl. Gunkel, Göttinger Handkommentar zum Alten Testament, S. 364.
[73] Vgl. Hafner, Angelologie, 230.

ren Engel sind hybride Figuren *par excellence*. So werden für die altorientalisch geprägten sechsflügeligen Seraphim als mögliche Vorbilder so unterschiedliche Wesen ins Spiel gebracht wie die Uräus-Schlange aus Ägypten, die babylonische Sphinx oder akkadische janusköpfige Gottheiten.[74] In puncto Hybridität werden sie nur noch von den polymorphen Cherubim übertroffen, die im Buch Ezechiel folgendermaßen beschrieben werden:

> Und ich sah, und siehe, vier Räder standen bei den Cherubim, bei jedem Cherub ein Rad, und die Räder sahen aus wie ein Türkis, und alle vier sahen eins wie das andere aus; es war, als wäre ein Rad im andern. Wenn sie gehen sollten, so konnten sie nach allen ihren vier Seiten gehen; sie brauchten sich im Gehen nicht umzuwenden; sondern wohin das erste ging, da gingen die andern nach, ohne sich im Gehen umzuwenden. Und ihr ganzer Leib, Rücken, Hände und Flügel und die Räder waren voller Augen um und um, an allen vier Rädern. Und die Räder wurden vor meinen Ohren „das Räderwerk" genannt. Ein jeder hatte vier Angesichter; das erste Angesicht war das eines Cherubs, das zweite das eines Menschen, das dritte das eines Löwen, das vierte das eines Adlers. (Ez 10,9–14)

Bei diesem Hybrid aus Fahrzeug, Tier und Mensch ist so viel Vermischung und hyperbolische Ästhetik am Werk, dass seine Beschreibung tendenziell die Vorstellungskraft sprengt und in Unanschaulichkeit umschlägt. In diesem Sammelsurium ist viel zu finden, aber keine Vergeistigung. Sowohl in ihrer menschlich-tierischen Mischgestalt als auch in ihrer Funktion als Wächter (ein Cherub sichert nach der Vertreibung von Adam und Eva den Zugang zum Paradies, vgl. 1 Mos 3,24) weisen die Cherubim starke Ähnlichkeiten zur ägyptischen und mesopotamischen Vorstellungswelt auf.[75] Neben der kanaanäischen Umgebung übte diese bis zur Zerstörung Jerusalems durch Nebukadnezar 587 v. Chr. nachhaltigen Einfluss auf die israelitische Bildersprache aus. Die überbordende Ästhetik der Engel, die ihrer erklärten Spiritualität zuwiderläuft, bringt die Verfasser von Angelologien in eine Bredouille. So sieht sich Pseudo-Dionysius zu ausführlichen Erklärungen genötigt, „damit wir nicht auch gleich der (ungebildeten) Menge die unheilige Auffassung teilen, als wären die himmlischen und gottähnlichen Geister Wesen mit vielen Füßen und vielen Gesichtern und sie seien nach der tierischen Figur von Stieren oder nach der Raubtiergestalt von Löwen gebildet"[76].

Neben dem Einfluss, den die vielgestaltige kulturelle Umgebung auf die Engelsfiguren des Alten Testaments ausübte, wurde eine Verbindung mit anderen Glaubensinhalten auch aus religionspolitischen Gründen forciert: Antike und orientalische Zwischenwesen und Gottheiten, denen – für den Monotheismus

---

[74] Vgl. Hafner, Angelologie, S. 220. Vgl. auch Schart, Der Engelglaube in der biblischen Tradition, S. 47–52.
[75] Vgl. Dürr, Der Engel Mächte, S. 30.
[76] Pseudo-Dionysius Areopagita, Himmlische Hierarchie, Kapitel 2, § 1.

hochgradig problematisch – eine eigene Machtsphäre zukam, wurden in Angelologien durch die Figur des Engels integriert, in eine klar definierte Hierarchie (unter Gott stehende und geschaffene Wesen) eingegliedert und semantisch neu besetzt.[77] Gleichzeitig beförderte diese Verfestigung des Monotheismus aber wiederum das Erstarken von Mittlerwesen. Denn ein konsequenter Monotheismus, der den einen Gott in eine radikale Transzendenz verlagert und jeglicher Wahrnehmbarkeit entzieht, provoziert Zwischenwesen, die die notwendigen Akte der Vermittlung gegenüber der Menschenwelt leisten und einer Art *horror vacui* der Sphärenordnung entgegenwirken. So stehen „Abstraktion des Gottesbildes und Buntheit des Engelsbildes"[78] in unmittelbarem Zusammenhang.[79]

Auch in der Bibelstelle, die für die Erklärung des Bösen herangezogen wurde, sind Engel als Katalysatoren von Hybridität verwickelt. Sie vermischen sich mit den Menschenfrauen und zeugen Riesen, ein eklatanter Verstoß gegen die von Thomas postulierte Uneigentlichkeit des angelischen Körpers.[80] Diese Erzählung steht vor der Ankündigung der Sintflut und dient dazu, die verdorbenen Sitten zu veranschaulichen, die eine derart drastische Reaktion Gottes nötig machen:

> Als aber die Menschen sich zu mehren begannen auf Erden und ihnen Töchter geboren wurden, da sahen die Gottessöhne, wie schön die Töchter der Menschen waren, und nahmen sich zu Frauen, welche sie wollten. [...] Es waren Riesen zu den Zeiten und auch danach noch auf Erden. Denn als die Gottessöhne zu den Töchtern der Menschen eingingen und sie ihnen Kinder gebaren, wurden daraus Riesen. Das sind die Helden der Vorzeit, die hochberühmten. (1 Mos 6,1–4)

Bei diesem Stoff handelt es sich um Material, das bereits zur Entstehungszeit der Genesis uralt war.[81] An dieser Stelle wird der Prozess der Amalgamierung von angeeigneten Fremdgöttern und Engelsvorstellungen besonders deutlich. So zeigt die noch teilweise erhaltene Differenz zwischen den biblischen Engeln und den im Gegensatz zu diesen autonom agierenden „Gottessöhnen" in der Septuaginta das Bestreben, die außerisraelitischen Gottheiten im Sinne eines doppelten *conservare* aufzuheben und ältere Glaubensinhalte in den Vorstellungskosmos des Monotheismus zu integrieren.[82] Bei Philo von Alexandrien

---

77 Vgl. Dürr, Der Engel Mächte, S. 32–33.
78 Hafner, Angelologie, S. 10.
79 Vgl. Hafner, Angelologie, S. 9–10.
80 Thomas von Aquin löst das Problem, indem er die Gottessöhne nicht zu Engeln, sondern zu Kindern Seths erklärt (vgl. Thomas von Aquin, Summe der Theologie, Prima Pars, Quaestio 51, Artikel 3c).
81 Vgl. Gunkel, Göttinger Handkommentar zum Alten Testament, S. 59.
82 Vgl. Dürr, Der Engel Mächte, S. 22.

(ca. 25 v. Chr.–50 n. Chr.) und Josephus (37–100) wurde dann die Bezeichnung „Gottessöhne" durch „Engel Gottes" substituiert, diese Differenz also eingeebnet.[83] Dadurch verbanden sich israelitische Glaubensinhalte mit außerisraelitischen Versatzstücken zur Installierung eines klaren und geschichtlich mit dem Fall der Engel erklärten Gut-Böse-Rasters.[84] Dieses Beispiel verdeutlicht, dass die Figur des Engels eine hybride Integrations- und Homogenisierungsfigur darstellt, über die pagane Glaubensvorstellungen sowie die Möglichkeit des Unreinen als sündiges Abfallen von Gott Eingang in den jüdischen Monotheismus fanden. So wurde im Anschluss an 1 Mos 6,1–4 zwischen den guten und den bösen Engeln unterschieden, deren mit Menschenfrauen gezeugte Nachkommenschaft den Stand der Dämonen bilden. Dass Engel, die anders als Menschen ideale Geschöpfe darstellen, böse werden können, bedeutete eine Verschärfung der Theodizee-Frage, die deshalb ausgiebig in Angelologien thematisiert wurde.[85]

Die Kargheit der skandalträchtigen Erzählung in 1 Mos 6,1–4 führt Hermann Gunkel auf den „hochmythologischen" und daher „Anstoß"[86] erregenden Inhalt zurück. Entsprechend ausgeprägt ist das Bedürfnis, die fehlenden Umstände zu ergänzen, was sich in vielen apokryphen und pseudepigraphischen Texten ausdrückt. Im Buch Henoch etwa sind es die sexuelle Begierde einiger Engel und der sich anschließende, die Welt verderbende Geheimnisverrat,[87] die das Böse begründen. In Augustinus' *De civitate Dei* (413–426) bedient der erste, aus Hochmut gefallene Engel sich der Schlange zu teuflischen Einflüsterungen,[88] und dann lassen sich die Menschenfrauen, immer schon von zweifelhafter Moral,[89] mit den Bürgern des Himmelstaats ein. Eine andere, teils kombinierte Variante für die Erklärung des Bösen sind Stolz und Hochmut (vgl. Ez 28,12–18; Jes 14,12–15). Dass sich die intensiv rezipierte Erzählung der abtrünnigen Engel vor allem über apokryphe Quellen wie das Buch Henoch und nachfolgende Spekulationen verbreitete und für die gegenwärtige Theologie – anders als für die Popkultur – völlig belanglos ist,[90] demonstriert die Wirkmacht nichtformalisierten Bibelwissens.[91] Das Beispiel der gefallenen Engel verdeutlicht zudem, dass die Entwicklungs- und Vermitt-

---

83 Vgl. Dürr, Der Engel Mächte, S. 22.
84 Vgl. Dürr, Der Engel Mächte, S. 22.
85 Vgl. Hafner, Angelologie, S. 132–133.
86 Gunkel, Göttinger Handkommentar zum Alten Testament, S. 59.
87 Vgl. Das Buch Henoch, hg. von Katja Wolf, Bad Schwartau 2010, S. 22.
88 Vgl. Augustinus, Vom Gottesstaat. Aus dem Lateinischen übertragen von Wilhelm Thimme, München 2007, S. 180–181.
89 Vgl. Augustinus, Vom Gottesstaat, S. 262–263.
90 Vgl. Hafner, Angelologie, S. 145–146.
91 Vgl. Polaschegg, Literarisches Bibelwissen als Herausforderung für die Intertextualitätstheorie, S. 214.

lungsbewegungen der Engel fortwährend mit ihrer Immaterialität und Gleichförmigkeit in Konflikt geraten und so die ihnen zugeschriebene Reinheit untergraben. Problematisch am Fall der Engel ist weniger die Sünde als vielmehr der Bruch mit der Ordnung, der sich in diesen Überschreitungen ausdrückt.

Diese Spannung, die die Engel kennzeichnet, ist auch geschichtsphilosophisch tragend. Das Attribut der *immutabilitas*, das aus der Geistigkeit der Engel folgt,[92] ist eng mit der ihnen zugeschriebenen Reinheit verknüpft. Reinheit wiederum impliziert ahistorische Gleichförmigkeit und Entwicklungslosigkeit. Gälte diese aber universell, so ließe sich der Abfall einiger Engel von Gott nicht erklären und somit auch nicht das Böse in der Welt, will man nicht der aus christlicher Perspektive „giftschwangeren Lehre"[93] einer zweiten demiurgischen Instanz *sui generis* folgen und so den Glauben an das ursprünglich Gute alles Geschaffenen zugunsten eines gnostischen Manichäismus aufgeben.[94] Böse werden daher die ursprünglich gut geschaffenen Kreaturen durch Abfall von Gott, der aufgrund der „Freiheit des Willens"[95] möglich ist. Nach Origenes ist damit keine irreversible Entscheidung getroffen, sondern ein fluktuierender Prozess verbunden, sodass „wir und die Engel in einer künftigen Ordnung Dämonen werden, wenn wir nachgelassen haben, und wiederum Dämonen, wenn sie sich zur Tugend ermannt haben, zur Würde der Engel gelangen werden"[96]. In einer nichtgnostischen Perspektive kann es keinen wesenhaften Unterschied zwischen Engeln und Dämonen geben, Angelologie und Dämonologie sind daher intrinsisch verbunden und spiegelbildlich konstruiert.[97] Das Böse als Bruch mit der gleichbleibenden Reinheit fungiert als Katalysator von geschichtlicher Entwicklung überhaupt, wobei der Engelsfall den menschlichen Sündenfall vorwegnimmt. Die Engel sind mit ihrer Diffundierung vermeintlich statischer Kategorien und der Möglichkeit des Abfalls von Gott quasi als Träger des veloziferischen Prinzips konstitutiv für historische Zustandsveränderungen.

Engel sind aber nicht nur nötig, um eine widergöttliche Sphäre nichtgnostisch erklären zu können, sie wirken ebenso mit an der Überwindung der historischen Zeit und der Installierung des göttlichen Reichs. So kommt in der eschatologischen

---

92 Vgl. Heinrich Schmid, Die Dogmatik der evangelisch-lutherischen Kirche, Erlangen 1843, S. 148 sowie Dürr, Der Engel Mächte, S. 95–96.
93 Augustinus, Vom Gottesstaat, S. 22.
94 Vgl. Augustinus, Vom Gottesstaat, S. 22.
95 Origenes, Über die Grundlehren der Glaubenswissenschaft, S. 67.
96 Origenes, Über die Grundlehren der Glaubenswissenschaft, S. 67.
97 Vgl. Rainer Christoph Schwinges, Wider Heiden und Dämonen – Mission im Mittelalter. In: Engel, Teufel und Dämonen. Einblicke in die Geisterwelt des Mittelalters, hg. von Hubert Herkommer u. Rainer Christoph Schwinges, Basel 2006, S. 9–32, hier S. 19.

Vorstellung mit dem endgültigen Sieg über das Böse auch die geschichtliche Zeit zum Stillstand und das ewige Reich Gottes bricht an. Hier treten die Engel wieder vor allem als Exekutive in Erscheinung: „Und er [der Menschensohn, L.Z.] wird seine Engel senden mit hellen Posaunen, und sie werden seine Auserwählten sammeln von den vier Winden, von einem Ende des Himmels bis zum andern." (Mt 24,31) Der Apokalypse liegt strukturell ein dialektisches Verhältnis von irdischer und himmlischer Ordnung, von Mangel und Fülle zugrunde, das geschichtsphilosophisch temporalisiert ist.[98] Die Gattung der apokalyptischen Schriften (von griechisch ἀποκάλυψις: „Enthüllung", „Entschleierung") ist mit dem Buch Daniel im zweiten vorchristlichen Jahrhundert in der Zeit des babylonischen Exils entstanden und von dessen Leid- und Verfolgungserfahrungen geprägt.[99] Vor diesem soziopolitischen Krisenhintergrund entstehen Bilder einer fundamentalen Verworfenheit der Welt, die einen irreversiblen Endpunkt markiert, an dem keine immanent-historische Ordnungsstiftung mehr denkbar ist. In der apokalyptischen Dramaturgie erwächst daraus der Umschlag in eine alles überstrahlende Hoffnung. Diese verspricht die ebenfalls jede historische Erfahrung übersteigende überirdische Fülle und Glückseligkeit des himmlischen Reichs.

Die apokalyptische Dramaturgie fußt auf dem Dreiklang einer paradiesischen Vergangenheit, einer mangelhaften Gegenwart und der Hoffnung auf eine erlösende Zukunft. Sie begründet damit das triadische Geschichtsmodell, das das abendländische Weltbild entscheidend prägen wird. Ausgehend von konkreten politischen Phänomenen deutet die apokalyptische Semantik nicht nur die gegenwärtigen Zeichen, sondern wirkt als Interpretationsschlüssel selbst auf die Gestaltung der Zeit zurück, ist also auch in ihrer Entstehungszeit immer schon politisch zu verstehen. Klaus Vondung unterstreicht diese Verquickung von religiösen und weltlichen Apokalypsen: Religiös-apokalyptische Bewegungen postulierten ein diesseitiges vollkommen-gerechtes Dasein, das durch ein teils militantes Eingreifen des Menschen zu verwirklichen gesucht wurde.[100] Aus diesem Grund „waren auch die ‚religiösen' Apokalypsen schon immer zugleich ‚säkular'"[101]. Umgekehrt sind „die ‚säkularisierten' Apokalypsen der Moderne nicht ohne religiöse Tiefendimension, sowohl in historischer wie in psychischer

---

98 Vgl. Alexander K. Nagel, Ordnung im Chaos. Zur Systematik apokalyptischer Deutung. In: Apokalypse. Zur Soziologie und Geschichte religiöser Krisenrhetorik, hg. von Alexander K. Nagel, Bernd U. Schipper u. Ansgar Weymann, Frankfurt am Main 2008, S. 49–72, hier S. 55.
99 Vgl. Klaus Vondung, Die Faszination der Apokalypse. In: Apokalypse. Zur Soziologie und Geschichte religiöser Krisenrhetorik, hg. von Alexander K. Nagel, Bernd U. Schipper u. Ansgar Weymann, Frankfurt am Main 2008, S. 177–196, hier S. 177.
100 Vgl. Vondung, Die Faszination der Apokalypse, S. 181.
101 Vondung, Die Faszination der Apokalypse, S. 181.

Hinsicht"[102]. Ein wesentliches Merkmal des apokalyptischen Szenarios liegt in der Transzendierung der realgeschichtlichen Umstände zu einem metaphysisch überhöhten Endkampf zwischen Gut und Böse als der zentralen kosmischen Dichotomie.[103] Auch in dem apokalyptischen Konflikt, der durch die gute Engels- und die böse Dämonenwelt illustriert wird, nehmen die Engel eine Scharnierfunktion zwischen realpolitischer Auseinandersetzung und transzendenter Axiologie ein. Sie spielen eine tragende Rolle bei der Vermittlung arkanen Wissens und der Projektion einer neuen Weltzeit gegenüber der sündhaften und todesverfallenen Gegenwart. Im Buch Daniel wird in Visionen das Spannungsverhältnis von transzendenter Gottesherrschaft und konkreten geschichtlichen Kräften ausgelotet und universalisiert. So spiegelt sich der Kampf Israels mit dem Heidentum im Kampf von Michael als Schutzengel Israels mit heidnischen Engel-Fürsten im Himmel (vgl. Dan 10,12–21), aus dem dann das ewige Reich Israels hervorgehen wird. Dieser kosmische Gegensatz wird im 20. Jahrhundert im Zusammenhang mit dem Kampf gegen den Nationalsozialismus wieder aufgegriffen. So heißt es bei Klaus Mann: „Die herkömmliche Antithese ‚reaktionär-revolutionär' hat ihre Schlagkraft und Aktualität verloren angesichts eines Kampfes, in dem weder das Erbe der Vergangenheit noch die Versprechen der Zukunft verschont werden. Der uralte und dennoch frappierend neue Gegensatz, der die überholte politische Antithese ersetzt, ist der zwischen Gut und Böse."[104]

In den Angelologien bedeutete die Historisierung des kosmischen Weltgeschehens eine wesentliche Vergrößerung des Funktionsbereichs der Engel, die bis dahin als vergleichsweise konturlose Gefäße der göttlichen Stimme fungierten.[105] Sie gewinnen nun in ihrer Funktion als Repräsentanten Gottes eine relative Eigenständigkeit,[106] indem sie die weltlichen Mächte versinnbildlichen und kosmische Kräfte lenken. Klaus Vondung verweist auf die starke Faszination der apokalyptischen Bildersprache, in der zerstörerische Naturgewalten – als deren Personifikationen die Engel dienen – bis heute für die Vergegenwärtigung des Grauens herangezogen werden.[107] Dass die apokalyptische Semantik, für die ein binäres Denken konstitutiv ist, mit dem Gegensatz von Reinheit und Schmutz

---

102 Vondung, Die Faszination der Apokalypse, S. 181.
103 Vgl. Ansgar Weymann, Gesellschaft und Apokalypse. In: Apokalypse. Zur Soziologie und Geschichte religiöser Krisenrhetorik, hg. von Alexander K. Nagel, Bernd U. Schipper u. Ansgar Weymann, Frankfurt am Main 2008, S. 13–48, hier S. 14.
104 Klaus Mann, Blut, Schweiß und Tränen. In: Mann, Zweimal Deutschland. Aufsätze, Reden, Kritiken 1938–1942, hg. von Uwe Naumann u. Michael Töteberg, Reinbek 1994, S. 310–318, hier S. 317.
105 Vgl. Dürr, Der Engel Mächte, S. 37.
106 Vgl. Dürr, Der Engel Mächte, S. 37.
107 Vgl. Vondung, Die Faszination der Apokalypse, S. 191.

operiert, lässt sich mit Mary Douglas als weiteres Indiz für die gesellschaftspolitische Verankerung des apokalyptischen Narrativs lesen.

2.3 Zwischen Tugendideal und Gesellschaftsbedrohung: Das engelsgleiche Leben

Die angelische Spannung von Reinheit und Hybridität stellt eine Bedrohung für die Logik des Monotheismus dar. Auf individueller Ebene jedoch birgt sie ein Versprechen, das dem Engel als Vorbild für die menschliche Lebensführung ungeheure Attraktivität bescherte. „Schreite fort in den Tugenden, damit du den Engeln gleich werdest"[108], fordert der Kirchenvater Basilius von Caesarea in seinem Werk *Drei vorläufige ascetische Unterweisungen*. Gleichzeitig sind es die Hybridisierung der angelischen Vermittlungsbewegung und die darin enthaltene Überwindung von Grenzen, die die Vorstellung nähren, man könne als Mensch dieses Ideal tatsächlich auch erreichen, also selbst zum Engel werden. Diesem Gedanken ist das wirkmächtig gewordene Schema vom Tier als reinem Körperwesen, dem Engel als reinem Geistwesen und dem Menschen als Mischwesen im Dazwischen unterlegt. Bei Augustinus heißt es dazu:

> So ist der Mensch ein Mittleres, aber zwischen den Tieren und Engeln. Denn während das Tier ein unvernünftiges und sterbliches Lebewesen ist, der Engel aber ein vernünftiges und unsterbliches, steht der Mensch in der Mitte, tiefer als der Engel und höher als die Tiere, und hat mit den Tieren die Sterblichkeit, mit den Engeln die Vernunft gemeinsam, ist also ein vernünftiges und sterbliches Wesen.[109]

Das klingt zunächst recht statisch, an anderer Stelle erklärt Augustinus allerdings, dass die leeren Plätze der gestürzten Engel im Himmel durch Menschen besetzt werden. Diese „sollten einen Ersatz bilden für den Verlust, den die Gesellschaft der Engel durch den Sturz der Teufel erlitten hatte"[110], wie Hafner zusammenfasst. Als Figuration anthropologischer Liminalität, als die der Engel gemeinsam mit dem Tier das Definiens des Menschen bildet, kommt ihm eine ungeheure Bedeutung für das menschliche Selbstbild und die Modellierung des eigenen Lebens zu.

Im Lauf des 4. Jahrhunderts avancierten die Engel entsprechend zum Vorbild frühmönchischer Lebensführung mit ethischem wie erkenntnistheoreti-

---

108 Basilius von Caesarea, Drei vorläufige ascetische Unterweisungen. Ausgewählte Schriften des heiligen Basilius des Grossen. Übersetzt von Dr. Valentin Gröne, Kempten 1877, S. 32.
109 Augustinus, Vom Gottesstaat, S. 446.
110 Hafner, Angelologie, S. 152–153.

schem Wert, geprägt von Enthaltsamkeit, Wachsamkeit, Bedürfnis- und Affektkontrolle.[111] Es galt dem Sein der Engel nachzueifern, als dem „der Nahrung nicht bedürftige[n], sondern lediglich sich selbst erhaltende[n], empfindende[n] und erkennende[n] Leben"[112]. Die Überschreitung des irdischen Lebens hin zu einem autarken angelischen Sein funktioniert über den Körper. Dem Streben nach dem *bios angelikos*, dem engelsgleichen Leben, liegt die Vorstellung zugrunde, dass der Körper zum Medium und Zeichen einer die materielle Ebene überschreitenden Wandlung werden kann, wobei diese Semiose sich an vergeistigende Praktiken des physischen Verzichts knüpft. Der Engel ist so Ziel und Medium der Überwindung irdischer Gebundenheit – erreicht werden soll eine spirituelle Reinheit, die über körperliche, androgynisierende Reinigungspraktiken realisiert wird.

Reinheit, mit der besondere Gottesnähe und Vollkommenheit assoziiert wurden, hat eine lange Geschichte als Gegenstand menschlichen Begehrens. Sie verdichtet sich im Bild des Androgynen. So wie Adam und Eva, aber auch andere Urpaare in diversen mythischen Überlieferungen vor dem Sündenfall eine schuldlos-übergeschlechtliche Einheit bildeten,[113] wird im christlichen Vorstellungskosmos auch der Engel als androgyne Figur gedacht. Die Androgynie wiederum gilt als ein zentrales Attribut des Göttlichen, das bei den Menschen als Strafe für ihre Anmaßung, gottähnlich zu sein, in eine unvollkommene und leidvolle Zwitterhaftigkeit zerbricht.[114] Androgynie auf menschlicher Ebene ist also einerseits Sinnbild der Überwindung irdischer Mängel, steht andererseits aber immer auch unter Hybris-Verdacht. Zentral für die antizipierte engelsgleiche Androgynität ist der Gedanke der sexuellen Abstinenz, die Engeln zugeschrieben wurde.[115] Der Begriff der Jungfräulichkeit (*virginitas*) hatte dabei einen sehr viel weiteren Bedeutungsspielraum als dies heute der Fall ist. Spirituell ausgerichtet bezeichnete er allgemein ein Leben, das sich nicht in irdische Begrenzungen fügt, sondern durch umfassende Enthaltsamkeit und Tugendhaftigkeit zum Spiegel der göttlichen Sphäre wird.[116]

---

111 Besonders ausgeprägt ist die Rolle des Engels als Veranschaulichung vorbildlicher Lebensführung in den Schriften des Kirchenvaters Gregor von Nyssa; dazu Matthias Hoch, ‚Reinheit' und ‚Ordnung'. Leibliches und seelisches Dasein in den Schriften *de virginitate, vita Sanctae Macrinae, de anima et resurrectione, de hominis opificio* und *de oratio catechetica magna* des Gregor von Nyssa, Hamburg 2013, S. 246–250.
112 Augustinus, Vom Gottesstaat, S. 382.
113 Vgl. Mircea Eliade, Die Religionen und das Heilige, Darmstadt 1976, S. 479–480.
114 Vgl. Armin Strohmeyr, Traum und Trauma. Der androgyne Geschwisterkomplex im Werk Klaus Manns, Augsburg 1997, S. 486.
115 Vgl. Peter Brown, Die Keuschheit der Engel. Sexuelle Entsagung, Askese und Körperlichkeit am Anfang des Christentums, München; Wien 1991, S. 202.
116 Vgl. Brown, Die Keuschheit der Engel, S. 54–55.

2.3 Zwischen Tugendideal und Gesellschaftsbedrohung: Das engelsgleiche Leben — 45

Nach Peter Brown korrelierte dem Aufstieg der christlichen Kirche im 3. Jahrhundert eine „‚Ästhetik' der Jungfräulichkeit"[117] mit dem unberührten Körper als Ausgangspunkt, in dem sich himmlische und irdische Ordnung kreuzten und eine aufstrebende Institution ihr symbolisches Zentrum erhielt.[118] Dieses spannungsreiche Ineinander von Irdischem und Himmlischem hat nicht nur einen ontologischen und ästhetischen, sondern auch einen temporalen Index. Denn gegenläufig zur postlapsarischen irdischen Gegenwart gilt die himmlische Sphäre als Hort einer verlorenen wie einer noch ausstehenden asexuellen Seligkeit, die die Engel bereits erreicht haben:

> Und Jesus sprach zu ihnen: Die Kinder dieser Welt heiraten und lassen sich heiraten; welche aber gewürdigt werden, jene Welt zu erlangen und die Auferstehung von den Toten, die werden weder heiraten noch sich heiraten lassen. Denn sie können hinfort nicht sterben; denn sie sind den Engeln gleich und Gottes Kinder, weil sie Kinder der Auferstehung sind. (Lk 20,34–36)

Die jungfräuliche Existenz verbindet die scheinbar isolierten Zustände von irdischem und überirdischem Leben. Denn sie ahmt nicht nur die Reinheit der Engel nach, sondern nimmt diese auf Erden vorweg. Der engelsgleich lebende Mensch erfährt so bereits in der Gegenwart einen Vorgeschmack jenes Himmelsbürgerdaseins, das ihn nach der Auferstehung erwartet.[119] Darin liegt eine Besonderheit des christlichen Denkens gegenüber dem jüdischen, das Zeitverkürzungen in dieser Hinsicht nicht kennt.[120]

Mit der temporalen Verschiebung eignet der asketisch-jungfräuliche Mensch sich nicht nur die Reinheit der Engel an, sondern auch ihre Medialität. Indem der Körper in seiner Enthobenheit gegenüber dem Fluss sexueller Zirkulation – wie der Engel zeugt die Jungfrau keine Kinder – zu einem Bildnis vollkommener Integrität und Unversehrtheit avanciert, wird er zum Symbol transzendiert: Er ist nicht länger durch biologische Reproduktionsprozesse gebunden, die die Hinfälligkeit irdischen Seins anzeigen, sondern frei für eine Resemantisierung als irdischer Spiegel engelhafter Reinheit. Als solcher wird er zum Bollwerk gegen heidnische Kontamination und zum irdischen Vorschein der jenseitigen Ewigkeit.

---

117 Brown, Die Keuschheit der Engel, S. 154.
118 Vgl. Brown, Die Keuschheit der Engel, S. 154.
119 Vgl. Frank, Angelikos Bios, S. 57–59. Diese Verknüpfung mit dem (ewigen) Leben muss auch vor dem Hintergrund gelesen werden, dass Sexualität in einer Zeit hoher Kinder- und Müttersterblichkeit oft mit dem Tod assoziiert wurde (vgl. Hoch, ‚Reinheit' und ‚Ordnung', S. 30). Dass dieser Zustand empfängnisloser Unbeflecktheit gleichwohl prekär ist, zeigt sich in der Gefahr des Engelfalls bzw. in den rigorosen gesellschaftlichen Schutzvorrichtungen zur Bewahrung der Jungfräulichkeit.
120 Vgl. Pikulik, Warten, Erwartung, S. 23.

Wie bei den reingeistigen Engeln stellt sich auch hier die Frage, wie die spirituell fundierte Jungfräulichkeit anschaulich werden kann. Als Spieleinsatz und Ausdrucksmedium zugleich fungiert ein von Nahrungsrestriktion gezeichneter Körper, der abgemagert und unfruchtbar ist. Im Zwischenreich von physischem Tod und geistig-ewigem Leben ist dieser immer auf dem Sprung, die konstitutive Trennung von leiblich-endlicher und geistig-ewiger Sphäre zu überschreiten. Analog zur sexuellen Abstinenz bedeutet die Nahrungsaskese ebenfalls eine mit Reinheit konnotierte und Androgynität antizipierende Zäsur im Reproduktionskreislauf. Sexuelle und nutritive Enthaltsamkeit machen in ihrer Überwindung nicht nur körperliche, sondern vor allem auch geschlechtliche Grenzen hinfällig. Wird der die geschlechtliche Differenz zementierende sexuelle Akt verweigert und lässt das Hungern gleichzeitig geschlechtsspezifische Körperformen bis zur Unfruchtbarkeit schwinden, dann entsteht eine Uneindeutigkeit, die eine vor- beziehungsweise übergeschlechtliche Vollkommenheit suggeriert.[121] In ihr, so die Vorstellung, ist der Bruch des Sündenfalls aufgehoben.

Peter Brown verweist darauf, dass insbesondere in Gesellschaften, in denen eine rigorose Geschlechtertrennung herrschte, die Überwindung dieser Beschränkungen die befreiende Wirkung der christlichen Religion besonders zu akzentuieren vermochte.[122] Hier ist eine Spannung festzuhalten zwischen der Zementierung der männlich dominierten Gesellschaftsform, die das auch für die Frau gültige Ideal installierte, und der Möglichkeit, aufgrund des vormodernen Eingeschlechtermodells die eigene Lebensform durch den Austritt aus dem Frau-Sein auf das Ideal kontrollierter Männlichkeit hin zu überschreiten.[123] Nach Basilius von Caesarea hin-

---

121 Vgl. Brown, Die Keuschheit der Engel, S. 341.
122 Vgl. die Beschreibung von Peter Brown: „In Syrien und in Gegenden, die von syrischen Formen des Asketizismus berührt waren, waren Geschichten von Frauen in Umlauf, die aus ihrer sexuellen Identität ausgestiegen waren. Sie hatten ihren Körper durch langes Fasten zu einer ‚engelhaften' Unbestimmtheit gebracht. Sie hatten sich das Haar abgeschnitten. Sie hatten sogar Männerkleidung angenommen, um frei durch die bewohnte Welt zu wandern" (Brown, Die Keuschheit der Engel, S. 341). Zum Aspekt von Askese und Geschlechtlichkeit vgl. Ruth Albrecht, Zum Ideal der Überwindung der Geschlechterdifferenz in der spätantiken christlichen Askese. In: Askese. Geschlecht und Geschichte der Selbstdisziplinierung, hg. von Irmela Marei Krüger-Fürhoff u. Tanja Nusser, Bielefeld 2005, S. 17–42 sowie Waltraud Pulz, Askese, Charisma oder Krankheit? Bedeutungen und Funktionen frühzeitlicher ‚Fastenwunder'. In: Askese. Geschlecht und Geschichte der Selbstdisziplinierung, hg. von Irmela Marei Krüger-Fürhoff u. Tanja Nusser, Bielefeld 2005, S. 43–54, hier S. 52.
123 Diese unaufhebbare Uneindeutigkeit, die sich einem dichotomischen Denken verweigert, verorten die Künstlerinnen Maria Klonaris und Katerina Thomadaki in der Intersexualität, die sie mit dem Engel verbinden: „Bei unseren Überlegungen rund um das *Geschlecht* stießen wir nach und nach zur intersexuellen Gestalt vor, zum ‚Engel', denn er verkörpert die radikalste Position: keine Synthese, keine Umkehrung, sondern ein unfaßbares Zwischen-den-Beiden"

2.3 Zwischen Tugendideal und Gesellschaftsbedrohung: Das engelsgleiche Leben — 47

ken allerdings asketisch lebende Frauen wegen ihres Körpers auf den Stufen der Engelsannäherung Männern immer einen entscheidenden Schritt hinterher:

> So muss die Jungfräulichkeit im Übrigen als etwas Großes und Herrliches verstanden werden; und was die Auferstehung und das unvergängliche Leben betrifft, so zeigt sie sich von nun an als reiner Keim. Denn wenn „in der Auferstehung weder Männer Frauen noch Frauen Männer nehmen, sondern wie Engel sind" und „Söhne Gottes" sein werden, sind diejenigen, die ihre Jungfräulichkeit bewahren, Engel, die mit einem Fleisch ohne Verderbnis durch das menschliche Leben gehen; Engel ⟨nicht⟩ unklar, sondern ganz und gar sichtbar. [...] ⟨Und⟩ ebenso wie diese durch die Enthaltsamkeit in ihrem Mannsein in den Rang von Engeln erhoben wurden, so gilt das Gleiche für sie, die durch eine gleiche Enthaltsamkeit in ihrem Frausein in den gleichen Rang wie jene erhoben wurden, und so im gegenwärtigen Leben den Männern hinsichtlich der Seele gleichgestellt sind, aber von einer Gleichheit, die wegen des weiblichen Körpers, der sie bekleidet, falsch ist, während sie dank der Tugend im zukünftigen Leben den Männern in allem gleich geworden sind.[124]

Mittel und Krux der Angelisierung ist also der weibliche Körper. Mit Mary Douglas, die die gesteigerte Relevanz von Körperöffnungen für eine ordnungsstiftende Symbolbildung betont, wird deutlich, wie im frühen Christentum sexuelle Restriktionen für Operationen des Ein- und Ausschließens genutzt wurden. Ausgangspunkt ist zunächst der universelle Anspruch des Christentums, der auf die gesamte Menschheit zielt:

> Denn ihr seid alle durch den Glauben Gottes Kinder in Christus Jesus. Denn ihr alle, die ihr auf Christus getauft seid, habt Christus angezogen. Hier ist nicht Jude noch Grieche, hier ist nicht Sklave noch Freier, hier ist nicht Mann noch Frau; denn ihr seid allesamt einer in Christus Jesus. (Gal 3,26–28)

(Maria Klonaris u. Katerina Thomadaki, Dem Geschlecht nicht unterworfen. Ein Manifest [Auszug]. In: Engel, :Engel. Legenden der Gegenwart, hg. von Cathrin Pichler, Wien 1997, S. 282–285, hier S. 283–284).
124 Basilius von Caesarea, De virginitate de Saint Basile. Texte vieux-slave et trad. française par A. Vaillant, Paris 1942, S. 57–59 [meine Übersetzung, L.Z.]. Im Original: „Ainsi, pour tout le reste, la virginité doit être comprise comme chose grande et superbe; et quand à la résurrection et à la vie incorruptible, elle s'en montre dès maintenant un germe pur. Car si ‚à la résurrection les hommes ne prennent pas de femmes ni les femmes d'hommes, mais ils sont comme des anges' et seront ‚fils de Dieu', ceux qui gardent leur virginité sont des anges, parcourant la vie humaine avec une chair sans corruption; et des anges ⟨non⟩ obscurs, mais tout à fait en vue. [...] ⟨Et⟩ de même que ceux-ci sont passés par la continence de l'état d'hommes au rang des anges, il en est de même pour elles, qui sont passées grâce à une continence égale à la leur de l'état de femmes au mêmes rang qu'eux, étant dans la vie présente égales aux hommes quant à l'âme, mais d'une égalité qui cloche du fait du corps féminin qui les revêt, tandis que dans la vie future on les trouve devenues les égales en tout des hommes grâce à la vertu."

Angesichts der tatsächlichen Heterogenität der christlichen Gruppen zu dieser Zeit kann die regulierte Sexualität Identität und Einheit stiften.[125] Das geschieht, indem sie alle geschlechtlichen und gesellschaftlichen Grenzen überschreitet, gleichzeitig aber faktisch über das postulierte Ideal reiner Jungfräulichkeit andere kulturelle und religiöse Strömungen ausschließt. Allerdings ist diese Einheit mit einer enormen Sprengkraft erkauft, da die Ablehnung weltlicher Ordnung die Grundfeste von Gesellschaften, die gerade auf der Ungleichheit von Herr und Sklave, Mann und Frau aufbauten, in Frage stellt. Nicht ohne Grund schreibt Mary Douglas über die Zwischenräume, in denen die Engel zu Hause sind, sie seien „*per se* gefährlich"[126], weil sie die ordnungskonstitutiven Grenzen aufweichen. So stehen Basilius und seinem Askese-Konzept, das männliche und weibliche Asketen räumlich voneinander trennt, jene radikalen Formen entgegen, bei denen Frauen und Männer gemeinsam und ohne festen Wohnsitz bettelnd umherziehen und dabei mit sämtlichen sozialen Normen brechen.[127] Die Entsagung kann so, wie im Hungerstreik, zu einer Form des Protests werden, der sich des eigenen Körpers als Zeichen des Dissens bedient. Ordnung, die sich über akkurate Klassifizierungsoperationen bildet, wird hier durch die Transgression der Grenze zwischen Körper und Geist, Weiblichem und Männlichem bedroht. So ist es bezeichnend, dass gerade über die Frage der Askese kirchliche Machtansprüche ausgetragen wurden, bei denen sich die Zuschreibungen von Orthodoxie und Häresie im Laufe der Zeit änderten.[128]

Soll es mit der gesellschaftlichen Ordnung kompatibel sein, muss das engelsgleiche Leben entweder grundlegende Differenzen wie die von Mann und Frau unangetastet lassen oder es darf nur von einer Minderheit praktiziert werden. Denn Arbeits- und Nahrungsverweigerung sowie sexuelle Enthaltsamkeit als konsequent und flächendeckend betriebene Verweigerung von Reproduktion würden die Selbsterhaltungsprozesse sozialer Systeme massiv beeinträchtigen.[129] An diesem Punkt wird deutlich, dass die Askese als eine tolerierte, teils bewunderte, teils auch (religions-)politisch instrumentalisierte Lebensform nur möglich ist, wenn die Kontinuität der Gemeinschaft nicht gefährdet ist.[130] Neben ihrer Sprengkraft hinsichtlich der menschlichen Ordnung bedrohen asketische Prakti-

---

125 Vgl. Brown, Die Keuschheit der Engel, S. 75.
126 Douglas, Reinheit und Gefährdung, S. 179.
127 Vgl. Susanna Elm, „Schon auf Erden Engel". Einige Bemerkungen zu den Anfängen asketischer Gemeinschaften in Kleinasien. In: Historia: Zeitschrift für Alte Geschichte, 45/4, 1996, S. 483–500, hier S. 498.
128 Vgl. Elm, „Schon auf Erden Engel", S. 486.
129 Vgl. Achim Aurnhammer, Androgynie. Studien zu einem Motiv in der europäischen Literatur, Köln; Wien 1986, S. 31.
130 Zur religionspolitischen Instrumentalisierung (weiblicher) Askese vgl. Pulz, Askese, Charisma oder Krankheit?, S. 46–47 u. S. 53.

2.3 Zwischen Tugendideal und Gesellschaftsbedrohung: Das engelsgleiche Leben — 49

ken auch die Differenz zwischen Gott und Mensch. So führt die Abtötung menschlicher Bedürfnisse zu einer autonomen Haltung, die sich einer autopoietischen Modellierung des eigenen Selbst und damit der Hybris der *deificatio* verdankt – „[d]as asketische Subjekt schafft sich selbst und wird durch diesen Schöpfungsakt zum Rivalen Gottes, zum Autor im emphatischen Sinne"[131]. Dieser Gedanke vom Menschen als einem Künstler erhält Auftrieb durch die Entleerung der menschlichen Mitte zwischen Tier und Engel. So spricht Gott bei Pico della Mirandola Adam mit folgenden Worten an:

> Wir haben dir keinen festen Wohnsitz gegeben, Adam, kein eigenes Aussehen noch irgendeine besondere Gabe, damit du den Wohnsitz, das Aussehen und die Gaben, die du selbst dir ausersiehst, entsprechend deinem Wunsch und Entschluß habest und besitzest. [...] Weder haben wir dich himmlisch noch irdisch, weder sterblich noch unsterblich geschaffen, damit du wie dein eigener, in Ehre frei entscheidender, schöpferischer Bildhauer dich selbst zu der Gestalt ausformst, die du bevorzugst. [...] Im Menschen sind bei seiner Geburt von Gottvater vielerlei Samen und Keime für jede Lebensform angelegt; welche ein jeder hegt und pflegt, die werden heranwachsen und ihre Früchte in ihm tragen. Sind es pflanzliche, wird er zur Pflanze, sind es sinnliche, zum Tier werden. Sind es Keime der Vernunft, wird er sich zu einem himmlischen Lebewesen entwickeln; sind es geistige, wird er ein Engel sein und Gottes Sohn.[132]

Während Pico della Mirandola im 15. Jahrhundert die in der Wahlfreiheit begründete Würde des Menschen ohne jede Zurückhaltung als ausdrücklichen Wunsch Gottes formuliert, liegt darin für spätantike christliche Gesellschaften ein kritisches, ja bedrohliches Element. Die Ambivalenz von Tugendideal und Gesellschaftsbedrohung, die die asketische Existenz ausmacht, findet sich auch auf Seiten des angelischen Vorbilds. So erscheint der Engel bei Basilius als androzentrisches Paradigma, in dem eine maßlose weibliche Sexualität beherrscht

---

[131] Christine Schmider, Visionen der Askese. Orgiastisches Schreiben bei Gustave Flaubert. In: Askese. Geschlecht und Geschichte der Selbstdisziplinierung, hg. von Irmela Marei Krüger-Fürhoff u. Tanja Nusser, Bielefeld 2005, S. 116–132, hier S. 124. An dieser Stelle ist auch ein Übergangsmoment der Umstellung von einem religiösen zu einem ästhetischer Bezugssystem auszumachen – während der religiösen Askese die Gefahr der selbstherrlichen Anmaßung eingeschrieben ist, zielen moderne Askese-Praktiken auf Ästhetisierung, Disziplinierung und Selbstoptimierung. Auch wenn die sozioökonomischen und kultursymbolischen Brüche der geschichtlichen Entwicklung zu betonen sind, ist die Figur des Engels im Kontext asketisch-androgyner Praktiken eine Konstante, deren Wirkmächtigkeit sich nicht auf das Konzept des βίος ἀγγελικός als monastisch-asketische Lebensform im frühen Christentum beschränkt, sondern bis in die Gegenwart fortwirkt. So stellt der Engel eine zentrale Identifikationsfigur des Anorexie-Diskurses dar, für den ebenfalls Vorstellungen von Androgynie, ätherischer Reinheit und paradiesischer Asexualität konstitutiv sind.
[132] Giovanni Pico della Mirandola, De hominis dignitate. Über die Würde des Menschen, hg. von August Buck, Hamburg 1990, S. 5–7.

ist, die übrigens auch jüdische und pagane Gemeinschaften als regulierungsbedürftig ansahen.[133] Gleichwohl ist auch hier wieder das den Engel auszeichnende Spannungsmoment von Spiritualität und Materialität zu vermerken, das ihn als unstimmige Figur charakterisiert. So ruft er neben der körperfeindlichen Hypostasierung des Geistes und den Praktiken des Mangels in seiner ikonischen Dimension eine Ästhetik des Überflusses auf.

Wie der unsichtbare Gott ist auch eine abstrakte Reinheitsvorstellung auf erfahrbare Repräsentationen angewiesen, um wirkmächtig zu sein. Der Mangel ruft die Phantasie des Begehrens allererst hervor, die Gestalt des Androgynen als Inversionsfigur oszilliert zwischen Defizienz und Überfluss. Entsprechend sind Engel gerade in ihrer Androgynie erotisch attraktiv gestaltet und die scheinbar asexuelle Androgynie kann jederzeit in eine überbordende Sexualität umschlagen.[134] Dieser Umschlag manifestiert sich im luziferischen Fall, in dem die mit Reinheit verbundene angelische Übergeschlechtlichkeit gebrochen und verkehrt wird in eine potenzierte, männliche und weibliche Verführungskraft in sich begreifende Sexualität. Die Androgynie des Engels, die göttliche Vollkommenheit suggeriert, ist folglich eine weitere Facette mit der die Engelsfigur das monotheistische Weltbild bedroht. Sie steht für die ambivalente Haltung der Engel zur Ordnung, die im 20. Jahrhundert vielfach aufgegriffen und abgewandelt wird. Die Gefahr des Ordnungsbruchs manifestiert sich im gefallenen Engel, während sie in der Reinheit der konformen Engel abgespalten und im Modus des eingeschlossenen Ausschlusses latent präsent bleibt. Allerdings ist auch in diesen die Ästhetik selbst bereits ein potentielles Einfallstor für häretisches Verhalten.

2.4 Angelische (Anti-)Ästhetik

Engel versinnlichen einen Gott, der nicht direkt erfahrbar ist. Sie sind damit genuin aisthetische Figuren. Neben der Überbringung konkreter Botschaften dient ihre Erscheinung dem Zweck, die göttliche Unsichtbarkeit zu kompensieren. Wie intrikat die von den Engeln geleistete Übersetzung von etwas grundsätzlich sinnlich Nichtwahrnehmbarem ist, macht das Programm von Pseudo-Dionysius' *Himmlischer Hierarchie* deutlich:

---

133 Peter Brown verweist darauf, dass die sexuelle Regulierung auch und wesentlich auf die Kontrolle der als bedrohlich und schädlich empfundenen Frau abzielte und sich dieses Bestreben nicht auf christliche Gruppen beschränkte, sondern ebenso für jüdische oder pagane Gemeinschaften charakteristisch war (vgl. Brown, Die Keuschheit der Engel, S. 52).
134 Zur erotischen Attraktivität der Androgynigät vgl. Strohmeyr, Traum und Trauma, S. 276.

2.4 Angelische (Anti-)Ästhetik — 51

> Die von ihnen [den heiligsten Schriften, L.Z.] auf sinnbildlichem und anagogischem Wege uns geoffenbarten Hierarchien der himmlischen Geister wollen wir, soweit es in unserer Macht liegt, zu schauen suchen, die ursprüngliche und überursprüngliche Lichtergießung des urgöttlichen Vaters (welche uns die seligsten Hierarchien der Engel in bildlich geformten Zeichen offenbart), mit immateriellen und zuckungsfreien Augen des Geistes aufnehmen und dann hinwieder von ihr aus zu ihrem einfachen Strahl uns erheben.[135]

In der Wendung von den „immateriellen und zuckungsfreien Augen des Geistes" kulminiert das Paradox, mit dem die gesamte *Himmlische Hierarchie* fertigzuwerden versucht: die Annahme einer aller Sinnlichkeit enthobenen Vergeistigung, deren Superlative in gleißende Bilder gekleidet werden, um wahrnehmbar zu sein, und die entsprechend eine hyperästhetische Aufnahmefähigkeit verlangt, welche aber eine reingeistige bleiben soll. Als unähnlich-ähnliche Abbilder im Dienst der göttlichen Schönheit fungieren die Engelshierarchien als ästhetische Stützpfeiler dieser Konstruktion.[136] Dabei werden sie nicht nur argumentativ außerordentlich strapaziert; die Engelsbilder, die der Offenbarung des „urgöttlichen Vaters" dienen, stellen auch eine weitere Form der Ordnungsbedrohung dar.

Der Grund dafür liegt im sinnlichen Überschuss der Angelophanie. Die ästhetische Intensität der Engelserscheinung beinhaltet immer auch die Gefahr, dass die mediale Funktion des Engels, die darin besteht, die göttliche Botschaft zu vermitteln, zurücktritt hinter eine selbstzweckhafte Wahrnehmung der Erscheinung an sich. Diese intransitiv-ästhetische Qualität wird im Kontext eines Hierarchie- und Verweisungssystems problematisch. Denn in diesem ist die Erscheinung der Engel kein Selbstzweck, sondern dient der Kommunikation der göttlichen Botschaft. So befindet Hans Robert Jauß allgemein über die ästhetische Erfahrung:

> Vom Standpunkt der religiösen Autorität aus gesehen muß die ästhetische Erfahrung ständig in den Verdacht der Unbotmäßigkeit geraten: wo sie in den Dienst genommen wird, um eine übersinnliche Bedeutung zu vergegenwärtigen, macht sie zugleich die sinnliche Erscheinung vollkommen und bereitet den Genuß erfüllter Gegenwart.[137]

Als Figur einer ästhetischen Erfahrung tritt der Engel in der Bibel teils überaus effektvoll auf, etwa am Grab Jesu: „Seine Erscheinung war wie der Blitz und sein Gewand weiß wie der Schnee." (Mt 28,2) Die Überwältigungsästhetik des Engels hat den Zweck, die übermenschliche Tragweite des göttlichen Handelns

---

[135] Pseudo-Dionysius Areopagita, Himmlische Hierarchie, Kapitel 1, § 2.
[136] Vgl. Pseudo-Dionysius Areopagita, Himmlische Hierarchie, Kapitel 3, § 2.
[137] Hans Robert Jauß, Ästhetische Erfahrung und literarische Hermeneutik, Frankfurt am Main 1982, S. 32.

zu illustrieren, sie verleitet aber zugleich dazu, die Gott geschuldete Wertschätzung und Ehrfurcht auf den Engel zu übertragen.

In der ästhetischen Dimension der Engel liegt also der Kern ihres zutiefst ambivalenten Verhältnisses zur Macht begründet. Als Repräsentanten der göttlichen Ordnung stellen sie die bildliche Kristallisation von Herrschaftsstrukturen dar, deren ästhetische Verflüssigung sie gleichzeitig bewirken. Die Engel sind nicht nur – und hier weicht diese Studie von Agambens Verständnis ab – „die Verkörperung der Weltregierung schlechthin"[138], sie duplizieren nicht in einem reinen Abbildverhältnis die göttliche Botschaft im Bereich des menschlichen Seins, sondern schaffen mit ihrer kaleidoskopischen Erscheinung immer auch eine Änderung und Erweiterung des göttlichen Ursprungs. Engel verkörpern in sich bereits Bildhaftigkeit, da das Verhältnis von Gott und Menschen, deren Kommunikation die Engel durch ihre Erscheinung etablieren, selbst ein genuin bildliches ist. Gott hat den Menschen nach seinem Ebenbild geschaffen (vgl. 1 Mos 1,27) und das menschliche Leben als Streben zum Guten (oder Abfall davon) ist über Ähnlichkeits- und Abbildrelationen vermittelt, messbar an dem „Fortschritte in der Gottähnlichkeit"[139], wie es bei Origenes heißt.

Da der göttliche Ursprung als absolutes Sein für den beschränkten Menschen weder unmittelbar noch zur Gänze einsehbar ist, bedarf es des angelischen Bedeutungsträgers, der die Urbild-Abbild-Relation aisthetisiert. Diese Dimension blendet Agamben in *Herrschaft und Herrlichkeit* aus, wenn er das Ästhetische zweifach verengt: auf ein nachträgliches Verfahren und auf den Begriff des Schönen. Bei „dem schrecklichen Erscheinen YHWH [...], dem Reich, dem Gericht, dem Thron" handle es sich um „Dinge, die nur einer ästhetisierenden Betrachtungsweise ‚schön' erscheinen können"[140]. Der hier veranschlagte Ästhetikbegriff ist dagegen sehr viel weiter gefasst und setzt bei der aisthetischen Dimension des Engels an. Nur so wird die ästhetisch fundierte Ambivalenz der Macht sichtbar, die die Engel stützen und zugleich schleichend unterhöhlen.

Neben ihrer ästhetischen Dimension als solcher ist auch die genaue Beschaffenheit der sinnlichen Erscheinung der Engel problematisch – wie lässt sich Unsinnlichkeit am besten darstellen? Im Zusammenhang mit der den Engeln zugeschriebenen Reinheit wurde bereits das Spannungsverhältnis von körper- und schwerelosen Geistwesen und ostentativer Korporalität thematisiert, das für die Engelserscheinungen in der Bibel und mehr noch ihre späteren Dar-

---

138 Agamben, Herrschaft und Herrlichkeit, S. 198.
139 Origenes, Über die Grundlehren der Glaubenswissenschaft, S. 64.
140 Agamben, Herrschaft und Herrlichkeit, S. 238.

2.4 Angelische (Anti-)Ästhetik — 53

stellungen charakteristisch ist.[141] Über die Engelsfigur wird so der Dualismus von Geist und Körper reproduziert und in der Art ihrer wechselseitigen Verwiesenheit zugleich überschritten. Jede Darstellung von Engeln potenziert das Paradox, das in Pseudo-Dionysius' Schilderung der Offenbarung deutlich wird: Engeln wird Idealität, Schönheit und Vollkommenheit in einem rein intelligiblen, nichtperzeptiven Sinn zugesprochen, man ist aber bei der Vergegenwärtigung dieser Attribute immer auf eine sinnlich erfassbare Darstellung verwiesen. Umgekehrt stiftet der Fluchtpunkt des reinen Geistes die Legitimationsgrundlage für die Darstellung physischer Schönheit. Wie im Fall des engelsgleichen Lebens wird der Körper hier als Ort einer transzendenten Semiose zugleich ab- und aufgewertet. Die ‚eigentliche' Beschaffenheit des Engels ist immer nur im Moment seiner stofflichen Verdichtung als uneigentliche für den Menschen zu erfassen, sein intelligibles Sein an sich ist nicht wahrnehmbar. Dass als Schablone seiner Darstellung der poetisierte menschliche Körper herangezogen wird, führt Pseudo-Dionysius auf das beschränkte menschliche Erkenntnisvermögen zurück:

> Denn ganz natürlich hat sich die Offenbarung bei den gestaltlosen Geistern der dichterischen heiligen Gebilde bedient, weil sie, wie gesagt, auf unser Erkenntnisvermögen Rücksicht nahm und für die ihm entsprechende und naturgemäße Emporführung Fürsorge trug und in Anpassung an dasselbe die anagogischen heiligen Darstellungen aufbildete.[142]

Engel sind also bereits in der Bibel Kunstprodukte, so lässt sich zugespitzt formulieren. Die poetische Textur des Engelsbilds ist dabei eng mit seiner Anthropomorphisierung verbunden. In der Kontinuität der Wesenshierarchie verkörpern Engel den Fluchtpunkt der Perfektion. Oft sind es gewellte Haare, zarte, aber starke Gliedmaßen und ein selbstvergessener Blick, die auf die eigentliche Zugehörigkeit zum geistigen Bereich verweisen sollen, tatsächlich aber Aufschluss geben über eine ganz und gar irdische Körperästhetik. Bereits deren vermeintliche Reinheit wird durch das Attribut der Flügel unterwandert, das in der Bibel gewöhnlichen Botenengeln nicht zukommt. Es entstammt der paganen Ikonographie und wird

---

141 Ohne an dieser Stelle näher auf die kunstgeschichtliche Entwicklung eingehen zu können, ist der Wandel der geschlechtlichen Prägung der Engel bemerkenswert – dominierten in den Engelsdarstellungen anfangs männliche Attributen, so werden Engel ab dem 12. Jahrhundert verstärkt mit androgynen, infantilen oder weiblichen Eigenschaften abgebildet (vgl. Hobson, Angels of Modernism, S. 20–21). Neda Bei verweist in diesem Zusammenhang auf das grundsätzlich Problematische einer geschlechtlichen Zuordnung äußerer Eigenschaften, da diese sich wandelnden historischen Konventionen und Sehgewohnheiten unterworfen sind (vgl. Neda Bei, Die schreckliche Ubiquität der Engel. In: Engel, :Engel. Legenden der Gegenwart, hg. von Cathrin Pichler, Wien 1997, S. 33–50, hier S. 35–36).
142 Pseudo-Dionysius Areopagita, Himmlische Hierarchie, Kapitel 2, § 1.

erst später zu einem wesentlichen Erkennungsmerkmal der Engel – ein weiterer Beleg für die angelische Hybridität und die Produktivität des Engels als biblisches Sekundärphänomen.

Diese latente Hybridität tritt offen zutage in der Beschreibung der Cherubim und Seraphim im Alten Testament, die mit dem menschlichen Idealtypus denkbar heftig kollidiert. Denn diese Wesen präsentieren sich nicht als Projektionen übermenschlicher Schönheit, sondern als Figurationen radikaler Alterität. Dass Cherubim selten gemäß ihrer vielköpfig-tierischen Charakteristika abgebildet werden, hängt mutmaßlich nicht nur mit ihrer unansehnlichen, sondern schlicht unanschaulichen Beschreibung in Ezechiels Vision zusammen, die sich der Visualisierung tendenziell widersetzt. Neben der praktischen Herausforderung, die die Darstellung der Cherubim mit ihrem Ineinander von mit Augen bedeckten Rädern, die sich gleichzeitig in alle Richtungen bewegen, und den Gesichtern von Cherub, Mensch, Löwe und Adler bedeutet (vgl. Ez 1,5–21), bringen die entsprechenden Bibelstellen auch Pseudo-Dionysius' Identifikation der Engel mit Spiegeln göttlicher Schönheit in arge Bedrängnis. So wie die strahlende Erscheinung erklärt er auch diese „Mißgestalt" der biblischen Bilder mit den Beschränkungen des menschlichen Geistes:

> Denn es ist natürlich, daß man bei den ehrenvolleren heiligen Bildern auch abirre und auf die Meinung kommt, es seien die himmlischen Wesen sozusagen goldartige Männer, lichtgestaltet, funkelnd, von herrlicher Schönheit, in schimmerndes Gewand gekleidet und ohne zu schaden feurig blitzend, oder irgendwelche ähnlich gebildete Figuren, in welchen sonst noch die Offenbarung die himmlischen Geister äußerlich dargestellt hat. Um nun diejenigen, welche keine höhere Schönheit kennen als die äußerlich erscheinende, vor diesem Fehler zu bewahren, läßt sich die anagogische Weisheit der heiligen Verfasser der Offenbarungsschriften auch zu den unpassenden Unähnlichkeiten heilig herab und duldet nicht, daß der sinnliche Teil in uns an den unedlen Bildern haften bleibe und in ihnen ruhe. Sie regt vielmehr das Höhere der Seele an und stachelt sie durch die Mißgestalt der entworfenen Bilder auf, da es ja selbst den ganz fleischlichen Menschen nicht zulässig und wahr zu sein scheint, daß diesen so häßlichen Dingen die überhimmlischen und göttlichen Erkenntnisobjekte in Wirklichkeit ähnlich sind.[143]

Über das Abwegige der nicht bloß un-, sondern dezidiert antiästhetischen Engel soll nicht nur ihrer idolatrischen Verehrung vorgebeugt, sondern auch die beschränkte menschliche Wahrnehmung *ex negativo* zur Einsicht einer höheren Schönheit als die äußerlich erfahrbare „hinaufgeführt" werden (anagogisch bedeutet so viel wie „nach oben führend"). Schönheit und Hässlichkeit sind in diesem Argument gleichermaßen adäquater Ausdruck der Engel, ja, sie sind beide nötig, um unzulässige Identifikationen mit ihren äußeren Erscheinungsformen

---

[143] Pseudo-Dionysius Areopagita, Himmlische Hierarchie, Kapitel 2, § 3.

zu verhindern. So wird die anthropomorphisierte idealschöne Figuration des Engels durch eine Projektierung auf das Unmenschliche austariert, das seltsam und bedrohlich in die menschliche Lebenswelt einbricht und in dem bekannten Ausspruch „Fürchtet euch nicht" (etwa Lk 2,10) der Engel zum Ausdruck kommt.

Der Religionswissenschaftler Rudolf Otto fasst Anfang des 20. Jahrhunderts in seiner Phänomenologie des Heiligen diesen „Doppelcharakter des Numinosen"[144] in der Formel des *mysterium tremendum et fascinans*. Deren Wirkung parallelisiert er mit der ästhetischen Erfahrung und vergleicht sie mit dem Erlebnis des Erhabenen, zu dem eine „verborgene Verwandtschaft"[145] bestehe. Zugleich streicht er die enge Verbindung zwischen dem Mysteriösen und den Engeln und Dämonen heraus: „Das Mysteriöse lebt und webt hier [in der semitischen Religion, L.Z.] stark in den Vorstellungen des Dämonischen und Engelischen, von dem diese Welt als von dem ‚Ganz andern' umgeben, überhöht und durchdrungen ist."[146] Der Engel ist also eine Art ideographisches Zeichen des Numinosen, das sowohl das unermesslich Schöne als auch das unfassbar Schreckliche in sich begreift. Er verkörpert damit nicht nur die ästhetische Erfahrung, sondern auch die Erfahrung des Erhabenen, und zwar sowohl in seiner überwältigungsästhetischen Erscheinung als auch auf einer strukturellen Ebene. So besteht eine grundsätzliche Analogie zwischen dem Engel als imaginationsbildender Figur der Darstellung des Undarstellbaren (des göttlichen Mysteriums) und dem Erhabenen,[147] über das die unaufhebbare Kluft von Idee und Wirklichkeit beziehungsweise hier von Spiritualität und sinnlicher Wahrnehmung erfahrbar wird. Über seine paradoxe (Anti-)Ästhetik ist der Engel das Medium einer Grenzerfahrung und ermöglicht damit die größtmögliche Näherung an Gottes Unverfügbarkeit.

---

144 Rudolf Otto, Das Heilige. Über das Irrationale in der Idee des Göttlichen und sein Verhältnis zum Rationalen, Breslau 1917, S. 39.
145 Otto, Das Heilige, S. 78. Vgl. dazu Wolfgang Braungart: „In der Gestaltung und der Erfahrung des Schönen und des Erhabenen konvergieren ästhetische und religiöse Momente" (Wolfgang Braungart, Ästhetische Religiosität oder religiöse Ästhetik? Einführende Überlegungen zu Hofmannsthal, Rilke und George und zu Rudolf Ottos Ästhetik des Heiligen. In: Ästhetische und religiöse Erfahrungen der Jahrhundertwenden, Bd. 2, hg. von Wolfgang Braungart, Gotthard Fuchs u. Manfred Koch, Paderborn u. a. 1998, S. 15–29, hier S. 20). Vgl. dazu auch folgenden Passus in der *Kritik der Urteilskraft*: „Das Gemüt fühlt sich in der Vorstellung des Erhabenen in der Natur *bewegt*: da es in dem ästhetischen Urteile über das Schöne derselben in *ruhiger* Kontemplation ist. Diese Bewegung kann (vornehmlich in ihrem Anfange) mit einer Erschütterung verglichen werden, d. i. mit einem schnellwechselnden Abstoßen und Anziehen eben desselben Objekts" (Kant, Kritik der Urteilskraft, S. 592).
146 Otto, Das Heilige, S. 88.
147 Vgl. Jörg Heininger, Erhaben. In: Ästhetische Grundbegriffe, Bd. 2, hg. von Karlheinz Barck, Martin Fontius, Dieter Schlenstedt, Burkhart Steinwachs u. Friedrich Wolfzettel, Stuttgart; Weimar 2010, S. 275–310, hier S. 276–277.

Die genuine Unähnlichkeit der Engel mit sich selbst ist eine der vielen angelischen Unstimmigkeiten, die hier epistemologische beziehungsweise axiologische Implikationen hat. So weisen die markierte Widersprüchlichkeit und Pluralität ihrer Erscheinungsformen die Engel zunächst als Träger einer negativen Ästhetik aus, in Reaktion auf einen unerreichbar entrückten Gott, von dem sich trotz seiner Ferne etwas mitteilen lassen soll. Gleichzeitig rückt sie ihre ästhetische Vielfalt aber auch in die Nähe des Bösen. Denn vielfältige Erscheinungsweisen und eine überbordende Ästhetik sind genuine Bestandteile satanischer Figurationen. Ein ästhetisches Täuschungsprogramm gehört zum Repertoire des Teufels, der sich über seine Erscheinung nicht zweifelsfrei identifizieren lässt und sich sogar mit Vorliebe als Engel ausgibt: „[...] denn er selbst, der Satan, verstellt sich als Engel des Lichts." (2 Kor 11,14)[148] Indem der Engel mit seinen strahlenden wie monströsen Erscheinungsformen über sein Äußeres ebenso wenig verlässlich zugeordnet werden kann, ist er dem Teufel als demjenigen, der „durcheinanderwirft" (διαβάλλειν), sehr nah: Wie der Teufel fordert dieser Logik nach auch der Engel in der Nicht-Identität von Wesen und Erscheinung nicht nur das Gute, sondern auch jene Ordnung selbst heraus, die der Bestimmung von Gutem und Bösem zugrunde liegt.

Engel sind aber nicht nur Ausdruck einer prononcierten Ästhetik, sondern auch selbst wiederum Produzenten von Bildern und Figuren, indem sie laut Thomas von Aquin unmittelbar auf die Einbildungskraft einwirken und beispielsweise Joseph im Schlaf erscheinen (vgl. Mt 1 u. 2). Dieses Wirken ist unabdingbar für die Erkenntnisvermittlung, denn „[d]ie menschliche Vernunft [...] kann nicht das vernünftig Erkennbare erfassen, wenn dieses nackt und rein in seiner Vernünftigkeit vorgelegt wird; denn es ist ihrer Natur angemessen, nur dadurch zu erkennen, daß sie sich zu den Phantasiebildern wenden"[149]. Aus diesem Grund „legen die Engel die erkennbare Wahrheit unter Figuren und Bildern vor, die von sichtbaren Dingen hergenommen sind"[150]. Die Engel eröffnen in ihrer Vermittlung zwischen *mundus sensibilis* und *mundus intelligibilis* den Raum des *mundus*

---

148 Darüber hinaus nutzt der Teufel das Aisthetische, also das sinnlich Wahrnehmbare, mit Vorliebe als Vehikel seiner Machenschaften, etwa wenn er den Heiligen Antonius mit opulenten Bildern vom Pfad der Tugend abzubringen sucht. Und auch der gefallene Engel scheint von besonderer Schönheit zu sein: „Durch deinen großen Handel wurdest du voll von Gewalttat und hast dich versündigt. Da verstieß ich dich vom Berge Gottes und tilgte dich, du schirmender Cherub, hinweg aus der Mitte der feurigen Steine. Weil sich dein Herz erhob, dass du so schön warst, und du deine Weisheit verdorben hast in all deinem Glanz, darum habe ich dich zu Boden gestürzt und ein Schauspiel aus dir gemacht vor den Königen." (Hes 28,16–17) Vgl. auch „Wie bist du vom Himmel gefallen, du schöner Morgenstern!" (Jes 14,12)
149 Thomas von Aquin, Summe der Theologie, Prima Pars, Quaestio 111, Artikel 1b.
150 Thomas von Aquin, Summe der Theologie, Prima Pars, Quaestio 111, Artikel 1b.

imaginalis. Sie sind damit Medien der Einbildungskraft.[151] So ist die Phantasie, die ästhetischen Überfluss produziert und bei Enthaltsamkeit den Asketen mit besonders verführerischen Bildern quält, eng mit den Engeln verbunden. Und es besteht die Gefahr, dass Bilder ohne jeden Bezug zur Vernunft erscheinen. Da gute Engel keine Täuschungsabsicht haben können, macht Thomas den Grund dafür in Defiziten der menschlichen Vernunft aus.[152] Allerdings muss er einräumen, dass diese Einwirkung auch durch böse Engel geschehen kann, ohne dass er Kriterien zur Unterscheidung an die Hand gibt. Die Phantasie bleibt damit ambivalent, da sie einerseits Wahrheit offenbaren, diese andererseits aber auch nur vortäuschen und Menschen so vorsätzlich verwirren kann.

Die Ambivalenz der Engel, die darin liegt, dass sich nicht zweifelsfrei entscheiden lässt, ob die mit ihnen verbundene Imagination im Dienst der richtigen Sache steht, zeigt auch die doppelte Perspektive in der Bibel an. So bleibt beispielsweise die Information, dass es sich um „zwei Engel" (1 Mos 19,1) handelt, die zu Lot kommen und ihn vor der Zerstörung der Stadt Sodom aus ihr herausführen, Leserinnen und Lesern vorbehalten; den Protagonisten erscheinen sie nur als „Männer" (1 Mos 19,5). Der Engel ist damit ein potentiell „böses Medium"[153], das unter latentem Täuschungsverdacht steht. Die Frage des Bösen ist eine, die immer mitschwingt – zumal in der Moderne. Denn die Komplizenschaft von Bösem und Ästhetischem kann sich erst dann voll entfalten, wenn die Kunst im 18. Jahrhundert mit dem Programm der sogenannten Autonomieästhetik aus dem Korsett moralischer Heteronomie befreit wird,[154] und so das Böse ebenso

---

151 Auch die Phantasie ist damit ein Einfallstor für Widergöttliches. In dem Sichtbarmachen von Unsichtbarem ebenso wie als Lenker der Phantasie sind Engel ästhetische Figuren der Imagination, über die sich göttliche Vollkommenheit schleichend zu künstlerischer Meisterschaft wandelt: „Vollkommenheit ist anfänglich ein Prädikat, das in jüdisch-christlicher Tradition Gott allein zukommt und das gleichermaßen zum Glücksprivileg antiker Götter gehört. Da die göttliche Vollkommenheit indes nicht ohne Imagination vorstellbar und erfahrbar werden kann, fand die ästhetische Erfahrung im Medium des Imaginären den Ansatzpunkt, sich fortschreitend der Gestalten und Sinnstrukturen des Vollkommen zu bemächtigen und schließlich die Aura göttlicher Vollkommenheit für die Kunst als höchstes Menschenwerk zu beanspruchen" (Jauß, Ästhetische Erfahrung und literarische Hermeneutik, S. 305).
152 Vgl. Thomas von Aquin, Summe der Theologie, Prima Pars, Quaestio 111, Artikel 3c.
153 Zu „bösen Medien" vgl. Markus Krajewski u. Harun Maye, Was sind böse Bücher? In: Böse Bücher. Inkohärente Texte von der Renaissance bis zur Gegenwart, hg. von Markus Krajewski u. Harun Maye, Berlin 2019, S. 7–27, hier S. 10.
154 Konstitutiv für das von den Zwängen des Nützlichkeitspostulats befreite Schöne galt Karl Philipp Moritz, dass es „keines Endzwecks, keiner Absicht warum es da ist, außer sich *bedarf*, sondern seinen ganzen Wert und den Endzweck seines Daseins in sich selber hat" (Karl Philipp Moritz, Über die bildende Nachahmung des Schönen. In: Moritz, Werke in zwei Bänden, Bd. 1, ausgewählt und eingeleitet von Jürgen Jahn, Berlin; Weimar 1973, S. 255–290, hier

wie der Engel, der als gefallener eine Figuration der Autonomie durch den Gebrauch des freien Willens darstellt, in gesteigertem Maße Figuren der ästhetischen Selbstreflexion werden. Gleichzeitig bleibt das Böse auf jene Spannung aus Verbot und Überschreitung angewiesen, die von der Religion auf die Literatur übergeht und deren „böse Ausrichtung"[155] begründet.

Die Gefahr der Täuschung beziehungsweise Fälschung betrifft nicht nur die Erscheinung der Engel, sondern auch den performativen Akt ihrer Botschaftsübermittlung. Hier wird der Engel zum konsubstantiellen Stellvertreter Gottes, der ihn nicht nur symbolisiert, sondern seine Präsenz auch verwirklicht. So heißt es in 1 Mos 22,11–12, als Abraham seinen Sohn opfern soll:

> Da rief ihn *der Engel des HERRN* vom Himmel und sprach: Abraham! Abraham! Er antwortete: Hier bin ich. *Er sprach*: Lege deine Hand nicht an den Knaben und tu ihm nichts; denn nun weiß ich, daß du Gott fürchtest und hast deines einzigen Sohnes nicht verschont um *meinetwillen* [meine Hervorhebungen, L.Z.].

In der Engelserscheinung fallen Zeichen und Bezeichnetes momenthaft zusammen. In der Folge ist nicht mehr klar, ob es Gott oder der Engel ist, der spricht und handelt – „[d]er Text der Bibel schwankt gleichsam wie ein Blinklicht zwischen der Stimme Gottes und der Stimme des Engels"[156], wie Michel Serres feststellt. In der Geschichte von Manoach und seiner Frau, denen der Engel des Herrn die Geburt eines Sohns prophezeit, geht die Überschneidung so weit, dass die Beteiligten die Erscheinung des Engels mit der Gottes gleichsetzen:

> Und als die Flamme auflodderte vom Altar gen Himmel, fuhr der Engel des HERRN auf in der Flamme des Altars. Als das Manoach und seine Frau sahen, fielen sie zur Erde auf ihr Angesicht. Und der Engel des HERRN erschien Manoach und seiner Frau nicht mehr. Da erkannte Manoach, dass es der Engel des HERRN war, und sprach zu seiner Frau: Wir müssen des Todes sterben, weil wir Gott gesehen haben. (Ri 13,20–22)

In den dialogischen Ausführungen in Michel Serres' *Die Legende der Engel* werden diese Überblendungen als konstitutiv für Kommunikationsprozesse überhaupt verstanden: „Die Bibel bringt in diesen Texten das Grundproblem der

---

S. 262). Die postulierte Autonomie ist allerdings keine unbedingte; so setzt Karl Philipp Moritz der Vorstellung eines schrankenlosen Schönen im Bereich des Handelns Grenzen: „Durch den Mittelbegriff des Edeln also wird der Begriff des Schönen wieder zum Moralischen hinübergezogen und gleichsam daran festgekettet. Wenigstens werden dem Schönen dadurch die Grenzen vorgeschrieben, die es nicht überschreiten darf" (Moritz, Über die bildende Nachahmung des Schönen, S. 260).
155 Gerd Bergfleth, Die Souveränität des Bösen. Zu Batailles Umwertung der Moral. In: Georges Bataille, Die Literatur und das Böse, München 1987, S. 189–236, hier S. 193.
156 Serres, Die Legende der Engel, S. 106.

Kommunikation zum Ausdruck."[157] Der Engel fungiert daher in Serres' Werk als Sinnbild universaler Übersetzungsprozesse, die die Welt konstituieren, sowie einer weltumspannenden Verschaltung, da er – analog zu neuen Medien – heterogene Bereiche verknüpft.[158] Das fast durchgehend dialogisch aufgebaute Werk, das überwiegend aus Gesprächen der Flughafenärztin Pia, dem Inspizienten der Air France, Pantope, und Pias Bruder Jacques besteht, ist selbst wesentlich angelisch konzipiert: Bedeutung geht nicht klar aus der Aussage eines Sprechers oder einer Sprecherin hervor, sondern entsteht aus dem Wechselspiel des Dialogs und dem ambiguen Spannungsfeld von Intention und medialer Übertragung, die die genaue Zuordnung der Aussagen verunklart. Damit stellt das Werk selbst die Zwiespältigkeit angelisch vermittelter Kommunikation aus. Funktionale und ethische Dimension der Kommunikation sind hier untrennbar verknüpft, die Gefahr, dass der Engel als prototypisches Medium nicht hinter der Botschaft zurücktritt, sondern sich diese in ihrer Vermittlung aneignet und somit verfälscht, ist immer virulent.[159] Diese Bedrohung ist der Tätigkeit des Engels notwendig eingeschrieben: Er muss erscheinen, um seine Botschaft zu übermitteln, aber er muss ebenso verschwinden und hinter seiner Aussage zurücktreten, da es nie um ihn geht.

Im Bereich der Kunst potenzieren sich angelische Unstimmigkeiten und metaästhetische Reflexionen, denn man hat es bei der Darstellung von Engeln mit der Darstellung der Darstellung zu tun. Die Aisthetisierung von Unsinnlichem erweitert sich in den Zeichensystemen der Sprache und noch mehr in der bedeutungsamplifizierenden Literatur,[160] der bildenden Kunst (als „*Bilder*

---

[157] Serres, Die Legende der Engel, S. 107.
[158] Vgl. Serres, Die Legende der Engel, S. 67. Die Verbindung von Engeln und modernen Medien lässt sich mit Agamben um den Aspekt der Herrlichkeit erweitern (die Verherrlichung Gottes ist ein wesentlicher Bestandteil der angelischen Pflichten): „Die heutige Demokratie ist eine Demokratie, die gänzlich auf der Herrlichkeit begründet ist, das heißt auf der durch die *Medien* vervielfachten und verbreiteten, jede Vorstellung übersteigenden Wirkmacht der Akklamation" (Agamben, Herrschaft und Herrlichkeit, S. 305). Wie Serres sieht auch Agamben hierin eine Manipulation der Botschaft am Werk: „Und wie es von jeher mit profanen und kirchlichen Liturgien geschieht, wird auch dieses vermeintlich ‚ursprüngliche demokratische Phänomen' von den Strategien der spektakulären Macht eingefangen, ausgerichtet und manipuliert" (Agamben, Herrschaft und Herrlichkeit, S. 305).
[159] Mit der Frage, wie dieser Gefahr begegnet werden kann, beschäftigt sich Michel Serres: „Wie kann man sich vor Verrat und Parasitentum, vor Täuschung durch Behinderung der Kommunikation schützen? Aus dieser Frage ergibt sich eine ganze Deontologie der Boten: Wie schafft man es, die übermittelte Sache *nicht* zu stehlen?" (Serres, Die Legende der Engel, S. 101).
[160] Zur Aisthetisierung vgl. Sybille Krämer, Was haben ‚Performativität' und ‚Medialität' miteinander zu tun? Plädoyer für eine in der ‚Aisthetisierung' gründende Konzeption des Perfor-

des Bildes"[161]) oder der Musik (in der die Spannung von göttlicher Abstraktion und angelischer Konkretion in einem ungegenständlichen Medium verhandelt wird),[162] sodass Engelsdarstellungen immer schon auf zwei Ebenen operieren. Die damit verbundene poetologische Dimension lässt sich zum einen im Inspirationstopos finden, das auf eben jenes sinnstiftende Differenzmoment rekurriert wie im Bild des *poeta vates*, dem die Vorstellung zugrunde liegt, der Künstler habe Zugang zu einer sakralen Sphäre, deren Widerschein er in der poietischen Verwandlung materialisiert. Zum anderen lässt sich auch wissensgeschichtlich mit Sigrid Weigel fragen, inwiefern die Kunst in Verweltlichungsprozessen „zum Medium der Verhandlungen zwischen Theologie und Wissenschaft"[163] avanciert und damit die strukturell angelische Rolle eines auch wesentlich metaphorisch vermittelten Austauschs einnimmt. Konkret geht es an dieser Stelle in Sigrid Weigels Aufsatz „Die Vermessung der Engel" (2007) um barocke Maler, welche die Einsicht des kopernikanischen Weltbilds umsetzten, um „das christliche Weltbild als Bild darzustellen"[164], also um die durch die Selbstreflexion des kopernikanischen Weltbilds hervorgebrachte Tendenz zur Darstellung der Darstellung. Gleichzeitig zeigen sich die Engel in ihrer anhaltenden Präsenz im 19. Jahrhundert als Scharnierstelle einer disziplinübergreifenden Ausweitung von Wissen, die sowohl den Engeln als auch der Kunst aus ihrer Verortung im Grenzbereich von Empirie und Transzendenz erwächst.

In der Schwellenfigur des transdisziplinären Engels verdichtet sich so „das spekulative Begehren zur Entgrenzung des positiven Wissens auf seinem Weg in den Kosmos"[165], womit nicht nur epistemologische, sondern auch poetologische Fragen berührt werden. Ähnlich der Metapher figuriert der Engel den Berührungspunkt verschiedener semantischer Bereiche, markiert also poetologisch einerseits die Grenze und Differenz, und impliziert andererseits immer auch die Schwelle als Möglichkeit der Berührung und überschreitenden Vermischung.[166] In ihrer Affini-

---

mativen. Zur Einführung in diesen Band. In: Performativität und Medialität, hg. von Sybille Krämer, München 2004, S. 13–32.
161 Weigel, Die Vermessung der Engel, S. 254.
162 In der Zeit der Kirchenväter wurde der angelische Schöpfungsjubel mit der Lehre der Sphärenharmonie zusammengeführt und bei Boethius um die Verknüpfung mit einer musikalischen Harmonie erweitert, die dem Jubel der Engel akustisch Ausdruck verlieh (vgl. Herkommer, Sphärenklang und Höllenlärm, Lächeln oder Fratzen, S. 206–207).
163 Weigel, Die Vermessung der Engel, S. 249.
164 Weigel, Die Vermessung der Engel, S. 249.
165 Weigel, Die Vermessung der Engel, S. 247.
166 Zur Produktivität der Grenze vgl. Jurij Lotman: „Die Brennpunkte der semiotisierenden [semioobrazovatel'nye] Prozesse befinden sich aber an den Grenzen der Semiosphäre. Der Begriff der Grenze ist ambivalent: Einerseits trennt sie, andererseits verbindet sie. Eine Grenze

tät zur Metapher als einem vertikalen Übertragungsvorgang stehen Engel für die Berührung von gestaltlosen Signifikanten und der Materialität ikonischer Darstellung. Hier lässt sich auch der Bogen zu Mary Douglas' Ordnungskonzept schlagen, in dem Unordnung nicht nur Gefahr, sondern auch schöpferisches Potential signalisiert.[167] Innerhalb eines theozentrischen Weltbilds wird solches als Bedrohung verstanden. Diese Bewertung erfährt mit dem Bruch der theozentrischen Ordnung in der Moderne eine entscheidende Wandlung.

Viele der Fragen, deren zufriedenstellende Beantwortung für die vormodernen Angelologien von entscheidender Bedeutung waren, haben ihre Virulenz im 20. Jahrhundert verloren, in dem völlig andere Rahmenbedingungen gelten. Die Natur der angelologischen Verbindungslinien ist daher struktureller und figurativer Art. Entsprechend geht es in dieser Studie nicht darum, eine moderne Fortschreibung spätantiker Angelologien in literarischen Werken auszumachen; vielmehr adaptieren diese die ambivalenten Bilder und paradoxen Strukturen, die in einem Bezug zu der spezifischen Situation ihrer Verfasserinnen und Verfasser stehen. Dazu gehören insbesondere die Debatten um umfassende Verlusterfahrungen: Verlust an Ordnung im Zuge der beiden Weltkriege, an Menschlichkeit durch die Dehumanisierung im Nationalsozialismus, an Verwurzelung im Exil des modernen Menschen, an Anschaulichkeit durch technische Entwicklungen und schließlich die Erfahrung des Verlusts von Erfahrung selbst.

2.5 Der Engel als Reflexionsfigur moderner Debatten

Die Untersuchung von Engelsfiguren in Texten des 20. Jahrhunderts ruft mit Religion und Moderne zwei Diskursfelder auf, die inkompatibel erscheinen und zugleich untrennbar miteinander verbunden sind.[168] Diese Spannung reflektiert der

---

grenzt immer an etwas und gehört folglich gleichzeitig zu beiden benachbarten Kulturen, zu beiden aneinandergrenzenden Semiosphären. Die Grenze ist immer zwei- oder mehrsprachig" (Jurij M. Lotman, Die Innenwelt des Denkens. Eine semiotische Theorie der Kultur, Berlin 2010, S. 182).

167 Vgl. Douglas, Reinheit und Gefährdung, S. 124.

168 Nach Suzanne Hobson, die die vielfältigen Figurationen von Engeln in der angloamerikanischen modernen Literatur untersucht, finden sich zwei gegenläufige Stoßrichtungen: Einerseits stellten die Engel eine Bastion gegen Säkularisierungstendenzen in Kunst und Religion dar, andererseits seien sie in ihrer Indienstnahme für eine Vielzahl emanzipatorischer Bewegungen genuin säkulare Figuren, wobei sich diese Interessen „from sex-reform campaigners to designers of new utopias" erstreckten (Hobson, Angels of Modernism, S. 1). Suzanne Hobson plädiert in der Frage nach Umfang und Reichweite der Säkularisierung im 20. Jahrhundert für eine differen-

Engel, indem er einerseits Repräsentant einer religiösen Ordnung ist, andererseits aber als weltliche Fliehkraft wirkt, die aus der Geschlossenheit der numinosen Sphäre herausdrängt. Indem er deren Botschaften und Strukturen in die Welt trägt, lässt er sich als Vehikel einer oft als Säkularisierung bezeichneten Transformation verstehen. Meist wird unter diesem Begriff vage die Abnahme von Religiosität beziehungsweise die Umkodierung sakraler Gehalte ins Profane im Zuge verschiedenster der Modernisierung zugerechneter Prozesse verstanden. Die Unschärfe der solcherart zusammengebundenen Phänomene ist in der Vieldeutigkeit des Begriffs angelegt. Denn „Säkularisierung" kann „sowohl ‚Schwächung von Religion' wie auch ‚Verwirklichung der Religion'" bedeuten – „und einiges mehr"[169], wie Hans Joas schreibt. Ob man derartig bezeichnete Zustandsveränderungen als Verlust oder im Gegenteil als Gebietsgewinn auffasst, hängt wesentlich mit Perspektivierung und argumentativer Stoßrichtung zusammen.[170] Ursprünglich begrenzt auf das Kirchen- und dann das Staatsrecht wurde der Anwendungsbereich

---

ziertere Sicht, die ihre Universalität und Unausweichlichkeit bestreitet. Gleichwohl will sie die Säkularisierungsthese als Kontextualisierungsfolie für die moderne Kultur nicht aufgeben. Indem sich in den Engelsfiguren der Moderne sowohl sakrale als auch säkulare Tendenzen bündelten, spiegle sich in ihnen das Ineinander von Säkularisierungs- und Resakralisierungstendenzen um 1900. Es sei „precisely the angel's lack of fit with self-consciously ‚modern' aesthetic and secular interests that explains the figure's continued attraction to modernist writers as well as its capacity to generate new meanings" (Hobson, Angels of Modernism, S. 1). Aufgrund ihrer schillernden, ambivalenten Beschaffenheit stießen die Engel gerade in der Heterogenität moderner Strömungen auf Begeisterung und würden als kardinale Figuren für eine große Bandbreite an gesellschaftspolitischen Zielsetzungen reklamiert (vgl. Hobson, Angels of Modernism, S. 10–11).

169 Hans Joas, Im Bannkreis der Freiheit. Religionstheorie nach Hegel und Nietzsche, Berlin 2020, S. 160. Hans Joas selbst hat sieben Bedeutungen des Begriffs unterschieden. Zwei Bedeutungen seien rechtlicher Natur („Übergang eines Ordenspriesters ins Weltpriestertum; Enteignung von Kirchenbesitz"); zwei beträfen das – affirmative oder kritische – Verhältnis von moderner Kultur und religiöser abendländischer Tradition; drei der Bedeutungen seien in den Sozialwissenscchaften verbreitet („Abnahme von Religion; Rückzug der Religion ins Private; Freigabe gesellschaftlicher Bereiche von religiöser Kontrolle"). Und schließlich habe Charles Taylor in *A Secular Age* eine achte Bedeutung herausgearbeitet, nämlich die Entstehung einer Wahlmöglichkeit mit der Option des Unglaubens (Joas, Im Bannkreis der Freiheit, S. 250–251).
170 Das betrifft auch den Begründer der Gott-ist-tot-Diagnose, Friedrich Nietzsche. So hat Vietta anschaulich auf die Zweideutigkeit von Nietzsches Theologiekritik und der religiös verwandten Sprachweise hingewiesen: In seiner Zertrümmerung des alten christlichen Gottes übernehme Nietzsche nicht nur „Sprechformen, die der christlichen Frömmigkeit zutiefst verbunden bleiben, sondern geradezu die Leidenshaltung des christlichen Gottes selbst. In dem Maße, wie er jenen zertrümmert, verwächst Nietzsche immer mehr mit der christlichen Erlösungshaltung" (Silvio Vietta, Zweideutigkeit der Moderne: Nietzsches Kulturkritik, Expressionismus und literarische Moderne. In: Die Modernität des Expressionismus, hg. von Thomas Anz u. Michael Stark, Stuttgart; Weimar 1994, S. 9–20, hier S. 12).

des Säkularisierungsbegriffs seit Mitte des 19. Jahrhunderts als ein kulturdiagnostisches Instrument erweitert.[171] Entsprechend herrscht hinsichtlich der konkreten Datierung keinerlei Einigkeit,[172] was vor allem daran liegt, dass die Reichweite des Begriffs als „kulturgeschichtlich[e] Metapher"[173] ausgedehnt und machtpolitisch aufgeladen wurde, etwa für die Abgrenzung einer ‚zivilisierten' Sphäre gegenüber dem vermeintlich rückständigen Rest der Welt.[174] Gleichzeitig haben Profanisierungsprozesse ihre historischen wie systematischen Wurzeln in den religiösen Ordnungen selbst. Insbesondere das missionierende Christentum, das andere Religionen als Aberglauben denunzierte und teils brutal gegen sogenannte Häretikerinnen und Häretiker in den eigenen Reihen vorging, bereitete einer Entzauberung des gläubigen Blicks den Weg. Wie alle monotheistischen Religionen, die auf einem propagierten Gefälle zwischen richtigem Gott und falschen Göttern basieren, trägt auch das Christentum eine fundamentale Religionskritik in sich.[175] Diese Tendenz verschärfte sich im Protestantismus des 19. Jahrhunderts, als es vor allem „protestantische ‚Dissidenten'"[176] waren, die zu einer Verweltlichung religiöser Strukturen beitrugen.[177] Auf der Ebene religiöser Praxis wiederum bedeutet die Versinnlichung unsinnlicher Glaubensgehalte eine für jede Religion medienästhetische Notwendigkeit, sodass „Säkularisierung [...] ein

---

171 Vgl. Ulrich Ruh, Bleibende Ambivalenz. Säkularisierung/Säkularisation als geistesgeschichtliche Interpretationskategorie. In: Ästhetik – Religion – Säkularisierung I. Von der Renaissance zur Romantik, hg. von Silvio Vietta u. Herbert Uerlings, München 2008, S. 25–36, hier S. 25.
172 So befinden etwa Silvio Vietta und Herbert Uerlings: „Der Prozess der Säkularisierung beginnt viel früher, als es insbesondere die germanistische Forschung lange Zeit annahm. Er beginnt bereits im Mittelalter bzw. in der Frührenaissance und erlebt – im Anschluss daran – in der Romantik einen neuen Höhepunkt" (Silvio Vietta u. Herbert Uerlings, Einleitung: Ästhetik – Religion – Säkularisierung. In: Ästhetik – Religion – Säkularisierung I. Von der Renaissance zur Romantik, hg. von Silvio Vietta u. Herbert Uerlings, München 2008, S. 7–23, hier S. 10).
173 Dirk Kemper, Literatur und Religion. Von Vergil bis Dante. In: Ästhetik – Religion – Säkularisierung I. Von der Renaissance zur Romantik, hg. von Silvio Vietta u. Herbert Uerlings, München 2008, S. 37–53, hier S. 43.
174 Vgl. Koschorke, ‚Säkularisierung' und ‚Wiederkehr der Religion', S. 240–243.
175 Vgl. Koschorke, ‚Säkularisierung' und ‚Wiederkehr der Religion', S. 250. Vgl. auch Suzanne Hobson: „In fact, secularity finds its origins in religion; there is an ‚epic irony' in the fact that secularism is the outcome of successive drives to purify religion, to get rid of folk beliefs, for example, or turn a ‚higher religion' available only to an élite into a more democratic faith based on personal communication with God" (Hobson, Angels of Modernism, S. 6).
176 Koschorke, ‚Säkularisierung' und ‚Wiederkehr der Religion', S. 250.
177 Vgl. zur Entstehung der Säkularisierungstheorie Manuel Boruta, Genealogie der Säkularisierungstheorie. Zur Historisierung einer großen Erzählung der Moderne. In: Geschichte und Gesellschaft, 36, 2010, S. 347–376.

beinahe zwangsläufiger Prozess der im religiösen Ritual fundierten menschlichen Kultur zu sein"[178] scheint.

Angesichts dieser begrifflichen Universalisierung der Säkularisierung und befeuert von der Auflösung europäischer Deutungsmacht wuchsen die Zweifel an jenen schematischen Modernetheorien,[179] die von einer zwangsläufigen Entwicklung hin zu einer religionsfreien modernen Aufgeklärtheit ausgehen. Zwar schließen neuere Bestimmungsversuche strukturell häufig an die Säkularisierung als Meistererzählung an, indem sie je nach Perspektive mit dem Schema eines Immer-Noch, Nicht-Mehr, Überhaupt-Nicht, Noch-Nicht oder Beides-Zugleich derselben Logik verhaftet sind (sei es Peter Bergers Diagnose einer „Desäkularisierung"[180] oder Habermas' Befund einer „postsäkularen Gesellschaft"[181]). Gleichzeitig verunsichert aber der Blick auf solche zeitlichen Strudel die Linearität des gesamten Diskurses und stellt ihn unter das Vorzeichen des Unheimlichen, des Schwankens zwischen Präsenz und Absenz. Aufgeschobener Tod, Untotsein oder unerwartete Wiedergeburt werden hier je nach Perspektive den universal ausgerichteten Modernisierungstheorien nach 1945 oder der unter chronischem Anachronismusverdacht stehenden Religion attestiert. So schreibt Jonathan Sheehan zu Beginn seiner Studie *The Enlightenment Bible* von 2005: „Prophets of modernity count the hours until religion's death. They should not hold their breath."[182] Daniel Weidner befindet, wir stünden einer „renaissance of religion in Europe" gegenüber, „a notion that may sound strange in the United States, where religion never disappeared"[183]. Umgekehrt heißt es in der Einleitung zu dem Band *Moderne und Religion* von 2013: „Die längst totgesagte Modernisierungstheorie aus der Mitte des 20. Jahrhunderts ist unbestreitbar der heimliche oder offen angesprochene Referenzpunkt der gegenwärtigen Kontroversen um die Moderne."[184]

---

178 Vietta u. Uerlings, Einleitung, S. 11. Gleich darauf relativieren sie allerdings: „Ob Säkularisierung tatsächlich ein im angedeuteten Sinne ‚zwangsläufiger' Prozess ist, steht freilich dahin" (Vietta u. Uerlings, Einleitung, S. 11).
179 Vgl. Koschorke, ‚Säkularisierung' und ‚Wiederkehr der Religion', S. 237–239.
180 Peter Berger, The Desecularization of the World: A Global Overview. In: The Desecularization of the World, hg. von Peter Berger, Grand Rapids 1999, S. 1–18.
181 Vgl. Jürgen Habermas, Glauben und Wissen. Friedenspreisrede 2001. In: Habermas, Zeitdiagnosen. Zwölf Essays 1980–2001, Frankfurt am Main 2003, S. 249–262.
182 Jonathan Sheehan, The Enlightenment Bible. Translation, Scholarship, Culture, Princeton 2005, S. IX.
183 Daniel Weidner, Thinking Beyond Secularization: Walter Benjamin, the „Religious Turn", and the Poetics of Theory. In: New German Critique, 111, 2010, S. 131–148, hier S. 147.
184 Detlef Pollack, Ulrike Spohn u. Thomas Gutmann, Einleitung. In: Moderne und Religion. Kontroversen um Modernität und Säkularisierung, hg. von Detlef Pollack, Ulrike Spohn u. Thomas Gutmann, Bielefeld 2013, S. 9–23, hier S. 9.

Der Religion kommt in diesem Verhältnis üblicherweise die Rolle eines Störfaktors zu, der so tief mit der modernen Konstitutionsgeschichte verbunden ist, dass er nur verdrängt, nicht aber völlig eliminiert werden kann.[185] Mit der Anerkennung einer definitorischen Verschränkung wird umgekehrt auch der Status der Modernisierungstheorien ein unheimlicher. Nach Albrecht Koschorke führen sie mitsamt dem Säkularisierungstheorem eine geisterhafte Existenz und irrten, ihrer Fundierung im europäisch-kolonialistischen Fortschrittsdenken beraubt, „gewissermaßen heimatlos durch die Welt"[186].

Wenn die scharfen Grenzziehungen der narrativen Konstrukte einer vormodernen Religiosität und eines modernen Atheismus sich bei näherem Hinsehen als derart unzuverlässig erweisen,[187] kommt den Überschneidungen zwischen

---

185 Vgl. Sheehan, The Enlightenment Bible, S. IX. Vgl. dazu auch Christof Dipper: „Herkömmlicherweise verstehen sich Religion und Moderne als Antipoden, hat doch nach gegenwärtiger Mehrheitsmeinung die Moderne ihren Ursprung in der Religionskritik der Aufklärung. Aber eben dadurch sind beide seit jeher auch aufeinander verwiesen" (Christof Dipper, Religion in modernen Zeiten. Die Perspektive des Historikers. In: Moderne und Religion. Kontroversen um Modernität und Säkularisierung, hg. von Ulrich Willems, Detlef Pollack u. Helene Basu, Bielefeld 2013, S. 261–292, hier S. 268). Treml und Weidner reflektieren die Präsenz von Religion in der Moderne als eine unheimliche: „Unser Vorschlag ist es, Religion weder mit dem Modell des Verschwindens, noch mit dem der Wiederkehr, sondern mit dem des *Nachlebens* zu beschreiben. Vielleicht kann dieser Begriff in seiner unheimlichen Struktur die eigenartige Präsenz der Religion, zumal in der Moderne, besonders gut treffen. Denn Nachleben schwankt zwischen *Überleben* und *Hinterlassen*, es ist weder ungebrochenes Fortleben, noch auch ein klar bestimmter Abbruch" (Martin Treml u. Daniel Weidner, Zur Aktualität der Religionen. Einleitung. In: Nachleben der Religionen. Kulturwissenschaftliche Untersuchungen zur Dialektik der Säkularisierung, hg. von Martin Treml u. Daniel Weidner, München 2007, S. 7–22, hier S. 11).
186 Koschorke, ‚Säkularisierung' und ‚Wiederkehr der Religion', S. 238.
187 Die Frage, wie es sich mit der empirischen Grundlage der jeweiligen Thesen verhält, ist hochgradig umstritten. Albrecht Koschorke kommt zu dem Schluss, dass „[a]m Ende [...] nicht einmal die These vom säkularen Europa Bestand" hat (Koschorke, ‚Säkularisierung' und ‚Wiederkehr der Religion', S. 237–238). Allerdings bestreitet er grundsätzlich, dass die Entstehung des Säkularisierungsnarrativs (ebenso wie sein Niedergang) eine Grundlage in empirischen Gegebenheiten hätte – zumindest sofern diese so etwas wie eine religiöse Substanz beziehungsweise deren Schwinden betreffen. Entscheidend sind für ihn vielmehr die Machtverhältnisse und ihre Objektivationen, die eine Einheitssemantik wie die Säkularisierungsthese in ihrer Resistenz gegen Kontraevidenzen stärkten bzw. dies in ihrem Niedergang nicht mehr ausreichend könnten (vgl. Koschorke, ‚Säkularisierung' und ‚Wiederkehr der Religion', S. 238). Hinzu kommen Konstruktionszwänge, die aus dem Narrativ selbst resultierten und die umgekehrt auch auf institutioneller Ebene ihre Wirkmacht entfalteten (vgl. Koschorke, ‚Säkularisierung' und ‚Wiederkehr der Religion', S. 258). Auch Manuel Borutta fragt, „warum Sozialwissenschaftler so lange an die Säkularisierungstheorie geglaubt haben (oder dies immer noch tun): Wie konnte diese Theorie zu einem regelrechten Definiens von Modernität werden?" (Borutta, Genealogie

sakraler und profaner Sphäre und damit dem angestammten Bereich der Engel gesteigerte Bedeutung zu. Löst man sich von einer „normativen Säkularisierungserzählung"[188], dann geraten die ästhetischen, politischen und geschichtsphilosophischen Implikationen der religiösen Dimension moderner Angelophanien in den Blick. So können anhand der dynamischen und ständig neu perspektivierten Wechselbeziehungen zwischen sakraler und profaner Sphäre, die der Engel in Texten des 20. Jahrhunderts etabliert, Einsichten in das jeweilige Verständnis von Modernität gewonnen werden. Sowohl die ästhetisch-profane Tendenz als auch der Bezug zu einer heiligen Hierarchie werden dabei für ganz unterschiedliche Aussageabsichten genutzt. Hier verschiebt sich das Provokations- und Innovationspotential der Engelsfigur: War in den spätantiken und scholastischen Angelologien ihre ästhetische und korporale Seite mit Unterbrechung und Antinormativität verbunden, so irritiert im 20. Jahrhundert zunehmend die religiöse Bedeutung der Engel, die innerhalb eines modernen Selbstverständnisses mit einer rückwärtigen Säkularisierungsperspektive als unzeitgemäß erscheint.

Nachdem die angelologischen Kontroversen im Zuge von Reformation und Aufklärung an Bedeutung verlieren, stellt sich zu Beginn des 20. Jahrhunderts angesichts eines Diskurses der spirituellen Entleerung des Kosmos die grundsätzliche Frage, welche Bedeutung Engeln als religiösen Figuren überhaupt noch zukommen soll.[189] Die von Nietzsches „tollem Menschen" beschworene „göttliche Verwesung"[190] ist allerorten zu riechen. Gleichzeitig gibt es Anstrengungen, die verlorene Dimension des Absoluten auf neuer Ebene zurückzugewinnen. Siegfried Kracauer beschreibt 1922 das Phänomen einer großen Anzahl von Menschen, die die Haltlosigkeit einer „nicht im Absoluten verankerte[n]

---

der Säkularisierungstheorie, S. 348). Aus dieser Perspektive scheint nicht die Religion, sondern das Festhalten an der Säkularisierungstheorie der Irrationalität verdächtig. Dagegen wendet Detlef Pollack ein: „Bei der Behauptung, dass Religion und Moderne kompatibel seien, handelt es sich um eine neue Meistererzählung der Sozial- und Geisteswissenschaften, die ihre Faszination vor allem aus der Umkehrung klassischer soziologischer und historischer Annahmen bezieht, in den empirischen Daten jedoch nur eine schwache Abstützung besitzt" (Detlef Pollack, Religion und Moderne: Theoretische Überlegungen und empirische Beobachtungen. In: Moderne und Religion. Kontroversen um Modernität und Säkularisierung, hg. von Detlef Pollack, Ulrike Spohn u. Thomas Gutmann, Bielefeld 2013, S. 293–329, hier S. 324–325).
188 Polaschegg u. Weidner, Bibel und Literatur, S. 11.
189 Hermann Timm spricht von der „Entgötterung, Entzauberung, Entheiligung und Entmetaphorisierung des Kosmos" (Hermann Timm, Dichtung des Anfangs. Die religiösen Protofiktionen der Goethezeit, München 1996, S. 18).
190 Nietzsche, Der tolle Mensch, S. 127.

Seele"[191] erkannt und einen positivistischen Weltzugang überwunden habe, dabei aber den Sprung in den Glauben nicht bewerkstelligen könne. Diese Menschen verharrten in einem „vorgelagerten Zwischenreich"[192]. Hier sind sie sowohl von Gott als auch von ihren Mitmenschen getrennt.

Das „Chaos der Gegenwart"[193], das in diesem Herausfallen aus angestammten Ordnungen zum Ausdruck kommt, lässt sich nach Kracauer als Resultat eines Prozesses begreifen. Nachdem der Mensch sich von Gott losgerissen und von der Vormundschaft der Kirche emanzipiert hat, taumelt er nun in eine existentielle Krise. Nach der aufklärerisch-vernünftigen und der romantisch-universellen Form ist das Ich im Kapitalismus zum „willkürhaften Zufallsgebilde"[194] degeneriert. Diesem fragmentierten Ich entspricht eine auf es zurückgebogene, substantiell entleerte Wirklichkeit.[195] Zur Zerrüttung des Ichs trugen die von Sigmund Freud diagnostizierten „drei schwere[n] Kränkungen" bei, die die „Eigenliebe der Menschheit [...] von seiten der wissenschaftlichen Forschung erfahren hat"[196]. Freud bezieht sich dabei auf die kosmologische, biologische und psychologische Marginalisierung des Menschen. Eine der vielen Ergänzungen, die seine These seither erfahren hat, stammt von Stephen Jay Gould. Sie betrifft die „geologische Kränkung" des Menschen durch die Entdeckung der Tiefenzeit.[197] Die Erkenntnis, dass der Mensch in der Geschichte der Erde bloß ein winziger Punkt ist, forderte nicht nur die Zeitrechnung der Genesis heraus,[198] sondern auch die teleologische Geschlossenheit geschichtsphilosophischer Gedankengebäude.

Dass sich für Kracauer mit solchen „historischen Ableitung[en]" die Frage nach der Ursache für die geistige Entleerung zu Beginn des 20. Jahrhunderts al-

---

191 Kracauer, Die Wartenden, S. 107.
192 Kracauer, Die Wartenden, S. 108.
193 Kracauer, Die Wartenden, S. 107.
194 Kracauer, Die Wartenden, S. 107.
195 Vgl. Kracauer, Die Wartenden, S. 107.
196 Sigmund Freud, Eine Schwierigkeit der Psychoanalyse. In: Imago. Zeitschrift für Anwendung der Psychoanalyse auf die Geisteswissenschaften, 5, 1917, S. 1–7, hier S. 3.
197 Vgl. Stephen Jay Gould, Time's Arrow – Time's Cycle. Myth and Metaphor in the Discovery of Geological Time, London 1996, S. 1–2. Vgl. dazu auch die großangelegten Forschungen zur Poetik der Natur von Georg Braungart, etwa Georg Braungart, „Katastrophen kennt allein der Mensch, sofern er sie überlebt; die Natur kennt keine Katastrophen." Anthropozän, Kulturgeschichte der geologischen Kränkung und Globale Umweltethik. In: Ethik in den Wissenschaften. 1 Konzept – 25 Jahre – 50 Perspektiven, hg. von Regina Ammicht Quinn u. Thomas Potthast, Tübingen 2015, S. 321–328.
198 Vgl. Charles Coulston Gillispie, Genesis and Geology. A Study in the Relations of Scientific Thought, Natural Theology, and Social Opinion in Great Britain, 1790–1850, Cambridge 1996.

lerdings keineswegs erledigt hat, weil sie keine Antworten „im metaphysischen Sinne"[199] bereitstellten, macht deutlich, dass die diagnostizierte Misere bis in die Erforschung ihrer eigenen Ursachen ausstrahlt. Wenn in einer als heillos wahrgenommenen Welt nun Engel auftauchen, also Figuren einer klar definierten metaphysischen Ordnung, dann sind sie inmitten des allgemeinen Ordnungszerfalls in ihrer scheinbaren Unzeitgemäßheit erklärungsbedürftig. Mit der Vakanz eines numinosen Absoluten als ordnungsverbürgender Wahrheitsgrund wird die Referenz der Engel auf Gott prekär. Sie verweisen als Repräsentanten tendenziell auf eine Leerstelle, die entweder durch Hypostasierungen wie die des Künstlers, der Dingwelt oder des Unbewussten gefüllt werden kann oder die das angelische Modell vermittelnder Repräsentation selbst erodiert. Es stellt sich die Frage, ob der Engel in der Krise des göttlichen Mysteriums, das er bis dahin kommuniziert hat, überhaupt noch etwas mitzuteilen hat: Kann er in der Dynamik von Ent- und Resakralisierung die Abwesenheit göttlicher Eingebundenheit markieren und ein kommendes Heimfinden eschatologisch antizipieren oder hat er mit dem Wegfall des göttlichen Senders keine Funktion mehr und stellt in der Moderne nur noch ein atavistisches Irrlicht dar?

Der Philosoph Kurt Röttgers schreibt über den Engel im 20. Jahrhundert, es sei „zunehmend [...] seine eigentliche Botschaft, daß er kein Wesen mehr hat, sondern reine Botschaft geworden ist"[200]. Daraus folgt: „Zur reinen Funktion geworden, rein medial geworden, hört er auf, nützlicher Helfer beim Lösen des Problems der Metabasis zu sein, sondern ist eine der Erscheinungsweisen des Problems."[201] Gleicht man diesen theoretischen Befund mit Engelsfiguren in Texten der Moderne ab, lässt sich allerdings der entgegengesetzte Vorgang beobachten. Die reine Medialität als Funktion, die Röttgers dem Engel in der Moderne attestiert, ist ja strukturell nichts anderes als seine einwandfrei vollzogene Tätigkeit als Bote. Wenn auch mit anderen Inhalten ausgestattet, würde der Engel so zur Vollendung dessen, was innerhalb eines monotheistischen Glaubenssystems postuliert, aber ständig durch angelische Störfeuer durchkreuzt wurde: Durchlässig für die Stimme und Präsenz Gottes oder moderner Substitute ist der Engel reines Medium ohne eigene ästhetische Dichte. Eine solche gewinnt er jedoch verstärkt in der Moderne. Denn die Krise der beiden Bezugspunkte Gott und Mensch führt dazu, dass das dritte Glied, der Engel, jenseits seiner medialen Funktion in der nunmehr brachliegenden oder wenigstens störanfälligen kommunikativen Vermittlung als eigenständiges Wesen in den Fokus rückt.

---

199 Kracauer, Die Wartenden, S. 107.
200 Röttgers, Die Physiologie der Engel, S. 49.
201 Röttgers, Die Physiologie der Engel, S. 49.

Im Zuge der Aufklärung war das Christentum von kultisch-magischen Schlacken, unter die auch die hybriden Engel gerechnet wurden, befreit und auf seine Kompatibilität mit einer rationalisierten Ethik hin beschnitten worden.[202] Das hatte zur Folge, dass die Weisungshoheit der Kirche als dominierende gesellschaftliche Institution zuerst theoretisch, dann immer mehr auch praktisch durch eine Pluralisierung von Deutungsangeboten unterhöhlt wurde. Mit dem Vormarsch eines protestantischen Innerlichkeitsdenkens und einer sich vom öffentlichen Kultus ins Private zurückziehenden Kommunikation der oder des Einzelnen mit Gott[203] wurde auch die Vermittlungstätigkeit der Engel immer mehr zu einem verzichtbaren Beiwerk. Der viel diskutierte „Tod Gottes" sorgt dann zu Beginn des 20. Jahrhunderts im Verbund mit einem verstärkten Interesse am Heiligen dafür, dass Engel als residuale numinose Figuren in den Fokus rücken, wenn es darum geht, unbegriffliche, transzendente Erfahrungsgehalte zu kommunizieren und die Hypotheken der Aufklärung kritisch zu hinterfragen.[204] Die Angelophanie steht ein für eine epistemisch fragwürdige Erfahrung, die nicht quantifiziert und homogenisiert werden kann. Der Engel kommt plötzlich und verkörpert die Unverfügbarkeit des Draußen, die sich im Sinne von Horkheimers und Adornos *Dialektik der Aufklärung* (1944) nicht in die Immanenz positivistischer Welterfahrung bannen lässt.[205] In dieser Logik ist der Engel als sakral-profane Figur kein nostalgischer Kitsch, sondern wirkt – so die These – in Texten der Moderne als Brennspiegel und Reflexionsfigur historischer Erschütterungserfahrungen ebenso wie zentraler Kontroversen in den Debatten um die Moderne.

---

202 Natürlich lässt sich das Denken der Aufklärung nicht allein auf die in Kapitel 2.1 referierte Position Kants reduzieren. Gísli Magnússon verweist in seiner Untersuchung etwa darauf, dass während der Aufklärung „die hermetische Esoterik untergründig weiterleben" konnte (Gísli Magnússon, Dichtung als Erfahrungsmetaphysik. Esoterische und okkultistische Modernität bei R. M. Rilke, Würzburg 2009, S. 153).
203 Zur Ausdifferenzierung und Pluralisierung in der protestantischen Frömmigkeitskultur vgl. Justus H. Ulbricht, „Transzendentale Obdachlosigkeit". Ästhetik, Religion und „neue soziale Bewegungen" um 1900. In: Ästhetische und religiöse Erfahrungen der Jahrhundertwenden, Bd. 2, hg. von Wolfgang Braungart, Gotthard Fuchs u. Manfred Koch, Paderborn u. a. 1998, S. 47–67, hier S. 52–54.
204 Zur Konjunktur des Heiligen in der Modene vgl. Héctor Canal, Maik Neumann u. Caroline Sauter, Vorwort: Das Heilige (in) der Moderne. In: Das Heilige (in) der Moderne. Denkfiguren des Sakralen in Philosophie und Literatur des 20. Jahrhunderts, hg. von Héctor Canal, Maik Neumann u. Caroline Sauter, Bielefeld 2013, S. 7–12.
205 Vgl. Theodor W. Adorno u. Max Horkheimer, Dialektik der Aufklärung. In: Adorno, Gesammelte Schriften, Bd. 3, Frankfurt am Main 1981, S. 32.

Insbesondere im Zusammenhang mit den Krisenerfahrungen der Moderne gewinnt der Engel als exilische Figur an Bedeutung. Wenn man mit Bernhard Greiner Exilliteratur bestimmt als eine „Literatur, die sich durch spezifische Strategien ausweist, die paradoxe Verschränkung von Entzug und Vergegenwärtigung im Akt der Repräsentation zu leisten und zu sichern"[206], fällt die strukturelle Äquivalenz zur Engelsfigur und ihrer ästhetisch vermittelten Kommunikation eines Abwesenden ins Auge. Diese Affinität ist auch Teil der Vermittlungstätigkeit der Engel selbst, die im Aufschubs des Eschaton stattfindet, also in der Zeit nach der Vertreibung aus dem Paradies und vor dem Ende der irdischen Welt. Da seine mediale Tätigkeit nur im Exil, das heißt im Zustand einer Spaltung zwischen menschlicher und numinoser Sphäre, überhaupt von Nöten ist, trägt der Engel das Potential, die epochale Exilierung im 20. Jahrhundert zu illustrieren. Gleichzeitig vermag er als Figur einer überirdischen Verheißung aufzutreten, als die er Visionen einer besseren Zukunft kommuniziert. Aus diesem Grund wird der Engel vielfach für Reflexionen und Entwürfe neuer Ordnungen genutzt. So kann der Engel geschichtsphilosophische Visionen verbürgen, als Symbol einer übergeordneten Heimat oder Spender eines höheren Wissens fungieren und eine Sakralisierung und Erweiterung ästhetischer Erfahrung imaginativ stützen. Mit dem Engel, der das Versprechen birgt, die Qualitäten eines überirdischen Raums auf die Erde zu bringen, und der zugleich die Differenz gegenüber der historischen Zeit markiert, werden so grundsätzliche Aspekte des Verhältnisses von Modernität und metaphysischer Eingebundenheit beziehungsweise Exilierung berührt.

Ausgehend von den im Angelologie-Kapitel skizzierten strukturellen Affinitäten der Engel zu ordnungskonstitutiven, geschichtsphilosophischen und ästhetischen Fragestellungen der Moderne wird in den folgenden Kapiteln die spezifische Rolle moderner Angelophanien ausgelotet. Metaphysische wie soziale Exilzustände, die von realhistorischen Fluchtbewegungen im Zuge der beiden Weltkriege verstärkt und überlagert werden, sind ein zentraler Topos in den Werken von Rainer Maria Rilke, Walter Benjamin, Klaus Mann und Ilse Aichinger, der auf jeweils unterschiedliche Weise über den Engel verhandelt wird. Bei allen untersuchten Werken handelt es sich um ein Schreiben aus einer exilierten Position heraus. Diese entsteht sowohl aus dem modernen Entfremdungsdiskurs als auch durch individuelle biographische Entortungserfahrungen. Auch die Verschränkung von epochalen Exilzuständen einerseits und dem gattungstypologischen Zusammenhang von Reise-, Exil- und autobiographischer Literatur andererseits wird von dem

---

206 Bernhard Greiner, Re-Präsentation: Exil als Zeichenpraxis bei Anna Seghers. In: Placeless Topographies, hg. von Bernhard Greiner, Tübingen 2003, S. 161–174, hier S. 162.

Engel zusammengehalten.[207] Denn als geschichtsphilosophische Reflexionsfigur ist er Teil jener Erzählungen, die sich um die Trias von verlorenem Paradies, modernem Exil und zukünftiger elysischer Einheit ranken, während er in seiner Rolle als individueller Alter Ego an das Leben eines einzelnen Menschen gebunden ist, über das er gleichwohl in allen untersuchten Fällen hinausweist. Denn im Zuge der „Skelettierung des Humanum"[208] im 20. Jahrhundert werden die Engel, die in Bezug auf den Menschen Alterität und Perfektibilität gleichermaßen figurieren, verstärkt für anthropologische Bilanzierungs- und Neubestimmungsansinnen fruchtbar gemacht.

---

207 Zu der gattungstypologischen Nähe von Reise-, Exil- und autobiographischer Literatur vgl. Xenia Wotschal, Schreiben und Reisen über Gattungsgrenzen hinweg. Gattungsmischung und -bildung bei Rolf Dieter Brinkmann, Ilse Aichinger und Herta Müller, Heidelberg 2018, S. 60.
208 Fritz J. Raddatz, Rainer Maria Rilke. Überzähliges Dasein. Eine Biographie, Hamburg 2016, S. 109.

3 Rainer Maria Rilke: Der Engel als Motor und (Re-)Medium moderner Paradiesferne

Dass in der Moderne nichts zeitgemäßer ist als das scheinbar Unzeitgemäße und dass Engelsfiguren unmittelbar an den Aushandlungsprozessen dieser Epochenspezifik beteiligt sind, das zeigt das Werk von Rainer Maria Rilke auf exemplarische Weise. Zwischen diesem und einem angelisch überhöhten Autorschaftsbild, das auf der für Rilke typischen Verflechtung von Selbsterhöhung und -erniedrigung basiert,[1] bildet die Engelsfigur ein zentrales Scharnier. „[M]eine Arbeit ist herrlich, aber ich werde sie nie den Händen der Engel entreißen und immer nur handeln wenn Engel da sind"[2], verkündet Rilke am 11. März 1913 seinem Unterstützer Karl von der Heydt. Derartige Stilisierungen waren so erfolgreich, dass Rilkes Werk bis heute vom Nimbus eines auratischen Dichtertums lebt. Je nach Blickwinkel geht damit das Verdikt von Wirklichkeitsflucht und Rückwärtsgewandtheit oder aber die Weihe des reinen Dichters einher.[3] Im letzten Fall erscheint die beschworene Einheit des Gesamtkunstwerks Rilke nicht als Peinlichkeit, sondern als Trutzburg gegenüber der zunehmenden Ökonomisierung und Professionalisierung des Schreibens. Diesem steht das Dichten als eine sakrale, sich kommerzieller Verwertbarkeit entziehende Praxis von Berufenen entgegen.[4] An dem „Mythos Rilke"[5] wirkten editorische Formungsprozesse ebenso mit wie die Rezeption als Erbau-

---

[1] Vgl. Martina King, Pilger und Prophet. Heilige Autorschaft bei Rainer Maria Rilke, Göttingen 2009, S. 185.
[2] Rainer Maria Rilke, Brief an Karl von der Heydt, 11. März 1913. In: Rilke, Die Briefe an Karl und Elisabeth von der Heydt 1905–1922, hg. von Ingeborg Schnack u. Renate Scharffenberg, Frankfurt am Main 1986, S. 186–188, hier S. 187.
[3] Zur Rückwärtsgewandtheit vgl. Egon Schwarz, Das verschluckte Schluchzen. Poesie und Politik bei Rainer Maria Rilke. In: „Ich bin kein Freund allgemeiner Urteile über ganze Völker". Essays über österreichische, deutsche und jüdische Literatur, hg. von Dietmar Goltschnigg u. Hartmut Steinecke, Berlin 2000, S. 176–194. Zum reinen Dichtertum vgl. die Rede von Stefan Zweig, Abschied von Rilke. Rede im Rahmen einer Gedächtnisfeier am 20. Februar 1927, gehalten im Staatstheater München. In: Rainer Maria Rilke und Stefan Zweig in Briefen und Dokumenten, hg. von Donald A. Prater, Frankfurt am Main 1987, S. 113–129. Vgl. dazu Klaus E. Bohnenkamp, Der reine Dichter. Rainer Maria Rilke im Urteil Robert Musils und Stefan Zweigs. In: „Auf geborgtem Boden". Rilke und die französische Sprache. In: Blätter der Rilke-Gesellschaft, 26, hg. v. Rudi Schweikert, Frankfurt am Main; Leipzig 2005, S. 99–144 sowie Gabriela Wacker, Poetik des Prophetischen. Zum visionären Kunstverständnis in der klassischen Moderne, Berlin; Boston 2013, S. 180–181.
[4] Vgl. King, Pilger und Prophet, S. 31–37.
[5] King, Pilger und Prophet, S. 162.

Open Access. © 2022 Lena Zschunke, publiziert von De Gruyter. Dieses Werk ist lizenziert unter einer Creative Commons Namensnennung - Weitergabe unter gleichen Bedingungen 4.0 International Lizenz.
https://doi.org/10.1515/9783110552621-003

ungsschriftsteller,⁶ die zusammen mit einer entsprechenden Forschung dafür sorgten, dass Rilke „als eine im esoterischen Arom [sic] extramundaner Schönheit verdunstete Substanz erscheinen konnte"⁷. Rilke, dem die Bezeichnung als Schriftsteller „abscheulich"⁸ war, ist nicht ganz unschuldig an der Verbreitung seiner auratischen Autorschaft, vielmehr hat er sie als „epistolare[r] Netzwerker"⁹ aktiv in Umlauf gebracht.¹⁰ In einer Zeit, in der die Atomisierung des Individuums und die Zertrümmerung großer, insbesondere religiöser Zusammenhänge wahlweise gefeiert oder beklagt werden, kultiviert er eine nicht avantgardistisch, sondern anachronistisch anmutende Einheit von Werk und Autorleben. Das spiegelt sich in der von Rilke bevorzugten Gattung des Gedichts, das Anspruch auf Formvollendung erhebt und besonderes Auratisierungspotential verspricht.

In diesen Dichter-Mythos scheinen die ebenfalls dunstigen Engel sich bestens einzufügen, die wie der reine Dichter in der Moderne auf den ersten Blick denkbar unzeitgemäße Phänomene sind. So ist es wiederum Ausdruck eines bestimmten, wesentlich säkular geprägten Epochenverständnisses, dass der Engel in Rilkes Werk von der Forschung kaum je als eigenständige Figur wahrgenommen wurde. Als Platzhalter für verschiedene Abstrakta wie vollkommene Idealität soll er vielmehr je nach Erfordernis des Interpretationszusammenhangs unterschiedliche Lesarten beglaubigen.¹¹ Trotz ihrer Bekanntheit sind die Engel in Rilkes Werk daher als eigenständige Figuren seltsam unbestimmt. Anders als es die Kon-

---

6 So verweist Joachim W. Storck darauf, dass das Bild Rilkes als ein „über der gesellschaftlichen Wirklichkeit schwebende[r] Sänger" neben „zeitgeschichtlichen Umstände[n]", die die Briefeditionen der 1930er Jahre prägten, auch auf die Verlagspolitik des Insel-Verlags unter Anton und Katharina Kippenberg zurückzuführen sei (Joachim W. Storck, Politisches Bewußtsein bei Rilke. In: Rilke, Briefe zur Politik, hg. von Joachim W. Storck, Frankfurt am Main; Leipzig 1992, S. 697–725, hier S. 703).
7 Hans Richard Brittnacher, Stephan Porombka u. Fabian Störmer, Einleitung. In: Poetik der Krise. Rilkes Rettung der Dinge in den ‚Weltinnenraum', hg. von Hans Richard Brittnacher, Stephan Porombka u. Fabian Störmer, Würzburg 2000, S. 7–20, hier S. 7.
8 Stattdessen spricht Rilke von dem „künstlerisch Schreibenden (ich vermeide das abscheuliche: ‚Schriftsteller')" (Rainer Maria Rilke, Brief an Margot Gräfin Sizzo-Noris-Crouy, 17. März 1922. In: Rilke, Briefe zur Politik, hg. von Joachim W. Storck, Frankfurt am Main; Leipzig 1992, S. 373–378, hier S. 376).
9 King, Pilger und Prophet, S. 156.
10 Vgl. King, Pilger und Prophet, S. 176. Nach Martina King ist die Autorschaft Rilkes das Produkt verschiedener Sozialpraktiken: „Selbststilisierung zum poeta vates, Inszenierung von ‚Leben als Kunstwerk' und Versammeln einer Jüngergemeinde" (King, Pilger und Prophet, S. 63).
11 So bleibt der Engel in den *Duineser Elegien* für Stephan Jaeger „inhaltlich eine Leerstelle" (Stephan Jaeger, Theorie lyrischen Ausdrucks. Das unmarkierte Zwischen in Gedichten von Brentano, Eichendorff, Trakl und Rilke, München 2001, S. 272), während Ulrich Schödlbauer in seinem Essay *Rilkes Engel* befindet: „[D]er Engel ist niemand" (Ulrich Schödlbauer, Rilkes

zentration der Forschung auf die *Duineser Elegien* (1912–1922) vermuten lässt, treten sie darin aber in einer veritablen Fülle auf. Von den frühen Gedichten aus dem ersten Band *Leben und Lieder* (1984) bis zu den späten französischen aus den Jahren 1924 bis 1926 durchzieht der Engel mit großer semantischer Vielfalt Rilkes Werk als eine seiner zentralen Konstanten und ist in dieser Persistenz mehr als ein austauschbares Motiv.

Die seltsame Leere der bisherigen Engelslektüren ist, so eine erste These, vor dem Hintergrund der in der Forschung lange dominanten Annahme einer „formale[n] Transzendenz des Kunstwerks"[12] zu verstehen, die vor dem Hintergrund des Axioms der Sprachautonomie systematisch Strukturen auf Kosten von Inhalten privilegierte.[13] So kann Perdita Rösch noch 2009 befinden, dass es, so „befremdlich" dies klingen möge, „keine umfassende Untersuchung zur Figur des Engels in Rilkes Werk" gebe, die die „grundlegende *funktionelle* Bedeutung dieser Figur erkennt"[14]. Die poetischen Implikationen des Engels, auf die Perdita Rösch in ihrer Untersuchung abstellt, wurden durchaus beleuchtet, wenngleich mit deutlichem Schwerpunkt auf den *Duineser Elegien*. Religiöse

---

Engel, Heidelberg 2002, S. 51). Andere inhaltliche Bestimmungen wiederum sind abstrakt und eher apodiktisch, sodass auch sie nicht besonders aufschlussreich sind. In Anbetracht der vielfältigen, widerspruchsvollen Semantik, die sich im Lauf der Geschichte um die Figur des Engels angereichert hat, scheint es eine unverständliche Verkürzung, ‚den' rilkeschen Engel, insbesondere in den *Duineser Elegien*, als mythische Figur vollkommener Idealität, die zugleich ihr Gegenteil inkorporiert, zu begreifen (vgl. Karin Schulze, „Ein luftiger Austausch". Das implizite Wissen vom Subjekt in den „Duineser Elegien" Rainer Maria Rilkes, Frankfurt am Main u. a. 1988, S. 76–87); die Engel auf die Funktion der Klage zu reduzieren (vgl. Käte Hamburger, Rilke. Eine Einführung, Stuttgart 1976, S. 109); in ihnen „lediglich eine spirituelle Entwicklungsstufe, die über dem Menschsein steht" (Magnússon, Dichtung als Erfahrungsmetaphysik, S. 206), oder einen Wegweiser „in eine innere Heimat" (Bernd Oei, Rilke und die Magie des Ortes, Berlin 2010, S. 76) zu sehen respektive ihre Eigentümlichkeiten in einem Paradigma mit anderen Mythopoiemen der *Elegien* zu nivellieren (vgl. Winfried Eckel, Wendung. Zum Prozeß der poetischen Reflexion im Werk Rilkes, Würzburg 1994, S. 154). Zuletzt hat Wolfgang Braungart diese willkürliche Umbesetzung religiöser Bezeichnungen kritisiert: „Man kann die Vokabeln ‚Gott', ‚Engel', ‚Maria' usw. also nicht beliebig umsemantisieren [...]. Sie können nicht einfach ‚für' irgendetwas anderes ‚stehen'" (Wolfgang Braungart, Literatur und Religion in der Moderne, Paderborn 2016, S. 266).
12 Martina King, Säkularisierung und Re-Sakralisierung. Rainer Maria Rilke als poeta vates der Moderne. In: Ästhetik – Religion – Säkularisierung II. Die Klassische Moderne, hg. von Silvio Vietta u. Stephan Porombka, München 2009, S. 89–105, hier S. 91.
13 Für eine Kritik dieser Position vgl. Magnússon, Dichtung als Erfahrungsmetaphysik, S. 146–151.
14 Perdita Rösch, Die Hermeneutik des Boten. Der Engel als Denkfigur bei Paul Klee und Rainer Maria Rilke, München 2009, S. 151.

Semantiken hingegen mussten zum hermeneutischen Sperrgebiet für eine Lektüre werden, der vor allem anderen an der Modernität und künstlerischen Qualität von Rilkes Werk gelegen war.[15] Scheinbar bestätigt wird die moderne Scheu vor dem religiösen Gehalt des Engels durch Rilke selbst mit seinem Ausspruch, der Engel der *Duineser Elegien* sei kein christlicher.[16] Nun ist aber in der Untersuchung der angelologischen Kontroversen deutlich geworden, dass es so etwas wie einen in sich stimmigen christlichen Engel gar nicht gibt. Die Engel und jene Figuren aus der Bibel, die erst später als solche rubriziert wurden, sind überaus hybride Konstruktionen, immer mehr und zugleich weniger als sie selbst: überdeterminiert, indem in sie ältere Sagenmotive und zeitgleich kursierende pagan-polytheistische Göttervorstellungen eingingen, indeterminiert aufgrund der vielen Leerstellen in der Bibel, die wiederum zu kreativem Weiterbasteln in apokryphen Texten und einer Fülle ikonischer Bearbeitungen einluden. Anders als die verlegenen Identifizierungen der Forschung, aber auch die teils ätherisch entrückten Wesen in den Gedichten Rilkes selbst es zunächst vermuten lassen, treten Engel in diesem Werk nicht nur als Medien von prononcierten Anfangs-, End- und Schwellenzuständen,[17] sondern auch immer wieder als handfeste Störfaktoren in Erscheinung. Als solche öffnen sie den Blick von einer vermeintlich hermetischen Dichtung auf einen Epochendiskurs der Exilierung und des Sinnverlusts. Durchbricht man das Schema von vormoderner Religion und atheistischer Moderne, gerät die Zeitgemäßheit dieser

---

15 Wolfgang Braungart vergleicht die Angst vor dem Religiös-Erbaulichen in Rilkes Werk mit dem vor dem Weihwasser zurückscheuenden Teufel (vgl. Braungart, Literatur und Religion in der Moderne, S. 268).
16 Vgl. Rainer Maria Rilke: „Der ‚Engel' der Elegien hat nichts mit dem Engel des christlichen Himmels zu tun" (Rainer Maria Rilke, Brief an Witold Hulewicz, 13. November 1925. In: Rilke, Briefe aus Muzot 1921–1926, hg. von Ruth Sieber-Rilke u. Carl Sieber, Leipzig 1935, S. 330–338, hier S. 337).
17 Analog zur Bibel sind Engel auch bei Rilke mit Anfang und Ende verbunden. In den Augen eines Engels liegt „Glanz von dem ersten Tag" (Rainer Maria Rilke, Seine Hände blieben wie blinde. In: Rilke, Gedichte 1895–1910. Kommentierte Ausgabe in vier Bänden, Bd. 1, hg. von Manfred Engel u. Ulrich Fülleborn, Frankfurt am Main; Leipzig 1996, S. 74–75, hier S. 75) und er wirkt am Jüngsten Gericht mit (vgl. Rainer Maria Rilke, Das Jüngste Gericht. In: Rilke, Gedichte 1895–1910. Kommentierte Ausgabe in vier Bänden, Bd. 1, hg. von Manfred Engel u. Ulrich Fülleborn, Frankfurt am Main; Leipzig 1996, S. 528). Auch als Figur des besonderen Verhältnisses von Leben und Tod ist der Engel an Anfangs- und Endpunkten postiert. In den „Engelliedern" aus dem Zyklus *Mir zur Feier* tritt er als Figur an der Schwelle der Adoleszenz auf (vgl Kapitel 3.2.3 dieser Studie). Anthropologische und religiöse Dimension verbinden sich mitunter: So fungiert der Engel als Bote, der Maria nicht nur die Geburt Jesu, sondern auch ihren eigenen Tod verkündet und im Anschluss ihren Einzug in den Himmel begleitet (so in den Gedichten „Vom Tode Mariae I" und „Vom Tode Mariae II" von 1913).

Figur als modernes Krisenphänomen in den Blick, die eine Vielzahl exilischer Strukturen in Rilkes Werk sichtbar macht.

So bietet sich Rilkes Werk als Einsatzpunkt dieser Untersuchung an, weil hier um 1900 der Engel als Ausdruck und potentielles Medium der Überwindung einer Krise auftritt, die sich im Laufe des 20. Jahrhunderts immer weiter zuspitzen wird. Die erste Zäsur in dieser Entwicklung stellen die Kriegsjahre 1914 bis 1918 dar. Als individuelle wie kollektive Gewalterfahrung markieren sie einen traumatischen Bruch und machen zugleich Wucht und Ausmaß technologischer Modernisierungsprozesse erfahrbar. Oder besser gesagt, und dies ist ein zentrales Thema in Rilkes Werk, sie stellen die Bedingungen der Möglichkeit menschlicher Erfahrung und (künstlerischer) Darstellung fundamental in Frage.[18] Denn das massenhafte, technisch fabrizierte Sterben auf den Schlachtfeldern und der Einsatz neuer Medien sprengten das Maß menschlicher Erfahrung und „machten den Ersten Weltkrieg zum ersten historischen Großereignis, das die Grundsatzfrage der Darstellbarkeit aufwarf"[19]. Damit ist die zentrale Eigenheit von Engeln als Medien der Darstellung des Undarstellbaren berührt. Insbesondere in Texten nach der Zäsur des Ersten Weltkriegs sind Engel daher immer auch als Medien darstellerischer Krisen oder Selbstvergewisserungsbemühungen, als Ausdruck des Bruchs oder als dessen potentielle Überwindung zu lesen. So zeugt die Vordergründigkeit des Mediums Engel in Rilkes Werk nicht von eskapistischem Kitsch, sondern von einem hochgradig aktuellen Diskurs.

Die modernespezifischen Brüche und Unterbrechungen manifestieren sich dabei auf mehreren Ebenen: Erstens ästhetisch, anthropologisch und epistemisch, da Erfahrbarkeit, Erkennbarkeit und Darstellbarkeit der Welt und des Menschen nicht mehr selbstverständlich, sondern Gegenstand eines künstlerischen Ringens sind. Zweitens historisch-geschichtsphilosophisch, weil die Möglichkeit sinnvoller Beziehungsstiftung zwischen Vergangenheit, Gegenwart und Zukunft durch den Krieg fundamental erschüttert wird. Drittens metaphysisch, insofern diese Krise auch die Fragwürdigkeit einer sinnvollen Einrichtung der Welt und der Beheimatung des Menschen in ihr weiter verschärft. Und viertens biographisch, da sich mit dem Krieg Rilkes Wanderleben zum endgültigen Exil ausweitet, als ihm der Rückweg in seine Pariser Wohnung versperrt ist.

---

18 Vgl. Eva Horn, Erlebnis und Trauma. Die narrative Konstruktion des Ereignisses in Psychiatrie und Kriegsroman. In: Modernität und Trauma. Beiträge zum Zeitenbruch des Ersten Weltkrieges, hg. von Inka Mülder-Bach, Wien 2000, S. 131–162, hier S. 131.
19 Bernd Hüppauf, Medien des Krieges. In: Erster Weltkrieg. Kulturwissenschaftliches Handbuch, hg. von Lars Koch, Stefan Kaufmann u. Niels Werber, Stuttgart; Weimar 2014, S. 311–340, hier S. 327.

Auf diesen verschiedenen Ebenen des Exils ist der Engel nicht Ausdruck einer intakten Religiosität, vielmehr bringt er die dysfunktional gewordene Vermittlung zwischen ästhetisch erfahrbarer Umwelt und einer unsichtbaren, von Gott besetzten Sphäre zum Ausdruck. Diese Kluft wird auch anhand gattungspoetischer Weichenstellungen deutlich: Der Erste Weltkrieg und damit zusammenhängend öffentlich-politische Fragen thematisiert Rilkes fast ausschließlich in privaten Briefen und in Bezug auf seine eigene Situation, während sich das Repertoire seiner öffentlichkeitszugewandten Lyrik aus scheinbar zeitenthobenen Bildern speist. Eingeholt werden können die vielfältigen Facetten des historischen Exils daher größtenteils nur über das Medium des privaten Briefs. Aufgrund dieser gattungspoetischen Besonderheit sind bei Rilke Reflexion des Zeitgeschehens und autobiographische Dokumentation untrennbar verflochten. Beide verbindet, dass der Krieg in Rilkes Perspektive sowohl menschheitsgeschichtlich als auch biographisch als ein vor- wie rückwärtig unbegrenztes Exil erscheint. Da der Zugang zu Vergangenheit und Zukunft versperrt ist, kann die Exilgegenwart für Rilke weder sinnvoll über eine zukunftsgerichtete Erwartung motiviert noch rückwärtig durch das nostalgische Versichern der Vergangenheit plausibilisiert werden. Wie wichtig die geistige (Un-)Verfügbarkeit von Zeit für Rilkes Reflexion des künstlerischen Schaffens ist, wird daran ersichtlich, dass er in dieser Situation Schweigen und Schreien als einzig adäquate Ausdrucksformen bestimmt.[20] In dieser Imbalance der Welt erscheint Gott nicht zugunsten einer Inthronisierung des Menschen aus der Welt vertrieben, sondern die Menschen werden als im selben Maße Leidtragende dieser Entwicklung dargestellt.

In den folgenden Kapiteln soll untersucht werden, wie Engelsfiguren in dieser Situation eine moderne Zeittopologie von gegenwärtiger Deterritorialisierung und zukünftiger Fülle aufspannen; wie sie eine verlorene Wahrnehmungs- und Erfahrungsqualität reflektieren und zugleich als poetische Figuren zur Überwindung dieses Verlusts mobilisiert werden, die in der Kunst mit ihrem Versöhnungs- und Erlösungsversprechen erfolgen soll. Dafür wird zunächst „Das Märchen von den Händen Gottes" (1900) als exemplarische Moderne-Erzählung gelesen. In ihr stellt der Engel einen Störfaktor dar, der die Entfremdung zwischen Gott und Mensch ebenso wie die zwischen Gott und seinen eigenen Händen auslöst. Mit seiner Unterbrechung gibt der Engel zugleich aber auch den Anstoß für das Erzählen und damit für eine anthropologische Praxis, die an der Überwindung eben jener Entfremdung mitwirken soll. In Anlehnung an die geschichtsphilosophische Konzeption in Kleists Schrift „Über das Marionettentheater" schreibt Rilke an Eva Cassirer im August 1908: „[M]an kann sich von einem

---

20 Vgl. Kapitel 3.1.3 dieser Studie.

Gott nur entfernen, um im Kreise mühsam wieder auf ihn zuzugehen."[21] Das Erzählen als Kunstform ist so Ausdruck der Entfremdung ebenso wie ihr Remedium – die Künstler sollen über ihr Schaffen Gott zeigen, wie der Mensch wirklich ist und damit eine Versöhnung herbeiführen, so die Pointe des „Märchens". Ausgehend von dem Engel als geschichtsphilosophischer Scharnierstelle zwischen Exil und dessen Überwindung werden im Anschluss Darstellungsformen der Entfremdung und des geistigen wie realgeschichtlichen Exils in Rilkes Werk untersucht.

Die Diagnose eines sich krisenhaft ausweitenden Exils wird anhand der Briefe vertieft, die Rilke während des Ersten Weltkriegs schrieb. Wie sich dieser zeitgeschichtliche Befund des Exils in der scheinbar zeitenthobenen Lyrik niederschlägt, wird an dem Engel als Medium eines modernen Exils in den *Duineser Elegien* deutlich. Gleichzeitig tritt der Engel dort nicht nur als Störfaktor, sondern auch als Remedium der fragmentierten menschlichen Wahrnehmung auf. In den darauffolgenden Kapiteln wird nachvollzogen, wie Rilke den Künstler als angelisch inspiriertes Zukunftsmedium positioniert, das an dieser geschichtsphilosophischen Arbeit entscheidend beteiligt ist. Auch hier werden für die Untersuchung Briefe herangezogen, da die Figur des Engels als Teil von Rilkes Autorschaftspolitik immer wieder auch in seinen epistolaren Selbstaussagen tragend ist. Der Fokus liegt aber auf ausgewählten Engelsgedichten aus den Bänden *Gedichte an die Nacht*, *Neue Gedichte*, *Stunden-Buch*, *Larenopfer*, *Buch der Bilder* und *Mir zur Feier*. Dabei geht es nicht darum, Entwicklungen in Rilkes Werk auszumachen, sondern die Bedeutung des Engels in seiner ästhetischen Wirkung als Zukunftsmedium zyklusübergreifend herauszuarbeiten. Indem er als Relais zwischen Sichtbarem und Unsichtbarem wirkt und als Verbindungsglied künstlerischer Filiationen Poesie, Malerei, Bildhauerei und Musik verbindet, verspricht er eine ästhesiologische Weitung des menschlichen Erfahrungsbereichs. Über das lyrische Experimentieren mit einer Reskalierung von Wahrnehmungswerten und multimedialen Übersetzungsprozessen stellt der Engel eine Befreiung aus dem Zustand moderner Beziehungslosigkeit in Aussicht.

Diese Überwindung des Bruchs setzt allerdings wiederum einen Trennungsvorgang an anderer Stelle voraus, der zeigt, dass sich die moderne Signatur nicht ausradieren lässt. So ist die Erweiterung der Wahrnehmung an die Vertiefung der sozialen Isolation des Künstlers geknüpft. Diese inszeniert Rilke als Voraussetzung für Engelsbegegnungen und die damit verbundene hyperästhetische Überwindung der *conditio humana*. Die Engelsfigur behält ihre Ambivalenz bei: Neben der Sublimierung des menschlichen Leids steht sie ebenso für eine Bewegung des Brechens

---

21 Rainer Maria Rilke, Brief an Eva Cassirer, 20. August 1908. In: Rilke, Briefe zur Politik, hg. von Joachim W. Storck, Frankfurt am Main; Leipzig 1992, S. 73–74, hier S. 73. Vgl. Heinrich von Kleist, Über das Marionettentheater. In: Kleist, Werke und Briefe in vier Bänden, Bd. 3, Berlin; Weimar 1978, S. 473–481, hier S. 476.

und Überwindens des Menschen selbst ein; etwa in Gestalt des Angreifers, der in der Genesis Jakob am Jabbok stellt und über die Metaphorisierung des Körpers als Musikinstrument und Gegenstand bildhauerischer Bearbeitung den Übergang des *polemos* (πόλεμος) in den musischen *agon* (ἀγών) als Gesamtkunstwerk in Szene setzt. Auf poetologischer Ebene werden damit paradoxe Abhängigkeitsverhältnisse des künstlerischen Schaffensprozesses berührt, die ins Zentrum von Rilkes medialer Poetik zwischen schöpferischer Autonomie und Fremddiktion führen.[22]

3.1 Gestörte Schöpfung: Die Engelslüge als Ursprung von Geschichte(n)

Die Anthropogonie „Das Märchen von den Händen Gottes" bildet den Auftakt zu Rilkes zwischen dem 10. und dem 21. November 1899 verfassten und 1900 publizierten Geschichtensammlung *Vom lieben Gott und Anderes*, die 1904 überarbeitet unter dem Titel *Geschichten vom lieben Gott* erschien. Die Grundlage des „Märchens" ist die biblische Erzählung des Sündenfalls (1 Mos 3,23–24). Es knüpft damit an die Zeit um 1800 an, als über den Sündenfall anthropologische, epistemologische, ästhetische und geschichtsphilosophische Fragen verhandelt wurden.[23] Gleichzeitig werden diese Diskurse inhaltlich durch das Ineinsfallen von Menschenschöpfung und Gottessünde und formal durch den parodistischen Duktus als eine Erzählung der Moderne aktualisiert. Diese durchzieht eine doppelte Achse des Exils: als postlapsaler Zustand wie als spezifische Pointe der Zeit.

Das „Märchen" erzählt in betont kindgerechtem Ton und allerlei komischen Bildern wie den knienden Händen Gottes von einem paralysierten Schöpfer, der die Kontrolle über das Geschehen auf der Erde ebenso wie über seinen anthropomorphen Körper verliert. Urheber dieser Störungen ist ein Engel, der mit einer Lüge für die Unvollkommenheit des Menschen, die andauernde Selbstentfremdung des Schöpfergottes von dem Werkzeug seiner Hände und die bis in die Gegenwart fortwirkende Entfremdung zwischen Gott und Mensch verantwortlich ist. Eingefasst sind diese Ereignisse in eine in der Gegenwart situierte Rahmenhandlung, in der sich der Ich-Erzähler mit seiner Nachbarin unterhält. Diese beklagt sich über ihre wissbegierigen Töchter, die immerzu nach dem

---

22 Zu Autonomie und Fremddiktion bei Rilke vgl. Wacker, Poetik des Prophetischen, S. 192.
23 Vgl. Martin Metzger, Die Paradieserzählung (Genesis 2,4b–3,24). Die Geschichte ihrer Auslegung von J. Clericus bis W.M.L. de Wette, Bonn 1959 sowie Johannes Friedrich Lehmann, Vom Fall des Menschen. Sexualität und Ästhetik bei J.M.R. Lenz und J.G. Herder. In: Die Grenzen des Menschen. Anthropologie und Ästhetik um 1800, hg. von Maximilian Bergengruen, Roland Bogards u. Johannes Friedrich Lehmann, Würzburg 2001, S. 17–35.

„lieben Gott'"[24] fragen. Als der Erzähler erwähnt, dass ihm über die Hände Gottes zufällig einiges bekannt sei, fordert die Nachbarin ihn auf, er möge gleich ihren Töchtern davon erzählen. Der Erzähler wehrt ab mit der Begründung, dass das Sprechen mit Kindern ihn in Verlegenheit bringe, zumal sie „,meine Verwirrung dahin deuten [könnten], daß ich mich lügen fühle ..."'" (M 348). Da dem Erzähler aber an der Wahrhaftigkeit der Geschichte im höchsten Maße gelegen ist, will er selbst zunächst „,nur die einfachen Tatsachen in der kürzesten Form berichten'" (M 348). Die Nachbarin möge sie ihren Kindern weitererzählen und dabei „,verknüpfen und ausschmücken'" (M 348). Das „Märchen" wendet sich also nicht direkt an Kinder, wie auch im Untertitel der ersten Gesamtausgabe („An Große für Kleine erzählt") explizit gemacht, vielmehr fungieren diese in ihrer Abwesenheit als Anlass für eine Erzählung von Gott in einem modernen Setting. Dieses juvenile Märchen soll im Folgenden nicht mit seinem Verfasser als „jugendlich[e] Vor-Prosa (die noch keine war)"[25] diskreditiert, sondern als Gegenstand literaturwissenschaftlicher Betrachtung ernst, ja programmatisch genommen werden für Überlegungen zum geschichtsphilosophischen Fundament von Rilkes Poetik.

Das Erzählen von Gott ist ein heikles Unterfangen: „,Darüber weiß man doch nicht Bescheid'" (M 347), so die Nachbarin. Entsprechend groß ist ihre Verlegenheit, als eine vorübergehende Frau die Frage nach ihrem Gesprächsgegenstand stellt und mit der Annahme, die Unterhaltung drehe sich um „,Herrn Schmidt'" (M 349), den ersten komischen Kontrapunkt zur intradiegetischen Schöpfungsgeschichte setzt. Vor dieser Störung, in deren Folge der Erzähler sich prompt in seiner Erzählung verheddert, hatte er bereits ganz biblisch mit „,Im Anfang ...'" (M 348) begonnen, sich allerdings sogleich unterbrochen: „,Ich kann bei Ihnen, Frau Nachbarin, ja manches als bekannt voraussetzen, was ich den Kindern erst erzählen müßte. Zum Beispiel die Schöpfung ...' Es entstand eine ziemliche Pause. Dann: ,Ja – – und am siebenten Tage ...', die Stimme der guten Frau war hoch und spitzig." (M 348) Ob Pause und Leerstelle von Wissen, Unwissen oder bloß wiederum peinlicher Berührtheit der Nachbarin zeugen, bleibt offen, der Erzähler fällt jedenfalls mit einem „,Halt!'" (M 348) ein, es solle um die früheren Tage gehen, also gewissermaßen um einen anfänglicheren Anfang.

---

24 Rainer Maria Rilke, Das Märchen von den Händen Gottes. In: Rilke, Prosa und Dramen. Kommentierte Ausgabe in vier Bänden, Bd. 3, hg. von August Stahl, Frankfurt am Main; Leipzig 1996, S. 347–354, hier S. 347. Im Folgenden M.
25 Rainer Maria Rilke, Brief an Anton Kippenberg, 26. Mai 1925. In: Rilke, Briefe an seinen Verleger 1906 bis 1926, Wiesbaden 1949, S. 419.

Damit ist die Kernstruktur dieser Geschichte berührt. Deren grundlegendes narratives Muster von Einsatz, Unterbrechung und erneutem Aufgreifen des Erzählfadens stellt die jedem Anfang eigene Diskontinuität aus; die multiplen Anfangseinsätze des „Märchens" erbringen den performativen Beweis seiner Kontingenz. Zugleich präludieren Neuansatz und Störung den nun endlich folgenden Schöpfungsbericht, der als Kontrafaktur die unterbrochenen Abläufe der Schöpfung referiert. Diese sind mitnichten „sehr gut" (1 Mos 1,31), wie Gott in der Bibel noch abschließend befinden kann. Der Gott in Rilkes „Märchen" verliert bei der Schöpfung des Menschen das Geschehen auf der Erde aus den Augen. Ein Engel zieht vorbei und behauptet fälschlicherweise, Gott sähe alles, woraufhin dieser erschrickt – „[e]r hatte den Engel in Sünde gebracht, denn eben hatte dieser eine Lüge gesungen" (M 350). Die Lüge besteht darin, dass sich ein Vogel von seinem angestammten Ort entfernt hat, was seinem Schöpfer verborgen blieb. Gott ärgert sich sehr über diese Eigenmächtigkeit: „‚Die Vögel haben sitzen zu bleiben, wo ich sie hingesetzt habe.' Aber er erinnerte sich, daß er ihnen auf Fürbitte der Engel Flügel verliehen hatte, damit es auch auf Erden so etwas wie Engel gebe, und dieser Umstand machte ihn nur noch verdrießlicher." (M 350)

Die Ordnungsstörung ist also ein Gemeinschaftswerk von Engeln und Vögeln.[26] Die Nähe zwischen beiden ergibt sich aus ihrer Mittlerstellung zwischen Himmel und Erde, wobei Vögel auf die dichterische Inspiration und Engel auf Gott weisen. Ihr Zusammenwirken ruft hier den Schwellenbereich zwischen Re-

---

26 In seinem Aufsatz „Himmlisches Geflügel" untersucht Thomas Macho die motivgeschichtlichen Entsprechungen zwischen Engeln und Vögeln und stellt fest: „Engel sind Boten und Medien; doch gerade als Boten und Medien stehen sie abermals in der Schuld der Vögel. Denn die Praxis der Brieftaubenzucht ist mußmaßlich älter als die seltsamen Flügelwesen aus dem alten Orient, die zumeist als Vorfahren der Engel gewürdigt werden" (Thomas Macho, Himmlisches Geflügel. Beobachtungen zu einer Motivgeschichte der Engel. In: Engel, :Engel. Legenden der Gegenwart, hg. von Cathrin Pichler, Wien 1997, S. 83–100, hier S. 95). Neben der Botentätigkeit liegt eine weitere Parallele in der Doppelgänger-Eigenschaft der Engel bzw. der Angleichung an sie über das *bios angelikos*: „Manche Seelenvögel bezeichneten nicht die Position des Toten, sondern verschiedene Arten möglicher Selbstbeziehung (im Sinne reflexiver Doublierung). Die Metamorphose zum Vogel, die Ausbildung eines zweiten, flugfähigen Ichs, konnte im Traum oder im Rausch glücken: So mochten Schamanen, Priester oder weise Frauen ihre Seelenreisen und Himmelfahrten antreten; sie konnte ebensogut auf dem Boden kontemplativer Übungen und asketischer Disziplin gedeihen" (Macho, Himmlisches Geflügel, S. 95). Eine weitere bekannte Engführung bei Rilke sind die Engel in der „Zweiten Elegie", die das lyrische Ich als „fast tödliche Vögel der Seele" ansingt (Rainer Maria Rilke, Duineser Elegien. In: Rilke, Gedichte 1910–1926. Kommentierte Ausgabe in vier Bänden, Bd. 2, hg. von Manfred Engel u. Ulrich Fülleborn, Frankfurt am Main; Leipzig 1996, S. 199–234, hier S. 205. Im Folgenden DE).

ligion und Kunst auf. Wie die Engel verfügen die Vögel außerdem mit ihren Flügeln über das Potential, sich Gott zu entziehen, und spiegeln darin auf der Erde die Störung, die die Lüge des Engels im Himmel angestoßen hat. Während der Vogel sich nur unbeobachtet entfernt, wirkt der Engel insofern diabolisch, als Satan nicht Gott schaut, „sondern sieht, welche blinden Flecken Gottes Sicht aufweist"[27].

Nach dieser Unterbrechung wendet Gott sich erneut der – angelisch vermittelten – Schöpfung des Menschen zu: „Er hatte die Augen der Engel wie Spiegel vor sich, maß darin seine eigenen Züge und bildete langsam und vorsichtig an einer Kugel auf seinem Schoße das erste Gesicht." (M 350) Während die Stirn ihm gut gelingt, stellt schon die Symmetrie der Nasenlöcher diesen allzu menschlichen Gott vor Probleme. Zudem wird er erneut unterbrochen und zwar durch denselben Engel, der ihn nun stumm verspottet: „[M]an hörte diesmal keine Hymne, denn in seiner Lüge war dem Knaben die Stimme erloschen, aber an seinem Mund erkannte Gott, daß er immer noch sang: ‚Der Du alles siehst.'" (M 350) Eine weitere Störung bringt die Klage des heiligen Nikolaus', der sich bei Gott über den Hochmut der Löwen beschwert und außerdem darauf hinweist, dass ein Terrier vom Rand der Erde zu stürzen droht. Nach einer wütenden Entgegnung Gottes schlägt Nikolaus die „Türe" (M 350) des Himmels so fest zu, dass dem Terrier ein Stern auf den Kopf fällt. Nach diesen kuriosen Vorfällen beschließt der Gott des „Märchens", sich nun ganz auf die irdischen Vorgänge zu konzentrieren. Die Erschaffung des Menschen überlässt er seinen Händen, die ihm das Produkt ihrer Arbeit erst kurz vor dem Eintritt ins Leben zeigen sollen. Auch dies misslingt: Ungeduldig wartend sieht Gott plötzlich „‚etwas durch den Raum fallen'" (M 351). Der Fall des Menschen ist hier keine göttliche Strafe für eine Übertretung, sondern zeugt wiederum von einem Kontrollverlust Gottes, da der Mensch, so jedenfalls die Vorhaltung der Hände, in seinem unbändigen Lebensdrang entwischt ist. Gott verstößt daraufhin seine Hände, mit folgenschweren Konsequenzen. Sie sollten machen, was sie wollen, und

---

[27] Hafner, Angelologie, S. 147. Nach Hafner ist Satan dadurch charakterisiert, dass er „die Perspektive eines externen Beobachters Gottes ein[nimmt], statt in reiner Schau zu verweilen" (Hafner, Angelologie, S. 146). Da so das göttliche Handeln als eine Möglichkeit neben anderen erscheint, wird „[d]ie göttliche Notwendigkeit [...] als Willkür entlarvt, indem Gott daraufhin getestet wird, ob sein Vorschlag der beste aller möglichen ist. Im Grunde steht der Teufel für die Religionswissenschaft. Er denkt über Gott nach, ohne sein Nachdenken als Funktion von Gottesdienst zu verstehen, sondern setzt Gott in eine ihm übergeordnete Funktion ein" (Hafner, Angelologie, S. 146–147).

3.1 Gestörte Schöpfung: Die Engelslüge als Ursprung von Geschichte(n) — 83

> [d]as versuchten die Hände auch seither, aber sie können nur *beginnen*, was sie auch tun. Ohne Gott giebt es keine Vollendung. Und da sind sie es endlich müde geworden. Jetzt knien sie den ganzen Tag und tun Buße, so erzählt man wenigstens. Uns aber erscheint es, als ob Gott ruhte, weil er auf seine Hände böse ist. Es ist immer noch siebenter Tag.
>
> (M 351)

Auf Nachfrage der Nachbarin erklärt der Erzähler, es bestehe Hoffnung auf Versöhnung, und zwar dann, wenn „Gott wissen wird, wie der Mensch, den die Hände gegen seinen Willen losgelassen haben, aussieht" (M 352). Das Wissen von der wahren Beschaffenheit des Menschen ist also die Voraussetzung für die Versöhnung Gottes mit seinen Händen und damit auch mit seiner Schöpferkraft. Die anhaltende Unwissenheit Gottes verschulden die Hände nicht nur durch ihre Unachtsamkeit, sondern auch, indem sie ihm die Sicht auf die Erde versperren. Denn aus diesem Grund sieht Gott die Menschen erst, als sie schon millionenfach vorhanden und überdies bekleidet sind:

> „Und da die Mode damals gerade sehr häßlich war und auch die Gesichter arg entstellte, so bekam Gott einen ganz falschen und (ich will es nicht verhehlen) sehr schlechten Begriff von den Menschen." „Hm", machte die Nachbarin und wollte etwas bemerken. Ich beachtete es nicht, sondern schloß mit starker Betonung: „Und darum ist es dringend notwendig, daß Gott erfährt, wie der Mensch wirklich ist. Freuen wir uns, daß es solche giebt, die es ihm sagen ..." Die Frau Nachbarin freute sich noch nicht: „Und wer sollte das sein, bitte?" „Einfach die Kinder und dann und wann auch diejenigen Leute, welche malen, Gedichte schreiben, bauen ..." „Was denn bauen, Kirchen?" „Ja, und auch sonst, überhaupt ..."
>
> (M 352)

In dem zunächst reichlich absonderlich anmutenden Gedanken, dass schlechte Mode eine undurchdringliche Barriere für das göttliche Auge darstellen soll, artikuliert sich der Gedanke eines Akzidentiellen des Menschen, das seine nackte Eigentlichkeit verdeckt. Mit der Verbindung zur Kleidung, also zum Textil und damit zum Text, stellt die Mode ein weiteres autopoetisches Signal dar. Überdies verweist sie als Form prononcierter Gegenwärtigkeit auf die Moderne,[28] in der die Substanz des Menschseins verhüllt und so Gott bis zum heutigen Tag verborgen ist. Der Topos der Unerkennbarkeit Gottes ist hier verkehrt in die Unerkennbarkeit des Menschen. Komplementär zur negativen Theologie entwirft die Erzählung in einer Inversion des Blicks eine negative Anthropologie: Die Leerstelle ist der Mensch, dessen Schwächen wie Unachtsamkeit und Ungeduld zur *conditio divina* geworden sind. Neben diesem Perspektivwechsel, der mit

---

[28] Zu etymologischen, historischen und semantischen Zusammenhängen von Mode und Moderne vgl. Julia Bertschik, Mode und Moderne. Kleidung als Spiegel des Zeitgeistes in der deutschsprachigen Literatur (1770–1945), Köln 2005, S. 7–17.

der Darstellung von Gottes Ungeschicklichkeit, aber auch mit der komödientheoretisch zentralen Kategorie der Versöhnung wesentlich zur Komik des „Märchens" beiträgt, liegt die Besonderheit dieser Entfremdung darin, dass sie der Schöpfungsgeschichte nicht nachgeordnet, sondern als Trennung Gottes von seinen Händen und den Menschen in ihrem Herzen selbst wirkmächtig ist. Anders als in der Genesis und anderen menschlichen Urzeiterzählungen steht hier am Anfang kein intaktes Paradies. Vielmehr ist der Zustand der Paradiesferne von jeher konstitutiv für das Menschsein, und auch der Mensch ist als ein Non-finito der Schöpfung nie eine Einheit gewesen. Da es ohne Gott keine Vollendung gibt, sind die unvollendeten Menschen ebenso sehr wie Gott auf die in Aussicht gestellte Versöhnung angewiesen, die Künstler und Kinder bewerkstelligen sollen.

Die Bedeutung, die der Engel für die gesamte Erzählung einnimmt, betont der Erzähler am Ende der Geschichte: „'Sehen Sie, wäre ein Engel vorübergeflogen, singend: ›Der Du alles *weißt*‹, so wäre alles gut geworden ...' ‚Und diese Geschichte wäre überflüssig?' ‚Gewiß', bestätigte ich." (M 350) Die in Gott wirksame Differenz zwischen Wissen und Sehen, die der Engel sichtbar und virulent macht, verweist auf die Differenz zwischen analytischem Wissen, das keiner Anschauung bedarf, und einem auf das Sehen gegründeten synthetischen Wissen, das an den Verlauf von Zeit gebunden und damit ein Wissen von kontingenten Ereignissen ist. Das Defizit Gottes, der zwar alles weiß, im Zuge der Ausdifferenzierung der Schöpfung aber weder einen Überblick über die Erde hat, noch über eine konkrete Anschauung des Menschen verfügt, eröffnet den Raum für die Nobilitierung der Kunst. Als ästhetisches Wissen ist sie Ausdruck des menschlichen Wesens und leistet zugleich eine Erkenntnisvermittlung für Gott. In Entgegensetzung zur christlichen Tradition der Erbsünde verschiebt sich das Gewicht der auf dem Menschen lastenden Verantwortung vom ethischen in den künstlerischen Bereich: Die Überwindung der göttlichen Erstarrung glückt nicht durch ein gottgefälliges Leben, sondern durch die Kunst. Damit ist ein struktureller Perspektivwechsel verbunden. Nicht die Menschen bedürfen für ihre Kunstwerke der göttlichen Inspiration, sondern umgekehrt ist Gott für seine Einheit und Selbstidentität auf das menschliche Kunstschaffen angewiesen. Kunst ist Verständigung mit Gott, indem der Mensch sich selbst wahrhaftig vor Gott aussagen und so die Folgen der Engelslüge überwinden soll. Zusätzlich zu der ihr zugetrauten Wahrheitsfähigkeit wird die Bedeutung von Kunst und Kindlichkeit dadurch gesteigert, dass Gott selbst sein schöpferisches Potential eingebüßt hat. Da er in der Trennung von seinem Schöpfungswerkzeug im Ruhezustand des siebten Tages verharrt, wird der kindlich-künstlerische Mensch als *homo creator* zum exemplarischen Schöpfer, von dessen Fertigkeit auch die Restitution der durch die Engelslüge unterbrochenen göttlichen *poiesis* (ποίησις) abhängt.

Die Pole Wahrheit und Lüge sowie Ordnung und Ordnungsstörung als Pfeiler der Schöpfungsgeschichte werden auf extradiegetischer Ebene in der Frage nach dem Wahrheitsstatus in einer fiktionalen Gattung sowie in Form der vielfachen Unterbrechungen des Erzählens gespiegelt. Darüber hinaus stellt die ganze Erzählung, die in kindlichem Ton einen schrulligen Gott mit aufbrausendem Temperament und ungehorsamen Körperteilen präsentiert, eine parodistische Abweichung von der christlichen Schöpfungsgeschichte dar, die den Takt für die *Geschichten vom lieben Gott* insgesamt vorgibt. Diese betreiben „eine geradezu polemisch-subversive Infragestellung der biblischen Gottesvorstellung"[29]. Über die Unterscheidung von göttlicher Allwissenheit und göttlichem Nichtsehen wird überdies retrospektiv das ganze erzählenswerte Geschehen – das Chaos auf der Erde, die Verselbstständigung der Hände und die bis in die Gegenwart andauernde Entzweiung zwischen Gott und Menschen – als ‚ungute' und das bedeutet erzählenswerte Folge der Engelslüge ausgewiesen. Die mit dem Engel verbundenen Momente von Störung und Lüge fungieren daher nicht nur als Triebfedern der intradiegetischen Erzählung, sondern werden auch auf extradiegetischer Ebene zum Ursprung des Erzählens erhoben. Ohne die Unterbrechung durch den lügenden Engel gäbe es keine Geschichte, was sich auch im Sinne der historischen Zeit an sich als Produkt einer angelischen Abweichung von Gott verstehen lässt. Dass die Übertretung des Engels grundlos ist, darauf deutet die ausweichende Reaktion des Erzählers, als die Nachbarin nach der Rolle des Engels fragt:

> Dann kehrte sie nochmals zurück: „Aber weshalb ist gerade dieser Engel ..." „Frau Nachbarin", sagte ich, indem ich sie unterbrach, „ich merke jetzt, daß Ihre beiden lieben Mädchen gar nicht deshalb so viel fragen, weil sie Kinder sind –" „Sondern?" fragte meine Nachbarin neugierig. „Nun, die Ärzte sagen, es giebt gewisse Vererbungen ..." (M 353)

Die Rolle, die der Engel in diesem Gefüge spielt, ist somit eine ambivalente. Ist er mit seiner Lüge einerseits Urheber der Unterbrechungen, so ermöglicht der lügende Engel andererseits, dass vom Anfang des Menschen in der Moderne überhaupt noch erzählt werden kann. Als prototypische Figur der Übertretung avanciert der Engel damit nicht nur inhaltlich, sondern auch formal zur Reflexionsfigur des Erzählens in der Moderne als einer Zeit von empfundener Gottesferne und Krisenerfahrung. Dieses Erzählen vom Anfang des Menschen ist wie die in ihm verhandelte Schöpfung in seiner Fragmentierung spezifisch modern: Konstitutiv für das „Märchen" sind Figuren wie Parodie, Störung, Spiegelung

---

[29] August Stahl, Kommentar [Geschichten vom lieben Gott]. In: Rilke, Kommentierte Ausgabe in vier Bänden, Bd. 3, hg. von August Stahl, Frankfurt am Main; Leipzig 1996, S. 848–858, hier S. 851.

und Neuansetzen, die die erzählerische (Un-)Ordnung organisieren und den Gedanken des Anfangs im emphatischen Sinne, wie ihn das performative Gotteswort der Bibel in Szene setzt, korrumpieren. Da das „Märchen" selbst eine Abweichung von der biblischen Schöpfungsgeschichte darstellt, wirken Störung und Lüge autopoetisch als Pfeiler eines angelischen Erzählens. Exemplarisch zeigt sich der moderne Index des „Märchen" in seiner Anfangsformel, die nicht „Es war einmal" lautet, sondern als lapidares „Neulich" (M 347) die Aktualität dieser Erzählung herausstreicht. Gleichzeitig reflektiert das Erzählen selbst als anthropologische Konstante zwischen „‚Dicht-Kunst' und ‚Nicht-Kunst'"[30], deren Anfänge sich im Mythischen verlieren, die Frage nach dem Anfang der Kunst. Das „Märchen" greift diese auf; denn wenn „die Erzählung [...] mit der Geschichte der Menschheit"[31] beginnt, wie Roland Barthes schreibt, dann handelt das Erzählen vom Anfang des Menschen auch vom Anfang des Erzählens.

Das Erzählen als Ausdrucksform, die die Ausbildung von Identität allererst ermöglicht,[32] ist daher im „Märchen" nicht nur Spiegel eines gestörten Schöpfungsvorgangs, sondern als „anthropologische Universalie"[33] ebenso eingebunden in das antizipierte Versöhnungswerk, das in der Sichtbarmachung der menschlichen Identität besteht. Denn die Störung des Engels, der als Medium des Entfremdungsgeschehens fungiert, stößt eine geschichtsphilosophische Dynamik an und schafft damit erst die Voraussetzung für das Erzählen: ohne Lüge keine Erzählung. Diese stellt wiederum selbst einen Eingriff in die Konstruktion dar, von der sie erzählt, insofern sie als Form menschlichen Kunstschaffens der immanenten Logik des „Märchens" nach als Remedium des Entfremdungszustands wirkt. Diese rekursive Verfasstheit stellt die Erzählung aus, indem das an Kinder gerichtete „Märchen" mit Kindlichkeit und Kunst jene privilegierten Modi der wahrhaftigen anthropologischen Selbstaussage vor Gott vereint. Autopoetisch erweist sich das „Märchen" damit als Bearbeitung des in ihm aufgeworfenen Problems: Es ist selbst Teil dessen, wovon es spricht. Nicht nur durch den einfachen Ton und die parodistisch-verniedlichende Form, sondern auch durch die zweifach

---

[30] Rüdiger Zymner u. Manfred Engel, Nichtkunst und Dichtkunst. In: Die Anthropologie der Literatur. Poetogene Strukturen und ästhetisch-soziale Handlungsfelder, hg. von Rüdiger Zymner u. Manfred Engel, Paderborn 2004, S. 7–10, hier S. 8.
[31] Roland Barthes, Einführung in die strukturale Analyse von Erzählungen. In: Barthes, Das semiologische Abenteuer, Frankfurt am Main 1988, S. 102–143, hier S. 102.
[32] Vgl. Michael Scheffel, Erzählen als anthropologische Universalie: Funktionen des Erzählens im Alltag und in der Literatur. In: Die Anthropologie der Literatur. Poetogene Strukturen und ästhetisch-soziale Handlungsfelder, hg. von Rüdiger Zymner u. Manfred Engel, Paderborn 2004, S. 121–138, hier S. 126–129.
[33] Scheffel, Erzählen als anthropologische Universalie, S. 121.

fingierte Mündlichkeit des Erzählens und das Anknüpfen an die romantische Tradition des Kindermärchens ebenso wie an den zeitgenössischen Primitivismus-Diskurs schließt es an die in ihm entworfenen Paradigmen an.[34] Mit der über die Kindheit entwickelten Utopie partizipiert das „Märchen" überdies an der „neue[n] Kultur der Kindheit"[35] in der reformpädagogischen Bewegung um 1900.

Der Schwerpunkt liegt allerdings auf dem gebrochenen Zustand der Gegenwart: Form und Inhalt sind in einer Rekursionsschleife verbunden, indem das „Märchen" in seiner gebrochenen Form zeigt, wie der Mensch in der Moderne ‚wirklich' ist – nämlich von Gott getrennt. Auch das Verwobensein von Kunst und Religion in einer dezidiert poetischen Kommunikation mit Gott orientiert sich an dem Engel als Schnittstelle zwischen religiöser Vermittlung und ästhetischer Eigenpräsenz. Da es sich in der Logik des „Märchens" nicht auf eine vorgängige Paradieseinheit stützen kann, bedeutet das künstlerische Vermittlungswerk einer zu stiftenden Einheit etwas genuin Neues – die strikt antisentimentalische Pointe dieses progressiv ausgerichteten Auftaktmärchens liegt darin, dass es nichts Verlorenes zu betrauern gibt. Der vermeintlich „unverfälscht[e] Ursprung" ist ebenso wie die „von allen ideologischen, gesellschaftlichen und institutionellen Vorgaben freie Sicht auf die Welt"[36], die August Stahl in den *Geschichten vom lieben Gott* am Werk sieht, nur als Zielpunkt, nicht aber als je Gewesenes vorgestellt. Diese Sicht ist vielmehr – das illustriert das „Märchen" überaus plastisch – selbst Gott versperrt.

3.1.1 Der Zukunft verpflichtet. Heimatlose Künstler als Träger zeitlicher Transzendenz

Die Lüge des Engels bewirkt Entfremdung und Spaltung und verweist zugleich auf eine ersehnte zukünftige Erlösung. Diese angelisch grundierte Geschichtsphilosophie wird für Rilke von den Künstlern getragen. Die „Pflicht des Künstlers"[37] in seiner Wirkweise als geschichtsphilosophisches Zukunftsmedium führt er in dem im Juli und August 1898 verfassten Aufsatz „Über Kunst" aus. Die Kunst als Träge-

---

34 Zum Primitivismus-Diskurs in der Moderne vgl. Nicola Gess, Primitives Denken. Wilde, Kinder und Wahnsinnige in der literarischen Moderne (Müller, Musil, Benn, Benjamin), München; Paderborn 2013.
35 Mareike Schildmann, Poetik der Kindheit. Literatur und Wissen bei Robert Walser, Göttingen 2019, S. 63.
36 Stahl, Kommentar, S. 851.
37 Rainer Maria Rilke, Über Kunst. In: Rilke, Schriften. Kommentierte Ausgabe in vier Bänden, Bd. 4, hg. von Horst Nalewski, Frankfurt am Main; Leipzig 1996, S. 114–120, hier S. 115. Im Folgenden ÜK.

rin des Neuen hatte Rilke wenige Monate zuvor in dem am 5. März 1898 in Prag gehaltenen Vortrag „Moderne Lyrik" inauguriert – er sei „voll [...] eines großen Neuen, von dem ich Hohes Herrliches zu verkünden habe"[38]. Dieses Neue umfasst sowohl eine „neue Kunst"[39] als auch eine „in hundert Sinnen neu[e] Zeit"[40].

Dass der Künstler an dieser neuen Zeit mitwirken kann, hat mit seinem besonderen Verhältnis zu Vergangenheit, Gegenwart und Zukunft zu tun. Während die anderen Menschen „kommen und gehen", ist er derjenige, der „kein[e] Vergangenheit hinter sich" hat, der „dauert" (ÜK 115) und über ein besonderes Gottesverhältnis in die Zukunft ausgerichtet ist: „Die anderen haben Gott hinter sich wie eine Erinnerung. Dem Schaffenden ist Gott die letzte, tiefste Erfüllung." (ÜK 115) Kunst ist hier losgelöst von der Gegenwart, sie erscheint „gleichsam als die Weltanschauung des letzten Zieles" (ÜK 114), als Bereich einer zeitlichen Transzendenz. In seiner Bestimmung von Kunstwerken als „zukünftige Dinge"[41] in der kleinen Schrift „Kunstwerke" (1902) trifft Rilke sich mit Bataille in dessen emphatischem Ausspruch, es sei „sogar nicht übertrieben zu sagen, daß Poesie *niemals* Sehnsucht nach der Vergangenheit sei"[42]. Die Grundspannung von Rilkes Ausführungen liegt darin, dass das Kunstwerk als ein göttlich anmutendes Überweltliches und in logischer Unabhängigkeit „nicht aus der Zeit resultiert" (ÜK 114), temporal aber aus der Reibung mit ihr entstehen soll. Denn „erst aus diesem Zwiespalt zwischen der gegenwärtigen Strömung und der zeitfremden Lebensmeinung des Künstlers entsteht eine Reihe kleiner Befreiungen, wird des Künstlers sichtbare Tat: das Kunstwerk" (ÜK 115). Als in sich freier Ausdruck einer Befreiung kann das Kunstwerk unabhängig vom Künstler bestehen. Seine Schönheit besteht gerade in seiner „Selbstständigkeit" (ÜK 115). Dennoch ist das Kunstwerk für Rilke trotz aller Gegenwartsferne „immer eine Antwort auf ein Heute" (ÜK 115). Analog zu der prägenden Ästhetik der Moderne, die Baudelaire in „Der Maler des modernen Lebens" (1863) entwirft, ist „das Schöne jederzeit unweigerlich ein Doppeltes"[43] – Kunst und Kunstwerk oszillieren zwischen zeitlos-metaphysischer Entrücktheit und *fait social*.

---

[38] Rainer Maria Rilke, Moderne Lyrik. In: Rilke, Schriften. Kommentierte Ausgabe in vier Bänden, Bd. 4, hg. von Horst Nalewski, Frankfurt am Main; Leipzig 1996, S. 114–120, hier S. 61. Das Wort „neu" taucht darin in Variationen fast 50 Mal auf.
[39] Rainer Maria Rilke, Moderne Lyrik, S. 85.
[40] Rainer Maria Rilke, Moderne Lyrik, S. 67.
[41] Rainer Maria Rilke, Kunstwerke. In: Rilke, Schriften. Kommentierte Ausgabe in vier Bänden, Bd. 4, hg. von Horst Nalewski, Frankfurt am Main; Leipzig 1996, S. 303–304, hier S. 303.
[42] Georges Bataille, Die Literatur und das Böse, München 1987, S. 39.
[43] Charles Baudelaire, Der Maler des modernen Lebens. In: Baudelaire, Sämtliche Werke/Briefe in acht Bänden, hg. von Friedhelm Kemp u. Claude Pichois, München; Wien 1989, S. 213–258, hier S. 215.

Sowohl hinsichtlich des Künstlers als auch in Bezug auf das Kunstwerk rangiert in dieser ästhetischen Theorie die Ontologie vor dem Effekt: Während die Schönheit eine Größe für sich ist, wie ein „wilder Garten, der vor sich hinblüht irgendwo und von dem Keiner weiß" (ÜK 116), ist Kunst personal gedacht eine „Lebensanschauung" (ÜK 116), verstanden als eine bestimmte Art zu sein. Diese Seinsform hat nach Rilke eine Nähe zu dem „Reich der großen Gerechtigkeit und der tiefen Liebe" (ÜK 116), in dem alle Dinge gleichwertig sind, es kein Besitzstreben und keine Verlustangst, sondern nur Hingabe an den Moment gibt, und in dem die Liebe alles unverlierbar im Bild bewahrt – kurz, eine Nähe zur Kindheit. In seinem Aufsatz reflektiert Rilke damit die Affinität von Künstlertum und Kindheit, die im „Märchen" postuliert wird. Künstler-Sein bedeutet, an kindlicher Wahrnehmung festzuhalten. Diese ist bedroht durch eine begriffliche und urteilsförmige Schematisierung des individuellen Erlebens. An dem Scheidepunkt seiner Entwicklung wird das Kind entweder zum zugerichteten Bürger – „es tritt in den Orden *seiner* Zeit ein" – oder zum transhistorischen Künstler als „Mensch im Geiste *aller* Zeiten" (ÜK 117).

Diese für die Zeit typische Entgegensetzung von Bürger und Künstler, die die romantische Außenseiter-Zuschreibung des Künstlers aktualisiert, hängt wesentlich am Umgang mit dem Überschuss, dem Unzeitigen und Ungelebten der Kindheit. Indem er sich gegen die Zurichtung zum Staatsbürger durch eine Erziehung sperrt, die „die ersten unwillkürlichen und ganz individuellen Eindrücke durch überkommene und historisch entwickelte Begriffe ersetzt" (ÜK 117), agiert der Künstler einerseits in hohem Maße subjektiv, das heißt im Widerstand gegen die eigene Zeit. Andererseits hat sein Schaffen einen historisch-objektiven Index, indem er als Resonanzkörper seiner Zeit wirkt, und einen transhistorisch-objektiven Auftrag, indem er an der Gestaltung einer Vollendung (Gottes) beteiligt ist.

Bei seiner Arbeit an dieser Vollendung ist der Künstler keineswegs allein, sondern Glied in einer archetypischen Reihe. Es sind „Fürsten und Philosophen, Kanzler und Könige, Mütter und Märtyrer, denen ihre Zeit Wahn und Widerstand war" (ÜK 118), die nicht aufgehen in ihr, sondern den Keim der Zukunft tragen. Irgendwann wird diese Zukunft eingeholt von einer Gegenwart, in der sie wiederaufleben und in die sie eingehen: „So sind die Vergangenheiten wie Gerüste, die zusammenbrechen vor dem fertigen Bau; aber wir wissen, daß jede Vollendung wieder Gerüst wird und daß, von hundert Stürzen verhüllt, das letzte Gebäude ersteht, das Turm und Tempel sein wird und Haus und Heimat." (ÜK 119) Die Tätigkeit des Künstlers richtet sich folglich nicht an der Vollendung eines einzelnen Werks beziehungsweise des gesamten Lebenswerks aus, sondern ist eingebunden in das Bauen an einer religiös durchwirkten, das einzelne Leben transzendierenden Zukunft.

Ihre Vollender sind die „Allerzukünftigsten" (ÜK 119). Sie sind unzeitgemäß im besten Sinne, und darin sowohl ihren Zeitgenossen als auch den gegenwärtigen Menschen fremd. Unter ihnen können selbst die Schaffenden „jene Großen, deren Heimat erst sein wird, nicht zu Gäste laden; denn sie sind selber nicht zu Hause und sind Wartende und einsame künftige und ungeduldige Einsame" (ÜK 119). Dass der „Allerzukünftigste" an der „Unentschlossenheit" seiner Zeit „zu Grunde" (ÜK 118) geht, ist nur auf den ersten Blick ein „Scheitern"[44]. Tatsächlich ist diese Uneingebundenheit in die eigene Zeit die Voraussetzung, um an der künftigen Vollendung mitzuwirken. Vor dem Hintergrund dieser unbedingten Zukunftsfixierung erklärt sich auch Rilkes Ablehnung einer Ästhetik, die die Wirkung auf vergangene oder gegenwärtige, noch dazu in ihre Zeit verstrickte Betrachterinnen und Betrachter untersucht und der die für Rilkes Ästhetik zentrale Achse der Zukünftigkeit fehlt. Die Ausrichtung auf die Zukunft stimmt ihn auch skeptisch in Bezug auf die Rezeption des geplanten Buches, das aus „Über Kunst" entstehen sollte; er wisse, „daß es viel zu sehr von Zukünften spricht, um *die* zu berühren, welche mit der Gegenwart so ganz zufrieden sind"[45].

Das negative Fundament dieser Zukunftsausrichtung ist die geistige Heimatlosigkeit des Dichters in der Moderne, der heimatlos in der gegenwärtigen Heimatlosigkeit ist. Die Einsamkeit und das Lauschen sind für Rilke „die Haupteigenschaften, welche den neuen Dichtern gemeinsam sind"[46]. Da der Künstler keine Vergangenheit hat und die Gegenwart ihm keine Heimat bietet, bleibt nur der Weg in die Zukunft. Aktive Heimatlosigkeit und das Warten werden hier zur Bedingung für das Ankommen in einer transzendenten Heimat in der Zukunft gemacht, an der die Künstler als „Zufrühgekommene" und „Nochnichtlebend[e]" (ÜK 120) bauen. Das Moderne dieser Wendung gegen die eigene Zeit liegt hier nicht in einer an der Projektion vergangener Ganzheit aufgespannten Antimodernität, sondern in einer Abkehr von der Gegenwart, die durch die Zukunft motiviert ist.

3.1.2 Nichts für die „Ausgestreuten". Das Verhältnis von Engel, Kunst und Einsamkeit

Die zeitliche Fremdheit des Künstlers als „Einsamer mitten im Heute" (ÜK 115) geht in Rilkes Entwurf der neuen Kunst notwendig mit einer räumlichen Isolation

---

44 Wacker, Poetik des Prophetischen, S. 206.
45 Rainer Maria Rilke, Brief an Karel Maria Pol de Mont, 10. Januar 1902. In: Rilke, Briefe zur Politik, hg. von Joachim W. Storck, Frankfurt am Main; Leipzig 1992, S. 42–46, hier S. 46.
46 Rilke, Moderne Lyrik, S. 69.

einher. Erst durch seine ex-zentrische Position gegenüber der Menge kann der Künstler frei gegenüber den Verlockungen seiner Zeit bleiben und als einer der „Allerzukünftigsten" (ÜK 119) zum Medium der Zukunft avancieren. Dem äußerlich isolierten Künstler entspricht Rilkes behauptete Einsamkeit des Gedichts und seine Rücksichtslosigkeit gegenüber seinen Leserinnen und Lesern.[47]

Der einem ökonomisch-technischen Zugriff sowie der Menge unverfügbare Engel stellt eine Möglichkeit bereit, dieses doppelte, räumliche wie zeitliche Entzogensein nicht bloß als Negativum zu postulieren, sondern als positive Qualität zu inszenieren. So heißt es in *Die Aufzeichnungen des Malte Laurids Brigge* (1910) zu der besonderen Verbindung von Einsamkeit und Engeln über einen alten Mann, der Vögel füttert: „Wenn die Zuschauer nicht wären und man ließe ihn [den alten Mann, L.Z.] lange genug dastehn, ich bin sicher, daß auf einmal ein Engel käme und überwände sich und äße den alten, süßlichen Bissen aus der verkümmerten Hand. Dem sind nun, wie immer, die Leute im Wege. Sie sorgen dafür, daß nur Vögel kommen [...]."[48]

Nicht nur entsteht Kunst in der Einsamkeit, sie macht auch selbst wiederum einsam. In diesem Gedanken liegt ein zentraler Bestandteil von Rilkes Stilisierung des eigenen Schaffens, die auf dem Engel als dezidiert unmenschlicher Figur basiert. Die anthropophobe Dimension des Kunstschaffens als Grundlage für die Annäherung an den Engel fasst Rilke in einem Brief an Magda von Hattingberg im Februar 1914 in ein sonderbares Gleichnis. Engel und Stein stecken darin als Formen des Anorganischen einen Bereich des Unmenschlichen ab, in den der Einsame sich in letzter Konsequenz hineinbewegt und in den ihm niemand folgen kann. Er sei, so schreibt Rilke, „in einen Berg" gegangen, wundersamer Weise durch Stein hindurch, habe „Stein eingeathmet und Stein

---

47 Vgl. eine entsprechende Äußerung Rilkes: „Jene Bücher (das Stunden-Buch zumal) nahmen ebensowenig auf einen Leser Rücksicht und Bezug, wie was ich seither habe ausgehen lassen [...]" (Rainer Maria Rilke, Brief an Jakob von Uexküll, 19. August 1909. In: Rilke, Briefe aus den Jahren 1907 bis 1914, hg. von Ruth Sieber-Rilke u. Carl Sieber, Leipzig 1933, S. 72–75, hier S. 73). Mit Martina King, die sich den sozialstrategischen Aspekten von Rilkes Autorschaft widmet, lässt sich darin ein Charakteristikum der modernen Avantgarde erblicken, deren Akteure „der umgekehrten Güterlogik autonomer Kunst [folgen], welche den Warencharakter von Literatur ausblendet und Publikumserfolg als negatives Qualitätskriterium wertet" (King, Pilger und Prophet, S. 43). Mag die Rezeption durch die „Masse" Rilke unliebsam und seiner Stilisierung zum Fremden in seiner Zeit abträglich gewesen sein, so bezieht er das „Primärpublikum" seiner „Briefgemeinde" durchaus in seine Werkgenese ein, sodass sich diese „als Ko-Autoren fühlen dürfen" (King, Pilger und Prophet, S. 57).
48 Rainer Maria Rilke, Die Aufzeichnungen des Malte Laurids Brigge. In: Rilke, Prosa und Dramen. Kommentierte Ausgabe in vier Bänden, Bd. 3, hg. von August Stahl, Frankfurt am Main; Leipzig 1996, S. 453–635, hier S. 510.

ausgeathmet"[49], bis wohlmeinende Menschen ihn auf sein Geschrei hin herausgeholt hätten, was aber „völlig falsch"[50] gewesen sei:

> Ich habe keine Übung mit Menschen, ich stellte mich schlecht mit ihnen an, ich bat sie am Ende, zu gehen, und kaum waren sie fort, so kroch ich wieder in meinen Berg hinein, denn draußen verlor ich mich so sinnlos in die Leute hinüber, gab mich weg und bekam, aus Ungeschicklichkeit, nichts dafür wieder, während das Gestein mich wenigstens zusammenhielt und mir so rein und stätig [sic] zu thun gab, es war nicht überall gleich hart –; da übersprang mein Gefühl die Menschen, und ich wollte bleiben oder höchstens von einem Engel gerettet sein, mit *dem* getraute ich mir schon den richtigen Umgang zu haben. Auch giebt es sicher einen Grad von Noth, auf den die Engel hören, äußerste Nothstrahlen, die die Menschen gar nicht wahrnehmen, die durch ihre dichte Welt durchdringen und erst drüben in eines Engels Schein ein leises leidvolles Violett anschlagen, wie der Amethyst in den Drusen des Bergkrystalls.[51]

Dem in der Welt und unter ihren Menschen Heimatlosen ist auch die menschliche Kommunikation nicht mehr möglich. So wie zu Rilkes Rodin als dem großen Einsamen und Propheten keine Menschen redeten, sondern „Steine sprachen"[52], ist hier der Austausch nur über zwei transhumane Extreme möglich: über die geballte Dichte des Steins und den unstofflichen Schein der Engel. Seine Nähe zu ihnen und die darüber begründete angelologische Kompetenz macht Rilke gegenüber Karl von der Heydt mit Augenzwinkern ebenfalls über das Bild des Überspringens der Menschen geltend, der hier aber immerhin noch mit „Herzlichkeit" gedacht wird:

> [E]s vertrüge sich nicht mit der Leidenschaftlichkeit der Engel, Zuschauer zu sein, [...] ich halte sie für die Eingreifer [/Angreifer, s. Fußnote, L.Z.] par excellence, – und da müssen Sie mir schon nachgeben, ich habs verbürgt: denn da ich mich, von Dingen und Thieren gründlich herkommend, danach sehnte, im Menschlichen ausgebildet zu sein, da wurde mir, siehe, das Übernächste, das Engelische beigebracht, und darum hab ich die Leute übersprungen und schau zu ihnen zurück mit Herzlichkeit.[53]

---

49 Rainer Maria Rilke, Brief an Magda von Hattingberg, 4. Februar 1914. In: Rilke, Briefwechsel mit Magda von Hattingberg „Benvenuta", hg. von Ingeborg Schnack u. Renate Scharffenberg, Frankfurt am Main 2000, S. 34–36, hier S. 35.
50 Rilke, Brief an Magda von Hattingberg, 4. Februar 1914, S. 36.
51 Rilke, Brief an Magda von Hattingberg, 4. Februar 1914, S. 36.
52 Rainer Maria Rilke, Auguste Rodin. In: Rilke, Schriften. Kommentierte Ausgabe in vier Bänden, Bd. 4, hg. von Horst Nalewski, Frankfurt am Main; Leipzig 1996, S. 401–480, hier S. 418.
53 Rainer Maria Rilke, Brief an Karl von der Heydt, 15. März 1913. In: Rilke, Die Briefe an Karl und Elisabeth von der Heydt 1905–1922, hg. von Ingeborg Schnack u. Renate Scharffenberg, Frankfurt am Main 1986, S. 188–189. Während es in der Ausgabe von 1986 „Eingreifer" heißt, steht in der Ausgabe von 1933 „Angreifer" (Rainer Maria Rilke, Brief an Karl von der Heydt, 15. März 1913. In: Rilke, Briefe aus den Jahren 1907 bis 1914, hg. von Ruth Sieber-Rilke u. Carl Sieber, Leipzig 1933, S. 275–277, hier S. 275).

3.1 Gestörte Schöpfung: Die Engelslüge als Ursprung von Geschichte(n) — 93

Am äußersten Ende der anthropologischen Skala situiert, veranschaulicht der Engel Ressourcen, die sich dem menschlichen Zugriff entziehen. Dem Verhältnis von Menschlichem und Angelischem liegt bei Rilke dabei kein klar strukturierter Raum zugrunde, vielmehr bricht das Angelische nur momenthaft in das Leben ein. So beschreibt Rilke in einem Brief an Marie von Thurn und Taxis am 26. November 1915 einen „angelischen Raum", der weniger inhaltlich gefüllt als vielmehr durch Unverfügbarkeit und Aussparung bestimmt ist:

> [I]ch las und war voller Sammlung und voll reiner Haltung im Geiste, draußen der Park: alles war Einklang zu mir, eine jener Stunden, gar nicht gebildet, sondern nur gleichsam ausgespart, als ob die Dinge zusammenträten und Raum gäben, einen Raum, unberührt wie ein Roseninnres, einen *angelischen Raum*, in dem man sich still hält; damals vergaß ich diesen Augenblick, er war in keiner Weise bestimmend für den ganzen Tag, jetzt steht er in einer eigenen Stärke und Überstandenheit in mir, als wäre er von einem höheren Grade Seins gewesen. Ich weiß zwei, drei solche Augenblicke aus den letzten Jahren (einmal wars, über die Maßen schön, in Cordoba, davon erzählte ich Ihnen), mir ist, als genügten sie, mein Inneres mit einem lauteren gleichmütigen Glanz zu erfüllen, sie sind so recht Lampen in ihm, ruhige Lampen –, und je mehr ich sie in der Erinnerung und im aufmerksamen Nachgefühl erwäge, desto mehr scheinen mir diese im hiesigen Sinn inhaltlosen Erlebnisse in eine höhere Ereignis-Einheit zu gehören. Aber was bin ich für ein Anfänger in ihnen; denn was müsste aus einer einzigen solchen Erfahrung für endgültige Lebensverwandlung hervorgehen können [meine Hervorhebung, L.Z.].[54]

Der Momenthaftigkeit des angelischen Raums, dem die Macht zugesprochen wird, eine „endgültige Lebensverwandlung" zu bewirken, korrespondiert eine von Rilke entworfene Inspirationspoetik, nach der künstlerisches Schaffen nicht herbeizuzwingen ist.[55] Über die Figur des Engels wird so eine Praxis beschworen, die an den Rändern der menschlichen Wahrnehmung kratzt, gleichzeitig aber getragen ist von der einbekannten Unmöglichkeit, vollends in jenen un- und übermenschlichen Raum übergehen zu können. Dieser ist nicht gebildet, sondern „nur gleichsam ausgespart". Er verweigert sich damit künstlerischer Formung. Der Engel als Figur der Unverfügbarkeit steht hier für eine sich menschlichem

---

[54] Rainer Maria Rilke, Brief an Marie von Thurn und Taxis, 26. November 1915. In: Rilke und von Thurn und Taxis, Briefwechsel, Bd. 1, hg. von Ernst Zinn, Zürich 1951, S. 452–455, hier S. 452–453.
[55] Vgl. Rilkes Erläuterung in einem Brief an Ellen Key: „Ich muß auf das Klingen warten in der Stille, und ich weiß, wenn ich das Klingen *dränge*, dann kommt es erst recht nicht. [...] Manchmal ist es da, dann bin ich der Herr meiner Tiefen, die sich auftun, strahlend und schön und schimmernd im Dunkel; aber ich habe nicht den Zauberspruch getan, Gott tut ihn, wenn es Zeit ist, und mir gebührt nur, geduldig zu sein und zu warten und meine Tiefen gläubig zu ertragen, die, wenn sie verschlossen sind, wie ein schwerer Stein sind viele Tage des Jahres" (Rainer Maria Rilke, Brief an Ellen Key, 13. Februar 1903. In: Rilke, Briefe zur Politik, hg. von Joachim W. Storck, Frankfurt am Main; Leipzig 1992, S. 52–54, hier S. 54).

Zugriff entziehende Wahrnehmungs- und Lebensqualität, die dem in seiner Zeit exilierten Künstler momenthaft zugänglich ist.

Auch das Gedicht „Wer könnte einsam leben und nicht dies", das Rilke im Dezember 1906 auf Capri schrieb und seiner dortigen Gastgeberin widmete, streicht die Exzeptionalität und Exklusivität des Einsamen über den Engel als Distinktionsfigur heraus. Dabei spiegelt sich das Unkontrollierbare und Ungewisse dieser Begegnung in den sich verunklarenden Bezügen:

> Wer könnte einsam leben und nicht dies
> bewundern lernen: daß zu ihm zuweilen
> die Engel treten, um mit ihm zu teilen
> was sich den Anderen nicht geben ließ,
>
> den Ausgestreuten und den Aufgelösten
> die Trübe trinkend treiben im Geschrei;
> er aber legt sich leise für den Größten
> beiseite / nicht als ob er brauchbar sei:
>
> greifbarer nur dem wählenden Verschmäher
> unreifen Anrufs –. Aber dann und wann
> kommt hülfreich eine Hand und schiebt ihn näher
> an jene ungeheure Hand heran,
>
> die durch die Erde ging und durch das Meer,
> die noch zu hart ist unsern Kinder-Händen
> und unserm schwachen Herzen noch zu schwer
> als daß wir ihre Zärtlichkeit empfänden.[56]

Die lautliche Scheidelinie, die zwischen A und E verläuft, trennt die „Anderen" als die „Ausgestreuten" und „Aufgelösten" von dem Einsamen, zu dem die Engel treten. Deren Nähe ist eine physische, keine qualitative. Nicht „brauchbarer", nur „greifbarer" ist dem Engel der Einsame, der sich „leise" beiseitelegt hat, als diejenigen, die sich im Lärm der Welt verlieren. Die letzten beiden Strophen sind geprägt von der referentiellen Kluft, die sich zwischen „einer Hand" und „jener Hand" auftut und die das Oszillieren des Engels zwischen Eigen- und Fremdbezug als Adressat eigener Aufmerksamkeit einerseits und Mittler zu Gott andererseits ausstellt. Während „der wählende Verschmäher unreifen Anrufs" noch den Engel zu bezeichnen scheint, folgt auf die Zäsur des Gedankenstrichs eine adversative Verknüpfung von unklarer Beschaffenheit. War der Engel zunächst Subjekt der Be-

---

[56] Rainer Maria Rilke, Wer könnte einsam leben und nicht dies. In: Rilke, Gedichte 1895–1910. Kommentierte Ausgabe in vier Bänden, Bd. 1, hg. von Manfred Engel u. Ulrich Fülleborn, Frankfurt am Main; Leipzig 1996, S. 375–376.

gegnung, eröffnet sich in der Hand, die an eine andere Hand heranschiebt, eine zweite Bedeutungsebene des Engels als Mittler, der dem Einsamen die Annäherung an Gott ermöglicht. Die Perspektive eines zukünftigen Reich Gottes wird artikuliert in den Wendungen „noch zu hart" und „noch zu schwer" – die körperlich-räumliche Nähe-Distanz-Relation verschränkt sich zeitlich mit der noch nicht erlangten Einheit mit Gott. Eine solche wird durch die Gemeinschaft der Engel mit dem Einsamen evoziert, ihre exakte Beschaffenheit verweigert sich aber als zukünftige konsequenterweise einer genauen Ausgestaltung.

Der Gedanke, dass die Absonderung des Einsamen von anderen Menschen ihn unmenschlicher und damit engelsnäher macht, ruft mit dem *bios angelikos* einen klassischen angelologischen Topos auf.[57] Über die Vorstellung einer Permeabilität zwischen menschlichem und angelischem Bereich, der wesentlich temporal gedacht ist, markiert der Engel an dieser Stelle nicht nur die Exklusivität des Einsamen, sondern auch jene raumzeitliche Vermittlung des engelsgleichen Lebens. In diesem ist die zukünftige Auferstehung nach dem Tod schon in der Gegenwart auf Erden vorweggenommen. In Rilkes Werk übersetzt sich diese Bewegung in die Antizipation und Vermittlung des Neuen durch den Künstler, der aus seiner sozialen Trennung heraus eine Erweiterung des menschlichen Erfahrungsspektrums schafft. So ist die gegenläufige Bewegung zur Isolation des Einzelnen, die ebenfalls in dieser Form einer angelischen Poetik enthalten ist, die Vermittlung, die die Einsamkeit in einem zweiten Schritt kommuniziert, also wieder in eine (Rezeptions-)Gemeinschaft einbindet. Das Gedicht „Wer könnte einsam leben und nicht dies" nimmt selbst eine engelhafte Rolle ein, indem es analog zum Engel als Mittler zwischen irdischem und transzendentem Bereich die für die ‚Massenmenschen' unerreichbare Erfahrung räumlich-zeitlicher Überweltlichkeit evoziert und sie ihnen zugleich über den Topos der Einsamkeit des Künstlers entzieht. Eigens betont wird diese Wendung nach außen auch durch die Widmung des Gedichts. Der angelisch inszenierte Balanceakt zwischen Isolation und Kommunikation liegt schließlich dem Oszillieren von Rilkes poetischen Selbststilisierungen zwischen Isolation und Innenorientierung des Anachoreten und expressiver Kraft und öffentlicher Verkündigungstätigkeit des Propheten zugrunde.[58]

---

57 Dazu vgl. Kapitel 2.3 dieser Studie.
58 Diese „Paradoxie des ‚integrierten Solitärs'" (King, Pilger und Prophet, S. 145) wird nach Martina King über die plural differenzierte „Rilke-Gemeinde" als Mischung aus Gruppe und Netzwerk realisiert. Auf diese konzentriert sich eine auch in der Literaturwissenschaft lange nachwirkende Rezeptionslenkung in Form der Deutungsangebote, die Rilke epistolarisch gegenüber dem eigenen Werk macht und die über die Adressatenweihe auch die jeweiligen

3.1.3 „Eden brennt". Gott und Mensch im Kriegsexil

> Nächtens will ich mit dem Engel reden,
> ob er meine Augen anerkennt.
> Wenn er plötzlich fragte: Schaust du Eden?
> Und ich müßte sagen: Eden brennt
>
> Meinen Mund will ich zu ihm erheben,
> hart wie einer, welcher nicht begehrt.
> Und der Engel spräche: Ahnst du Leben?
> Und ich müßte sagen: Leben zehrt
>
> Wenn er jene Freude in mir fände,
> die in seinem Geiste ewig wird, –
> und er hübe sie in seine Hände,
> und ich müßte sagen: Freude irrt[59]

Der intime Umgang mit Engeln, der die Exklusivität des Einsamen markiert, wird während des Ersten Weltkriegs zum Ausdrucksmedium der menschlichen Krise. In diesem im September 1914 konjunktivisch imaginierten Dialog installiert das lyrische Ich den Engel zunächst als Autorität, der er die Anerkennung seiner sinnlichen Wahrnehmung anheimstellen will. Im Verlauf des Gedichts wird allerdings deutlich, dass der Engel weniger als Prüfinstanz denn als rhetorischer Stichwortgeber benötigt wird. Er spielt die großen Signifikate „Eden", „Leben" und „Freude" ein, die das lyrische Ich dann demontiert – nicht aus diabolischer Verneinungslust, sondern weil es dies unter dem Zwang der realen Verhältnisse „müßte". In der Wahrnehmung des lyrischen Ichs gibt es kein intaktes Paradies („Eden brennt") und damit auch keinen Raum, der vor der um sich greifenden Zerstörung sicher wäre. Während in den ersten beiden Strophen der Engel jeweils eine Frage stellt, prüft er in der letzten Strophe mit seinen Händen die Freude, sollte er sie finden; aber selbst dann unterliegt ihr laut lyrischem Ich ein Irrtum. „Eden brennt", „Leben zehrt", „Freude irrt" – ohne abschließende Punkte weisen diese Erwiderungen auf die Unabgeschlossenheit des Leids, das durch keinen Einspruch des Engels begrenzt wird; die historische Deformation behält in diesem Gedicht das letzte Wort. Diesen Eindruck erweckt auch das trochäische Versmaß, das ohne jede Überraschung ist. Einzig die Unvollständigkeit der

---

Empfängerinnen und Empfänger einbeziehen. Exemplarisch zeigt Martina King dies an den sogenannten Jubelbriefen (vgl. King, Pilger und Prophet, S. 330–345).
59 Rainer Maria Rilke, Nächtens will ich mit dem Engel reden. In: Rilke, Gedichte 1910–1926. Kommentierte Ausgabe in vier Bänden, Bd. 2, hg. von Manfred Engel u. Ulrich Fülleborn, Frankfurt am Main; Leipzig 1996, S. 120.

3.1 Gestörte Schöpfung: Die Engelslüge als Ursprung von Geschichte(n) — 97

letzten Strophe, die auf einer Wenn-dann-Struktur ohne ausgeführtem ‚dann' basiert, deutet unterschwellig auf eine mögliche andere Fortsetzung, die unausgesprochen bleibt. Das entspricht dem Wechsel von Sprechen in Be-greifen, den der Engel vollzieht. So ist auch hier der Engel die Figur, die es ermöglicht, eine Erfahrung am Rand menschlicher Ausdrucksfähigkeit im Gedicht zu kommunizieren. Der konjunktivische Modus im Verbund mit dem Engel als Figur, die die Frage nach der Darstellbarkeit des Undarstellbaren aufwirft, weist zugleich auf die Grenzen der Lyrik als Ausdrucksmedium hin.

Die Balance zwischen Gemeinschaft und Absonderung, Darstellbarem und Undarstellbarem gerät für Rilke durch den Ersten Weltkrieg ins Wanken und lässt sich nicht mehr im Medium der Kunst auffangen. In dieser Hinsicht steht Rilke trotz der teils irritierend privaten Perspektive auf den Krieg symptomatisch für seine Zeit. Der Krieg, von dem sich viele die Möglichkeit intensiven Erlebens erhofften, erwies sich als „der totale Ausfall des Erlebnisses"[60] und beeinträchtigte entsprechend auch entscheidend die (Un-)Möglichkeit seiner künstlerischen und – zumindest bei Rilke – auch seiner öffentlichen Verarbeitung. So lässt sich Rilkes Epochenbefund zur Verbindung von Kriegsgeschehen, moderner Entfremdung und medialer Vermittlung nur über die sich in Briefen entfaltende private Krise einholen, die der Erste Weltkrieg für ihn bedeutete. Mit diesem ist für Rilke um seine „interne Heimsuchung nun auch noch die Welt so heimgesucht zusammengeschlagen"[61].

In einem direkten Zusammenhang mit der individualbiographischen Heimatlosigkeit als Voraussetzung für eine aus vielfältigsten kulturellen Bezugsquellen lebende Produktion (Rilke schrieb in drei Sprachen und übersetzte aus acht)[62] steht die dezidierte Ablehnung der Nationalismen, die sich im Ersten Weltkrieg Bahn brechen.[63] Rilkes kosmopolitische Haltung findet allerdings keinen Niederschlag in einer öffentlichkeitswirksamen Schreibpraxis. Sein Schweigen kontrastiert mit der lautstarken Produktivität, die der Krieg bei vielen Künstlerinnen und

---

60 Horn, Erlebnis und Trauma, S. 139.
61 Rainer Maria Rilke, Brief an Ilse Erdmann, 11. September 1915. In: Rilke, Briefe zur Politik, hg. von Joachim W. Storck, Frankfurt am Main; Leipzig 1992, S. 138–139, hier S. 138.
62 Vgl. Manfred Engel u. Dieter Lamping, Einleitung. In: Rilke und die Weltliteratur, hg. von Manfred Engel u. Dieter Lamping, Düsseldorf; Zürich 1999, S. 7–16, hier S. 7.
63 Vgl. Storck, Politisches Bewußtsein bei Rilke, S. 722–723. Vgl. auch folgende Äußerung Rilkes: „Auch mir liegt, seit ich denken kann, das Nationale unendlich fern –, dennoch verwirrt es mich oft, daß ich angewiesen bin, mich in meinen eigensten Ausdrücken der Sprache eines Volkes zu bedienen, mit dessen Erscheinung und öffentlichem Willen ich immer, wenigstens im Zeitgenössischen, durchaus uneins war [...]" (Rainer Maria Rilke, Brief an Reinhold von Walter, 4. Juni 1921. In: Rilke, Briefe zur Politik, hg. von Joachim W. Storck, Frankfurt am Main; Leipzig 1992, S. 296–298, hier S. 298).

Künstlern freisetzte und die gerade zu Beginn vielfach im Dienst einer „geistigen Mobilmachung"[64] stand. Während auch Rilke im Krieg zunächst noch „den Kriegs-Gott"[65] zu erblicken glaubte, dem er Anfang August 1914 „Fünf Gesänge" in hölderlinscher Manier widmete, vermochte er in den ausgreifenden Verheerungen bald nichts Göttliches mehr zu erkennen. Diese Leerstelle wird wie in dem berühmten Novalis-Ausspruch durch das Gespenstische besetzt.[66] Schließlich ist der Krieg in Rilkes Wahrnehmung zu einer auf fatale Weise profan-menschlichen Begebenheit herabgesunken, an der es keine höhere Metaphysik zu besingen gibt.[67] Aber nicht nur „Kriegslieder"[68] sind von nun an Mangelware. Rilke schafft es nicht, sich gegenüber dem äußeren Zeitgeschehen ‚abzudichten'[69] und damit die für sein künstlerisches Schaffen als notwendig postulierte Isolation gegenüber der Gegenwart herzustellen. Eingang in sein verschanztes Dichtertum findet diese vor allem über die Zeitung: „[...] [I]ch lese täglich fünf

---

64 Kurt Flasch, Die geistige Mobilmachung. Die deutschen Intellektuellen und der Erste Weltkrieg, Berlin 2004.
65 Rainer Maria Rilke, Fünf Gesänge. In: Rilke, Gedichte 1910–1926. Kommentierte Ausgabe in vier Bänden, Bd. 2, hg. von Manfred Engel u. Ulrich Fülleborn, Frankfurt am Main; Leipzig 1996, S. 106–111, hier S. 106.
66 Vgl. Rilkes rückblickende Beschreibung: „Nur die ersten drei, vier Tage im August 1914 meinte ich einen monströsen Gott aufstehen zu sehen; gleich darauf wars nur das Monstrum, aber es hatte Köpfe, es hatte Tatzen, es hatte einen alles verschlingenden Leib –, drei Monate später sah ich das Gespenst – und jetzt, seit wie lange schon, ist's nur die böse Ausdünstung aus dem Menschensumpf" (Rainer Maria Rilke, Brief an Marianne Mitford, 15. Oktober 1915. In: Rilke, Briefe zur Politik, hg. von Joachim W. Storck, Frankfurt am Main; Leipzig 1992, S. 144–145, hier S. 144).
67 Schon im Oktober 1914 erklärt Rilke seinem ehemaligen Verleger Axel Juncker: „‚Kriegslieder'" sind keine bei mir zu holen, beim besten Willen" (Rainer Maria Rilke, Brief an Axel Juncker, 19. Oktober 1914. In: Rilke, Briefe zur Politik, hg. von Joachim W. Storck, Frankfurt am Main; Leipzig 1992, S. 97–98, hier S. 97). Robert Theel allerdings nimmt den „besten Willen" wörtlich und entnimmt dieser und weiterer Äußerungen Rilkes, dass Rilke trotz einer schnellen Abkühlung der Kriegsbegeisterung eine „generelle Bereitschaft zu erkennen" gebe, „poetische Legitimationsarbeit leisten zu wollen" und entsprechend „verärgert seine widerständige Mentalität" registriere (Robert Theel, „Analphabet des Unheils". Rilke, der Krieg, die „poetische Mobilmachung" und der Cornet. In: Blätter der Rilke-Gesellschaft, 20, 1993, S. 87–114, hier S. 96). Rilke führt seine Ablehnung jedoch aus: Auch die *Gesänge* seien „nicht als Kriegs = Lieder zu betrachten" und Rilke möchte „sie nicht an anderer Stelle wiederverwendet wissen" (Rilke, Brief an Axel Juncker, 19. Oktober 1914, S. 97–98).
68 Rilke, Brief an Axel Juncker, 19. Oktober 1914, S. 97.
69 Vgl. die Äußerung in einem Brief an Leopold von Schlözer: „Aber wer vermöchte sich dicht zu machen, das Zeitliche dringt doch durch manche Ritze herein" (Rainer Maria Rilke, Brief an Leopold von Schlözer, 12. Februar 1914. In: Rilke, Briefe zur Politik, hg. von Joachim W. Storck, Frankfurt am Main; Leipzig 1992, S. 86–87, hier S. 86).

Zeitungen und gräme mich zu Tode. [...] Aber das Schlimmste ist, daß ich doch nichts anderes hören und lesen mag, als was nun geschieht, und damit für mich selbst, meine Dinge, meine Maße, meine gute einstige Welt unfähig bleibe."[70] Trotz gegenteiliger Behauptungen verstummt Rilkes „Schreibstimme"[71] in der Kakophonie der Kriegswelt aber nicht, sie findet vielmehr Unterschlupf im Medium des Briefs als Hybrid aus Kommunikationsmittel und literarischer Expression. In den Brief gehen als Sammelbecken des Nichtpoetischen all jene Gedanken Rilkes ein, die sich in einem weiteren Sinne als politisch bezeichnen lassen.[72]

Das Exil des Ersten Weltkriegs sprengt für Rilke das Exil als stilisierte Bedingung künstlerischer Produktivität. Zuvor hatte Rilke, wie gezeigt, das in der Gegenwart nicht Beheimatete zur Quelle des künstlerischen Schaffens und damit auch zur Ermöglichungsbedingung des Einigungsgeschehens der Kunst in der Zukunft erklärt. Während in den Reflexionen über moderne Kunst der gegenwärtige Zustand von Unverbundenheit, Einsamkeit und Warten als Voraussetzung für das künstlerische Zukunftswirken nur im Vorübergehen gestreift wird, tritt er mit dem Beginn des Ersten Weltkriegs gewaltsam in den Vordergrund. Mit diesem werden für Rilke räumliche wie zeitliche Freiheit als Bedingung von Produktivität zerstört. Nach einem Besuch in Leipzig, zu dem er am 19. Juli 1914 aufgebrochen war, ist ihm der Zugang zu seiner Pariser Wohnung samt seinen Habseligkeiten abgeschnitten. Seitdem befindet er sich „in einer Art abwartendem Exil"[73]. Physische wie geistige Verwerfungen des Kriegs machen ihm eine Sesshaftigkeit dabei wortwörtlich unmöglich: „Ich wohne in einer mir völlig inkommensurablen Welt und warte das Ergebnis ihrer Einflüsse ab, stehend, wie einer der eben nur noch wartet"[74], schreibt er am 2. Oktober

---

70 Rainer Maria Rilke, Brief an Thankmar von Münchhausen, 3. Februar 1918. In: Rilke, Briefwechsel mit Thankmar von Münchhausen 1913 bis 1925, hg. von Joachim W. Storck, Frankfurt am Main; Leipzig 2004, S. 78.
71 Rainer Maria Rilke, Brief an Magda von Hattingberg, 2. September 1914. In: Rilke, Briefwechsel mit Magda von Hattingberg „Benvenuta", hg. von Ingeborg Schnack u. Renate Scharffenberg, Frankfurt am Main 2000, S. 187–188, hier S. 187.
72 Der Topos des „unpolitischen Rilke" ist so weit verbreitet, dass Brigitte Bradley ihn bereits 1972 als „Gemeinplatz" bezeichnet (Brigitte L. Bradley, Marginalien zur Biographie Rilkes. Briefliche Äußerungen zu Kriegs- und Nachkriegserscheinungen. In: Colloquia Germanica, 7, 1973, S. 9–27, hier S. 9). Dagegen zeigt Joachim Storck, inwiefern sich bei Rilke durchaus von politischem Bewußtsein sprechen lässt (vgl. Storck, Politisches Bewußtsein bei Rilke).
73 Rilke, Brief an Axel Juncker, 19. Oktober 1914, S. 98.
74 Rainer Maria Rilke, Brief an Magda von Hattingberg, 2. Oktober 1919. In: Rilke, Briefwechsel mit Magda von Hattingberg „Benvenuta", hg. von Ingeborg Schnack u. Renate Scharffenberg, Frankfurt am Main 2000, S. 188–190, hier S. 189.

1914 an die Pianistin Magda von Hattingberg. Das Warten ist bei Rilke nun nicht mehr bloß Kulturmuster und geschichtsphilosophische (Kunst-)Theoriefigur,[75] sondern es tritt in Form einer existentiellen Erfahrung auf den Plan: „[S]o wird die Zeit wieder unmittelbar zur Warte-Zeit; nichts ist mir quälender."[76] Damit ist ein zentraler Topos der Moderne berührt, nämlich die Krise des „leeren Wartens"[77]. In diesem ist mit dem Verlust einer Zielorientierung die sinnstiftende Dimension einer Zukunfts-Erwartung gekappt.[78] Das exilische Warten kann weder sozialutopisch noch messianisch über den Bezug auf eine ersehnte Zukunft mit Sinn und Struktur versehen werden, stattdessen verdichtet es sich zum krisenhaften Dauerzustand von „Un-Heil und [...] Un-Sinn"[79], den Rilke als den einer todesartigen Erstarrung beschreibt.[80] Die Gegenwart wird dabei zur prekären Schwelle zwischen den Abgründen einer verlorenen Vergangenheit und einer unausdenklichen Zukunft.

Das Spezifische des Ersten Weltkriegs besteht für Rilke darin, dass er als menschlich geprägtes Geschehen eine Welt hervorbringt, die „aus allen Himmeln ausgerenkt"[81] ist. Den Befund einer selbstverschuldeten transzendentalen Verlassenheit des Menschen, den Rilke anlässlich des Balkankriegs 1912/13 äußert,[82] unterfüttert er im Ersten Weltkrieg sozioökonomisch:

---

[75] Vgl. Daniel Kazmaier, Julia Kerscher u. Xenia Wotschal, Warten als Kulturmuster – eine Einführung. In: Warten als Kulturmuster, hg. von Daniel Kazmaier, Julia Kerscher u. Xenia Wotschal, Würzburg 2016, S. 7–20.
[76] Rainer Maria Rilke, Brief an Ellen Delp, 10. Oktober 1915. In: Rilke, Briefe zur Politik, hg. von Joachim W. Storck, Frankfurt am Main; Leipzig 1992, S. 142–143, hier S. 142 (der konkrete Anlass ist die Musterung von Rilkes Jahrgang im Oktober 1915).
[77] Pikulik, Warten, Erwarten, S. 11.
[78] Nach Lothar Pikulik kennzeichnet das aktive Erwarten eine Zielorientierung, während die Moderne geprägt sei durch „die Situation des bangen, ungewissen, leeren Wartens" (Pikulik, Warten, Erwarten, S. 11).
[79] Rilke, Brief an Ellen Delp, 10. Oktober 1915, S. 142.
[80] Vgl. Rilkes Äußerung in einem Brief an Sidonie Nádherný von Borutin: „[I]ch habe mich, um nur unentstellt zu überstehen, tot-gestellt, ich habe den Athem angehalten vier einhalb Jahre" (Rainer Maria Rilke, Brief an Sidonie Nádherný von Borutin, 7. Februar 1919. In: Rilke, Briefe an Sidonie Nádherný von Borutin, hg. von Bernhard Blume, Frankfurt am Main 1973, S. 286–288, hier S. 288).
[81] Rainer Maria Rilke, Brief an Marianne Mitford, 5. März 1915. In: Rilke, Briefe zur Politik, hg. von Joachim W. Storck, Frankfurt am Main; Leipzig 1992, S. 105–108, hier S. 105.
[82] Vgl. Rilkes Bemerkung in einem Brief an Sidonie Nádherný von Borutin: „Seit die Menschen meinen, allein auszukommen, ziehn sich die großen Kräfte wirklich zurück und die Ereignisse stoßen sich untereinander herum wie die Schuljungen" (Rainer Maria Rilke, Brief an Sidonie Nádherný von Borutin, 26. November 1912. In: Rilke, Briefe an Sidonie Nádherný von Borutin, hg. von Bernhard Blume, Frankfurt am Main 1973, S. 165–167, hier S. 167).

> [D]as Verstörende [...] ist nicht die Thatsache dieses Krieges, sondern daß er in einer vergeschäfteten, einer nichts als menschlichen Welt ausgenutzt und ausgebeutet wird, daß der Gott, wenn schon einer ihn hereingeschleudert hat, ihn nicht zurücknehmen kann, weil die Menschen habgierig, mit allem Gewicht ihres schweren Gewissens daran hängen. Menschenmache, wie schon alles die letzten Jahrzehnte Menschenmache war, schlechte Arbeit, Profitarbeit, bis auf ein paar schmerzliche Stimmen und Bilder, bis auf ein paar Warnende, bis auf ein paar Eifernde, die zu ihrem eigenen Herzen hielten, das gegen den Strom stand.[83]

Irritierenderweise scheint an dieser Stelle nicht der Krieg selbst das Problem zu sein, sondern seine spezifisch moderne Form. Die Vertreibung Gottes und die Entwertung der individuellen, gefühlsbasierten Erfahrung erscheinen hier als Ergebnis einer Quantifizierung und Kommerzialisierung des Kriegs. Dieser bedeutet darin nichts qualitativ Neues, er radikalisiert vielmehr eine gesamtgesellschaftliche Entwicklung. Der Erste Weltkrieg ist für Rilke vor allem eine Fortsetzung moderner Tendenzen, namentlich „ein[es] ins Todestechnische verschlagene[n] Geschäftstrieb[s]"[84]. Nicht nur das Göttliche zieht sich aus dieser menschlich verwalteten Welt zurück, auch der Mensch selbst hat in ihr keinen Platz mehr: Für Rilke führt die Loslösung aus menschlichen wie übermenschlichen Zusammenhängen im Krieg zum „Abbrechen der Menschheit an sich selbst"[85] und zum „Selbstmord"[86] der Welt. Bemerkenswert ist in diesem Zusammenhang, dass das Exil Gottes und das der Menschen als Folge einer Schere, die sich zwischen göttlicher und menschlicher Welt auftut, Teil ein und derselben Entwicklung ist. Die Vertreibung Gottes führt nicht zu einer Ausweitung und Befreiung der Welt aus den Fängen einer auf das Jenseits vertröstenden Kirche, sondern die Welt ist in ihrer Erfahrbarkeit im selben Maße von Zerstörung bedroht.

Einen wesentlichen Antrieb dieser menschlichen Selbstzerstörung macht Rilke in der spezifischen Medialisierung des Kriegs aus. Indem die propagandistische Berichterstattung einen Keil in die *adaequatio rei et intellectus* treibt, beschleunigt und radikalisiert sie die allgemeine Entwicklung hin zu Beziehungs- und Referenzlosigkeit. Über die Zeitungen sieht Rilke die Menschen in eine Hyperrealität verwickelt – sie ließen sich „mit dem zweideutigen Scheinge-

---

[83] Rainer Maria Rilke, Brief an Helene von Nostitz, 12. Juli 1915. In: Rilke, Briefe zur Politik, hg. von Joachim W. Storck, Frankfurt am Main; Leipzig 1992, S. 125–126.
[84] Rilke, Brief an Marianne Mitford, 5. März 1915, S. 106.
[85] Rainer Maria Rilke, Brief an Eva-Marie Freifrau von Heyl zu Herrnsheim, 1. März 1919. In: Rilke, Briefe zur Politik, hg. von Joachim W. Storck, Frankfurt am Main; Leipzig 1992, S. 258–259, hier S. 259.
[86] Rainer Maria Rilke, Brief an Thankmar von Münchhausen, 5. August 1918. In: Rilke, Briefwechsel mit Thankmar von Münchhausen 1913 bis 1925, hg. von Joachim W. Storck, Frankfurt am Main; Leipzig 2004, S. 85–86, hier S. 86.

schehen überfüllen", bis sie „Schmerz und Sorge schließlich nur noch in ihrer Übersetzung denken können"[87]. Durch die Vordergründigkeit der medialen Vermittlung, die die Wirklichkeit verdrängt, würden „die Menschen geübt, eine Welt von Nachrichten beständig anstelle der Wirklichkeiten hinzunehmen"[88]. In dieser Derealisierung büße das Leid als nicht mehr unvermittelt erfahrbares auch seine Fähigkeit ein, menschliche und göttliche Sphäre einander anzunähern.[89] Während die Kunst über ihre vermittelnde Kraft im „Märchen" noch dazu berufen war, die Kluft zwischen Menschen und Gott zu schließen, vertieft die Medialisierung des Kriegs die herrschende Entfremdung nicht nur zwischen Menschen und Gott, sondern auch zwischen den Menschen untereinander bis zur völligen Unerkennbarkeit.

Differenzierende Wertungen gehen unter in der Berichterstattung als einem „Gedräng, in dem Überholendes und Vermutetes neben Tatsächlichem, Merkantilstes neben Unberechenbarstem steht"[90]. Das mediale Simulakrum des Kriegs wirkt darüber hinaus, so Rilkes erstaunlich aktueller Befund, als Brandbeschleuniger auf diesen zurück:

> [D]ie Täuschung selbst kann auch wieder zur Verwirklichung des Vorgetäuschten führen, diesen ganzen Krieg über haben voreilige Zeitungslügen lebende junge Thatsachen zur Welt gebracht, man hat den Eindruck, seit es eine bis zum Äußersten getriebene Presse giebt, kann ein Krieg, der einmal da ist, überhaupt nicht mehr aufhören, denn die infamen Blätter kommen seinem eigenen Verlauf ohne Ende zuvor.[91]

Mit der zeitlichen Ordnung hat sich auch die Wirkrelation von vorgängigem Kriegsgeschehen und nachträglicher Berichterstattung verkehrt. Die vorauseilende Zeitungsmeldung, die sich von dem tatsächlichen Geschehen abgelöst hat und autonom kursiert, ist ganz wörtlich kriegstreibend: In einer scheinbar unendlichen (Ir-)Realisierung treibt sie das Geschehen vor sich her und zwingt dem Krieg seinen Fortgang auf. Die Diagnose der (Erfahrungs-)Armut verbindet sich bei Rilke mit der Forderung nach einer „neuen Armut". So verknüpft Rilke schon

---

[87] Rainer Maria Rilke, Brief an Bernhard von der Marwitz, 9. März 1918. In: Rilke, Briefe zur Politik, hg. von Joachim W. Storck, Frankfurt am Main; Leipzig 1992, S. 212–214, hier S. 213.
[88] Rilke, Brief an Bernhard von der Marwitz, 9. März 1918, S. 213.
[89] Vgl. Rilkes Äußerung: „So fürchterlich der Krieg an sich ist, dies scheint mir noch entsetzlicher, daß sein Druck nirgends dazu beigetragen hat, den Menschen kenntlicher zu machen, ihn Gott gegenüber zu drängen, den Einzelnen oder die Masse, wie das in früheren Zeiten die Kraft großer Nöte war" (Rilke, Brief an Bernhard von der Marwitz, 9. März 1918, S. 213).
[90] Rilke, Brief an Bernhard von der Marwitz, 9. März 1918, S. 213.
[91] Rainer Maria Rilke, Brief an Erica Yvette Hauptmann-von Scheel, 5. März 1915. In: Rilke, Briefe zur Politik, hg. von Joachim W. Storck, Frankfurt am Main; Leipzig 1992, S. 133–135, hier S. 134.

im Mai 1914 in einem Brief an Marie von Thurn und Taxis mit der Definition des Geldes in der Moderne als einem „fast vom Besitzenden unabhängige[n] Element" das Postulat, „zu diesem neuen ‚Reichtum' die neue Armuth zu finden". Da sich „alles [...] ja weit ins Unsichtbare hinein zurückgezogen" hat, muss „die richtige Armuth [...] wieder von neuem innen in der Seele geboren werden"[92].

Das Verhältnis von Sichtbarkeit und Unsichtbarkeit stellt auch die zentrale Größe von Rilkes Kriegsreflexionen dar. Seine „Fünf Gesänge" aus den ersten Augusttagen 1914 streichen noch emphatisch den Übergang vom indirekten Hörensagen zum eigenständigen Sehen in der Wahrnehmung des sich erhebenden „Kriegs-Gottes" heraus: „Zum ersten Mal seh ich dich aufstehn / hörengesagter fernster unglaublicher Kriegs-Gott."[93] Bald darauf aber büßt der Krieg für Rilke seine sinnliche Potenz ein. Nicht nur wird er zum unbestimmten Schemen, er zerstört auch das ehedem Sichtbare: „Alles Sichtbare ist eben wieder einmal in die kochenden Abgründe geworfen, es einzuschmelzen"[94], teilt Rilke im November 1914 Karl und Elisabeth von der Heydt mit. Im August 1915 beschreibt er die „Farbe" der Zeit als eine, die sich „an einer noch unentdeckten Stelle des Spektrums ab[spielt], in einem Ultra-roth, das über unsere Sinne geht"[95]. Als Folge dieser unmenschlichen Zeit verschieben auch „unsere Erlebnisse sich immer weiter ins Unsichtbare, ins Bazillare und Mikroskopische"[96]. Dass technische Vorrichtungen den Radius der menschlichen Wahrnehmung notwendig erweitern, ist für Rilke ein Trugschluss, zumindest dann, wenn sie nicht anthropologisch rückgebunden sind. So fragt er in dem Aufsatz „Ur-Geräusch" (1919), „[o]b nicht die Erwerbung des Mikroskops, des Fernrohrs und so vieler, die Sinne nach oben oder unten verschiebender Vorrichtungen in eine *andere* Schichtung zu liegen kommen, da doch der meiste, so gewonnene Zuwachs sinnlich nicht durchdrungen, also nicht eigentlich ‚erlebt' werden kann"[97]. Der

---

92 Rainer Maria Rilke, Brief an Marie von Thurn und Taxis, 18. Mai 1914. In: Rilke und von Thurn und Taxis, Briefwechsel, Bd. 1, hg. von Ernst Zinn, Zürich 1951, S. 376–379, hier S. 377–378.
93 Rilke, Fünf Gesänge, S. 106.
94 Rainer Maria Rilke, Brief an Karl und Elisabeth von der Heydt, 6. November 1914. In: Rilke, Briefe zur Politik, hg. von Joachim W. Storck, Frankfurt am Main; Leipzig 1992, S. 101–102.
95 Rainer Maria Rilke, Brief an Marie von Thurn und Taxis, 2. August 1915. In: Rilke, Briefe zur Politik, hg. von Joachim W. Storck, Frankfurt am Main; Leipzig 1992, S. 128–130, hier S. 128–129.
96 Rainer Maria Rilke, Brief an Elisabeth Taubmann, 18. Mai 1917. In: Rilke, Briefe zur Politik, hg. von Joachim W. Storck, Frankfurt am Main; Leipzig 1992, S. 165–167, hier S. 166–167.
97 Rainer Maria Rilke, Ur-Geräusch. In: Rilke, Schriften. Kommentierte Ausgabe in vier Bänden, Bd. 4, hg. von Horst Nalewski, Frankfurt am Main; Leipzig 1996, S. 699–704, hier S. 704. Umgekehrt sei die Erweiterung durch die Kunst zwar eine erlebte, aber keine, die Allgemeinheit beanspruchen dürfe (vgl. Rilke, Ur-Geräusch, S. 704).

Bereich, der dem Menschen und seiner Sensorik zwischen mikroskopischer und makroskopischer Unsichtbarkeit noch bleibt, wird immer kleiner.[98]

Die den Krieg prägende Sprache ist entsprechend eine chimärische ohne Verankerung in der Welt.[99] Für das Grauen, das die menschlichen Sinne übersteigt und in seiner völligen Unanschaulichkeit als Pervertierung göttlicher Transzendenz erscheint, kann es keine Sprache geben. Neben Rilkes Stilisierung der verstummenden, öffentlichkeitsscheuen „Schreibstimme"[100] des Dichters legen seine Briefe auch eine aus der Beschaffenheit des modernen Kriegs abgeleitete Begründung für das Schweigen offen, nämlich die von der Unsagbarkeit, der Namenlosigkeit, die der unsichtbare Krieg über die Welt gebracht hat. Der angemessene Umgang mit Sprache kann dann nicht darin bestehen, dem Krieg, der durch den Tropf der Zeitungen am Leben gehalten wird, durch Sprachproduktion weitere Nahrung zu geben. Stattdessen ruft Rilke in dem kurzen Prosa-Stück „Wir haben eine Erscheinung" vom Oktober 1914, das in „Zeit-Echo. Ein Kriegstagebuch der Künstler 1914/15" erscheint, dazu auf, ihn kognitiv „auszuhungern"[101]. In einer unwahren Welt paktiert die konventionelle Bedeutungssprache mit der gegenwärtigen Vernichtung, übrig bleibt an ihren Rändern neben dem Schweigen nur der Schrei als nichtreferentieller, protosprachlicher Urlaut jenseits von Wahrheit und Lüge als legitime (Un-)Form.[102]

---

98 Der konstatierte Zug ins Anästhetische ist Teil einer allgemeinen Entwicklung in der Moderne, die durch den Krieg beschleunigt und vertieft wird; dies deutet sich hier auch über die Terminologie der Mikrobiologie an, die Teil eines Anschaulichkeitsverlusts in der modernen Wissensgeschichte ist (vgl. Hartmut Böhme, Das Unsichtbare – Mediengeschichtliche Annäherungen an ein Problem neuzeitlicher Wissenschaft. In: Performativität und Medialität, hg. von Sybille Krämer, München 2004, S. 215–245).
99 Vgl. Rilke, Brief an Ellen Delp, 10. Oktober 1915, S. 142.
100 Rilke, Brief an Magda von Hattingberg, 2. September 1914, S. 187.
101 Vgl. Rilkes Aufforderung: „Ihr sollt ihm nicht das Zubehör und die Zunamen früherer Kriege anhängen, denn ob es gleich ein Krieg ist, so kennt ihr ihn doch nicht. [...] Wir haben eine Erscheinung, – und es hat sie mancher angerufen; sie aber weicht nicht und schreitet durch unsere Wände und steht nicht Rede. Weil ihr tut, als kenntet ihr sie. Erhebt eure Augen und *kennt sie nicht*; schafft ein Hohles um sie mit der Frage eurer Blicke; hungert sie aus mit Nichtkennen! Und plötzlich, in der Angst nicht zu sein, wird euch das Ungeheuere seinen Namen schrein und wegsinken" (Rainer Maria Rilke, Wir haben eine Erscheinung. In: Briefe zur Politik, hg. von Joachim W. Storck, Frankfurt am Main; Leipzig 1992, S. 98–100, hier S. 100).
102 Vgl. Rilke, Brief an Ellen Delp, 10. Oktober 1915, S. 142–143. Zu der religiösen, über den Psalter vermittelten Dimension des Schreis vgl. Ulrich Fülleborn, Rilkes Gebrauch der Bibel. In: Rilke und die Weltliteratur, hg. von Manfred Engel u. Dieter Lamping, Düsseldorf; Zürich 1999, S. 19–38, hier S. 22–23.

3.1 Gestörte Schöpfung: Die Engelslüge als Ursprung von Geschichte(n) — 105

An Rilkes Heimatlosigkeit als Gefühl wie als Lebensrealität ändert sich auch nach Kriegsende nichts. Der Frieden von 1918 ist kein heiler, sondern in seinem Einsetzen in einer fragmentierten Gegenwart selbst schon „in tausend Stücke"[103] zersprungen. In die Zeit des militaristisch aufgeheizten Klimas der Ermordung des von Rilke geschätzten Walther Rathenau im Juni 1922 und der Ruhrbesetzung, an der ihm kommende Kriege sichtbar werden, fällt auch Rilkes scharfe Abrechnung mit dem Deutschen Reich.[104] Bereits 1919 hatte er Deutschland verlassen und war in die Schweiz gegangen, wo er 1920 nach einer drohenden Ausweisung als „Ausländer"[105] aus München und allerhand bürokratischen Komplikationen die tschechoslowakische Staatsbürgerschaft erhielt. Abgesehen von kurzen, hoffnungsvolleren Anflügen vermag Rilke von der Zukunft als der tragenden Größe seiner ästhetisch-geschichtsphilosophischen Reflexionen weder in der Kriegs- noch in der Nachkriegswelt etwas zu entdecken. Die weltgeschichtlichen Ereignisse sind ihm „von einer obstinaten Rückständigkeit"[106] und trennen „wie ein riesiges gefährliches Gebirg" die Menschheit von ihrer Zukunft, die „wie unerreichbar"[107] dahinterliege.

Unabhängig davon, wie gelungen man Rilkes Reaktion auf seine Zeit finden mag – und es gibt vieles, was zu ihrer Kritik einlädt, am provokantesten vielleicht seine ambivalente, bis ins Sakrale reichende Feier der Armut im Verbund mit Verzicht auf konkrete Sozialkritik –,[108] ist festzuhalten, was im gängi-

---

103 Rainer Maria Rilke, Brief an Dorothea Freifrau von Ledebur, 19. Dezember 1918. In: Rilke, Briefe zur Politik, hg. von Joachim W. Storck, Frankfurt am Main; Leipzig 1992, S. 236–238, hier S. 237.
104 Ist für Rilke im Januar 1920 der Ausnahmezustand der Welt noch keiner Nation im Besonderen anzulasten, sondern auf das „ratlos[e] Verlorensein Aller" zurückzuführen (Rainer Maria Rilke, Brief an Leopold von Schlözer, 21. Januar 1920. In: Rilke, Briefe zur Politik, hg. von Joachim W. Storck, Frankfurt am Main; Leipzig 1992, S. 296–298, hier S. 297), rechnet er im Januar 1923 mit dem Deutschen Reich ab: „Wem die Schuld?! – Liebe, wieder, wieder, kann ich nur Deutschland anklagen [...]" (Rainer Maria Rilke, Brief an Nanny Wunderly-Volkart, 30. Januar 1923. In: Rilke, Briefe zur Politik, hg. von Joachim W. Storck, Frankfurt am Main; Leipzig 1992, S. 409–413, hier S. 411). Damit gehört Rilke für Joachim W. Storck „zu jener langen Reihe bedeutender Geister, die ihr jeweiliges ‚Leiden an Deutschland' zu gewichtigen Kritikern und vielverkannten Warnern werden ließ" (Storck, Politisches Bewußtsein bei Rilke, S. 724).
105 Vgl. Rainer Maria Rilke, Brief an Hanns Buchli, 25. April 1920. In: Rilke, Briefe zur Politik, hg. von Joachim W. Storck, Frankfurt am Main; Leipzig 1992, S. 306–309, hier S. 306–307.
106 Rainer Maria Rilke, Brief an Thankmar von Münchhausen, 5. März 1918. In: Rilke, Briefwechsel mit Thankmar von Münchhausen 1913 bis 1925, hg. von Joachim W. Storck, Frankfurt am Main; Leipzig 2004, S. 81–82, hier S. 81.
107 Rilke, Brief an Magda von Hattingberg, 2. September 1914, S. 188.
108 Zur Sakralität der Feier vgl. King, Pilger und Prophet, S. 196–197; zur fehlenden Sozialkritik vgl. Rainer Maria Rilke, Brief an Hermann Pongs, 21. Oktober 1924. In: Rilke, Briefe zur Politik, hg. von Joachim W. Storck, Frankfurt am Main; Leipzig 1992, S. 432–440.

gen Bild des weltflüchtigen Dichters allzu leicht aus dem Blick gerät: dass Rilke entgegen dem Etikett des Konservativismus sehr konsequent und ohne Not an dem Anspruch einer unbedingten Zukunftsausrichtung festgehalten hat, die das Fundament seiner sozialen, pädagogischen und ästhetischen Reflexionen bildet. Dazu gehört auch die Einsicht, dass die kriegsversehrte Welt sich nicht ohne Weiteres wieder in die Himmel „einrenken"[109] lässt: „[I]ch sagte immer, um das Unheil, das Menschen sich angethan haben, wirklich zu versöhnen, müßten schon die Engel eingreifen, ich warte hier auf die Engel ... Aber wer hat *die* in seiner Macht!"[110], so Rilke zwei Jahre nach Kriegsende.

3.1.4 Angelozentrik als modernes Krisenphänomen: Engel in den *Duineser Elegien* (1912–1922)

Die Präsenz der Engel bleibt ambivalent, auch wenn Rilke sie als Quelle der Versöhnung beschwört. Denn der moderne Index des angelischen Mittlertums besteht medientheoretisch in einem Ungleichgewicht von Transparenz und Störung in Vermittlungsvorgängen. In seiner medialen Funktion trifft auf den Engel zu, was Sybille Krämer allgemein über Vermittler schreibt: Dass sie solche sind „im Sinne der ‚Mitte' und des ‚Mittleren' zwischen zwei Polen oder Positionen, zwischen denen sie ein Sinnlichkeitskontinuum stiften"[111]. Wenn nun aber, wie Rilke bezüglich des Ersten Weltkriegs reflektiert, Gott und Mensch sich im Exil befinden, also jene Bezugspunkte instabil werden, zwischen denen der Engel ein Sinnlichkeitskontinuum stiften soll, zerbricht die von Gott zu Mensch aufgespannte Kommunikationsachse. Der Engel, der Beziehung stiften soll, zeigt in seiner modernen Präsenz Beziehungslosigkeit an. Dass Engel die Bruchstelle dieser Beziehungskonstellation bilden, ist in Anbetracht ihrer immer schon prekären Tätigkeit nicht verwunderlich: „Sie stehlen die Werte, die sie übertragen, übersetzen die Botschaften zu ihren eigenen Gunsten, besetzen die Kanäle wie Parasiten ... Sie treten unablässig in Erscheinung, statt zu verschwinden"[112], wie Michel Serres das grundsätzliche Dilemma der Engel beschreibt.[113] Im Ram-

---

109 Vgl. die Diagnose einer „ausgerenkt[en]" Welt (Rilke, Brief an Marianne Mitford, 5. März 1915, S. 105).
110 Rainer Maria Rilke, Brief an Sidonie Nádherný von Borutin, 20. November 1920. In: Rilke, Briefe zur Politik, hg. von Joachim W. Storck, Frankfurt am Main; Leipzig 1992, S. 315–319, hier S. 318–319.
111 Krämer, Was haben ‚Performativität' und ‚Medialität' miteinander zu tun?, S. 25.
112 Krämer, Was haben ‚Performativität' und ‚Medialität' miteinander zu tun?, S. 103–104.
113 Vgl. dazu auch Kapitel 2.4 dieser Studie.

3.1 Gestörte Schöpfung: Die Engelslüge als Ursprung von Geschichte(n) — 107

penlicht der Aufmerksamkeit verlieren sie ihre Transparenz und werden selbst zum Thema.[114] Indem Engel sich als verdichtete Präsenz vor das göttliche Zentrum schieben, wird das Hintergründige vordergründig und evoziert eine selbstbezügliche Erfahrung, die nicht mehr an eine höhere Instanz rückgebunden ist.

Wenn die gelungene Auftragserfüllung der Engel sich gerade an ihrer größtmöglichen sinnlichen Diskretion erweist, dann sind sie in ihrer hartnäckigen Omnipräsenz im rilkeschen Werk nicht Ausdruck einer anachronistischen Religiosität. Sie erscheinen im Gegenteil als herausragende Trope einer Rhetorik der Krise von Religion und Welt, in der Gott und Mensch sich zunehmend fremd werden. Eine Form, in der die Störung der vordergründigen Engel thematisch wird, ist der Ausfall oder die Verschiebung der zu übertragenden Bedeutung. So hat der Engel in dem Gedicht „Verkündigung" (1899) seine Botschaft an Maria zunächst vergessen, findet sein Wort dann aber in ihr wieder und übermittelt im Verlauf des Gedichts die Aussage des biblischen Prätextes schließlich doch mit zunehmender Sicherheit.[115] Während hier das Schema der Botschaftsübermittlung erhalten bleibt, kann es auch eine völlige Umkehrung wie im „Märchen" erfahren, wenn der Engel keinen Zusammenhang mehr durch Mediatisierung stiftet, sondern einen solchen als Figur der Lüge und Trennung durchbricht.[116] Während die Aneignung der Botschaft durch das Medium im Rahmen einer konsistenten Ursprungsfiktion und eines geschlossenen Sinn- und Werkzusammenhangs negativ besetzt ist, ändern sich die axiologischen Vorzeichen in einer ästhetischen Konzeption der Moderne, die die Kategorie der Einheit von Anfang, Sinn und Verständigung verabschiedet hat.

Auf dieser Schwelle zwischen Störung und Überwindung sind die *Duineser Elegien* angesiedelt. Sie beginnen mit einer Problematisierung des Beginnens, die schon im „Märchen" eine wichtige Rolle spielte. Die 1912 verfasste „Erste Elegie" setzt mit einer Art in Frage gestellter *invocatio* ein, einem hypothetischen Schrei, der später als „Lockruf" bestimmt wird. Hier tritt er nicht als Laut der Notwendigkeit, sondern zurückgehalten und samt antizipierter Konsequenzen nur im Konjunktiv auf:

> Wer, wenn ich schriee, hörte mich denn aus der Engel
> Ordnungen? und gesetzt selbst, es nähme

---

114 Zu Störung und Transparenz als den zwei Polen medialer Kommunikation vgl. Ludwig Jäger, Störung und Transparenz. Skizze zur performativen Logik des Medialen. In: Performativität und Medialität, hg. von Sybille Krämer, München 2004, S. 35–73.
115 Vgl. Rainer Maria Rilke, Verkündigung. In: Rilke, Gedichte 1895–1910. Kommentierte Ausgabe in vier Bänden, Bd. 1, hg. von Manfred Engel u. Ulrich Fülleborn, Frankfurt am Main; Leipzig 1996, S. 291–292.
116 Vgl. Kapitel 3.1.1 dieser Studie.

> einer mich plötzlich ans Herz: ich verginge von seinem
> stärkeren Dasein. Denn das Schöne ist nichts
> als des Schrecklichen Anfang, den wir noch grade ertragen,
> und wir bewundern es so, weil es gelassen verschmäht,
> uns zu zerstören. Ein jeder Engel ist schrecklich.
> Und so verhalt ich mich denn und verschlucke den Lockruf
> dunkelen Schluchzens. (DE 201)

Das „denn" gibt diesem ausbleibenden Anruf eine resignative Färbung, eine gelingende Kommunikation zwischen Mensch und Engel ist so fragwürdig und die Folgen werden als so vernichtend imaginiert, dass es gar nicht erst dazu kommt. Der Engel scheint hier nur zwischen Ignoranz und Zerstörung denkbar und markiert einen Gedichtanfang, der von der bereits bekannten Problematik des Anfangs, hier des Anfangs von Kommunikation, handelt. Eine Überbrückung der konstitutiven Distanz, die der einzelne aus der Ordnung heraustretende Engel bedeuten würde, überstiege das Maß des Menschenerträglichen. Das Adverb „plötzlich" ruft das Unkontrollierbar-Momenthafte der Engelserscheinung auf, die nicht im Vorhinein abzuschätzen ist. Die Engel als Grenzwächter evozieren den Gedanken der Ordnung, der mit den „Engel Ordnungen" gleich zu Beginn formuliert wird. Allerdings deutet der Plural auf eine schwarmartige Formation und das herrenloses Schweifen der Engel, die keine Weisungsgebundenheit zu erkennen geben, auf die Auflösung der angelologischen Ordnung. Wie es bei Michel Serres heißt: „Die Engel sollen eigentlich Ordnung herstellen und für die Einhaltung der Etikette sorgen, aber sie zerfallen selbst in eine gewaltige Unordnung."[117]

Über die hypothetisch durchgespielte Angelophanie, die hier mit dem Anstrich einer übermenschlichen Elementarkraft versehen ist, werden die Grenzen des menschlich Erträglichen abgesteckt. Indem das lyrische Ich sie rhetorisch imaginiert, wird eine angelische Überwältigungsästhetik aufgerufen und zugleich eingehegt. Die Gefahr wird präzisiert in der Behauptung, dass das Schöne „nichts als des Schrecklichen Anfang" und somit dessen Übergang ins Schreckliche bloß gradueller Natur ist. Wesentlich für das Schöne ist nicht die Harmlosigkeit im Gegensatz zur schrecklichen Erhabenheit, sondern dass „es gelassen verschmäht, / uns zu zerstören". Dem Schrecken, den das Amorphe, Unbegrenzte, Unmenschliche, kurz das Unsichtbare auslöst, wird das Schöne nicht gegenüber, sondern an die Seite gestellt. Indem er die Schwelle zwischen Gestalthaftem und Gestaltlosem, zwischen unstofflicher Unsichtbarkeit und körperlicher Materialität besetzt, figuriert der Engel in den *Elegien* die Kippfigur zwischen Schönem und Schrecklichen. Dadurch reflektiert er den Aufbau der *Duineser Elegien* selbst, die mit

---

[117] Serres, Die Legende der Engel, S. 82.

ihrem Schwanken zwischen Abgeschlossenheit und deren Bedrohung aus dem Innern einer fragmentierten Sprache das Schwanken zwischen Form und Unform inszenieren.

In Gestalt von Negation und gleichzeitigem Vollzug steht so am Anfang der „Ersten Elegie" eine zweifache Kommunikation: Mit der Eingangsfrage, die die Möglichkeit des kommunikativen Austauschs zwischen lyrischem Ich und Engel bezweifelt, wird gleichzeitig eine Kommunikation zwischen lyrischem Ich und Rezipientinnen und Rezipienten eröffnet. Diese werden unvermittelt mit einer tendenziell unbeantwortbaren Frage konfrontiert – die Wendung des lyrischen Ichs an sie ist selbst von engelhafter Plötzlichkeit –, sodass auch hier nicht ohne weiteres von gelingender Kommunikation ausgegangen werden kann.[118] Die Mittlerfunktion des Engels ist somit zweifach aufgerufen: als Vermittlung zwischen ‚gedeuteter' Welt, das heißt dem beschränkten Weltausschnitt, der in der Gegenwart wahrgenommen wird, und transhumanem Raum im Fall von lyrischem Ich und Engel sowie auf intra- und extratextueller Ebene zwischen lyrischem Ich und Rezipientinnen und Rezipienten.

Allerdings sind die Grenzen dieser Kommunikationsbereiche nicht beständig, sondern werden bereits im fünften Vers der „Ersten Elegie" grammatikalisch verschliffen, indem die Erweiterung von lyrischem Ich ins lyrische Wir Rezipientinnen und Rezipienten mit einbezieht. Im Lauf der „Ersten Elegie" spitzt sich der Einklang des Wir dann dialogisch in der Dringlichkeit von direkter Frage und anschließendem Appell zu: „Weißt du's *noch* nicht? Wirf aus den Armen die Leere zu den Räumen hinzu, die wir atmen" (DE 201). Dieser Anruf kann Rezipientin oder Rezipienten, aber auch das Herz des lyrischen Ichs meinen, das später explizit adressiert wird („Höre, mein Herz" (DE 202)). Die *Elegien* durchzieht so ein seltsamer Kontrast zwischen diffusen Aufforderungen einerseits und apodiktischen Aussagen andererseits („[j]eder Engel ist schrecklich" (DE 205), „[n]irgends, Geliebte, wird Welt sein, als innen" (DE 221), „[m]it allen Augen sieht die Kreatur / das Offene" (DE 224)). Gleichzeitig wird der apodiktische Anstrich durch die unausgesetzten, oft über Negationen verlaufenden Fragen („[h]ab ich nicht recht?" (DE 212)), die konjunktivischen Wendungen und relativierenden Adverbien („vielleicht" (DE 201, 231), „beinah" (DE 218), „manchmal ein wenig" (DE 203), „fast nicht" (DE 218)) unterlaufen.[119]

---

118 Vgl. das „Inventar der Verstehensschwierigkeiten", das Manfred Engel ausführt (Manfred Engel, Rainer Maria Rilkes ‚Duineser Elegien' und die moderne deutsche Lyrik, Stuttgart 1986, S. 38).
119 Zu einer ausführlichen Analyse der rhetorischen Struktur der Elegien vgl. Engel, Rainer Maria Rilkes ‚Duineser Elegien', S. 151–175.

Konstitutiv für die Kommunikationssituation ist somit die Spannung zwischen Gestus und Inhalt. Der Eindringlichkeit des vokativischen Sprechens, verstärkt noch durch graphische Kursivierung und musikalische Rhythmisierung, steht ein hermetischer Inhalt gegenüber. Dieser lässt aufgrund seiner Mehrdeutigkeit und den verschiedentlich aufgerufenen Verstehenshorizonten, aber auch wegen der permanenten Übergängigkeit jede positive Bedeutungsfixierung kontingent erscheinen. Perspektive und Relation werden im Zuge einer lyrischen Sprachbewegung hergestellt und wieder verwischt. Die Personalpronomen changieren, Bezeichnungsverhältnisse ändern sich oder sind von Anfang an unklar. Vor dem Dunkel des Inhalts hebt sich umso prägnanter die Kommunikationssituation als solche ab, die exponiert ist durch die rhetorische Gestaltung, insbesondere durch die Mündlichkeit suggerierenden Fragen und Appelle ebenso wie die Behauptungen im Zusammenhang mit dem angesprochenen Du: „Es rauscht jetzt von jenen jungen Toten zu dir. / Wo immer du eintratest, redete nicht in Kirchen / zu Rom und Neapel ruhig ihr Schicksal dich an? / Oder es trug eine Inschrift sich erhaben dir auf, / wie neulich die Tafel in Santa Maria Formosa." (DE 202)

So entsteht eine Polarität zwischen voraussetzungsreichen, abgebrochenen Kommunikationssträngen und der emphatischen Dringlichkeit, mit der diese vorgebracht werden. Neben der Stimme sind das Schreien und das Hören – nicht das Verstehen – in der „Ersten Elegie" omnipräsent und markieren ein Sprechen an den Grenzen von bedeutungstragender Sprache. Dabei werden verschiedene Kommunikationsformen aufgerufen, die alle unsicher und brüchig sind: Das lyrische Ich sinniert über sein mögliches Schreien und das Hören des Engels, später fordert es in der mit „Stimmen, Stimmen" (DE 202) eingeleiteten Strophe das eigene Herz auf, zu hören, wie es nur die Heiligen tun, die „der riesige Ruf / aufhob" (DE 202). Analog zur Engelsstelle wird auch Gott in seiner Unerträglichkeit über eine Negation und im Konjunktiv beschworen: „Nicht, daß du *Gottes* ertrügest / die Stimme, bei weitem." (DE 202) Ob nun tot oder äonenhaft entrückt,[120] Gott scheint in den *Elegien* als Kommunikationspartner nicht mehr in Frage zu kommen. Stattdessen folgt die Aufforderung, „das Wehende" zu hören, „die ununterbrochene Nachricht, die aus Stille sich bildet" (DE 202). In dieser

---

[120] Manfred Koch sieht bereits in der Menge der Interrogativpronomen, die die Sinnfrage aufwerfen, eine Evidenz für den „Tod Gottes" als Ausgangspunkt des lyrischen Sprechens (vgl. Manfred Koch, Rilkes Engel oder Der heilige Kampf um die Sprache. In: Ästhetische und religiöse Erfahrungen der Jahrhundertwenden, Bd. 2, hg. von Wolfgang Braungart, Gotthard Fuchs u. Manfred Koch, Paderborn u. a. 1998, S. 123–140, hier S. 138). Magnússon befindet angesichts der Totenwelt der „Zehnten Elegie": „Der Omegapunkt bewusstseinsevolutionärer Entwicklung und höchstes Glied der großen Seinskette, Gott, ist für den medialen Dichter außer Reichweite" (Magnússon, Dichtung als Erfahrungsmetaphysik, S. 350).

3.1 Gestörte Schöpfung: Die Engelslüge als Ursprung von Geschichte(n) — 111

„rauscht" es „von jenen jungen Toten" vernehmbar, und die Bereiche von Leben und Tod selbst sind durchzogen von der „ewige[n] Strömung", die „alle Alter" in beiden „übertönt" (DE 203). Auch dem Schluss der „Ersten Elegie" liegt der Gedanke zugrunde, dass eine Abwesenheit Wahrnehmbares hervorbringt: „Ist die Sage umsonst [...], daß erst im erschrockenen Raum, dem ein beinah göttlicher Jüngling / plötzlich für immer enttrat, die Leere in jene / Schwingung geriet, die uns jetzt hinreißt und tröstet und hilft." (DE 204)

Alle diese Stellen zeigen teils hypothetische Perzeptions- und Resonanzphänomene, aber keine konkretisierbare Botschaft. Mit diesen beständig aufgerufenen und ebenso oft enttäuschten Erwartungen des Gelingens von Kommunikation wird der Gedanke des Rauschens als Naturphänomen wie als Störung vor und jenseits der Botschaft evoziert, dem strukturell der Engel als ästhetische Erscheinung ohne Botschaft entspricht. Dass das lyrische Ich durch seine exponierten Anreden ebenfalls intentionell einen Kommunikationsraum eröffnet, rückt ihn als künstlerisches Medium in die angelische Position der Vermittlung eines hermetischen oder ganz ausgefallenen Inhalts. Wie die Engel Gottes Mysterium übermitteln, so evoziert das lyrische Ich die den menschlichen Horizont sprengende ästhetische Angelophanie im Grenzbereich von Schönem und Schrecklichem. Sein Modus ist ein rhetorisches Sprechen, das über Hypothesen, Verneinungen und Auslassungen eine Ästhetik der Überwältigung auf kontrollierte Weise aufruft. Diese Wahrnehmungsphänomene werden durch Adverbien wie „jetzt" (DE 202) oder „neulich" (DE 203) explizit in der Gegenwart verortet; auch die aus dem *Malte* bekannte „intransitive Liebe"[121] begegnet hier als Erfordernis einer ra(s)tlosen Zeit.

Die Gegenwart wird in der „Zweiten Elegie" aufgegriffen und über die „Tag[e] Tobiae" (DE 205) mit einer biblischen Urzeit kontrastiert. In dieser waren die Engel noch in einen intakten kommunikativen Ordnungsrahmen eingebunden, sie kamen in Gottes Auftrag mit einer Botschaft:

> Jeder Engel ist schrecklich. Und dennoch, weh mir,
> ansing ich euch, fast tödliche Vögel der Seele,
> wissend um euch. Wohin sind die Tage Tobiae,
> da der Strahlendsten einer stand an der einfachen Haustür,
> zur Reise ein wenig verkleidet und schon nicht mehr furchtbar;
> (Jüngling dem Jüngling, wie er neugierig hinaussah).
> Träte der Erzengel jetzt, der gefährliche, hinter den Sternen
> eines Schrittes nur nieder und herwärts:
> hochaufschlagend erschlüg uns das eigene Herz.   (DE 205)

---

121 Vgl. die Beschreibung von Abelone im *Malte*, die sich danach sehnte, „ihrer Liebe alles Transitive zu nehmen" (Rilke, Die Aufzeichnungen des Malte Laurids Brigge, S. 628).

Der Engel war nicht grundsätzlich nicht furchtbar, aber er erschien damals in einer für die Reise verkleideten Form, in der er es „nicht mehr" war; erträglich ist der Engel in menschlicher Gestalt, „Jüngling dem Jüngling". Raphael, der Name des Erzengels, der im Buch Tobit in Menschengestalt Tobias auf einer Reise begleitet, heißt so viel wie „Gott heilt". Diese Gewissheit einer heilenden Kraft Gottes ist offensichtlich nicht mehr gegeben. Käme der Erzengel jetzt, „erschlüg uns das eigene Herz". Mit der Abwesenheit Gottes in den *Elegien* ist der sinngenerierende Ursprung der kommunikativen Trias von Gott – Engel – Mensch weggebrochen, was eine Dynamisierung des ganzen Gefüges nach sich zieht und die Engel in den Vordergrund treten lässt. Die Vielzahl ihrer Apostrophierungen suggeriert zunächst Anschaulichkeit und weist sie in ihrem Zusammenklang zugleich ab:

> Frühe Geglückte, ihr Verwöhnten der Schöpfung,
> Höhenzüge, morgenrötliche Grate
> aller Erschaffung, – Pollen der blühenden Gottheit,
> Gelenke des Lichtes, Gänge, Treppen, Throne,
> Räume aus Wesen, Schilde aus Wonne, Tumulte
> stürmisch entzückten Gefühls und plötzlich, einzeln,
> *Spiegel*: die die entströmte eigene Schönheit
> wiederschöpfen zurück in das eigene Antlitz. (DE 205)

Mit der Charakterisierung als „frühe Geglückte" und „morgenrötliche Grate aller Erschaffung" wird das hohe Alter der Engel betont. Als „Pollen der blühenden Gottheit" sind die Engel wesentliche Träger der Fruchtbarkeit Gottes; der Pollenflug ist ebenfalls sehr alt und Pollen sind wie die Engel vielzählig und unübersichtlich. „Gänge" und „Treppen" verweisen als funktionale Vorrichtungen auf die Engel als Verbindungsglieder, ebenso, in den unstofflichen Bereich entrückt, als „Gelenke des Lichts". „Throne" gehören zur Nomenklatur der Angelologie, „Räume aus Wesen" und „Schilde aus Wonne" sind wiederum unanschauliche Zusammensetzungen. Und schließlich sind die Engel entgegen den funktionalen Bezeichnungen „Tumulte stürmisch entzückten Gefühls" und „plötzlich, vereinzelt, / *Spiegel*: die die entströmte eigene Schönheit / wiederschöpfen zurück in das eigene Antlitz". Die Vermittlung der Engel – die Aufnahme und Weitergabe einer Botschaft oder, wie im „Märchen" im Spiegel der Engelsaugen,[122] eines Bilds – ist darin einem autarken Emanationskreislauf gewichen.

Im Gegensatz dazu verlieren die Menschen sich fortwährend in ihren Lebensäußerungen – „wir, wo wir fühlen, verflüchtigen; ach wir / atmen uns aus und dahin" (DE 205). In ihrer ungewissen Konsistenz sind die Menschen umso mehr

---

[122] Vgl. Kapitel 3.1.1 dieser Studie.

auf ihre Rezeption durch die Engel angewiesen. Nachdem in der „Ersten Elegie" eine stimmliche Kontaktaufnahme mit den Engeln unmöglich erschien, wird in der „Zweiten Elegie" die Frage nach einer geschmacklichen über den Transport verflüchtigter menschlicher Substanz aufgeworfen: „Schmeckt denn der Weltraum, / in den wir uns lösen, nach uns? Fangen die Engel / wirklich nur Ihriges auf, ihnen Entströmtes, / oder ist manchmal, wie aus Versehen, ein wenig / unseres Wesens dabei? Sind wir in ihre / Züge soviel nur gemischt wie das Vage in die Gesichter / schwangerer Frauen?" (DE 206) Doch die Engel erhalten sich nach Bekunden des lyrischen Ichs in reiner Selbstbezüglichkeit: „Sie merken es nicht in dem Wirbel / ihrer Rückkehr zu sich. (Wie sollten sie's merken.)" (DE 206)

Die selbstgenügsame Vollkommenheit der Engel wird mit der fragilen Dualität der Liebenden auf menschlicher Ebene kontrastiert. Diese rufen zwar das Bild der Verschmelzung auf, aber im Gegensatz zur angelischen Androgynie ist hier die gebrochene Zweiheit akzentuiert. Entgegen Karin Schulzes Deutung, die aus der Selbstbespiegelung eine „Sterilität des Engels und [e]ine durchaus fragwürdige Stellung im Gefüge der ‚Elegien'"[123] ableitet, lässt sich mit der göttlichen Konnotation des Androgynen, die gerade für eine schöpferische Fruchtbarkeit steht, eine Verschiebung im metaphysischen Gefüge annehmen. In diesem artikuliert sich die dem Engel inhärente Tendenz zur Selbstermächtigung gegenüber einem abwesenden Gott. Als Quelle ausströmender Schönheit, die vor allem bei Pseudo-Dionysius Areopagita als wesentliche göttliche Qualität verstanden wird,[124] besetzen die Engel die Position Gottes. Darauf deutet auch hin, dass die Engel Spiegel der eigenen Schönheit sind, und nicht, wie klassischerweise, das göttliche Licht widerspiegeln. Der Engel wird an dieser Stelle zur Quelle einer hypothetischen Erfahrbarkeit des Numinosen, eine Position, die in der Gegenwart weder Gott in seiner Abwesenheit noch die Kirche als Institution mit ihrer jenseitsvertröstenden Ausrichtung einnehmen kann. Aufgrund der Abwesenheit Gottes können Mensch und Engel als seine Geschöpfe sich nicht mehr auf ihn hin entwerfen. Während aber die Engel – zumindest in der Wahrnehmung des lyrischen Ichs – davon in ihrer ästhetischen Selbstbespiegelung unangefochten sind, befinden die Menschen sich in einem Zustand fundamentaler Orientierungslosigkeit. Auf die anthropologische Tragweite dieses Befunds weisen die vielen Wir-Sätze hin.

In ihrer Vielfalt als Störfaktor, Diagnoseinstrument und Remedium macht die Figur des Engels in den *Duineser Elegien* eine anthropologische Deformation in der Gegenwart sichtbar und veranschaulicht zugleich die Möglichkeit ihrer

---

123 Schulze, „Ein luftiger Austausch", S. 84.
124 Vgl. Kapitel 2.4 dieser Studie.

Überwindung. Neben dem technischen Fortschritt wurde diese anthropologische Verunsicherung zu Beginn des 20. Jahrhunderts auch durch die Fokussierung animalischer Anteile durch die Rezeption des Darwinismus und der Psychoanalyse angestoßen, die der bewussten Selbstverfügung des Menschen den Boden entziehen. Entsprechend treten Bemühungen um eine anthropologische Neujustierung in den Vordergrund, für die Rilke Tier und Engel als komplementäre Abgrenzungsfiguren des prä- beziehungsweise transrationalen Anderen in der Aktualisierung einer langen Tradition bemüht.[125] Über die Mischung aus Einschluss und Ausschluss, Ähnlichkeit und Differenz können Engel und Tiere den Menschen als Menschen in dessen gegenwärtiger Heimatlosigkeit konturieren. So heißt es in der „Ersten Elegie": „Ach, wen vermögen wir denn zu brauchen? Engel nicht, Menschen nicht, und die findigen Tiere merken es schon, / daß wir nicht sehr verläßlich zu Haus sind / in der gedeuteten Welt." (DE 201) Im Gegensatz zu Engel und Tier, die gesetzt und verlässlich erscheinen, stellt der Mensch eine schwankende Variable dar – „Wir nur / ziehen allem vorbei wie ein luftiger Austausch" (DE 206). Wie im „Märchen", in dem das Sein Gottes gesetzt, das des Menschen hingegen im Ungewissen belassen wird, ist hier nicht der ontologische Status des Engels, sondern das Menschsein ungesichert. Mögliche Implikationen einer Selbsterfahrung durch Berührung („[s]eht, mir geschiehts, daß meine Hände einander / inne werden") werden unverzüglich eingeschränkt: „Doch wer wagte darum schon zu *sein*?" (DE 206)

Die Engel besetzen zwar in ihrer androgynen Beschaffenheit eine göttliche Position, nehmen aber in ihrer schön-schrecklichen Ambivalenz und Pluralität gegenüber dem Menschen keine paternale Fürsorgerolle wahr. Der Engel ist vielmehr auch deshalb schrecklich, weil er nicht mehr ohne weiteres zu den Menschen kommt, sondern stattdessen für eine Unverfügbarkeit steht, die sich nicht in die Immanenz positivistischer Welterfassung bannen lässt. Analog zu dem Befund aus der *Dialektik der Aufklärung*, es dürfe „überhaupt nichts mehr draußen sein, weil die bloße Vorstellung des Draußen die eigentliche Quelle der Angst ist"[126], heißt es in der „Siebenten Elegie": „Und immer geringer / schwindet das Außen. [...] Weite Speicher der Kraft schafft sich der Zeitgeist, / gestaltlos / wie der spannende Drang, den er aus allem gewinnt. Tempel kennt er nicht mehr." (DE 221/222) Und: „Was draußen *ist*, wir wissens aus des Tiers / Antlitz allein [...]." (DE 224) In diesem Befund spiegelt sich die im Kontext des Ersten Weltkriegs getroffene Gegenwartsdiagnose eines Verlusts an Welt und eines damit zusammenhängenden universalen Exils – „Bleiben ist nirgends"

---

[125] Vgl. Kapitel 2.3 dieser Studie.
[126] Adorno u. Horkheimer, Dialektik der Aufklärung, S. 32.

(DE 202). Der Engel hingegen entzieht sich subjektiver Verfügungsgewalt, weil er sich in kein objektiviertes Raster bannen lässt, sondern den abrupten, unkontrollierbaren Einbruch des Numinosen in eine Weltordnung verkörpert, die dem Paradigma der quantitativen Vermessung wie pragmatischer Zwangsbeziehungen untersteht. Der Engel ist hier gerade kein Symbol für einen Innerlichkeitskult, vielmehr verkörpert er ein sich Einverleibungstendenzen sperrendes Draußen, das unvermittelt ins Innere einbricht.

Im Verlauf der *Elegien* wandeln sich die Engel von Krisenindikatoren zu Figuren der Rettung, ohne dass sich daraus eine lineare Gesamtbewegung der *Elegien* im Sinne von Problem und Lösung extrapolieren ließe, die der Grundkonzeption des Zyklus, aber auch der immanenten Spannung der Engel nicht entspricht. Diese bergen das Versprechen einer Verbindung von Vergangenheit und Zukunft, das aus der exilischen Gegenwart heraus entworfen wird. Zum Schluss der „Neunten Elegie" werden mit Kindheit und Zukunft die in „Über Kunst" entwickelten wesentlichen Stationen des Künstlerlebens aufgerufen, die dessen Reichtum ausmachen: „Siehe, ich lebe. Woraus? Weder Kindheit noch Zukunft / werden weniger ... Überzähliges Dasein / entspringt mir im Herzen." (DE 229) Der Engel ist die Figur, die diesen Überfluss an Zukunft retten soll, indem sie den schwindenden Reichtum der Vergangenheit bewahrt und für eine spätere Zukunft verfügbar hält. So heißt es in der „Fünften Elegie", die sich mit den „Fahrenden" beschäftigt, nach dem Lächeln des Akrobaten, das „blindlings" (DE 215), trotz Tränen, kommt: „Engel! o nimms, pflücks, das kleinblütige Heilkraut. / Schaff eine Vase, verwahrs! Stells unter jene, uns *noch nicht* / offenen Freuden [...]." (DE 216)

Der Engel steckt den Bereich des Noch-Nicht ab, der potentielle zukünftige Freuden des Menschen bereithält und der in der letzten Strophe als Raum evoziert wird. Hier wird der Engel ganz ohne die Probleme aus der „Ersten Elegie" adressiert. Der Konjunktiv der Anrufung ist allerdings nicht verschwunden, sondern in die Aussageebene gewandert. In diesem nichtgewussten, konjunktivischen Bereich ist das konventionelle Berufslächeln der Akrobaten dann in ein wahrhaftes Lächeln der Liebenden verwandelt:

Engel!: Es wäre ein Platz, den wir nicht wissen, und dorten,
auf unsäglichem Teppich, zeigten die Liebenden, die's hier
bis zum Können nie bringen, ihre kühnen
hohen Figuren des Herzschwungs,
ihre Türme aus Lust, ihre
längst, wo Boden nie war, nur an einander
lehnenden Leitern, bebend, – und *könntens*,
vor den Zuschauern rings, unzähligen lautlosen Toten:

> Würfen die dann ihre letzten, immer ersparten,
> immer verborgenen, die wir nicht kennen, ewig
> gültigen Münzen des Glücks vor das endlich
> wahrhaft lächelnde Paar auf gestilltem
> Teppich? (DE 217)

Über den Engel wird so ein Raum beschworen, der Menschen unbekannt ist, der sich aber über den Engel als unmenschliche Figur hypothetisch beschreiben lässt. In der „Siebenten Elegie" kommt die mögliche Rettung aus Verlust und Vergänglichkeit über den Engel wiederum direkt aus dem Zustand des Exils:

> Jede dumpfe Umkehr der Welt hat solche Enterbte,
> denen das Frühere nicht und noch nicht das Nächste gehört.
> Denn auch das Nächste ist weit für die Menschen. *Uns* soll
> dies nicht verwirren; es stärke in uns die Bewahrung
> der noch erkannten Gestalt. – Dies *stand* einmal unter Menschen,
> mitten im Schicksal stands, im vernichtenden, mitten
> im Nichtwissen-Wohin stand es, wie seiend, und bog
> Sterne zu sich aus gesicherten Himmeln. Engel,
> *dir* noch zeig ich es, *da*! in deinem Anschaun
> steht es gerettet zuletzt, nun endlich aufrecht.
> Säulen, Pylone, der Sphinx, das strebende Stemmen,
> grau aus vergehender Stadt oder aus fremder, des Doms. (DE 222)

Hier wird das geschichtsphilosophische Motiv der Exilierung in der Zeit aufgerufen, dem der universale Zustand des „Bewusstseinsexil[s]"[127] des Menschen korrespondiert, ein Zustand des Transits, in dem man weder des Früheren noch des Zukünftigen habhaft ist. In diesem Grenzbereich ist der Engel ein Gegenüber, das das noch Gekannte in seinem Blick zu bewahren vermag. Die Kulturgüter vergangener Epochen, das, was unter Menschen „stand", soll unter dem Blick des Engels stehen, „gerettet zuletzt". Dass die Überwindung der gespaltenen Welt und der schwindenden Sichtbarkeit in den *Elegien* nur punktuell aufscheint, liegt daran, dass sie an eine unverfügbare Zukunft gebunden sind. Anders als in der pessimistischen Sicht auf die Kommunikation zu Beginn der *Elegien* wird die gelingend-bewahrende Kontaktaufnahme zwischen Mensch und Engel hier nicht bezweifelt. Es handelt sich auch nicht mehr um einen stimmlichen Versuch der Kontaktaufnahme, sondern um ein nonverbales Zeigen, was durch das deiktische „*da*!" als nachgestellte, kursivierte Klimax ebenso wie durch das unbestimmte und erst später mit Beispielen gefüllte „dies" betont wird. In diesem exilischen Zustand

---

[127] Magnússon, Dichtung als Erfahrungsmetaphysik, S. 195.

3.1 Gestörte Schöpfung: Die Engelslüge als Ursprung von Geschichte(n) — 117

ist Rettung nicht sprachlich, sondern nur gestisch zu erwirken, der Engel ist aufgefordert, den Zeugnissen des Vergangenen rettend eine Würde verleihen („nun endlich aufrecht").

In der letzten Strophe, die unmittelbar anschließt, wird der Engel schließlich mit höchstem Pathos aufgefordert, die Rühmung des lyrischen Ichs, der die menschlichen Kulturgüter preist, als Sprachrohr zu übernehmen: „War es nicht Wunder? O staune, Engel, denn wir sinds, / wir, o du Großer, erzähls, daß wir solches vermochten, mein Atem / reicht für die Rühmung nicht aus." (DE 222) An dieser Stelle täuscht der weihevolle Duktus nicht darüber hinweg, dass eine Verschiebung stattgefunden hat: In erster Linie wird der Mensch und dann der Engel, der den menschlichen Taten eine größere Resonanz verschaffen soll, gefeiert, während von Gott keine Rede ist. Diese Verschiebung weist nicht nur theologisch, sondern auch medienästhetisch auf den Bruch der Moderne. Dass diese Allianz zwischen Mensch und Medium fragil ist, wird mit dem Schluss der „Siebenten Elegie" deutlich, der die unterbleibende Eingangsapostrophe der „Ersten Elegie" variiert. Das konjunktivische Werben des lyrischen Ichs enthält hier Annäherung und Abstoßung zugleich:

> Glaub *nicht*, daß ich werbe.
> Engel, und würb ich dich auch! Du kommst nicht. Denn mein
> Anruf ist immer voll Hinweg; wider so starke
> Strömung kannst du nicht schreiten. Wie ein gestreckter
> Arm ist mein Rufen. Und seine zum Greifen
> oben offene Hand bleibt vor dir
> offen, wie Abwehr und Warnung,
> Unfaßlicher, weitauf.   (DE 223)

Gerade der Versuch, den Engel zu (be-)greifen, ist es, der einen gesicherten Kontakt verhindert, weil er in sich schon die Abwehr dieses Kontakts enthält. Das ist insofern konsequent, als der Engel nur auf diese Weise als unmenschliche Figur andere, gegenwärtig unerfahrbare Räume veranschaulichen kann. Die scheiternde Kommunikation und die ausbleibende Nähe sind so einerseits Ausdruck gegenwärtiger Entfremdung, die mit den „Tagen Tobiae" kontrastiert wird, gleichzeitig aber auch Voraussetzung für die Imagination anderer Räume, in denen das moderne Exil überwunden ist. Aus diesem Grund ist die genaue Rolle des Engels weniger wichtig als die mit ihm verbundene Struktur des Paradoxen und Unverständlichen, die die Differenz gegenüber dem menschlich Erfassbaren aufrechterhält.

In der „Neunten Elegie" verschiebt sich die Position des Engels als Figur des Rühmens hin zum Adressat des Weltlobs, das zu vollziehen ein Du aufgefordert wird. Gepriesen werden soll nicht die „unsägliche" Welt des Überirdisch-Unsichtbaren – hier ist der Engel selbst bewandert –, sondern das „Einfache" der menschlichen Historie, das über Generationen geschaffen wurde.

> Preise dem Engel die Welt, nicht die unsägliche, *ihm*
> kannst du nicht großtun mit herrlich Erfühltem; im Weltall,
> wo er fühlender fühlt, bist du ein Neuling. Drum zeig
> ihm das Einfache, das von Geschlecht zu Geschlechtern gestaltet,
> als ein Unsriges lebt, neben der Hand und im Blick. (DE 228)

Der Engel ist an dieser Stelle nicht selbst Vollführer der Verwandlung des Leids oder des Sichtbaren in Unsichtbares, sondern er dient als außerweltlicher Kommunikationspartner, dem die Verwandlung vorgeführt wird:

> Und diese, von Hingang
> lebenden Dinge verstehn, daß du sie rühmst; vergänglich,
> traun sie ein Rettendes uns, den Vergänglichsten, zu.
> Wollen, wir sollen sie ganz im unsichtbarn Herzen verwandeln
> in – o unendlich – in uns! Wer wir am Ende auch seien. (DE 229)

In Abgrenzung gegenüber dem im „Weltall" beheimateten und zeitenthobenen Engel wird die Vergänglichkeit der belebten Dinge und der Menschen sichtbar, die im wiederum mit dem Unendlichen assoziierten Herzen verwandelt werden sollen. Dadurch ist die vormals drängende Frage, wer der Mensch ist, nicht mehr relevant. Dieser Zustand ist allerdings nur als Wunsch der Dinge formuliert, nicht als tatsächliches Geschehen, und auch in der „Zehnten Elegie" erscheint das Preisen bloß als zukünftige Hoffnung des lyrischen Ichs. Die letzte Elegie beginnt mit einem Nebensatz, der einen in die Zukunft projizierten Einklang von lyrischem Ich und Engel entwirft: „Dass ich dereinst, an dem Ausgang der grimmigen Einsicht, / Jubel und Ruhm aufsinge zustimmenden Engeln." (DE 230) Der grammatikalisch unvollständige Nebensatz lässt die Möglichkeit offen, ihn als finalen Anschluss des letzten Satzes der „Neunten Elegie" zu lesen: „Überzähliges Dasein / entspringt mir im Herzen." – „Dass ich dereinst, an dem Ausgang der grimmigen Einsicht, / Jubel und Ruhm aufsinge zustimmenden Engeln." (DE 229/230) Dieser elysische Zustand wird in der zweiten Strophe erneut mit dem entfremdeten Zustand der Gegenwart kontrastiert, in der der Engel als apokalyptische Figur der Zerstörung imaginiert wird:

> Freilich, wehe, wie fremd sind die Gassen der Leid-Stadt,
> wo in der falschen, aus Übertönung gemachten
> Stille, stark, aus der Gußform des Leeren der Ausguß
> prahlt: der vergoldete Lärm, das platzende Denkmal.

> O, wie spurlos zerträte ein Engel ihnen den Trostmarkt,
> den die Kirche begrenzt, ihre fertig gekaufte:
> reinlich und zu und enttäuscht wie ein Postamt am Sonntag. (DE 230)

Zuletzt tritt der Engel nicht mehr als Figur des Preises auf, sondern als Träger der Vernichtung, die sich gegen eine Kirche richtet, die schon deshalb nicht Teil der Kommunikation mit Gott sein kann, weil sie nicht gebaut ist – im „Märchen" ein Modus der Gottesbegegnung –, sondern gekauft. Die Kirche ist damit das Sinnbild einer Stadt, die aus vergoldeter Leere besteht und in der sich die insbesondere im Zusammenhang mit dem Ersten Weltkrieg von Rilke beklagte Kommerzialisierung materialisiert.

Die durch den Zyklus hindurch entfaltete Spannung aus gegenwärtigem Leid und Exilierung einerseits und den Aussichten auf eine Überwindung andererseits steht ihrerseits unter dem Vorzeichen einer unsicheren, unverständlichen oder gestörten Kommunikation, die mit dem Beginn der *Elegien* programmatisch eingeführt wurde. Mit der gescheiterten Kommunikation zwischen lyrischem Ich und Engel wird die Störung der Übertragung semantischer Gehalte zwischen Menschlichem und Absolutem ebenso wie die gestörte hermeneutische Beziehung zwischen Kunstwerk und Rezipientinnen und Rezipienten ausgestellt. So bemerkt Anthony Stephens, dass „[d]ie Duineser Elegien [...] im herkömmlichen Sinne nicht ‚verstanden' werden"[128] wollen. Sie inszenieren darüber hinaus aktiven Widerstand gegen das Verstandenwerden, indem sie einer Rhetorik der *obscuritas* folgen, zugleich aber das Verstehen durch ihren rhetorischen Gestus fortwährend einfordern. Damit sind sie in ihrem Kern analog zu dem Phänomen der Engel in der Moderne aufgebaut, die als Mittler das Gelingen von Kommunikation in Aussicht stellen und sie zugleich in ihrer Überpräsenz, die den Austausch zwischen Gott und Mensch lahmlegt, fortwährend verhindern.

Formal findet die Störung in den *Elegien* durch das Aufbrechen syntaktischer Verknüpfungen statt. Flankiert wird diese Bewegung von ins Leere laufenden Kausalkonstruktionen, hypothetisch-konjunktivischen Wendungen oder Negationen sowie unbeantwortbaren Fragen und Appellen, in denen sich gesteigerter Nachdruck und Unverständlichkeit verbinden. Auf der Inhaltsebene werden dadurch scheinbare epistemische Gewissheiten verunsichert. Der ausgestellten Kommunikationssituation des Engels mit kryptischer Botschaft entspricht das

---

[128] Anthony Stephens, Duineser Elegien. In: Rilke-Handbuch. Leben – Werk – Wirkung, hg. von Manfred Engel, Stuttgart; Weimar 2013, S. 365–384, hier S. 369. Vgl. dazu auch Engel, Rainer Maria Rilkes ‚Duineser Elegien', S. 30–41.

sprachbildlich hergestellte Kunstwerk, das eine Kommunikation gegenüber seinen Rezipientinnen und Rezipienten aufruft und zugleich verweigert.

Die Gebrochenheit von Strukturen kennzeichnet überdies auch Rilkes stilisierte Autorschaft mit dem als krisenhaft reflektierten Entstehungsprozess der *Elegien*, der charakterisiert ist durch „die tiefe verhängnisvolle Unterbrechung"[129] des Kriegs. Gleichzeitig ist der Krieg die Voraussetzung für Rilkes ausgiebigen Vollendungsjubel, der sich mit dem Abschluss der *Elegien* zehn Jahre nach Arbeitsbeginn Bahn bricht und der zu einem machtvollen Instrument der Rezeptionslenkung weit über Rilkes Tod hinaus wurde.[130] Dem „Wiederanschluß an die Arbeitsbruchstellen des Jahres Vierzehn"[131] misst Rilke höchste Bedeutung bei:

> Daß ein Mensch, der sich durch das heillose Zusetzen jener Jahre [der Kriegsjahre, L.Z.] bis in seinen Grund zerspalten gefühlt hatte, in ein Früher und ein damit unvereinliches absterbendes Jetzt: daß ein solcher Mensch die Gnade erfährt, wahrzunehmen, wie in noch geheimerer Tiefe, *unter* diesem aufgerissenen Spalt, die Kontinuität seiner Arbeit und seines Gemüts sich wiederherstellte …, scheint mir mehr als nur ein privates Ereignis zu sein […].[132]

Erst die Unterbrechung, so Rilke, ermöglicht wahre Vollendung: „(Der Gedanke liegt mir nahe, daß auch diese Tröstung irgendwie ins Gelingen der großen Elegien eingegangen sei, so daß sie sich vollzähliger ausspreche, als sie ohne Gefährdung und Rettung getan haben würden.)"[133] Diese Stilisierung hat in dem zentralen Topos des imaginierten und beschworenen Umschwungs von elegischer Klage in überschwängliches Rühmen in den *Elegien* selbst ihr Pendant. Insofern umfassen der Zyklus und die Stilisierung seiner Entstehung mit Krise und Rettung die zwei prononcierten Momente, die der Engel in Rilkes gesamtem Werk als Figur zwischen Störung und Heilung ausstellt.

---

129 Rainer Maria Rilke, Brief an Nora Purtscher-Wydenbruck, 20. Dezember 1923. In: Rilke, Briefe zur Politik, hg. von Joachim W. Storck, Frankfurt am Main; Leipzig 1992, S. 420–422, hier S. 421.
130 Vgl. King, Pilger und Prophet, S. 331.
131 Rainer Maria Rilke, Brief an Arthur Fischer-Colbrie, 20. Dezember 1923. In: Rilke, Briefe zur Politik, hg. von Joachim W. Storck, Frankfurt am Main; Leipzig 1992, S. 458–462, hier S. 459.
132 Rilke, Brief an Arthur Fischer-Colbrie, 20. Dezember 1923, S. 460.
133 Rilke, Brief an Arthur Fischer-Colbrie, 20. Dezember 1923, S. 460.

3.2 Angelische Formen des Überwindens

Die *Duineser Elegien* zeigen den Engel als verselbstständigtes Medium, das Abläufe stört und darin aus schöpfungstheologischer Perspektive den Zustand der Paradiesferne herstellt, deren Überwindung es zugleich durch eine den Menschen überwölbende Ganzheit in Aussicht stellt. Diese Spannung des Engels zwischen Bruch und Heilung manifestiert sich konkret in zwei über ihre Performativität verbundenen sprachbildlichen Formen, wobei der Schwerpunkt einmal auf dem Sagen und einmal auf dem (Sich-)Zeigen liegt.[134]

Erstens umfasst die kommunikationsästhetische Dimension der Engel die Übertragung und Herstellung von Bedeutung. Die Vordergründigkeit der Engel stört diese Kommunikation und macht darin den Bezug zu Moderne-Diagnosen und -Debatten über einen Mangel an transzendenter Verbundenheit wie im „Märchen" oder den *Duineser Elegien* deutlich. Eine Verbindung ist wiederum nur über eine Absonderung an anderer Stelle möglich: In Anlehnung an mönchisch-asketische Praktiken inszeniert Rilke die soziale Abgrenzung als Voraussetzung für Engelsbegegnungen. Indem Rilke die Entrückung des Einsamen zugleich auch zur Prämisse einer ‚reinen', das heißt gegenwartsenthobenen Kunst stilisiert, überlappen sich die Sphären der Engel und der Kunst. Hier schließt sich die hermeneutische Frage der *Duineser Elegien* an, wie der Austausch zwischen Menschlichem und Übermenschlichem (die Begegnung des einsamen Dichters mit dem Engel) sich zu der Kommunikation zwischen Werk und Rezipierenden verhält, wenn Rilke den gelingenden Austausch zwischen Menschlichem und Absolutem an die Trennung auf der sozialen Ebene knüpft. Diese wurde bis hierhin unter den Schlagworten Heimatlosigkeit in der gegenwärtigen Heimatlosigkeit und poetische Sprache am Rand der Signifikation untersucht.

Zweitens beruht die wahrnehmungsästhetische Dimension der Engel auf deren selbstbezüglicher Präsenz in Form der Angelophanie, der eine Überwältigungsästhetik zugrunde liegt, wie sie exemplarisch in der „Ersten Elegie" vorgeführt wird. In dieser Rolle steht der Engel für die denkbar größte Differenz zu der von Rilke inkriminierten Presse-Sensation: Als Bürge einer ästhetischen Erfahrung außersinnlicher Gehalte verkörpert er eine Gegenbewegung zu modernen Tendenzen des Anschauungs- und Erfahrungsverlusts. Der Engel ist darin Ausdruck einer spezifisch modernen Sprachbildlichkeit, die sich gegen den durch Rationalisierungs- und Abstraktionsprozesse bedingten Verlust an sinnlicher Qualität formiert. Die Analogie zwischen Engelsfigur und modernen Formen

---

134 Vgl. Krämer, Was haben ‚Performativität' und ‚Medialität' miteinander zu tun?, S. 19–20.

sprachlicher Visualität, die Barbara Thums feststellt, liegt in der „unsinnliche[n] Sinnlichkeit"[135], die beide in Aussicht stellen.

In Rilkes Lyrik wirkt der Engel als sprachbildliches Remedium der fragmentierten menschlichen Wahrnehmung. Deren Radius verengt sich im Kleinen durch eine Verbindung von wissenschaftlichen und ökonomischen Abstraktionstendenzen und im Großen durch eine Vertreibung Gottes und die aus den Himmeln „ausgerenkt[e]"[136] Welt. Die Besonderheit, die Rilkes Ansatz auszeichnet, liegt darin, dass er gegen den Verlust an Sinnlichkeit nicht nur visuelle Qualitäten aufbietet, sondern über den Engel das gesamte Sinnesspektrum in Dienst nimmt. Engel bewerkstelligen Transformations- und Übersetzungsprozesse und zwar als Scharniere zwischen Sichtbarkeit und Unsichtbarkeit ebenso wie als intermediale Figuren zwischen Bildhauerei, Malerei, Musik und Poesie. Die Herausforderung einer numinos-ästhetischen Verbindung qua Kunst reflektiert das „Märchen" über das Erzählen als Kommunikationsform zwischen „‚Nicht-Kunst' und ‚Dicht-Kunst'"[137]. Die Kunstform, die das „Märchen" neben Malen und Bauen konkret adressiert, ist die, derer sich Rilke nicht nur am häufigsten bedient hat, sondern mit der sein Name als Repräsentant schlechthin verbunden ist – „Gedichte schreiben" (M 352).

Wie das Erzählen mit dem Paradigma von Oralität assoziiert ist auch die Lyrik in ihrer gattungspoetischen Tradition seit 1800 eng verbunden mit der Vorstellung eines sich in mythischen Untiefen verlierenden Uranfangs.[138] Spezifika des poetischen Sprechens entfalten sich im Wechselspiel von Begrenzung und Entgrenzung in der Verdichtung von Sprache in einem meist räumlich und zeitlich konzentrierten Ausschnitt.[139] Gleichzeitig ist die Lyrik offen für akustische und bildliche Phänomene und frei, sich Forderungen der Kausalität, Diskursivität und Referentialität gegenüber zu verschließen. Sie eröffnet so ein breites ästhetisches Spektrum, was sie dazu prädestiniert, Grenzen menschlicher Wahrnehmung zu weiten. Zugleich verfügt sie in ihrer Widerständigkeit gegenüber dem Maßstab der Logizität über eine Lizenz zum verrätselten Sprechen, bei Rilke etwa in Form elliptischer oder mehrdeutiger Formulierungen, die die Lyrik potentiell in die Nähe religiösen Offenbarungswissens rücken.

---

135 Barbara Thums, Engelsfigurationen in der Literatur der Moderne. In: Himmlisch, irdisch, höllisch. Religiöse und anthropologische Annäherungen an eine historische Ästhetik, hg. von Olivia Kobiela u. Lena Zschunke, Würzburg 2019, S. 205–221, hier S. 206.
136 Rilke, Brief an Marianne Mitford, 5. März 1915, S. 105.
137 Zymner u. Engel, Nichtkunst und Dichtkunst, S. 8.
138 Vgl. Andrea Polaschegg, Literatur auf einen Blick. Zur Schriftbildlichkeit der Lyrik. In: Schriftbildlichkeit. Wahrnehmbarkeit, Materialität und Operarativität, hg. von Sybille Krämer, Eva Cancik-Kirschbaum u. Rainer Totzke, Berlin 2012, S. 245–264, hier S. 246.
139 Vgl. Milan Herold, Der lyrische Augenblick als Paradigma des modernen Bewusstseins. Kant, Schlegel, Leopardi, Baudelaire, Rilke, Göttingen 2017.

Poetisches und Religiöses lassen Platz für unenthüllbare Geheimnisse, partielle Unverständlichkeit gehört zu ihrem Erwartungshorizont.

Liest man die Lyrik Rilkes unter den Vorzeichen des „Märchens", in dem Kunst und nicht eine religiöse Praxis das Medium der anthropologischen Selbstaussage vor Gott ist, dann ergibt sich für Rilkes lyrisches Schaffen ein religiöses Setting, dessen Clou darin besteht, Kunst als genuine menschliche Ausdrucksform nicht religiös einzuhegen, sondern ganz in der ihr eigenen Expressivität zu entfalten. Denn wenn Künstler die paradigmatischen Menschen sind, die das wahre Menschsein aussagen sollen, lässt sich umgekehrt folgern, dass Kunst etwas dem Menschen als *homo aestheticus* beziehungsweise *homo creator* Wesentliches ist. Und dann, so die Konsequenz, kann das Aussagen des Menschseins in der Kommunikation mit Gott nicht in einem propositionalen Gehalt aufgehen, sondern muss die Dimension des Wie als wesentliches Konstituens von Kunst enthalten – Poetizität und Pragmatik fallen in dieser anthropologischen Selbstaussage in eins. Dieser Logik nach ist gerade die Ausdrucksqualität der Lyrik, die sich nicht in dem Transportieren eines spezifischen Inhalts erschöpft, wesentlicher Teil der Apostrophe Gottes. In Bezug auf die „Atheismus-Religion-Dichotomie"[140] wird deutlich, dass die Entgegensetzung von religiöser Kommunikation und ihrer ästhetizistischen Entleerung in der Moderne nicht trägt, wenn Kunst selbst als anthropologisch-religiöse Form der Kommunikation aufgefasst wird, ohne dass davon das moderne Kriterium ihrer Selbstreferentialität beeinträchtigt wäre.

3.2.1 Engel als „Scheinwerfer der Sensualität"

In Rilkes temporal grundierter Poetik ist es die Sinnlichkeit der Engel, die sie als Zukunftsmedien in der ästhetisch verkümmerten Gegenwart so attraktiv macht. In seinem nach dem Krieg verfassten Aufsatz „Ur-Geräusch" veranschlagt Rilke als Bedingung für das „vollendete Gedicht [...], daß die mit fünf Hebeln gleichzeitig angegriffene Welt unter einem bestimmten Aspekt auf jener übernatürlichen Ebene erscheine, die eben die des Gedichtes ist"[141]. Diese fünf Hebel sind die fünf Sinne, derer sich „der jetzige europäische Dichter" nur „ungleich und einzeln bedient"[142] – der Fragmentierung der Welt und dem Bruch des Wahrnehmungskontinuums korrespondiert ein ebenso fragmentierter dich-

---

140 Magnússon, Dichtung als Erfahrungsmetaphysik, S. 47.
141 Rilke, Ur-Geräusch, S. 702–703.
142 Rilke, Ur-Geräusch, S. 702.

terischer Gebrauch der Sinne. In der Behauptung, dass Riechen, Schmecken, Tasten, Sehen und Hören in ihrem gleichwertigen Einsatz nicht nur kunstfähig, sondern für das „vollendete Gedicht" notwendig sind, liegt ein weiterer Baustein von Rilkes spezifischer Modernität gegenüber der traditionellen abendländischen Privilegierung des Sehens und Hörens.[143]

Im Idealfall nimmt der Dichter Anlauf für „de[n] Sprung durch die fünf Gärten in einem Atem"[144]. Aufgabe der dichterischen Schöpfung ist es, über die holistische Bündelung aller Sinne neue Areale einer größtenteils im Dunkeln liegenden Wirklichkeit zu erschließen. Die „schwarzen Sektoren, die das Unerfahrbare bezeichnen", sind ungleich größer als die „lichten Ausschnitt[e], die den Scheinwerfern der Sensualität entsprechen"[145], so Rilkes Befund. In dieser experimentellen Anordnung ist es die Aufgabe des Dichters, Teile des bis dato Unerfahrbaren zu ergründen und so Gebiete jenseits des verarmten menschlichen Wirklichkeitssinns künstlerisch erfahrbar zu machen. Das hyperästhetisch ausgerichtete Dichten soll eine Annäherung zwischen Sichtbarem und Unsichtbarem bewirken. Dies bedeutet in Anbetracht von Rilkes Gegenwartsdiagnose eine Anstrengung für den Künstler: Angesichts des Bruchs zwischen Mensch und Absolutem, aber auch zwischen Mensch und Welt ist der Künstler aufgerufen, wie im „Märchen" Brücken zu bauen durch die menschliche Selbstaussage qua Kunst. Die konkrete Schwierigkeit, mit der sowohl die raumzeitliche Entgrenzung als auch die Verwandlung des Gegebenen im Modus der Kunst konfrontiert ist, besteht darin, dass dieses Neue als das in der Gegenwart Abwesende nur dargestellt werden kann, wenn es Aspekte von Bekanntheit aufweist, also selbst in jenem Grenzbereich von Bekanntem und Unbekanntem angesiedelt ist, der auch der des Engels ist.

Den Engel reklamiert Rilke in diesem poetischen Versuchszusammenhang an anderer Stelle für die auf den ersten Blick gegenläufige Bewegung, nämlich für die Verwandlung von Sichtbarem ins Unsichtbare: „Der Engel der Elegien ist dasjenige Geschöpf, in dem die Verwandlung des Sichtbaren in Unsichtbares, die wir leisten, schon vollzogen erscheint."[146] In den *Elegien* macht der Engel, wie gezeigt, Bereiche einer Überwindung des gegenwärtigen Exils sichtbar, die sich der menschlichen Wahrnehmung (noch) entziehen. Der Unterschied zu der

---

143 Vgl. Silke Pasewalck, „Die fünffingrige Hand". Die Bedeutung der sinnlichen Wahrnehmung beim späten Rilke, Berlin; New York 2002, S. 6–8.
144 Rilke, Ur-Geräusch, S. 703.
145 Rilke, Ur-Geräusch, S. 703.
146 Rainer Maria Rilke, Brief an Witold Hulewicz, 13. November 1925. In: Rilke, Briefe aus Muzot 1921–1926, hg. von Ruth Sieber-Rilke u. Carl Sieber, Leipzig 1935, S. 330–338, hier S. 337.

von Rilke kritisierten modernen Verunsinnlichung, aber auch zu der Verarmung des Irdischen durch den christlichen Aufschub in ein Jenseits, besteht bei der Verwandlung ins Unsichtbare darin, dass die menschliche Wahrnehmung nicht verengt, sondern geweitet wird. Wie die Entstehung des vollendeten Gedichts, in dem die Welt auf einer supranaturalistischen Ebene erscheinen soll, wird auch die angelische Form sinnlicher Ausweitung über den Vorgang des Erscheinens und damit über eine spezifisch ästhetische Operation gefasst. Das Wort ‚erscheinen' kann dabei unterschiedlich perspektiviert werden. Je nachdem bezeichnet es ein subjektives und möglicherweise nicht von der Realität gedecktes Wahrnehmen oder ein optisches Wahrnehmbar-Werden beziehungsweise Sich-Zeigen. Auch wenn die erste Variante dem allgemeinen Sprachgebrauch nähersteht, so spricht für die zweite Bedeutung die enge Verbindung von „Engel" und „erscheinen", wie Rilke sie auch in der Stelle aus dem „Ur-Geräusch" verwendet. Damit ist aber nichts anderes bezeichnet als die Angelophanie, der hier die Kraft attestiert wird, als ästhetische Metalepse Zukünftiges bereits in der Gegenwart sichtbar zu machen (die „Verwandlung des Sichtbaren in Unsichtbares", die im Engel „schon vollzogen erscheint"). Insofern der Engel die Präsenz des *per definitionem* Nichtpräsenten, also eines Scheins, erscheinen lässt, fallen in ihm die zwei Bedeutungen von ‚erscheinen' zusammen.

In Anbetracht der von Rilke festgestellten Krise der Zukunft, die in verdichteter Form im Ersten Weltkrieg virulent wird, ist der Gebietsgewinn, den der Engel in Aussicht stellt, nicht nur ein räumlicher, sondern auch ein zeitlicher: In der Antizipation der Zukunft liegt die epistemische Bedeutung des Engels. Er soll die unbeweisbare Behauptung ästhetisch beglaubigen, dass es einen über den Bereich des gegenwärtig Einseh- und Wissbaren hinausreichenden Raum der noch unsichtbaren, aber potentiell erfahrbaren Phänomene und ein sich an diese knüpfendes Wissen gibt. Indem die Potentialität der Zukunft als angelische Realität in der Gegenwart erscheinen kann, trägt der Engel in Rilkes Sinnespoetik eine die ästhetisch verkümmerte Gegenwart überschreitende Temporalität ein.[147] Diese hat ihr poetologisches Pendant in dem von Rilke vielfach bespielten Modell des Propheten.

Der Dichter als Seher überschreitet die sinnlichen Grenzen der Gegenwart und ist insofern „irrational"[148], als er mit der Anmaßung eines Zukunftswissens aus unüberprüfbaren Quellen epistemische Grenzen sprengt. Das, was sich mit der Verwandlung von Sichtbarem in Unsichtbares im Erscheinen des Engels er-

---

[147] Silke Pasewalck untersucht Rilkes Sinnespoetik mit Schwerpunkt auf dem Spätwerk, allerdings ohne den Engel dabei zu berücksichtigen (vgl. Pasewalck, „Die fünffingrige Hand").
[148] King, Pilger und Prophet, S. 286.

eignen soll, bleibt entsprechend ein logisches Paradox: Wie kann die explizit vollzogene, also eben nicht nur angedeutete oder ansatzweise erfolgte Verwandlung des Sichtbaren in Unsichtbares optisch wahrnehmbar sein? Offensichtlich handelt es sich analog zu der im „Märchen" wirksamen Unterscheidung zwischen kognitivem und ästhetischem Wissen um eine Erkenntnis, die nicht über logische Operationen gewonnen, sondern nur (kin-)ästhetisch evoziert werden kann. Zentral für diese Form ästhetischer Erkenntnis im Modus poetischer Imagination ist der Gedanke einer spezifischen Prozessualität, die sowohl der Verwandlung als auch dem Erscheinen und damit dem Gedicht eingetragen ist. So macht der Engel nicht die Unsichtbarkeit sichtbar, sondern den Vorgang der Transformation in sie und damit die Übergängigkeit zwischen beiden Zuständen.

In den *Gedichten an die Nacht* werden die angelischen „Scheinwerfe[r] der Sensualität"[149] mehrfach für eine gesteigerte, den Bereich des Menschlichen von außen erhellende Sichtbarkeit eingesetzt. Damit wird die Paradoxie einer poetischen Rede ausgestellt, die von dem spricht, von dem sie als menschliche nichts wissen kann. In dem Gedicht „An den Engel" (1913) wird dieser adressiert als „Starker stiller an den Rand gestellter / Leuchter"[150]. Als solcher macht er die Konturen des Menschlichen und zugleich die Möglichkeit eines transhumanen Außen sichtbar: „Unser ist: den Ausgang nicht zu wissen / aus dem drinnen irrlichen Bezirk, / du erscheinst auf unsern Hindernissen / und beglühst sie wie ein Hochgebirg."[151] Gleichzeitig steht der Engel, dessen „Lust" [...] *über* unserm Reiche" ist, für das Versprechen eines irdische Nichtigkeiten Übersteigenden ein: „Du hast Herrlichkeit von allen Größen / und wir sind am Kleinlichsten geübt"[152]. Wie in der „Ersten Elegie" wird auch hier die Möglichkeit von Verständigung bezweifelt: „[...] Engel, klag ich klag ich? / Doch wie wäre denn die Klage mein? / Ach ich schreie, mit zwei Hölzern schlag ich / und ich meine nicht, gehört zu sein."[153] Über bloßen Lärm ist keine Verbindung zu stiften, nur über das Gefühl des Engels, das in den *Gedichten an die Nacht* immer wieder als Fluchtpunkt einer übermenschlichen Sensitivität bemüht wird: „Dass ich lärme, wird an dir nicht lauter, / wenn du mich nicht fühltest, weil ich *bin*."[154] Das Gedicht „An den Engel" schließt mit dem Appell an den Engel, über sein Leuchten die Sichtbarkeit des lyrischen Ichs

---

149 Rilke, Ur-Geräusch, S. 703.
150 Rainer Maria Rilke, An den Engel. In: Rilke, Gedichte 1910–1926. Kommentierte Ausgabe in vier Bänden, Bd. 2, hg. von Manfred Engel u. Ulrich Fülleborn, Frankfurt am Main; Leipzig 1996, S. 46.
151 Rilke, An den Engel, S. 46.
152 Rilke, An den Engel, S. 46.
153 Rilke, An den Engel, S. 46.
154 Rilke, An den Engel, S. 46.

zu vergrößern: „Leuchte, leuchte. Mach mich angeschauter / bei den Sternen. Denn ich schwinde hin."[155]

Die ästhetische Potenz des Engels, die den anthropologisch ausgemessenen Innenraum auf einen angelischen Außenraum hin durchbricht, dient so nicht nur der Erweiterung der menschlichen Wahrnehmung, sondern wird wie in den *Elegien* auch für das Sichtbarmachen eines prekären anthropologischen Zustands und sodann für die Bewahrung des Menschen in dieser Sichtbarkeit eingesetzt. Entsprechend bricht sich die anvisierte Verwandlung ins Unsichtbare im Jubel und einem Kenntlicherwerden für die Engel in dem Gedicht „Klage" (1914) Bahn: „Jetzt aber bricht mir mein Jubelbaum, / bricht mir im Sturme mein langsamer / Jubelbaum. / Schönster in meiner unsichtbaren / Landschaft, der du mich kenntlicher / machtest Engeln, unsichtbaren."[156] Diese Formen äußerer und innerer Unsichtbarkeit werden über die gesteigerte Rezeptionsfähigkeit und intensivierte Strahlkraft des Engels, der „fühlender fühlt" (DE 228), wie es in der „Neunten Elegie" heißt, in einem Feuerwerk von Bildern kurzgeschlossen: „Ach aus eines Engels Fühlung falle / Schein in dieses Meer auf einem Mond, / drin mein Herz, stillringende Koralle, / seine jüngsten Zweigungen bewohnt"[157], wie ein anderes im Februar 1914 verfasstes Gedicht beginnt.

Auch die Kontrastrelation von menschlichem und angelischem Fühlen macht in ihrer ästhetischen Differenz nicht nur Krise und vielfach konjunktivisch-appellativ beschworene Rettung sichtbar, sondern auch, gemäß dem temporalen Index von Ästhetischem und Anästhetischem, die Differenz von menschlicher und angelischer Zeit:

Siehe, Engel fühlen durch den Raum
ihre unaufhörlichen Gefühle.
Unsre Weißgluth wäre ihre Kühle.
Siehe, Engel glühen durch den Raum.

Während uns, die wir nicht anders wissen,
eins sich wehrt und eins umsonst geschieht,
schreiten sie, von Zielen hingerissen,
durch ihr ausgebildetes Gebiet.[158]

---

[155] Rilke, An den Engel, S. 46.
[156] Rainer Maria Rilke, Klage. In: Rilke, Gedichte 1910–1926. Kommentierte Ausgabe in vier Bänden, Bd. 2, hg. von Manfred Engel u. Ulrich Fülleborn, Frankfurt am Main; Leipzig 1996, S. 102.
[157] Rainer Maria Rilke, Ach aus eines Engels Fühlung falle. In: Rilke, Gedichte 1910–1926. Kommentierte Ausgabe in vier Bänden, Bd. 2, hg. von Manfred Engel u. Ulrich Fülleborn, Frankfurt am Main; Leipzig 1996, S. 94.
[158] Rainer Maria Rilke, Siehe, Engel fühlen durch den Raum. In: Rilke, Gedichte 1910–1926. Kommentierte Ausgabe in vier Bänden, Bd. 2, hg. von Manfred Engel u. Ulrich Fülleborn, Frankfurt am Main; Leipzig 1996, S. 79.

Wie hier in Form des Appells, das Fühlen und Glühen der Engel zu sehen, ist im Zusammenhang mit dem Engel immer wieder die Aufforderung verbunden, den Bereich des Sicht- beziehungsweise allgemeiner des Erfahrbaren auszuweiten und zu einer neuen sensuellen Fülle zu gelangen. So wie in „Siehe, Engel fühlen durch den Raum" (1913) Sinnhaftigkeit, Fülle und finale Bezogenheit über den Kontrast von angelischer Sensitivität und Zeitgestaltung einerseits und menschlicher Wahrnehmung andererseits evoziert werden, stellt der Engel auch in „L'Ange du Méridien" (1906) aus den *Neuen Gedichten* die Figur bereit, über die zeitliche Fülle imaginiert wird:

> [...]
> lächelnder Engel, fühlende Figur,
> mit einem Mund, gemacht aus hundert Munden:
> gewahrst du gar nicht, wie dir unsre Stunden
> abgleiten von der vollen Sonnenuhr,
> auf der des Tages ganze Zahl zugleich,
> gleich wirklich, steht in tiefem Gleichgewichte,
> als wären alle Stunden reif und reich.
> Was weißt du, Steinerner, von unserm Sein?
> und hältst du mit noch seligerm Gesichte
> vielleicht die Tafel in die Nacht hinein?[159]

Im Gegensatz zu der fragmentierten menschlichen Wahrnehmung, die Rilke in „Ur-Geräusch" als Ausgangspunkt poetischer Expeditionen beschreibt, stellt der Kathedralen-Engel eine anschauliche Denkmöglichkeit für den „vollen Kreis" dar, als den Rilke „das gesamte Erfahrungsbereich der Welt"[160] vorgestellt wissen will. Hier ist er als „voll[e] Sonnenuhr" um die Dimension der Zeit ergänzt, die ihre Fülle durch ihre Funktionalität bei Nacht – und damit gerade unter Entziehung ihrer Möglichkeitsbedingung – erhält. Die Fülle kann der Mensch nicht selbst erfahren, aber über den Engel imaginieren.

Das Steinerne des Engels ist dabei zentraler Bestandteil des zweiten Pfeilers von Rilkes ästhetischem Verwandlungsprogramm. Denn die menschliche Wahrnehmung zu erweitern, bedeutet zugleich, eine künstlerische Ganzheitlichkeit zu entwerfen. Die ästhetischen Verwandlungen, die der Engel in einem Wechselspiel von Statik und Dynamik, von Sichtbarkeit und Unsichtbarkeit in Szene setzt, werden über verschiedene Kunst-Paradigmen organisiert. Die Engel sind einerseits Teil einer ätherisch-esoterischen Immaterialität, die in einer unan-

---

[159] Rainer Maria Rilke, L'Ange du Méridien. In: Rilke, Gedichte 1895–1910. Kommentierte Ausgabe in vier Bänden, Bd. 1, hg. von Manfred Engel u. Ulrich Fülleborn, Frankfurt am Main; Leipzig 1996, S. 462–463.
[160] Rilke, Ur-Geräusch, S. 703.

schaulichen Sprache evoziert wird – etwa über die Umstülpung von Relationen wie in der Engelsbeschreibung als „Räume aus Wesen" (DE 205) in der „Zweiten Elegie" –, andererseits sind sie ebenso am anderen Ende der materiellen Verdichtung und Stillstellung als steinerne Engel zu finden. Damit verbunden sind wiederum unterschiedliche zeitliche Modalitäten einer kaum wahrnehmbaren Flüchtigkeit auf der einen Seite und der Assoziation ewiger Dauer des Steins auf der anderen. Zwischen diesen Extremen entwirft Rilke den Engel als eine Figur, die die Frage nach räumlichen und zeitlichen Grenzen zugleich prononciert stellt und abweist, die in ihrer Flüchtigkeit den Aspekt der Zeitlichkeit überbetont und sie in der Ewigkeit und in sich geschlossenen Materialität des Steins durchstreicht. Rilke macht über die Engelsfigur systematisch Mediendifferenzen fruchtbar, indem Engel nicht nur als anfangslose Skulpturen auftreten,[161] sondern ebenso in der Dynamik des Erscheinens und Verschwindens, in der sie die Verlaufsformen des Sichtbar- und Unsichtbarwerdens, der Materialisierung und Immaterialisierung inszenieren.

(Im-)Materialität und (Un-)Zeitlichkeit, die durch den ätherisch entrückten, momenthaft erscheinenden Engel und seine potentiell unendliche Steinernheit aufgerufen werden, verweisen auf eine Palette unterschiedlichster ästhesiologischer Formen. Indem der Engel Grenzen absteckt und zugleich erweitert, eignet ihm eine Nähe zu dem aus der Bildhauerei beziehungsweise Malerei stammenden Begriff der Kontur, der Grenze und Übergang markiert und für Rilkes Wahrnehmungs- und Raumkonzept essentiell ist.[162] Wie der Engel, der bei Rilke in Form einer charakteristischen Unbestimmtheit in Erscheinung tritt, ist auch die Kontur von einer unwirklichen Fluidität zwischen „hartnäckige[r] Vorhandenheit und [...] Nicht-Vorhandenheit"[163]. Die Grenze zwischen ästhetischer Fasslichkeit und Unfasslichkeit wird im *Stunden-Buch* wiederholt über die Metapher des Saums aufgerufen: In dem Gedicht „Gebet" (1899) etwa wirkt das Bild eines Ebenholz-Engels als „saumsinnender Riese"[164] als Umschlagpunkt wechselseitiger, kunstbasierter Fühlung von Gott und Mensch.

---

161 Zur Anfangslosigkeit von Bildern und Skulpturen vgl. Andrea Polaschegg, (K)ein Anfang des Ganzen. Das skulpturale Werkkonzept der Klassik und seine Folgen für die Literaturwissenschaft. In: Konstellationen der Künste um 1800, hg. von Thorsten Valk u. Albert Meier, Berlin; Boston 2015, S. 99–124, hier S. 104.
162 Vgl. Pasewalck, „Die fünffingrige Hand", S. 15–16 u. S. 68–80.
163 Pasewalck, „Die fünffingrige Hand", S. 78.
164 Rainer Maria Rilke, Gebet. In: Rilke, Gedichte 1895–1910. Kommentierte Ausgabe in vier Bänden, Bd. 1, hg. von Manfred Engel u. Ulrich Fülleborn, Frankfurt am Main; Leipzig 1996, S. 76. In dem Gedicht „Was irren meine Hände in den Pinseln" (1899) verläuft der Versuch künstlerischer Betätigung an einem instabilen Saum zwischen Sinnlichem und Übersinnlichem. Die Eingangsfrage des Gedichts lautet: „Was irren meine Hände in den Pinseln?" Das

Während über die Gestaltungsprinzipien von Bildhauerei und Malerei sinnliche Qualitäten evoziert werden, ermöglicht die Poesie mit ihrem transitorischen Charakter die Reflexion von Zeit, indem sie sprachlich das beschwört, was für Rilke von der Warte des Menschen aus betrachtet schon beziehungsweise noch unsichtbar ist und somit nicht über die bildende Kunst eingeholt werden kann: Vergangenheit und Zukunft. Zeitliche, räumliche und ästhetische Formen konvergieren in der Figur des Engels, die eine menschlicher Wahrnehmung konträre Identifikation von Existenz und Unsichtbarkeit umfasst. Sie enthält darin eine verlorene, also unsichtbare Vergangenheit wie wiederum eine entzogene, also ebenfalls unsichtbare Zukunft. Dies wird auch in Rilkes Brief zu den *Duineser Elegien* an seinen Übersetzer Witold Hulewicz vom 13. November 1925 deutlich: „Für den Engel der Elegien sind alle vergangenen Türme und Paläste existent, weil längst unsichtbar, und die noch bestehenden Türme und Brücken unseres Daseins schon unsichtbar, obwohl noch (für uns) körperhaft dauernd."[165] Diese Argumentation, die einmal aus angelischer Perspektive Existenz über Unsichtbarkeit begründet und einmal aus menschlicher Sicht Unsichtbarkeit trotz Existenz behauptet, ist gemäß der Spannung von Entgrenzung und Verdichtung nicht nur als Expansion in unbekannte Wirklichkeitsbereiche, sondern ebenso als Rückzug ins Innere zu denken. Beide sind dabei über ihre instabile Referentialität charakterisiert. So schreibt Rilke in einem Rückblick auf Toledo: „Erscheinung und Vision kamen gleichsam überall im Gegenstand zusammen, es war in jedem eine ganze Innenwelt herausgestellt, als ob ein Engel, der den Raum umfaßt, blind wäre und in sich schaute. Diese, nicht mehr vom Menschen aus, sondern im Engel geschaute Welt, ist vielleicht meine wirkliche Aufgabe ..."[166]

Eine zentrale Form räumlicher und zeitlicher Überschreitung der modernen Verarmung betrifft schließlich das Verhältnis von Leben und Tod, das insbesondere in einer Reihe von Gedichten im dritten Buch des *Stunden-Buches* „Von der Armut und vom Tod" verhandelt wird, die am 15. und 16. April 1903 ent-

---

Malen Gottes, also der Versuch eines künstlerischen Erfassens, scheint hinsichtlich eines Kontakts wenig erfolgreich, denn: „Wenn ich dich male, Gott, du merkst es kaum." Umgekehrt jedoch konstatiert das lyrische Ich mit emphatischer Betonung: „Ich fühle dich." An den Rändern der Sinne fängt Gott an, aber nicht als bruchlose Entität, sondern als eine Art Archipel: „An meiner Sinne Saum / Beginnst du zögernd, wie mit vielen Inseln" (Rainer Maria Rilke, Was irren meine Hände in den Pinseln. In: Rilke, Gedichte 1895–1910. Kommentierte Ausgabe in vier Bänden, Bd. 1, hg. von Manfred Engel u. Ulrich Fülleborn, Frankfurt am Main; Leipzig 1996, S. 165–166).
165 Rilke, Brief an Witold Hulewicz, 13. November 1925, S. 337.
166 Rainer Maria Rilke, Brief an Ellen Delp, 27. Oktober 1915. In: Rilke, Briefe aus den Jahren 1914 bis 1921, hg. von Ruth Sieber-Rilke u. Carl Sieber, Leipzig 1937, S. 80.

standen sind. Die Überwindung zeitlich-räumlicher Beschränkungen wird hier vorbereitet durch mehrfache Verkehrungen, die gängige Assoziationen von Leben und Tod aushebeln. Das vielfach bemühte Bild für den Tod ist eine Frucht im Inneren des Menschen, deren Reifeprozess individuell und unabhängig von äußeren Alterungsprozessen erfolgt. In „Da leben Menschen, weißerblühte, blasse" (1903) werden Menschen beschrieben, die vorzeitig altern und verblühen, „entwürdigt durch die Müh, / sinnlosen Dingen ohne Mut zu dienen"[167], während ihr Tod, der in den Hospitälern wartet, „grün und ohne Süße" ist, „wie eine Frucht in ihnen, die nicht reift"[168]. Obwohl Herz und Hirn diese Todesfrucht nähren, finden prüfende Engel sie auch in „Denn wir sind nur die Schale und das Blatt" (1903) zum Schluss des Gedichts unreif vor: „In sie ist eingegangen alle Wärme / der Herzen und der Hirne weißes Glühn –: / Doch deine Engel ziehn wie Vogelschwärme, / und sie erfanden alle Früchte grün."[169]

„[D]es Todes tote Fehlgeburt"[170] ist die Folge eines falschen Umgangs der Menschen mit der Zeit: „Wir haben mit der Ewigkeit gehurt"[171]. In der künstlichen Unterscheidung zwischen Leben und Tod gerät für Rilke aus dem Blick, dass es sich um keine absoluten Gegensätze handelt, sondern dass gelungenes Leben und gelungener Tod organisch einander erwachsen; der ‚gereifte Tod' wird so in den Bereich des Lebens als ein durch und im Leben gebildeter Tod integriert. Der verfehlte Tod hingegen ist dieser Logik nach ein ‚toter Tod'. Indem Leben und Tod nicht kontradiktorisch, sondern als ein wechselseitiges Bedingungsverhältnis gedacht werden, wird auch das Konzept von Diesseits und Jenseits hinfällig: „[E]s gibt", so schreibt Rilke an Witold Hulewicz, „*weder ein Diesseits noch ein Jenseits, sondern die große Einheit*, in der die uns übertreffenden Wesen, die ‚Engel', zu Hause sind"[172]. Diese „große Einheit", die als angelische Sphäre der menschlichen Einsicht entzogen ist, transzendiert in ihrer Verräumlichung die Sukzessivität des menschlichen Lebens und relativiert damit die Zeit als bestimmende Größe.

---

167 Rainer Maria Rilke, Da leben Menschen, weißerblühte, blasse. In: Rilke, Gedichte 1895–1910. Kommentierte Ausgabe in vier Bänden, Bd. 1, hg. von Manfred Engel u. Ulrich Fülleborn, Frankfurt am Main; Leipzig 1996, S. 235–236, hier S. 235.
168 Rilke, Da leben Menschen, weißerblühte, blasse, S. 236.
169 Rilke, Da leben Menschen, weißerblühte, blasse, S. 237.
170 Rilke, Da leben Menschen, weißerblühte, blasse, S. 237.
171 Rilke, Da leben Menschen, weißerblühte, blasse, S. 237.
172 Rilke, Brief an Witold Hulewicz, 13. November 1925, S. 233.

3.2.2 Geschichtsphilosophische Verbindungen von Petrologie und Angelologie

Die Unsichtbarkeit umfasst bei Rilke nicht nur einen räumlich wie zeitlich jenseitigen Raum, sondern manifestiert sich auch in dem das menschliche Fassungsvermögen übersteigenden Schrecken des Ersten Weltkriegs. Dieser ist für Rilke charakterisiert durch eine Verarmung des sinnlich Erfahrbaren und eine Marginalisierung des individuellen Erlebens im Sog von Todestechnik, medialer Vermittlung und kapitalistischer Zirkulation. Während die über den Engel ästhetisch einholbare Unsichtbarkeit als Zugewinn an Wahrnehmung für Rilke eine erstrebenswerte Erweiterung bedeutet, ist die Unsichtbarkeit des Kriegs mit einer Form des Leids assoziiert, die sich durch ihre Unanschaulichkeit der menschlichen Erlebbarkeit strukturell entzieht. Vor diesem Hintergrund umfasst der Engel als den menschlichen Erfahrungsbereich übersteigende Figur in Rilkes Gedichten und Reflexionen nicht nur die Verstärkung der „Scheinwerfe[r] der Sensualität"[173], indem er das Sichtbare ins Unsichtbare erweitert. Durch seine ästhetische Form leistet er auch die umgekehrte Bewegung vom Unsichtbaren ins Sichtbare, über die das Leid bewältigt wird. So ist mit dem Eintritt in die Sichtbarkeit eine Verwandlung des Leids verbunden, die Rilke mehrfach als angelisch-mineralogische Transformation veranschaulicht.

An dieser Stelle sei an Rilkes Engel-Stein-Parabel der transhumanen Einsamkeit erinnert, in der er im Stein verschwindet und „bleiben oder höchstens von einem Engel gerettet sein" will – „mit *dem* getraute ich mir schon den richtigen Umgang zu haben"[174]. „Auch giebt es", so fährt Rilke fort, „sicher einen Grad von Noth, auf den die Engel hören, äußerste Nothstrahlen, die die Menschen gar nicht wahrnehmen, die durch ihre dichte Welt durchdringen und erst drüben in eines Engels Schein ein leises leidvolles Violett anschlagen, wie der Amethyst in den Drusen des Bergkrystalls"[175]. In der die menschliche Wahrnehmung übersteigenden Perzeption der Engel wird Not sichtbar und zugleich transformierbar als Endpunkt eines mineralogischen Prozesses, indem die Engel als überirdische Figuren mit der anorganischen Welt der Kristallbildung in Gesteinshohlräumen kurzgeschlossen werden.

Analog zu dem aggressiven „Ultra-roth" der Kriegszeit, „das über unsere Sinne geht"[176], fasst Rilke auch die Not in dem physikalischen Bild von unsichtbaren elektromagnetischen Strahlen, die erst im Bereich der Engel, die

---

173 Rilke, Ur-Geräusch, S. 703.
174 Rilke, Brief an Magda von Hattingberg, 4. Februar 1914, S. 36.
175 Rilke, Brief an Magda von Hattingberg, 4. Februar 1914, S. 36.
176 Rilke, Brief an Marie von Turn und Taxis, 2. August 1915, S. 129.

über die entsprechenden Rezeptoren verfügen, farblich wahrnehmbar werden. So wie Drusen im Zuge von vulkanischen Verwerfungen entstehen, so schafft das Leid einen verborgenen Raum. In ihm kann sich der Amethyst als Bild für eine spezifische Form der Verwandlung von Leid in Schönheit bilden, die über den Engel wahrnehmbar wird. Auf diese Weise figuriert der Engel eine positive, trostspendende Form der Unsichtbarkeit, die der Denkmöglichkeit positiver Verwandlung in den unmenschlichen Regionen der Stein- und Engelsreiche Anschaulichkeit verleiht. In einer früheren Reflexion des Zusammenhangs von Schrecken, Engel und Kunst funktionalisiert Rilke das Angelische nicht als Rezeptor und Transformator; stattdessen beglaubigt der Engel die Potenz der Kunst, die als gestaltetes, abgeschlossenes Kunst-Ding die Negation des Schrecklichen übersteigt: „Es kann im Schrecklichen nichts so Absagendes und Verneinendes geben, daß nicht die multiple Aktion künstlerischer Bewältigung es mit einem großen, positiven Überschuß zurückließe, als ein Dasein-Aussagendes, Sein-Wollendes: als einen Engel."[177] Den Zusammenhang von Engeln und transformierender Bewahrung einer unanschaulichen Not in der Kunst führt Rilke in dem Gedicht „Wie der Abendwind" (Winter 1913/1914) wiederum über das Bild des Amethysten aus:

Wie der Abendwind
    durch geschulterte Sensen der Schnitter
geht der Engel lind
    durch die schuldlose Schneide der Leiden.

Hält sich stundenlang
    zur Seite dem finsteren Reiter,
hat denselben Gang
    wie die namenlosen Gefühle.

Steht als Turm am Meer,
    zu dauern unendlich gesonnen;
was du fühlst ist Er,
    im Innern der Härte geschmeidig,

daß im Notgestein
    die gedrängte Druse der Tränen,
lange wasserrein,
    sich entschlösse zu Amethysten.[178]

---

[177] Rilke, Brief an Jakob von Uexküll, 19. August 1909, S. 74.
[178] Rainer Maria Rilke, Wie der Abendwind. In: Rilke, Gedichte 1910–1926. Kommentierte Ausgabe in vier Bänden, Bd. 2, hg. von Manfred Engel u. Ulrich Fülleborn, Frankfurt am Main; Leipzig 1996, S. 89.

„Lind", ohne selbst von ihren scharfen Kanten beeinträchtigt zu werden, zieht der Engel durch die Leiden wie der Abendwind durch die Sensen. Durch die Beschreibung seines Inneren wird den unnennbaren Gefühlen und der Möglichkeit ihrer Verwandlung Anschaulichkeit verliehen – „was du fühlst ist Er, / im Innern der Härte geschmeidig". Indem die Gefühle des angesprochenen Du mit dem Engel identifiziert werden, indem dessen innere Geschmeidigkeit ein Entwicklungspotential in der Härte und Starre in Aussicht stellt, wird über die Vermittlung des Gedichts eine Verwandlung konjunktivisch antizipiert: dass sich verborgen im „Notgestein" aus den Tränen eine Druse, also ein mit Kristallen gefüllter Hohlraum im Gestein bilden und in dieser das Leid in kostbare Schönheit verwandelt werden möge.

Diese gewünschte Verwandlung wird in der Form des Gedichts selbst evoziert. Jeweils der erste und dritte Vers transportieren als gereimte in den ersten drei Strophen die Handlung – „Wie der Abendwind, geht der Engel lind", „Hält sich stundenlang, hat denselben Gang", „Steht als Turm am Meer, was du fühlst ist Er" –, die durch die typographisch abgesetzten Einschübe des zweiten und vierten Verses interpunktiert werden. Gegen Ende gerät diese Anordnung allerdings aus dem Takt: Der erste Vers der letzten Strophe stellt eine erneute Beschreibung von Geschehen als Finalität in Aussicht („daß im Notgestein"), dessen Fortgang allerdings durch den Einschub einer Durststrecke („lange wasserrein") von der dritten Zeile in die vierte sowie in den Optativ abgedrängt wird („sich entschlösse zu Amethysten"). Während auch hier die tatsächliche Verwandlung als übermenschlicher, an den Engel geknüpfter Vorgang im Modus des Konjunktivs (oder der Frage) verbleibt, wirkt das Gedicht selbst als Darstellung dieser im verborgenen Engelsinneren sich abspielenden Sichtbarwerdung und Transformation, die das Leid heilt – denn das, was die Sprache nicht als Realität behaupten kann, wird durch die unmittelbare Evidenz überlagert, die das Bild des Amethysten als Schlussstein der Verwandlung und des Gedichts selbst setzt.

Der Amethyst verweist auf das grundsätzliche Faszinosum, das der Stein für Rilke in der Vorstellung birgt, entgegen seiner unbelebten Anmutung schlummere in ihm eine besondere Zeitlichkeit. Insofern ist auch die Opposition von mortifiziertem Ding und zeitgebundener, transitorischer Poesie keine stabile. In seiner Studie „Auguste Rodin" (1902) spricht Rilke von Steinen, „die schliefen, und man fühlte, daß sie erwachen würden bei irgend einem Jüngsten Gericht", und von wieder „andere[n], die eine Bewegung trugen, eine Gebärde, die so frisch geblieben war, als sollte sie hier nur aufbewahrt und eines Tages irgend einem Kinde gegeben werden, das vorüberkam"[179]. Im Stein vibriert

---

[179] Rilke, Auguste Rodin, S. 406.

eine Spannung von Tod und Leben, die auch das zunächst eher einfältig anmutende frühe Gedicht „Der Engel" aus dem Gedichtband *Larenopfer* (1895) durchzieht und die das mit dem Engel verbundene Potential der Verwandlung freisetzt:

> Der Engel
>
> Hin geh ich durch die Malvasinka
> die Kinderreih, wo sanft und gut
> die kleine Anka oder Ninka
> in ihrem letzten Bettchen ruht.
>
> Auf einem schmalen Schollenhügel
> kniet, ganz versteckt in hohem Mohn,
> mit staubigem, gebrochnem Flügel
> ein Engelchen aus rohem Thon.
>
> Das flügellahme Kindchen flößte
> mir Mitleid ein, – das arme Ding ...
> Da, sieh! Von seinen Lippen löste
> sich leicht ein kleiner Schmetterling.[180]

Auch dieser werkgeschichtlich frühe Engel ist mit der für Rilke typischen Verkettung von Anfang und Ende in Form des frühen Todes verknüpft. Als „Engelchen" ist er Teil einer Miniatur des Todes, in der dieser mit „Bettchen", „Kindchen" und den Diminutivformen Anka und Ninka zu einem niedlichen Kindertod verkleinert ist. Der Mohn, der den Engel versteckt und der in der christlichen Ikonographie mit dem im Blüteninneren erkennbaren Kreuz auch für die Passion Christi steht, umrahmt dieses Bild eines friedlichen Todes.[181] In dem „flügellahmen Kindchen" und angestoßen durch das Mitleid, das sich entgegen der Rezeptionserwartung nicht auf die gestorbenen Kinder, sondern auf den toten, steinernen und vermeintlich fühllosen Engel richtet, verschmelzen in der letzten Strophe Engel und tote Kinder in der Evokation des unausgesprochenen Kompositums „Engelskinder" als Bezeichnung für Kinder, die vor oder kurz nach der Geburt gestorben sind.

Auf den ersten Blick scheint der Engel hier festgeschrieben auf das Gegenteil seiner ätherisch-transitorischen Erscheinung. Seine Flügel, Voraussetzung seiner Bewegung zwischen den Sphären, sind staubig und gebrochen, also nicht einsatzfähig. Gleichzeitig relativieren eben jene gebrochenen Flügel die

---

[180] Rainer Maria Rilke, Der Engel. In: Rilke, Gedichte 1895–1910. Kommentierte Ausgabe in vier Bänden, Bd. 1, hg. von Manfred Engel u. Ulrich Fülleborn, Frankfurt am Main; Leipzig 1996, S. 23.
[181] Vgl. Peter Schmersahl, Mohn in der bildenden Kunst – Eine Pflanze zwischen Traum und Tod. In: Deutsche Apotheker Zeitung, 5, 2003, S. 45.

Dauer und zeitliche Begrenztheit der gestalteten Materie und verweisen damit auf die Auflösung des Engels ins Unstoffliche. Dass diese Auflösung nicht als bloßer Verfallsprozess zu begreifen ist, illustriert der Schmetterling, der sich in einer plötzlichen Wendung, typographisch vorbereitet durch eine Häufung von Satzzeichen – ... !, von der zerfallenen Steinfigur mit Leichtigkeit „löste", und der stellvertretend jene fliegende Flüchtigkeit des Engels ausdrückt. Der Schmetterling, Symbol für die körperlose Seele, die die todverfallene Materie (der zerfallende Stein) überwindet, verkörpert den Prozess der Transformation der (toten) Kinder in Engel. Über die Spannung von transitorischer Poesie und ästhetischer Evidenz, ausgedrückt in einer Inversion der Zeitformen, wird diese Transformation poetisch realisiert: In der letzten Strophe wechselt das Tempus vom Präsens ins Präteritum und in dieses fährt wiederum der präsentische Imperativ mit „Da, sieh!" als paradoxe Aufforderung, im gegenwärtigen Augenblick etwas Vergangenes zu sehen.

Auf diese Weise wird das Geschehen in eine erzählte Vergangenheit transponiert und zugleich in der Ansprache präsentisch durchbrochen, was an das deiktische Präteritum in slawischen Sprachen erinnert.[182] Während das Präsens der ersten beiden Strophen zeitlos erscheint, schärft in der letzten Strophe die Vergangenheitsform, in die die Aufforderung, zu sehen, einbricht, den Blick für die Einzigartigkeit des Vorgangs. In einer paradoxen Form wird dieser retrospektiv vergegenwärtigt und dadurch besonders betont. Die Spannung von narrativem Präteritum und präsentisch-ästhetischem Imperativ in der letzten Strophe stellt eine grammatikalische Übersetzung der Aussage des ganzen Gedichtes dar, dass aus dem frühen Tod die (dichterische) Verwandlung ins Unstoffliche entspringt. Figuriert wird sie durch den Engel in der Spannung von zeitverfallenem, irdischem Stein und körperlos-leichter Erscheinung, die in den Schmetterling übergegangen ist. Metapoetisch sagt der Engel diese Gedankenfigur selbst aus, indem sich der Schmetterling, der das Endstadium der Entwicklung von raupenhafter Erdgebundenheit hin zu schwereloser Leichtigkeit verkörpert, von den Engellippen löst. Gleichzeitig wird sie aber auch ästhetisch in Szene gesetzt durch die Aufforderung, diesen Vorgang zu schauen („Da, sieh!"), die den Erzählfluss unterbricht und darin das Unerzählbare der Verwandlung markiert. Das Gedicht evoziert auf diese Weise sowohl den dichterisch-transitorischen Vollzug als auch die ästhetische Wahrnehmung,[183] die die

---

[182] Vgl. Volker Lehmann, Der narrative Redetyp und seine Analyse. In: Textkohärenz und Narration. Untersuchungen russischer Texte des Realismus und der Moderne, hg. von Robert Hodel u. Volker Lehmann, Berlin 2008, S. 179–226, hier S. 199–200.
[183] Zum Aspekt des lyrischen Stimmungsbilds, speziell im Zusammenhang mit den Grenzen der Sprache in *Larenopfer*, vgl. Sascha Löwenstein, Poetik und dichterisches Selbstverständnis. Eine Einführung in Rainer Maria Rilkes frühe Dichtungen (1884–1906), Würzburg 2004, S. 73.

Narration durchbricht und auf die bildliche Veranschaulichung eines an sich unanschaulichen Vorgangs verweist. Im Modus der Sprache soll deren Beschränkung transzendiert werden.

Um das umgekehrte Verhältnis von Leben und Tod im Zusammenhang mit Engel und Stein geht es in einem anderen frühen Gedicht, „Asrael" (1896), das vermutlich Mitte September 1896 als Reaktion auf ein Gemälde von Hermione von Preuschen entstanden ist. Statt der Lösung der Seele von toter Materie steht hier am Schluss ihre Auslöschung. Der Engel erscheint, gänzlich losgelöst von der christlichen Dialektik von Leben und Tod, als dämonischer Seelenvernichter:

> Hinter dem Duftgeschwel
> flammender Blüten
> dämmert das Meer ....
> Da in den prachtdurchglühten
> Frühling trägt er
> ewiger Todesmythen
> steinernes Brüten ...
> Schatten fließt schwer
> wie eine bange Blütengefahr
> aus furchtbar gefaltetem Flügelpaar
> dem Asrael.
>
> So starrt er dich an und sein Auge zwingt
> dir einen würgenden Reif um die Kehle;
> So starrt er dich an und sein Auge trinkt
> deine Seele ....[184]

„Duftgeschwel", „flammende Blüte", „dämmerndes Meer" und vier bedeutungsschwangere Punkte lassen zunächst ein opulentes Stimmungsgedicht erwarten, das allerdings sogleich deiktisch durchbrochen wird. Auf das oxymoronisch anmutende „Duftgeschwel" des ersten Verses reimt sich erst am Ende der elfversigen Strophe wieder ein Wort, „Asrael", der dadurch als ambivalenter Todesengel von Anfang an in dem Gedicht schwelt und in kataphorischem Spannungsaufbau erst ganz zum Schluss der Strophe genannt wird. Im Vergleich zu dem stimmungsvollen Beginn entwickelt die zweite Strophe mit vier Versen im Kreuzreim und annähernd doppelter Silbenzahl einen deutlichen narrativen Zug, die extensiv entfaltete Szenerie der ersten Strophe ist als Modalität in dem ‚So' komprimiert. Der starrende Blick des Engels, dem in den *Elegien* eine bewahrende Funktion zukommt, ist hier der eines Würgeengels und Seelenvampirs. Die bis auf das

---

184 Rilke, Asrael, S. 264–265.

letzte Wort identischen Verse eins und drei entfalten in ihrer Iteration eine suggestiv-beschwörende Wirkung. Ihre Wiederholung lässt außerdem die Differenz der Verse zwei und vier hervortreten – letzterer schließt mit reduzierter Silbenzahl („deine Seele") und wiederum vier bedeutungsschwanger-ikonischen Punkten, die die Folgen dieser Handlung im Ungefähren belassen. Die evozierte Schönheit des Frühlings, deren Unterwanderung sich in dem „Da" in Vers vier ankündigt – der Frühling selbst ist von der Bedrohung durchdrungen, wie die „Blütengefahr" indiziert –, dient als Kontrastfolie für den Schrecken des Todesengels.

Der Engelsschatten, der in „Asrael" aus dem „furchtbar gefalteten Flügelpaar" fließt, ist auch in dem zwei Jahre später verfassten „Gebet" (1898) Attribut eines schrecklichen Engels, der nicht direkt aus Stein, sondern aus Holz besteht, dann jedoch „versteint"[185]. Dieser Engel wird mit einer Vielzahl verschiedener Apostrophen versehen, in der ersten Strophe durchweg in Form von Alliterationen: „Ernster Engel aus Ebenholz", „Du riesige Ruh", „Flammenumflehter!"[186]. In der zweiten und dritten Strophe kommen „König", „saumsinnender Riese", „Du, aller Matten / Furchteinflößer"[187] hinzu. Dessen Schweigen „schmolz / noch nie in den Bränden / von Büßerhänden"[188]. Als Gegenstand der Anbetung („Deine Beter"), als „Riese" und „König", der aufgefordert wird, sich „ein Geschlecht, / dem du gerecht / erscheinst"[189], zu wählen, tritt der Engel hier gottgleich auf.[190] Einerseits erscheint er aus Holz und mit Stein assoziiert in materieller Dichte, gleichzeitig ist auch in dieser seine Ungreifbarkeit wirksam, die ihn der menschlichen Wahrnehmung entzieht: „Der du versteinst, / du über den Blicken beginnender / König"[191]. Das Versteinen ist ambivalent, da es als mittelhochdeutsche Form von ‚versteinern' transitiv und intransitiv

---

185 Rilke, Gebet, S. 76.
186 Rilke, Gebet, S. 76.
187 Rilke, Gebet, S. 76.
188 Rilke, Gebet, S. 76.
189 Rilke, Gebet, S. 76.
190 Das Ebenholz ist nicht nur ein Hinweis auf die Materialität des Engels, sondern auch, durch die Verbindung des dunklen Holzes mit dem dunkel gedachten Gott, ein weiteres Indiz für die latente Göttlichkeit des Engels (vgl. Rainer Maria Rilke, So viele Engel suchen dich im Lichte. In: Rilke, Gedichte 1895–1910. Kommentierte Ausgabe in vier Bänden, Bd. 1, hg. von Manfred Engel u. Ulrich Fülleborn, Frankfurt am Main; Leipzig 1996, S. 171–172, hier 172). In der zweiten Strophe finden sich weitere Überschneidungen: „Nur einer Zeit zuliebe, die dich flehte / in ihre klaren marmornen Gebete, / erschienst du wie der König der Komete, / auf deiner Stirne Strahlenströme stolz" (Rilke, So viele Engel suchen dich im Lichte, S 171). Mit Flehen („Flammenumflehter"), Gebeten („Deine Beter"), König und Stolz („Deine Beter / sind stolz / wie du") sowie dem Erscheinen überschneiden sich in beiden Gedichten angelisch-göttliche Attribute.
191 Rilke, Gebet, S. 76.

gelesen werden kann: als längerer Prozess der Versteinerung oder im übertragenen Sinne als plötzliche Form des Zu-Stein-Werdens. Als weitere Bedeutung der intransitiven Form führt das *Mittelhochdeutsche Taschenwörterbuch* außerdem ‚verstocken' an, also sich einer Sache in uneinsichtiger Weise verschließen.[192] In der implizierten Prozessualität der intransitiven Form lässt sich das Versteinen als Ausdruck des Kunstschaffens, als mediale Transformation verstehen, die Rilke, wie gezeigt, vielfach über den Engel in Szene setzt.

Eine weitere Bedeutung der transitiven Form bezieht sich auf die Verwendung von Steinen zur Markierung einer Grenze. Auch dieser Aspekt des Begriffs ist für das Gedicht wichtig, da sowohl mit dem Beginn über den Blicken als auch mit dem Engel als „saumsinnende[m] Riese[n]"[193] die Frage nach der Grenze zwischen Menschlichem und Unmenschlichem gestellt wird. Denn der Saum als umgeschlagener und fixierter Stoff markiert eine an dem und zugleich durch das Material abgesteckte Grenze zwischen Materiellem und Nichtmateriellem. Auch die Bezeichnung „Riese" verweist in ihrer biblischen Semantik auf den Saum zwischen Angelischem und Menschlichem: „Gottessöhne", später als „Engel" bezeichnet, begehren in 1 Mos 6,1–4 Menschenfrauen und zeugen mit ihnen sogenannte נְפִילִים, was in der Septuaginta schlicht mit γίγαντες („Riesen") übersetzt wird.[194] Der Engel mit der in seiner Beschreibung evozierten Nähe zum Göttlichen wie als „saumsinnender Riese" ist also eine Figur, die über die Grenze zwischen kategorial verschiedenen Bereichen, zwischen Materiellem und Immateriellem nachdenkt und damit gewissermaßen (metapoetisch) über seine eigene Stellung in Rilkes Werk als skulpturale Figur und transitorische Erscheinung.

3.2.3 Ringen mit dem Engel

Das Schreckliche des Engels tritt bei Rilke nicht nur als abstrakte Todes- und Überwältigungsdrohung auf, sondern auch in Form des handfesten Kampfs – den Einsamen sucht der Engel auch als Angreifer auf. Als Vexierbild von Sieg und Niederlage nutzt Rilke Jakobs biblisches Ringen mit einem unbestimmten Widersacher für die Reflexion paradoxer Machtbalancen. Der Engel gestaltet hier eine weitere Spielart des Überwindens: Er reißt keine ästhetischen oder epistemischen Grenzen ein, sondern spannt als Widerpart die Pole von Ich-Verlust und

---

[192] Vgl. Matthias Lexer, Mittelhochdeutsches Taschenwörterbuch, Leipzig 1992, S. 332.
[193] Rilke, Gebet, S. 76.
[194] Vgl. Kapitel 2.2 dieser Studie.

Selbstbehauptung auf, die in eine agonale Poetik münden. Diese liegt zum einen dem Kunstschaffen als erzwungenem Bezwungenwerden im einsamen Ringen mit einer überlegenen und zugleich abhängigen Macht zugrunde. Zum anderen werden die ringenden Körper selbst in ihrer poetischen Form als Gesamtkunstwerk inszeniert. Die Uneindeutigkeit dieser Relationalität ist Teil des biblischen Prätextes. In der Bibelepisode in 1 Mos 32,24–31 ringt Jakob an der Furt des Jabbok mit „einem Mann", der wahlweise als Gott, Mensch oder, wie von Rilke, als Engel identifiziert wird. Der Kampf dauert bis zur Morgenröte, dann verpasst der Mann Jakob einen Schlag auf die Hüfte und fordert ihn auf, ihn gehen zu lassen. Jakob will aber zuerst gesegnet werden. Der Mann fragt daraufhin nach Jakobs Namen und nennt ihn Israel, will umgekehrt seinen Namen nicht verraten und segnet schließlich seinen Widersacher. Während im Bibeltext Jakob vor und im Kampf gegen den Engel explizit „allein" (1 Mos 32,26) ist, geht Rilke in einem Brief an Sidonie Nádherný einen Schritt weiter und identifiziert Einsamkeit und Engel als übermächtige Herausforderungen miteinander: „Jetzt bin ich ganz allein hier in den starken alten Mauern; der Aufenthalt, zumal an den Windtagen, ist nicht ohne Strenge, aber ich kann ja zum Glück mich mit der Einsamkeit einrichten [...]. So leist ichs nur wie Jakob mit dem Engel: sie ist ja natürlich die stärkere, und doch wird's mein Schaden nicht sein."[195]

Die geheimnisvolle Paradoxie, die hier aufscheint – der Kampf mit einer stärkeren Macht, der trotz Unterlegenheit nicht zum Nachteil gereicht –, macht Roland Barthes bereits in der Struktur der ursprünglichen Bibelepisode aus: Der Sieg Jakobs sei ein „unlogische[r]"[196], da der Schlag auf die Hüfte als besondere Technik eigentlich der entscheidende sein müsste, sich tatsächlich aber als völlig irrelevant für den Ausgang des Kampfs erweist. Dieses strukturelle Paradox der Episode wird in Rilkes Bearbeitungen in das semantische des „„überwundenen Überwinders'"[197] überführt. Es steht im Kern einer medialen Poetik, in der Anmaßung und Demut, Schaffensstolz und Heteronomie des prophetischen Sprachrohrs keine Gegensätze sind, sondern sich wechselseitig bedingen:

Der Schauende

Ich sehe den Bäumen die Stürme an,
die aus laugewordenen Tagen

---

[195] Rainer Maria Rilke, Brief an Sidonie Nádherný von Borutin, 4. Februar 1912. In: Rilke, Briefe an Sidonie Nádherný von Borutin, hg. von Bernhard Blume, Frankfurt am Main 1973, S. 141–144, hier S. 144.
[196] Roland Barthes, Der Kampf mit dem Engel. Textanalyse der Genesis 32,23–33. In: Barthes, Das semiologische Abenteuer, Frankfurt am Main 1988, S. 251–265, hier S. 256.
[197] Wacker, Poetik des Prophetischen, S. 239.

> an meine ängstlichen Fenster schlagen,
> und höre die Fernen Dinge sagen,
> die ich nicht ohne Freund ertragen,
> nicht ohne Schwester lieben kann.
>
> Da geht der Sturm, ein Umgestalter,
> geht durch den Wald und durch die Zeit,
> und alles ist wie ohne Alter:
> die Landschaft, wie ein Vers im Psalter,
> ist Ernst und Wucht und Ewigkeit.
>
> Wie ist das klein, womit wir ringen,
> was mit uns ringt, wie ist das groß;
> ließen wir, ähnlicher den Dingen,
> uns *so* vom großen Sturm bezwingen, –
> wir würden weit und namenlos.
>
> Was wir besiegen, ist das Kleine,
> und der Erfolg selbst macht uns klein.
> Das Ewige und Ungemeine
> *will* nicht von uns gebogen sein.
> Das ist der Engel, der den Ringern
> des Alten Testaments erschien:
> wenn seiner Widersacher Sehnen
> im Kampfe sich metallen dehnen,
> fühlt er sie unter seinen Fingern
> wie Saiten tiefer Melodien.
>
> Wen dieser Engel überwand,
> welcher so oft auf Kampf verzichtet,
> *der* geht gerecht und aufgerichtet
> und groß aus jener harten Hand,
> die sich, wie formend, an ihn schmiegte.
> Die Siege laden ihn nicht ein.
> Sein Wachstum ist: der Tiefbesiegte von immer Größerem zu sein.[198]

Die Crux der Menschen, so ließe sich zusammenfassen, sind ihre leichten Erfolge. Anders die Dinge, die sich dem Sturm aussetzen, sich bezwingen lassen und so in Kontakt mit dem „Ewige[n] und Ungemeine[n]" kommen. Diesem Gedicht von 1901, das ein Jahr später im *Buch der Bilder* erschien, geht eine frühere, Clara Westhoff gewidmete und posthum veröffentlichte Version mit dem Titel „Sturm" voraus, das eine andere letzte Strophe enthält, die die Relationali-

---

[198] Rainer Maria Rilke, Der Schauende. In: Rilke, Gedichte 1895–1910. Kommentierte Ausgabe in vier Bänden, Bd. 1, hg. von Manfred Engel u. Ulrich Fülleborn, Frankfurt am Main; Leipzig 1996, S. 332–333.

tät von Sieger und Besiegtem aus ihrer semantischen Verankerung löst: „Und der Besiegte von den Beiden / [der Sieg macht leicht verwöhnt und klein] / der wie der Sieger ist – und rein, – / verlangt, aus Demut unbescheiden, / von *immer Größerem zu leiden / das große Überwältigtsein* ..."[199] In diesem Überwältigtsein, in dem die Gewichtung von Sieger und Besiegtem bis zur Unkenntlichkeit resignifiziert wird, tritt die Frage von Sieg und Niederlage hinter der Besonderheit des Kampfs mit einem Engel zurück, „welcher so oft auf Kampf verzichtet". Dieser Kampf läuft bei Rilke nicht auf einen einfachen Sieg hinaus und der ‚Segen' wird auch nicht durch Beharrungskraft erzwungen wie im biblischen Prätext, sondern erwächst vielmehr einer Affirmation des Scheiterns. Dieser liegt die angelische Struktur komparativischer Größe zugrunde, die eine potentiell unendliche Wachstumsdynamik verheißt, wenn man sich ihr unterwirft. Indem aus dem Zustand des Tiefbesiegtseins Wachstum entspringt, wird die starre Opposition von Sieg und Niederlage in die Dynamik von Wachsen und (Geformt-)Werden überführt.

Die Erhabenheit dieses „große[n] Überwältigtseins" wird domestiziert und durch die ästhetische Einhegung im Gedicht durch die beiden Versionen in Szene gesetzt: Nur in der ersten Fassung „Sturm" werden das schlechthin Große als das, was sämtliches Fassungsvermögen übersteigt – „was mit uns ringt – wie ist *das* groß"[200] –, und das entsprechende Überwältigtsein erwähnt und zwar in einer Stelle, deren fortlaufende Kursivierung im Gegensatz zu der zweiten Version, in der nur einzelne Wörter markiert sind, auch auf graphischer Ebene das Hyperbolische dieses Kampfs zum Ausdruck bringt („von *immer Größerem zu leiden / das große Überwältigtsein*"). Indem diese Beschwörung der Überwältigung in der zweiten, geglätteten Version getilgt ist, wird das künstlerische Bezwingen durch die Form vorgeführt – der Engel erscheint hier als Herold einer vermittelten, formästhetisch unterlaufenen Erhabenheit.

Diese Entwicklung wiederum ist selbst bereits *in nuce* in der Darstellung des Ringens als Verwandlung des *polemos* in den musischen *agon* durch den Engel enthalten: Die Sehnen seines Widersachers werden unter seinem Fingergefühl im Modus des poetischen Vergleichs zu „Saiten tiefer Melodien"[201], womit einmal mehr das Transformationspotential aufgerufen ist, das sich an die Vorstellung einer besonderen sensorischen Rezeptivität der Engel knüpft. Über diese vollzieht sich hier der Übergang vom Waffenkampf in einen kulturellen Wettkampf. So erscheinen die ringenden Körper selbst als ein Gesamtkunstwerk, das den Vorgang medialen Übersetzens und Verwandelns ausstellt.

---

199 Rainer Maria Rilke, Sturm. In: Rilke, Jugendgedichte. Sämtliche Werke, Bd. 3, hg. von Ernst Zinn u. Ruth Sieber-Rilke, Wiesbaden 1959, S. 725–727, hier S. 726.
200 Rilke, Sturm, S. 726.
201 Rilke, Der Schauende, S. 333.

Als Interferenzfigur der ausdifferenzierten Künste verwandelt sich der Körper unter der Hand des Engels in ein Instrument, dessen Musikalität zunächst in Form der „tiefe[n] Melodien" im Vordergrund steht, während die folgende Strophe mit dem Bild der harten, formenden Engelshand, das den Körper modelliert, die bildhauerische Tätigkeit aufruft.[202]

Dieses komplexe Wechselspiel zwischen Autonomie und Heteronomie stilisiert Rilke in einem Brief vom 24. April 1903 zur Prämisse seines Schaffensprozesses: „[...] [U]nd dann will ich daran bauen mit aller Andacht, die ich in meinen Händen habe, und will von keiner Stelle lassen, solange sie geringer ist als ich selbst, und will jede zu einem Engel machen und mich von ihm überwinden lassen und ihn zwingen, daß er mich beuge, obwohl ich ihn gemacht habe ..."[203] Diese Verschlungenheit wird im „Sturm" extrapoetisch in einer zusätzlichen, typographisch abgesetzten allerletzten Strophe reflektiert, die kein Äquivalent in der zweiten Fassung hat und retrospektiv die Nähe zur apokalyptischen Schau der Johannes-Offenbarung und der Verschriftlichung einer höheren Botschaft ausstellt: „Das war im Sturm. Die Ferne sprach. / Ich sann es nach und schrieb es nach, – / Und wäre ich heute gewandert im Moor, / so spräche ich Ihnen es leise vor / in einer dämmernden Stunde. / So aber schrieb ich es auf ein Blatt / wie mancher es auf alten Bildern hat / vor seinem gemalten Munde."[204] Als Seismograph notiert das lyrische Ich im Diktat eine Botschaft aus Ferne und Sturm anstelle eines Vorsprechens im Moor. In einem erneuten Medienwechsel wird diese Botschaft in eine Genealogie der bildenden Kunst eingetragen, in der mit dem „gemalten Munde" abermals die Unmittelbarkeit des gesprochenen Wortes in ihrer Vermittlung evoziert wird. In dieser Kette, in der das geschriebene Wort ins Bild transferiert und dort wiederum an das gesprochene Wort rückgebunden wird, kommt die ästhetisch-intermediale Transgression zum Ausdruck, die Rilke zum lyrischen Programm erhoben hat.

Die Zwiespältigkeit der Übermacht ist prägendes Thema auch der „Engellieder" aus dem Gedichtband *Mir zur Feier* (1899), einem Zyklus von ursprünglich acht Gedichten, von denen eines – „So sah der Engel aus, den ich zu Gast ge-

---

[202] Auch in dem Gedicht „Der Engel" ist das Ringen verbunden mit der Gewaltsamkeit des Geformt-Werdens durch Engelhände und so mit Kampf und Kunst: „Gieb seinen leichten Händen nichts zu halten / Aus deinem Lastenden. Sie kämen denn / bei Nacht zu dir, dich ringender zu prüfen, / und gingen wie Erzürnte durch das Haus / und griffen dich als ob sie dich erschüfen / und brächen dich aus deiner Form heraus" (Rilke, Der Engel, S. 23).
[203] Rainer Maria Rilke, Brief an Clara Rilke, 24. April 1903. In: Rilke, Gesammelte Briefe in sechs Bänden, Bd. I, hg. von Ruth Sieber-Rilke u. Carl Sieber, Leipzig 1939, S. 352–355, hier S. 355.
[204] Rilke, Sturm, S. 727.

glaubt" – in der überarbeiteten Neuausgabe 1909 gestrichen wurde. Diese Gedichte verhandeln biographische Übergänge auf der Schwelle zwischen kindlicher Verbundenheit mit dem Engel und dem Ausbruch aus dieser Dyade, der in dem Gedicht „Ich ließ meinen Engel lange nicht los" das Leben erst ermöglicht – eine weitere Variation des Verhältnisses von Bruch und Anfang. Im Gegensatz zum Ringen mit dem Engel liegt das Übergewicht in diesem Zyklus auf Seiten des lyrischen Ichs, allerdings markiert auch hier der Engel eine Bedrohung: nicht die des Ausgeliefertseins, sondern die, die mit dem Besitz einhergeht.

> Ich ließ meinen Engel lange nicht los,
> und er verarmte mir in den Armen
> und wurde klein, und ich wurde groß:
> und auf einmal war ich das Erbarmen,
> und er eine zitternde Bitte bloß.
>
> Da hab ich ihm seine Himmel gegeben, –
> und er ließ mir das Nahe, daraus er entschwand;
> er lernte das Schweben, ich lernte das Leben,
> und wir haben langsam einander erkannt ...[205]

Der Eingangsvers erinnert an das „Ich lasse dich nicht" (1 Mos 32,27), das Jakob zu dem Engel spricht, mit dem er ringt. Auch in diesem Gedicht hält sein Antagonist den Engel fest, anstatt ihn aber zu segnen, wie Jakob verlangt, „verarmt" der Engel. Auf den ersten Blick scheint die Relation zwischen lyrischem Ich und Engel eindeutig: Das lyrische Ich hat offenkundig die Macht, „seinen" Engel festzuhalten, wodurch es „groß" wird und in der Position ist, „Erbarmen" zu spenden, während jener „verarmt", „klein" und zur „zitternde[n] Bitte" wird. Dem zweiten Blick erschließt sich jedoch die dieser Relation innewohnende, bereits bekannte Dialektik („und der Erfolg selbst macht uns klein"[206]), deren Dynamik nicht aus dem umschlagenden Verhältnis von Sieg und Niederlage, sondern aus der Verkehrung von Armut und Besitz herrührt: Das Kleine ist bei Rilke oft – wie in „Der Engel" oder der Erzählung „König Bohusch" – nicht das Unfertige oder Mangelhafte, sondern Bedingung für inneren Reichtum und poetische Verwandlung.

In diesem Fall hält die Asymmetrie von lyrischem Ich und Engel allerdings beide gefangen. Die Homonymie von „arm" und „Arme" ist bedeutungstragend, die Arme stehen für das Armut erwirkende Festhalten. In dieser besitzenden Beziehung ist nicht nur der Engel, sondern auch das lyrische Ich blockiert.

---

[205] Rainer Maria Rilke, Ich ließ meinen Engel lange nicht los. In: Rilke, Gedichte 1895–1910. Kommentierte Ausgabe in vier Bänden, Bd. 1, hg. von Manfred Engel u. Ulrich Fülleborn, Frankfurt am Main; Leipzig 1996, S. 73.
[206] Rilke, Der Schauende, S. 332.

Erst nach dem Loslassen „lernt" es das „Leben", das offensichtlich durch Besitz maßgeblich behindert wird, so wie umgekehrt der Engel seinen Himmeln entzogen war. Der Machtkampf ist einer, der in Wahrheit zwei Verlierer hat.[207] Auch in den „Engelliedern" steht der Engel so auf der Schwelle zwischen Ende und Anfang, wobei der Anfang einmal mehr mit einer Entzweiung einhergeht: Der Besitz des Engels („mein Engel") ist nicht Endpunkt einer Entwicklung, sondern Ausgangspunkt eines defizitären Zustands, das Lösen aus diesem ist die Grundlage für den Beginn des Lebens und wirkt nicht nur als epistemischer, sondern latent auch als erotischer Katalysator („und wir haben langsam einander erkannt").[208]

Als fugenloses Ineinander, das auf einer anerkannten Überlegenheit des Engels basiert, gestaltet Rilke das Zusammenspiel von Ich und Engel in dem Gedicht „Der Schutzengel" (1899). In ihm werden sowohl die Frage nach Macht-

---

[207] Vgl. Rösch, Die Hermeneutik des Boten, S. 166.
[208] Vgl. Rösch, Die Hermeneutik des Boten, S. 168. Auch die Gedichte „Seit mich mein Engel nicht mehr bewacht" und „Hat auch mein Engel keine Pflicht mehr" sind auf dieser Schwelle angesiedelt, wobei der Ausgangspunkt das Nicht-Mehr ist: „Seit mich mein Engel nicht mehr bewacht, / kann er frei seine Flügel entfalten / und die Stille der Sterne durchspalten, – / denn er muß meiner einsamen Nacht / nicht mehr die ängstlichen Hände halten – / seit mich mein Engel nicht mehr bewacht" (Rainer Maria Rilke, Seit mein Engel mich nicht mehr bewacht. In: Rilke, Gedichte 1895–1910. Kommentierte Ausgabe in vier Bänden, Bd. 1, hg. von Manfred Engel u. Ulrich Fülleborn, Frankfurt am Main; Leipzig 1996, S. 73). Auch dieses Gedicht ist durch eine seltsame Verschlungenheit gekennzeichnet, da durch das Wachen offenkundig nicht in erster Linie der Bewachte, sondern der Wachende oder Wächter unfrei war, für den das Wachen einen irgendwie gearteten Zwang bedeutet hat („muß"). Paradox wird das Gedicht, wenn man es liest wie Perdita Rösch, die darauf hinweist, dass sich die letzten drei Verse auch so verstehen lassen, dass die Notwendigkeit des Beschützens mit dem Ende des Bewachtwerdens durch den Engel entfällt, der Engel hier also eine seltsam ambivalente Rolle zwischen Schutz und Bedrohung einnimmt (vgl. Rösch, Die Hermeneutik des Boten, S. 164). Die Loslösung, die in diesem Gedicht mit dem Freiwerden des Engels gleichgesetzt wird, ist in dem Gedicht „Hat auch mein Engel keine Pflicht mehr" der Ausgangspunkt einer rückwärtsgewandten Sehnsucht des Engels: Auch wenn der Engel in Bezug auf das lyrische Ich keine Pflichten mehr hat, nachdem ihn dessen „strenger Tag vertrieb", senkt der Engel „oft [...] sehnend sein Gesicht her / und hat die Himmel nicht mehr lieb" (Rainer Maria Rilke, Hat auch mein Engel keine Pflicht mehr. In: Rilke, Gedichte 1895–1910. Kommentierte Ausgabe in vier Bänden, Bd. 1, hg. von Manfred Engel u. Ulrich Fülleborn, Frankfurt am Main; Leipzig 1996, S. 73–74, hier S. 73). Tatsächlich sind es die „kleinen Leiden", die in der „Heimat der Cherubim", wohin der Engel sie mit dem „frühe[n] Weinen / und Bedanken" des lyrischen Ichs getragen hat, zu „Hainen" gewachsen sind, „welche flüstern über ihm ..." (Rilke, Hat auch mein Engel keine Pflicht mehr, S. 74). Auf diese Weise wird in der letzten Strophe die scheinbare Trennung zwischen Ich-Welt und Engel-Welt, die als konstitutiv für das Wachstum gezeigt wird, unterlaufen, da die kleinen Kindheitsleiden des lyrischen Ichs sich in der Welt des Engels ausgewachsen haben zu Hainen, die sogar den Engel in der Heimat der Cherubim überragen – sie flüstern „über" ihm.

balancen als auch die künstlerische Formungskraft des Engels thematisiert. Es setzt ein mit der Anrede eines Schutzengels: „Du bist der Vogel, dessen Flügel kamen, / wenn ich erwachte in der Nacht und rief."[209] Dieses Rufen erfolgt nicht sprachlich, sondern über eine Gebärde: „Nur mit den Armen rief ich, denn dein Name / ist wie ein Abgrund, tausend Nächte tief."[210] Hier ist die Asymmetrie keine der Friktion, aus der eine Dynamik des Ringens entsteht, sondern ein vollkommenes Ergänzungsverhältnis, das anstelle des ausgelassenen Namens in mehreren Bildern anbetungsartig zelebriert wird: „Du bist der Schatten / drin ich still entschlief, / und jeden Traum ersinnt in mir dein Samen, – / du bist das Bild, ich aber bin der Rahmen, / der dich ergänzt in glänzendem Relief."[211]

In der zweiten Strophe wird ein erneuter Anlauf der sprachlichen Erfassung des Engels unternommen, der wieder scheitert und sich erneut in der Evidenz des Bilds auflöst: „Wie nenn ich dich? Sieh, meine Lippen lahmen. / Du bist der Anfang, der sich groß ergießt, / ich bin das langsame und bange Amen, / das deine Schönheit scheu beschließt."[212] Das Kunstwerk von Ich und Engel, das im Ringen einer agonalen Konstellation erwächst, entsteht in „Der Schutzengel" über eine Art *pas de deux*. Engel und Ich sind keine Kontrahenten, dennoch birgt ihr Verhältnis einen Konflikt, der in der Gottesanmaßung dieses Zusammenspiels liegt; denn über die Inanspruchnahme seiner Attribute wird der abwesende Gott ostentativ überschrieben: Die Unaussprechlichkeit des abgründigen Engelnamens, die Behauptung, der Engel sei der „Anfang, der sich groß ergießt", und das abschließende „Amen" sind allesamt traditionelle Zuschreibungen beziehungsweise Reverenzbekundungen gegenüber Gott. Anders als das Absolutum Gott aber, der laut Offenbarung „das A und das O, der Erste und der Letzte, der Anfang und das Ende" (Offb 22,13) ist, also aus einer in sich geschlossenen Vollkommenheit besteht, entsteht Vollkommenheit hier über die Komplementarität von Engel und lyrischem Ich.

Nachdem in der dritten Strophe die Rettungstaten des Engels dargestellt wurden („Du hast mich oft aus dunklem Ruhn gerissen, / wenn mir das Schlafen wie ein Grab erschien / und wie Verlorengehen und Entfliehn, –"[213]), kulminiert die Kette der Gottesanmaßungen in der letzten Strophe, die wie die erste und die dritte mit einer Apostrophe des Engels einsetzt. Im Kontrast zu

---

209 Rainer Maria Rilke, Der Schutzengel. In: Rilke, Gedichte 1895–1910. Kommentierte Ausgabe in vier Bänden, Bd. 1, hg. von Manfred Engel u. Ulrich Fülleborn. Frankfurt am Main; Leipzig 1996, S. 265–266, hier S. 265.
210 Rilke, Der Schutzengel, S. 265.
211 Rilke, Der Schutzengel, S. 265.
212 Rilke, Der Schutzengel, S. 265.
213 Rilke, Der Schutzengel, S. 265.

dem misslingenden Benennungsversuch des lyrischen Ichs wird darin über den Engel Transformation und performative Kraft des poetischen Sprechens und Schauens vorgeführt: „Du: der von Wundern redest wie vom Wissen / und von den Menschen wie von Melodien / und von den Rosen: von Ereignissen, / die flammend sich in deinem Blick vollziehn, –"[214]. Während die bildliche Evidenz des Verhältnisses von lyrischem Ich und Engel, die an die Stelle der Benennung tritt, in Form von Seinsaussagen beschworen wird („Du bist" – „Ich bin"), bleibt im Sprechen über das Sprechen und Schauen des Engels die Differenz der Ebenen und damit auch die Alterität des Engels über den Wie-Vergleich gewahrt. Durch das lyrische Ich ehrfurchtsvoll artikuliert und durch Alliterationen lautlich unterstrichen wird der Engel als Figur einer anderen Ordnung ausgewiesen, in der Wunder gesichertes Wissen darstellen und Menschen wie in „Sturm" beziehungsweise „Der Schauende" in Musik transformiert erscheinen.

Mit dem Wunder fällt überdies das Stichwort, das in „Ur-Geräusch" zum entscheidenden Moment der ästhetischen Gebietserweiterung durch das Dichten erhoben wird,[215] die der Engel hier in der Verwandlung von Lebewesen in eine musikalische Figur demonstriert. Die Fülle ästhetischer Potenz, die das lyrische Ich als Charakteristikum des Engels anführt, wird zum Schluss ein letztes Mal mit der ausgesparten Benennung kontrastiert. So wie das lyrische Ich vor der Benennung des Engel versagt, so verschweigt der Engel Gott: „[D]u Seliger, wann nennst du einmal Ihn, / aus dessen siebentem und letztem Tage / noch immer Glanz auf deinem Flügelschlage / verloren liegt ... / Befiehlst du, daß ich frage?"[216] Gott wird hier zweifach marginalisiert, durch das lyrische Ich, das bei der Schönheit des Engels, seinen gottgleichen Attributen und seiner schöpferisch-transformatorischen Kraft verweilt, und durch den Engel selbst, der von Gott offensichtlich nicht spricht.

Insofern weist auch in dieser Konstellation die Vordergründigkeit des Engels, der eigentlich hinter Gott zurücktreten sollte, auf eine aus den Fugen geratene Tradition hin. Diese Verschiebung ist künstlerisch überaus produktiv und wird über das Ringen des Künstlers mit dem Engel reflektiert. Nicht nur gegen-

---

214 Rilke, Der Schutzengel, S. 265.
215 Vgl. folgenden Passus in „Ur-Geräusch": „Es möchte nicht voreilig sein, zu vermuten, daß der Künstler, der diese (wenn man es so nennen darf) fünffingrige Hand seiner Sinne zu immer regerem und geistigerem Griffe entwickelt, am entschiedensten an einer Erweiterung der einzelnen Sinn-Gebiete arbeitet, nur daß seine beweisende Leistung, da sie ohne das Wunder zuletzt nicht möglich ist, ihm nicht erlaubt, den persönlichen Gebietsgewinn in die aufgeschlagene allgemeine Karte einzutragen" (Rilke, Ur-Geräusch, S. 704).
216 Rilke, Der Schutzengel, S. 265–266.

über dem Menschen, auch gegenüber Gott stehen Engel in einem agonalen Verhältnis. Gleichzeitig treten sie, wie in diesem Kapitel deutlich geworden, neben ihrer kämpferischen und störenden Rolle auch als Medien der Überwindung von Beschränkungen auf. Das betrifft sowohl die Verarmung der Menschen als Folge modernespezifischer Entwicklungen als auch die individuelle Not, vor der der Engel als Schutzengel bewahrt. In dieser Eigenschaft ist er eine zutiefst ambivalente Figur, die einerseits Vermittlung und Verständigung in Aussicht stellt, andererseits den Menschen angreift und Gott verdrängt. In beiden Fällen aber ist damit eine gesteigerte künstlerische Produktivität verbunden: Dank dem Engel gibt es etwas zu erzählen („Märchen"), dank ihm entsteht Vergangenheits- und Zukunftsbezug sowie die Möglichkeit für den Menschen, ein Außen seiner selbst zu imaginieren.

4 Walter Benjamin: Der Engel als Träger eines „realen Humanismus"

Wie bei Rilke so spielt auch bei Walter Benjamin der Erste Weltkrieg eine zentrale Rolle für eine Epochentypologie der Moderne. Bei beiden steht der Befund eines umfassenden Erfahrungsverlusts, der über eine Technik- und Medienreflexion entwickelt wird. Die Fabel von einem alten Mann und seinem Weinberg führt Benjamin in „Erfahrungsarmut" (1933) zu der Frage, wo diese Art der generationalen Weisheitsvermittlung noch zu finden sei: „Wer trifft noch auf Leute, die rechtschaffen etwas erzählen können?"[1] Mit diesem Traditionsbruch ist jene Generation konfrontiert, „die 1914–1918 eine der ungeheuersten Erfahrungen der Weltgeschichte gemacht hat"[2]. Aus ihr sind die Leute „[n]icht reicher, ärmer an mitteilbarer Erfahrung"[3] hervorgegangen. Eine ähnlich toxische Wirkung wie Rilke bescheinigt Benjamin dabei dem „Zeitunglesen", das ihm als „Todfeind"[4] des Erzählens gilt. In seinem Aufsatz „Über einige Motive bei Baudelaire" (1940) ergänzt er die Beobachtung der Erfahrungsverkümmerung um den Kontrast von Erzählen und (Presse-)Sensation:

> In der Ablösung der älteren Relation durch die Information, der Information durch die Sensation spiegelt sich die zunehmende Verkümmerung der Erfahrung wider. Alle diese Formen heben sich ihrerseits von der Erzählung ab; sie ist eine der ältesten Formen der Mitteilung. Sie legt es nicht darauf an, das pure An-sich des Geschehen zu übermitteln (wie die Information das tut); sie senkt es dem Leben des Berichtenden ein, um es als Erfahrung den Hörern mitzugeben.[5]

Die Diagnose eines verlorenen Einsenkens in die Zuhörenden, für das die defensesemantische Voraussetzung in dem auf Schock-Bewältigung abgestellten modernen Nervensystem fehlt, führt zusammen mit der Kriegserschütterung zu einer „ganz

---

1 Walter Benjamin, Erfahrung und Armut. In: Benjamin, Gesammelte Schriften, Bd. II.1, hg. von Rolf Tiedemann u. Hermann Schweppenhäuser, Frankfurt am Main 1991, S. 213–219, hier S. 214 (der Titel, den Benjamin selbst verwendet hat, lautet „Erfahrungsarmut").
2 Benjamin, Erfahrung und Armut, S. 214.
3 Benjamin, Erfahrung und Armut, S. 214.
4 Walter Benjamin, Druckvorlage: Benjamin-Archiv, Ms 658. In: Benjamin, Gesammelte Schriften, Bd. II.2, hg. von Rolf Tiedemann u. Hermann Schweppenhäuser, Frankfurt am Main 1991, S. 1284–1287, hier S. 1287.
5 Walter Benjamin, Über einige Motive bei Baudelaire. In: Benjamin, Gesammelte Schriften, Bd. I.2, hg. von Rolf Tiedemann u. Hermann Schweppenhäuser, Frankfurt am Main 1991, S. 607–653, hier S. 611.

Open Access. © 2022 Lena Zschunke, publiziert von De Gruyter. Dieses Werk ist lizensiert unter einer Creative Commons Namensnennung - Weitergabe unter gleichen Bedingungen 4.0 International Lizenz.
https://doi.org/10.1515/9783110552621-004

neue[n] Armseligkeit"[6]. Laut Benjamin folgten Reaktionen, in denen die Erfahrung „geheuchelt oder erschlichen"[7], ihr Mangel durch eine Fülle an fragwürdigen spirituellen und körperlichen Praktiken übertüncht wurde. Mit der Emphase des „Wir" bekennt Benjamin sich dagegen zur Armut und postuliert ein neues, positives Barbarentum, das den Mangel an Menschheitserfahrungen nachdrücklich bejaht. Interessanterweise steht bei Benjamin wie bei Rilke neben dem Befund der (Erfahrungs-)Armut auch die Forderung nach einer bewusst bejahten und gestalteten Armut. Für Rilke wie für Benjamin sind der Mensch und seine Beziehung zur Welt im Krieg fundamental in Frage gestellt. Beide greifen in dieser Situation auf die Engelsfigur als nichtmenschliches Reflexionsmedium zurück. Auch bei Benjamin spielt der Engel dabei eine sehr viel ambivalentere Rolle, als man zunächst annehmen könnte. So scheint es angesichts der Bedeutung des jüdischen Messianismus in Benjamins Werk naheliegend, den Engel der Seite des Jüdisch-Religiösen zuzuschlagen. Bei näherer Betrachtung findet sich allerdings auch hier die transdisziplinäre und ordnungszersetzende Dynamik des Engels wieder, der nicht nur als Bestandteil jüdischer Mystik, sondern auch als areligiöses „Geschöpf aus Kind und Menschenfresser"[8] in Erscheinung tritt.

Bei Rilke diente der Engel dazu, die Brüche der Moderne anschaulich zu machen und zugleich ihre Überwindung in Aussicht zu stellen. Bei Benjamin ist er innerhalb des kriegsgeprägten Moderne-Zusammenhangs eine ähnlich doppelgesichtige Figur, allerdings mit anderen Vorzeichen. Einerseits opponiert der Engel als dezidiert nichttechnisches, auratisches Medium einer technokratischen Fortschrittsbegeisterung. Andererseits radikalisiert er die sich mit zerstörerischer Wucht bahnbrechenden technischen und gesellschaftlichen Modernisierungen und stellt als anthropologische Reflexionsfigur den Menschen in Frage. Denn, und hier geht Benjamin deutlich über Rilke hinaus, der Mensch ist im Krieg in seiner humanistischen Form irreparabel beschädigt. Der Engel tritt daher anders als bei Rilke nicht als Figur der Heilung und ästhetischen Ausweitung des Sichtbaren ins Unsichtbare in Erscheinung. Er wirkt stattdessen als hybride Figur, die Tierisches und Monströses in sich trägt und den idealistischen Humanismus zerstört. Animalisches und Angelisches verbinden sich im Bild des Nicht-, ja Unmenschlichen, das verschiedene Konnotationen annehmen kann. Dergestalt macht der Engel die im Krieg unterbrochene Tradition anschaulich als eine Figur, die bereits innerhalb eines theologischen Traditionszusammenhangs Ordnungsgrenzen vielfach überschreitet. Anders als bei

---

[6] Benjamin, Erfahrung und Armut, S. 214.
[7] Benjamin, Erfahrung und Armut, S. 215.
[8] Vgl. Walter Benjamin, Karl Kraus. In: Benjamin, Gesammelte Schriften, Bd. II.1, hg. von Rolf Tiedemann u. Hermann Schweppenhäuser, Frankfurt am Main 1991, S. 334–367, hier S. 367.

Rilke, bei dem die bewahrende Dimension des Engels der unterbrechenden entgegengesetzt ist, ist der Engel bei Benjamin Teil jener allegorischen Gedankenfigur, dass gerade die Zerstörung Dauer ermöglicht. Benjamins Engel zerschlagen zwar Traditionszusammenhänge, bewahren aber zugleich deren Fragmente.

Diese Bewegung betrifft schließlich auch das im Exil unterbrochene Leben. Den Text „Erfahrungsarmut" schrieb Benjamin im Sommer 1933 auf Ibiza, als die Weimarer Republik zusammengebrochen war und Benjamins Exil begann. Der Engel tritt hier in einer Situation verschärfter existentieller Unsicherheit in Erscheinung, in der sich biographische Krise, Epochendiagnose und theoretische Reflexionen untrennbar verbinden. Mit dem Papen-Putsch 1932 und schließlich der Flucht aus Deutschland schwinden Benjamins Publikationsmöglichkeiten. Er gerät finanziell in eine immer bedrohlichere Lage und ist auch sozial isoliert. Das Exil erscheint so in mehreren Facetten: als Abtrennung von ökonomisch überlebenswichtigen Bedingungen wie als zugespitzter Topos des entfremdeten Intellektuellen; als Folge einer weltpolitischen Aggression, der eine kriegerische sich anzuschließen droht, wie als Dreh- und Angelpunkt eines geschichtsphilosophischen Modells.

Das Exil setzt gesteigerte Bemühungen um Selbstvergewisserung frei.[9] So schreibt Benjamin im Sommer 1933 auf Ibiza auch an der *Berliner Kindheit um Neunzehnhundert*, einer Sammlung von episodischen Erinnerungsstücken. Diese lassen sich nicht zu einer kohärenten Chronologie zusammenfügen und spiegeln damit das Schicksal das exilierten Subjekts, dessen Lebenserzählung von Brüchen und Fremdheitserfahrungen durchzogen ist.[10] Im Schreiben auf der spanischen Insel verschwimmen autobiographische Verortungsbemühungen, politischer Kampf und geschichtsphilosophische Theoriebildung. Der Engel fungiert als Gelenkstelle der vielfältigen Exildiskurse, indem er als Schnittpunkt von individueller, historischer und überirdischer Zeit Autobiographie, Politik und Geschichtsphilosophie verbindet. Er grundiert dabei eine besondere Erzählstruktur, die sich dem modernen Erfahrungsverlust widersetzt. Dem Erzähler, der aus der Erfahrung schöpft und sie weitergibt, setzt Benjamin in seinem Essay „Der Erzähler. Betrachtungen zum Werk Nikolai Lesskows" (1936) den modernen Romancier entgegen, „das Individuum in seiner Einsamkeit"[11], das nichts Exemplarisches mehr mitzuteilen hat, ratlos ist und keinen Rat mehr geben kann. Im Gegensatz zu der Isolation des mo-

---

9 Vgl. Elisabeth Bronfen, Exil in der Literatur: Zwischen Metapher und Realität. In: Arcadia. Zeitschrift für Vergleichende Literaturwissenschaft, 28, 1993, S. 167–183, hier S. 170.
10 Vgl. Wotschal, Schreiben und Reisen über Gattungsgrenzen hinweg, S. 60–61.
11 Walter Benjamin, Der Erzähler. Betrachtungen zum Werk Nikolai Lesskows. In: Benjamin, Gesammelte Schriften, Bd. II.2, hg. von Rolf Tiedemann u. Hermann Schweppenhäuser, Frankfurt am Main 1991, S. 438–465, hier S. 443.

dernen Subjekts ist das mit Erinnerungen arbeitende Erzählen bei Benjamin ein chronistisches, da es durchlässig ist für historische Ereignisse und ihre „Einbettung in den großen unerforschlichen Weltlauf"[12]. Der Erzähler als profaner Chronist ist bei Benjamin die Instanz, die „einen antiautobiographischen Umgang mit Erinnerungen"[13] pflegt. Insofern geht es in den scheinbar autobiographischen Schriften nicht um isolierte individuelle Erinnerungen, sondern um ihre Verflochtenheit mit einer übergeordneten Geschichte, wie sie auch für die Notiz „Agesilaus Santander" charakteristisch ist, die Benjamin ebenfalls im Sommer 1933 auf Ibiza verfasste.

Deren augenscheinlich autobiographischen Signale führten dazu, dass ihre vielfältigen theoretischen Implikationen in der Forschung unberücksichtigt blieben. Dass sich die Rezeption des Textes vornehmlich auf die Biographie des Verfassers konzentrierte, ist neben den prekären Lebensumständen des existentiell bedrohten Flüchtlings Benjamin wohl vor allem der für ihn unüblichen Ich-Form zuzuschreiben.[14] So folgen die meisten Lektüren des Textes geschlossen dem Befund Gershom Scholems, dass es sich um ein „beunruhigendes"[15] Selbstzeugnis handle. Benjamin beschreibe in diesem Text, wie seine Person sich in den satanischen Engel auf dem Bild „Angelus Novus" von Paul Klee verwandle.[16] Aufgrund der engen Verbindung, die Benjamin zu diesem Bild besaß, das sich seit 1921 in

---

12 Benjamin, Der Erzähler, S. 452.
13 Dieter Thomä, Vincent Kaufmann u. Ulrich Schmid, Walter Benjamin, Der heiße und der kalte Erzähler. In: Der Einfall des Lebens. Theorie als geheime Autobiographie, München 2015, S. 76–88, hier S. 82.
14 Vgl. Benjamins Äußerung: „Wenn ich ein besseres Deutsch schreibe als die meisten Schriftsteller meiner Generation, so verdanke ich das zum guten Teil der zwanzigjährigen Beobachtung einer einzigen kleinen Regel. Sie lautet: das Wort ‚ich' nie zu gebrauchen, außer in den Briefen" (Walter Benjamin, Berliner Chronik. In: Benjamin, Gesammelte Schriften, Bd. VI, hg. v. Rolf Tiedemann u. Hermann Schweppenhäuser, Frankfurt am Main 1991, S. 465–519, hier S. 475).
15 Gershom Scholem, Walter Benjamin und sein Engel. In: Zur Aktualität Walter Benjamins, hg. von Siegfried Unseld, Frankfurt am Main 1972, S. 87–138, hier S. 91.
16 Vgl. Scholem, Walter Benjamin und sein Engel, S. 114. Für Jochen Hörisch findet in dieser Wandlung ein „[v]ielfaches Schuldgefühl" Benjamins Ausdruck, der nicht nur das Klee-Bild der Öffentlichkeit vorenthielt, sondern sich auch „allen Anträgen entzogen [hat], durch unmittelbar öffentlich-politische Aktivitäten das größte Glück der größten Zahl zu fördern, ja überhaupt in der humanistisch aufgeklärten Tradition des Guten und Wahren zu denken, zu handeln und zu leben: der Angelus Satanas" (Jochen Hörisch, Vom Geheimnis zum Rätsel. Die offenbar geheimen und profan erleuchteten Namen Walter Benjamins. In: Schleier und Schwelle. Archäologie der literarischen Kommunikation V, Bd. 2: Geheimnis und Offenbarung, hg. v. Aleida Assmann u. Jan Assmann, München 1998, S. 161–178, hier S. 173). Dass sich Benjamin die Maske des satanischen Engels aufziehe, folge aus „der grundsätzlichen Einsicht in die Paradoxien des Glücks" (Hörisch, Vom Geheimnis zum Rätsel, S. 175). Für Verena Lenzen

seinem Besitz befand, aber auch wegen seiner Exil-Situation ist eine autobiographische Lektüre naheliegend. Verdeckt bleibt dabei jedoch, dass Benjamins Engelsvorstellung eine epochale Bedrohungssituation anschaulich macht. Der Engel schreibt in die Fortschrittsgeschichte der Moderne ein unheimliches Moment ein und macht mit dem Warten und dem Verlust die prägenden Erfahrungen der Exilexistenz sichtbar. Und zwar sowohl im privaten Bereich, indem der Engel in „Agesilaus Santander" als eine Art Gestaltenwandler dem ähnelt, was das Erzähler-Ich verloren hat, als auch gesamtgeschichtlich, wenn er in „Über den Begriff der Geschichte" die Perspektive der Toten und Besiegten der Historie aus dem kollektiven Unbewussten hebt. Der Engel ist dabei allerdings keine melancholische Figur des Verlorenen, sondern durch seine besondere Zukunftsbindung mit einer messianisch-revolutionären Perspektive verknüpft.

Während sich die Engelkonzeption in „Agesilaus Santander" vor allem aus der jüdischen Tradition speist, zwischen Geheimnis und Offenbarung steht und von der historischen Situation der Judenverfolgung gekennzeichnet ist, rückt in „Über den Begriff der Geschichte" die technische und filmästhetische Dimension des Engels in den Vordergrund. Auch diese Umgewichtung ist historisch geprägt: „Über den Begriff der Geschichte" schrieb Benjamin 1940, als sich die weltpolitische Lage mit dem Beginn des Zweiten Weltkriegs und dem Hitler-Stalin-Pakt bedrohlich zugespitzt hatte. Dies bedeutet keine Abkehr von religiöser Bildlichkeit und religiösen Strukturen, sie sind aber in einem völlig anderen Duktus gefasst als in „Agesilaus Santander". Nicht mehr obskur und geheimnisvoll tritt der Engel auf, sondern mit dezidiert politischem Anstrich. Dabei verbinden sich technische und ästhetische Aspekte im Engel der Geschichte als einer Figur zwischen Apparatur und Apparition.[17] Als unmenschliches Medium macht er so das sichtbar, was dem menschlichen Auge sonst verborgen bleibt.

---

mündet die Wandlung des Bilds hingegen „in die Selbstbespiegelung des Melancholikers" (Verena Lenzen, Benjamins Engel. In: Verantwortung und Integrität heute. Theologische Ethik unter dem Anspruch der Redlichkeit, hg. von Jochen Sautermeister, Freiburg; Basel; Wien 2013, S. 437–454, hier S. 447). Nach Galili Shahar ist der neue Engel wiederum „the reflection (the representation, the image) of Benjamin's conditions as a writer, a thinker, and a lover" und im weiteren Sinne dann auch Ausdruck der „dialectic of tradition and the paradoxes of the secular delivery characterized by fragmentation, distortion, and inversions of the origin" (Galili Shahar, In the Name of the Devil: Reading Walter Benjamin's „Agesilaus Santander". In: Secularism in Question. Jews and Judaism in Modern Times, hg. von Ari Joskowicz u. Ethan B. Katz, Philadelphia 2015, S. 98–114, hier S. 108).

17 Der Begriff der Apparition ist Adornos *Ästhetischer Theorie* entlehnt, in der er eine „Himmelserscheinung" bezeichnet (Theodor W. Adorno, Ästhetische Theorie, Frankfurt am Main 1970, S. 125).

4.1 Der Engel zwischen Autobiographie und Theorie: „Agesilaus Santander" (1933)

Ein weitsichtiges Elternpaar gab seinem Sohn, so erzählt dieser rückblickend, bei seiner Geburt zusätzlich zu seinem Rufnamen zwei weitere Namen. Diese sollten bei späteren Publikationen seine jüdische Identität verbergen. Der Sohn verwendet sie aber genau entgegen dieser Intention, macht sie nämlich nicht öffentlich, sondern hält sie geheim. Im Zuge dieser Verbergungsbewegung entwickeln die zwei Namen eine Art Eigenleben und verschmelzen zu einem einzigen, geheimen. Aus diesem tritt ein neuer Name oder der „Neue Engel" (als dessen Bild) hervor. Der Engel schickt, um dem Erzähler die Störung seines Lobgesangs vor Gottes Thron zu entgelten, sein weibliches Pendant auf Umwegen im Bild nach. Dergestalt herausgefordert, vermag sich die besondere Stärke des Erzählers zu erweisen: Mit großer Geduld begabt, wartet er so lange auf eine geliebte Frau, bis sie ihm schließlich zufällt. Der Engel ähnelt allen Menschen und Dingen, von denen der Erzähler sich hat trennen müssen. Mit seinem Blick zieht der Engel denjenigen, den er (oder der ihn) gesichtet hat, in eine/die Zukunft, aus der er kam.

Auf diese Weise ließe sich, ziemlich unzureichend, das Geschehen in Walter Benjamins hintersinnigem Text „Agesilaus Santander" paraphrasieren, den er auf Ibiza im Exil schrieb und der in zwei Fassungen, datiert auf den 12. und 13. August 1933, vorliegt. Offenkundig ist der Engel hier Teil eines ziemlich sonderbaren Geschehens. Die Dunkelheit des Textes wurde oft beschworen und hat den Enträtselungsbemühungen seiner Leserinnen und Leser seit jeher Widerstand geleistet. So nimmt die Überlegung nicht wunder, ob er nicht vielleicht einer Fieberphantasie entsprungen sei.[18] Dessen ungeachtet wurden erhebliche hermeneutische Anstrengungen unternommen. Ihr gemeinsamer Bezugspunkt ist „der Angelus Satanas", den Scholem als Anagramm von „Agesilaus Santander" entschlüsselt hat: „Unversehens verwandelt sich nun die menschliche Person Benjamins in die so unbegreiflich tief, ja magisch mit ihm zusammenhängende angelisch-luziferische

---

[18] Vgl. Scholem, Walter Benjamin und sein Engel, S. 92. Am 31. Juli 1933 schreibt Benjamin an Scholem, dass er seit etwa 14 Tagen krank sei (vgl. Walter Benjamin, Brief an Gershom Scholem, 31. Juli 1933. In: Benjamin, Briefe II, hg. von Gershom Scholem u. Theodor W. Adorno, Frankfurt am Main 1978, S. 588–590, hier S. 588). Im Oktober meldet er: „Ich bin schwer krank in Paris angekommen. Das will sagen, daß ich auf Ibiza überhaupt nicht mehr gesund gewesen bin, und der Tag meiner endlichen Abreise fiel mit dem ersten einer Folge schwerster Fieberanfälle zusammen. [...] Und hier wurde dann gleich nach meiner Ankunft Malaria festgestellt" (Walter Benjamin, Brief an Gershom Scholem, 16. Oktober 1933. In: Benjamin, Briefe II, hg. von Gershom Scholem u. Theodor W. Adorno, Frankfurt am Main 1978, S. 593–594, hier S. 593).

Natur des Engels auf dem Bilde von Paul Klee."[19] Eine weitere Spur legte Scholem mit seiner Deutung der erotisch-amourösen Stellen, die er auf reale Frauen in Benjamins Leben bezog. In seiner Interpretation von 1972 firmieren noch Jula Cohn und Asja Lacis als Adressatinnen, bevor dann Benjamins Verbindung zu der Malerin Anna Maria Blaupot ten Cate publik wurde.[20] Fortan richteten sich die Entschlüsselungsbemühungen an ihr aus, mit Konsequenzen für die Lektüre. So ist nach Wil van Gerwen die Semantik des Textes nachrangig, in erster Linie sei er nämlich zu verstehen als ein „Geburtstagsgeschenk"[21] für die Geliebte. Aber auch kontingente lebensweltliche Bezüge wurden bemüht. So wird in dem Verweis auf den lahmenden Spartanerkönig Agesilaus II. nicht nur eine Parallele zu dem nach dem Kampf mit dem Engel hinkenden Jakob (vgl. 1 Mos 32,24–31),[22] sondern auch zu dem während der Text-Abfassung aufgrund einer schweren Wundentzündung am Oberschenkel respektive eines Furunkels lahmenden Benjamin erkannt.[23]

In jedem Fall handelt es sich laut Scholem um eine der vielen Schriften Benjamins, hinter denen „persönliche, ja persönlichste Erfahrungen [stehen], die in der Projektion auf die Gegenstände seiner Arbeiten verschwunden oder aber gänzlich verschlüsselt worden sind, so daß sie dem Außenstehenden nicht erkennbar oder auch nur erahnbar werden konnten"[24]. Nur innerhalb eines eingeweihten Kreises, so die Botschaft, ist eine Entschlüsselung dieses privaten Textes möglich. Auf die konstitutive Offenheit und Uneindeutigkeit des Textes wurde vielfach mit einer Veräußerlichungsbewegung reagiert: Der „satanische Charakter" Walter Benjamins sowie die potentiell adressierten Geliebten und damit vermeintliche Gewissheiten privater Natur sollten den Text verständlich machen. Diese Lektüren haben die konstitutive Ambiguität des Textes zwar

---

19 Scholem, Walter Benjamin und sein Engel, S. 114.
20 Vgl. Wil van Gerwen, Walter Benjamin auf Ibiza. Biographische Hintergründe zu „Agesilaus Santander". In: global benjamin, Bd. 2, hg. von Klaus Garber u. Ludger Rehm, München 1999, S. 969–981. Otto Karl Werckmeister hingegen verbindet Erotik und Politik synergetisch über die Figur des Engels, der eine „Selbstprojektion" des Menschen, eine „absolute Verkörperung seines Willens" darstelle (Otto Karl Werckmeister, Benjamins „Engel der Geschichte" oder Die Läuterung des Revolutionäres zum Historiker. In: global benjamin, Bd. 1, hg. von Klaus Garber u. Ludger Rehm, München 1999, S. 597–624, hier S. 606).
21 Van Gerwen, Walter Benjamin auf Ibiza, S. 979.
22 Vgl. Jürgen Ebach, Agesilaus Santander und Benedix Schönflies. Die verwandelten Namen Walter Benjamins. In: Antike und Moderne. Walter Benjamins „Passagen", hg. von Norbert W. Bolz u. Richard Faber, Würzburg 1986, S. 148–153, hier S. 151.
23 Zur Wundentzündung vgl. Werckmeister, Benjamins „Engel der Geschichte", S. 605, außerdem Tilman Lang, Mimetisches oder semiologisches Vermögen? Studien zu Walter Benjamins Begriff der Mimesis, Göttingen 1998, S. 261; zum Furunkel Hörisch, Vom Geheimnis zum Rätsel, S. 162.
24 Scholem, Walter Benjamin und sein Engel, S. 90.

nicht ausgeblendet, aber doch als Mittel der Verschleierung gelesen, das es rückgängig zu machen gilt. Als konstitutive Semantik des Textes selbst wurde sie nicht anerkannt.

Die folgende Lektüre stellt die Kehrseite zu diesen Deutungen dar. Statt hinter den Undurchsichtigkeiten des Textes ein privates Liebesspiel, eine Enträtselung von Benjamins Namen oder umgekehrt eine Strategie der autobiographischen Mystifikation zu erblicken, soll die Vieldeutigkeit des Textes als programmatische gelesen und der autobiographische Deutungsrahmen auf eine theoretische Ebene hin geöffnet werden. Diese Bewegung ist gerechtfertigt durch die prominente Position von Name, Engel, Bild, Ähnlichkeit, Blick, Neuem und Glück in „Agesilaus Santander", die für Benjamins ganzes Œuvre von theoretischer Relevanz sind und die hier eine Art Isotopie bilden. Insbesondere hinsichtlich des Namens ist auffällig, dass er im Text selbst als Platzhalter fungiert und die in den Interpretationen eingesetzten konkreten Namen (Walter Benjamin, Agesilaus Santander, Benedix Schönfließ, der Angelus Satanas) kein einziges Mal fallen. In dieser Ausstellung des Namens in seiner Namenhaftigkeit liegt ein Verweis auf Benjamins Sprachphilosophie, in der der Name einen Knotenpunkt diverser Diskurse darstellt.[25] So kommt dem Eigennamen bei Benjamin eine eminente Bedeutung zu, er verbindet Sprachphilosophie, Geschichtsphilosophie und Literaturtheorie.[26]

Nach Benjamin gibt es für die der „bürgerlichen Auffassung der Sprache" entgegengesetzte Ansicht weder Mittel noch Gegenstand noch Adressat einer Mitteilung – „[s]ie besagt: *im Namen teilt das geistige Wesen des Menschen sich Gott mit*"[27]. Das Benennen der Dinge durch den Menschen ist nichts weniger als die Vollendung von Gottes Schöpfung und auch die Ausgangssituation von „Agesilaus Santander" bezeichnet mit der Verleihung der Namen eine Konsekration („Mit der Gebung des Namens weihen die Eltern ihre Kinder Gott"[28]).[29]

---

[25] Ulrich Welbers stellt eine Verbindung zwischen dem Namen als Kristallisationspunkt von Benjamins Sprachphilosophie und seiner Verwendung in *Agesilaus Santander* fest, reißt diese aber nur kurz an (vgl. Ulrich Welbers, Sprachpassagen. Walter Benjamins verborgene Sprachwissenschaft, München; Paderborn 2009, S. 330–331).
[26] Vgl. Bernd Stiegler, Die Aufgabe des Namens. Untersuchungen zur Funktion der Eigennamen in der Literatur des 20. Jahrhunderts, München 1994, S. 21.
[27] Walter Benjamin, Über Sprache überhaupt und über die Sprache des Menschen. In: Benjamin, Gesammelte Schriften, Bd. II.1, hg. von Rolf Tiedemann u. Hermann Schweppenhäuser, Frankfurt am Main 1991, S. 140–157, hier S. 144. An Benjamins Ablehnung der „bürgerlichen Auffassung" kann kein Zweifel bestehen, schickt er seinen Ausführungen doch voraus, dass „deren Unhaltbarkeit und Leere sich mit steigender Deutlichkeit im folgenden ergeben" soll (Benjamin, Über Sprache überhaupt, S. 144).
[28] Benjamin, Über Sprache überhaupt, S. 149–150.
[29] Vgl. Benjamin, Über Sprache überhaupt, S. 144.

Religionsphilosophie und Anthropologie sind bei Benjamin also ebenfalls untrennbar mit dem Namen verbunden. Mit all diesen Diskursen ist, wie bis hierhin immer wieder deutlich geworden, auch der Engel verknüpft. So ist es nicht verwunderlich, dass Benjamin ihn und den Namen in einer Notiz zu seinem Essay „Karl Kraus" (1931) im Zusammenhang mit der „Entwicklung des Allmenschen zum Unmenschen" explizit verknüpft: „Eros und Sprache in diesem Zusammenhang aus der kindlichen Welt zu entwickeln. Der Reim ihr Indifferenzpunkt. Dagegen der Name im Unmenschlichen – engelhaften – zuständig."[30] Name und Engel gehen beide über das Menschliche hinaus. Beide sind, wie im Folgenden deutlich wird, Ausdruck einer durch den Menschen nicht instrumentalisierbaren Medialität, die auf einen prälapsarischen Zustand hin- und auf einen posthistorischen hinausweist. Mit dem Engel und den bei ihm zusammenlaufenden Theoremen wird in „Agesilaus Santander" schließlich eine Theorie der Moderne sichtbar, der der Erste Weltkrieg, eine bejahte Unmenschlichkeit und Technikaffinität sowie Ausblicke in eine Zukunft zugrunde liegen. Das Besondere ist, dass diese Theoreme nicht in Form einer Abhandlung präsentiert werden, sondern in eine autobiographische Erzählung eingebunden sind.

Um die medienästhetische und geschichtsphilosophische Dimension sowie den sie grundierenden Moderne-Diskurs herauszuarbeiten und den Engel als performatives Medium der Theoriebildung zu erfassen, muss die Absolutheit der autobiographischen Lektüre aufgebrochen und eine andere Lesart der Textform selbst in Anschlag gebracht werden. In „Agesilaus Santander" wird – so der methodische Ausgangspunkt – in der Narrativierung eines durch die partielle Ich-Form verbürgten Erlebens ein autobiographisches Setting entworfen, das durchzogen ist von sprachphilosophischen, theologischen, anthropologischen, medienästhetischen, geschichtsphilosophischen und erinnerungspoetischen Versatzstücken, die wesentlich bildlogisch vermittelt sind. Zu Beginn einer Lektüre, deren Fokus nicht auf biographischen Referenzen, sondern auf Benjamins Werk liegt, steht der Befund, dass dieser Text, der mit „als ich geboren war"[31] einsetzt, in hohem Maße theoriefähig ist, ja, dass das Autobiographische hier offensichtlich in besonderer Weise für die Versammlung und Verhandlung von Theoremen geeignet zu sein scheint.

---

[30] Walter Benjamin, Anmerkungen [Karl Kraus]. In: Benjamin, Gesammelte Schriften, Bd. II.3, hg. von Rolf Tiedemann u. Hermann Schweppenhäuser, Frankfurt am Main 1991, S. 1078–1130, hier S. 1102.
[31] Walter Benjamin, Agesilaus Santander. In: Benjamin, Gesammelte Schriften, Bd. VI.1, hg. von Rolf Tiedemann u. Hermann Schweppenhäuser, Frankfurt am Main 1991, S. 520–523, hier S. 520. Im Folgenden AS.

Damit soll nicht behauptet werden, dass Benjamins Schriften sich zu einer kohärenten Systematik fügten und auch nicht, dass sich aus seinen Bildern und Geschichten ein theoretischer Gehalt 1:1 herausdestillieren ließe. Vielmehr geht es um die Möglichkeit einer theoretischen Weitung des Interpretationshorizontes und eine Profilierung der Engelsfigur in der Moderne aus dieser konkreten Konstellation heraus. Ein solches Vorgehen scheint legitim angesichts Benjamins eigenem Verfahren, das darin besteht, Dinge aus ihrem angestammten Zusammenhang zu reißen und neu zusammenzufügen. Darüber hinaus verdichten sich während jenes Exilaufenthalts auf Ibiza Benjamins sprachphilosophische und zeitdiagnostische Reflexionen. Mehrfach fordert er Gershom Scholem in dieser Zeit auf, ihm den erheblich älteren Text „Über Sprache überhaupt und über die Sprache des Menschen" (1916) zu schicken, der in der folgenden Lektüre einen tragenden Referenzpunkt bildet.[32] Diesen wollte Benjamin für seine Arbeit an dem Text „Über das mimetische Vermögen" (1933) nutzen, der wiederum in unmittelbarem zeitlichen und, wie zu zeigen sein wird, auch inhaltlichen Zusammenhang mit „Agesilaus Santander" entstanden ist. In Benjamins Aufenthalt auf Ibiza 1933 verbinden sich so theoretische, zeitdiagnostische und autobiographische Versatzstücke, die das Exil in seiner Mehrfachkodierung als existenzbedrohende biographische Realität, als Charakteristikum der Moderne sowie als zentralen Bestandteil von Benjamins Geschichts- und Sprachphilosophie kennzeichnen.

Zu der diesem Phänomen adäquaten weiten Lektüre gehört auch, die zwei Fassungen von „Agesilaus Santander" zu berücksichtigen. Beide werden daher als gleichberechtigt gelesen, das heißt, weder werden die vorliegenden Fassungen als Vorstufen einer nicht überlieferten Endfassung verstanden,[33] noch wird die zweite Fassung als endgültige Fassung privilegiert.[34] Auf diese Weise wird das Phänomen der Zweiheit des Textes als Teil seiner semantischen Strategie

---

[32] Vgl. Walter Benjamin, Brief an Gershom Scholem, 23. Mai 1933. In: Benjamin, Briefe II, hg. von Gershom Scholem u. Theodor W. Adorno, Frankfurt am Main 1978, S. 575–576, hier S. 575; vgl. Walter Benjamin, Brief an Gershom Scholem, 16. Juni 1933. In: Benjamin, Briefe II, hg. von Gershom Scholem u. Theodor W. Adorno, Frankfurt am Main 1978, S. 576–579, hier S. 576.
[33] Vgl. Manfred Schneider, Aufzeichnungen. In: Benjamin-Handbuch. Leben – Werk – Wirkung, hg. von Burkhardt Lindner, Stuttgart 2011, S. 663–679, hier S. 670.
[34] Vgl. Scholem, Walter Benjamin und sein Engel, S. 114. Dieser Annahme folgen auch Jochen Hörisch (vgl. Hörisch, Vom Geheimnis zum Rätsel, S. 169) und Jürgen Ebach (vgl. Ebach, Agesilaus Santander und Benedix Schönflies, S. 148). Die Annahme der Gleichberechtigung geht hingegen mit der Einsicht einher, dass der Text „*ein Doppelgängertum*, a doubling" darstellt (Shahar, In the Name of the Devil, S. 100), das sich im Nachleben von „Agesilaus Santander" als Nachlassfund potenziert. Denn der von Scholem erst Anfang der 1970er Jahre veröffentlichte Text wird nach Galili Shahar begleitet von Scholems erotisch-theologischer Lektüre, die

sichtbar. Denn aus der weitgehenden Parallelität bei gleichzeitig entscheidenden Abweichungen erwächst eine Zweistimmigkeit, die einstimmigen Bedeutungszuweisungen bereits auf der Ebene der Textorganisation den Boden entzieht. Diffuse Verwandlungsprozesse und Ähnlichkeitsverhältnisse, eine schwankende Zuordnung von Subjekt und Objekt, unstete Identitäten und Bezüglichkeiten, mediale Transpositionen und die allegorische Gebrochenheit von Sein, Bild und Erscheinen werden auf diese Weise teils gespiegelt, teils erst erzeugt. Um grammatikalische wie semantische Eigenheiten zu berücksichtigen, wird der Text daher im Folgenden in seinen Wendungen nachvollzogen und an den jeweiligen Stellen für Theoriehorizonte von Benjamins Werk geöffnet.

Um der Geheimnishaftigkeit der Namen in „Agesilaus Santander", die zunächst dezidiert nichtjüdische sind und durch ihre Verbergung jüdische Attribute annehmen, Rechnung zu tragen, soll in der folgenden Lektüre weder eine Ausschaltung der Ambiguitäten und damit eine Zerstörung des Namensgeheimnisses über Identifizierungen vorgenommen noch der suggestive Duktus nichtevidenter Behauptungen reproduziert werden. Vielmehr gilt es, den Modus schwebender Bedeutungen als textkonstitutiv für die bedingte Partizipation am Geheimnis anzuerkennen und auszuleuchten. Diese Mehrschichtigkeit findet sich in vielfacher Form: in der Verschlungenheit von semiotischen und magischen Anteilen, die in der Figur der unsinnlichen Ähnlichkeit theoretisch reflektiert wird, in Benjamins „Epistemologie der Schwelle"[35], und zwar sowohl in ihrer geschichtsphilosophischen Ausprägung mit dem „Sündenfall des Sprachgeistes"[36] als auch in ihrer biographischen Relevanz der *rites de passage*, und nicht zuletzt in der Verkörperung des Engels an der Schwelle zwischen irdisch-historischer und göttlich-transhistorischer Sphäre. Die Schwelle zwischen dem durch die Namenssprache verbürgten harmonischen Einheitszustand von Mensch und Natur und der historischen Zeit des Bruchs hat ihre Entsprechung in dem krisenhaften Umstand des realhistorischen Exils, das in „Agesilaus Santander" mehrfach durchscheint und in der folgenden Lektüre als Bezugspunkt der individuell-lebensweltlichen Dimension herangezogen wird. Damit soll nicht „de[r] Exilbegriff auf eine durch die Zeitumstände bedingte Politisierung"[37] reduziert werden, wie

---

so dominant sei, dass auch hier „a doubling" vorliege, nämlich „the *Doppelgängertum* of Benjamin's and Scholem's writing" (Shahar, In the Name of the Devil, S. 101).
35 Weigel, Die Grammatologie der Bilder, S. 12.
36 Benjamin, Über Sprache überhaupt, S. 153.
37 Markus Bauer, Imagination und Politik. Zum Begriff des Exils bei Walter Benjamin. In: global benjamin, Bd. 3, hg. von Klaus Garber u. Ludger Rehm, München 1999, S. 1569–1583, hier S. 1570.

sie Markus Bauer kritisiert. Vielmehr lässt sich gerade durch die Untersuchung von exilischen Gedankenfiguren in ihrer theoretischen Relevanz die Bedeutung des Exils als ein strukturelles Moment in Benjamins Denken auch vor 1933 konturieren. So soll an den jeweiligen Stellen in einer doppelten Lektüre sowohl die geschichtsphilosophische Bedeutung des Exils als auch die biographische Dimension der Exilerfahrung eingeholt werden. Während im ersten Teil von „Agesilaus Santander" der Fokus auf dem Namen liegt, ist im zweiten Teil des Textes der Engel Kristallisationspunkt des Geschehens.

4.1.1 Geheimnis und Veröffentlichung als angelische Formen

> Als ich geboren wurde, kam meinen Eltern der Gedanke, ich könnte vielleicht Schriftsteller werden. Dann sei es gut, wenn nicht gleich jeder merke, daß ich Jude sei. Darum gaben sie mir außer meinem Rufnamen noch zwei weitere, ausgefallene, an denen man weder sehen konnte, daß ein Jude sie trug, noch daß sie ihm als Vornamen gehörten. Weitblickender konnte vor vierzig Jahren ein Elternpaar sich nicht erweisen. Was es nur entfernt für möglich hielt, ist eingetroffen. Nur die Vorkehrungen, mit denen es dem Schicksal hatte begegnen wollen, setzte der, den es betraf, beiseite. Anstatt ihn nämlich mit den Schriften, die er verfaßte, öffentlich zu machen, hielt er es wie die Juden mit dem zusätzlichen ihrer Kinder, der geheim verbleibt. Ja, diesen selber teilen sie ihnen erst mit, wenn sie mannbar werden. (AS 521/522, zweite Fassung)

Das hier entworfene, scheinbar private Szenario wird sogleich durch die antisemitische Bedrohung auf die aktuellen politischen Zeitumstände des Nationalsozialismus hin transparent.[38] Diese stellen die Rahmung des Folgenden dar: Was die Eltern „entfernt für möglich hielten, ist eingetroffen". Allerdings greift ihre Schutzvorrichtung nicht, denn der Sohn verwendet die Namen eigenmächtig in entgegengesetzter Weise, macht sie nämlich nicht öffentlich, sondern verbirgt sie. Diese Bewegung ist in der ersten Fassung von „Agesilaus Santander" noch prononcierter, hier werden die Namen auch bewacht: „Er [der Erzähler, L.Z.] wachte über sie [die Namen, L.Z.] wie einst die Juden überm geheimen Namen, den sie jedem von ihren Kindern gaben." (AS 520, erste Fassung) Dergestalt der öffentlichen Einsicht entzogen, werden die Namen in die Nähe des Numinos-Religiösen gestellt,[39] verstärkt durch das „einst", das diese Praktik

---

[38] Zum Verhältnis von Name und Antisemitismus vgl. Dietz Bering, Der Name als Stigma. Antisemitismus im deutschen Alltag 1812–1933, Stuttgart 1987.
[39] Vgl. zu diesem Zusammenhang Giorgio Agamben: „Nicht nur gibt es keine Religion ohne Absonderung, sondern jede Absonderung enthält oder bewahrt in sich einen genuin religiösen Kern" (Giorgio Agamben, Lob der Profanierung. In: Agamben, Profanierungen, Frankfurt am Main 2005, S. 70–91, hier S. 71). In „Karl Kraus" wird das Verhältnis von Name und Numino-

mythisch entrückt. Auch gegenüber Rezipientinnen und Rezipienten waltet diese Verschwiegenheit: „Ich will sie [die Namen, L.Z.] nicht verraten" (erste Fassung, AS 520). Auf diese Weise wird die Opposition von christlich-öffentlich und jüdisch-geheim zementiert und zugleich unterlaufen. Denn die nichtjüdischen Namen der vorsorglichen Eltern werden eben nicht publik gemacht, sondern behandelt als seien sie jüdisch, das heißt geheim. Dass mit dieser Verkehrung ein substantieller Wandel verbunden ist, wird angedeutet durch den Wechsel vom Plural in den Singular. In der Entzugsbewegung wird das Innere des Erzählers zu einer Art hermetischen Blackbox, in der die „zwei sehr ungewöhnliche[n]" (AS 520, erste Fassung) Namen zu einem geheimen verschmelzen. Dabei lässt sich fragen, inwieweit die Unterminierung der ursprünglichen Absicht nicht bereits im elterlichen Tun selbst angelegt ist. Der ungewöhnliche beziehungsweise „ausgefallene" Charakter der Namen scheint den Verhüllungsabsichten entgegenzulaufen, und zwar sowohl in der Lesart des Extravaganten als auch in der des Ausfalls.[40]

Aleida und Jan Assmann sprechen von der „naturwüchsige[n] Solidarität"[41], die zwischen dem Geheimnis und dem Heiligen bestehe. Das Geheimnis stellt demnach einen „Schutzraum für das Heilige"[42] dar, das es vor verunreinigendem beziehungsweise profanisierendem Zugriff von außen zu bewahren gilt. Dieser Logik gemäß sind es in „Agesilaus Santander" die „Unberufenen" (AS 520, erste Fassung), vor denen, je nach Variante, der geheime Name (zweite Fassung) respektive die von ihm bewahrten „Lebenskräfte" (AS 520, erste Fassung) zu behüten ist beziehungsweise sind.[43] Im Zuge seiner Arkanisierung, die den Namen nicht nur von der Öffentlichkeit, sondern auch von seinem Trä-

---

sem explizit gemacht, wenn es über Kraus' Sprache heißt, sie sei „der Schauplatz für die Heiligung des Namens" (Benjamin, Karl Kraus, S. 359). Dabei handle es sich um eine „jüdisch[e] Gewißheit", die der „Theurgie des ‚Wortleibs'" der Sprache Stefan Georges entgegengestellt wird (Benjamin, Karl Kraus, S. 359).
40 Scholem bemerkt hier, dass die Namen Benedix Schönflies nicht dazu angetan seien, ein Jüdischsein zu verbergen: „Jeder Jude hätte damals sofort gewußt, daß nur ein Jude Benedix Schönflies heißen könne" (Gershom Scholem, Die geheimen Namen Walter Benjamins (1978). In: Walter Benjamin und sein Engel. Vierzehn Aufsätze und kleine Beiträge, hg. von Rolf Tiedemann, Frankfurt am Main 1983, S. 73–77, hier S. 74). Anders sehen dies Jürgen Ebach (vgl. Ebach, Agesilaus Santander und Benedix Schönflies, S. 148) und Tilman Lang (vgl. Lang, Mimetisches oder semiologisches Vermögen?, S. 257).
41 Aleida Assmann u. Jan Assmann, Geheimnis und Offenbarung. In: Schleier und Schwelle. Archäologie der literarischen Kommunikation V, Bd. 2: Geheimnis und Offenbarung, hg. von Aleida Assmann u. Jan Assmann, München 1998, S. 7–14, hier S. 7.
42 Aleida Assmann u. Jan Assmann, Geheimnis und Offenbarung, S. 7.
43 Um Heiliges vor unbefugtem Zugriff zu schützen, wird nicht zuletzt die Dunkelheit der Sprache eingesetzt (vgl. Walter Haug, Geheimnis und dunkler Stil. In: Schleier und Schwelle.

ger absondert, entwickelt er eine Affinität zum Unheimlichen, das als eine Seite des Heiligen gilt.[44] So kann sich, „mit einem neuen Mannbarwerden" (AS 520, erste Fassung), die Verwandlung des Namens „offenbaren" (AS 520, erste Fassung). Da sich aber „dieses Mannbarwerden im Leben mehr als einmal ereignen" (AS 522, zweite Fassung) kann, ist auch eine mehrfache Offenbarung der Wandlung möglich und folglich die mit der Singularität der Offenbarung einhergehende Abgeschlossenheit und Verlässlichkeit nicht gegeben. Weiter ist zu vermuten, dass „vielleicht auch nicht jeder geheime Name sich stets gleich und unverwandelt bleibt" (AS 520, erste Fassung). In der zweiten Fassung wird aus dieser fraglichen Selbstidentität des Namens im Modus des An-Sich ein an die Lebensführung seines Trägers geknüpftes Für-Diesen. So ist anzunehmen, dass „vielleicht auch der geheime Name gleich und unverwandelt nur dem Frommen bleibt" (AS 522, zweite Fassung).

Der Begriff der Offenbarung hat sich nach Benjamin „immer wieder wie von selbst im Zentrum der Sprachphilosophie erhoben [...] und ihre innigste Verbindung mit der Religionsphilosophie ausgemacht"[45]. Die Offenbarung stellt hier wie der Name einen Modus reiner Medialität dar, wobei „[d]as Mediale [...] die *Unmittel*barkeit aller geistigen Mitteilung"[46] bedeutet. Diese Vorstellung folgt nicht der üblichen Gleichsetzung von Unmittelbarkeit und Medienlosigkeit. Sie setzt diese Verbindung vielmehr außer Kraft, indem sie den Gedanken des Mediums von dem des Mittels löst. Daher ist das Paradies bei Benjamin auch nicht medienlos, vielmehr wirkt Medialität hier in ihrer ungebrochenen Form. Über das Verhältnis von geistigem und sprachlichem Wesen lautet in „Über Sprache" „die Thesis: je tiefer, d. h. je existenter und wirklicher der Geist, desto aussprechlicher und ausgesprochener"[47], und: „Das höchste Geistesgebiet der Religion ist (im Begriff der Offenbarung) zugleich das einzige, welches das Unaussprechliche nicht kennt."[48]

Archäologie der literarischen Kommunikation V, Bd. 2: Geheimnis und Offenbarung, hg. von Aleida Assmann u. Jan Assmann, München 1998, S. 203–217, hier S. 207).
44 Vgl. Dietmar Kamper u. Christoph Wulf, Einleitung. In: Das Heilige. Seine Spur in der Moderne, hg. von Dietmar Kamper u. Christoph Wulf, Frankfurt am Main 1987, S. 1–30, hier S. 7. Aleida und Jan Assmann bemerken, dass das Geheimnis nicht nur als Schutz *für* das Heilige wirkt, sondern auch als einer *vor* diesem: „Das Geheimnis als Schutz vor dem Heiligen – in diesem Fall wird es als eine bedrohliche Energie dargestellt, von der unmittelbare Gefahr ausgeht" (A. Assmann u. J. Assmann, Geheimnis und Offenbarung, S. 7–8).
45 Benjamin, Über Sprache überhaupt, S. 146.
46 Benjamin, Über Sprache überhaupt, S. 142.
47 Benjamin, Über Sprache überhaupt, S. 146.
48 Benjamin, Über Sprache überhaupt, S. 147. Übrigens ebenso wenig wie das Unübersetzbare („Aber es gibt ein Halten [für den Absturz des Sinns, L.Z.]. Es gewährt es jedoch kein Text außer dem heiligen, in dem der Sinn aufgehört hat, die Wasserscheide für die strömende Spra-

Es „wird angesprochen im Namen und spricht sich aus als Offenbarung"⁴⁹. Die Offenbarung im Judentum vollzieht sich über das Medium der Sprache beziehungsweise des veröffentlichten Textes und ist darin der Offenbarung im Modus des Geheimnisses im Medium der Welt gegenübergestellt.⁵⁰

Zwischen den Polen des Offenbaren und des Geheimen, die den in jeder „sprachlichen Gestaltung" waltenden „Widerstreit des Ausgesprochenen und Aussprechlichen mit dem Unaussprechlichen und Unausgesprochenen"⁵¹ spiegeln, oszilliert „Agesilaus Santander" nicht nur aufgrund der Verkehrung von öffentlichem in geheimen Namen und dessen (mehrfach möglicher) Offenbarung. Die „autoritäre Haltung von Offenbarungsworten"⁵², die Scholem einer Vielzahl benjaminscher Sätze attestiert und die sich in der Rezeption benjaminscher Texte potenziert,⁵³ zeigt sich hier in Aussagen, die im Modus völliger Gewissheit präsentiert werden. Sie verleihen dem Text den Anstrich eines Offenbarungsmediums, das „das Unaussprechliche nicht kennt"⁵⁴. Dem Ges-

---

che und die strömende Offenbarung zu sein. Wo der Text unmittelbar, ohne vermittelnden Sinn, in seiner Wörtlichkeit der wahren Sprache, der Wahrheit oder der Lehre angehört, ist er übersetzbar schlechthin" (Walter Benjamin, Die Aufgabe des Übersetzers. In: Benjamin, Gesammelte Schriften, Bd. IV.1, hg. von Tillman Rexroth, Frankfurt am Main 1991, S. 9–21, hier S. 21).
49 Benjamin, Über Sprache überhaupt, S. 147.
50 Zur Offenbarung im Judentum über die Sprache vgl. Alfred Hirsch, Der Dialog der Sprachen. Studien zum Sprach- und Übersetzungsdenken Walter Benjamins und Jacques Derridas, München 1995, S. 106. Aleida und Jan Assmann sprechen von dem geoffenbartem Text als „eine[r] Selbstveröffentlichung Gottes" (A. Assmann u. J. Assmann, Geheimnis und Offenbarung, S. 9). Andrea Polaschegg verweist darauf, dass „der Monotheismus ausschließlich in Begleitung der Schrift auf der welt- und religionsgeschichtlichen Bühne aufgetreten ist" (Andrea Polaschegg, Moses in Wonderland oder Warum Literatur (nicht) fetischisierbar ist. In: Der Code der Leidenschaften. Fetischismus in den Künsten, hg. von Hartmut Böhme u. Johannes Endreß, München 2010, S. 70–95, hier S. 87). Inszeniert wird dies etwa in der Übergabe der Gesetzestafeln: „Und als der HERR mit Mose zu Ende geredet hatte auf dem Berge Sinai, gab er ihm die beiden Tafeln des Gesetzes; die waren aus Stein und beschrieben von dem Finger Gottes" (Ex 31,18). Vgl. zur Offenbarung im Modus des Geheimniss A. Assmann u. J. Assmann, Geheimnis und Offenbarung, S. 8–9.
51 Benjamin, Über Sprache überhaupt, S. 146.
52 Scholem, Walter Benjamin und sein Engel, S. 87. Vgl. auch Winfried Menninghaus, Schwellenkunde. Walter Benjamins Passage des Mythos, Frankfurt am Main 1986, S. 56.
53 So spricht Sami Khatib von „[d]em mittlerweile kanonischen Charakter des Benjaminschen Texts, der sich im permanenten Aufrufen des autoritären Zitats bestätigt und endlos verdoppelt" (Sami Khatib, „Teleologie ohne Endzweck". Walter Benjamins Ent-stellung des Messianischen, Marburg 2013, S. 23).
54 Benjamin, Über Sprache überhaupt, S. 147. So erfolgen die Erklärungen teils, ihrem okkulten Charakter gemäß, personenungebunden; sie überschreiten das biographische Erleben und

tus der Veröffentlichung stehen allerdings unklare Referenzen, die Wiederholbarkeit und damit einhergehende Differenz der Offenbarung und nicht zuletzt der für die Rezipientinnen und Rezipienten geheim bleibende Name entgegen. Indem dieser nicht für Publikationen verwendet, vielmehr nach seiner Verbergung gewandelt „laut wird" (AS 522, zweite Fassung), ist er dezidiert nicht mit der Schrift verbunden, sondern mit dem Hören als zentraler Figur der Offenbarung.[55] Auch der Text selbst weist eine Widerständigkeit gegenüber seiner Publikation auf: Von Benjamin nicht für die Öffentlichkeit bestimmt,[56] wurde er dieser erst vierzig Jahre nach seiner Abfassung zugänglich.[57]

Nicht ohne Grund also fallen in der Rezeption von „Agesilaus Santander" immer wieder Begriffe aus dem Sinnbezirk des Geheimnisses und der Verschlüsselung. Gleichzeitig geht es in dem Text um Publikationen, also Veröffentlichungen, Offenbarungsgeschehen und Ans-Licht-Treten. Hier wird deutlich, dass der Engel nicht nur für die Semantik, sondern auch für den Modus des Textes prägend ist. Denn im „Engelhaften" ist nicht nur der Name, sondern auch das Geheimnis „zuständig". Der Engel versinnlicht das göttliche Mysterium, das in der lateinischen Übersetzung *sacramentum* – Geheimnis – heißt. Er ist Träger des Geheimnisses, trägt dieses aber zugleich nach außen und veröffentlicht es damit. Wenn man so will „publiziert" der Engel göttliche Inhalte, die bis dahin verborgen waren, insbesondere in seiner Funktion als Verkündigungsengel. Diese Ambivalenz zwischen Geheimnis und Veröffentlichung ist der Form des Geheimnisses selbst eingeschrieben, denn von einem absoluten Geheimnis weiß niemand. Damit das Geheimnis als Geheimnis bekannt ist, braucht es Eingeweihte und Nichteingeweihte.

Die entgegengesetzte Bewegung des Geheimhaltens ist das Offenbaren von etwas, das bisher verborgen war. Das im Tanach dafür verwendete Verb lautet גלה, das häufig in nichttheologischem Sinn gebraucht wird. Neben „offenba-

---

transportieren eine Form höheren Wissens: „Er [der Name, L.Z.] bleibt darum [trotz der Offenbarung des Wandels des Namens, L.Z.] nicht weniger der Name, der alle Lebenskräfte in sich faßt, bei welchem sie beschworen und vor Unberufenen behütet werden" (AS 520, erste Fassung).
55 Vgl. Weigel, Grammatologie der Bilder, S. 423.
56 Vgl. van Gerwen, Walter Benjamin auf Ibiza, S. 971.
57 Schließlich reflektiert diese Ausstellung von (Nicht-)Öffentlichkeit auch Benjamins komplexes Selbstverständnis als Kritiker. So stellt Heinrich Kaulen fest: „Sein Denken bewegt sich offenbar zwischen zwei verschiedenen, ja entgegengesetzten Polen, zwischen der esoterischen Abkehr von der Öffentlichkeit und dem um so entschiedeneren Bekenntnis zu unbeschränkter exoterischer Geltung" (Heinrich Kaulen, Der Kritiker und die Öffentlichkeit. Wirkungsstrategien im Frühwerk und im Spätwerk Walter Benjamins. In: global benjamin, Bd. 2, hg. von Klaus Garber u. Ludger Rehm, München 1999, S. 918–942, hier S. 920).

ren" heißt es so viel wie „(sich) aufdecken", „(sich) entblößen", aber auch „in die Verbannung gehen (müssen)".[58] In dieser letzten Bedeutung wird es im Zusammenhang mit dem babylonischen Exil verwendet. Auch auf sprachlicher beziehungsweise religiöser Ebene wird also der Exilkontext aufgerufen, der die Abfassung von „Agesilaus Santander" prägt. Der Verbindung des Engels zum Geheimnis entgegengesetzt ist die Tätigkeit des *angelus interpres*, der bei der Entschlüsselung dunkler göttlicher Worte behilflich ist. Mit diesem Oszillieren zwischen dem Modus des Geheimnisses im Sinne verdunkelten Entzogenseins und dem Modus der Veröffentlichung als veräußerlichte Klarheit spiegelt der Engel die konstitutive Form von „Agesilaus Santander".

Damit hängt auch eine mediale Differenz zusammen. Die Angelophanie lässt sich nicht entschlüsseln, sie ist geprägt durch den ästhetischen Überschuss, der für das Geheimnis charakteristisch ist. Die hermeneutische Praxis des Deuteengels hingegen richtet sich auf Wörter, deren dunkle Bedeutung sich in dem menschlichen Verstand zugängliche Botschaften übersetzen lässt. Mit diesem Dualismus verwandt ist die Spannung von Geheimnis und Rätsel. Während das Geheimnis Teil der visuellen Sphäre ist und sich im Zuge einer Entschleierung offenbart, handelt es sich bei dem Rätsel um ein „Sprachereignis"[59], das auf sein Lösungswort wartet. Dem Geheimnis wird sakraler Ernst zugeschrieben, es ist verbunden mit einer Initiation, die die Nichtwissenden ausschließt. Das Rätsel hingegen ist profan, voll Witz und öffentlich allen Rätselfreudigen zugänglich.[60] Jochen Hörisch vertritt die These, dass sich im 19. Jahrhundert das Kräfteverhältnis von dem für die Epoche der Transzendentalphilosophie charakteristischen Geheimnis hin zum Rätsel als Paradigma „eines (de-)chiffriersüchtigen Zeitalters"[61] verschiebe. Dass in „Agesilaus Santander" entgegen diesem Trend das Geheimnis so unleugbar am Werk ist, liegt an der ästhetischen Dimension des Engels, die sich der auslegenden entgegenstellt. Teil des Geheimnis-Paradigmas sind außerdem Name, Bild und Blick

---

58 Vgl. Hebräisches und aramäisches Wörterbuch zum Alten Testament, hg. von Georg Fohrer, Berlin; New York 1997, S. 49.
59 Hörisch, Vom Geheimnis zum Rätsel, S. 162.
60 Vgl. Hörisch, Vom Geheimnis zum Rätsel, S. 162. Ohne dies explizit zu machen, verwendet Galili Shahar die entsprechenden Begriffe *secret* und *riddle* gemäß eben dieser Bedeutungsabgrenzung, die zugleich die unterschiedlichen Zugänge zu „Agesilaus Santander" illustriert: „[T]he literary ‚value' of Benjamin's text, its poetic possibilities, its openness, is autonomy, its readability, depend upon the secret of the names. Scholem, however, attempts to solve Benjamin's poetic riddle in historical and biographical contexts" (Shahar, In the Name of the Devil, S. 104).
61 Hörisch, Vom Geheimnis zum Rätsel, S. 163.

sowie die Ähnlichkeit, die einer begrifflichen Entzauberung des Geheimnisses den Weg versperren.[62]

Benjamin selbst thematisiert das Verhältnis von Rätsel und Geheimnis in dem Fragment „Über das Rätsel und das Geheimnis" (etwa 1920/1921). Im Gegensatz zum Geheimnis ist das Rätsel Ausdruck des menschlichen Mutwillens: „Das Rätsel entsteht da, wo mit Nachdruck eine Intention darauf sich regt, ein Gebild oder einen Vorfall, der nichts Sonderbares oder schlechterdings überhaupt garnichts zu enthalten scheint, der symbolisch-bedeutenden Sphäre anzunähern."[63] Der „Schein des Geheimnisses"[64] vermag sich nur so lange zu halten, wie das Rätsel nicht gelöst ist. Für diesen subjektiven Schein gibt es aber doch einen objektiven Grund, der nicht in der Geheimnishaftigkeit von „Gebild" oder „Vorfall", sondern darin liegt, „daß sie ⟨,⟩ wie alles Seiende, am Geheimnis Anteil haben"[65]. Dieser Anteil gilt Benjamin im Bereich des Profanen als ein bedingter – im Rätsel ist er an die Lösung gebunden, im Wort an die Bedeutung. Das Rätselwort ist daher nicht nur die Lösung des Rätsels und damit das, was den subjektiven Schein des Geheimnisses zerstört, „sondern Intention, ⟨nämlich⟩ zugleich auch deren Bedingung, deren Grundlage und die ‚Erlösung' der versteckten Intention aufs Unlösbare in ihm"[66]. Der Grund für diese Doppelheit liegt darin, dass im Wort, „welches als solches schon ‚Rätselwort' ist, ein symbolischer ⟨,⟩ jenseits des in ihm mitgeteilten gründender Kern, das Symbol einer Nicht-Mitteilbarkeit ruht"[67]. Indem alles Seiende im (Rätsel-)Wort am Geheimnis teilhat und dieses Wort in sich einen symbolischen und damit geheimnisvollen Kern trägt, sind Rätsel und Geheimnis miteinander verwoben. Die Differenz zwischen beiden wird in den letzten Sätzen des Fragments verhandelt, und zwar, für „Agesilaus Santander" entscheidend, in Relation zum Namen:

> Die Namengebung des Adam an die Tiere in der Genesis richtet sich gegen die mythische Auffassung des Namens als eines Rätsels, das zu raten aufgegeben wird, wie z. B. in der ‚Regentrude' von ⟨Theodor⟩ Storm und sonst in Märchen es vorkommt. Der jüdische Name (der hebräische) ist ein Geheimnis.[68]

---

[62] Jochen Hörisch verweist etwa auf das „herrschende Blick-Paradigma und die ihm liierte Hochschätzung des Geheimnisses" um 1800 (Hörisch, Vom Geheimnis zum Rätsel, S. 163).
[63] Walter Benjamin, Über das Rätsel und das Geheimnis. In: Benjamin, Gesammelte Schriften, Bd. VI, hg. von Rolf Tiedemann u. Hermann Schweppenhäuser, Frankfurt am Main 1991, S. 17–18, hier S. 17.
[64] Benjamin, Über das Rätsel und das Geheimnis, S. 17.
[65] Benjamin, Über das Rätsel und das Geheimnis, S. 17.
[66] Benjamin, Über das Rätsel und das Geheimnis, S. 18.
[67] Benjamin, Über das Rätsel und das Geheimnis, S. 18.
[68] Benjamin, Über das Rätsel und das Geheimnis, S. 18.

4.1.2 Unmittelbarkeit von Name und Engel

Die Konsequenzen, die mit dem Lautwerden des gewandelten geheimen Namens in „Agesilaus Santander" einhergehen, lassen sich nicht letztgültig bestimmen. Das liegt daran, dass die maskulinen Personalpronomen sich auf den alten Namen, den neuen Namen, den männlichen Erzähler und den Engel (als Bild des Namens oder als eigenständigen Akteur) beziehen können:

> Doch keineswegs ist dieser Name eine Bereicherung dessen, der ihn führt. Vieles entzieht er ihm, vor allem aber die Gabe, ganz der Alte zu erscheinen. Im Zimmer, welches ich zuletzt bewohnte, hat jener, eh er aus dem alten Namen gerüstet und geschient ans Licht trat, sein Bild bei mir befestigt: Neuer Engel. (AS 520/521, erste Fassung)

> Doch keineswegs ist dieser Name eine Bereicherung dessen, den er nennt. Im Gegenteil, von dessen Bild fällt vieles ab wenn er laut wird. Es verliert ⟨,⟩ vor allem, die Gabe, menschenähnlich zu erscheinen. Im Zimmer, das ich in Berlin bewohnte, hat jener, ehe er aus meinem Namen gerüstet und geschient ans Licht trat, sein Bild an der Wand befestigt: Neuer Engel. (AS 522, zweite Fassung)

Das irisierende Verhältnis von Name und Träger zeigt sich in der Inversion der Subjekt-Objekt-Beziehung. Während der Träger in der ersten Fassung Subjekt ist („Doch keineswegs ist dieser Name eine Bereicherung dessen, der ihn führt"), verkehrt sich diese Relation in der zweiten („Doch keineswegs ist dieser Name eine Bereicherung dessen, den er nennt").[69] Die Ambiguisierung, die der geheime Name bewirkt, bezieht sich in der ersten Fassung auf eine identitäre, in der zweiten hingegen auf eine generische Einheit: Der Träger des Namens (erste Fassung) oder dessen Bild beziehungsweise das Bild des Namens (zweite Fassung, verschiedene Lesarten) verliert vieles, vor allem „die Gabe, ganz der Alte zu erscheinen" (erste Fassung) respektive „die Gabe, menschenähnlich zu erscheinen" (zweite Fassung). Zu der Spaltung von Sein und Bild tritt eine weitere. In beiden Versionen trifft der mit dem Namen einhergehende Verlust nicht das Sein, sondern das Erscheinen. Das erste Bild der zweiten Fassung ist doppeldeu-

---

[69] Auch das diffuse Verhältnis von Subjekt und Objekt folgt der Logik des Geheimnisses: Es ist „gerade das Unauflösliche zwischen Objekt und Subjekt, Allgemeinem und Individuellem im Geheimnis beschlossen [...], dem auch durch keine methodische Reflexion entkommen werden kann" (Manfred Voigts, Thesen zum Verhältnis von Aufklärung und Geheimnis. In: Schleier und Schwelle. Archäologie der literarischen Kommunikation V, Bd. 2: Geheimnis und Offenbarung, hg. von Aleida Assmann u. Jan Assmann, München 1998, S. 65–80, hier S. 76). Die wiederholte Diffundierung von Subjekt-Objekt-Verhältnissen lässt sich als programmatischer Verweis auf Benjamins epistemische Aushebelung dieser Trennung lesen (vgl. Hermann Schweppenhäuser, Physiognomie eines Physiognomikers. In: Zur Aktualität Walter Benjamins, hg. von Siegfried Unseld, Frankfurt am Main 1972, S. 139–171, hier S. 153).

tig. Es lässt sich auf den Träger des Namens beziehen, was als erneutes Aufgreifen des ersten „dessen" sowie aufgrund der Satzsemantik durchaus plausibel erscheint, aber auch auf den (neuen) Namen selbst, wie Scholem es tut.[70] Sowohl der angelisch-auratische Modus der Erscheinung als auch die Ebenenpotenzierung durch das Bild weisen auf den Engel, dessen Auftritt mit einer weiteren Verunklarung der Bezüge einhergeht. Nach Scholems Lesart vollzieht sich hier die luziferische Verwandlung, da das Bild sich nicht *Angelus Satanas* nennt, „obwohl es das ist, sondern: Neuer Engel"[71], wodurch der Topos der satanischen Engelstäuschung aufgegriffen wird.[72] Nachdem Werner Fuld 1978 gezeigt hatte, dass die zusätzlichen Namen Benjamins keine Fiktion sind,[73] wird das Ganze noch einmal komplizierter: Der Name Benedix Schönflies wird nach Scholem nun anlässlich der Liebesbeziehung zu Jula Cohn von dem Namen Agesilaus Santander mit der wahren Bedeutung „der Angelus Satanas" verdrängt. Als Bild dieses Namens gilt Scholem das Klee-Bild, in dem der neue Name sich „niederließ"[74], wobei der Name zugleich auch im Namen dieses Bilds, nämlich *Angelus Novus*, „verhüllt"[75] sein soll.

Auch die Frage, wer das Bild aufhängt, ist strittig: So liest Jochen Hörisch die Stelle folgendermaßen: „Im Zimmer, das ich in Berlin bewohnte, hat jener [geheime anagrammatische Name, J.H.], ehe er aus meinem Namen gerüstet und geschient ans Licht trat, sein Bild an der Wand befestigt: Neuer Engel."[76] In dieser anaphorischen Lesart wird das „jener" rückbezogen auf den (gehei-

---

70 Vgl. Scholem, Walter Benjamin und sein Engel, S. 114. Vgl. auch van Gerwen, Walter Benjamin auf Ibiza, S. 973.
71 Scholem, Walter Benjamin und sein Engel, S. 115.
72 Vgl. die folgende Bibelstelle: „[...] denn er selbst, der Satan, verstellt sich als Engel des Lichts" (2. Kor 11,14). Die Behauptung, „[d]aß dies in Benjamins Sinne nicht der wahre Name war", begründet Scholem so: „Denn der Engel ‚gab sich als neuer aus', der zu denen gehörte, deren einzige Funktion in einer Hymne vor Gottes Thron besteht, ‚ehe er sich nennen wollte'" (Scholem, Walter Benjamin und sein Engel, S. 115). Für sein Argument muss er allerdings die zweite Fassung etwas abwandeln. Die Formulierung „gab sich als neuer aus" findet sich in seiner eigenen Transkription nicht, dort heißt es (wie auch in der Druckfassung von Tiedemann und Schweppenhäuser): „Als solchen [einen der hymnensingenden und vergehenden, L.Z.] Engel gab der Neue sich aus ehe er sich nennen wollte" (Scholem, Walter Benjamin und sein Engel, S. 101). Hier ist das Attribut des Neuen also keine Behauptung des Engels, sondern wird diesem im Text selbst zugesprochen.
73 Vgl. Werner Fuld, Agesilaus Santander oder Benedix Schönflies. Die geheimen Namen Walter Benjamins. In: Neue Rundschau, 89, 1978, S. 253–263.
74 Scholem, Walter Benjamin und sein Engel, S. 115.
75 Scholem, Die geheimen Namen Walter Benjamins, S. 76. Vgl. auch Lang, Mimetisches oder semiologisches Vermögen?, S. 259.
76 Hörisch, Vom Geheimnis zum Rätsel, S. 173.

men) Namen. Nach Manfred Schneider hingegen hat „[d]iesen Angelus [...] der Träger des alten Namens (erg. Benedix Schönflies) als sein Bild an der Wand des Zimmers, das er in Berlin bewohnte, befestigt, ehe er ‚aus meinem Namen gerüstet und geschient ans Licht trat' (VI, 522). Der Angelus ist mithin das *Bild* des alten Namens."[77] In diesen verschiedenen Lesarten, die ihre Kontingenz nicht reflektieren, potenziert sich die in Benjamins Text angelegte Uneindeutigkeit. Denn nach Jochen Hörisch ist der anagrammatische Name der Akteur, der aus dem alten Namen ans Licht tritt (dieser Vorgang wäre dann die anagrammatische Verwandlung) und zuvor den Engel als sein Bild an der Wand befestigt hat. Nach Manfred Schneider hingegen ist es der Träger des alten Namens, der den Engel als Bild des alten Namens an der Wand befestigt; wer oder was aus diesem hervortritt, ist hier mindestens so rätselhaft wie in Benjamins Text: „Dann aber trat aus diesem alten Namen derjenige ‚gerüstet und geschient' ans Licht, der jetzt als ein anderer spricht."[78] Schneider scheint hier implizit für eine innere Spaltung des Namensträgers zu plädieren, da sich für seine Lesart sowohl das „ich" (als Zimmerbewohner – „[i]m Zimmer, das ich in Berlin bewohnte") als auch das „jener" (als Bilderbefestiger – „hat jener [...] sein Bild an der Wand befestigt") auf den Namensträger beziehen müssten. Das erscheint nicht völlig abwegig in Anbetracht dessen, dass auf den erlebenden Mann sowohl in Ich- als auch in Er-Form rekurriert wird; es wird aber nicht unbedingt nahegelegt, denn in diesem Fall würde sich der Wechsel innerhalb eines Satzes unmarkiert vollziehen.

Neben diesen Lesarten lässt sich aber auch grammatikalisch stimmig die Perspektive auf den Engel als Akteur einnehmen. Dieser wäre dann nicht, wie bei Scholem, Hörisch und Schneider, nur als Bild zu verstehen, sondern als Handelnder, der sein eigenes Bild (weder das des alten noch des neuen Namens) an der Wand befestigt und als Kulminationspunkt erst zum Schluss genannt wird (nach dieser Lesart wären „jener", „er" und „sein" kataphorisch zu verstehen): „Im Zimmer, das ich in Berlin bewohnte, hat jener, ehe er aus meinem Namen gerüstet und geschient ans Licht trat, sein Bild an der Wand befestigt: Neuer Engel." Hier wäre weniger die Wandlung des Namens als vielmehr das In-Erscheinung-Treten des Engels das Thema. Diese Lesart hat den Vorzug, dass sich sämtliche maskulinen Pronomen auf ein Referenzobjekt beziehen, nämlich den Engel. Allerdings wirft sie mit der Trennung von Engel und seinem Bild ontologische Fragen auf. Der Name als eine Art Geburtsstätte des Engels und das Ans-Licht-Treten als Seinswerdung evozieren eine Vorstellung von Ursprung und Vorgängigkeit, die hier nicht greift.

---

[77] Schneider, Aufzeichnungen, S. 671.
[78] Schneider, Aufzeichnungen, S. 671.

Die hierarchische Ordnung von Sein und Bild, von Signifikat und Signifikant kollabiert: Nicht der Engel ist zuerst – im emphatischen Sinne des Ans-Licht-Tretens – da, sondern sein Bild, das er gleichwohl selbst befestigt hat (insofern tritt vor das Bild die Dynamik der Handlung), und dessen Vorrangigkeit gegenüber der Nachträglichkeit des Ans-Licht-Tretens als Ursprung auch durch die Satzstruktur betont wird. Diese Unbestimmtheit der Pronomen im Zusammenhang mit einem Engel hat einen biblischen Vorläufer. In der Episode von Jakobs Kampf mit einer unbekannten Macht, die häufig als Engel identifiziert wird, findet sich dieselbe „Verworrenheit", die „dem austauschbaren Charakter der Pronomen [entspringt]"[79], wie Roland Barthes feststellt. In der Unschärfe des Textes verschleiert die Grammatik, wer in Jakobs Kampf wem nicht beizukommen vermag. Semantische Klarheit entsteht nur rückwirkend über den Schluss: „Du hast Gott besiegt. Derjenige, der zu dir spricht, ist der, den du besiegt hast. Der zu dir spricht, ist also Gott."[80] Auf diese Weise verläuft „die Lesbarkeit über *Umwege*"[81] und damit über ein Paradigma, das in „Agesilaus Santander" noch eine wichtige Rolle spielen wird.

Auch der Engel gehört zu diesem Umwegdenken. Indem Engel zunächst einer immateriellen Sphäre Gestalt verleihen und dann in einem zweiten Schritt bildlich dargestellt werden, sind sie Teil einer doppelten Bildwerdung.[82] Entsprechend verschwimmen in „Agesilaus Santander" im Engel Sein, Bild und Name, da offen bleibt, auf welcher Ebene von ihm die Rede ist. Gibt es ihn nur innerhalb seines Bilds (oder im Namen, das heißt im Titel dieses Bilds) beziehungsweise als Bild (des alten oder neuen Namens) oder auch losgelöst von diesem in anderer Seinsweise? Darüber hinaus werden aber auch diese Kategorien selbst dynamisiert. So löst sich das Bild, als das sich der Engel als Visualisierungsform des Göttlichen immer schon verstehen lässt, aus der subalternen Position des Verweisens auf ein Original. Diese Bewegung steht im Einklang mit der im Folgenden entwickelten Lesart der gesamten Textbewegung sowie Benjamins mit einem Urbild-Abbild-Schema allegorisch brechenden Bildverständnis.[83] Zu einer solchen bildhaften Konstellation verdichtet sich an dieser

---

79 Barthes, Der Kampf mit dem Engel, S. 256.
80 Barthes, Der Kampf mit dem Engel, S. 256.
81 Barthes, Der Kampf mit dem Engel, S. 256.
82 Vgl. Weigel, Grammatologie der Bilder, S. 324.
83 Vgl. etwa Sigrid Weigel, Entstellte Ähnlichkeit. Walter Benjamins theoretische Schreibweise, Frankfurt am Main 1997, S. 57, Stefano Marchesoni, Walter Benjamins Konzept des Eingedenkens. Über Genese, Stellung und Bedeutung eines ungebräuchlichen Begriffs in Benjamins Schriften, Trient; Berlin 2013, S. 59–61 oder Dominik Finkelde, Benjamin liest Proust. Mimesislehre – Sprachtheorie – Poetologie, München 2003, S. 16.

Stelle auch der Text, dessen grammatikalische Un- eine semantische Überdeterminiertheit erzeugt.

Unabhängig von der präferierten Lesart sollte deutlich geworden sein, dass sich in der entscheidenden Wandlungsszene von „Agesilaus Santander" syntaktisch verschiedene Verbindungen herstellen lassen. Sie können durch den Gesamtkontext weder verifiziert noch falsifiziert werden, da ein konsistenter semantischer Zusammenhang fehlt. Dies ist, so die These, Ausdruck einer theoretischen Grammatik, die hier im Modus der autobiographischen Erzählung entwickelt wird. In der unauflösbaren strukturellen Mehrdeutigkeit spiegelt sich die Schwellenerfahrung (wiederholbaren) Mannbarwerdens als Übergang, der mit Unsicherheit verbunden ist. Das gilt gleichermaßen für die Sprache, die für Benjamin „nicht allein Mitteilung des Mitteilbaren, sondern zugleich Symbol des Nicht-Mitteilbaren"[84] ist. Bei der Frage, wie genau das Verhältnis von Name, Namensträger, Bild und Engel beschaffen ist, stößt ein referentielles Lesen, das auf Eindeutigkeit abzielt, an seine Grenzen.[85] In der Fokussierung der Schwelle zwischen Öffentlichkeit und Geheimnis sowie zwischen den Medien Schrift, Laut und Bild sind vermeintlich klare Hierarchien, repräsentationslogische Strukturen und damit verbundene ontologische Wertigkeiten außer Kraft gesetzt. Name, Bild und Engel, alle mit mimetischem Vermögen ausgestattet und für gewöhnlich in Abhängigkeit von einer anderen Größe gedacht (Name und Bild von etwas beziehungsweise jemandem, der Engel als Medium Gottes), haben sich hier aus ihren angestammten Bezugsverhältnissen gelöst. In dieser Emanzipierung mimetischer Figuren liegt eine autoreflexive Bewegung, die sich gegen die Rückführung auf textexterne Wesens- und Anfangsgründe durch eine hermeneutische Domestizierung von Name, Bild und Engel wendet.

Das Bestreben, dem Namen in „Agesilaus Santander" einen eindeutigen Aussagegehalt abzugewinnen, richtete sich, wie gezeigt, vornehmlich auf Benjamins Privatleben. Derartige Lesarten folgen der Annahme, dass hinter dem Namen im Text eine tiefere Bedeutungsebene liegt, die eine Art hermeneutischen Generalschlüssel zum Wesen des Namensträgers wie der Interpretation des Textes darstellt.[86] Eine solche Identität zwischen Name und Träger dementiert Benjamin aber in seiner Lektüre des ersten Genesiskapitels in „Über Spra-

---

84 Benjamin, Über Sprache überhaupt, S. 156.
85 Vgl. die Beschreibung von Verena Lenzen: „Im Stil der meditativen Bildbetrachtung lässt Benjamin den Engel im *Agesilaus Santander* aus dem Rahmen in den Raum zu seinem Betrachter schweben und identifiziert sich gleichzeitig mit dem *Neuen Engel*" (Lenzen, Benjamins Engel, S. 448). In einer solchen Lesart bleiben die wichtigen Fragen der Zuordnung, der zeitlichen Relation, der nichtidentitären Beziehungen und der Widerständigkeit des Engels unberücksichtigt.
86 Vgl. Stiegler, Die Aufgabe des Namens, S. 14.

che": „Es sollte im strengen Geist auch kein Mensch dem Namen (nach seiner etymologischen Bedeutung) entsprechen, denn der Eigenname ist Wort Gottes in menschlichen Lauten."[87] Gemäß der hier entwickelten Theorie fallen in Gottes Sprache schöpferisches Wort und erkennender Name zusammen. Daher ist es möglich, dass in der Schöpfung durch Gottes Wort die Dinge in ihrem Namen für den Menschen erkennbar werden und er sie auf der Grundlage dieser Erkenntnis benennt.[88] Die Relation zwischen schaffendem Gott und erkennendem Menschen ist über das Bild vermittelt: „Gott schuf ihn [den Menschen, L.Z.] sich zum Bilde, er schuf den Erkennenden zum Bilde des Schaffenden."[89] Auch der Eigenname ist (Ab-)Bild, wenngleich nicht im Sinne eines strengen Entsprechungsverhältnisses: „Das tiefste Abbild dieses göttlichen Wortes und der Punkt, an dem die Menschensprache den innigsten Anteil an der göttlichen Unendlichkeit des bloßen Wortes erlangt, der Punkt, an dem sie nicht endliches Wort und Erkenntnis nicht werden kann: das ist der menschliche Namen."[90]

Die Bildlichkeit ist hier im Wirkungsbereich des Göttlichen eine vor jedem Bruch der Repräsentation. Wie die Offenbarung ist nämlich „[d]er Name [...] dasjenige, *durch* das sich nichts mehr, und *in* dem die Sprache selbst und absolut sich mitteilt"[91]. Neben dem Modus des Bilds als privilegiertem Medium von Wahrnehmung und Erkenntnis, die bei Benjamin im Kern der Sprache statthat,[92] besteht eine weitere Ähnlichkeit zwischen Engel und Name in ihrer Figuration von (Meta-)Medialität. Während es sich bei Engelsdarstellungen um Darstellungen der Darstellung des Undarstellbaren handelt, heißt es in „Über Sprache": „Man kann den Namen als die Sprache der Sprache bezeichnen

---

87 Benjamin, Über Sprache überhaupt, S. 150.
88 Vgl. Benjamin, Über Sprache überhaupt, S. 148. Benjamin verweist später darauf, dass das Benennen des Menschen ein eigenständiger Vorgang ist: „Aber offenbar ist diese [Gottes, L.Z.] Benennung nur der Ausdruck der Identität des schaffenden Wortes und des erkennenden Namens in Gott, nicht die vorhergenommene Lösung jener Aufgabe, die Gott ausdrücklich dem Menschen selbst zuschreibt: nämlich die Dinge zu benennen" (Benjamin, Über Sprache überhaupt, S. 151). Nur in Gottes Wort erhalten die Dinge einen Eigennamen, in der menschlichen Sprache hingegen sind sie „überbenannt" (Benjamin, Über Sprache überhaupt, S. 155).
89 Benjamin, Über Sprache überhaupt, S. 149.
90 Benjamin, Über Sprache überhaupt, S. 149.
91 Benjamin, Über Sprache überhaupt, S. 144.
92 Vgl. die Erläuterung von Stephanie Waldow: „Bildlichkeit meint in diesem Zusammenhang [Benjamins Bildbegriff, L.Z.] nicht ein vor- oder außersprachliches Phänomen, sondern bezeichnet vielmehr jene der Sprache innewohnenden Kräfte, die aufgrund der Inanspruchnahme durch die bloße Mitteilungsfunktion verborgen sind" (Stephanie Waldow, Der Mythos der reinen Sprache. Walter Benjamin, Ernst Cassirer, Hans Blumenberg. Allegorische Intertextualität als Erinnerungsschreiben der Moderne, München 2006, S. 105–106).

(wenn der Genitiv nicht das Verhältnis des Mittels, sondern des Mediums bezeichnet)."[93] Auch in „Agesilaus Santander" haben „Bild und Sprache [...] den Vortritt", und das „[n]icht nur vor dem Sinn. Auch vor dem Ich"[94], wie Benjamin über die Frühphase des Surrealismus schreibt. Der Eigenname entzieht sich seinem Träger ebenso wie jedem Sinnkorsett. Darin stellt er „eine Zäsur oder ein[en] Bruch im Prozeß der Signifikation"[95] dar. In dieser Unterbrechung lässt sich mit Ernesto Laclau zugleich der Ermöglichungsgrund von Signifikation überhaupt erkennen:

> Wie auch immer besteht das Problem darin, daß die eigentliche Voraussetzung der Signifikation das System ist und die eigentliche Voraussetzung des Systems dessen Grenzen sind. [...] Aber wenn wir über die Grenzen eines *Bezeichnungssystems* sprechen, ist klar, daß dessen Grenzen nicht selbst bezeichnet werden können, sondern sich selbst *zeigen* müssen als die *Unterbrechung* oder der *Zusammenbruch* des Prozesses der Signifikation. So stehen wir vor der folgenden paradoxen Situation: Was die Bedingung der Möglichkeit eines Bezeichnungssystems bildet – seine Grenzen –, bildet auch die Bedingung seiner Unmöglichkeit – eine Blockade der fortgesetzten Ausweitung des Bezeichnungsprozesses.[96]

Die Konsequenz liegt darin, dass das „Geheimnis des Personennamens"[97] nicht nur der Aufrechterhaltung der „poetic texture of language"[98] oder der Rettung einer Schwundstufe des Arkanen in der Moderne dient, sondern auch die Voraussetzung von bedeutungstragender Sprache überhaupt ist. Die programmatische Offenheit des Textes und die irreduzible Vordergründigkeit von Medialität, die sich in der Vordergründigkeit von Name, Bild und Engel kristallisiert, verweist auf Sprache in ihrer Unendlichkeit und epistemologischen Unhintergehbarkeit.[99] Dies drückt sich aus im Prinzip des Umwegs, das Name, Bild und Engel in den

---

93 Benjamin, Über Sprache überhaupt, S. 144–145. Bernd Stiegler sieht in dem Eigennamen als der „Idealform" des Namens eine weitere Ebenenpotenzierung realisiert (Stiegler, Die Aufgabe des Namens, S. 27); ist „der Name Sprache der Sprache, so ist der Eigenname Sprache der Sprache der Sprache oder Name des Namens" (Stiegler, Die Aufgabe des Namens, S. 30).
94 Walter Benjamin, Der Sürrealismus. Die letzte Momentaufnahme der europäischen Intelligenz. In: Benjamin, Gesammelte Schriften, Bd. II.1, hg. von Rolf Tiedemann u. Hermann Schweppenhäuser, Frankfurt am Main 1991, S. 295–310, hier S. 297.
95 Stiegler, Die Aufgabe des Namens, S. 30.
96 Ernesto Laclau, Was haben leere Signifikanten mit Politik zu tun? In: Laclau, Emanzipation und Differenz, Wien; Berlin 2010, S. 65–78, hier S. 66.
97 Walter Benjamin, Das Passagen-Werk. Gesammelte Schriften, Bd. V, hg. von Rolf Tiedemann, Frankfurt am Main 1982, S. 1036.
98 Shahar, In the Name of the Devil, S. 110.
99 Die Unendlichkeit der Sprache hängt für Benjamin mit ihrer Unmittelbarkeit zusammen, denn „weil *durch* die Sprache sich nichts mitteilt, kann, was *in* der Sprache sich mitteilt, nicht von außen beschränkt oder gemessen werden, und darum wohnt jeder Sprache ihre inkommensurable einziggeartete Unendlichkeit inne" (Benjamin, Über Sprache überhaupt, S. 143).

Text tragen. Gleichzeitig unterbrechen und (zer-)stören sie Sinnzusammenhänge und stellen so eine notwendige Begrenzung der Sprache her. Nimmt man Benjamins sprachphilosophische Konzeption des Eigennamens ernst, dann kann der Name in „Agesilaus Santander" ebenso wenig aufgehen in einer Auflösung ohne Rest, wie er sich funktional über eine geliebte Adressatin stillstellen lässt. Folglich resultieren die Schwierigkeiten, anhand des ungenannten Namens zu einer definiten Bedeutung vorzudringen, nicht aus fehlenden Informationen. Vielmehr ist es der Name selbst, der diese Versuche in seiner nichtinstrumentellen Medialität zum Scheitern verurteilt.

4.1.3 Der Engel als Zerstörer und Bewahrer des Humanen

Dominiert im ersten Teil von „Agesilaus Santander" der Name, so tritt im zweiten Teil der Engel in den Vordergrund. In Benjamins Essay „Karl Kraus" (1931) sind beide im Zitat verbunden: „Ein Wort zitieren heißt es beim Namen rufen"[100], und im Zitat selbst „spiegelt sich [...] die Engelsprache, in welcher alle Worte, aus dem idyllischen Zusammenhang des Sinnes aufgestört, zu Motti in dem Buch der Schöpfung geworden sind"[101]. Sowohl im Zitat als auch in der Engelsprache geht es darum, das Wort „aus dem mythischen Zusammenhang des Bedeutens [zu] rufen"[102], wie Bettine Menke formuliert, und in diesem Zurückrufen an seinen Ursprung in der reinen Sprache eine Zerstörung des (Sinn-)Zusammenhangs vorzunehmen. Das Wort steht „als Name [...] einsam und ausdruckslos"[103].

Das Ausdruckslose bestimmt Benjamin in „Goethes Wahlverwandtschaften" (1922) als „kritische Gewalt", die im Kunstwerk dem schönen Schein „Einhalt gebietet, die Bewegung bannt und der Harmonie ins Wort fällt"[104]. Es

---

100 Benjamin, Karl Kraus, S. 362.
101 Benjamin, Karl Kraus, S. 363.
102 Bettine Menke, Sprachfiguren. Name – Allegorie – Bild nach Benjamin, Weimar 2001, S. 505.
103 Benjamin, Karl Kraus, S. 363. Auch das Ausdruckslose verweist auf die Nähe des Namens zur reinen Sprache, „die nichts mehr meint und nichts mehr ausdrückt, sondern als ausdrucksloses und schöpferisches Wort das in allen Sprachen Gemeinte ist" (Benjamin, Die Aufgabe des Übersetzers, S. 19). Bernd Stiegler bezeichnet die Namenssprache der Menschen als „eine Art Palimpsest der reinen Sprache", wobei besonders im Eigennamen „die von Benjamin angenommene ursprüngliche (R)Einheit" durchscheine (Stiegler, Die Aufgabe des Namens, S. 31).
104 Walter Benjamin, Goethes Wahlverwandtschaften. In: Benjamin, Gesammelte Schriften, Bd. I.1, hg. von Rolf Tiedemann u. Hermann Schweppenhäuser, Frankfurt am Main 1991, S. 125–201, hier S. 181.

destruiert „die falsche, irrende Totalität" und macht das Werk so zum „Fragmente der wahren Welt"[105]. Erst in seiner Zerstörung erfährt es Vollendung. Zwar stört das Ausdruckslose den Schein, allerdings bedeutet diese Stillstellung zugleich, dass das Schöne ins Unvergängliche gehoben wird: „In dieser Verewigung muß sich das Schöne verantworten, aber nun scheint es in eben dieser Verantwortung unterbrochen und so hat es denn die Ewigkeit seines Gehalts eben von Gnaden jenes Einspruchs."[106] Die Denkfigur, dass nur aus der Zerstörung Dauer entsteht, ist strukturell derjenigen verwandt, dass nur die Störung der Signifikation ihr Funktionieren ermöglicht. Sie verbindet Zitat und Engelssprache. Indem sie Wörter aus ihrem instrumentellen Sinn- und Referenzzusammenhang schlägt, trägt die Engelssprache ebenso wie das Zitat in sich die Kraft, „nicht zu bewahren, sondern zu reinigen, aus dem Zusammenhang zu reißen, zu zerstören; die einzige, in der noch Hoffnung liegt, daß einiges aus diesem Zeitraum überdauert – weil man es nämlich aus ihm herausschlug"[107].

Dieses aktualisierende Herausschlagen aus dem Zusammenhang ereilt in „Agesilaus Santander" auch ein Narrativ der mystischen Tradition: „Die Kabbala erzählt, daß Gott in jedem Nu eine Unzahl neuer Engel schafft, die alle nur bestimmt sind, ehe sie in Nichts zergehen, einen Augenblick vor seinem Thron sein Lob zu singen." (AS 521, erste Fassung) Hier ist es also der Engel, der zunächst einen unendlichen Kreislauf begründet. Was erst so entrückt klingt, wird im nächsten Satz sogleich gestört und profanisiert: „Meiner war dabei unterbrochen worden: seine Züge hatten nichts Menschenähnliches." (AS 521, erste Fassung) Das Zitat als das, was textuell herausgeschlagen wurde, spiegelt sich hier in der Figur der Unterbrechung auf inhaltlicher Ebene. Die Unterbrechung bestimmt Benjamin als „eines der fundamentalen Verfahren aller Formgebung"[108]. In „Agesilaus Santander" scheint die Unterbrechung

---

105 Benjamin, Goethes Wahlverwandtschaften, S. 181.
106 Benjamin, Goethes Wahlverwandtschaften, S. 181.
107 Benjamin, Karl Kraus, S. 365. So bezeichnet Benjamin das zerstörerische Dasein Karl Kraus' in seiner „gewaltige[n] Dialektik" als „das heißeste Gebet um Erlösung [...], das heute über jüdische Lippen kommt" (Walter Benjamin, Karl Kraus [Ästhetische Fragmente]. In: Benjamin, Gesammelte Schriften, Bd. II.2, hg. von Rolf Tiedemann u. Hermann Schweppenhäuser, Frankfurt am Main 1991, S. 624–625, hier S. 625). Ihren deutlichsten Ausdruck finde diese Dialetik darin, „daß dieser Mann, einer der verschwindend wenigen, die eine Anschauung von Freiheit haben, ihr nicht anders dienen kann, denn als oberster Ankläger" (Walter Benjamin, Karl Kraus [Ästhetische Fragmente], S. 625).
108 Walter Benjamin, Was ist das epische Theater? (2) Eine Studie zu Brecht. In: Benjamin, Gesammelte Schriften, Bd. II.2, hg. von Rolf Tiedemann u. Hermann Schweppenhäuser, Frankfurt am Main 1991, S. 532–539, hier S. 536. Der Unterbrechung eignet bei Benjamin eine revolutionär-messianische Qualität („Die klassenlose Gesellschaft ist nicht das Endziel des Fortschritts in der Geschichte sondern dessen so oft mißglückte, endlich bewerkstelligte Unterbrechung" (Walter

eine erwartbare oder zumindest mögliche Menschenähnlichkeit als Resultat eines ungestörten Lobgesangs verhindert zu haben. Zuvor hieß es bereits über das Bild des Namens oder des Namensträgers, dass es bei dem Lautwerden des Namens die Gabe der menschenähnlichen Erscheinung einbüßt.

Auch der Verlust der Menschenähnlichkeit und die Kategorie des Unmenschlichen, die über den Engel als unmenschliche Figur aufgerufen werden, stehen in dem größeren Zusammenhang der in „Erfahrungsarmut" entwickelten Zeitdiagnose, die wie „Agesilaus Santander" im Sommer 1933 verfasst wurde. Die Armut als Signatur der Gegenwart ist „mit dieser ungeheuren Entfaltung der Technik über die Menschen gekommen"[109]. Aus dem Bekenntnis zu dem Mangel an Menschheitserfahrungen speist sich die Forderung nach Klarheit und Einfachheit als Gestaltungsprinzipen. Als Vertreter dieser Bewegung nennt Benjamin jene Denker und Künstler, die zerstören, um dann von und aus Neuem zu konstruieren, wie Descartes, Einstein, Klee oder Loos.[110] Was technische Entwicklungen aus „den ehemaligen Menschen für gänzlich neue sehens- und liebeswerte Geschöpfe machen"[111], beschäftige Scheerbart in seinen Romanen; „die Menschenähnlichkeit – diesen Grundsatz des Humanismus – lehnen sie ab"[112].

Folglich lässt sich die mangelnde Menschenähnlichkeit in „Agesilaus Santander" nicht nur als Verweis auf dämonische Wesenszüge lesen, sondern kann vielmehr im Zusammenhang mit (technik-)geschichtlichen Entwicklungen und entsprechenden Reaktionsformen verstanden werden.[113] In „Karl Kraus" ist diese Ablehnung des klassischen Humanismus explizit mit dem Engel verbunden. Der Porträtierte selbst wird als eine Figur der Schwelle skizziert, die anthropologische Halbtonschritte des All-, Zwischen-, Unter- und Unmenschlichen bespielt. Er, der wie Shakespeares Timon „mit Menschen nichts mehr gemein haben"[114] will, ist einerseits in seiner ahistorischen „Naturverhaftung"[115] ein „Überläufer in das Lager der Kreatur"[116], andererseits wird seinem Werk attestiert, es sei der „schnell

---

Benjamin, Druckvorlage: Benjamin-Archiv, Ms 1098v. In: Benjamin, Gesammelte Schriften, Bd. I.3, hg. von Rolf Tiedemann u. Hermann Schweppenhäuser, Frankfurt am Main 1991, S. 1231).
109 Benjamin, Erfahrung und Armut, S. 214.
110 Vgl. Benjamin, Erfahrung und Armut, S. 215–216.
111 Benjamin, Erfahrung und Armut, S. 216.
112 Benjamin, Erfahrung und Armut, S. 216.
113 Insofern wäre hier Geret Luhr zu widersprechen, für den „Agesilaus Santander" entgegen dem Postulat eines „neuen Barbarentums" Ausdruck davon ist, dass Benjamin „der zurückgelassenen Tradition verhaftet" bleibe (Geret Luhr, „was noch begraben lag". Zu Walter Benjamins Exil. Briefe und Dokumente, Berlin 2000, S. 18).
114 Benjamin, Karl Kraus, S. 357.
115 Benjamin, Karl Kraus, S. 353.
116 Benjamin, Karl Kraus, S. 341.

verfliegenden Stimme"[117] der talmudischen Engel nachgebildet. Dem klassischen Humanismus Weimarer Prägung setzt Benjamin mit Marx einen „reale[n] Humanismus"[118] entgegen, der in seiner zerstörerisch-reinigenden Kraft die bürgerliche Hypostasierung des Natürlichen demaskiert. Diese Radikalisierungsbewegung wird anhand der Kraus zugeschriebenen Entwicklung nachgezeichnet. Als „große[r] bürgerliche[r] Charakter"[119] habe dieser zunächst im Bann der Weimarer Humanität gestanden und sich erst spät von ihr gelöst – „daß es keine idealistische, sondern nur eine materialistische Befreiung vom Mythos gibt und nicht Reinheit im Ursprung der Kreatur steht, sondern die Reinigung, das hat in dem realen Humanismus von Kraus seine Spuren am spätesten hinterlassen"[120].

Da die Zeitung auch in ihren Mitteln von der Macht korrumpiert werde, „ist eine neue Blüte paradiesischer Allmenschlichkeit von einer ihm [dem Hochkapitalismus, L.Z.] obsiegenden Macht so wenig zu gewärtigen, wie eine Nachblüte goethescher oder claudiusscher Sprache"[121]. Stattdessen wird die Macht, die den Kapitalismus bezwingt, „Ideale, die jene [die herrschende Macht, L.Z.] entwürdigte, außer Kurs setz[en]"[122]. In der Suspendierung des entwürdigten Ideals „paradiesischer Allmenschlichkeit" ist das Gesicht dieses „realen Humanismus" nicht mehr menschenähnlich. Folgerichtig wirkt „der Unmensch als der Bote realeren Humanismus unter uns"[123]. Er „ist die Überwindung des mythischen Menschen (und daher Engel)"[124]. Diese Form der „Humanität [...], die sich an der Zerstörung bewährt", verkörpert sich in Klees „Neue[m] Engel"[125] als Figur des Unmenschlichen, der die Befreiung von dem mythischen Bann durch Zerstörung gegen das vermeintliche Glück des Besitzens setzt – er ist der Engel, der „die Menschen lieber befreite, indem er ihnen nähme, als beglückte, indem er ihnen gäbe"[126]. Er stellt den Zustand der positiv gewendeten Armut her und zwar in der Vernichtung des „Zwischen- oder Untermenschliche[n]"[127] des Dämons mit seinen Zweideutigkeiten.[128]

---

117 Benjamin, Karl Kraus, S. 367.
118 Benjamin, Karl Kraus, S. 364.
119 Benjamin, Karl Kraus, S. 365.
120 Benjamin, Karl Kraus, S. 365.
121 Benjamin, Karl Kraus, S. 344.
122 Benjamin, Karl Kraus, S. 344.
123 Benjamin, Karl Kraus, S. 366/367.
124 Walter Benjamin, Zur Theorie des Unmenschen. In: Benjamin, Gesammelte Schriften, Bd. II.3, hg. von Rolf Tiedemann u. Hermann Schweppenhäuser, Frankfurt am Main 1991, S. 1106.
125 Benjamin, Karl Kraus, S. 367.
126 Benjamin, Karl Kraus, S. 367.
127 Benjamin, Karl Kraus, S. 358.
128 Vgl. die Beschreibung in „Karl Kraus": „Sein Schwert und Schild – Begriff und Schuld – sind ihm [dem Dämon, L.Z.] entsunken, um zu Emblemen unterm Fuß des Engels zu werden,

Über den „menschenfresserische[n] Engel"[129] wird der Mensch in Frage gestellt, der nach dem Ersten Weltkrieg als Entität obsolet geworden ist: Die erfahrungsarmen Leute „haben das alles ‚gefressen', ‚die Kultur' und den ‚Menschen' und sie sind übersatt daran geworden und müde"[130]. Die Klammer von Barbarischem und Angelischem ist in Benjamins Sprachphilosophie zu suchen, in der beide auf den Zustand der Unmittelbarkeit, verstanden als Abwesenheit von Instrumentalisierung, verweisen. In der geschichtlichen Logik, die von einem idealistischen Humanismus über dessen Korrumpierung durch Kapitalismus und Krieg bis zu einem realen Humanismus führt, erscheint der „Neue Engel" als Zielpunkt oder wenigstens als nächste Station. Klees Engelbild fügt sich aus mehreren Gründen ein in diese Reihe: Zum einen ist Klee selbst für Benjamin ein Vertreter der neuen Gestaltungsweise, die die Armut nicht verdrängt, sondern annimmt; das Prinzip der Konstruktion findet sich auch in seiner Zeichnung *Angelus Novus*.[131] Zum anderen verbinden sich darin Raubtierartiges und Angelisches sowie ein Zukunftsprinzip, das der Engel, „Bote realeren Humanismus", den verarmten Gegenwartsmenschen mitteilt.

Der Engel ist bei Benjamin also eine hochgradig moderne Figur, die auf die kapitalistische Gesellschaft und die sich im Ersten Weltkrieg mit Gewalt manifestierenden technischen Entwicklungen reagiert. Gleichzeitig bewahrt und verändert der Engel Fragmente einer religiösen Tradition als zerstörende und selbst – durch den Erzähler – gestörte Figur. Dadurch erhalten religiöse Bilder und Strukturen in neuen Zusammenhängen neue Bedeutungen. Der Erzähler unterbricht den liturgischen Kreislauf der Engel, sodass einer von ihnen aus seinem angestammten Traditions- und Repräsentationszusammenhang herausgerissen und individuiert wird. Die Verbindung der Lobpreis singenden Engel mit der Namensthematik und einer ambivalenten Engelsgestalt in „Agesilaus Santander" geht zurück auf eine biblische Episode beziehungsweise deren rabbinische Auslegungsgeschichte, nämlich auf jenen Kampf von Jakob mit einem Mann an der Furt des Jabbok.[132] Dieser unter anderem im *Midrasch Bereschit Rabba* mit einem Engel (oder Satan)[133] identifizierte Mann weigert sich im Anschluss an den Kampf, seinen Namen zu verraten. Aber nicht nur ein geheim gehaltener Name, sondern

---

der ihn erschlagen hat" (Benjamin, Karl Kraus, S. 360). Diese Überwindung der mythischen Schuld vollzieht sich über „die Solidarisierung der Kreatur mit der zerstörenden Natur", die „das neue Verhältnis zur Technik schafft" (Benjamin, Zur Theorie des Unmenschen, S. 1106).

129 Benjamin, Zur Theorie des Unmenschen, S. 1106.
130 Benjamin, Erfahrung und Armut, S. 218.
131 Vgl. Kapitel 4.2.1 dieser Studie.
132 Für Deutungen im Zusammenhang mit Agesilaus Santander vgl. Lang, Mimetisches oder semiologisches Vermögen?, S. 260, Ebach, Agesilaus Santander und Benedix Schönflies, S. 151 und Hörisch, Vom Geheimnis zum Rätsel, S. 171. Vgl. außerdem die Kapitel 2.2. und 3.2.3 dieser Studie.
133 Vgl. Lang, Mimetisches oder semiologisches Vermögen?, S. 260.

auch ein neuer im emphatischen Sinne kommt hier vor, da Jakob nach dem Kampf den neuen Namen Israel mitsamt dem erzwungenen Segen des Mannes/Engels/Satans erhält. Da der Engel bei Anbruch der Morgenröte gehen möchte, wird er in der rabbinischen Tradition verstanden als einer der Engel, der am Morgen Gottes Lobpreis singen soll. Dass der Engel sich weigert, seinen Namen zu nennen, wird begründet mit einer späteren Namensveränderung der Engel.[134]

In „Agesilaus Santander" setzt sich mit dieser Unterbrechung zunächst die Verselbstständigung des Mediums Engel fort. Der Engel, der dazu bestimmt ist, vor Gottes Thron sein Lob zu singen, wird gestört. Daraufhin verhält er sich in einer von keiner Tradition gedeckten Weise. Er, der eigentlich sofort wieder „in Nichts zergehen" sollte, kehrt schließlich am Ende zurück in eine Zukunft, aus der er gekommen war (vgl. AS 521, erste Fassung). So wie die abtrünnigen Engel mit der Abweichung von Gott eine geschichtsphilosophische Dynamik anstoßen, so erhält der Engel auch hier plötzlich zeitlichen Handlungsspielraum und Zukunftsbezug. Nicht nur wird seine Funktionalisierung auf den absoluten Signifikanten Gott hin als vor dessen Thron singender Engel allegorisch aufgebrochen; neben der Reflexion von Bildgebungsprozessen weist diese Herauslösung aus einem in sich geschlossenen Kreislauf auch auf die geschichtsphilosophische Dynamik, die den ganzen Text durchzieht.[135] Indem der Engel mit der Vermittlung numinoser Inhalte auf der Erde und so auch mit deren notwendiger Verweltlichung betraut ist, wirkt er als Prisma auf der Schwelle zwischen theologischer Tradition und modernem Traditionsbruch.[136] Dieselbe Position nimmt der Name in Benjamins Sprachphilosophie ein, die untrennbar mit einer geschichtsphilosophischen Sündenfallerzählung verknüpft ist.

Der Name stellt darin als absolutes Medium den sprachphilosophischen Angelpunkt des prälapsarischen Zustands dar. Der Sündenfall ist die prädikative Sprache, die die Unmittelbarkeit des Namens zerstört. In dieser soll das Wort nun „*etwas* mitteilen (außer sich selbst)"[137]. Indem der Mensch aus der Namenssprache heraustritt und sich aus dem paradiesischen Idyll herausbewegt, kündigt er nach Benjamin auch den Verbund mit der Natur auf, da er der

---

134 Vgl. Bibliotheca Rabbinica. Übersetzt von August Wünsche, Leipzig 1880, S. 379–381.
135 Sigrid Weigel erkennt in der Unterbrechung des Engels „*in nuce* eine Dialektik jenes Vorgangs [...], bei dem eine ephemere Erscheinung im Bild festgehalten wird und genau damit ihrer eigentlichen Bedeutung oder Bestimmung entfremdet wird – während doch gleichzeitig dem materiellen Bild die Rolle zufällt, auf jene andere Sphäre zu verweisen" (Weigel, Grammatologie der Bilder, S. 328–329).
136 Vgl. Sigrid Weigel, Schauplätze, Figuren, Umformungen. Zu Kontinuitäten und Unterscheidungen von Märtyrerkulturen. In: Märtyrer-Porträts. Von Opfertod, Blutzeugen und heiligen Kriegern, hg. von Sigrid Weigel, Berlin 2007, S. 11–38, hier S. 19.
137 Benjamin, Über Sprache überhaupt, S. 153.

Mitteilung, die er von ihr empfängt, nicht mehr gerecht wird. Stattdessen maßt er sich in der instrumentellen Degradierung des Wortes ein Urteil an, wobei dieses richtende Wort, in dessen Anrufung die Schuld des Menschen besteht, ihn auch aus dem Paradies verbannt: Das Wissen um gut und böse als Grundlage des Urteils ist als das Böse selbst gegenstandsloses „Geschwätz" und kennt „nur eine Reinigung und Erhöhung, unter die denn auch der geschwätzige Mensch, der Sündige, gestellt wurde: das Gericht"[138]. Der Sündenfall beziehungsweise die Sünde wird bei Benjamin also nicht als Resultat eines inneren Bruchs gedacht, sondern als etwas Äußerliches und wesentlich Substanzloses, zu dem der Mensch sich hinwendet, indem er aus dem Bereich der Namenssprache heraustritt: „Gut und böse nämlich stehen als unbenennbar, als namenlos außerhalb der Namensprache, die der Mensch eben im Abgrund dieser Fragestellung verläßt"[139].

Der im Stadium der Vielzahl der Menschensprachen schon ‚welkende'[140] Name weist ebenso wie der Engel in seiner Zwischenstellung nicht nur zurück auf die paradiesische Einheitssprache, sondern auch voraus auf das Ende der geschichtlichen Zeit, in der die auf Trennung basierende Sinnzuweisung aufgehoben ist.[141] Darin liegt insofern auch ein ethischer Imperativ, als der Mensch durch seine Hybris die „tief[e] Traurigkeit der Natur"[142] zu verantworten hat. Vergleicht man diese Ursprungserzählung mit der Rilkes, wird deutlich, dass das Unterbrechungsmoment des Engels verschiedene Konnotationen hat. Während es in Rilkes „Märchen" im Ursprung selber wirksam ist, weist der Engel hier mit seiner Unterbrechung eines bereits gebrochenen historischen Zustands auf eine ursprüngliche beziehungsweise wiederzuerringende Einheit hin. Während bei Rilke die Vorstellung der Sünde irrelevant ist – es ist ja Gott beziehungsweise der Engel und nicht der Mensch, der die Trennung verursacht hat –, kommt der Sünde in dieser sprachphilosophischen Sündenfallerzählung als aktive Übertretung des Menschen eine wichtige Bedeutung zu.

Allerdings beginnt nach dieser Übertretung keine geradlinige Entfremdungsgeschichte. Vielmehr ist es nötig, bei der Frage nach der Beschaffenheit des Numinosen in der geschichtlichen Zeit zu differenzieren und die Figuren jeweils im

---

138 Benjamin, Über Sprache überhaupt, S. 153.
139 Benjamin, Über Sprache überhaupt, S. 154.
140 Vgl. zu diesem Phänomen: „Benannt zu sein – selbst wenn der Nennende ein Göttergleicher und Seliger ist – bleibt vielleicht immer eine Ahnung von Trauer. Wieviel mehr aber benannt zu sein, nicht aus der einen seligen Paradiesessprache der Namen, sondern aus den hunderten Menschensprachen, in denen der Namen schon welkte, und die dennoch nach Gottes Spruch die Dinge erkennen" (Benjamin, Über Sprache überhaupt, S. 155).
141 Vgl. Benjamin, Die Aufgabe des Übersetzers, S. 19.
142 Benjamin, Über Sprache überhaupt, S. 155.

Zusammenhang mit den konkreten historisch-politischen Umständen zu sehen. Dazu gehört die Differenz von Engel und Dämon, der in „Karl Kraus" durch den Engel überwunden wird. So sind auch im Stadium der nachparadiesischen Zeit der Gegenwart keineswegs alle theologischen Figuren dem Bereich dämonischer Degenerierung zuzuschlagen, ebenso wenig wie es nur „[h]eresy and disorder in the realm of tradition, based on erotic impulses" sind, die reflektiert werden in den „demonic transformations of the human appearance"[143]. Denn wie gezeigt ist gerade die mangelnde Menschenähnlichkeit vor dem Hintergrund einer gesellschaftlichen Deformation zu verstehen. Die Zerstörung der menschlichen Erscheinung heißt hier, sich von den dämonisch-mythischen Verstrickungen in Zweideutigkeiten zu lösen. Berücksichtigt man das Anagramm „der Angelus Satanas" in „Agesilaus Santander", wirkt statt eines eindeutig Luziferischen der Engel ebenfalls als eine Schwellenfigur, die zwischen der Zwielichtigkeit des Dämons und dessen Überwindung in der Figur des unmenschlichen Engels schwankt.

Die Bedeutung der Theologie liegt darin, dass auch im Stadium der weltlichen Anverwandlung theologischer Gedankenfiguren ein Rest von deren kontrafaktischer Andersartigkeit bestehen bleibt, allerdings in einer gestörten, unterbrochenen, nur flüchtig erscheinenden Form – im Modus des Engels. So lässt sich mit Adorno festhalten, dass Benjamin „einzig von der radikalen, schutzlosen Profanisierung die Chance fürs theologische Erbe" erwartet, „das in jener sich verschwendet"[144]. Analog zum Gedanken der Bewahrung in der Zerstörung steht der Engel hier für die von Adorno so bezeichnete „invers[e] Theologie"[145], eine „Säkularisierung der Theologie um ihrer Rettung willen"[146].

---

[143] Shahar, In the Name of the Devil, S. 105.
[144] Theodor W. Adorno, Charakteristik Walter Benjamins. In: Adorno, Über Walter Benjamin, hg. von Rolf Tiedemann, Frankfurt am Main 1970, S. 11–29, hier S. 19.
[145] Theodor W. Adorno, Brief an Walter Benjamin, 17. Dezember 1934. In: Adorno, Über Walter Benjamin, hg. von Rolf Tiedemann, Frankfurt am Main 1970, S. 103–110, hier S. 103. Diese Bezeichnung verwendet Adorno in seiner Reaktion auf Benjamins Kafka-Essay, um die gemeinsame Grundlage ihrer Positionen zu charakterisieren. Daniel Weidner meint dazu: „Eine inverse Theologie ist offensichtlich eine Rettung theologischer Gehalte von einem Standpunkt aus, der selbst nicht theologisch oder jedenfalls nicht der einer geraden, nicht-invertierten Theologie ist" (Daniel Weidner, Religious turns, heute und damals. Giorgio Agamben liest Kafka – anders als Theodor W. Adorno, Gershom Scholem und Walter Benjamin [http://www.literaturkritik.de/public/rezension.php?rez_id=17298&ausgabe=201211]). Vgl. dazu auch Hans Martin Dober, Die Moderne wahrnehmen. Über Religion im Werk Walter Benjamins, Gütersloh 2002. Damit hängt auch zusammen, dass sich Benjamin nicht auf eine Tradition reduzieren lässt (vgl. Dober, Die Moderne wahrnehmen, S. 204).
[146] Theodor W. Adorno, Einleitung zu Benjamins „Schriften". In: Adorno, Über Walter Benjamin, hg. von Rolf Tiedemann, Frankfurt am Main 1970, S. 33–51, hier S. 41.

4.1.4 Das Ethos des Wartens

In „Agesilaus Santander" führt die Störung der Engelshymne dazu, dass sich der Engel (scheinbar) gegen den Erzähler wendet. In ungeklärter Weise für die Verhinderung der Auftragsausführung verantwortlich, wird ihm dies auf sonderbare Weise entgolten:

> Indem er [der Engel, L.Z.] nämlich sich den Umstand zunutze machte, daß ich unterm Saturn zur Welt kam – dem Gestirn der langsamsten Umdrehung, dem Planeten der Umwege und der Verspätungen – schickte er seine weibliche Gestalt der männlichen im Bilde auf dem längsten, verhängnisvollsten Umweg nach, obschon doch beide einmal – nur kannten sie einander nicht, aufs innigste benachbart gewesen waren.
> (AS 522, zweite Fassung)

Auch dieser Bruch der androgynen Vollkommenheit in die geschlechtliche Zweiheit derer, die einst „aufs innigste benachbart gewesen waren", ist Teil des Sündenfallnarrativs. Als androgyne Figur bildet der Engel den Einheitszustand vor dem Sündenfall ab.[147] Hier ist diese Androgynie gebrochen, der Engel gespalten in eine männliche und eine weibliche Gestalt, die erst nachträglich und verspätet zusammengeführt werden sollen. Auch dieses Geschehen vollzieht sich im Bild. Allerdings greift eine Lesart, die darin nur den Rekurs auf Klees Angelus Novus erblickte, zu kurz. Weniger ein konkretes Bild ist es hier vielmehr der Modus des Bildhaften, über den das Geschehen sich auf Umwegen, auch medialer Art, vollzieht. Mit Saturn als „dem Gestirn der langsamsten Umdrehung, dem Planeten der Umwege und der Verspätungen"[148] und dem Umweg der weiblichen Gestalt wird daher weniger angespielt auf den problematischen Verlauf von Benjamins Liebesleben.[149] Vielmehr lässt sich auch darin ein programmatischer Hinweis auf Benjamins Philosophie erkennen, und zwar sowohl methodisch als Ausdruck einer Theorie, für die die Figur des Umwegs konstitutiv ist,[150] als auch inhaltlich in der

---

147 Vgl. Kapitel 2.2 dieser Studie.
148 Auch der Hinweis auf die Geburt „unterm Saturn" ist einer auf die Ähnlichkeit und zwar in ihrer frühen Ausprägung der Sternenkonstellation, bevor sich das mimetische Vermögen nach Benjamin in der Sprache sedimentierte: „Was der Gestirnstand vor Jahrtausend[en] im Augenblicke des Geborenwerdens in einem Menschendasein wirkte, wob sich auf Grund der Ähnlichkeit hinein […], kraft deren sich hier die Lebensgeister und -gewalten nach einem Vorbild formten, das zugleich im Kosmos ihnen vorgezeichnet war" (Walter Benjamin, Nachträge zu den Anmerkungen [Lehre vom Ähnlichen, Über das mimetische Vermögen]. In: Benjamin, Gesammelte Werke, Bd. VII.2, hg. von Rolf Tiedemann u. Hermann Schweppenhäuser, Frankfurt am Main 1991, S. 791–796, hier S. 792).
149 Vgl. Scholem, Walter Benjamin und sein Engel, S. 116.
150 Vgl. Menke, Sprachfiguren, S. 7. Die Verbindung von sprachlichem Umweg und Warten in erotischer Hinsicht wird auch in „Karl Kraus" thematisiert, dort allerdings ohne Gewaltver-

messianischen Konnotation des Umwegs als ein Aufschub der Erlösung beziehungsweise in einem weiteren Sinne gegenstandsbezogen, insofern Benjamin sich augenscheinlich viel mit Obskuritäten und Abwegigem beschäftigt hat.[151] Der Engel als „Störer der ‚Unmittelbarkeit'"[152] (hier nun nicht instrumentell, sondern medial verstanden) steht exemplarisch für dieses Prinzip, verkörpert er doch als Medium der bildlichen Darstellung und sprachlichen Vermittlung im Beziehungsgefüge Gott – Mensch den Umweg schlechthin, samt der Konnotationen von (Wahrheits-)Verfälschung in der Tradition der abendländischen Philosophie.

Aus der weiblichen Gestalt des Engels, die sich in „Agesilaus Santander" über einen Umweg zur männlichen bewegt, wird in der zweiten Fassung eine Charakteristik des Erzählers entwickelt. Wenn eine Frau ihn „bannte", war er „unversehens entschlossen, auf ihrem Lebensweg sich auf die Lauer zu legen und zu warten bis sie krank, gealtert, in zerschlissenen Kleidern ihm in die Hände fiele" (AS 522, zweite Fassung). Die Geduld als mentales Pendant zum Warten kommt durch die Verspätung der weiblichen Gestalt des Engels besonders zur Geltung: „Er [der Engel, L.Z.] wußte vielleicht nicht, daß sich die Stärke dessen, den er so treffen wollte, derart am besten zeigen konnte: nämlich wartend." (AS 522, zweite Fassung) Der auf der Lauer liegende Mann und das letztliche In-die-Hände-Fallen evozieren das Gebaren eines Raubtiers, das den kurz darauf beschriebenen Raubtierattributen des Engels entspricht. So hat dieser „Klauen" und „spitze, ja messerscharfe Schwingen". Er wurde möglicherweise, so wie ein Raubtier von frischem Blut, „angelockt von einem Schenkenden, der leer ausgeht" (AS 523, zweite Fassung). In diesem Engel klingt der unmenschliche „Raubenge[l]" mit seinen „Krallenfüße[n]"[153] an, der in „Karl Kraus" auftritt.

---

zicht: „Ist nun die Sprache – das legen wir zwischen die Zeilen – ein Weib, wie weit entrückt ein unbetrüglicher Instinkt den Autor jenen, die sich beeilen, bei ihr die Ersten zu sein, wie vielfach macht er den Gedanken, der sie nur immer mehr mit Ahnung stachelt als mit Wissen sättigt, wie läßt er ihn in Haß, Verachtung, Bosheit sich verstricken, wie hält er seinen Schritt hintan und sucht den Umweg des Epigonentums; um schließlich ihr die Lust der Reihe mit dem letzten Stoße, den Jack für Lulu in Bereitschaft hält, zu enden" (Benjamin, Karl Kraus, S. 353).

151 Aufschub der Erlösung im Sinne eines Verzichts auf eine unmittelbare, das heißt menschliche Realisierung von Glück und Frieden (vgl. Hans Blumenberg, Die Botschaft vor aller spaltenden Theologie. Trilogie von Engeln, zweiter Teil: Undeutlicher Chorgesang. In: Frankfurter Allgemeine Zeitung, 300, 1996, S. N6). Zu Benjamins Beschäftigung mit Obskurem vgl. Hörisch, Vom Geheimnis zum Rätsel, S. 168.

152 Hans Blumenberg, Die Weltzeit erfassen. Trilogie von Engeln, erster Teil: Anfang, Mitte und Ende der Geschichte. In: Frankfurter Allgemeine Zeitung, 300, 1996, S. N5.

153 Walter Benjamin, Fragmente einer früheren Niederschrift [Karl Kraus], Blatt 42. In: Benjamin, Gesammelte Schriften, Bd. II.3, hg. von Rolf Tiedemann u. Hermann Schweppenhäuser, Frankfurt am Main 1991, S. 1108–1115, hier S. 1112.

Auch diese Stelle erinnert an Jakobs Kampfgegner, den der Theologe Hermann Gunkel in seinem Genesis-Kommentar folgendermaßen beschreibt: „Es ist – wenn wir die Erzählung verallgemeinern dürfen – ein den Menschen feindliches Wesen, das hier an der Furt des Jabboq ‚wie ein Panther am Wege lauert' (Hos 13,7), den arglosen Wanderer überfällt und auf Leben und Tod mit ihm ringt."[154]

Nicht nur die mangelnde Menschenähnlichkeit, auch das Warten ist in einem größeren Moderne-Kontext zu situieren. Denn im Exil weitet sich das Warten zu einem krisenhaften Zustand von unbestimmter Dauer aus. Bereits Rilke hatte den Ersten Weltkrieg als einen solchen identitätsbedrohenden, paralysierenden Wartezustand beschrieben.[155] Mit dem Hitler-Regime verschärft sich die Bedrohung dieses Wartens existentiell. Es bedeutet nicht nur potentiellen Sinn- und Identitätsverlust, sondern auch eine existenzgefährdende Situation für Exilantinnen und Exilanten. Deren Leben war häufig von dem Kampf um und das Warten auf Papiere dominiert. Darüber hinaus ist das Warten aber auch eine Signatur der Epoche. Es ist ein weiterer Schwellenzustand,[156] der nach Benjamin als Effekt einer administrativen Normung des Lebens genuin mit der Moderne verbunden ist.[157]

Das Ethos des Wartens, das der Erzähler in „Agesilaus Santander" für sich reklamiert, erinnert an die Bestimmung des Wartens, wie Sigfried Kracauer es entwirft. Dieser versteht das Warten als eine Reaktionsform auf das „metaphysische Leiden an dem Mangel eines hohen Sinnes in der Welt"[158]. Für alle Menschen, die sich nicht Zerstreuungen hingeben oder „konfliktlos in den echten Glauben eingehen"[159], gibt es nach Kracauer drei Verhaltensweisen: die Haltung des „*prinzipiellen Skeptikers*"[160], der bewusst dem Glauben entsagt, die des „*Kurzschluß-Menschen*"[161], der sich in seiner Ungeduld in den Bereich des

---

154 Gunkel, Göttinger Handkommentar zum Alten Testament, S. 364.
155 Vgl. Kapitel 3.1.3 dieser Studie.
156 Vgl. dazu die Stelle aus der *Berliner Kindheit*: „Unter den Karyatiden und Atlanten, den Putten und Pomonen aber, die mich damals angesehen hatten, waren mir nun die liebsten jene angestaubten aus dem Geschlecht der Schwellenkundigen, die den Schritt ins Dasein oder in ein Haus behüten. Denn sie verstanden sich aufs Warten" (Walter Benjamin, Berliner Kindheit um Neunzehnhundert. In: Benjamin, Gesammelte Schriften, Bd. IV.1, hg. von Tillman Rexroth, Frankfurt am Main 1991, S. 235–304, hier S. 238).
157 Vgl. für diesen Zusammenhang folgende Stelle aus dem *Passagen-Werk*: „Je mehr das Leben administrativ genormt wird, desto mehr müssen die Leute das Warten lernen. Das Hasardspiel hat den großen Reiz, die Leute vom Warten freizumachen" (Benjamin, Das Passagen-Werk, S. 178).
158 Kracauer, Die Wartenden, S. 106.
159 Kracauer, Die Wartenden, S. 113.
160 Kracauer, Die Wartenden, S. 113.
161 Kracauer, Die Wartenden, S. 114.

Glaubens stürzt, wo er sich „nur künstlich und kraft unfreiwilligen Selbstbetrugs zu behaupten"[162] vermag, und schließlich die des Wartens. Wer wartet, versperrt sich weder den Weg zum Glauben, noch versucht er, diesen über eine Abkürzung zu erschleichen. Der Wartende akzeptiert die volle Wucht der gegenwärtigen Leere. Er harrt allerdings nicht müßig aus, sondern hält sich im Zustand eines Geöffnetseins, das „angespannte Aktivität und tätiges Sichbereiten ist"[163]. Die Wendung aus dem metaphysisch entleerten Raum in die religiöse Sphäre, die hier angestrebt, aber nicht auf unlautere Weise erzwungen wird, erfordert gerade keine Abwendung von der Realität. Vielmehr geht es darum, „aus der atomisierten unwirklichen Welt der gestaltlosen Kräfte und der des Sinnes baren Größen einzukehren in die Welt der Wirklichkeit und der von ihr umschlossenen Sphären"[164]. So ist der Mensch nicht nur vom Bereich des Absoluten abgetrennt; auch „die von leibhaftigen Dingen und Menschen" erfüllte Wirklichkeit, die es konkret zu sehen gilt, ist aufgrund „der Überspannung des theoretischen Denkens [...] in einem entsetzenerregenden Maße ferngerückt"[165]. In dieser Einkehr in die Welt der Wirklichkeit „mag er [der Mensch, L.Z.] sich denn langsam umstellen und emportasten in vormals ihm unzulängliche Bezirke"[166]. Aufgrund der Nichterzwingbarkeit darf bei dieser Form des Wartens allerdings paradoxerweise die Frage, wann und ob überhaupt die gewünschte Wandlung eintritt, „die Sich-Mühenden nicht kümmern"[167]. So bleibt das messianische Warten bei Kracauer auf die materielle Ebene und den Bereich der Geschichte fokussiert.[168]

Im Warten verschränken sich in „Agesilaus Santander" einmal mehr Epochencharakteristik und Lebenserzählung, allerdings mit unerwarteten Implikationen. Entgegen der Schwächung, die das von Pikulik so titulierte „leere Warten"[169] der Moderne bedeutet, „als die Figur [...], die das Subjekt *in Frage stellt*"[170], wird das

---

162 Kracauer, Die Wartenden, S. 115.
163 Kracauer, Die Wartenden, S. 117–118.
164 Kracauer, Die Wartenden, S. 118.
165 Kracauer, Die Wartenden, S. 118.
166 Kracauer, Die Wartenden, S. 118.
167 Kracauer, Die Wartenden, S. 119.
168 Vgl. Barbara Thums, Kracauer und die Detektive: Denk-Räume einer ‚Theologie im Profanen'. In: Deutsche Vierteljahrsschrift für Literaturwissenschaft und Geistesgeschichte, 84/3, 2010, S. 390–406, hier S. 400.
169 Pikulik, Warten, Erwartung, S. 11.
170 Annette Keck, Merkwürdiges Warten. Imre Kertész' Beitrag zu einer Poetik des Wartens zwischen Erinnern und Vergessen im ‚Roman eines Schicksallosen'. In: Überleben schreiben. Zur Autobiographie der Shoah, hg. von Manuela Günter, Würzburg 2002, S. 139–154, hier S. 142.

Warten hier zu einer Demonstration der Überlegenheit. Denn die Wartesituation, die das Exil als Entortungserfahrung charakterisiert, verkehrt sich in „Agesilaus Santander" unverhofft in eine Position der Stärke. Das Warten, das der Engel der bedrohlichen Konnotation des „leeren Wartens" entsprechend als eine Art Bestrafung gedacht hatte, stellt nicht nur die Stärke dieses Subjekts heraus, dessen Geduld „mit nichts [...] zu entkräften" (AS 522, zweite Fassung) ist. Sie bewirkt nach der identitätsbedrohenden, unauflösbaren Vermischung von Namensträger, Name, Bild und Engel in der Wandlungspassage zuvor nun auch die klare Konturierung des Erzählers.

Eine messianische Konnotation wie bei Kracauer wird schließlich auch hier sichtbar, wenn man sich in Erinnerung ruft, worauf eigentlich zunächst zu warten war. Es ging darum, dass die männliche und die weibliche Gestalt des Engels zusammentreffen und eine mit göttlicher Vollkommenheit assoziierte Androgynität des Engels sich wieder einstellt. Es geht also, könnte man sagen, um die Überwindung der irdischen, hier geschlechtlichen Dualität in einer überirdischen Form. Darin klingt das Warten auf den Messias an. Dieses Warten stellt einen spezifisch jüdischen Topos dar, dessen Aufschub-Zeit „den säkularisierten Horizont der Moderne [sprengt]"[171]. Charakteristisch für das Judentum ist, dass das Warten auf den Messias bis zum gegenwärtigen Tag andauert. Dies steht im Gegensatz zur „zeitverkürzende[n], sogar gegenwartsnahe[n] Verheißung"[172] im

---

171 Andreas Greiert, Geschichte als Katastrophe. Zu einem theologisch-politischen Motiv bei Walter Benjamin. In: Zeitschrift für Religions- und Geistesgeschichte, 64/4, 2012, S. 359–376, hier S. 369. Charakteristisch für das Judentum ist „bis heute eine ungelöste, die ‚Weite des Horizontes' aufreißende Zukunftsspannung, da das Warten auf den Messias anhält" (Pikulik, Warten, Erwarten, S. 22). Dies steht im Gegensatz zu der „zeitverkürzende[n], sogar gegenwartsnahe[n] Verheißung" im Christentum (Pikulik, Warten, Erwarten, S. 23), dem zwar durch die Parusieverzögerung ebenfalls die Struktur des Aufschubs des Heils eingeschrieben ist, das aber den Kreuzestod Christi schon als die ersehnte Erlösung und aus diesem Grund Erfüllung bereits in der Gegenwart sehen kann. Vgl. auch Benjamins in dem Fragment „Die Bedeutung der Zeit in der moralischen Welt" explizierte Haltung: „Die Vergeltung steht im Grunde indifferent der Zeit gegenüber, sofern sie durch die Jahrhunderte unvermindert in Kraft bleibt und noch heute wird eine eigentlich heidnische Vorstellung sich in diesem Sinne das jüngste Gericht zurechtlegen: als den Termin, an welchem allem Aufschub Einhalt, aller Vergeltung Einbruch geboten wird. Allein dieser Gedanke, der des Aufschubs gleich als leeren Säumens spottet, begreift nicht, welche unermeßliche Bedeutung jener ständig zurückgedrängte, von der Stunde jeder Untat so unablässig ins Zukünftige flüchtend(e), der Gerichtstag hat. Diese Bedeutung erschließt sich nicht in der Welt des Rechts, wo die Vergeltung herrscht, sondern nur, wo ihr, in der moralischen Welt, die Vergebung entgegentritt" (Walter Benjamin, Die Bedeutung der Zeit in der moralischen Welt. In: Benjamin, Gesammelte Schriften, Bd. VI, hg. von Rolf Tiedemann u. Hermann Schweppenhäuser, Frankfurt am Main 1991, S. 97–98).
172 Pikulik, Warten, Erwartung, S. 23.

Christentum, dem zwar durch die Parusieverzögerung ebenfalls die Struktur des Aufschubs des Heils eingeschrieben ist, das aber den Kreuzestod Christi schon als die ersehnte Erlösung und damit als Erfüllung in der Gegenwart betrachtet.

4.1.5 Armut des Exils und der Moderne

Neben dem Warten verkörpert der Engel in „Agesilaus Santander" einen zweiten zentralen Exiltopos. Er macht den Verlust einer erzwungenen Trennung sichtbar: „Der Engel aber ähnelt allem, wovon ich mich habe trennen müssen: den Menschen und zumal den Dingen" (AS 523, zweite Fassung). Dabei wird nicht nur an dieser Stelle eine Beziehung über die Figur der (mangelnden) Ähnlichkeit gestiftet: Die Züge des unterbrochenen Engels haben „nichts Menschenähnliches", das Bild/der Erzähler verliert die Gabe, „menschenähnlich zu erscheinen", die Schwingen der Geduld des Erzählers ähneln denen des Engels in ihrer fixierenden Kraft und der Engel ähnelt den Dingen und Menschen, die der Erzähler verloren hat (sodass er an dieser Stelle die ihm vorher abgesprochene Menschenähnlichkeit zurückzugewinnen scheint).

Da nach Benjamin „[d]ie Einsicht in die Bereiche des ‚Ähnlichen' [...] von grundlegender Bedeutung für die Erhellung großer Bezirke des okkulten Wissens"[173] ist, wundert es nicht, dass die Ähnlichkeit von wissenschaftlicher Seite mit einem entsprechenden „Unbehagen"[174] rezipiert wird. Das liegt daran, dass die psychologische, kulturanthropologische und kognitionswissenschaftliche Bedeutsamkeit der Ähnlichkeit evident ist, sie gleichzeitig aber auch ebenso unabweisbar vage ist und sich logischen Begriffsfixierungen entzieht.[175] Ähnlichkeit stellt eine Irritation für dualistische Schematisierungen dar und steht in der Reihe der Schwellenfiguren, die das Gerüst von „Agesilaus Santander" bilden und reflektieren.[176] Als das „Manifesteste und Verborgenste"[177], wie Foucault die Ähnlichkeit beschreibt, steht sie überdies auch auf der Schwelle zwi-

---

[173] Walter Benjamin, Lehre vom Ähnlichen. In: Benjamin, Gesammelte Schriften, Bd. II.1, hg. von Rolf Tiedemann u. Hermann Schweppenhäuser, Frankfurt am Main 1991, S. 204–210, hier S. 204.
[174] Anil Bhatti u. Dorothee Kimmich, Einleitung. In: Ähnlichkeit. Ein kulturtheoretisches Paradigma, hg. von Anil Bhatti u. Dorothee Kimmich, Konstanz 2015, S. 7–31, hier S. 10.
[175] Vgl. Bhatti u. Kimmich, Einleitung, S. 10–11.
[176] Winfried Menninghaus verweist darauf, dass Schwellenerfahrungen nicht nur das Sujet „fast aller seiner [Benjamins, L.Z.] größeren Arbeiten" darstellen, sondern „auch *Form* und *Intention* seiner Werke hüten oder besser: [sie] produzieren eine Schwelle, die es zu durchmessen, zu ‚passieren' gilt" (Menninghaus, Schwellenkunde, S. 8–9).
[177] Michel Foucault, Die Ordnung der Dinge, Frankfurt am Main 1974, S. 56.

schen Öffentlichkeit und Geheimnis, die die Architektur des gesamten Textes durchzieht.

Die Ähnlichkeit des Engels mit etwas Abwesendem evoziert die „unsinnliche Ähnlichkeit", deren Konzeption Benjamin in der „Lehre vom Ähnlichen" (1933) und dann, in unmittelbarem zeitlichem Zusammenhang mit „Agesilaus Santander", in deren Überarbeitung „Über das mimetische Vermögen" (1933) als Weiterführung seiner sprachphilosophischen Reflexionen entwickelt. Der Engel ist aus mehreren Gründen eine Figur der unsinnlichen Ähnlichkeit beziehungsweise der sinnlichen Unähnlichkeit.[178] Da Engel einen unsichtbaren Gott versinnlichen, müssen sie ihm einerseits ähnlich, andererseits, weil sie eben nicht göttlich sind, auch unähnlich sein. Die Ähnlichkeit ist unsinnlich, weil es sich, theologisch gedacht, bei dem Abstand zwischen Gott und Engeln um eine nicht ermessbare, qualitative Differenz handelt. Die Unähnlichkeit wiederum ist sinnlich, insofern es die ästhetische Wahrnehmbarkeit von Engeln ist, die sie von dem unsichtbaren Gott trennt.

Darüber hinaus unterscheiden sich auch die biblischen Engelsdarstellungen untereinander erheblich. Sowohl in der Heterogenität ihrer Attribute als auch in den verschiedenen Darstellungsformen sind Engel überaus hybride Phänomene.[179] Um die Unantastbarkeit der biblischen Verfasser zu bewahren, macht Pseudo-Dionysius in seiner einflussreichen Angelologie *Über die himmlische Hierarchie* daraus eine Notwendigkeit. Engel sind nur in einer Vielzahl entgegengesetzter Darstellungen einigermaßen angemessen dargestellt, so lautet zugespitzt die These. Denn einerseits stellt ihre idealschöne, anthropomorphe Darstellung die für den menschlichen Verstand adäquate sinnliche Übersetzung der geistigen Engelsqualitäten dar, die wiederum die göttliche Vollkommenheit spiegeln. Andererseits aber bedienen sich die Verfasser der Bibel für die Darstellung von Engeln auch monströser und abwegiger Bilder. Die offensichtliche Widersinnigkeit dieser Bilder soll die Menschen, so Pseudo-Dionysius' Erklärung, zur Einsicht in die unsinnliche Beschaffenheit und letztlich die Unabbildbarkeit der göttlichen Eigenschaften führen.[180]

Während es in den Angelologien um hierarchische Differenzen geht, die vor allem topologisch illustriert werden, expliziert Benjamin seinen Begriff der unsinnlichen Ähnlichkeit über eine zeitliche Differenz. Im Hinblick auf die Astrologie erläutert er, „daß wir in unserer Wahrnehmung dasjenige nicht mehr besitzen, was es einmal möglich machte, von einer Ähnlichkeit zu sprechen, die bestehe zwischen

---

[178] Zum Engel als Figur der unsinnlichen Ähnlichkeit vgl. Weigel, Grammatologie der Bilder, S. 343.
[179] Vgl. Kapitel 2.2 dieser Studie.
[180] Vgl. Kapitel 2.4 dieser Studie.

einer Sternkonstellation und einem Menschen"[181]. Die unsinnliche Ähnlichkeit ist hier also als weitere geschichtsphilosophische Figur Teil einer Verlust- beziehungsweise Wandlungsgeschichte der Menschheit. So ist „im Laufe der Jahrhunderte die mimetische Kraft, und damit später die mimetische Auffassungsgabe gleichfalls, aus gewissen Feldern, vielleicht um sich in andere zu ergießen, geschwunden"[182]. In dieser Reaktivierung einer vormodernen Zeichentheorie unter den Bedingungen der Moderne verbinden sich untrennbar repräsentativ-semiotische und magisch-mimetische Momente.[183] Es kann „[a]lles Mimetische der Sprache [...], der Flamme ähnlich, nur an einer Art von Träger in Erscheinung treten"[184], nämlich dem Semiotischen. Auch die unsinnliche Ähnlichkeit beziehungsweise ihre Wahrnehmung erweist sich damit als ein Sekundär- und Schwellenphänomen. Ihr blitzartiges Auftreten ist durch die geschichtliche Konstellation bedingt – sie hat „den Charakter einer Anamnesis, die einer verlornen Ähnlichkeit, die frei von der Verflüchtigungstendenz war, sich bemächtigt"[185].

---

181 Benjamin, Lehre vom Ähnlichen, S. 207.
182 Benjamin, Lehre vom Ähnlichen, S. 205. Als Resultat dieser Entwicklung, die sich von dem Lesen aus Eingeweiden und in Sternen über das von Runen und Hieroglyphen vollzogen habe, wäre, so mutmaßt Benjamin, „die Sprache die höchste Stufe des mimetischen Verhaltens und das vollkommenste Archiv der unsinnlichen Ähnlichkeit" (Walter Benjamin, Über das mimetische Vermögen. In: Benjamin, Gesammelte Schriften, Bd. II.1, hg. von Rolf Tiedemann u. Hermann Schweppenhäuser, Frankfurt am Main 1991, S. 210–213, hier S. 213).
183 Die Bedeutung von Benjamins geschichtsphilosophischer Konzeption der Sprache lässt sich aber auch in einem systematischen Problemzusammenhang erkennen. So sieht Bettine Menke in dem geschichtsphilosophischen Einsatz eine „Strategie, die Bedeutung und die Dignität eines Moments der Sprache, das nur in Rudimenten aufzufinden ist, dadurch abzusichern, daß es als in einem Verfallsprozeß zerschlagenes Früheres beschrieben wird" (Menke, Sprachfiguren, S. 162). Es geht also nicht zuletzt auch um die Frage nach dem Verhältnis von Historizität, systematischer Logik und Logik der Darstellung, wobei in der Konstruktion der historischen Genese das logisch Nachgeordnete als primordiales Fundament nicht nur aufgewertet, sondern überhaupt erst erkennbar wird. Narrratologisch betrachtet handelt es sich hier bei dem präslasparischen Zustand um das, was Ingo Stöckmann als „bloße[s] *Erzählkorrelat*" bezeichnet, durch das „Modernisierungsprozesse allererst darstellbar werden" (Ingo Stöckmann, Erkenntnislogik und Narrativik der Moderne. Einige Bemerkungen zu Anke-Marie Lohmeiers Aufsatz „Was ist eigentlich modern?" und Thomas Anz' Kritik. In: Internationales Archiv für Sozialgeschichte der deutschen Literatur 34, 2009, S. 221–234, hier S. 230). Darin liegt die (logisch) unhintergehbare Nachträglichkeit des Ursprungs, der erst im Zustand seiner Nicht-mehr-Präsenz als solcher erkennbar und (in Rudimenten) erfahrbar wird, was bei Benjamin neben der (un-)sinnlichen Ähnlichkeit auch für die Aura gilt (vgl. Menke, Sprachfiguren, S. 321–322). Zu diesem Aspekt vgl. auch Adorno, Ästhetische Theorie, S. 131–132 u. S. 158.
184 Benjamin, Über das mimetische Vermögen, S. 213.
185 Benjamin, Nachträge zu den Anmerkungen [Lehre vom Ähnlichen, Über das mimetische Vermögen], S. 795.

Dieser menschheitsgeschichtliche Schwund der ursprünglichen Ähnlichkeit, der in der flüchtigen, unsinnlichen Ähnlichkeit aufscheint, verschränkt sich in „Agesilaus Santander" in der Figur des Engels mit dem individualgeschichtlichen Verlust des Erzählers. So aktualisiert der Engel das Verlorene, Vergangene des präexilischen Zustands unter den Bedingungen des Exils, indem er wie der Name über epistemische Subjekt-Objekt-Scheidungen hinweg Korrespondenzen zwischen Mensch- und Dingwelt stiftet. In seinem Ähnlich-Werden hält er überdies ein Vermögen präsent, das als Verlorenes eines früheren phylo- und ontogenetischen Zustands gedacht wird.[186] Den unheimlichen, traumartigen Schwebezustand der Ähnlichkeit,[187] in dem distinkte Grenzen von Subjekt und Objekt ebenso wie von Raum, Zeit und Identität diffundieren, stellt der Engel performativ als Medium der Erinnerung vor, das ähnlich ist und macht: Er „haust" in den verlorenen Dingen und „macht sie durchsichtig" (AS 523, zweite Fassung) auf die Menschen hin, für die sie gedacht sind. In der schwebenden Gleichzeitigkeit von Vergangenem und Gegenwärtigem lässt der Engel Zeitgrenzen kollabieren.

Auch dieser Passus ist rückgebunden an die materiell fundierte Zeitdiagnose, die Benjamin in „Erfahrungsarmut" entwirft: „Das Glas ist überhaupt der Feind des Geheimnisses. Es ist auch der Feind des Besitzes. Der große Dichter André Gide hat einmal gesagt: Jedes Ding, das ich besitzen will, wird mir undurchsichtig."[188] In „Agesilaus Santander" führt die erzwungene Trennung von Besitz folgerichtig zu einer Durchsicht. „‚Das neue Glas-Milieu wird den Menschen vollkommen umwandeln'"[189], zitiert Benjamin Scheerbart, die spurenlose Transparenz ist Ausdruck einer äußeren und inneren Armut. Allerdings ist das emphatische Bekenntnis zu dieser nicht Ausgangspunkt, sondern

---

186 Vgl. zu diesem Verhältnis: „Die Gabe, Ähnlichkeit zu sehen, die er [der Mensch, L.Z.] besitzt, ist nichts als ein Rudiment des ehemals gewaltigen Zwanges, ähnlich zu werden und sich zu verhalten" (Benjamin, Über das mimetische Vermögen, S. 210).
187 Die Wahrnehmung der Ähnlichkeit „schwebt [...] ohne genauen Ort in der Übergangszone zwischen dem Selben und dem Anderen, dem Eigenen und dem Fremden" (Albrecht Koschorke, Ähnlichkeit. Valenzen eines post-postkolonialen Konzepts. In: Ähnlichkeit. Ein kulturtheoretisches Paradigma, hg. von Anil Bhatti u. Dorothee Kimmich, Konstanz 2015, S. 35–45, hier S. 36). Entsprechend bleibt sie bei Benjamin rückbezogen auf den Schwellenzustand des Traums: „Die Ähnlichkeit des Einen mit dem Andern, mit der wir rechnen, die im Wachen uns beschäftigt, umspielt nur die tiefere der Traumwelt, in der, was vorgeht, nie identisch, sondern ähnlich: sich selber undurchschaubar ähnlich, auftaucht" (Walter Benjamin, Zum Bilde Prousts. In: Benjamin, Gesammelte Schriften, Bd. II.1, hg. von Rolf Tiedemann u. Hermann Schweppenhäuser, Frankfurt am Main 1991, S. 310–324, hier S. 314). Dieser Raum des Dazwischen ist ein unheimlicher, die Ähnlichkeit selbst führt ein „Geisterdasein" (Benjamin, Anmerkungen [Lehre vom Ähnlichen, Über das mimetische Vermögen], S. 956).
188 Benjamin, Erfahrung und Armut, S. 217.
189 Benjamin, Erfahrung und Armut, S. 218.

Folge der Armut, und ebenso zweischneidig ist die Behauptung des Erzählers, er sei „von niemandem im Schenken zu übertreffen" (AS 523, zweite Fassung). Denn er hat sich von den Dingen und den Menschen „trennen *müssen* [meine Hervorhebung, L.Z.]" (AS 523, zweite Fassung). Insofern geht die Hervorhebung der verbürgten Freude Benjamins am Schenken an der durch die politische Entwicklung erzwungenen Trennung und damit an den zeithistorischen Umständen vorbei.[190] Die Kunst des Schenkens ist ebenso wie die des Wartens eine Reaktion auf Verlusterfahrungen, die Exilantinnen und Exilanten durch Hitlers Verfolgungs- und spätere Vernichtungspolitik erleiden mussten. So wie sich der Schwerpunkt vom Warten auf die Geduld verlagert, so steht hier statt des Verlusts das Schenken und damit ein Akt der Selbstbehauptung, der die Mängel der Moderne und ihre Verschärfung im realhistorischen Exil nach 1933 in positive Qualitäten ummünzt. Was hier im Modus einer autobiographischen Erzählung vom geduldigen Warten und freigiebigen Schenken veranschaulicht wird, entspricht Benjamins zeitgeschichtlichem Postulat, die Verarmung in der Moderne anzunehmen und ihr in Form neuer Gestaltung positive Qualitäten abzuringen.

Der Armut des Exils wie der Moderne entsprechend geht der Schenkende in „Agesilaus Santander" „leer" aus. Gerade das scheint ihn für den Engel attraktiv zu machen: „[V]ielleicht war der Engel angelockt von einem Schenkenden, der leer ausgeht." (AS 523, zweite Fassung) Und auch das ist ein Hinweis auf Benjamins Moderne-Programm: Der unmenschliche Engel erscheint in einer unmenschlichen Zeit demjenigen, der ihre Armut verkörpert, die in einem Mangel an Menschenähnlichkeit und Humanismus besteht. Auch der Engel geht zunächst leer aus: „Denn auch er selbst, der Klauen hat und spitze, ja messerscharfe Schwingen ⟨,⟩ macht keine Miene, auf den, den ⟨er⟩ gesichtet hat, zu stürzen" (AS 523, zweite Fassung) – so transkribieren Rolf Tiedemann und Hermann Schweppenhäuser. Scholem hingegen gibt die Stelle folgendermaßen wieder: „Denn auch er selbst, der Klauen hat und spitze, ja messerscharfe Schwingen

---

190 Zur Freude Benjamins am Schenken vgl. Scholem, Walter Benjamin und sein Engel, S. 57. Der Sammler Benjamin fragt zwar in einer handschriftlichen Variante von „Erfahrung und Armut": „Aber wer kann denn ernstlich annehmen, die Menschheit werde den Engpaß, der vor ihr liegt, mit dem Gepäck eines Sammlers oder Antiquitätenhändlers beladen, je überschreiten?" (Walter Benjamin, Anmerkungen [Erfahrung und Armut]. In: Benjamin, Gesammelte Schriften, Bd. II.3, hg. von Rolf Tiedemann u. Hermann Schweppenhäuser, Frankfurt am Main 1991, S. 960–963, hier S. 961–962). Burkhardt Lindner wendet aber treffend ein: „Doch ein solches Gepäck trug Benjamin mit sich ins Exil. Und er wollte sich davon nicht trennen, vielmehr hat er alles dazu getan, daß seine Bücher und seine Manuskripte aus Berlin herausgeholt werden" (Burkhardt Lindner, Zu Traditionskrise, Technik, Medien. In: Benjamin-Handbuch. Leben – Werk – Wirkung, Stuttgart 2011, S. 451–464, hier S. 455).

[,] macht keine Miene, auf den, der gesichtet hat, zu stürzen"[191] (zweite Fassung). Fraglich ist also, wer wen gesichtet hat und wie das mit möglichen Auslassungen in Einklang zu bringen ist.[192] Dabei wirkt auch der nichtreflexive Gebrauch von ‚stürzen' befremdlich, der die Bedeutung des Hinfallens anklingen lässt. Der Vorgang steht seltsam unbestimmt zwischen Aggression und Kontrollverlust und ruft darin den Topos des Engelssturzes auf. Während die erste Version konsequent im Raubtiernarrativ verbleibt, etabliert Scholems Lesart ein reziprokes Verständnis. Unabhängig von der Frage nach einer richtigen Variante verweisen auch diese verschiedenen Lektüren auf den konstitutiven Bereich der Schwelle, in dem in mimetischen Anverwandlungen klare Zuordnungen verschwimmen. Dem Blick kommt dabei entscheidende Bedeutung zu, der bei Benjamin ein Medium der Verähnlichung ist.[193]

Diese Ambivalenz von Aktivität und Passivität setzt sich fort. So wie der Engel sich nicht auf jemanden, sondern bloß stürzt, so greift er auch nicht an, sondern tritt im Gegenteil den Rückzug an. Dabei zieht er kraft seines Blicks den Gesichteten mit sich, indem er „stoßweise und unaufhaltsam weicht" (AS 521, erste Fassung). Dieser scheinbare Rückzug erweist sich allerdings als besondere Stärke, mit der er den anderen ohne Gewaltanwendung per Blick in Beschlag nimmt. Der Blick ist bei Benjamin mindestens so mächtig wie die Raubtierklauen des Engels, tödlich und bewahrend.[194] Das verbindet ihn mit der Geduld des Erzählers, dem die geliebte Frau am Ende ihres Lebens doch noch in die Hände fällt. Entsprechend ähneln die „Schwingen" der Geduld des Erzählers den „Schwingen" (AS 522, zweite Fassung) des Engels, und die Geduld „lernt vom Engel, wie er seinen Partner im Blick umfaßt" (AS 521, erste Fassung).

Nachdem er ihn derart fixiert hat, zieht der Engel seinen „Partner" (AS 521, erste Fassung) beziehungsweise den, den er oder der ihn gesichtet hat, nach, in der ersten Version „auf jener Flucht in eine Zukunft, aus der er vorgestoßen ist"

---

191 Scholem, Walter Benjamin und sein Engel, S. 101–102.
192 So meint Scholem im kommentierenden Teil: „Es ist schwer zu entscheiden, ob in diesem Relativsatz etwa das Wort ‚ihn' durch eine Unterlassung Benjamins ausgefallen ist oder ob er auch ohne diese Ergänzung sinnvoll bleibt. Ich neige zu der ersteren Auffassung" (Scholem, Walter Benjamin und sein Engel, S. 122).
193 Vgl. Benjamin, Anmerkungen [Lehre vom Ähnlichen, Über das mimetische Vermögen], S. 958.
194 So heißt es im *Ursprung des deutschen Trauerspiels*: „Wird der Gegenstand unterm Blick der Melancholie allegorisch, läßt sie das Leben von ihm abfließen, bleibt er als toter, doch in Ewigkeit gesicherter zurück, so liegt er vor dem Allegoriker, auf Gnade und Ungnade ihm überliefert" (Walter Benjamin, Ursprung des deutschen Trauerspiels. In: Benjamin, Gesammelte Schriften, Bd. I.1, hg. von Rolf Tiedemann u. Hermann Schweppenhäuser, Frankfurt am Main 1991, S. 207–430, hier S. 359).

(AS 521, erste Fassung). Der Begriff der Flucht lässt erneut die Exilsituation anklingen, auch hier aber ist das Epochenspezifische geschichtsphilosophisch überformt. So erinnert die eigentümliche Bewegung der Flucht in eine Zukunft, aus der man gekommen war, strukturell an das bei Benjamin prominente Kraus-Zitat „Ursprung ist das Ziel" als „Gottes Trost und Verheißung" für den „sterbenden Menschen"[195]. Der Ursprung ist auch hier, indem er als Zukunft zugleich das Unbekannte bedeutet, „Gegenstand einer Entdeckung, die in einzigartiger Weise sich mit dem Wiedererkennen verbindet"[196]. Die paradoxe Unbestimmtheit des Ursprungs als „eine Zukunft" und die Verkehrung und Weitung eines linearen Zeitstrahls eröffnen zugleich einen Möglichkeitsraum des Kommenden. Umgekehrt wird die Gegenwart, in die der Engel aus der Zukunft kam, aus angelischer Perspektive durch das „vor" zu einem neuen, vorne liegenden Terrain.

Im Gegensatz dazu entwirft die zweite Fassung ein konventionelleres Zeit- und Raumbild: Der Engel fasst den Gesichteten respektive den Sichtenden ins Auge, „[u]m ihn sich nachzuziehen, auf jene⟨m⟩ Wege in die Zukunft, auf dem er kam und den er so gut kennt, daß er ihn durchmißt ohne sich zu wenden und den, den er gewählt hat, aus dem Blick zu lassen" (AS 523, zweite Fassung). Während hier grammatikalisch der Relativsatz eindeutig (auf den Weg bezogen) und die Möglichkeit von Hin- und Rückweg auf jenem Weg logisch plausibel ist, erscheint die strukturanaloge und zugleich asymmetrische Flucht aufgrund ihrer Einmaligkeit und der Unbestimmtheit „einer Zukunft" ungleich ambivalenter. Die Flucht bildet auch einen Kontrast zu der expliziten Souveränität des Engels in der zweiten Fassung: Hier kennt er den Weg, den er „durchmißt ohne sich zu wenden"; er kann ihn also rückwärts beschreiten und bewegt sich, wenn man annimmt, dass er vorwärtsgewandt aus der Zukunft kam, wie der Engel der Geschichte mit dem Rücken zu ihr.[197] Von dieser Zukunft erhofft der Engel „nichts Neues mehr als nur den Blick des Menschen, dem er zugewandt bleibt" (AS 521, erste Fassung).

---

195 Benjamin, Karl Kraus, S. 360.
196 Benjamin, Karl Kraus, S. 360. Dieser Ursprung impliziert bei Benjamin über Kraus hinausgehend auch eine Überwindung des mythischen Schuldzustands, die nicht Gericht und Urteil bedeutet, sondern deren Aufhebung (vgl. dazu auch die Bedeutung der ἀποκατάστασις: „*Apokatastasis* ist in frühjüdischer Apokalyptik und in gnostischer Spekulation die ‚Wiederbringung aller', die Wiederherstellung des paradiesischen Zustandes und der ursprünglichen Schuldlosigkeit: Es wird kein Gericht geben und keinen Urteilsspruch" (Menke, Sprachfiguren, S. 530)).
197 Vgl. Kapitel 4.2 dieser Studie.

In der zweiten Fassung steht ein Wunsch, den Benjamin in „Zum Bilde Prousts" (1929) als „Dialektik des Glücks"[198] bezeichnet: „Er [der Engel, L.Z.] will das Glück: den Widerstreit, in dem die Verzückung des Einmaligen, Neuen, noch Ungelebten mit jener Seligkeit des Nocheinmal, des Wiederhabens, des Gelebten liegt." (AS 523, zweite Fassung) Die hymnisch-elegische Verflechtung des Glücks ist eng verknüpft mit der Figur der Erlösung und des Eingedenkens.[199] Sie liegt Benjamins Bestimmung von Kraus' Ursprung zugrunde und weist zugleich auf den Untergang des Irdischen,[200] der hier mit der Perspektive des unirdischen Engels antizipiert ist. Und obwohl diese Verbindung mit dem bereits begangenen Weg und dem neuen Menschen gegeben zu sein scheint, richtet sich die Hoffnung auch in der zweiten Fassung dann nicht, wie zu erwarten wäre, auf das Glück, sondern auf das Neue: „Darum hat er [der Engel, L.Z.] auf keinem Wege Neues zu hoffen als auf dem der Heimkehr, wenn er einen neuen Menschen mit sich nimmt." (AS 523, zweite Fassung) Auch das Attribut des Neuen zählt zu jenem Ensemble an Leitfiguren, die „Agesilaus Santander" durchziehen: Neues Mannbarwerden, neuer Name und neuer Engel (als Klees *Angelus Novus*), die „Unzahl neuer Engel", die Gott ihr Lob singen und vergehen, und schließlich der neue Mensch. Dieser ist doppeldeutig: Zum einen verweist der Begriff darauf, dass der Mensch für den Engel neu ist, zum anderen ist er aber auch anthropologisch und geschichtsphilosophisch konnotiert, als ein neuer, das heißt, ein anderer Mensch einer transhumanistischen Zukunftsvision. Dieser Mensch wäre dann einer, der das im Krieg zerstörte Menschliche des klassischen Humanismus überwunden und sich dem unmenschlichen Engel angenähert hat, der ihn in die Zukunft mitnimmt. Das Neue ist dabei nicht das unveränderliche Neueste, das die Moderne für Benjamin als „Zeit der Hölle"[201] charakterisiert und das sich in den Presse-Sensationen als beständige Wiederholung derselben Phrase findet.[202]

---

[198] Benjamin, Zum Bilde Prousts, S. 313.

[199] Vgl. Benjamin, Das Passagen-Werk, S. 600; vgl. Marchesoni, Walter Benjamins Konzept des Eingedenkens, S. 110–111.

[200] Zum Ursprung vgl. folgende Explikation: „Dieser ‚Ursprung' – das Echtheitssiegel an den Phänomenen – ist Gegenstand einer Entdeckung, die in einzigartiger Weise sich mit dem Wiedererkennen verbindet" (Benjamin, Karl Kraus, S. 360); analog dazu: „Das Echte – jenes Ursprungssiegel in den Phänomenen – ist Gegenstand der Entdeckung, einer Entdeckung, die in einzigartiger Weise sich mit dem Wiedererkennen verbindet" (Benjamin, Ursprung des deutschen Trauerspiels, S. 227). Zum Eingedenken vgl. Walter Benjamin, Theologisch-politisches Fragment. In: Benjamin, Gesammelte Schriften, Bd. II.1, hg. von Rolf Tiedemann u. Hermann Schweppenhäuser, Frankfurt am Main 1991, S. 203–204, hier S. 204.

[201] Benjamin, Das Passagen-Werk, S. 676.

[202] Vgl. Benjamin, Karl Kraus, S. 345. Der Presse-Sensation wird „die ewig neue ‚Zeitung' gegenüber[gestellt], die von der Geschichte der Schöpfung zu melden ist: die ewig neue, die un-

Das Neue, auf das der Engel hofft, entsteht vielmehr durch ein Re-entry des bereits Bekannten, nämlich in der Heimkehr, die der Neuentdeckung eingeschrieben ist.

Die beiden Fassungen klingen schließlich, nur mit einer leichten Dissonanz und wieder unauflösbar mehrdeutig, in einer zur Nüchternheit des Anfangs zurückkehrenden Wendung auf ein Ich aus, das ein unbestimmtes Du adressiert: „So fuhr ich, kaum daß ich zum ersten Male dich gesehen hatte, mit dir dahin zurück, woher ich kam" (AS 521, erste Fassung), beziehungsweise „So wie ich, kaum daß ich zum ersten Male dich gesehen hatte, mit dir dahin zurückfuhr, woher ich kam" (AS 523, zweite Fassung). Nachdem der Engel zuvor die Trennung von Menschen und Dingen sichtbar machte, die durch das realhistorische Exil erzwungen wurde, die aber auch geschichtsphilosophisch auf die exilische und verarmte Moderne verweist, steht am Schluss die Perspektive einer Vereinigung. Wessen Vereinigung? Scholem bringt neben der von ihm präferierten Deutung einer Anrede der Geliebten auch den Engel als Adressaten ins Spiel.[203] Das scheint als Verkehrung der vorigen Aussagen nicht unbedingt naheliegend, ist aber grammatikalisch möglich. Angesichts des Kontextes stringenter, aber unerwarteter wäre ein Wechsel der Sprecherposition hin zum Engel, der sich an den Erzähler wendet. Spricht der Erzähler, so nimmt er nun offenkundig selbst eine engelhafte Position ein: Wie der Engel kam er von einem anderen Ort und wie der Engel nimmt er einen anderen Menschen mit dorthin zurück.

Bemerkenswerterweise ist hier aber nicht von „mitnehmen" (wie in der zweiten Fassung in Bezug auf die Heimkehr des Engels samt Partner), sondern von „fahren" die Rede, und zwar in beiden Fassungen. Weiter stand in der ersten Fassung zunächst die später gestrichene „Fahrt" anstelle der „Flucht" des Engels in eine Zukunft.[204] Der Begriff des Fahrens vereinigt den Bereich des Technischen, der für Benjamin den „Fetisch schöpferischen Daseins"[205] demoliert, mit altbiblischer Zerstörungskraft. Beide sind über Gestaltungs- und Wirkungsweise des Engels, genauer des Cherubs, vermittelt.[206] So ist der Cherub

---

ausgesetzte Klage" (Benjamin, Karl Kraus, S. 345). Vgl. auch Walter Benjamin, Ankündigung der Zeitschrift: Angelus Novus. In: Benjamin, Gesammelte Schriften, Bd. II.1, hg. von Rolf Tiedemann u. Hermann Schweppenhäuser, Frankfurt am Main 1991, S. 241–246, hier S. 241–242.
203 Vgl. Scholem, Walter Benjamin und sein Engel, S. 125.
204 Vgl. Rolf Tiedemann u. Hermann Schweppenhäuser, Aufzeichnungen 1933–1939 [Agesilaus Santander]. In: Benjamin, Gesammelte Schriften, Bd. VI, hg. v. Rolf Tiedemann u. Hermann Schweppenhäuser, Frankfurt am Main 1991, S. 808–815, hier S. 815.
205 Benjamin, Karl Kraus, S. 367.
206 So heißt es in „Erfahrung und Armut": „Klees Figuren sind gleichsam auf dem Reißbrett entworfen und gehorchen, wie ein gutes Auto auch in der Karosserie vor allem den Notwendigkeiten des Motors, so im Ausdruck ihrer Mienen vor allem dem Innern" (Benjamin, Erfah-

wortwörtlich der fahrbare Untersatz Gottes. Die Mobilität dieser in ihrer grenzsetzenden Funktion eigentlich statischen Figur geht mit radikalen Konsequenzen einher. In Davids Beschreibung von Gottes Rettung in Psalm 18 etwa wird gleich der ganze Himmel in Bewegung versetzt:

> Die Erde bebte und wankte, und die Grundfesten der Berge bewegten sich und bebten, da er [Gott, L.Z.] zornig war. Rauch stieg von seiner Nase und verzehrend Feuer aus seinem Munde; Flammen sprühten von ihm aus. Er neigte den Himmel und *fuhr* herab, und Dunkel war unter seinen Füßen. Und er *fuhr* auf dem Cherub und flog daher, er schwebte auf den Fittichen des Windes [meine Hervorhebung, L.Z.]. (Ps 18,8–11)

Entgegen dem zitierten Mythos der unzähligen entstehenden und nach ihrem Lobpreis wieder vergehenden Engel weisen die (raub-)tierhaften Attribute des Engels und das Fahren auf den Cherub. Im Buch des Propheten Ezechiel, das zu Beginn des 20. Jahrhunderts ausgiebig rezipiert wurde, sind die Cherubim der hybride Brennpunkt einer visionsliterarischen Überwältigungsästhetik.[207] Auch in der revidierten Lutherbibel von 1912 werden sie noch als „Tiere" (Ez 1,13) bezeichnet, da sie im Gegensatz zu den üblichen Botenengeln (vier) Flügel, also Schwingen, und neben einem menschlichen Antlitz auch das eines Stiers beziehungsweise eines Cherubs (vgl. Ez 10,14), eines Löwen und eines Adlers haben; vor allem aber sind sie im Gegensatz zu ihrer grenzsetzenden Funktion als Wächterfigur auch hier eine Art Mobilitätsträger:

> Als ich die Tiere so sah, siehe, da stand ein Rad auf der Erde bei den vier Tieren und war anzusehen wie vier Räder. Und die Räder waren wie Türkis und waren alle vier eins wie das andere, und sie waren anzusehen, als wäre ein Rad im andern. Wenn sie gehen wollten, konnten sie nach allen ihren vier Seiten gehen und sie mußten nicht herumlenken, wenn sie gingen. [...] Auch wenn die vier Tiere gingen, so gingen die Räder auch neben ihnen; und wenn die Tiere sich von der Erde emporhoben, so hoben sich die Räder auch empor.
> (Ez 1,15–19; Lutherbibel 1912)

Neben den animalischen Eigenschaften und dem technischen Anstrich liegt eine weitere Verbindung in dem Exilkontext, den Ezechiel als „einer der ersten Heimatvertriebenen"[208] aufruft. Aber auch die talmudische Legende der ent-

---

rung und Armut, S. 216). Zum technischen Aspekt des Engels bei Benjamin vgl. Kapitel 4.2 dieser Studie. Über Karl Kraus' Leistung, „selbst die Zeitung zitierbar zu machen", heißt es: „Er versetzt sie [die Zeitung, L.Z.] in seinen Raum, und mit einem Mal muß die Phrase es inne werden: im tiefsten Bodensatze der Journale ist sie nicht sicher vor dem Zustoß der Stimme, die auf den *Schwingen* des Wortes *herabfährt*, um sie ihrer Nacht zu entreißen [meine Hervorhebungen, L.Z.]" (Benjamin, Karl Kraus, S. 363).
207 Zu dem überwältigungsästhetischen Aspekt des Cherubs bei Kleist vgl. Polaschegg, Von der Vordertür des Paradieses, S. 490–491.
208 Der Spiegel, Raumflug nach Jerusalem, 1, 1973, S. 85–96, hier S. 85.

stehenden und vergehenden Engel klingt hier nach. Sie stammt aus dem zweiten Kapitel des *Traktats Chagiga*,[209] wo jene Vision der מֶרְכָּבָה (hebräisch für „Wagen") des ersten und zehnten Kapitels von Ezechiel thematisiert wird. Um diese entwickelte sich eine ganze Mystik, wobei in der entsprechenden Literatur, der Hekhalot-Literatur (von hebräisch הֵיכָל: „Palast", „Tempel", „Halle"), Name und Engel wie in „Agesilaus Santander" eine zentrale Rolle spielen.[210] Bei der Offenbarung der מֶרְכָּבָה handelt es sich überdies um eine geheime Materie, die Unbefugten verboten ist. Galili Shahar weist darauf hin, dass daher die Episode der transitorischen Engel in „Agesilaus Santander" als Teil jener „discussion on the forbidden visions of the merkavah"[211] selbst zu einem Geheimnis gehört. Insofern spiegelt der mit diesen flüchtigen assoziierte und von ihnen doch so verschiedene Engel zugleich die konstitutive Struktur des Textes, der zwischen Veröffentlichung und Geheimhaltung schwankt.

4.2 Der Engel zwischen Apparatur und Apparition: „Über den Begriff der Geschichte" (1940)

Das Spiel mit dem Geheimnis scheint in „Über den Begriff der Geschichte" endgültig vorbei. In der zwischen Februar und März 1940 verfassten Thesensammlung ist im Angesicht unmittelbarer existentieller Gefährdung der mystische Gestus von „Agesilaus Santander" höchster sprachlicher Präzision und einer klaren politischen Marschrichtung gewichen. Es geht um den „Kampf gegen den Faschismus"[212]. Diesen gilt es in Form einer Allianz von historischem Materialismus und Theologie siegreich zu bestreiten. Entsprechend steht in der Sprache, in der die Bestimmung des historischen Materialismus entwickelt wird, nicht die opake Ausstellung von hermetischen Prozessen zwischen Geheimnis und Veröffentlichung im Vordergrund. Statt um den Name als Modus reiner Medialität, der in „Agesilaus Santander" im Zentrum steht, geht es hier um „das Gedächtnis der

---

[209] Vgl. Shahar, In the Name of the Devil, S. 108.
[210] Vgl. Peter Schäfer, Der göttliche Name. Geheimnis und Offenbarung in der Merkava-Mystik. In: Schleier und Schwelle. Archäologie der literarischen Kommunikation V, Bd. 2: Geheimnis und Offenbarung, hg. v. Aleida Assmann u. Jan Assmann, München 1998, S. 143–159, hier S. 143.
[211] Shahar, In the Name of the Devil, S. 108.
[212] Walter Benjamin, Über den Begriff der Geschichte. In: Benjamin, Gesammelte Schriften, Bd. I.2, hg. von Rolf Tiedemann u. Hermann Schweppenhäuser, Frankfurt am Main 1991, S. 693–794, hier S. 697. Im Folgenden T (Thesen).

Namenlosen"[213]. Ebenfalls der veränderten historischen Situation zuzuschreiben ist, dass der „Kampfwert"[214] marxistischer Thesen fruchtbar gemacht wird, die, wie es in dem 1935 verfassten „Kunstwerk"-Aufsatz heißt, „eine Vielzahl überkommener Begriffe [...] beiseite" setzen. Zu diesen gehört auch das „Geheimnis"[215], das in „Agesilaus Santander" eine entscheidende Rolle spielt. Unbrauchbar sind diese Begriffe für Benjamin in der gegenwärtigen Situation, da ihre „unkontrollierte (und augenblicklich schwer kontrollierbare) Anwendung zur Verarbeitung des Tatsachenmaterials in faschistischem Sinn führt"[216].

Welche Rolle kommt dem Engel in der von der faschistischen Bedrohung gezeichneten Schrift „Über den Begriff der Geschichte" zu? Um das zu erkennen, ist es nötig, das besondere Verständnis von politischer Praxis nachzuvollziehen, das ihr zugrunde liegt. Deren Ausgangspunkt ist eine bestimmte Form der Geschichtsschreibung, die ein herkömmliches Konzept von Zeit als Serie abgegrenzter und einander unbeteiligt folgender Momente ablehnt. Um vergangene Momente zu erkennen und im gegenwärtigen Moment eine politische Veränderung herbeizuführen, ist für Benjamin eine Offenheit und Kollision chronologisch unverbundener Zeitpunkte nötig. So ist das Vergangene nicht endgültig vergangen, sondern steht in Verbindung zu den gegenwärtig lebenden Menschen, die sich in einer bestimmten Verantwortung für, aber auch in einer Angewiesenheit auf diese Vergangenheit befinden. Da aktuelle Sprengkraft nur erzeugt werden kann, wenn ein dem gegenwärtigen Moment korres-

---

213 Walter Benjamin, Anmerkungen [Über den Begriff der Geschichte]. In: Benjamin, Gesammelte Schriften, Bd. I.3, hg. von Rolf Tiedemann u. Hermann Schweppenhäuser, Frankfurt am Main 1991, S. 1223–1266, hier S. 1241.
214 Walter Benjamin, Das Kunstwerk im Zeitalter seiner technischen Reproduzierbarkeit. In: Benjamin, Gesammelte Schriften, Bd. I.2, hg. von Rolf Tiedemann u. Hermann Schweppenhäuser, Frankfurt am Main 1991, S. 435–508, hier S. 435.
215 Benjamin, Das Kunstwerk im Zeitalter seiner technischen Reproduzierbarkeit, S. 473.
216 Benjamin, Das Kunstwerk im Zeitalter seiner technischen Reproduzierbarkeit, S. 473. Das Adjektiv „geheim" fällt in den *Thesen*, wenn es darum geht, die offenkundig nicht näher zu ergründende Verbindung zwischen Vergangenheit und Gegenwart zu charakterisieren: „Ist dem so, dann besteht eine geheime Verabredung zwischen den gewesenen Geschlechtern und unserem" (T 694) und „Wie Blumen ihr Haupt nach der Sonne wenden, so strebt kraft eines Heliotropismus geheimer Art, das Gewesene der Sonne sich zuzuwenden, die am Himmel der Geschichte im Aufgehen ist" (T 694–695). Das Geheime gehört hier zum beschriebenen Phänomen, ist aber nicht Teil der sprachlichen Einkleidung. Gleiches gilt für die Allegorie der I. These, in der „der Erfolg des Automaten auf seinem Geheimnis, und dieses wiederum auf optischer Täuschung und einem Konstruktionstrick" beruht (Jeanne Marie Gagnebin, „Über den Begriff der Geschichte". In: Benjamin-Handbuch. Leben – Werk – Wirkung, hg. von Burkhardt Lindner, Stuttgart 2011, S. 284–300, hier S. 296), deren Wirkungsweise selbst aber nicht im Dunkeln gelassen, sondern erläutert wird.

pondierender Moment der Vergangenheit mit ihrem „heimlichen Index, [...] durch den sie auf die Erlösung verwiesen wird" (T 693), erfasst wird, konvergieren in der Geschichtsschreibung die Rettung des Verlorenen der Vergangenheit und die Möglichkeit zur Revolution.

Revolutionäre Aktion ergibt sich aus der jeweiligen politischen Situation heraus, aber genauso auch „durch die Schlüsselgewalt dieses Augenblicks über ein ganz bestimmtes, bis dahin verschlossenes Gemach der Vergangenheit"[217], wie es in den Anmerkungen zu den „Thesen" heißt. Erst durch das Eintreten in dieses Gemach zeigt sich die politische Aktion als „eine messianische"[218]. Dem Historisten, der nach Benjamin mit seinem ideologischen Anspruch von Neutralität und Objektivität die Siegergeschichte zum Götzenbild seiner Einfühlung macht, bleibt dieser Zugang hingegen verwehrt. Während es diesem um „das ‚ewige' Bild der Vergangenheit" (T 702) geht, gilt die gespannte Aufmerksamkeit des historischen Materialisten dem „wahre[n] Bild der Vergangenheit", das als vorbeihuschendes im Moment seiner „Erkennbarkeit" (T 695) nur flüchtig gegeben ist. Damit ist ein erster Anhaltspunkt für die Bedeutung des Engels gegeben, in dem sich vergangene, gegenwärtige und zukünftige Zeiträume verdichten, die messianisch durchwirkt sind. Modus und Zeitmaß der historischen Erkenntnis, wie Benjamin sie skizziert, entsprechen überdies dem flüchtigen Bild der Engelserscheinung. Sie vollzieht sich nämlich in sogenannten dialektischen Bildern: „Nicht so ist es, daß das Vergangene sein Licht auf das Gegenwärtige oder das Gegenwärtige sein Licht auf das Vergangene wirft, sondern Bild ist dasjenige, worin das Gewesene mit dem Jetzt blitzhaft zu einer Konstellation zusammentritt. Mit anderen Worten: Bild ist Dialektik im Stillstand."[219] Wie der Engel sind auch dialektische Bilder mediale Grenzgänger – „der Ort, an dem man sie antrifft, ist die Sprache"[220].

Mit dieser Beziehung von vergangenem und gegenwärtigem Moment ist eine weitere mit dem Engel verknüpfte Operation verbunden, die des Unterbrechens. „Geschichte schreiben heißt also Geschichte *zitieren*. Im Begriff des Zitierens liegt aber, daß der jeweilige historische Gegenstand aus seinem Zusammenhange gerissen wird" (T 595), schreibt Benjamin im *Passagen-Werk*. Folglich ist Geschichte „Gegenstand einer Konstruktion" und zwar nicht in der „homogene[n] und leere[n] Zeit", die den Nährboden für das Fortschrittsdogma bildet, das Benjamin verwirft, sondern in der „von Jetztzeit erfüllte[n]" (T 701). In dieser Zeit stellt „jedes

---

217 Benjamin, Anmerkungen [Thesen], S. 1231.
218 Benjamin, Anmerkungen [Thesen], S. 1231.
219 Benjamin, Das Passagen-Werk, S. 577.
220 Benjamin, Das Passagen-Werk, S. 577.

Jetzt [...] das Jetzt einer bestimmten Erkennbarkeit"[221] dar. Die Bewegung des Zitierens schlägt sich in „Über den Begriff der Geschichte" auch strukturell in Form der getrennten Thesen nieder, die nicht diskursiv auseinander entwickelt werden, sondern eine fragmentarische Formation darstellen. Neben der grundsätzlichen Möglichkeit einer „geheime[n] Verabredung zwischen den gewesenen Geschlechtern und unserem" (T 694) ist es das Moment der Gefahr, das die Verbindung zwischen Toten und Lebenden stiftet und die Aufsprengung der historischen Kontinuität der Sieger motiviert. Diese Gefahr stellt auch die Verbindung zur Situation des Schreibenden her: Die weltpolitische Lage verdüsterte sich nach dem Hitler-Stalin-Pakt und dem Beginn des Zweiten Weltkriegs zunehmend, und auch Benjamins persönliche Situation als „an den Rand der Existenznot in jedem Sinne geführte[r] Flüchtlin[g]"[222] war bedrohlich.

Die Bildqualität, das Prinzip der Relationalität, die diskontinuierliche Zeitstruktur und die flüchtige Erscheinung sind für Benjamin die Bedingungen der Möglichkeit von historischer Erkenntnis. Gleichzeitig stellen sie epistemische und mediale Parameter dar, die allesamt mit der Engelsfigur verknüpft sind. Es liegt daher nahe, dass sich die Aussagekraft des Engels der Geschichte nicht auf die IX. These beschränkt, in der dieser vergeblich versucht, die Trümmer vergangener Zeiten zusammenzufügen und die Toten zu erwecken. Diese Annahme ist insofern keine Selbstverständlichkeit, als das offensichtlich Allegorische dieser Figur dazu geführt hat, in ihr nur den Verweis, beispielsweise auf allgemein Theologisches, zu sehen. Gerade die Berühmtheit des Engels der Geschichte birgt die Gefahr, dass er zum leeren Emblem wird, etwa für eine melancholisch-pessimistische Weltsicht.[223] Entgegen dieser Tendenz soll dem angelischen Sujet im Folgenden auf inhaltlicher und strukturell-methodischer Ebene nachgegangen, die medienästhetische Spezifik des Engelsblicks eruiert und die Bedeutung des Scheiterns des Engels beleuchtet werden.

Liest man die IX. These vor der Folie von Benjamins geschichtsphilosophisch eingefasster Filmästhetik, so lassen sich mehrere funktionale Analogien beobachten. Dazu gehört vor allem die zwischen Kamera und Engel, die beide eine Perspektive zur Anschauung bringen, die der unmittelbaren menschlichen Wahrnehmung verschlossen ist. Mit der Funktionsweise einer technischen Apparatur macht der Engel die Gebrochenheit des historischen Geschehens und damit das Verdrängte der Geschichte sichtbar. Gleichzeitig trägt der Engel in die Funktionalität moderner Technik jenes gegenläufiges Moment, das die An-

---

221 Benjamin, Das Passagen-Werk, S. 578.
222 Scholem, Walter Benjamin und sein Engel, S. 110.
223 Vgl. Scholem, Walter Benjamin und sein Engel, S. 67.

gelophanie als intensive und einzigartige Erfahrung auszeichnet. Die Ausgangsthese dieses Kapitels besagt, dass die spezifische Medialität des Engels in den „Thesen" im Spannungsfeld von technischer Apparatur und auratischer Apparition (als „Himmelserscheinung"[224]) situiert ist, und in einem spezifischen historischen Moment, nämlich dem faschistischer Bedrohung, in Erscheinung tritt. In dieser Spannung macht der Engel als unmenschlich-technisches Medium unsichtbares Leid sichtbar und evoziert als religiöse Figur die Möglichkeit, das vergangene Leid zu etwas Unabgeschlossenem zu machen.

4.2.1 Die Medialität des Engelsblicks

> IX
> Mein Flügel ist zum Schwung bereit
> *ich kehrte gern zurück*
> denn blieb' ich auch lebendige Zeit
> ich hätte wenig Glück.
> *Gerhard Scholem, Gruß vom*
> *Angelus*

> Es gibt ein Bild von Klee, das Angelus Novus heißt. Ein Engel ist darauf dargestellt, der aussieht, als wäre er im Begriff, sich von etwas zu entfernen, worauf er starrt. Seine Augen sind aufgerissen, sein Mund steht offen und seine Flügel sind ausgespannt. Der Engel der Geschichte muß so aussehen. Er hat das Antlitz der Vergangenheit zugewendet. Wo eine Kette von Begebenheiten vor *uns* erscheint, da sieht *er* eine einzige Katastrophe, die unablässig Trümmer auf Trümmer häuft und sie ihm vor die Füße schleudert. Er möchte wohl verweilen, die Toten wecken und das Zerschlagene zusammenfügen. Aber ein Sturm weht vom Paradiese her, der sich in seinen Flügeln verfangen hat und so stark ist, daß der Engel sie nicht mehr schließen kann. Dieser Sturm treibt ihn unaufhaltsam in die Zukunft, der er den Rücken kehrt, während der Trümmerhaufen vor ihm zum Himmel wächst. Das, was wir den Fortschritt nennen, ist *dieser* Sturm. (T 697–698)

Im Gegensatz zu der Notiz „Agesilaus Santander", in der nur von dem „Neuen Engel" die Rede ist, wird hier explizit auf das Bild *Angelus Novus* von Paul Klee Bezug genommen. Klee steht für Benjamin in der Reihe jener „Barbaren" im positiven Sinn, die als Vertreter des ästhetischen Rationalismus den technisch inspirierten Prinzipien der Reduktion und Konstruktion folgen.[225] Auch das Bild

---

224 Adorno, Ästhetische Theorie, S. 125.
225 Vgl. folgende Stelle: „Denn wohin bringt die Armut an Erfahrung den Barbaren? Sie bringt ihn dahin, von vorn zu beginnen; von Neuem anzufangen; mit Wenigem auszukommen; aus Wenigem heraus zu konstruieren und dabei weder rechts noch links zu blicken" (Benjamin, Erfahrung und Armut, S. 215). Vgl. dazu auch Detlev Schöttker, Reduktion und Montage. Ben-

Angelus Novus entspricht in der „groteske[n] Zusammengesetztheit der Figur aus divergenten Einzelteilen"[226] dieser Gestaltungsform. Die IX. These setzt also ein mit der Bildbeschreibung des existenten Kunstwerks von Paul Klee, aus der dann eine zweite Bildbeschreibung, die des Engels der Geschichte, entwickelt wird. Dessen Existenz scheint ebenso gesichert, nur sein Aussehen nicht völlig klar. Zwischen beiden Engeln besteht eine Ähnlichkeitsbeziehung, die auf einer Art spekulativer Gewissheit beruht, aber keine Identität („der Engel der Geschichte muß so aussehen").[227] In dieser Doppelung der Engel potenziert sich der angelische Modus der Repräsentation als Zusammenspiel von Identität und Differenz.[228]

Abgesehen von den wellenförmigen Haaren und der Farbschattierung des Gesichts, die eine gewisse Plastizität suggeriert, ist die Gestaltung des Klee-Engels mit seinen gezeichneten Umrissen und den segmentären Unterteilungen des Körpers flächig. Gleiches gilt für den Textkörper der XI. These. Sowohl in dem Bild *Angelus Novus* als auch in der Beschreibung des Engels der Geschichte ist es jeweils erst der Blick, der eine Dynamik erzeugt und einen multidimensionalen Raum ausspannt. Der Blick des Angelus Novus ist auffällig, weil beide Augen sich unabhängig voneinander zu bewegen scheinen. Während das linke Auge nach innen und tendenziell nach unten weist, wirkt das rechte Auge in den Raum hin und nach oben geöffnet. Die Spezifik dieser Blicklinien impliziert eine Mehrdimensionalität, die nur durch das Blickfeld des Engels, nicht durch

---

jamin, Brecht und die konstruktivistische Avantgarde. In: global benjamin, Bd. 2, hg. von Klaus Garber u. Ludger Rehm, München 1999, S. 745–773, hier S. 765.
226 Rösch, Die Hermeneutik des Boten, S. 38. Auch das Ineinander von Text und Bild, das den Engel der Geschichte charakterisiert, ist typisch für Klees Engelsbilder. So weist Perdita Rösch darauf hin, dass die Engel ohne den Titel gar nicht unbedingt als solche erkennbar sind, sie zu Engeln also erst durch das Zusammenspiel von Bild und Text werden (vgl. Rösch, Die Hermeneutik des Boten, S. 34). In der IX. These wird diese Besonderheit insofern fortgesetzt, als der These ein Scholem-Zitat, das sich auf das Bild bezieht, vorangestellt ist.
227 Vgl. Sigrid Weigel, Walter Benjamin. Die Kreatur, das Heilige, die Bilder, Frankfurt am Main 2008, S. 272.
228 Diese Doppelung des Bilds lässt sich auch bei dem Klee-Bild *Angelus Novus* beobachten: Klee fertigte zunächst eine Bleistiftzeichnung der Figur an und pauste sie per Öldruckverfahren durch. Auf dieser Grundlage entstand dann der (zweite) *Angelus Novus* (vgl. Johann Konrad Eberlein, „Angelus Novus". Paul Klees Bild und Walter Benjamins Deutung, Freiburg im Breisgau; Berlin 2006, S. 31). Weiter verweist Eberlein darauf, dass es „nicht die erste Fassung eines solchen Bilds in seinem [Klees, L.Z.] Œuvre, sondern die zweite" ist – „[d]er ‚Angelus novus' ist eine Wiederholung des ‚Angelus descendens'" (Eberlein, „Angelus Novus", S. 49). Und nicht zuletzt lässt sich auch in der untrennbar verzahnten Rezeption von Klees Bild und Benjamins Texten eine weitere Ausprägung dieses Doppelgängertums erblicken.

die zweidimensionale Beschaffenheit seines Körpers oder seine unbestimmte Umwelt entsteht. Analog dazu ist es auch beim Engel der Geschichte der Blick, der eine Räumlichkeit aufspannt, in dem sich das folgende Geschehen abspielt. Diese bildhafte Konstruktion – also ein Bild im (Sprach-)Bild, das wiederum auf das dialektische Bild verweist – zeigt eine andere Geschichte, die nicht gleichmäßig, sondern eruptiv-katastrophisch verläuft. Auffällig ist weiter die aktive Dimension, die sowohl den Engelsblick als auch die Katastrophe kennzeichnet, die durch diesen sichtbar wird. Der Kontrast zwischen angelischer Blickaktivität und passiver menschlicher Wahrnehmung wird durch die Kursivierung von „*uns*" und „*er*" betont: Eine unpersönliche „Kette von Begebenheiten [...] erscheint" vor „*uns*", während der Engel, der „das Antlitz der Vergangenheit zugewendet" hat, „eine einzige Katastrophe" als die Akteurin „sieht", die die Trümmer „ihm vor die Füße schleudert". Diese Katastrophe setzt sich aus einzelnen Schock-Momenten zusammen,[229] die der Engel für uns Menschen sichtbar macht.

Der Fokus auf dem Sehen und der unmittelbaren Betroffenheit des Engels stellt die aisthetische Fundierung von Erkenntnis aus. Damit ist sie der olympisch-indifferenten Position entgegengesetzt, die Benjamin dem Historismus zuschreibt. Indem der Engel dem Sturm entgegenblickt und dadurch ein heterogenes und geweitetes Wahrnehmungsfeld sichtbar macht, entlarvt er die historische Kontinuität als Produkt eines eindimensionalen menschlichen Blicks. Dieser Gegen-Blick des Engels ermöglicht es, Geschichte als die einer zerstörerischen Unterdrückung zu erkennen. Zugleich wird die Gegenwart in einem anderen Licht sichtbar: Diese Perspektive „belehrt uns darüber, daß der ‚Ausnahmezustand', in dem wir leben, die Regel ist" (T 697), wie es in der VIII. These heißt. Das Postulat, zu einem Begriff von Geschichte zu gelangen, der diesem Sachverhalt Rechnung trägt, verweist neben seiner geschichtsphilosophischen Bedeutung auch auf das Faktum, dass das NS-Regime juristisch bis zu seinem Ende einen Ausnahmezustand darstellte.[230]

Angesichts dieser Erkenntnis zeichnet sich „als unsere Aufgabe die Herbeiführung des wirklichen Ausnahmezustands" ab, wodurch auch „unsere Position im Kampf gegen den Faschismus sich verbessern" (T 697) wird. Der Engel übernimmt dabei als Visualisierungsgehilfe jene im *Passagen-Werk* mit einem Zitat von Rudolf Borchardt formulierte „[p]ädagogische Seite dieses Vorhabens: ‚Das

---

229 So sei „[d]as Ideal des chockförmigen Erlebnisses [...] die Katastrophe" (Benjamin, Das Passagen-Werk, S. 642).
230 Vgl. Giorgio Agamben, Ausnahmezustand, Frankfurt am Main 2004, S. 8 u. S. 70–71.

bildschaffende Medium in uns zu dem stereoskopischen und dimensionalen Sehen in die Tiefe der geschichtlichen Schatten zu erziehen'"[231]. Dass der Blick des Engels keinen anderen, nichtirdischen Schauplatz eröffnet, sondern das dem Menschen Unsichtbare entbirgt, wird explizit gesagt: Wo uns die eindimensionale Geschehenskette erscheint, da sieht er Trümmer sich im Raum der Geschichte stapeln. Auf diese Weise wird die Aufgabe des Engels, dem Unsichtbaren Sichtbarkeit zu verleihen, von der Vermittlung des Numinosen im Profanen in die Horizontale des geschichtlichen Raumes verlagert. Die damit verbundene Rekonfiguration von Raum und Zeit vollzieht sich über das Bild, das in dem Anwesendmachen von etwas Abwesendem eine eigene Realität schafft.

Insofern stimmt die Bemerkung nicht, der Engel der Geschichte könne „nur versuchen, den Schaden zu benennen"[232]. Tatsächlich benennt er ihn als schweigender ja gerade nicht und seine Bedeutung besteht auch nicht in einem etwaigen Versuch, über den Aussagen notwendig spekulativ bleiben müssen. Der Engel macht den Schaden vielmehr performativ für die Rezipientinnen und Rezipienten der „Thesen" sichtbar. Das Bild, bei Benjamin Modus der unwillkürlichen Erinnerung und Konsequenz aus der „Liquidierung des epischen Momentes in der Geschichtsdarstellung"[233], ist weder in seinem Aufblitzen noch in seinem Inhalt kontrollierbar. Es bedeutet wesentlich „Unordnung"[234]. Darin entspricht es den Engeln, die sich sowohl in ihrer unergründbaren Vielzahl als auch in Form der Angelophanie menschlicher Steuerung entziehen. Verstärkt wird dieser Aspekt der Unverfügbarkeit durch den Engel als unmenschlichen Bilderproduzenten, der hier für einen qualitativ anderen Zugang zur Geschichte steht.

Vor diesem Hintergrund wird deutlich, wie sich die in „Agesilaus Santander" in Rückgriff auf den Essay „Karl Kraus" ausgemachte zerstörerische Dimension des Engels verschiebt. Dort trat der Engel als menschenfresserische Überwindung des historisch obsolet gewordenen idealistischen Humanismus

---

231 Benjamin, Das Passagen-Werk, S. 571. Vgl. zum stereoskopischen Sehen: „Das Stereoskop trennt die beiden Augen und zeigt ihnen jeweils ein einzelnes Bild. Dieses technische Verfahren dient dazu, einen räumlichen Effekt hervorzurufen, da durch die Übereinanderblendung beider Bilder diese als dreidimensionale Staffelung von Flächen erscheinen. Nicht die Präzision der Projektion der Außenwelt in die Camera obscura des Auges, sondern die transformierende Synthese der beiden Bilder, die zerebrale Bildverarbeitung also ist Grundlage der Wahrnehmung und Voraussetzung des stereoskopischen Effekts" (Bernd Stiegler, Objektives Sehen und subjektiver Blick. Zur Theorie der Fotografie in den zwanziger Jahre. In: Mediengebrauch und Erfahrungswandel. Beiträge zur Kommunikationsgeschichte, hg. von Detlev Schöttker, Göttingen 2003, S. 157–169, hier S. 162).
232 Gagnebin, „Über den Begriff der Geschichte", S. 297.
233 Benjamin, Anmerkungen [Über den Begriff der Geschichte], S. 1243.
234 Benjamin, Anmerkungen [Über den Begriff der Geschichte], S. 1243.

auf.²³⁵ Auch in den „Thesen" ist die entscheidende Wirkung des Engels eine destruktive. Allerdings bringt er keine Zerstörung auf der Inhaltsebene, im Gegenteil, die einzige Aussage über seine Intention ist die, dass er die Trümmer der Geschichte zusammenfügen möchte. Seine zerstörerische Potenz greift vielmehr im Bereich der Medialität: Er zertrümmert das kohärente Geschichtsbild, das den Herrschenden zugutekommt, und stellt dagegen die Konstruktion von fragmentarischen Bildern, die das hegemoniale Geschichtsnarrativ bisher verdeckte. Der Aspekt der Medialität ist also von entscheidender Bedeutung für Benjamins Gegen-Bild von Geschichte, das an den technischen Gestaltungsprinzipien der Konstruktivisten geschult ist.²³⁶

4.2.2 Geschichte als Katastrophenfilm

Die Frontstellung gegen die Einfühlung in die Sieger der Geschichte wird in den „Thesen" überwiegend diskursiv entwickelt. Anders in der IX. These, die die Parteinahme für die Unterdrückten als eine über den Engel ermöglichte filmästhetische Konstruktion vorführt. Die Szenerie der gesamten These ähnelt

---

235 Diese Wandlung lässt sich anhand der Verwendung des Barbarenbegriffs bei Benjamin zeigen. In „Erfahrung und Armut", also zur Abfassungszeit von „Agesilaus Santander", nutzte Benjamin den Begriff programmatisch: „Ja, gestehen wir es ein: Diese Erfahrungsarmut ist Armut nicht nur an privaten sondern an Menschheitserfahrungen überhaupt. Und damit eine Art von neuem Barbarentum. Barbarentum? In der Tat. Wir sagen es, um einen neuen, positiven Begriff des Barbarentums einzuführen" (Benjamin, Erfahrung und Armut, S. 215). Während Benjamin in „Erfahrung und Armut" das Barbarische dialektisch aufwertet – das Unmenschliche der Gesellschaft wird genutzt, um den Humanismus neu zu denken –, steht in den *Thesen* der Impetus der Distanzierung im Vordergrund: „Es ist niemals ein Dokument der Kultur, ohne zugleich ein solches der Barbarei zu sein. Und wie es selbst nicht frei ist von Barbarei, so ist es auch der Proceß der Überlieferung nicht, in der es von dem einen an den andern gefallen ist. Der historische Materialist rückt daher nach Maßgabe des Möglichen von ihr ab" (T 696–697). Gleichzeitig wird in dieser Aussage der Begriff gewissermaßen in sich selbst zurückgeführt, verhandeln doch „[i]n der Thematik des Barbarischen [...] die europäischen Kulturen die Sache der Kultur selbst" (Manfred Schneider, Der Barbar. Endzeitstimmung und Kulturrecycling, München; Wien 1997, S. 11). Zu Benjamins Konzept des Barbarischen vgl. auch Georgios Sagriotis, Barbarians and Their Cult: On Walter Benjamin's Concept of New Barbarism. In: Thamyris/Intersecting: Place, Sex & Race, 29, 2015, S. 255–265. Benjamins gewandelter Gebrauch des Begriffs mag auch mit dessen Inanspruchnahme durch die Nationalsozialisten zusammenhängen, die insbesondere 1933 auf den Barbaren als positive Identifikationsfigur zurückgriffen (vgl. Schneider, Der Barbar, S. 210).
236 Die Theorie der Montage, die mit der Praktik des Zitierens unmittelbar zusammenhängt (vgl. Benjamin, Das Passagen-Werk, S. 572), hat Benjamin ab den 1930er Jahren für den Umgang mit Geschichte fruchtbar gemacht (vgl. allgemein Schöttker, Reduktion und Montage).

Brechts epischem Theater, wie Benjamin es in „Der Autor als Produzent" (1934) beschreibt. So wirkt auch im Falle des Engels die Unterbrechung „einer Illusion im Publikum entgegen"[237]. Die Zustände, die durch die Unterbrechung entdeckt werden und die „in dieser oder jener Gestalt immer die unsrigen sind [...], werden dem Zuschauer nicht nahegebracht, sondern von ihm entfernt"[238]. Dieses Entfremdungsmoment bildet die Grundlage von Erkenntnis. Es wird hier über die Figur des unmenschlichen Engels erzeugt und zwar „[i]m Zeitalter der aufs Höchste gesteigerten Entfremdung der Menschen voneinander"[239] ebenso wie ihrer (Erfahrungs-)Armut.

Analog zum Blick des Engels, der die ‚Bühne' einer anderen Geschichte entwirft, ist es der „Blick des epischen Dramatikers"[240], dem sich die Zustände als unterbrochene Handlungen erschließen. In „Der Autor als Produzent" verfolgt Benjamin die These, dass der künstlerische Produzent sich für „die richtige politische Tendenz"[241] auf der Höhe der technischen Entwicklung befinden muss, da zwischen beiden Komponenten eine „funktional[e] Abhängigkeit"[242] bestehe. Mag der Gehalt der Werke beziehungsweise die Gesinnung der Kunstschaffenden revolutionär sein, solange sie den Produktionsapparat nur beliefern, bleiben sie reaktionär. Den Kern der Argumentation bildet der Begriff der Technik, der „die literarischen Produkte einer unmittelbaren gesellschaftlichen, damit einer materialistischen Analyse zugänglich"[243] macht. Gleichzeitig stellt er „den dialektischen Ansatzpunkt dar, von dem aus der unfruchtbare Gegensatz von Form und Inhalt zu überwinden ist"[244]. Während das althergebrachte Theater nach Benjamin einen hinfälligen Apparat beliefert und mit Film und Rundfunk zu konkurrieren versucht, wendet das epische Theater die neuen Produktionsmittel an und kann so „den Funktionszusammenhang zwischen Bühne und Publikum, Text und Aufführung, Regisseur und Schauspieler [...] verändern"[245]. Mit dem Prinzip der Unterbrechung

---

237 Walter Benjamin, Der Autor als Produzent. In: Benjamin, Gesammelte Schriften, Bd. II.2, hg. von Rolf Tiedemann u. Hermann Schweppenhäuser, Frankfurt am Main 1991, S. 683–701, hier S. 698.
238 Benjamin, Der Autor als Produzent, S. 698.
239 Walter Benjamin, Franz Kafka. Zur zehnten Wiederkehr seines Todestages. In: Benjamin, Gesammelte Schriften, Bd. II.1, hg. v. Rolf Tiedemann u. Hermann Schweppenhäuser, Frankfurt am Main 1991, S. 409–438, hier S. 436.
240 Benjamin, Der Autor als Produzent, S. 698.
241 Benjamin, Der Autor als Produzent, S. 686.
242 Benjamin, Der Autor als Produzent, S. 686.
243 Benjamin, Der Autor als Produzent, S. 686.
244 Benjamin, Der Autor als Produzent, S. 686.
245 Benjamin, Der Autor als Produzent, S. 697.

nimmt das epische Theater „ein Verfahren auf, das [...] in den letzten Jahren aus Film und Rundfunk, Presse und Photographie geläufig ist"[246]: das der Montage.

Dass der Engel der Geschichte nicht nur als episch-theatrale, sondern spezifischer noch als filmästhetische Figur wirkt, hängt mit der Funktionalität seines Blicks zusammen, die dieselbe wie die technischer Medien ist. So unterbricht und irritiert zwar der Engel der Geschichte als religiöse Figur den siegerfixierten Zugang der modernen Geschichtsbetrachtung. Allerdings stellt er in der Moderne kein unverbunden anachronistisches Moment dar, sondern ist selbst von ihr durchdrungen. Wendet man sich nämlich der spezifischen Beschaffenheit des bildgenerativen Blicks des (sprachbildlichen) Engels zu, so zeigt sich, dass dieser im Kontext moderner Wahrnehmungsformen zu situieren ist. Diesem Gedanken liegt die benjaminsche These zugrunde, dass „[d]ie Art und Weise, in der die menschliche Wahrnehmung sich organisiert – das Medium, in dem sie erfolgt – [...] nicht nur natürlich sondern auch geschichtlich bedingt"[247] ist. Mit den Prinzipien von Unterbrechung (des herrschenden Geschichtsnarrativs) und Konstruktion/Montage (der Geschichtsbilder, die der Engelsblick entstehen lässt) sind jene Verfahren auf den Plan gerufen, die nach Benjamin den Film konstituieren.[248]

Stand in „Agesilaus Santander" die Eigenlogik der mimetischen Figuren Name und Engel im Vordergrund, geht es bei dem Engel der Geschichte um die konkrete politische Bedeutung von Medialität und ihren historischen Index. Hervorzuheben ist neben der aktiven Dimension des Engels die Dynamik des Geschichtsbilds, das sein Blick entwirft, wobei er als „Bildspender" sich selbst in fortlaufender Bewegung durch den Sturm befindet. Die Folge ist eine zweifache Dynamisierung: In der Starre seines Blicks entfaltet sich die Dynamik der sich dem Engel darbietenden Geschichtslandschaft im Modus des fortlaufenden Präsens und damit als unabgeschlossene – die Katastrophe häuft „unablässig Trümmer auf Trümmer", die sie dem Engel „vor die Füße schleudert" (T 697). Dem entspricht der Blick des Angelus Novus: In seinen asymmetrischen Blickachsen, die durch die Inkongruenz der Augenstellung entstehen, wird das Prinzip der zentralperspektivischen Bündelung in einem Fixpunkt zugunsten einer fluiden, multiperspektivischen Räumlichkeit verabschiedet. In der Montage der Geschichtsbilder, die der Blick des Engels der Geschichte entstehen lässt, greifen statisches Bild und dessen Bewegung, greifen Momente von Flüchtigkeit und Arretierung ineinander und suspendieren auf diese Weise die chronometrische Ordnung eines homogenen Blickfelds.[249]

---

246 Benjamin, Der Autor als Produzent, S. 697.
247 Benjamin, Das Kunstwerk im Zeitalter seiner technischen Reproduzierbarkeit, S. 439.
248 Vgl. Benjamin, Der Autor als Produzent, S. 697–698.
249 „Tiraient sur les cadrans pour arrêter le jour" (T 702), wird ein Augenzeuge des Turmuhr-Schießens der Juli-Revolution zitiert.

So kann – zumindest in der Logik des Denkbilds selbst – diese Bilderfolge wie die Filmaufnahme „nicht fixiert werden, weder wie ein Gemälde noch wie etwas Wirkliches"[250]. Dieses Zusammenspiel von Stillstand und Bewegung hat seine medienpoetische Grundlage in der Verbindung aus bildlicher Ruhe und narrativer Dynamik, die überdies das epistemische Spannungsverhältnis von Stillstand und monadischer Abgeschlossenheit auf der einen und der Wucht der Unterbrechung auf der anderen Seite reflektiert. In diese Spannung fließen die Statik des grenzsetzenden Cherubs und die Mobilität des grenzüberschreitenden Botenengels beziehungsweise des Cherubs in seiner Funktion als rasender Thron zusammen. In seinem Scheitern, die zeitlich-räumlichen Grenzen zu überschreiten, macht der Engel der Geschichte diese Grenzen sichtbar und antizipiert zugleich ihre in der historischen Zeit nicht realisierbare Überschreitung. Was Andrea Polaschegg im Zusammenhang mit Kleists Cherub feststellt, gilt ebenso auch für den Engel der Geschichte: Die Überschreitung der Grenze von Erde und Himmel, Leben und Tod setzt die Bewegung des Cherubs voraus, die wiederum „ausschließlich im Wirkungsbereich der Poesie als transitorischer Kunst"[251] möglich ist, die sich bei Benjamin als Spezifikum des Sprachbilds ausweist.

Folglich konstituiert erst das Zusammenspiel von Bild und Text die medienpoetische Grundlage, auf der die Grenze und ihre Transgression gezeigt werden können. Dieser Überschreitung der „Schranke zwischen Schrift und Bild"[252] wiederum wird in „Der Autor als Produzent" revolutionäres Potential zugesprochen als eine Möglichkeit, den Produktionsapparat nicht nur zu beliefern, sondern auch zu verändern. Darin liegt für Benjamin ein Merkmal politisch und damit auch künstlerisch avancierter Kunst. Entsprechend hat die Ästhetik des Films unmittelbar lebenspraktischen Bezug. In „Das Kunstwerk im Zeitalter seiner technischen Reproduzierbarkeit" (1935) heißt es dazu:

> Der Film ist die der betonten Lebensgefahr, in der die Heutigen leben, entsprechende Kunstform. Er entspricht tiefgreifenden Veränderungen des Apperzeptionsapparats – Veränderungen wie sie im Maßstab der Privatexistenz jeder Passant im Großstadtverkehr, wie sie im weltgeschichtlichen Maßstab jeder Kämpfer gegen die heutige Gesellschaftsordnung erlebt.[253]

---

[250] Benjamin, Das Kunstwerk im Zeitalter seiner technischen Reproduzierbarkeit, S. 464.
[251] Polaschegg, Von der Vordertür des Paradieses, S. 498.
[252] Benjamin, Der Autor als Produzent, S. 693.
[253] Benjamin, Das Kunstwerk im Zeitalter seiner technischen Reproduzierbarkeit, S. 464.

4.2 Der Engel zwischen Apparatur und Apparition

Der Film ist das dem aktuellen Lebensmodus der Gefahr adäquate Medium, das den „tiefgreifenden Veränderungen des Apperzeptionsapparats" gerecht wird. Diese sind im Kampf gegen die Gesellschaftsordnung (und damit auch gegen die Dominanz eines unreflektierten Geschichtsverständnisses) zentral. Da in den „Thesen" der blitzhafte Zusammenschluss von Vergangenheit und Gegenwart in einem Moment der Gefahr erfolgt, ist die mit dem Film verbundene Wahrnehmungsästhetik auch auf epistemischer Ebene für Benjamins Konzeption entscheidend. Das andere Geschichtsbild, das der Engelsblick entwirft, verbirgt sich in der dominanten Siegererzählung und ihrer Terminologie – „Das, was wir den Fortschritt nennen, ist *dieser* Sturm". Wie der Film, der der fundamentalen Erschütterung der Wahrnehmungsgewohnheiten entspricht und diese gleichzeitig intensiviert, erschüttert der Engel der Geschichte die apologetische Betrachtung der Geschichte.

Nicht nur die Konstruktion der Bilder durch ihn, auch der Blick des Engels selbst ist damit Teil einer Ästhetik des Films. Im „Kunstwerk"-Aufsatz schreibt Benjamin die Funktion des Sichtbarmachens dem „Optisch-Unbewußten" der Kamera zu und setzt sie mit der Psychoanalyse parallel, die das „Triebhaft-Unbewußte"[254] zum Vorschein bringt. Auch das „Unterbrechen" als wesentliches Moment von Benjamins Historiographie ist explizit eines der „Hilfsmitte[l]"[255] der Kamera. In der Unterbrechung der hegemonialen Geschichtserzählung ebenso wie in dem Sichtbarmachen des „Optisch-Unbewußten"[256] als verschütteter Dimension der Vergangenheit, das der Engel mit seiner Blick-Komposition entbirgt, nimmt er eine analoge Position zur Kamera ein. Wie die technisch-medialen Apparaturen ist der Engel in der Lage, jene Bilder zur Sichtbarkeit zu bringen, „die sich der natürlichen Optik" – das heißt dem menschlichen Blick – „schlechtweg entziehen"[257]. Ein weiteres verbindendes Merkmal ist die zerstörerische und in der Zerstörung bewahrende Seite, die, wie gezeigt, dem Engel und auch dem Film eignet. Dessen „gesellschaftliche Bedeutung ist auch in ihrer positivsten Gestalt, und gerade in ihr, nicht ohne diese seine destruktive, seine kathartische Seite denkbar: die Liquidierung des Traditionswertes am Kulturerbe"[258].

---

254 Benjamin, Das Kunstwerk im Zeitalter seiner technischen Reproduzierbarkeit, S. 461.
255 Benjamin, Das Kunstwerk im Zeitalter seiner technischen Reproduzierbarkeit, S. 461.
256 Benjamin, Das Kunstwerk im Zeitalter seiner technischen Reproduzierbarkeit, S. 461. Das Sichtbarmachen des „Optisch-Unbewußten" schreibt Benjamin hier der Kamera zu. Auch das „Unterbrechen" wird explizit als eines ihrer „Hilfsmitte[l]" genannt (Benjamin, Das Kunstwerk im Zeitalter seiner technischen Reproduzierbarkeit, S. 461).
257 Benjamin, Das Kunstwerk im Zeitalter seiner technischen Reproduzierbarkeit, S. 476.
258 Benjamin, Das Kunstwerk im Zeitalter seiner technischen Reproduzierbarkeit, S. 439.

Der bei Benjamin wesentliche zerstörerische Impuls manifestiert sich im Fall des Engels der Geschichte in Analogie zur Konstruktionsästhetik des Films: Ebenso wie die gebrochene Konstruktion von Bildern durch den Engel mit dem Trugbild eines organischen Geschichtsverlaufs sowie mit dessen „natürlicher Wahrnehmung" bricht, ist das filmische Kunstwerk „nichts weniger als eine Schöpfung aus *einem* Wurf, e[s] ist aus sehr vielen einzelnen Bildern und Bildfolgen montiert"[259]. Indem im Film Entwicklungszusammenhänge und damit Stabilität und Einheit des Kunstwerks zerschlagen werden, trägt er nicht nur Erkenntnis-, sondern auch Revolutionspotential.[260]

Die Reproduktionstechnik, die der filmischen Ästhetik zugrunde liegt, geht mit „einer Erschütterung der Tradition"[261] einher, die in der Gestaltung des Engels der Geschichte auch die theologische Tradition betrifft. Diese Unterbrechung wiederum ist in der ordnungsstörenden Komponente des Engels selbst angelegt. So wird für die Illustration eines nichtlinearen Geschichtsbilds eine Seite der Engelsfigur aktiviert, die schon in der Aufklärung jenem entwicklungslogischen Denken Unbehagen bereitete, das Benjamin ablehnt.[262] Problematisch für aufklärerisches Denken war – neben aller grundsätzlichen Fragwürdigkeit der Existenz von Engeln per se –, dass Engel als freie Wesen keine sittliche Entwicklung im Sinne eines Subjektwerdungsprozesses durchlaufen und so auch die Plötzlichkeit des Abfalls einiger Engel nicht aus einer kausal rekonstruierbaren Abfolge linearer Willensakte heraus erklärt werden kann.[263] Der Engel erscheint in der IX. These entsprechend als kulturkritischer Bürge einer einzigartigen Erfahrung und Entscheidung, die ein lineares Zeitverständnis und damit auch

---

259 Benjamin, Das Kunstwerk im Zeitalter seiner technischen Reproduzierbarkeit, S. 446.
260 Vgl. auch Günter Riederer: „Der ephemere Charakter von Filmbildern räumt mit der Vorstellung auf, es gäbe eine Ordnung in der Welt, die fest und unverrückbar steht" (Günter Riederer, Film und Geschichtswissenschaft. Zum aktuellen Verhältnis einer schwierigen Beziehung. In: Visual History. Ein Studienbuch, hg. von Gerhard Paul, Göttingen 2006, S. 96–113, hier S. 101–102).
261 Benjamin, Das Kunstwerk im Zeitalter seiner technischen Reproduzierbarkeit, S. 439.
262 Vgl. Benjamins Notiz zu einer Unterhaltung über „Methodenfragen der Geschichte": „Mein Versuch eine Konzeption von Geschichte zum Ausdruck zu bringen, in der der Begriff der Entwicklung gänzlich durch den des Ursprungs verdrängt wäre. Das Historische, so verstanden, kann nicht mehr im Flußbett eines Entwicklungsverlaufes gesucht werden. Es tritt, wie ich wohl schon an anderer Stelle bemerkt habe, hier für das Bild des Flußbetts das des Strudels ein. In solchem Strudel kreist das Früher und Später – die Vor- und Nachgeschichte eines Geschehens oder besser noch eines status um diesen" (Walter Benjamin, Tagebuch vom siebenten August Neunzehnhunderteinunddreissig bis zum Todestag. In: Benjamin, Gesammelte Schriften, Bd. VI, hg. von Rolf Tiedemann u. Hermann Schweppenhäuser, Frankfurt am Main 1991, S. 441–446, hier S. 442–443).
263 Vgl. Dürr, Der Engel Mächte, S. 93–102.

die unreflektierte Traditionskultivierung eines engen Erfahrungsbegriffs[264] ebenso sprengt wie eine „evolutionistische Geschichtsbetrachtung"[265].

Dass Benjamin an der Figur des Engels vor allem die unmenschliche wahrnehmungsästhetische Dimension interessiert, wird daran deutlich, dass Engel hier mit dem Schönen nichts zu tun haben und völlig unpoetische Figuren sind. Neben ihrer Unmenschlichkeit ist es insbesondere dies, was sie mit der technischen Reproduktion verbindet, in der „das Schöne keine Stelle"[266] hat. Der Engel ist bei Benjamin keine Figur der ästhetischen Fülle, sondern im Gegenteil die Verkörperung einer bewussten Reduktion, einer Verarmung. Darin spiegelt er die Konsequenz aus der realgesellschaftlichen Armut, die das ganze Leben umfasst und deren bewusste Reflexion und Radikalisierung die Ausgangslage des von Benjamin geforderten künstlerischen Tätigseins bildet. Der Engel wird hier nicht als Zielpunkt menschlicher Perfektibilität gedacht, sondern als dessen abrupte Störung. Auf diese Weise wirkt der Engel der Geschichte selbst aufklärerisch und zwar über seine spezifische Ästhetik: Er entlarvt den Mythos eines organisch-teleologischen Verlaufs der Geschichte und macht ein kollektives Unbewusstes sichtbar, das die Typologie von „Optisch-Unbewußtem", das die Kamera aufdeckt, und „Triebhaft-Unbewußtem", das die Psychoanalyse bloßlegt, um das „Geschichtlich-Unbewusste" erweitert, das in der Siegererzählung verborgen liegt.

4.2.3 Eingedenken im Exil

Der Engel der Geschichte vereinigt zwei historisch gegenläufige Tendenzen: vergangene Aura und aktuelle Technik. So läuft die irreduzible, einzigartige Erfahrung, für die der Engel steht, der Technizität seiner Blickkonstruktion entgegen. Seine Affinität zu technisch-medialen Apparaturen und seine mehrfach vermittelte Darstellung wird durch den religiös-ästhetischen Überschuss der Angelophanie gebrochen. Der Engel sperrt sich gegenüber dem „leidenschaftli-

---

264 Eine frühe Auseinandersetzung Benjamins mit dem engen Erfahrungsbegriff der kantischen Schriften findet sich in „Über das Programm der kommenden Philosophie" (1918). Benjamin erwartet von der gegenwärtigen Philosophie, „unter der Typik des Kantischen Denkens die erkenntnistheoretische Fundierung eines höhern Erfahrungsbegriffes vorzunehmen" (Walter Benjamin, Über das Programm der kommenden Philosophie. In: Benjamin, Gesammelte Schriften, Bd. II.1, hg. v. Rolf Tiedemann und Hermann Schweppenhäuser, Frankfurt am Main 1991, S. 157–171, hier S. 160), um so religiöse Erfahrung logisch zu ermöglichen.
265 Walter Benjamin, Eduard Fuchs, der Sammler und der Historiker. In: Benjamin, Gesammelte Schriften, Bd. II.2., hg. von Rolf Tiedemann u. Hermann Schweppenhäuser, Frankfurt am Main 1991, S. 465–505, hier S. 487.
266 Benjamin, Über einige Motive bei Baudelaire, S. 646.

che[n] Anliegen der gegenwärtigen Massen", das darin besteht, „[d]ie Dinge sich ‚näherzubringen'"²⁶⁷, denn er ist eine Figur des Unverfügbaren. Er bewahrt den „Zauber der Ferne"²⁶⁸ und seine Singularität lässt sich nicht im Denken einer „quantitativen Akkumulation"²⁶⁹ überwinden. Aus diesem Grund steht er ein für eine Erfahrung im emphatischen Sinne, die für Benjamin in der Moderne von vielen Seiten verstellt ist. Die Verschränkung von religiöser und ästhetischer Dimension, die den Engel auszeichnet, ist dabei konstitutiv für Benjamins Begriff der Aura: Das Auratische des Kunstwerks ist in seiner Verankerung im Ritual unlösbar theologisch fundiert.²⁷⁰

Der Engel selbst wirkt in zweifacher, historisch spannungsreicher Hinsicht auratisch, das heißt als „einmalige Erscheinung einer Ferne, so nah sie sein mag"²⁷¹. Zum einen durch seinen Bezug zum Paradies, zum anderen durch seine Antizipation der Erlösung. In beiden Fällen transportiert seine Erscheinung Modi einer anderen Zeitlichkeit. Im ersten Fall ruft er den Schöpfungszustand auf, an dessen Schwelle er postiert ist, im zweiten Fall die endgültige Rettung in der messianischen Zeit, die den Abbruch der Historie bedeutet. So wie die Aura erst in ihrem Verlorensein wahrnehmbar wird,²⁷² so wird auch der Engel auf eine bestimmte Art erst wahrnehmbar in der Moderne als dem Zeitalter der technischen Reproduzierbarkeit, in dem seine auratischen Qualitäten verloren gehen. In dieser Hinsicht ist er eine für Benjamin typische Figur, der „[i]n den abgestorbenen, der aktuellen Beziehung entrückten Werken und Zuständen seine Ernten ein[heimst]"²⁷³, wie Kracauer es formuliert. Es ist also gerade die Unzeitgemäßheit des Engels und seiner Aura, die hier als „neue Schönheit in dem Entschwindenden"²⁷⁴ erscheinen.

Die geschichtsphilosophischen Besonderheiten der auratischen Dimension des Engels stehen in einem direkten Zusammenhang zu seiner Qualität als exilische Figur. Denn sowohl in „Agesilaus Santander" als auch in den „Thesen" macht der Engel das Ferne als das Abwesende beziehungsweise Unsichtbare der Vergangenheit in der Gegenwart wahrnehmbar. Dazu gehören auch das Leid und die Verluste von Exilantinnen und Exilanten, die wegen politischer

---

267 Benjamin, Das Kunstwerk im Zeitalter seiner technischen Reproduzierbarkeit, S. 440.
268 Walter Benjamin, Zentralpark. In: Benjamin, Gesammelte Schriften, Bd. I.2, hg. von Rolf Tiedemann u. Hermann Schweppenhäuser, Frankfurt am Main 1991, S. 655–690, hier S. 670.
269 Benjamin, Anmerkungen [Über den Begriff der Geschichte], S. 1240.
270 Vgl. Benjamin, Das Kunstwerk im Zeitalter seiner technischen Reproduzierbarkeit, S. 441.
271 Benjamin, Das Kunstwerk im Zeitalter seiner technischen Reproduzierbarkeit, S. 440.
272 Vgl. Menke, Sprachfiguren, S. 321–322.
273 Siegfried Kracauer, Zu den Schriften Walter Benjamins. In: Kracauer, Das Ornament der Masse, Frankfurt am Main 1963, S. 249–255, hier S. 252.
274 Benjamin, Der Erzähler, S. 442.

und/oder antisemitischer Verfolgung vor der sich ausweitenden NS-Herrschaft geflohen sind und in der gegenwärtigen historischen Situation als Verliererinnen und Verlierer der Geschichte erscheinen müssen. In dieser Eigenschaft als Medium des Exils wird der Engel zum Sinnbild der unsinnlichen Ähnlichkeit,[275] die nach Benjamin ein „Geisterdasein"[276] führt, in dem eine verlorene einstige Ähnlichkeit nachhallt. Individualgeschichtlich ist der Engel in „Agesilaus Santander" als unheimlicher, polymorpher Doppelgänger von verlorenen Dingen und Menschen wirksam. Dieses Vermögen wird in den „Thesen" auf einen weltgeschichtlichen Maßstab ausgeweitet, wobei für Benjamin auch das „im Jetzt seiner Erkennbarkeit aufblitzende Bild der Vergangenheit [...] seiner weiteren Bestimmung nach ein Erinnerungsbild"[277] ist. Als individuelles Alter Ego und weltgeschichtlicher Akteur verbindet der Engel beide Aspekte im Begriff der Erfahrung, die wie der Engel verschiedene Zeitformen kurzschließt: „Wo Erfahrung im strikten Sinn obwaltet, treten im Gedächtnis gewisse Inhalte der individuellen Vergangenheit mit solchen der kollektiven in Konjunktion."[278]

Dass Benjamin für seine mediale Entfaltung der individuellen und kollektiven Exilerfahrung ausgerechnet den Engel heranzieht, hängt neben dessen reflexivem Potential in Bezug auf mediale und epistemische Fragestellungen von Geschichte mit einer ästhetisch vermittelten Kritik des modernen Wissenschaftsbegriffs zusammen. „Die falsche Lebendigkeit der Vergegenwärtigung, die Beseit[ig]ung jedes Nachhalls der ‚Klage' aus der Geschichte, bezeichnet ihre endgültige Unterwerfung unter den modernen Begriff der Wissenschaft"[279], heißt es in den Paralipomena zu den „Thesen". Gegenüber einer gleichgültigen Form der Geschichtsschreibung betont Benjamin die „ursprüngliche Bestimmung" von Geschichte „als Eingedenken"[280]. Diese Gegenüberstellung von Geschichte als moderner Wissenschaft und als Eingedenken liegt auch einer Stelle im *Passagen-Werk* zugrunde, die mit einem Briefzitat von Max Horkheimer beginnt:

> Über die Frage der Unabgeschlossenheit der Geschichte Brief von Horkheimer vom 16. März 1937: „Die Feststellung der Unabgeschlossenheit ist idealistisch, wenn die Abgeschlossenheit nicht in ihr aufgenommen ist. Das vergangene Unrecht ist geschehen und abgeschlossen. Die Erschlagnen sind wirklich erschlagen ... Nimmt man die Unabgeschlos-

---

275 Vgl. Kapitel 4.1.5 dieser Studie.
276 Walter Benjamin, Anmerkungen [Lehre vom Ähnlichen, Über das mimetische Vermögen]. In: Benjamin, Gesammelte Schriften, Bd. II.2, hg. von Rolf Tiedemann u. Hermann Schweppenhäuser, Frankfurt am Main 1991, S. 950–960, hier S. 956.
277 Benjamin, Anmerkungen [Über den Begriff der Geschichte], S. 1243.
278 Benjamin, Über einige Motive bei Baudelaire, S. 611.
279 Benjamin, Anmerkungen [Über den Begriff der Geschichte], S. 1231.
280 Benjamin, Anmerkungen [Über den Begriff der Geschichte], S. 1231.

> senheit ganz ernst, so muß man an das jüngste Gericht glauben ... Vielleicht besteht in Beziehung auf die Unabgeschlossenheit ein Unterschied zwischen dem Positiven und Negativen, so daß nur das Unrecht, der Schrecken, die Schmerzen der Vergangenheit irreparabel sind. Die geübte Gerechtigkeit, die Freuden, die Werke verhalten sich anders zur Zeit, denn ihr positiver Charakter wird durch die Vergänglichkeit weitgehend negiert. Dies gilt zunächst im individuellen Dasein, in welchem nicht das Glück, sondern das Unglück durch den Tod besiegelt wird."[281]

Benjamin kommentiert dies folgendermaßen:

> Das Korrektiv dieser Gedankengänge liegt in der Überlegung, daß die Geschichte nicht allein eine Wissenschaft sondern nicht minder eine Form des Eingedenkens ist. Was die Wissenschaft ‚festgestellt' hat, kann das Eingedenken modifizieren. Das Eingedenken kann das Unabgeschlossene (das Glück) zu einem Abschlossenen [sic] und das Abgeschlossene (das Leid) zu einem Unabgeschlossenen machen.[282]

Der Engel ist die Figur, die das von der Wissenschaft Festgestellte wieder in Frage stellt und deren axiomatische Annahmen erschüttert. Denn wie schon in „Agesilaus Santander" hält der Engel auch in den „Thesen" das Verlorene und Vergangene präsent und steht damit für ein affektives Verhältnis zum Leid der Vergangenheit. Weiter opponiert der Engel dem „modernen Begriff der Wissenschaft" und ihren Vermessungsbemühungen, insofern er für eine grundsätzliche Unverfügbarkeit und Nichtquantifizierbarkeit steht. Er verkörpert exemplarisch eine Mitteilung, die nicht aus bloßer Information besteht, sondern mit der irreduziblen Erfahrung seiner auratischen Erscheinung verbunden ist.

Dieses Korrektiv erfährt aber selbst wiederum sofort eine Einschränkung, wenn Benjamin zu dem Gedanken, das abgeschlossene Leid zu etwas Unabgeschlossenem zu machen, bemerkt: „Das ist Theologie; aber im Eingedenken machen wir eine Erfahrung, die uns verbietet, die Geschichte grundsätzlich atheologisch zu begreifen, so wenig wir sie in unmittelbar theologischen Begriffen zu schreiben versuchen dürfen."[283] In diesem Spannungsverhältnis steht der Engel bei Benjamin als eine Figur, die theologischen Zusammenhängen entstammt und zugleich mit ihnen bricht, indem sie losgelöst von Traditionen analog zu modernen technischen Medien funktioniert. Darüber hinaus ist hier aber auch die spezifische Zeitlichkeit der Medialität des Engels wesentlich, da seine Erscheinung in der Moderne grundsätzlich einen „Nachhall" von

---

281 Benjamin, Das Passagen-Werk, S. 588–589.
282 Benjamin, Das Passagen-Werk, S. 589.
283 Benjamin, Das Passagen-Werk, S. 589. Vgl. die fast wortgleiche Formulierung im Umfeld der Notizen zu den *Thesen*: „Im Eingedenken machen wir eine Erfahrung, die es uns verbietet, die Geschichte grundsätzlich atheologisch zu begreifen, so wenig wir sie in theologischen Begriffen zu schreiben versuchen dürfen" (Benjamin, Anmerkungen [Über den Begriff der Geschichte], S. 1235).

Vergangenem (und einen „Vorhall" von Zukünftigem) transportiert. Der Engel aktualisiert in seiner Erscheinung so verschiedene Formen der Gleichzeitigkeit des Ungleichzeitigen. Auf der Grundlage der Kritik an der epistemischen Absolutsetzung des Subjekts wie eines positivistischen, planen Geschichtsverständnisses ist dem Engel der Geschichte eine profundere Erkenntnis möglich als „*uns*", den modernen Menschen. In diesem Sinne lässt sich die Präsenz des Engels, der als Doppelgänger immer auch eine Figur der Spaltung ist, bei Benjamin grundsätzlich als Hinweis auf die Fragwürdigkeit von klar abgrenzbaren Zeitebenen ebenso wie eines in sich geschlossenen Ichs in der Moderne verstehen.

In den „Thesen" betrifft das insbesondere die Zeit: Der Engel ist im Raum der Geschichte als eine Art Geisterblicker unterwegs, nicht der Zukunft, sondern der Vergangenheit zugewandt. Auf diese Weise stellt er ein Prisma für die in den „Thesen" postulierte Korrespondenz der Zeiten dar und figuriert darüber hinaus den Gedanken geschichtlicher Unabgeschlossenheit (aber nicht die entsprechende Handlung, die theologisch wäre). Diese Relation zwischen gegenwärtigem und vergangenem Moment ist deshalb unheimlich, weil sie keine chronologisch oder kausal motivierte ist und daher erst im Moment des Aufblitzens überhaupt erkennbar wird (das meint das „Jetzt der Erkennbarkeit"). Während nämlich „die Beziehung der Gegenwart zur Vergangenheit eine rein zeitliche ist, ist die des Gewesen zum Jetzt eine dialektische: nicht zeitlicher sondern bildlicher Natur. Nur dialektische Bilder sind echt geschichtliche, d. h. nicht archaische Bilder"[284]. Diese Heimsuchung durch Bilder, die jene Gegenwart bestimmt, die mit ihnen „synchronistisch ist"[285], setzt voraus, dass es keine Kette von Bildern gibt, sondern diese Konstellation plötzlich entsteht und unberechenbar ist.

Hannah Arendt spricht in diesem Zusammenhang von der „gespenstische[n] Kraft, sich stückweise in der Gegenwart anzusiedeln und ihr den falschen Frieden der gedankenlosen Selbstzufriedenheit zu rauben"[286], die mit der von Benjamin erkannten Substitution der Tradierbarkeit durch die Zitierbarkeit der Vergangenheit freigesetzt wird. Die „gespenstische Kraft", die in der plötzlichen Aktualisierung einer verschütteten Vergangenheit entsteht, realisiert der Engel, indem er das Verdrängte der Geschichte sichtbar macht.[287] Unheimlich ist diese Bewegung auch, weil der Gedanke der Zitierbarkeit der Vergangen-

---

[284] Benjamin, Passagen-Werk, S. 578.
[285] Benjamin, Passagen-Werk, S. 578.
[286] Hannah Arendt, Der Perlentaucher. In: Arendt und Benjamin. Texte, Briefe, Dokumente, hg. von Detlev Schöttker u. Erdmut Wizisla, Frankfurt am Main 2006, S. 85–97, hier S. 85.
[287] Sigrid Weigel verweist darauf, dass sich „das Konzept der ‚unsinnlichen Ähnlichkeit' auch als Figur einer Wiederkehr des Verdrängten lesen" lässt (Weigel, Entstellte Ähnlichkeit, S. 90).

heit das Koordinatensystem von Leben und Tod ins Wanken bringt. So steht im *Passagen-Werk*: „Das Interesse das der materialistische Historiker am Gewesnen nimmt, ist an einem Teil stets ein brennendes Interesse an dessen Verflossensein, an seinem Aufgehörthaben und gründlich Totsein."[288] Das Bewusstsein dafür ist die Voraussetzung „für jede Zitierung (Belebung) von Teilen dieses Phänomens"[289]. Auf diese Weise wirkt der materialistische Historiker entgegengesetzt zum Allegoriker, unter dessen melancholischem Blick die Dinge absterben und zugleich bewahrt werden. Der Engel, der weder tot noch endliches Lebewesen ist, versinnlicht diese Operation des momenthaften Belebens von Totem aus einem strukturell exilischen Bereich heraus.

4.2.4 Engel auf Abwegen

Eine weitere Affinität zwischen Engel und historischem Materialisten liegt in der Reflexionsform, die den „Thesen" zugrunde liegt. So heißt es in der X. These: „Die Gegenstände, die die Klosterregel den Brüdern zur Meditation anwies, hatten die Aufgabe, sie der Welt und ihrem Treiben abhold zu machen. Der Gedankengang, den wir hier verfolgen, ist aus einer ähnlichen Bestimmung hervorgegangen." (T 698) Die Grundlage des in den „Thesen" entwickelten Denkens wird also aus der Überwindung weltlicher Gebundenheit gewonnen. Illustriert wird diese Bewegung über eine monastische Vorstellung, auf die auch das *bios angelikos* als asketische Haltung der Reflexion zurückgeht.[290] Einer Verstrickung in weltliches Treiben entspricht hier der Zustand der Umgarnung des „politische[n] Weltkind[s]" (T 698) durch jene konformistischen, gescheiterten Politiker, denen nach Benjamin einst die Hoffnung im Kampf gegen den Faschismus gegolten hat. Ihre ungute Weltfixierung manifestiert sich in ihrem „sture[n] Fortschrittsglaube [...], ihr[em] Vertrauen in ihre ‚Massenbasis'" und schließlich ihre[r] servile[n] Einordnung in einen unkontrollierbaren Appa-

---

288 Benjamin, Passagen-Werk, S. 459.
289 Benjamin, Passagen-Werk, S. 459.
290 Eine ähnliche Gedankenfigur findet sich zum Schluss der „Erkenntniskritischen Vorrede" des Trauerspiel-Buchs, wo es heißt: „Nur eine von weither kommende, ja sich dem Anblick der Totalität zunächst versagende Betrachtung kann in einer gewissermaßen asketischen Schule den Geist zu der Festigung führen, die ihm erlaubt, im Anblick jenes Panoramas [das der deutschen Barockliteratur, L.Z.] seiner selbst mächtig zu bleiben. Der Gang dieser Schulung ist es, der hier zu beschreiben war" (Benjamin, Ursprung des deutschen Trauerspiels, S. 237).

rat" (T 698). Der Begriff des „Weltkinds" erinnert an die „Kinder dieser Welt", die im Lukas-Evangelium das Gegenbild des engelsgleichen Lebens verkörpern:

> Und Jesus sprach zu ihnen: Die Kinder dieser Welt heiraten und lassen sich heiraten; welche aber gewürdigt werden, jene Welt zu erlangen und die Auferstehung von den Toten, die werden weder heiraten noch sich heiraten lassen. Denn sie können hinfort nicht sterben; denn sie sind den Engeln gleich und Gottes Kinder, weil sie Kinder der Auferstehung sind. (Lk 20,34–36)

Dem Zugang der Politiker ist jene Perspektive entgegengestellt, die in der vorigen These über den Engel entwickelt wurde. Die mehrfache, (sprach-)bildliche Vermittlung, die ex-zentrische Position des Engels und eine Gegenwartserkenntnis, die aus der Rückwendung erfolgt, schaffen alle mediale Distanz. Sie sind weiter Teil jenes im Kapitel zu „Agesilaus Santander" entfalteten Prinzips des Umwegs und kontrastieren darin der Verwicklung in das aktuelle Weltgeschehen. Gleiches gilt für den Blick des Engels selbst, der nicht der Gegenwart zugewandt und in sie verstrickt ist. Dass der Position des Engels trotz beziehungsweise gerade aufgrund seiner Rückwendung eine dialektische Bedeutung für die Zukunft erwachsen kann, das zeigt die konstitutive Gedankenfigur der „Thesen". Nach dieser ist Veränderung in der Gegenwart nur möglich, wenn man sich zur Vergangenheit wendet und damit die messianisch durchwirkte Verbindung aktiviert.[291]

---

[291] Eine andere Figur, in der Benjamin diesen Gedanken reflektiert und die dem Engel verwandt ist, ist der rückwärtsgewandte Prophet. Positionierung und Blick des Engels der Geschichte entsprechen diesem Propheten, wie Benjamin ihn in einigen Notizen und Vorarbeiten zu den *Thesen* wiederholt behandelt hat. Unter dem Titel „Das Jetzt der Erkennbarkeit" heißt es beispielsweise: „Das Wort, der Historiker sei ein rückwärts gekehrter Prophet kann auf zweierlei Weise verstanden werden. Die überkommene meint, in eine entlegene Vergangenheit sich zurückversetzend, prophezeie der Historiker, was für jene noch als Zukunft zu gelten hatte, inzwischen aber ebenfalls zur Vergangenheit geworden ist. [...] Man kann das Wort aber auch ganz anders deuten und es so verstehen: der Historiker wendet der eignen Zeit den Rücken, und sein Seherblick entzündet sich an den immer tiefer ins Vergangene hinschwindenden Gipfeln der früheren Menschengeschlechter. Dieser Seherblick eben ist es, dem die eigene Zeit weit deutlicher gegenwärtig ist als den Zeitgenossen, die ‚mit ihr Schritt halten'. Nicht umsonst definiert Turgot den Begriff einer Gegenwart, die den intentionalen Gegenstand einer Prophetie darstellt, als einen wesentlich und von Grund auf politischen. ‚Bevor wir uns über einen gegebnen Stand der Dinge haben informieren können, sagt Turgot, hat er sich schon mehrmals verändert. So erfahren wir immer zu spät von dem, was sich zugetragen hat. Und daher kann man von der Politik sagen, sie sei gleichsam darauf angewiesen, die Gegenwart vorherzusehen.' Genau dieser Begriff von Gegenwart ist es, der der Aktualität der echten Geschichtsschreibung zugrunde liegt" (Walter Benjamin, Das Jetzt der Erkennbarkeit [Benjamin-Archiv, Ms 471]. In: Benjamin, Gesammelte Schriften, Bd. I.3, hg. von Rolf Schweppenhäuser u. Hermann Tiedemann, Frankfurt am Main 1974, S. 1237).

Gerade in dem Augenblick der Niederlage jener gescheiterten Politiker soll nun „das politische Weltkind aus den Netzen" (T 698) gelöst werden. Die geistige Grundlage dafür wird über das Bild der Klosterregeln beziehungsweise der sich an diese knüpfende Meditation gewonnen. Nach dem Eingangsbild, das sie als verborgene Fadenzieherin des historischen Materialismus zeigt, wird hier besonders deutlich, dass die Theologie in den „Thesen" kein bloßes Metaphernarsenal darstellt, sondern die akute Bedrohung des Faschismus über eine rein weltimmanent orientierte Politik des Fortschritts und der Arbeit nicht gebannt werden kann, im Gegenteil:

> Dieser vulgärmarxistische Begriff von dem, was die Arbeit ist, hält sich bei der Frage nicht lange auf, wie ihr Produkt den Arbeitern selber anschlägt, solange sie nicht darüber verfügen können. Er will nur die Fortschritte der Naturbeherrschung, nicht die Rückschritte der Gesellschaft wahr haben. Er weist schon die technokratischen Züge auf, die später im Faschismus begegnen werden. (T 698)

Eine Revolution der Gegenwart funktioniert nicht über den blinden Fortschrittsglauben, sondern hat zu ihrer Bedingung eine Hinwendung zu dem Trümmerhaufen der Vergangenheit, wie ihn der retrograde Blick des Engels entwirft. So steht die im vorigen Kapitel beleuchtete Säkularisierungsdialektik hier wesentlich im Dienst einer wechselseitigen Korrektivfunktion: Eine ökonomistische Zukunftsfixierung, die auch die Arbeiterbewegung lähmt (vgl. T 700), wird durch den Einbruch religiöser Figuren aus ihrer immanenten Beschränkung gelöst. Umgekehrt wirkt die materialistische Fundierung der Verabsolutierung theologisch aufgeladener Begriffe wie „Schöpfertum und Genialität, Ewigkeitswert und Geheimnis"[292] entgegen, die anfällig für faschistische Vereinnahmung sind.

Dieses gegenseitige Austarieren lässt sich auch in der Figur des Engels selbst beobachten, die zwar einer religiösen Tradition angehört, diese aber in der Form ihrer Aktualisierung auf den Kopf stellt. Fragt man über die medienästhetische Vermittlungsrolle des Engels der Geschichte hinaus nach seiner genuinen Bestimmung, stößt man bei Benjamin wiederholt auf jene im Kapitel zu „Agesilaus Santander" bereits thematisierte talmudische Legende. Nach dieser werden „die Engel – neue jeden Augenblick in unzähligen Scharen – geschaffen, um, nachdem sie vor Gott ihren Hymnus gesungen, aufzuhören und in Nichts zu vergehen"[293]. Misst man den Engel der Geschichte an dieser generischen Bestimmung – innerhalb der „Thesen" selbst wird keine formuliert –, dann wirkt er in mehrfacher Hinsicht deplatziert: Er jubelt nicht, sondern ist stumm, er ist am falschen Ort, nämlich in der

---
292 Benjamin, Das Kunstwerk im Zeitalter seiner technischen Reproduzierbarkeit, S. 473.
293 Benjamin, Ankündigung der Zeitschrift: Angelus Novus, S. 246.

menschlichen Trümmergeschichte statt in der Transzendenz ewiger göttlicher Glorie, und er ist ein seltsamer Solitär, ohne die Gefährten „unzähliger Scharen". Er möchte verweilen, Tote wecken und Zerstörtes zusammenfügen und weicht darin wie in „Agesilaus Santander" eklatant von jener Tradition der transitorischen talmudischen Engel (oder sonst einer bekannten) ab.

Der Engel der Geschichte besteht so aus einem zusammenhängenden zweifachen Bruch – dem mit „unserem" historischen Diskurs, in dem Geschichte als Kette von Begebenheiten erscheint, und dem mit der theologischen Tradition, wobei der zweite den ersten Bruch erst möglich macht. Wie verwickelt das Verhältnis des Engels der Geschichte zur theologischen Tradition ist, das zeigen Scholems nicht ganz konsistente Ausführungen: Er spricht von der „einen und einzigartigen Mission"[294] des Engels der Geschichte, stellt dann fest, es sei „mehr als zweifelhaft, ob er seine angelische Mission überhaupt erfüllt"[295], und meint schließlich:

> Freilich, die Toten zu erwecken und das Zerschlagene, Zerbrochene wieder zusammenzufügen ist für die lurianische Kabbala Aufgabe nicht eines Engels, sondern des Messias. [...] Der Engel der Geschichte, wie ihn Benjamin hier sieht, versagt aber an dieser Aufgabe, die erst in der letzten These dieser Reihe vom Messias erfüllt werden kann.[296]

Scholem zeichnet den Engel der Geschichte als paradoxe Figur mit einer besonderen Mission, die eigentlich gar nicht die seine ist, die er trotzdem wahrzunehmen versucht und dabei scheitert. Vor diesem Hintergrund erscheint er eher als ein Engel auf Abwegen denn als einer von Agambens bürokratischen Vollstreckern.[297] So ist fraglich, ob es überhaupt eine Aufgabe gibt, wie Scholem meint. Weder von dieser noch von Gott als Weisungsgeber ist die Rede, und auch die Formulierung „er *möchte* wohl verweilen [meine Hervorhebung, L.Z.]" lässt eher auf ein autonomes Verhalten schließen. Zu dieser Abweichung des Engels von der Tradition passt, dass Benjamin die Vorstellung der *apokatastasis* (ἀποκατάστασις), also die Wiederherstellung der zerbrochenen paradiesischen Ganzheit, die dem Gedanken des תיקון der lurianischen Kabbala verwandt ist, im „Erzähler"-Essay mit Origenes und damit mit einer häretischen Praxis assoziiert.[298]

Seine Funktion des Sichtbarmachens des Historisch-Unbewussten kann der Engel nur wahrnehmen, weil es sich gerade nicht um einen Engel aus der tal-

---

294 Scholem, Walter Benjamin und sein Engel, S. 65.
295 Scholem, Walter Benjamin und sein Engel, S. 65–66.
296 Scholem, Walter Benjamin und sein Engel, S. 67.
297 Vgl. Kapitel 2.1 dieser Studie.
298 Benjamin erwähnt jene „von der römischen Kirche verworfene Spekulation des Origenes über die Apokatastasis – das Eingehen sämtlicher Seelen ins Paradies" (Benjamin, Der Erzähler, S. 458); vgl. auch Gagnebin, „Über den Begriff der Geschichte", S. 289.

mudischen Legende handelt. Der zentrale Unterschied ist, dass die Flüchtigkeit als vorrangiges Merkmal jener Engel dem starrenden und getriebenen Engel der Geschichte fehlt. Das Ideal eines quasi im Erscheinen begriffen Verschwindens des Engels bedeutet ein reibungsloses Erfüllen seines Auftrags.[299] Nur wenn sie sofort und unverzüglich gelingt, kann der Engel hinter seine Tätigkeit zurücktreten. Eine Abweichung von seiner vorgeschriebenen Aufgabe hingegen lenkt den Fokus auf ihn anstelle von Gott und gilt damit innerhalb eines monotheistischen Systems als häretisch. Gerade diese Abweichung des Engels der Geschichte, also die unterbrochene Tradition, ermöglicht in den „Thesen" die Erkenntnis der katastrophischen Geschichte, die für die Rezipientinnen und Rezipienten in einem (Sprach-)Bild fixiert wird und damit selbst Teil jener Profanisierungsdialektik ist.

Der Wunsch des Engels, die Toten zu wecken, lässt sich erkenntnistheoretisch im Umfeld des von Benjamin im *Passagen-Werk* postulierten „geschichtlichen Aufwachens" aus einem Traumbewusstsein begreifen, dessen „Organ" das „dialektische Denken"[300] ist. Der Anspruch des *Passagen-Werks* ist es, einen „Versuch zur Technik des Erwachens"[301] zu geben, beschrieben als „Versuch, der dialektischen, der kopernikanischen Wendung des Eingedenkens inne zu werden"[302], da „Erwachen der exemplarische Fall des Erin⟨n⟩erns"[303] ist. Gleichzeitig ist der Wunsch, „die Toten [zu] wecken", auch ein eschatologischer und verweist auf die endgültige Überwindung des Todes im Endgericht Gottes. So heißt es etwa in der ebenfalls im Exil entstandenen Jesaja-Apokalypse: „Aber deine Toten werden leben, deine Leichname werden auferstehen" und „[d]ann wird die Erde offenbar machen das Blut, das auf ihr vergossen ist, und nicht weiter verbergen, die auf ihr getötet sind" (Jes 26,19–21). In dieser inversen Bewegung des Engels, der gegen seine Bestimmung als Psychopomp nicht Sterbende ins Totenreich geleiten, sondern Tote wieder ins Leben führen will, artikuliert sich das Bestreben, auch die individuelle Geschichte eines Menschenlebens „gegen den Strich zu bürsten" (T 697).

Die mit dem Engel verknüpfte Dialektik von Ordnungskonstitution und Ordnungsüberschreitung zeigt sich somit in seinem Versuch, die Verfallsgeschichte der profanen Zeit außer Kraft zu setzen und in dem Aufdecken und der Restitution des Zerstörten eine andere Zeit- und Weltordnung zu etablieren. In dieser Darstellung des anderen, neuen Engels finden sich machtkritische Aspekte, die

---

299 Vgl. Serres, Die Legende der Engel, S. 101.
300 Benjamin, Das Passagen-Werk, S. 59.
301 Benjamin, Das Passagen-Werk, S. 490.
302 Benjamin, Das Passagen-Werk, S. 490.
303 Benjamin, Das Passagen-Werk, S. 491.

sich nicht auf einen planen Marxismus reduzieren lassen. Vielmehr sind sie auch im Sinne von Agambens an Benjamin geschulter Kritik der biopolitischen und gouvernementalistischen Vereinnahmung des Lebens zu verstehen, das der starren Form des Fortschritts unterworfen wird.[304] Daher muss man hier mit Agamben seine eigene einseitige Deutung des Engels in *Herrschaft und Herrlichkeit* als Repräsentant und bürokratischer Exekutor der Macht entscheidend erweitern.[305] Dass der Engel in seiner Wendung gegen den Niedergang der Verfallsgeschichte scheitert, wie immer wieder betont wird, spricht nicht für „die Machtlosigkeit der Zeugenschaft"[306]. Denn die eschatologische Perspektive der *apokatastasis* steht kontradiktorisch zur historischen Zeit und die Darstellung einer gelingenden Rettung durch den Engel in der geschichtlichen Zeit trüge den Schein falscher Versöhnung, der in den „Thesen" ja gerade aufgesprengt werden soll.

Diese Bedeutung des Scheiterns, die im Sichtbarmachen liegt, scheint nicht ausreichend berücksichtigt, wenn der Engel auf ein Versagen und eine daraus resultierende melancholische Trauer reduziert wird.[307] So ist die Erstarrung des Engels gerade nicht der *acedia* als „Trägheit des Herzens"[308] geschuldet, die nach Benjamin eine zentrale Eigenschaft des Melancholikers darstellt. Vielmehr ist der Engel von dem Geschehen affiziert; er will sich gegen den Sturm des Fortschritts wenden und der Finalität von Sieg und Zerstörung entgegenwirken. Gegen eine solche Herzensträgheit spricht auch, dass die *acedia* in den „Thesen"

---

304 Vgl. Dieter Thomä, Benjamin, Wittgenstein. Schwierigkeiten beim Philosophieren gegen den Fortschritt. In: global benjamin, Bd. 2, hg. von Klaus Garber u. Ludger Rehm, München 1999, S. 1229–1250, hier S. 1229–1230.
305 Vgl. dazu Kapitel 2.1 dieser Studie.
306 Werckmeister, Benjamins „Engel der Geschichte", S. 600.
307 Werckmeister sieht die IX. These quasi als negativen Höhepunkt der Mutlosigkeit ohne revolutionäres Potential: „Ein derartiger Geschichtsverlauf kann nicht mehr stillgestellt werden, sondern treibt im Gegenteil das Subjekt als ohnmächtiges Objekt vor sich her" (Werckmeister, Benjamins „Engel der Geschichte", S. 616). Zu der hoffnungslosen Sichtweise vgl. auch Scholem, Walter Benjamin und sein Engel, S. 67 sowie Friedmar Apel: „So wird der Engel [der Geschichte, L.Z.] zur Chiffre einer ohnmächtigen und melancholischen Geschichtserfahrung eines Subjekts, das sich nicht mehr zu dem imstande fühlt, was die Romantiker in der Nachfolge Hamanns dem Künstler noch zutrauten: das Zerschlagene neu zusammenzufügen zum Vorschein einer besseren Welt" (Friedmar Apel, Himmelssehnsucht. Die Sichtbarkeit der Engel in der romantischen Literatur und Kunst sowie bei Klee, Rilke und Benjamin, Paderborn 1994, S. 170).
308 Vgl. die Aussage in *Ursprung des deutschen Trauerspiels*, nach der der „eigentlich theologisch[e] Begriff des Melancholikers [...] in dem einer Todsünde vorliegt. Das ist die Acedia, die Trägheit des Herzens" (Benjamin, Ursprung des deutschen Trauerspiels, S. 332).

mit der Einfühlung in die Sieger verbunden wird.[309] Im Gegensatz dazu wendet der Engel sich den Opfern der Geschichte zu. Er möchte sie, wie es heißt, rückblickend aus ihrer Totenstarre befreien. Dieser Wunsch scheint weitaus mehr seiner eigenen Herzensregung als einer höheren Weisung zu entspringen.

Die Evokation des Unerreichten liegt in der prophetischen Dimension des Engelblicks,[310] die einen potentiellen Umschlag zu erkennen gibt, der in der Raum und Zeit verschränkenden Formulierung des Aufschichtens der Trümmer „bis zum Himmel" angedeutet wird: So macht der Blick des Engels nicht nur die Katastrophen der Vergangenheit sichtbar, sondern er evoziert zugleich im Bild der Himmelsannäherung die Möglichkeit, dass sich so viele Trümmer anhäufen, bis sie den Himmel berühren, und dergestalt die neutrale Richtungsangabe (nach oben, bis zum Himmel) in ihrer eschatologischen Zuspitzung umschlägt in eine qualitative Aussage. Damit würden die Zerstörten gerettet und in den Himmel ewigen Reichs Gottes aufgenommen.[311] In diesem Sinne ist gerade die Rückwärtsgewandtheit des Engels messianisch. Er visiert in einer Bilderfolge den Berührungspunkt einer umschlagenden Vermittlung von profaner in messianische Zeit und behält gleichzeitig den präeschatologischen Zustand der Zerstörung und des Leids im Blick.

4.2.5 Humanismus zwischen Symbol und Allegorie

Die ästhetischen, anthropologischen und geschichtsphilosophischen Dimensionen des Denkbilds des Engels der Geschichte lassen sich über Benjamins Unterscheidung von Symbol und Allegorie näher fassen. Das Symbol weist auf den paradiesischen Zustand vor aller subjektiven Bedeutungsgebung, die Allegorie

---

[309] In der VII. These heißt es über das von dem französischen Historiker Fustel de Coulanges postulierte Verfahren der Einfühlung, sein Ursprung sei „die Trägheit des Herzens, die acedia", die „bei den Theologen des Mittelalters als der Urgrund der Traurigkeit" (T 696) gegolten habe. Der Grund für diese Traurigkeit „wird deutlicher, wenn man die Frage aufwirft, in wen sich denn der Geschichtsschreiber des Historismus eigentlich einfühlt. Die Antwort lautet unweigerlich in den Sieger" (T 696). Über diesen wird ein vernichtendes Urteil gefällt: „Wer immer bis zu diesem Tage den Sieg davontrug, der marschiert mit in dem Triumphzug, der die heute Herrschenden über die dahinführt, die heute am Boden liegen" (T 696).
[310] An dieser Stelle sei an die strukturelle Ähnlichkeit von Engel und Prophet hinsichtlich ihrer „Doppelnatur von Objekt- und Subjekt-Sein, Zwang und Freiheit" erinnert, wie Gabriela Wacker den Propheten charakterisiert (Wacker, Poetik des Prophetischen, S. 30).
[311] Vgl. dazu auch Michael Pauen, Der Protest ist Schweigen. Zur Benjamin-Rezeption Th. W. Adornos. In: global benjamin, Bd. 3, hg. von Klaus Garber u. Ludger Rehm, München 1999, S. 1428–1452, hier S. 1439.

hingegen setzt den Bruch der geschichtlichen Zeit voraus. Das Symbol bezeichnet seinem „echten" Begriff nach für Benjamin „[d]ie Einheit von sinnlichem und übersinnlichem Gegenstand"³¹² und stammt aus dem theologischen Bereich. Das Zeitmaß seiner Erfahrung ist „das mystische Nu"³¹³. Das Symbol ist, wie im Kapitel zu „Agesilaus Santander" erläutert, mit dem Geheimnis verwoben.

Das Geheimnis wiederum erklärt Benjamin für die aktuelle historische Konstellation des Faschismus für untauglich, ja gefährlich,³¹⁴ und auch die Adaption des Symbols ist problematisch, wenn sie die Differenz des Verlusts paradiesischer Einheit zu ignorieren versucht. So hat „[d]as Buhlen der romantischen Ästhetiker um glänzende und letztlich unverbindliche Erkenntnis eines Absoluten [...] in den simpelsten kunsttheoretischen Debatten einen Symbolbegriff heimisch gemacht, der mit dem echten außer der Bezeichnung nichts gemein hat"³¹⁵. In diesem „vulgären Sprachgebrauch"³¹⁶, in dem die „Paradoxie" der Einheit des theologischen Symbolbegriffs getilgt ist, soll das Schöne als „symbolisches Gebilde [...] bruchlos ins Göttliche übergehen"³¹⁷. In den Notizen „Antithetisches über Wort und Name" (so benannt von Gershom Scholem) heißt es über diese entstellte Form des Symbols, sie sei „definierbar als Zeichen, an dem keinerlei Ähnlichkeit erscheinen kann"³¹⁸. Für diese Entstellung ist nach Benjamin die Klassik verantwortlich, in der die Allegorie nur als Kontrastfolie für die Profilierung des Symbols gedient habe, dabei in ihrer Ausdrucksform verkannt und als „ein[e] bloß[e] Weise der Bezeichnung"³¹⁹ denunziert worden sei.

Mit dem Symbol ist außerdem ein bestimmter Begriff des Humanismus verbunden, den Benjamin mindestens in seiner degenerierten kapitalistischen Form ablehnt.³²⁰ Über den klassischen Humanismus schreibt er in *Ursprung des deutschen Trauerspiels*: „‚Menschliches' als die höchste ‚Fülle des Wesens' suchte der Klassizismus und griff in diesem Verlangen, wie es die Allegorie verschmähen mußte, auch nur ein Trugbild des Symbolischen."³²¹ Die der Klassik attestierte „Apotheose des Daseins" betrifft nicht nur das „sittlich vollendet[e]

---

312 Benjamin, Ursprung des deutschen Trauerspiels, S. 336.
313 Benjamin, Ursprung des deutschen Trauerspiels, S. 342.
314 Vgl. Benjamin, Das Kunstwerk im Zeitalter seiner technischen Reproduzierbarkeit, S. 473.
315 Benjamin, Ursprung des deutschen Trauerspiels, S. 336.
316 Benjamin, Ursprung des deutschen Trauerspiels, S. 336.
317 Benjamin, Ursprung des deutschen Trauerspiels, S. 337.
318 Walter Benjamin, [Antithetisches über Wort und Name]. In: Benjamin, Gesammelte Schriften, Bd. VII.2, hg. von Rolf Tiedemann u. Hermann Schweppenhäuser, Frankfurt am Main 1991, S. 795–796, hier S. 796.
319 Benjamin, Ursprung des deutschen Trauerspiels, S. 339.
320 Vgl. Kapitel 4.1.3 dieser Studie.
321 Benjamin, Ursprung des deutschen Trauerspiels, S. 341.

Individuum", sondern auch das „schöne Individuu[m]"³²². Der „gegensatzlose[n] Innerlichkeit" der schönen Seele steht das „Umschlagen von Extremen"³²³ der Apotheose im Barock gegenüber. Gegen die Totalisierungsbewegung des klassischen Humanismus, dem es um den schönen ganzen Menschen geht, lotet Benjamin in seinem realen Humanismus den Grenzbereich des Menschlichen über barbarische Figuren wie den menschenfresserischen Engel aus.³²⁴ Nach dem Ersten Weltkrieg ist der Mensch so verarmt und entstellt, dass auch er nur über einen Umweg zu erreichen ist: den des Unmenschlichen.

Wie bei Rilke wird der Engel hier als ein Negativ des Menschen anthropologisch relevant, indem über ihn Unmenschliches gedacht und so das Menschliche, dessen klassische Bestimmung leer (geworden) ist, aus dem Außen des Unmenschlichen neu gefasst werden kann. Dieser Aspekt der anthropologischen Reflexion gerät aus dem Blick, wenn der Engel der Geschichte vorschnell als Sinnbild des materialistisch-theologisch informierten Historikers oder des Lebens seines Verfassers gedeutet,³²⁵ also nicht als ahumane Grenzform, sondern als Spiegel eines bestimmten Menschen gedacht wird. Dagegen hat der Engel in seiner radikalen Alterität hier eine Affinität zur „Grenzform"³²⁶ der Allegorie gegenüber der Ganzheit des Symbols, die immer auch das Sprengen einer Ordnungsform, also eine „Grenzverletzung"³²⁷ darstellt, wie Benjamin Carl Horst als neukantianischen Kritiker des allegorischen Überschreitens von künstlerischen Grenzen zitiert. Bezeichnenderweise stößt sich gerade die neukantianische Schule, der Benjamin ihre „undialektische Denkweise"³²⁸ vorwirft, an der mit der Allegorie (und dem Engel) verbundenen Zweideutigkeit und Tendenz zur Grenzüberschreitung und Ordnungssprengung.³²⁹

---

322 Benjamin, Ursprung des deutschen Trauerspiels, S. 337.
323 Benjamin, Ursprung des deutschen Trauerspiels, S. 337.
324 Vgl. Kapitel 4.1.3 dieser Studie.
325 Vgl. Helmut Thielen, Eingedenken. Walter Benjamins theologischer Materialismus. In: global benjamin, Bd. 3, hg. von Klaus Garber u. Ludger Rehm, München 1999, S. 1371–1409, hier S. 1396, Marc de Wilde, Meeting Opposites: The Political Theologies of Walter Benjamin and Carl Schmitt. In: Philosophy & Rhetoric, 44/4, 2011, S. 363–381, hier S. 377 sowie Susan Handelman, Walter Benjamin and the Angel of History. In: CrossCurrents, 41/3, 1991, S. 344–352, hier S. 345.
326 Benjamin, Ursprung des deutschen Trauerspiels, S. 366.
327 Benjamin, Ursprung des deutschen Trauerspiels, S. 353.
328 Benjamin, Ursprung des deutschen Trauerspiels, S. 353.
329 So zitiert Benjamin Hermann Cohens *Ästhetik des reinen Gefühls*: „Zweideutigkeit aber, Mehrdeutigkeit ist der Grundzug der Allegorie; auf den Reichtum von Bedeutungen ist die Allegorie, ist der Barock stolz. Diese Zweideutigkeit aber ist der Reichtum der Verschwendung; die Natur hingegen ist nach den alten Regeln der Metaphysik, wie nicht minder auch nach denen der Mechanik, nicht zuletzt an das Gesetz der Sparsamkeit gebunden. Zweideutigkeit ist

4.2 Der Engel zwischen Apparatur und Apparition — 225

Wesentlich für die anthropologische Reflexion, die Benjamin über Symbol und Allegorie verhandelt, ist die Unterscheidung zwischen Lebendigem und Totem beziehungsweise „Halblebendigem": „Wenn die allegorische Intention auf die kreatürliche Dingwelt, das Abgestorbene, zuhöchst das Halblebendige sich richtet, so tritt der Mensch nicht in ihren Blickkreis"[330], heißt es in *Ursprung des Trauerspiels*. Im Modus des Allegorischen „prägt [...] die Geschichte nicht als Prozeß eines ewigen Lebens, vielmehr als Vorgang unaufhaltsamen Verfalls sich aus"[331]. Sinnbild dafür ist der Totenkopf.[332] Die „Majestät der allegorischen Intention" liegt in der „Zerstörung des Organischen und Lebendigen – Auslöschung des Scheins"[333]. Zugleich wird es auf diese Weise als Zerschlagenes und Ausdrucksloses bewahrt.

Wesentlich für die Unterscheidung von Allegorie und Symbol sind also ihre unterschiedlichen Zeitformen. In dem Engel als prototypischer Figur der symbolischen Vermittlung von Unsinnlichem und Sinnlichem, der in den „Thesen" gleichwohl allegorisch gezeichnet ist, wird der historische Index von Symbol und Allegorie reflektiert. So kann im Gegensatz zu den ephemeren talmudischen Engeln der bewegungsunfähige Engel der Geschichte unter den Bedingungen der Moderne nicht mehr als „mystisches Nu" erscheinen, das das „Zeitmaß der Symbolerfahrung"[334] darstellt. In der Starre seines Blicks entfaltet sich vielmehr die Dynamik der Vergangenheit, die im Modus des fortlaufenden Präsens und damit als unabgeschlossene gezeigt wird – die Katastrophe häuft „unablässig Trümmer auf Trümmer", die sie dem Engel „vor die Füße schleudert" (T 697). Der Erstarrung des Blicks korrespondieren die aus ihrem Zusammenhang gebrochenen Trümmer einer ruinenhaften, temporalisierten Landschaft, mit der die

---

daher überall der Widerspruch zur Reinheit und Einheit der Bedeutung" (Hermann Cohen, Ästhetik des reinen Gefühls, Bd. 2 (System der Philosophie 3), Berlin 1912, S. 305, zit. n. Benjamin, Ursprung des deutschen Trauerspiels, S. 352–353). Weiter zitiert Benjamin Carl Horst, der über die Allegorie schreibt, „daß sie immer ein ‚Überschreiten der Grenzen der anderen Art', ein Übertreten der bildenden Künste ins Darstellungsgebiet der ‚redenden' zu erkennen gibt. [...] In dem kaltsinnigen Durchdringen der verschiedenartigsten menschlichen Äußerungsweisen mit herrschsüchtigen Gedanken ... wird ... Kunstgefühl und -verständnis abgelenkt und vergewaltigt werden. Das verrichtet die Allegorie im Felde der ‚bildenden' Künste. Man könnte ihr Eindringen deshalb als groben Unfug gegen Ruhe und Ordnung künstlerischer Gesetzmäßigkeit bezeichnen. Und doch hat sie niemals in ihrem Reiche gefehlt, und größte Bildner haben ihr große Werke gewidmet" (Carl Horst, Barockprobleme, München 1912, S. 39–40, zit. n. Benjamin, Ursprung des deutschen Trauerspiels, S. 353).
330 Benjamin, Ursprung des deutschen Trauerspiels, S. 400–401.
331 Benjamin, Ursprung des deutschen Trauerspiels, S. 353.
332 Vgl. Benjamin, Ursprung des deutschen Trauerspiels, S. 343.
333 Benjamin, Zentralpark, S. 669–670.
334 Benjamin, Ursprung des deutschen Trauerspiels, S. 342.

Geschichte, die sich in der allegorischen Modellierung „als Vorgang unaufhaltsamen Verfalls" realisiert, „sinnlich [...] in den Schauplatz sich verzogen"[335] hat. Dies entspricht insofern der explizit nachparadiesischen Situation des Engels, als für Benjamin das Allegorische „im Sündenfall zu Hause"[336] ist, wobei der moderne Darstellungsmodus des Allegorischen nicht nur theologisch, sondern auch ökonomisch begründet ist.[337] Wird der Universalgeschichte in den „Thesen" die theoretische Armatur abgesprochen (vgl. T 702),[338] so heißt es im „Zentralpark": „Die Allegorie ist die Armatur der Moderne."[339] Über dem Symbol wie über der Universalgeschichte schwebt in der Moderne der falsche Schein politischer Affirmation, während die Darstellung der Geschichte als Trümmerlandschaft jene affirmative Lesart der Geschichte unterbricht, die Diskontinuierliches und Fragmentarisches ausblendet beziehungsweise zwanghaft homogenisiert und vereinnahmt.

Allerdings liegt ein zentraler Unterschied des Engels zum Melancholiker neben der fehlenden *acedia* darin, dass zwar der Blick des Engels die Trümmergeschichte konstruiert, dies aber kein kreativ-willkürlicher Akt ist, sondern vielmehr die visualisierende Entbergung von etwas, das sich real vollzogen hat und noch vollzieht. Der Modus des Allegorischen, in dem die Darstellung des Engels erfolgt, ist nicht auf eine Intentionalität des Engels zurückzuführen, sondern auf die historische Situation selbst. In diesem Sinne besetzt der Engel der Geschichte keine melancholische Subjektposition, sondern macht eine allegorische Szenerie sichtbar. In ihr wirkt er als Medium der Wahrnehmung eines anderen Geschichtsbilds, das in der Fortschrittserzählung verborgen ist. Im Gegensatz zu jenem Mythos der Kontinuität, dessen Schein von Homogenität und symbolhafter Geschlossenheit in der Moderne nur aufrechterhalten werden kann, wenn das Abgestorbene und Nichtrealisierte verdrängt wird, gewährt der

---

335 Benjamin, Ursprung des deutschen Trauerspiels, S. 353.
336 Benjamin, Ursprung des deutschen Trauerspiels, S. 407.
337 So ist das allegorische Herausgerissensein auch für die „Waren im Stadium ihrer Ausstellung" charakteristisch (Benjamin, Zentralpark, S. 670), und die Entwertung der Dingwelt durch die Ware übersteigt die Entwertung der Dingwelt in der Allegorie (vgl. Benjamin, Ursprung des deutschen Trauerspiels, S. 660). Entsprechend hängt die Allegorie im modernen Kontext auch mit sozioökonomischen Umständen zusammen (vgl. Christine Schmider u. Michael Werner, Das Baudelaire-Buch. In: Benjamin-Handbuch. Leben – Werk – Wirkung, hg. von Burkhardt Lindner, Stuttgart 2011, S. 567–584, hier S. 582; zu der Allegorie in der Moderne vgl. Gérard Raulet, Allegorie und Moderne. In: global benjamin, Bd. 1, hg. von Klaus Garber u. Ludger Rehm, München 1999, S. 203–219).
338 Dieses Urteil bezieht sich auf die Universalgeschichte ohne konstruktives Prinzip (vgl. Benjamin, Anmerkungen [Über den Begriff der Geschichte], S. 1234).
339 Benjamin, Zentralpark, S. 681.

Engel erstens Einblicke in das Verborgene und eröffnet zweitens einen Ausblick auf die Umkehrung historischer Fatalität. Dass er das Tote beleben will, verbindet ihn, wie gezeigt, mit dem historischen Materialisten.

Mit seinem konstruierenden Blick fungiert der Engel als Katalysator des Allegorischen, indem er das Zerstörte ausstellt und gleichzeitig das Allegorische als „Antidoton gegen den Mythos"[340] sichtbar macht. Diesem allegorischen Modus gemäß handelt es sich bei dem Engel der Geschichte um keine Engels*erscheinung*, die plötzlich in die menschliche Profanität einbricht – diese Form wäre in ihrer auratischen Flüchtigkeit mit dem problematischen Symbolbegriff verknüpft –, sondern um ein über mehrfache Vermittlungen entwickeltes Denkbild. Gleichwohl geht das Bild des Engels der Geschichte nicht in der Erstarrung auf: Schon über das Klee-Bild wird gesagt, der Engel mache den Anschein, sich von etwas zu entfernen. Die Vergangenheit zeigt sich gerade in der Dynamik unausgesetzt sich stapelnder Trümmer. Und der Engel, dessen Blick die Szenerie konstituiert, befindet sich als vom Sturm Getriebener ebenfalls in fortwährender Bewegung.

Die Affinitäten des Engels zur Allegorie liegen nicht nur in der offensichtlichen Übereinstimmung hinsichtlich der „Geschichte als Leidensgeschichte der Welt"[341], deren mortifizierte Teile sich zu Emblemen von Tod und Zerstörung schichten, sondern auch in der Spannung von Theologie und Ästhetik. Der Gehalt der Allegorie besteht nach Benjamin darin, dass die Dinge als beliebig semantisierbare einerseits abgewertet, sie andererseits aber auch durch ihre Sakralisierung zugleich unermesslich erhöht werden. Als „formales Korrelat" bestimmt er die Dialektik von „Konvention und Ausdruck"[342] und verweist auf die Synthese, „die in der allegorischen Schrift aus dem Kampf von theologischer und künstlerischer Intention im Sinne nicht sowohl eines Friedens als einer treuga dei zwischen den widerstreitenden Meinungen sich ergibt"[343].

Ohne mögliche Parallelen zur Figur des Engels hier überstrapazieren zu wollen, fällt doch die strukturell ähnliche Verbindung zwischen den spannungsträchtigen Komponenten der Weisung des Engels als religiöser Konvention und dem Ausdruck der ästhetischen Eigenqualität der Engelserscheinung ins Auge. So wirkt der Engel in den „Thesen" als eine Figur der Darstellung, die die dialektische Spannung und unaufhebbare Differenz zwischen der Botschaft der heiligen Schrift und den Abbildungen ihrer historischen Modulationen zur Anschauung bringt; und dies in der historischen Zeit des Sündenfalls mit dem

---

340 Benjamin, Zentralpark, S. 677.
341 Benjamin, Ursprung des deutschen Trauerspiels, S. 343.
342 Benjamin, Ursprung des deutschen Trauerspiels, S. 351.
343 Benjamin, Ursprung des deutschen Trauerspiels, S. 353.

Ausblick des Messianischen als mehrdeutigem Bild im Modus der Gleichzeitigkeit. Denn die Allegorie ist „am bleibendsten dort angesiedelt, wo Vergänglichkeit und Ewigkeit am nächsten zusammenstoßen"[344]. Neben den Bruchstücken, die sich bis zum Himmel türmen, verweist auch die Möglichkeit des Umschlags von Vergänglichkeitsdarstellung in Heilserfahrung auf den Modus des Allegorischen, in dem Todeserfahrung umspringt in die Allegorie der Erlösung.[345] Auch dafür steht der Engel, genauer für das engelhafte Leben nach dem Tod: „Ja/ wenn der Höchste wird vom Kirch-Hof erndten ein/ So werd ich Todten-Kopff ein Englisch Antlitz seyn"[346] – mit diesem Zitat aus Lohensteins „Redendem Todten-Kopff Herrn Matthäus Machners" (1680) beginnt das letzte Kapitel von Benjamins *Ursprung des deutschen Trauerspiels*.

Diesen Umschlag kann der Engel der Geschichte gerade aufgrund seiner Abweichung von der theologischen Tradition antizipieren. Mit seinem von keiner göttlichen Autorität und keiner Tradition gedeckten Restitutionswunsch verweist er auf die messianische Utopie eines Geschehens, das er selbst nicht herbeiführen kann, das er aber in seinem Scheitern unter den Bedingungen der historischen Zeit sichtbar macht. Dabei verhindert der Wunsch der Denkfigur des Engels, dass er selbst in dieser allegorischen Trauerlandschaft der Dissoziationen vollends aufgeht. Der Engel vermag zwar die Toten und Trümmer selbst nicht zu retten, aber in seinem unablässigen Schauen, das sich nicht von der Genealogie der Sieger ablenken lässt, bewahrt er ihre Erinnerung im Bild seines Blicks, hält sie gegenwärtig und wird so zu einer Figur des Eingedenkens, das die Möglichkeit der Reversibilität von Geschichte veranschaulicht. In seiner Absicht, den Katastrophen der Weltgeschichte Einhalt zu gebieten, positioniert er sich zu dem Geschehen der durch seinen Blick entworfenen Szenerie und lässt die Möglichkeit der Rettung aufscheinen.

Auf diese Weise hält der Engel die Spannung aufrecht zwischen dem Endlich-Zertrümmerten, dessen Ausdruck der Tod ist, und dem Unendlich-Ganzen, dem er kraft seiner unmenschlichen Abstammung verhaftet ist. Im Zustand der geschichtlichen Zeit verhindert seine theologische Ausrichtung, dass der Engel in der Geschichte aufgeht. Im Kontext theologischer Systeme bricht er umgekehrt mit seinem ästhetischen Erscheinen und der Möglichkeit des Sich-Abwendens von Gott die gleichförmige Statik eines reinen und entwicklungslosen Daseins. Der Engel der Geschichte ist keine theologische Figur, da er das Leid nicht ungeschehen machen kann. Dennoch kommt ihm mehr als eine bloß il-

---

344 Benjamin, Ursprung des deutschen Trauerspiels, S. 397.
345 Vgl. Benjamin, Ursprung des deutschen Trauerspiels, S. 405–406.
346 Benjamin, Ursprung des deutschen Trauerspiels, S. 390 u. S. 406.

lustrative Funktion für die Reflexion des epistemisch-politischen Problemzusammenhangs zu, die sich auch ohne theologische Figuren entwickeln ließe;[347] vielmehr ermöglicht es die Denkfigur des Engels auf einzigartige Weise, die spezifische Verbindung von Zeitverhaftung und Zeitüberschreitung in ihrer Gleichzeitigkeit zu denken und bildlich zur Darstellung zu bringen.

---

[347] Vgl. etwa Benjamins Bemerkung in der „Erkenntniskritischen Vorrede", dass ohne die „Gegenstände der Theologie [...] der Wahrheit nicht gedacht werden kann" (Benjamin, Ursprung des deutschen Trauerspiels, S. 208).

5 Klaus Mann: Der Engel als Medium einer neuen Ordnung

Eine publizistische Verbindung zwischen den Exilanten Walter Benjamin und Klaus Mann ist nie zustande gekommen. „Der Autor als Produzent" sollte 1934 in der von Klaus Mann herausgegebenen Zeitschrift *Die Sammlung* erscheinen, die Veröffentlichung scheiterte aber mutmaßlich an der Intervention von Heinrich Mann. Der Onkel lehnte die polemischen Spitzen und die in dem Text ausgemachte ausgeprägte Nähe zur kommunistischen Partei ab,[1] auch mag ihm die abschätzige Erwähnung seiner Person aufgestoßen sein.[2] In gewisser Weise steht diese nicht zustande gekommene Zusammenarbeit symptomatisch für die Unterschiede, die zwischen den Exilexistenzen von Benjamin und Mann bestehen. Denn obgleich Klaus Mann an einer Bündelung der antifaschistischen Kräfte über alle ideologischen Gräben hinweg gelegen war, so war seine Vorstellung, wie dieser Kampf geführt werden sollte, denkbar weit entfernt von der Benjamins. Damit ist wiederum auch eine grundsätzlich unterschiedliche Modellierung der Figur des Engels verbunden, auch wenn sie bei beiden als unmenschliches Gegengewicht zu der grassierenden Enthumanisierung auftritt.

In „Agesilaus Santander" wie in den „Thesen" wirkt der Engel als eine Figur der Verfremdung, der Zerstörung, des Unmenschlichen und, über diesen Umweg, als Medium der Erkenntnis, des Bewahrens, des von Benjamin proklamierten realen Humanismus. Seine Rolle als Bote kann der Engel dabei nur paradox ausüben, indem er nämlich mit der theologischen Tradition bricht, aus der die Zuschreibungen dieser Rolle erwachsen. Während Benjamins politisches Denken über Umwege verläuft und auch der Engel als Figur zwischen Apparatur und Apparition seine politische Bedeutung im Kontext des modernen Exils nur über Umwege erhält, führt der Engel in Klaus Manns Roman *Der Vulkan. Roman unter Emigranten* direkt ins politische Geschehen der 1930er Jahren. Ebenso schnörkellos wird auch der angelologische und vermeintlich anachronistische Kern der Engel reaktiviert: Angelehnt an das Buch Daniel erscheint ein Engel dem asketisch lebenden Kikjou und eröffnet ihm Einsichten in Gottes verborgenen Plan, in dem die Exilantinnen und Exilanten zu Trägerinnen und Trägern des göttlichen Willens erklärt werden.

---

[1] Vgl. Chryssoula Kambas, Positionierung des Linksintellektuellen im Exil. In: Benjamin-Handbuch. Leben – Werk – Wirkung, hg. von Burkhardt Lindner, Stuttgart 2011, S. 420–436, hier S. 431.
[2] Vgl. Benjamin, Der Autor als Produzent, S. 689–690.

Diese Reaktivierung von angelologischen Strukturen, die eine eschatologische Perspektive eröffnet, ist vor dem Hintergrund der Zeit zu verstehen. Mit den Verbrechen des Nationalsozialismus verlagert sich der Befund des Exils als prägendes Moment der Moderne mehr und mehr von geschichtsphilosophischen und metaphysischen Reflexionen in die Lebenswelt moderner Individuen, mit existentiellen Konsequenzen. Der souveräne Mensch, den kosmologische, evolutionsbiologische und psychoanalytische Erkenntnisse und dann die Erschütterungen des Ersten Weltkrieg bereits ins Wanken gebracht hatten, befindet sich nun, entwürdigt durch das Hitler-Regime und ohne das Auffangnetz der Staatsbürgerschaft, im freien Fall. Klaus Mann verstand seine Ausbürgerung durch das nationalsozialistische Deutschland 1934 zwar als „Ehre", da sie „uns offiziell bestätigt, daß wir nichts zu tun haben mit seiner [Deutschlands, L.Z.] Schande"[3]. Allerdings bedeutete die Strafexpatriation eine „Vogelfreierklärung"[4], die für die Betroffenen mit einschneidenden Folgen verbunden war. Zur Einschränkung der Freizügigkeit und der symbolischen, dabei nicht zu unterschätzenden Dimension der Ächtung traten in vielen Fällen bedrohliche Engpässe bei der Versorgung mit überlebenswichtigen Gütern.[5]

Die Praxis der Ausbürgerung stellt einen eminent modernen Vorgang dar. „Staatenlosigkeit ist das neueste Phänomen, die Staatenlosen sind die neueste Menschengruppe der neueren Geschichte"[6], wie Hannah Arendt, selbst 1937 expatriiert, in *Elemente und Ursprünge totaler Herrschaft* (1955) feststellt. Aus dem eigenen Land „als Auswurf der Menschheit" vertrieben, wurden die Staatenlosen „überall auch als Auswurf der Menschheit empfangen"[7]. Mit der Vertreibung aus dem Staatsgebiet geht eine Vertreibung aus dem Bereich des Gesetzes einher.[8] Im Zuge dieser Entwicklung erwies sich die völlige Unzulänglichkeit des Konzepts der Menschenrechte: „Das bloße Wort ‚Menschenrechte' wurde überall und für jedermann, in totalitären und demokratischen Ländern, für Opfer, Verfolger und Betrachter gleichermaßen, zum Inbegriff eines heuchleri-

---

3 Klaus Mann, Ich soll kein Deutscher mehr sein. In: Mann, Zahnärzte und Künstler. Aufsätze, Reden, Kritiken 1933–1936, hg. von Uwe Naumann u. Michael Töteberg, Reinbek 1993, S. 217–218, hier S. 217.
4 Dieter Gosewinkel, Einbürgern und Ausschließen. Die Nationalisierung der Staatsangehörigkeit vom Deutschen Bund bis zur Bundesrepublik Deutschland, Göttingen 2001, S. 378. Zu den einzelnen Maßnahmen und ihren Auswirkungen vgl. Gosewinkel, Einbürgern und Ausschließen, S. 369–382.
5 Vgl. Gosewinkel, Einbürgern und Ausschließen, S. 379.
6 Hannah Arendt, Elemente und Ursprünge totaler Herrschaft, Frankfurt am Main 1958, S. 416.
7 Arendt, Elemente und Ursprünge totaler Herrschaft, S. 405.
8 Vgl. Arendt, Elemente und Ursprünge totaler Herrschaft, S. 402–405.

schen oder schwachsinnigen Idealismus"[9], wie Hannah Arendt bemerkt. Über das Bemühen, 1934 in Lausanne einen Staatenlosenpass zu schaffen, schreibt der passlose Klaus Mann in einem Brief an seine Mutter erbittert, es sei „natürlich genau so wenig geglückt, wie *irgendetwas* was der Völkerbund *jemals* in Angriff genommen hat"[10]. Das Warten auf überlebensnotwendige Papiere, die Flucht vor Verfolgung durch den immer länger werdenden Arm des NS-Regimes und der Kampf um die Bedürfnisse des täglichen Lebens erzwingen eine gesteigerte Aufmerksamkeit für die unmittelbare Umgebung.

Benjamins geschichtsphilosophische Reflexionen in „Über den Begriff der Geschichte" werden dagegen, wie es explizit in der X. These heißt, aus einer weltabgewandten Haltung gewonnen. Trotz der Dringlichkeit der gegenwärtigen Situation bleiben sie dem Gedanken verpflichtet, dass revolutionäre Aktion nicht aus einer Vertiefung in die Gegenwart resultiert, sondern aus der Rückwendung zur Vergangenheit. Den weltabgewandten Klosterbrüdern, die Benjamin 1940 in seinen „Thesen" bemüht, steht bei Klaus Mann 1939 der Appell an die Intellektuellen im nationalsozialistischen Deutschland gegenüber, sie mögen „unter die Leute" gehen, „wie die Prediger des frühen Christentums es getan haben"[11]. Der Kunst als „höchste[m]" Teil des Menschenlebens kommt für Klaus Mann eine Schlüsselrolle in den „Kämpfen seiner [des Menschenlebens, L.Z.] harten Gegenwart"[12] zu. Wenn sie nicht „absterben und ganz elend werden" soll, muss sie „ins Getümmel springen"[13]. Insbesondere die Literatur ist durch den Nationalsozialismus als eine genuin „*antiliterarisch[e]* Bewegung"[14] in ihrer Existenz bedroht. Gleichzeitig stellt sie aber auch das Gegengift bereit, indem sie die Wahrheit verbreitet und tragfähige Utopien gegen den untergründigen Nihilismus des Nationalsozialismus setzt. Daher fordert Mann mehrfach Schriftstellerinnen und Schriftsteller im nationalsozialistischen Deutschland auf, die Waffe des

---

9 Arendt, Elemente und Ursprünge totaler Herrschaft, S. 406.
10 Klaus Mann, Brief an Katia Mann, 28. März 1934. In: K. Mann, Briefe und Antworten 1922–1949, hg. von Martin Gregor-Dellin, Reinbek 1991, S. 168–169, hier S. 168.
11 Klaus Mann, An die deutschen Intellektuellen. In: Mann: Zweimal Deutschland. Aufsätze, Reden, Kritiken 1938–1942, hg. von Uwe Naumann u. Michael Töteberg, Reinbek 1993, S. 161–164, hier S. 164.
12 Klaus Mann, Situation der deutschen Literatur, drinnen und draußen. In: Mann, Zahnärzte und Künstler. Aufsätze, Reden, Kritiken 1933–1936, hg. von Uwe Naumann u. Michael Töteberg, Reinbek 1993, S. 87–107, hier S. 106.
13 Mann, Situation der deutschen Literatur, S. 106.
14 Klaus Mann, Die Aufgabe des Schriftstellers in der gegenwärtigen Krise. In: Mann, Zweimal Deutschland. Aufsätze, Reden, Kritiken 1938–1942, hg. von Uwe Naumann u. Michael Töteberg, Reinbek 1994, S. 263–271, hier S. 267.

Wortes „für die gute Sache"[15] einzusetzen, um „dem betrogenen deutschen Volk die Wahrheit zuzuflüstern"[16].

Die unterschiedlichen Positionen Benjamins und Manns spiegeln sich auch in den Lebenswegen im Exil wider. Während Walter Benjamin in der Öffentlichkeit nach 1933 wenig präsent war, sind insbesondere Klaus Manns frühe Exiljahre von einer emsigen Geschäftigkeit geprägt. Allerdings bleibt auch seine publizistische Existenz prekär, bereits 1933 stellt er fest: „Wir sind arm. Unser Markt ist zerstreut über den Kontinent und über den ganzen Planeten."[17] Diese existenzbedrohende Entwicklung spitzt sich sukzessive zu, da der Markt für deutschsprachige Exilliteratur mit der deutschen Besetzung der Nachbarländer weiter schrumpft. Klaus Manns Zuversicht und sein Bemühen, zwischen den verschiedenen Exilgruppierungen zu vermitteln, erleiden außerdem durch die historischen Ereignisse einen empfindlichen Dämpfer. Insbesondere das Münchner Abkommen im September 1938 und der Hitler-Stalin-Pakt im August 1939, der auch Benjamin so tief erschütterte, sind für Mann einschneidende Zäsuren. Mit dem deutsch-sowjetischen Nichtangriffspakt wird zudem das Scheitern der Politik der antifaschistischen Einheitsfront evident, für die Klaus Mann sich bis dahin vehement eingesetzt hatte.[18]

In gewissem Sinne steht Klaus Manns Biographie exemplarisch für die intellektuelle Physiognomie der ersten Hälfte des 20. Jahrhunderts, mit dem Topos des modernen Exils in seinen zunächst vornehmlich innerlichen und dann immer mehr auch existentiellen Formen. Heute wird Klaus Mann vor allem als hellsichtiger Diagnostiker und leidenschaftlicher Gegner des Nationalsozialismus wahrgenommen, „prescient in being always on the right side (against Hitler from the 1920s, critical of American anti-communism from the 1940s) and

---

15 Klaus Mann, An die Schriftsteller im Dritten Reich. In: Mann, Zweimal Deutschland. Aufsätze, Reden, Kritiken 1938–1942, hg. von Uwe Naumann u. Michael Töteberg, Reinbek 1994, S. 94–112, hier S. 112.
16 Mann, An die deutschen Intellektuellen, S. 163.
17 Klaus Mann, Drinnen und draußen. In: Mann, Zahnärzte und Künstler. Aufsätze, Reden, Kritiken 1933–1936, hg. von Uwe Naumann u. Michael Töteberg, Reinbek 1993, S. 69–73, hier S. 72.
18 Vgl. Uwe Naumann u. Michael Töteberg, Vorwort. In: Mann, Zweimal Deutschland. Aufsätze, Reden, Kritiken 1938–1942, hg. von Uwe Naumann u. Michael Töteberg, Reinbek 1994, S. 9–15, hier S. 10. So schrieb Klaus Mann etwa in einer Stellungnahme zu einer KPD-Broschüre im April 1939: „Die Einheitsfront aller antifaschistischen Kräfte ist, für mein Gefühl und für meine Erkenntnis, nicht nur eine Notwendigkeit, sondern eine Selbstverständlichkeit" (Klaus Mann, Nach dem Sturze Hitlers. Ein Diskussionsbeitrag. In: Mann, Zweimal Deutschland. Aufsätze, Reden, Kritiken 1938–1942, hg. von Uwe Naumann u. Michael Töteberg, Reinbek 1994, S. 88–91, hier S. 88).

courageous in fighting for his beliefs, as a writer and even as a soldier"[19]. Aber schon bevor er am 13. März 1933 Deutschland verließ und im November 1934 ausgebürgert wurde, thematisierte dieser „unruhig[e] Wanderer von Haus"[20] in seinen Schriften immer wieder den Zustand der Entortung. Neben Homosexualität und Künstlerbewusstsein ist sein Unverbundenheitsgefühl wie bei Rilke und Benjamin vor allem durch eine soziale und moralische Entwurzelung nach dem Ersten Weltkrieg bedingt.[21] Auch die Kehrseite, die Sehnsucht nach Zugehörigkeit, ist Teil von Klaus Manns Werk, „innig – aber erfolglos – darum bemüht, den Anschluß an irgendeine Gemeinschaft zu finden, sich irgendeiner Ordnung einzufügen: immer schweifend, immer ruhelos, beunruhigt, umgetrieben, auf der Suche ..."[22], wie er in seiner Autobiographie *Der Wendepunkt* (1949) schreibt. Gleichwohl griffe es zu kurz, in der Emigration Klaus Manns bloß den äußeren Vollzug eines innergesellschaftlichen Nomadentums zu erblicken. So engagiert sich Mann nach 1933 immer stärker politisch,[23] wovon nicht nur die Briefe und Tagebuchaufzeichnungen Zeug-

---

19 Lara Feigel, Cursed Legacy: The Tragic Life of Klaus Mann – review. In: The Guardian, 2016 [https://www.theguardian.com/books/2016/mar/06/cursed-legacy-frederic-spotts-review-tragic-life-of-klaus-mann-son-thomas-nazism-communism-suicide]. Selbst scharfe Kritiker seines Werks (und seiner Person), wie Marcel Reich-Ranicki, attestieren Klaus Mann überragenden politischen Weitblick (vgl. Marcel Reich-Ranicki, Schwermut und Schminke. In: Reich-Ranicki, Thomas Mann und die Seinen, München 2007, S. 323–348, hier S. 336–338).
20 Golo Mann, Erinnerungen an meinen Bruder Klaus. In: K. Mann, Briefe und Antworten 1922–1949, hg. von Martin Gregor-Dellin, Reinbek 1991, S. 629–661, hier S. 629.
21 Vgl. dazu insbesondere *Der fromme Tanz* (1925), *Kind dieser Zeit* (1932) oder *Treffpunkt im Unendlichen* (1932). Bereits 16-jährig (und nicht frei von Selbststilisierung) schreibt Klaus Mann an den Leiter der Odenwaldschule, Paul Geheeb: „Ich gebe ein nicht ganz kleines Stück von mir her, wenn ich Ihnen sage: Überall werde ich – Fremdling sein. Ein Mensch meiner Art ist stets und allüberall durchaus einsam – – – derlei führt zu weit" (Klaus Mann, Brief an Paul Geheeb, 12. Juni 1923. In: Mann, Briefe und Antworten 1922–1949, hg. v. Martin Gregor-Dellin, Reinbek 1991, S. 14–15, hier S. 15).
22 Klaus Mann, Der Wendepunkt, Reinbek 2005, S. 591.
23 Zum Aspekt sozial-politischer Verantwortung in Klaus Manns Werk vgl. Mann, Der Wendepunkt, S. 291–293 sowie zu verschiedenen Beurteilungen von Kontinuität und Diskontinuität Birgit Fulton, Klaus Mann: Das Scheitern am „mißratenen Leben". Untersuchungen zum Identitätskonstrukt Klaus Manns, Wien 2009, S. 297–304, S. 321–322 u. S. 357–359. Tobias Lachmann vertritt die These, dass sich „[e]rst im Entstehungsprozeß von *Der Vulkan* [...] ein Wandel in dieser Haltung zum Exil [vollzieht]: Die ursprüngliche, von der Verlusterfahrung gekennzeichnete Agitation gegen Hitler-Deutschland weicht der Profilierung einer kosmopolitischen Gegenposition, die den Verlust der einstigen Heimat in einen Gewinn umzumünzen vermag" (Tobias Lachmann, Politische Schreib(-)Szene Exil. Zu Klaus Manns Emigrantenroman *Der Vulkan*. In: Die Schreibszene als politische Szene, hg. von Claas Morgenroth, Martin Stingelin u. Matthias Thiele, München 2012, S. 229–238, hier S. 234)."

nis ablegen; auch in einem gewandelten Verständnis des Exils in seinem Werk *Der Vulkan* von 1939 schlägt sich diese Entwicklung nieder.

Der *Vulkan* wurde immer wieder dezidiert als Exilroman rezipiert und gewürdigt,[24] allerdings geht in dieser dokumentarischen Perspektive tendenziell die Spezifik seiner ästhetischen Eigenlogik verloren. So wurde in der Forschung vielfach festgestellt, dass der Roman auf ein breites, tendenziell unüberschaubares Figurenspektrum aufbaut und diverse Formen des Exils abbildet.[25] Diese Ansicht deckt sich mit Klaus Manns Selbstauskunft, nach der der *Vulkan* den Versuch darstellt, „unsere soziologische und psychologische Lage in breiterem Rahmen episch zu analysieren"[26]. Die Besonderheit des Romans liegt jedoch darin, dass die analytisch-dokumentarische Ebene und ihr realhistorischer Bezug auf vielfältige Weise überschritten werden. Diese fundamentale Transzendierungsbewegung erstreckt sich auf nationalstaatliche Festlegungen, aber auch auf den entwürdigten Menschen selbst, der über ästhetische Angelisierungspraktiken aufgewertet wird. Insofern ist es nicht übertrieben zu sagen, dass es sich bei dem *Vulkan* um das „entscheidende *Engelwerk* Klaus Manns"[27] handle.

Der Engel erscheint hier ganz klassisch als der „[V]on-oben-Gesandte"[28], ausgestattet mit einer göttlichen Botschaft. Entsprechend ist im *Vulkan* auch das Ordnungssystem, dem der Engel entstammt, wieder eingesetzt: Es gibt einen Gott, der gegen Ende des Romans sogar selbst spricht. Da hier nicht bloß Formen und Figuren des Religiösen verwendet und einem modernen politischen Programm gemäß umbesetzt werden, sondern vielmehr auch explizit auf die Struktur eines göttlichen Heilsplans zurückgegriffen wird, ist der *Vulkan* in größerem Ausmaß von dem Verdikt des Anachronismus bedroht. So bedeutet die Reinstallierung des christlichen Heilsgedankens in Verbindung mit Manns realitätsverpflichtender Behauptung, eine *analytische* Durchdringung des Exils

---

[24] So etwa von Andreas Grünes, der den Roman „zu den ehrgeizigsten Projekten der literarischen Verarbeitung des Exils" zählt (Andreas Grünes, Klaus Mann: Der Vulkan. Roman unter Emigranten (1939). In: Handbuch der deutschsprachigen Exilliteratur. Von Heinrich Heine bis Herta Müller, hg. von Bettina Bannasch u. Gerhild Rochus, Berlin 2013, S. 435–441, hier S. 440).
[25] Vgl. Christina Thurner, Der andere Ort des Erzählens. Exil und Utopie in der Literatur deutscher Emigrantinnen und Emigranten 1933–1945, Köln 2003, S. 180–182, S. 184–185 u. S. 191–192.
[26] Klaus Mann, Brief an Hans Hamm, 18. April 1939. In: Mann, Briefe und Antworten 1922–1949, hg. von Martin Gregor-Dellin, Reinbek 1991, S. 375–377, hier S. 376.
[27] Gunter Volz, Sehnsucht nach dem ganz anderen. Religion und Ich-Suche am Beispiel von Klaus Mann, Frankfurt am Main 1994, S. 180.
[28] Klaus Mann, Der Vulkan. Roman unter Emigranten, Hamburg 2004, S. 518. Im Folgenden V.

zu leisten, ein einigermaßen waghalsiges Unterfangen. Neben der Gefahr einer Diskreditierung des analytischen Anspruchs drohte mit der intellektuellen Irritation, die die Referenz auf eine christliche Ordnung hervorrufen musste, auch das fragile Gefüge des antifaschistischen Bündnisses in eine Schieflage zu geraten. Diese Gefahr sah auch Klaus Mann, der sich im April 1939 besorgt fragte: „Wird diese Freundschaft [mit den Kommunisten, L.Z.] *halten*? Wird man mir die *Engel* im ‚Vulkan' verzeihen?"[29]

Dass die Dimension des Religiösen auf den ersten Blick nicht in den politischen Exilkontext passt, zeigt Andreas Grünes Artikel im *Handbuch der deutschsprachigen Exilliteratur* (2013). Darin wird die Allgegenwärtigkeit religiöser Topoi, Strukturelemente und Redeweisen völlig ignoriert. In dieser Ausblendung des vermeintlich Anstößigen oder Bedeutungslosen tut man aber dem Roman keinen Gefallen. Denn auf diese Weise können seine rhetorisch-ästhetische Architektur, die Resemantisierung des Exils und das damit verbundene Außer-Kraft-Setzen des Dispositivs des Nationalen ebenso wie die utopische Öffnung der Gegenwart auf eine Weltdemokratie hin nicht erfasst werden. Deshalb werden in diesem Kapitel die Dimension des Religiösen, die im *Vulkan* über die Figur des Engels mit dem modernen Exil vermittelt wird, und ihre besondere Bedeutung für die in der neueren Exil-Forschung intensiv diskutierten „Fragen nach transhistorischen und transnationalen Perspektiven des Exils"[30] untersucht. Dabei eröffnen sich auch über den Roman hinausführende Einsichten in anthropologische Reflexionen des 20. Jahrhunderts ebenso wie in das vieldiskutierte Verhältnis von Säkularisierung und Religion. Der für den Roman so zentrale Vermittlungs- und Transzendierungsgedanke knüpft sich an den Engel, der die Scharnierstelle zwischen der realhistorischen Situation der Heimatlosen und der numinosen Sphäre bildet und der als *angelus interpres* die Funktionalisierung des Exils in göttliche Pläne offenbart. Diese beinhalten laut dem Engel der Heimatlosen „Absichten von schier unvorstellbarer Freundlichkeit" (V 543) – eine Operation der Sinnstiftung, die nicht nur die Romanfiguren, sondern auch die Exilantinnen und Exilanten des Jahres 1939 adressiert.

Im Folgenden sollen zunächst die Gebrochenheit der Exilstruktur und das mit ihr verbundene Verlangen nach paradiesischer Einheit untersucht werden. Dabei spielen die geschichtsphilosophische Dimension des Engels und seine individualgeschichtliche Stellung zwischen Leben und Tod eine wesentliche

---

29 Klaus Mann, Tagebucheintrag, 24. April 1939. In: Mann, Tagebücher 1938–1939, hg. von Joachim Heimannsberg, Peter Laemmle u. Wilfried F. Schoeller, Reinbek 1995, S. 102.
30 Doerte Bischoff u. Susanne Komfort-Hein, Einleitung: Literatur und Exil. Neue Perspektiven auf eine (historische und aktuelle) Konstellation. In: Literatur und Exil. Neue Perspektiven, hg. von Doerte Bischoff u. Susanne Komfort-Hein, Berlin; Boston 2013, S. 1–19, hier S. 1.

Rolle. Hier ist vor allem auf die prekäre Beschaffenheit dieses liminalen und strukturell exilischen Bereichs zu verweisen, von dem aus ein Zukunftsbild entworfen wird, in dessen Fluchtpunkt weltliche Humanität und göttliches Heilsgeschehen konvergieren, der aber auch Abzweigungen in regressiv-eskapistischen Sackgassen beinhaltet. Anschließend werden konkrete Figurationen und Attribute des Engels, mit ihm assoziierte asketische Charakteristika und Praktiken sowie Schreibverfahren einer Stillstellung und archetypischen Überhöhung der Exil-Leiden in einer sakralen Ikonologie untersucht. Der Fokus liegt dabei auf Strategien der Angelisierung, die zur Aufwertung der Heimatlosen gegen die Entwürdigung ihrer Exilexistenz ins Feld geführt werden.

Zum Schluss wird mit der Initiationsszene des Engelskusses das Ethos künstlerischen Schaffens im Exil und dessen politisch-poetologischer Fond eruiert. Dabei wird nachvollzogen, wie aufgrund der rekursiven Struktur des „Exilsroman im Exilsroman"[31] – poetologisch durch den Engel als Figur der Darstellung der Darstellung gestützt – die Strategien zur Aufwertung der nomadischen und ständig bedrohten Existenz auch und wesentlich auf extratextueller Ebene greifen. Der Fluchtpunkt dieser Aufwertung ist der Gedanke einer neuen Ordnung, der sich durch Klaus Manns publizistisches Schreiben zieht und im *Vulkan* durch den Engel vermittelt wird.

5.1 Exil. Zwischen verlorener Staatsangehörigkeit und transnationalem Zukunftsprojekt

Die Frage nach einer „neuen Ordnung" war in den 1930er Jahren weit verbreitet.[32] Auch Hitler beschäftigte sich mit der Frage nach einer „Neuordnung Europas", die seine expansive Aggressionspolitik ideell unterfüttern sollte.[33] Klaus Manns Haltung zu der Frage, wie ein postfaschistischer Staat aussehen sollte, blieb zunächst auf die deutsche Perspektive beschränkt. Im Zuge seines Engagements für die Politik der Einheitsfront, in der alle antifaschistischen Kräfte ungeachtet ihrer politischen Differenzen gebündelt werden sollten, beschäftigte

---

31 Volz, Sehnsucht nach dem ganz anderen, S. 151.
32 Vgl. zu den folgenden Ausführungen auch Lena Zschunke, „Leidend und liebend verwandelt sich der Mensch". Ästhetische Strategien der Angelisierung in Klaus Manns Der Vulkan. In: Himmlisch, irdisch, höllisch. Religiöse und anthropologische Annäherungen an eine historische Ästhetik, hg. von Olivia Kobiela u. Lena Zschunke, Würzburg 2019, S. 253–291.
33 Vgl. Birgit Kletzin, Europa aus Rasse und Raum. Die nationalsozialistische Idee der Neuen Ordnung, Münster 2000.

Mann sich schon früh mit der Frage, was „nach dem Sturze Hitlers"[34] passieren sollte, so der Titel eines Diskussionsbeitrags vom April 1939. Sein flügelübergreifendes Denken reichte so weit, dass er auch die innerdeutsche Opposition an dem geforderten Zukunftsprogramm beteiligen wollte.[35] Diese an nationalstaatlichem Denken orientierte Ausrichtung prägte auch die Zeitschrift *Die Sammlung* (1933–1935), die Klaus Mann als Sammelbecken für alle Exilantinnen und Exilanten konzipierte. Der Fluchtpunkt, in dem sich Exilgemeinde und innerdeutsche Opposition treffen sollten, war das ideelle Konstrukt eines „anderen Deutschlands", einer friedlichen Kulturnation:

> Ebenso müssen wir klarstellen, *daß es ein anderes Deutschland gibt* [...]. Wir müssen wieder und wieder betonen, *daß Hitler keinesfalls die deutsche Nation repräsentiert.* Die Deutschen haben die Nazi-Diktatur aus Unwissenheit akzeptiert und weil sie Hitlers falschen Versprechungen glaubten [...]. [...] In der großen Tradition deutscher Kultur und geistigen Lebens finden sich keine naziähnlichen Tendenzen.[36]

Allerdings musste Klaus Mann eingestehen, dass die vorbildliche deutsche Kultur „[l]eidvoll-opponierend [...] diesem [nationalen, L.Z.] Begriff immer aufs intimste verbunden"[37] blieb. 1940 war seine Ernüchterung angesichts der ausbleibenden flächendeckenden Auflehnung in Deutschland so groß, dass auch das Wunschbild eines transzendenten, von den Versehrungen des Hitler-Regimes unbefleckten Deutschlands zusammenbrach: „Es gibt nur *ein* Deutschland, und dieses muß erst geschlagen, dann überwacht, gesäubert, erzogen, geheilt, finanziert und endlich zurück in die Gemeinschaft der zivilisierten Völker geführt werden."[38] Während sich die postulierte Überschreitung des Nationalstaats bis dahin auf Deutschland konzentrierte, erstreckt sich Klaus Manns Denken ab 1941 auf den gesamten Globus. Diese Bewegung lässt sich an der gewandelten programmatischen Ausrichtung seiner Zeitschriftenprojekte ablesen. Während *Die Sammlung* ein Forum für Exilantinnen und Exilanten darstellte, ist *Decision. A Review of Free Culture* dezidiert keine

---

34 Mann, Nach dem Sturze Hitlers, S. 89.
35 Vgl. Mann, Nach dem Sturze Hitlers, S. 89.
36 Klaus Mann, Ich liebe dieses Land. Gedanken in einem amerikanischen Pullman-Wagen. In: Mann, Zweimal Deutschland. Aufsätze, Reden, Kritiken 1938–1942, hg. von Uwe Naumann u. Michael Töteberg, Reinbek 1994, S. 145–158, hier S. 152.
37 Klaus Mann, Joseph Breitbach, der richtige. In: Mann, Zahnärzte und Künstler. Aufsätze, Reden, Kritiken 1933–1936, hg. von Uwe Naumann u. Michael Töteberg, Reinbek 1993, S. 159–163, hier S. 162.
38 Klaus Mann, Deutschland, die Apokalypse und die konservative Revolution. In: Mann, Zweimal Deutschland. Aufsätze, Reden, Kritiken 1938–1942, hg. von Uwe Naumann u. Michael Töteberg, Reinbek 1994, S. 351–360, hier S. 359.

Exil-Zeitschrift: „,Decision' widmet sich nicht den Problemen des Exils, sondern den Problemen der Zivilisation – der komplexen, unteilbaren Zivilisation, die in diesem Krieg auf dem Spiel steht."[39]

Zur neuen Argumentationsgröße wird in diesem zwar westlich verankerten, aber letztlich transnational ausgerichteten Denken der Mensch. „Da das Endziel unseres Feindes die *Enthumanisierung des Menschen* ist, muß unser allererstes Anliegen das Streben nach dem Ideal eines *neuen Humanismus* sein"[40], heißt es im Editorial des ersten Heftes von *Decision* im Januar 1941. Die „Zukunftsvisionen"[41], denen sich Klaus Mann in seiner Zeitschrift widmete, zielten ab auf die „Zeit nach Hitlers Niederlage"[42] und galten einer „New Order"[43], einer neuen, freiheitlichen Ordnung. Da die umfassende Enthumanisierung durch das NS-Regime nationalstaatliche Kategorien offenkundig überschreitet, kehrt auch Klaus Mann sich von ihnen ab. Die Dimension der Zukunft, die seiner humanistischen Idee unterlegt ist, stützt sich auf eine religiöse und das heißt hier vor allem transnationale Aufladung. Auf der Basis eines Menschheitsganzen, das sich nicht in „Rassen"[44] zerlegen lässt, nimmt Klaus Mann eine religiös durchwirkte „Sendung des Menschenlebens" an, die das Trachten „nach einer besseren Ordnung [...] auf unserem Stern"[45] beinhaltet.

Künstlerinnen, Künstler und Intellektuelle sind für Mann besonders gefragt, wenn es darum geht, Zukunftsvisionen in der Gegenwart zu gestalten und auf diese Weise mit Durchschlagskraft auszustatten. So ist es „die Aufgabe, der natürliche Auftrag der Intellektuellen, der freien Schriftsteller, der Gelehrten und Denker, die Struktur einer neuen Gesellschaft anschaulich zu machen und in ihren Umrissen darzustellen"[46]. In dieser Hinsicht knüpft Klaus Mann auch strukturell an die humanistische Tradition an, insbesondere an Schillers Projekt einer „ästhetischen Erziehung des Menschen"[47], die durch die Kunst

---

39 Klaus Mann, In eigener Sache. In: Mann, Zweimal Deutschland. Aufsätze, Reden, Kritiken 1938–1942, hg. von Uwe Naumann u. Michael Töteberg, Reinbek 1994, S. 374–380, hier S. 377.
40 Klaus Mann, Decision. In: Mann, Zweimal Deutschland. Aufsätze, Reden, Kritiken 1938–1942, hg. von Uwe Naumann u. Michael Töteberg, Reinbek 1994, S. 235–239, hier S. 235.
41 Mann, Deutschland, die Apokalypse und die konservative Revolution, S. 351.
42 Mann, Deutschland, die Apokalypse und die konservative Revolution, S. 351.
43 Mann, Deutschland, die Apokalypse und die konservative Revolution, S. 352.
44 Klaus Mann, Wer sind wir? In: Mann, Zweimal Deutschland. Aufsätze, Reden, Kritiken 1938–1942, hg. von Uwe Naumann u. Michael Töteberg, Reinbek 1994, S. 339–347, hier S. 347.
45 Mann, Wer sind wir?, S. 347.
46 Klaus Mann, Der Staat des Menschen. In: Mann, Zweimal Deutschland. Aufsätze, Reden, Kritiken 1938–1942, hg. von Uwe Naumann u. Michael Töteberg, Reinbek 1994, S. 246–254, hier S. 249.
47 Friedrich Schiller, Über die ästhetische Erziehung des Menschen in einer Reihe von Briefen. In: Schiller, Sämtliche Werke in 5 Bänden, Bd. 5, hg. von Peter-André Alt, Albert Meier u. Wolfgang Riedel, München 2004, S. 570–669.

vermittelt wird. Zwischen Schillers und Manns Schreiben gibt es eine Reihe von Parallelen. Sie schreiben in einer Zeit der Krise, in der sie eine fundamentale Bedrohung zivilisatorischer Errungenschaften erblicken. Für Klaus Mann ist es die „totalitäre Barbarei"[48] des Faschismus, für Friedrich Schiller die ungute Entwicklung der Französischen Revolution, die sich ihm spätestens mit dem *terreur* ab Juni 1794 als „Rückfall in die Barbarei" darstellte, „in dem das Projekt Aufklärung zusammenbrach"[49].

Schiller und Mann sehen angesichts der Bedrohung des aufgeklärten, zivilisierten Denkens die dringende Notwendigkeit einer Humanisierung des Menschen. Beide wenden sich für die Umsetzung dieses Projekts nicht der politischen Intervention zu, sondern nehmen den scheinbaren Umweg über eine anthropologisch fundierte Kunst. So schreibt Schiller, man müsse „um jenes politische Problem in der Erfahrung zu lösen, durch das ästhetische den Weg nehmen [...], weil es die Schönheit ist, durch welche man zu der Freiheit wandert"[50]. Schiller und Mann stimmen darin überein, dass eine ästhetische Erziehung der oder des Einzelnen den „inhumanen Zustand der Gesellschaft auf kontinuierliche und humane Weise verändern und in sein Gegenteil verkehren"[51] soll. Auch der Gedanke, dass der Kunst – neben ihrer äquilibrierenden Wirkung auf einander widerstreitende Triebe – eine herausragende Bedeutung für die Veranschaulichung einer neuen Ordnung zukommt, geht auf Schiller zurück. Die Gesellschaft bedarf seiner Ansicht nach für ihren Übergang zu jenem (unsinnlichen) Ideal eines „dritten Charakter[s]", der „zu einem sinnlichen Pfand der unsichtbaren Sittlichkeit diente"[52]. Die Aufwertung der ästhetischen Fiktion hat ihr Pendant in der von Klaus Mann ausgemachten Bedeutung der geistigen Zunft, die aufgefordert ist, das Ideal einer neuen Weltordnung zu veranschaulichen. Strukturell entspricht dieser „dritte Charakter" dem Engel, der sinnlich für eine neue Ordnung einsteht, die noch nicht verwirklicht ist.

In dieser Rolle prägt er den *Vulkan* entscheidend, der sich als expliziter „Emigrantenroman" auf der Schnittstelle zwischen dem gegenwärtigen Exil und einer noch nicht verwirklichten neuen Ordnung befindet. Mit seinen Qualitäten als Medium der Darstellung des Undarstellbaren und doppelzeitliche,

---

48 Mann, Decision, S. 235.
49 Wolfgang Riedel, Kommentar [Ästhetische Abhandlungen]. In: Schiller, Sämtliche Werke in fünf Bänden, Bd 5, hg. von Peter-André Alt, Albert Meier u. Wolfgang Riedel, München 2004, S. 1151–1341, hier S. 1221.
50 Schiller, Über die ästhetische Erziehung des Menschen, S. 573.
51 Yvonne Ehrenspeck, Die Idee der Humanisierung des Menschen im Medium ästhetischer Bildung bei Friedrich Schiller und Johann Friedrich Herbart. In: Bildung: Angebot oder Zumutung, hg. von Yvonne Ehrenspeck, Gerhard de Haan u. Felicitas Thiel, Wiesbaden 2008, S. 75–93, hier S. 75.
52 Schiller, Über die ästhetische Erziehung, S. 576.

nämlich exilisch-elysische Figur birgt der Engel eine spezifische Potenz für die Veranschaulichung transzendenter Erfahrungen im Exil und kann zugleich eine zukünftige Fülle jenseits der geschichtlichen Zeit sichtbar machen.

5.2 Im Exil und darüber hinaus: Engel in *Der Vulkan* (1939)

Seine „grosse Komposition aus Emigranten-Schicksalen"[53] schrieb Klaus Mann zwischen Herbst 1937 und Frühling 1939, wobei sich die erzählte Zeit der Erzählzeit immer weiter annähert. Vom 15. April 1933 bis zum 1. Januar 1939 skizziert der *Vulkan* die eskalierende weltpolitische Lage. Die Anzahl der Flüchtlinge wächst, während die Aufnahmebereitschaft anderer Länder sinkt:

> Ein Strom von Flüchtlingen ergießt sich aus dem gemarterten Land [Österreich, L.Z.]: wohin mit ihnen? Wer nimmt sie auf? ... Manche Züge, voll mit Menschen, die sich schon in Sicherheit wähnten, mußten an den Grenzen wieder umkehren: das Nachbarland wollte die Unseligen nicht. Sie bringen Unglück, und sie fressen uns arm – dies war das Empfinden der guten Nachbarn. „Weg mit euch!" riefen sie und verscheuchten die Emigranten wie böse Geister. „Sucht euch ein anderes Asyl! Nicht bei uns! Ihr verpestet die Luft, die ihr atmet!" – Wie viel Tränen flossen da, an der Grenzstation! Wie viel Schreie – Männer-, Frauen- und Kinder-Schreie, ein Konzert von schrillen Dissonanzen, eine Symphonie der Qual! Manche warfen sich vor den Zug: lieber sich von seinen Rädern zermalmen lassen, als zurückkehren in die Heimat, die Hölle. (V 503)

Wucht, Unkontrollierbarkeit und physisches Vernichtungspotential, die von dem NS-Regime ausgehen, versinnbildlicht der titelgebende Vulkan. Wer „im Zeichen des Vulkans" lebt, schreibt Klaus Mann im *Wendepunkt*, hat stets „die Unabwendbarkeit, die Unentrinnbarkeit der Explosion"[54] im Nacken. Vor dieser Bedrohungskulisse entfaltet der *Vulkan* einen polyperspektivischen Ausblick auf die Schicksale von Exilantinnen und Exilanten verschiedenster Couleur, deren Wege auf vielfache Weise miteinander verflochten sind.

Zu den Protagonistinnen und Protagonisten zählen Mutter Schwalbe, die in Berlin ein kleines Restaurant betrieb, in dem „über Marxismus, atonale Musik und Psychoanalyse" (V 17) diskutiert wurde, die Schauspielerin Marion von Kammer, „ebenso ungeschickt wie enthusiastisch" (V 22), der begabte, aber etwas selbstgefällige Schriftsteller Martin Korella und sein empfindsamer Bewunderer, der Philosoph David Deutsch. Sie finden sich im April 1933 in Paris zusammen und bilden

---

53 Klaus Mann, Tagebucheintrag, 20. August 1936. In: Mann, Tagebücher 1936–1937, hg. von Joachim Heimannsberg, Peter Laemmle u. Wilfried F. Schoeller, Reinbek 1995, S. 69–70, hier S. 69.
54 Mann, Der Wendepunkt, S. 509.

gemeinsam mit dem Maler Professor Samuel, dem Lebenskünstler Bobby Sedelmayer und dem Mäzen und „"rote[n] Millionär'" (V 37) Siegfried Bernheim eine Exilgemeinschaft. Zu ihnen gesellen sich Marcel Poiret, Teil eines Künstlerkollektivs, das „einen konsequenten, aggressiven Marxismus mit einem extremen Romantizismus zu vereinigen sucht[e]" (V 23/24), und Kikjou, der laut Marion „"zu diesen Jungens [gehört], wie man sie in Paris manchmal trifft, die alle Sprachen können und gar keine'" (V 29). Neben der intellektuellen Bohème mit ihren „Piqueuren, Sodomiter[n] und Engelseher[n]"[55] werden auch die Schicksale der Genossen Theo Hummler und Dr. Mathes ebenso wie die der Arbeiter Ernst und Hans Schütte beleuchtet. Im Gegensatz zu der dezidierten Aversion von Bohème und linken Aktivistinnen und Aktivisten gegenüber dem Nationalsozialismus ist Professor Benjamin Abel laut Charakterisierung seines ehemaligen Studenten David „"der unpolitische, antirevolutionäre Deutsche par excellence'" (V 106). Er wird durch seine jüdische Herkunft zur Emigration gezwungen, während die adelige Marie-Luise von Kammer Deutschland verlässt, weil sie die Nazis für „"gemeine Plebejer'" (V 73) hält.

Marion von Kammer, Martin Korella, Marcel Poiret, David Deutsch und Kikjou, die im Fokus des Romangeschehens stehen, zeichnet eine Unruhe aus, die durch ihre Emigration verstärkt, aber nicht ursächlich hervorgerufen wurde. So wird der leidvolle Umstand des Heimatverlusts immer wieder überblendet mit Bildern und Artikulationen eines übergeordneten Gefühls von Verwaisung, Entfremdung und Orientierungslosigkeit, einer kollektiven Exilierung, die aus dem „sozialen und geistigen Vakuum"[56] der Zwischenkriegszeit herrührt. Die Fluchtbewegungen der Figuren zielen daher nicht nur realgeographisch weg von dem „kranke[n] Kontinent" (V 505) Europa, sondern sind geopoetisch aufgeladen und von der Sehnsucht nach einem transzendent überhöhten Ursprungszustand getragen, der Ruhe, Unverdorbenheit und Frieden verspricht. Die Neigung zur Regression in künstliche Paradiesattrappen birgt jedoch in der Abkehr von zivilisatorischen Errungenschaften die Gefahr des apokalyptischen Umschlags:

> Die Zivilisation – im Stich gelassen, aufgegeben von ihren klügsten, aufmerksamsten Söhnen – scheint nach dem eigenen Untergang zu lechzen. Lange genug hat sie sich üppig entfaltet, jetzt aber will sie heim, zurück, in den Urwald –: mit ihren eigenen Mitteln, mit dem Raffinement ihrer triumphierenden Technik hebt sie sich selber auf. Noch einmal entfaltet sie sich aufs eindrucksvollste, ihre Apokalypse ist pittoresk – großes Schauspiel, glänzend inszeniert –: in schaurig-imposanten Bildern führt sie sich zu Ende. ‚Der totale Krieg': blutrünstige Intellektuelle, späte Erben des abendländischen Geistes –

---

55 Thomas Mann, Brief an Klaus Mann, 22. Juli 1939. In: K. Mann, Briefe und Antworten 1922–1949, hg. von Martin Gregor-Dellin, Reinbek 1991, S. 388–391, hier S. 389.
56 Mann, Der Wendepunkt, S. 591.

hysterisch entartet, völlig ruchlos geworden – haben ihn eifrig genug propagiert, seine stählern vernichtende Schönheit in schrillen Tönen besungen. (V 484)

Der Hang zur „katastrophischen Rückbildung"[57] erscheint als Ausdruck eines lagerübergreifenden Zeitgeists. Entsprechend betrifft er im *Vulkan* nicht nur die Trägerinnen und Träger des Nationalsozialismus, sondern ebenso die unterordnungswilligen Exilantinnen und Exilanten mit ihrer Sehnsucht nach ganzheitlichen Ordnungsentwürfen.[58] Gerade die Intellektuellen, die „klügsten, aufmerksamsten Söhne", sind davor nicht gefeit. Die Tendenz, aus einer ihrer selbst überdrüssigen Zivilisiert- und Individuiertheit in den apokalyptischen Rausch der Barbarei zu regredieren, zeigt sich daher nicht nur im Extrem der nationalsozialistischen Todeshetzen. Sie wird auch in dem *sacrificium intellectus* von Figuren wie dem Schriftsteller Marcel Poiret deutlich, der fordert: „Wir müssen eine neue Unschuld lernen. Zu der kommen wir nicht durch Worte; nur durch die Tat. Die großen Worte hängen an uns wie Schmutz, machen unsere Stirnen klebrig und unsre Hände. Nur eine Flüssigkeit wäscht dies ab: Blut. [...] Wir sollen töten und leiden; nicht mehr reden und schreiben." (V 257)

Im Zuge seines Strebens nach Gewalt, Künstlichkeit und Unschuld, den „drei großen Stimulantia der Erschöpften"[59], wie Nietzsche weiß, opfert Marcel sich auf dem Schlachtfeld des Spanischen Bürgerkriegs. Erst in seinem Tod, der Wort und Tat zusammenführt, wird die ersehnte Vereinigung mit der Masse möglich (vgl. V 377). Zu den fatalen Folgen, die die Versuche nach sich ziehen, den gesellschaftlichen und biographischen Brüchen durch die Flucht in vermeintlich unberührte Oasen zu entgehen, tritt die Bedrohung, die in dem prekären juridischen Status der Exilantinnen und Exilanten liegt. Denn die sich ausdehnenden Räume unsicheren Rechts, in der sich die Staatenlosen in einer „Zone der Ununterschiedenheit und des Übergangs zwischen Tier und Mensch,

---

57 Theodor W. Adorno, Minima Moralia. Reflexionen aus dem beschädigten Leben. Gesammelte Schriften, Bd. 4, Frankfurt am Main 1980, S. 270.
58 Vgl. Arwed Schmidt, Exilwelten der 30er Jahre. Untersuchungen zu Klaus Manns Emigrationsromanen ‚Flucht in den Norden' und ‚Der Vulkan. Roman unter Emigranten', Würzburg 2003, S. 30. Zu dieser Gefahr im Exil vgl. Doerte Bischoff: „Diese Konstellation [in Werfels *Jacobowsky und der Oberst*, L.Z.] demonstriert noch einmal in aller Deutlichkeit, dass ein Exilbegriff, der auf eine verloren gegangene Präsenz bezogen bleibt, an dem Diskursmuster ausschließender Identifizierung und mythischer Selbstbegründung partizipiert, das auch die nationalsozialistische Heimatideologie charakterisiert" (Doerte Bischoff, Exil und Interkulturalität – Positionen und Lektüren. In: Handbuch der deutschsprachigen Exilliteratur. Von Heinrich Heine bis Herta Müller, hg. von Gerhild Rochus u. Bettina Bannasch, Berlin 2013, S. 97–119, hier S. 114).
59 Friedrich Nietzsche, Der Fall Wagner. In: Nietzsche, Werke in drei Bänden, Bd. 2, hg. von Karl Schlechta, München 1954, S. 901–939, hier S. 913.

zwischen Natur und Kultur"[60] befinden, beinhalten konkretes physisches Vernichtungspotential. Das Menschliche, dessen beobachtete Auflösung in den vorigen Kapiteln immer wieder Thema war, steht im Faschismus auf existentielle Weise auf dem Spiel.

In dieser Situation tritt der Engel im *Vulkan* als Figur des Exils in Erscheinung, die den von Tod und Würdelosigkeit bedrohten Menschen aufwertet und sakralisiert. So wird der Engel als Widerpart des Tiers mobilisiert, um die rhetorischen Praktiken der Animalisierung, die die nationalsozialistische Ausbürgerungspolitik flankierten und stützten,[61] zu parieren und in ihr Gegenteil zu verkehren. Über das engelsgleiche Leben wird das Nichtmenschliche positiv besetzt und die biologistische Metaphorik überschritten.[62] Neben der angelomorphen Zeichnung der Protagonistinnen und Protagonisten ist der gesamte Roman über das mit dem *bios angelikos* verbundene Prinzip des Umschlags von physischem Mangel in geistigen Reichtum organisiert. Auf diese Weise wird der strukturelle Mangel des Exils, den die Romanfiguren in Form des Verlusts von Heimat und Staatsangehörigkeit sowie der Knappheit von Nahrung und Geld erleiden müssen, durch seine spezifische Darstellung in ästhetisch-überirdische Fülle transformiert. Zudem wird über diesen ins Numinose erweiterten Handlungsrahmen eine neue, von Gott sanktionierte Ordnung des Menschlichen entworfen. So wird der verheerende Realitätsbefund von wachsendem Elend und einem drohenden Krieg durch unmittelbare Einbrüche des Transzendenten überschritten, die einen olympischen Blickpunkt und heilsgeschichtliche Fülle gegen Chaos, Zersplitterung und Orientierungslosigkeit der Weltzeit geltend machen.

---

60 Giorgio Agamben, Homo sacer. Die Souveränität der Macht und das nackte Leben, Frankfurt am Main 2002, S. 119.
61 Vgl. Carla Swiderski, Über das „Quallenschwein". Mensch/Tier-Konstellationen in Oskar Maria Grafs Exilroman *Die Flucht ins Mittelmäßige*. In: Exil Lektüren. Studien zu Literatur und Theorie, hg. von Doerte Bischoff, Miriam N. Reinhard u. Claudia Röser, Berlin 2014, S. 92–99, hier S. 92–93. Zu der Tiermetaphorik bei Joseph Goebbels vgl. Claus-Ekkehard Bärsch, Der junge Goebbels. Erlösung und Vernichtung, München 2004, S. 36–37. Antje Kapust spricht von der „außerordentliche[n] Rolle als stabilisierende und stimulierende Funktion der Dehumanisierung", die „die Stereotypisierung des Feindes in der Tiermetaphorik" in der Moderne einnehme (Antje Kapust, Der Krieg und der Ausfall der Sprache, München 2004, S. 330–331). Dabei wurde die „Tierwelt [...] von der nationalsozialistischen *doxa* in die unsichtbaren Bereiche der Parasitologie und Bakteriologie ausgedehnt, in einer Validierung aller Fantasmen von Beschmutzung und Schädigung der ‚Reinrassigkeit'" (Régine-Mihal Friedman, Jüdische Charaktere/Nazi-Schauspieler. Zwischen Mimikry und Mimesis. In: Körper im Nationalsozialismus. Bilder und Praxen, hg. von Paula Diehl, München 2006, S. 91–105, hier S. 92).
62 Zum *bios angelikos* vgl. Kapitel 2.1 dieser Studie.

5.2.1 Von Exilzuständen und der Flucht in künstliche Paradiese

Den Hebel für diese Umschlagsbewegung bildet der Gedanke, dass das Exil eine Prüfung für den Menschen bedeutet. Im *Vulkan* gibt es drei Reaktionen auf diese Prüfung: Einige der Betroffenen „vereinsamten, wurden asozial, weil sie an nichts denken, über nichts reden konnten, was nicht das eigene Elend betraf" (V 472). Andere flüchten sich in künstliche Paradiese, die letztlich in den Tod führen. Die Feuertaufe des Exils bestehen nur jene, die entschlossener, empfindsamer und damit menschlicher werden: „Das Exil – die harte Schule, durch die sie gingen – hatte sie zu Menschen geformt." (V 473)[63] Dieses Menschsein allerdings ist fundamental bedroht – nicht nur durch den erlahmenden Willen, der in der „harten Schule" des Exils so schnell gebrochen wird. In dem fortwährenden Ausnahmezustand der Suspension des Rechts, der sich in Form des Lagers materialisiert, ist der Flüchtling nach Agamben auf den nackten Leib reduziertes Freiwild, ein *homo sacer*, der durch die „*Straflosigkeit seiner Tötung und d[as] Verbot der Opferung*"[64] charakterisiert ist. Ein Mensch kann als solcher nur dann bestehen, wenn er die entsprechenden Papiere hat. Im *Wendepunkt* resümiert Klaus Mann: „Ohne Paß kann der Mensch nicht leben. Das scheinbar unbedeutende Dokument ist in Wahrheit beinah ebenso kostbar wie der Schatten,

---

[63] Der Gedanke des Exils als einer „harten Schule" findet sich wiederholt bei Klaus Mann, etwa in seinem „Appell an die Freunde": „Versucht die Emigration als das zu verstehen, was sie für den geistigen Menschen vor allem ist: als ein geistiges Schicksal; als eine geistige Aufgabe; als eine harte Schule, aus der jeder, der sie besteht, härter, erfahrener, vielleicht besser hervorgehen wird, als er vorher gewesen ist. Diese harte Schule, diese große Vereinsamung haben wir uns selber auferlegt – nicht aus Leichtsinn, auch nicht aus dünkelhaftem Trotz, sondern um unsere Menschenwürde zu wahren und weil unsere Liebe zu Deutschland die Erniedrigung Deutschlands nicht erträgt; weil unsere Liebe zu Europa uns empfindlich macht für die Gefahr, die ein solches Deutschland für den Frieden der Völker bedeutet" (Klaus Mann, Appell an die Freunde. In: Mann, Zahnärzte und Künstler. Aufsätze, Reden, Kritiken 1933–1936, hg. von Uwe Naumann u. Michael Töteberg, Reinbek 1993, S. 322–327, hier S. 326). Eine ähnliche Einteilung findet sich in der Typologie des Exils, die Lion Feuchtwanger in seinem Roman *Exil* (1940) entwirft, wobei hier eine pessimistischere Einschätzung vorherrscht: „Den wenigsten bekamen die Leiden, die sie durchzumachen hatten. Denn es ist so, daß Leiden nur den Starken stärker, den Schwachen aber schwächer macht. Das alte Deutsch kennt für den Vertriebenen, für den Exilanten, zwei Worte: das Wort ‚Recke', das nichts anderes bedeutet als eben Vertriebener, Geächteter, und das Wort ‚Elend', das wiederum den Mann ohne Land, den aus dem Land Gestoßenen bedeutet. So bezeichnet die Weisheit der deutschen Sprache die beiden Pole, die das Wesen des Emigranten begrenzen. Unter den deutschen Emigranten wurden die meisten Elende und nicht sehr viele Recken [...]." (Lion Feuchtwanger, Exil, Berlin 2004, S. 135).
[64] Agamben, Homo sacer, S. 83.

dessen Wert der arme Peter Schlemihl erst so recht begriff, als er sich seiner leichtfertigerweise entäußert hatte."[65]

Die existentielle Schutzlosigkeit, die dieser Verlust bedeutet, zeigt sich im *Vulkan* in der Szene der Verhaftung des passlosen Kommunisten Ernst Schütte durch einen Vertreter der Fremdenpolizei, dem „Inferno der Heimatlosen"[66]:

> Vor ihm stand ein Herr in dunklem Überzieher, mit steifem schwarzen Hut, einem hohen, blendend weißen Kragen und schwarzen, blankgewichsten Stiefeln, die unter hellen Beinkleidern sichtbar wurden. [...] Der Herr musterte, mit einem kalten feindlichen Blick durch den Zwicker, den nackten jungen Menschen, der ihm gegenüber stand. Die korrekte Figur des Herrn drückte von den Stiefelspitzen bis zum Scheitel Mißbilligung aus. [...] Der Herr betrachtete, ausführlich und unbarmherzig, diese frierende Nacktheit. Er schien die Rippen zählen zu wollen, die sich abzeichneten unter der gespannten Haut. Er mißbilligte das zerzauste Haar und das verstörte Gesicht des jungen Menschen; er nahm Anstoß an den gar zu sichtbaren Rippen, dem totalen Mangel an Bauch –: Menschen, die in einer anständigen Beziehung zur bürgerlichen Weltordnung leben, müssen einen etwas gepolsterten Bauch zeigen –, und er empfand Ekel sowohl als Entrüstung angesichts der provokanten Entblößung des Geschlechts. (V 209)

Dem Herrn steht der Mensch gegenüber, den Insignien bürgerlicher Ordnung und Saturiertheit der nackte, frierende Exilant, der der Willkür ordnungspolitischer Instanzen ausgeliefert ist. Der Verweis auf die „bürgerliche Weltordnung" zu der der magere Mensch in einem zwielichtigen Verhältnis steht, ruft die ordnungsdestabilisierende Komponente des asketischen Lebens auf. Die bürgerliche Weltordnung ist die nationalstaatliche Ordnung, und der bloße Mensch fällt durch ihr Raster. Obwohl die existentielle Not der Grund für die sichtbaren Rippen ist, liegt in dieser Szene mehr – die Nacktheit, ikonographisch seit der Antike mit Tugendhaftigkeit verbunden und ein zentrales Attribut des gekreuzigten Leib Christi,[67] steht hier für die Kategorie universaler Menschlichkeit gegen die Gewaltförmigkeit nationalstaatlicher Ordnung.

Das fehlende Papier, das die Grundlage dieser Szene bildet, hat im Exil eine ambivalente Stellung. Einerseits tritt der Mensch hinter Dokumente zurück, die

---

65 Mann, Der Wendepunkt, S. 420.
66 Erika Mann u. Klaus Mann, Europa ist eng. In: K. u. E. Mann, Escape to Life. Deutsche Kultur im Exil, München 1991, S. 233–246, hier S. 235.
67 Zur Antike vgl. Cornelia Logemann, Allegorie im Atelier. Körperbilder in der amerikanischen Skulptur nach 1900. In: Körper-Ästhetiken. Allegorische Verkörperungen als ästhetisches Prinzip, hg. von Cornelia Logemann, Miriam Oesterreich u. Julia Rüthemann, Bielefeld 2013, S. 61–90, hier S. 70. Zum gekreuzigten Leib Christi vgl. Gerhard Marcel Martin, Der nackte Leib Christi. In: „Leiblichkeit ist das Ende der Werke Gottes". Körper – Leib – Praktische Theologie, hg. von Michael Klessmann u. Irmhild Liebau, Göttingen 1997, S. 101–111.

über Ausreise- und Aufenthaltsmöglichkeiten entscheiden.[68] „Ein Transit-Visum durch Belgien wird zum großen Problem, ein Affidavit für die Vereinigten Staaten zum erregenden Thema, die Arbeits-Erlaubnis in der Schweiz zur ersehnten Gabe des Himmels" (V 471/472), wie es im *Vulkan* heißt. Andererseits steht das Papier in Form der Repräsentation der Erfahrung für die Exilierte oder den Exilierten ein und ermöglicht ihr oder ihm eine narrative Verarbeitung und identitäre Neumodellierung. So liegt nach Elisabeth Bronfen in der schreibenden Selbstvergewisserung des exilierten Subjekts eine befreiende, ja lebenswichtige Tätigkeit. In ihrem Aufsatz „Exil in der Literatur" (1993) stellt sie die These auf, dass auf die Entwurzelungserfahrung des Exils, aus der eine „Weltlosigkeit"[69] resultiere, mit einem neuen Selbstentwurf reagiert und das zerstörte Leben in einem kohärenten Narrativ zusammengefügt werden müsse. In diesen Repräsentationen des Exilerlebnisses präge die traumatische Entortungserfahrung nicht nur den Inhalt, sondern konstituiere allererst das Repräsentationssystem und damit den Modus der Darstellung.[70] Mit der Verschiebung, die dadurch in der konstruierten Realität gegenüber dem unmittelbaren Erleben und Erleiden des Exils entsteht, greift Elisabeth Bronfen ein Strukturmuster auf, das im Zusammenhang mit dem Engel in Form des sinngenerierenden Bruchs, der seiner Repräsentation eingeschrieben ist, bereits thematisiert wurde. Als Figur zwischen und über den Zeiten macht er das zeitlich wie räumlich Abwesende in der Gegenwart sichtbar. Die strukturelle Affinität zur Literatur des Exils ergibt sich aus jener „paradoxe[n] Verschränkung von Entzug und Vergegenwärtigung"[71], die nach Bernhard Greiner Exilliteratur kennzeichnet und die der Engel in seinem Sichtbarmachen von etwas Abwesendem verspricht.

Darin liegt ein Moment des Unheimlichen. Mit Freud versteht Elisabeth Bronfen es als einer Ambivalenz oder Unsicherheit erwachsendes Gefühl von Deplatzierung und identitärer Destabilisierung und erklärt es zu dem zentralen Charakteristikum der Exilerfahrung und ihrer Narration.[72] Das Fremdwerden der Heimat als das prototypische Unheimliche des Exils beschreibt Klaus Mann im *Wendepunkt*: „Alles, was mit Deutschland zu tun hatte, wurde unheimlich, beängstigend"[73], die alte Heimat ist eine „entfremdete, gräßlich gewordene"[74],

---

68 Vgl. Bronfen, Exil in der Literatur, S. 169.
69 Bronfen, Exil in der Literatur, S. 170.
70 Vgl. Bronfen, Exil in der Literatur, S. 168.
71 Greiner, Re-Präsentation, S. 162.
72 Vgl. Bronfen, Exil in der Literatur, S. 171.
73 Mann, Der Wendepunkt, S. 417.
74 Mann, Der Wendepunkt, S. 419.

Deutschland „die Hölle, das unbetretbare Gebiet, die verfluchte Zone"[75]. Dennoch kehren die Ausgestoßenen im *Vulkan* immer wieder dorthin zurück, gedanklich oder in Träumen, die „halb Alpträume, halb Wunschträume" (V 321) sind. In ihrer Entortung sind auch die Exilierten selbst unheimlich. Zwischen Leben und Tod stehend werden sie zu „böse[n] Geister" (V 503), die niemand aufnehmen will.

Diesen Grenzbereich macht wie bei Benjamin der Engel als nichtmenschliche Figur anschaulich, die zwischen Fassbarem und Unfassbarem, Vertrautem und Fremdem, medialen und personalen Anteilen schwankt. Der Engel der Heimatlosen, der Kikjou erscheint, ist entsprechend eine exemplarische Figuration des Unheimlichen und Ambivalenten, er ist „[d]er Dämon der Entwurzelungs-Neurose, der Schutzpatron der Expatriierten, der Tröster, der Spötter, der Fluch-Spendende, der Segen-Spendende"[76]. Da der Engel mit einem örtlich wie zeitlich liminalen Raum verknüpft ist, wundert es nicht, dass die Engelbilder und -erscheinungen im *Vulkan* gehäuft in heterotopischen Orten wie dem gefängnisartigen Entzugssanatorium oder den klosterähnlichen Zellen Kikjous auftreten. Den sogenannten Heterotopien eignet nach Foucault in ihrer doppelten Eigenschaft von Verbindung und Widerspruch zu den umgebenden Räumen ein kontrafaktisches Moment. Damit wohnt ihnen macht- und kulturdiagnostisches Potential inne.[77] Dies ist insofern für den *Vulkan* bedeutsam, als das Exil in dem Roman nicht bloß als soziale Realität einzelner Figuren erscheint, sondern – wie bei Rilke und Benjamin – gekoppelt ist an eine umfassende Epochendiagnose.

So liegt eine weitere Ambivalenz des Exils im *Vulkan* in der dem abendländischen Exiltopos eingeschriebenen Spannung zwischen der realen Entortungserfahrung, die biographisch-historisch verbürgt ist, und metaphorischen Überformungen, die sich von dem konkreten Erleben lösen und mit dem Exil als Bild für Subjektwerdung, Künstlertum oder Spracherwerb operieren.[78] Der Versuch, Exilliteratur historisch zu verorten, hat es mit drei Ebenen zu tun: dem radikal individuellen Erleben, der prototypischen Entortungserfahrung der Moderne und der Enthistorisierung westlicher Mythopoetik mit der Vertreibung aus dem Paradies als primordialem Narrativ.[79] Die Verquickung dieser drei Momente ist konstitutiv

---

75 Mann, Der Wendepunkt, S. 417.
76 Mann, Der Wendepunkt, S. 527.
77 Vgl. Michel Foucault, Von anderen Räumen. In: Foucault, Dits et Ecrits. Schriften, Bd. 4, hg. von Daniel Defert u. François Ewald, Frankfurt am Main 2005, S. 931–942, hier S. 935.
78 Vgl. Bronfen, Exil in der Literatur, S. 176 sowie Rolf J. Goebel, Großstadterfahrung und das Exil in der Moderne. In: Benjamin und das Exil, hg. v. Bernd Witte, Würzburg 2006, S. 36–43, hier S. 36. Diese Mehrfachkodierung des Exilbegriffs und seine Verknüpfung mit der Künstlerthematik findet sich prominent auch in Klaus Manns Tschaikowsky-Roman *Symphonie Pathétique* (1935).
79 Vgl. Bronfen, Exil in der Literatur, S. 173–174.

für den *Vulkan*. Die metonymische Austauschbarkeit der paradiesischen Signifikanten Heimatstadt, Eltern/Mutter, Kindheit, Krankheit/Tod, unberührte Natur und Drogen verweist auf ein umfassendes Verlustempfinden, das in dem konkreten Exilzustand nicht aufgeht, sondern eben jenen metaphorischen Überhang in sich begreift, der auf reale wie imaginäre Sehnsuchtsorte projiziert wird. Trügerisch sind sie allesamt.

Mit diesen Orten verbindet sich die Utopie adamitischer Ursprünglichkeit, in dessen Imagination sich die Figuren aufgrund der Unerträglichkeit der realen entmenschlichten Räume fliehen. David, dessen „Position der Verinnerlichung [um]schlägt [...] in eine für die Nazizeit bezeichnende hysterische Verherrlichung der einfachen Arbeit"[80], ersehnt die Überwindung seiner intellektuellen Rastlosigkeit „[i]rgendwo, in einer wilden, reinen Landschaft – in einer Luft, die noch nicht vergiftet ist vom Lärm der Propaganda, von den Lügen der Politik'" (V 483). Er träumt „‚von Urwäldern, oder grenzenlosen Prärien, von Steppen oder Gebirgen'" (V 483). Eine realgeographische Paradies-Chimäre stellt die Insel Mallorca dar, dort lebt „‚man wie in Gottes Schoß'" (V 266). Vor idyllischer Kulisse verbringt der Künstler- und Intellektuellenkreis um den Bankier Siegfried Bernheim sorglose Tage in einer Fabelwelt. Allerdings muss auf dieser „‚Insel der Seligen'" (V 258) das Geschehen in der Welt fortwährend verdrängt werden. Gespräche über Politik werden vermieden, Bombenexplosionen als Kindereien abgetan. Doch irgendwann kippt auch dieses Paradies: „Die Hölle ist losgelassen; tausend Teufel präsentieren sich in den kleidsamen Uniformen römischer Faschisten, oder in der korrekten Tracht preußischer Beamter und sächsischer Geheimagenten." (V 276/277)

In allen diesen Formen der Realitätsverweigerung versuchen die Figuren, einer zerfallenden Zivilisation in ein unberührtes Paradies zu entfliehen, das aber als artifizielles Konstrukt keinerlei Tragfähigkeit zu entfalten vermag und dessen Untergrund sich im Fall von Martins Drogenkonsum als tödlicher Treibsand erweist. Die Sehnsucht ist unbestimmt und gerade deshalb so anfällig für falsche Erfüllung. So sinniert Martin unmittelbar vor der als Teufelspakt inszenierten Begegnung mit dem Drogendealer Pépé:

> „Es ist vielleicht gar nicht Kikjou, nach dem ich mich sehne. Ich sehne mich nach Berlin. Ich habe Heimweh nach den Straßen von Berlin, nach ein paar Lokalen und ein paar Menschen, und vielleicht sogar nach den alten Korellas ..." [...] „Nein", beschloß er dann wieder, „in Berlin möchte ich gar nicht sein. Es ist gräßlich dort. Ich bin froh, daß ich diese Stadt nicht mehr sehen muß. Heimweh nach der Stadt habe ich sicher nicht. Es ist die eigene Kindheit, nach der ich Heimweh habe." (V 91/92)

---

80 Schmidt, Exilwelten der 30er Jahre, S. 194.

Eine besonders anziehende Kindheitserinnerung sind für Martin seine Nieren-Koliken, deren Schmerzen er absichtlich übertrieb, einerseits um die mütterliche Fürsorge zu steigern, andererseits wegen der schmerzlindernden und traumfördernden Injektionen, die er von seinem Hausarzt erhielt. An diese nostalgische Reminiszenz schließt sich der erste Drogenkonsum an, der wiederum die erwünschte Kindheitswirkung hat: „„So wohlig war mir nicht mehr zu Mute – seit wann? Seit mir der Onkel Doktor Injektionen gegen Nieren-Kolik verabreichte."" (V 98) Der Verlust der mütterlichen Bindung stellt einen klassischen psychoanalytischen Exiltopos dar. Die Sehnsucht nach ihr erscheint als regressiv-narzisstisches Begehren, ebenso Martins Affinität zu Kikjou, dessen anmutige Kindlichkeit ihn „als Widerschein der eigenen paradiesischen Kindheit"[81] fesselt.

Mit Freuds These, dass „alle organischen Triebe konservativ, historisch erworben und auf Regression, Wiederherstellung von Früherem, gerichtet sind"[82], lassen sich die morphinösen Dämmerungszustände als Regress in einen autoerotischen Urgrund verstehen. Seit der Romantik dient der Drogenkonsum neben einer offenbarungsartigen Bewusstseinsweitung immer auch der Heilung von Verletzungen, die die Zivilisation dem Menschen zufügt.[83] Allerdings kippt im *Vulkan* auch dieser durch „la chose infernale" (V 148) erzeugte paradiesische Zustand der Gegenwartsentrücktheit und des Friedens in sein Gegenteil: „Als Martin erwachte, war es später Nachmittag. Seine erste Empfindung war: Ich bin in der Hölle. Solche Zustände kommen nur in der Hölle vor ..." (V 248) Die eskapistische Dimension dieser trügerischen Sehnsuchtsorte wird von Marion angeprangert: „„Es [der Glaube an den Sieg, L.Z.] ist immer noch besser als der billige Trost in den künstlichen Paradiesen. Das ist etwas für ausgediente Fliegeroffiziere, die Ersatz-Sensationen brauchen, oder für bourgeoise Damen, die in ihrer Ehe unbefriedigt bleiben. Es ist so feige, so langweilig, so kleinbürgerlich!"" (V 255)

Im Entzugssanatorium verstellen nicht nur rauschhafte Zustände, sondern auch die Dichtung, der Schlaf und die Engel die Realität. So wird die Verführung einer morbiden Dichtung explizit mit der Verführung einer die Realität ausblendenden Droge gleichgesetzt: „Nun griff Martin nach ihm [dem Gedichtband, L.Z.], mit der gleichen gierigen und etwas schuldbewußten Geste, mit der er sonst nach der Spritze langte." (V 244) Martin liest die letzten zwei Strophen des Gedichts *Sieh die Sterne, die Fänge* von Gottfried Benn, dessen Urheber,

---

81 Schmidt, Exilwelten der 30er Jahre, S. 179.
82 Sigmund Freud, Jenseits des Lustprinzips. In: Freud, Gesammelte Werke, Bd. 13, hg. von Anna Freud, E. Bibring, W. Hoffer, E. Kris u. O. Isakower, London 1940, S. 3–69, hier S. 39.
83 Vgl. Stephan Porombka, Turn on – tune in – drop out. Auf dem Weg zur säkular-sakralen Ästhetik der Netzkultur. In: Ästhetik – Religion – Säkularisierung II. Die Klassische Moderne, hg. von Silvio Vietta u. Stephan Porombka, München 2009, S. 265–279, hier S. 267.

Martins „verruchter Lieblingsdichter" (V 244), sich mit den Nationalsozialisten gemein gemacht hat. Das Gedicht endet mit einem Appell: „‚[G]ib nun dem Boten die Krone, / Traum und Götter zurück'" (V 245). Im Anschluss tritt „[s]tatt des Boten, der Schmuck und Waffen des Abdankenden hätte an sich nehmen können", die Krankenschwester Rosa ein und bringt Martin drei Schlaftabletten „wie eine Delikatesse" (V 245). Beschrieben wird sie als „ein überanstrengter, aber noch in der Erschöpftheit hilfsbereiter und adretter Engel" (V 244/245). Auch die Schlaftablette verführt in den Tod und wird später von Tilly zum Suizid verwendet.

In Tilly und ihrer Schwester Marion verkörpert sich der Konflikt zwischen Engagement und Gegenwartsflucht, der den gesamten Roman durchzieht. In den spiegelbildlich aufgebauten Passagen, in denen Tilly und Marion beide ungewollt schwanger sind und den Tod herbeisehnen, erinnern sie sich der früheren Sonntagsbesuche auf dem erlesenen Anwesen ihrer Großtante mit dem „reizend[en] und etwas verwunschen[en] Garten" (V 294) als einer Art Garten Eden. Hier wird der Tod nicht nur mit dem Wunsch nach der Rückkehr in die Kindheit verknüpft, sondern er ist bereits in dieser verankert: Während Tilly, die die Veronaltabletten nimmt und stirbt, „ganz versessen darauf [war], den Gang aus der Sphäre des Lichts in die Grabkammer der fleckigen Billardkugeln und süßen Kuchen zu tun" (V 296), kann Marion sich weder des Aussehens noch des Geruchs dieser Kammer erinnern – „‚[v]ersunkener Raum – ich finde den Zugang nicht ...'" (V 455). Sie wendet sich von dem tödlichen Kindheitsparadies ab und der Zukunft mit ihrem eigenen Kind und der Fortsetzung des politischen Kampfs zu.

Das Assoziationsfeld Tod – Engel – Kindheit – Paradies setzt sich fort in Marions Sohn, der als „petit camérade des anges" (V 529) bezeichnet wird. Als der Engel der Heimatlosen erscheint, war „[s]ie [...] es – die junge Mutter –, die schrie; das Kind lächelte schon. Die Nähe des Engels war ihm angenehm; der kleine Marcel war erst vier Wochen alt, und dem Paradiese noch nicht fremd geworden" (V 529). Der Engel als Figur liminaler Sphären besetzt den Ort des Übergangs; sowohl den Eintritt von der paradiesischen in die historische Zeit als auch den Austritt aus dieser als Schwelle von Leben und Tod.

Auch die verführerische Wirkung des Todes wird durch den Engel beziehungsweise die mit ihm assoziierte Schwerelosigkeit illustriert: Tilly sieht im Tod für die Wirtin „so schön und friedlich aus, wie ein Engelchen'" (V 298), und die Zurückgebliebenen beklagen sich gegenüber der nun gewichtslosen Tilly: „[W]ir aber sind dick und schwer und voll Flüssigkeit, gar nicht vornehm.'" (V 301) Die Schwestern verdeutlichen so den schmalen Grat des engelsgleichen Lebens. Während Tilly ihn ganz überschreitet und stirbt, hält Marion, die immer dünner, aber nicht vollkommen körperlos wird, die prekäre Balance als prophetisch inspirierte, künstlerisch tätige Mittlerfigur.

Auch der Tod Martins, der geschwächt von seinem exzessiven Drogenkonsum an einer Lungenentzündung stirbt, erscheint in der Figurenwahrnehmung über den Engel verklärt: „,Er [Martin, L.Z.] hat dem Dunklen Engel Stirn und Lippen zum Kuß geboten. Der Dunkle Engel zog ihn innig an sich'" (V 310), behauptet Kikjou, der David selbst „,[w]ie ein Todesengel'" (V 310) erscheint. Tatsächlich erklärt der später auftretende Engel der Heimatlosen, er sei bei Martin gewesen, „,als er den Tod empfing wie eine Krone'" (V 518). Als erotische Schnittstelle von Tod und poetischer Initiation – Kikjou will dank des Engelskusses eine Chronik des Exils verfassen – steht der Kuss exemplarisch für die Ambivalenz der Engelsfigur. Diese kommt in der Erstarrung des Exilzustands zum Ausdruck und findet eine direkte Personifizierung in dem dämonischen NS-Spitzel Walter Konradi, mit dem der Topos der satanischen Engelstäuschung aufgegriffen wird.[84] Zunächst erscheint er Friederike Markus als strahlender Engel Gabriel:

> Friederike, die ihren Blick sehnsüchtig ausschickte, erkannte Gabriel; in höchst anmutiger Pose stand er gegen die Theke gelehnt. Er trug einen grauen Sportanzug mit weiten Pumphosen; von den Schultern wuchsen ihm silbrig-blaue Flügel, starr und leuchtend, wie angefertigt aus einem biegsamen, starren und spröden Metall. Unter einer schicken englischen Schirmmütze, die er tief in die Stirn gezogen trug, glänzten die Augen des huldreichen Engels derartig stark, daß Frau Viola sich zugleich entsetzt und beseligt fühlte. (V 219)

Als sie schließlich die Täuschung von Konradi erkennt, der sie für seine politische Agenda benutzt hat, erscheint sie selbst bereits durch das Böse infiziert:

> „Herr Erzengel Gabriel – sehr erfreut, Ihre Bekanntschaft zu machen! Jetzt erkenne ich Sie erst, mein Herr Erzengel: Sie sind ja der Teufel. Mes respects, Monsieur le Diable! Sehr geschmeichelt, Exzellenz Gottseibeiuns!" – Dazu Verneigungen und stolze Schritte. ,Sie ist endgültig wahnsinnig geworden.' David beobachtete an die Wand gepreßt, das makabre Schauspiel. ,Was soll ich tun? [...] Wie sie selber satanisch wird, da sie sich vor dem Satan verneigt! Ich habe Angst. Das Böse ist stark – stärker als wir es ahnten; furchtbar stark in unserer erschütterten Zeit ... Wie komme ich von hier weg? Wenn sie nur aufhören wollte, zu grinsen! ... Oh – sie hat den Teufel im Leib.' (V 345–346)

---

[84] Zum Topos der satanischen Engelstäuschung vgl. „[...] denn er selbst, der Satan, verstellt sich als Engel des Lichts" (2. Kor 11,14). Auch die Erstarrung des Exils wird durch den Engel illustriert. In popkultureller Verflachung seiner furchterregenden Komponenten und jeglicher dynamischer Potenz beraubt, ziert er sinnbildlich als Nippes das Interieur der im Exil stagnierenden Familie Rubinstein (vgl. V 48–49).

Neben den verführerischen Irrwegen zu tödlichen Paradiesattrappen, die der syntaktischen Struktur der regressiven beziehungsweise inversen Apokalypse folgen,[85] ist der Engel aber auch der zentrale Exponent des universalen Kampfs gegen das Böse, der explizit in einen heilsgeschichtlichen Zusammenhang gestellt wird. Einerseits machen Engel im *Vulkan* das Exil anschaulich – ohne angestammten Ort können sie in ihrer Unverortetheit im transitorischen Zwischenraum der Exilierten erscheinen. Andererseits illustrieren sie in dieser Ortlosigkeit die Utopie als Nicht-Ort, als Verweis auf eine andere Welt und einen anderen Menschen.[86] Die Engel vollziehen so im *Vulkan* jene Entwicklung von einem exilfixierten Standpunkt hin zu einem transnationalen Zukunftsprojekt, die Klaus Mann selbst während seines Exils durchläuft.

5.2.2 Angelisierung der Exilierten

Die Politisierung des bloßen Lebens und der vernichtungsideologische Ausschluss aus dem Bereich des Menschlichen bedeuteten zunächst eine animalisierende Abwertung der Staatenlosen, deren Stigma im *Vulkan* mit dem anderen kontrastiven Term zur anthropologischen Bestimmung in eine Aufwertung verwandelt wird: dem Engel. So verkehrt sich die Situation einer umfassenden Mangelerfahrung der Exilantinnen und Exilanten – Verlust der Staatsbürgerschaft, Knappheit von Nahrung und Geld sowie fehlende Einheit, politische Durchschlagskraft und Akzeptanz – in der Art ihrer Darstellung in ästhetisch-überirdische Fülle. Dieser Umschlag funktioniert strukturell nach dem Prinzip des engelsgleichen Lebens.

Dem *bios angelikos* liegt der Gedanke zugrunde, man könne durch asketische Praktiken wie Fasten, Wachen und sexuelle Abstinenz seine irdischen Bedürfnisse überwinden und so zum Engel werden.[87] Da die Seligkeit der Engel eine Verheißung für das Leben nach dem Tod ist, nehmen diejenigen, die schon in ihrem irdischen Leben engelsgleich sind, den Zustand der Auferstehung vorweg. Die Präsenz einer überirdischen Zukunft in der irdischen Gegenwart ist eine an der Figur des Engels ausgerichtete Vorstellung. So knüpft sich

---

85 Vgl. Nagel, Ordnung im Chaos, S. 59–61.
86 Vgl. Cathrin Pichler, :Engel :Engel. In: Engel, :Engel. Legenden der Gegenwart, hg. von Cathrin Pichler, Wien 1997, S. 69–81, hier S. 74. Christina Thurner betont die diesbezügliche Affinität zwischen Exil und Utopie: „Die ‚Utopie' meint also wie ‚Exil' eine Ortlosigkeit, indem sie gleichzeitig auf einen anderen, (noch) nicht existenten Ort verweist, während ‚Exil' wiederum immer von der nicht mehr existierenden ‚Heimat' aus zu denken ist" (Thurner, Der andere Ort des Erzählens, S. 4).
87 Vgl. Kapitel 2.3 dieser Studie.

die Vorbildfunktion von Engel-, Christus- und Prophetenfiguren wesentlich an ihre Tätigkeit als Mittler,[88] die den Umschlag von irdischer Entbehrung in eine geistige, die Raum-Zeit-Koordinaten überschreitende Fülle verkörpern. Auf dieser Gedankenfigur basiert im *Vulkan* zum einen die ästhetische Strategie der Nobilitierung der Heimatlosen über ihre angelisierte Darstellung. Zum anderen bildet dieser Umschlag von Mangel in Fülle, der auch der Syntax der Apokalypse zugrunde liegt,[89] das Prinzip des göttlichen Heilsplans, den der Engel der Heimatlosen Kikjou am Schluss des Romans offenbart.

Der Gedanke des engelsgleichen Lebens richtet sich an dem Ideal der körperlosen angelischen Reinheit aus. Zu ihr gelangt man über Praktiken, die von allen körperlichen Einverleibungen und Ausscheidungen befreien sollen. Dem Gedanken der Reinheit kam auch im Nationalsozialismus eine eminente Bedeutung zu, dort allerdings als biologistisch-prädeterminiertes, letztlich aber religiös bestimmtes Konstrukt einer „Reinheit des Blutes"[90]. Daraus wurde eine „Rasseneinheit" abgeleitet als „kausale[r] Zusammenhang von Körperaussehen, inneren Eigenschaften und ‚rassischen Werten'"[91]. Auch hier fungiert der Körper als Ausgangspunkt eines wesentlich über religiöse Anleihen bewerkstelligten Transzendenzvollzugs:

> Sowohl bei Chamberlain als auch im Nationalsozialismus ist der physisch-biologische Körper der Ort, in dem Transzendenz stattfindet, denn es ist im Körper, dass sich die „arische Rasse" verwirklichen kann. Für Rosenberg ist die mystisch-religiöse Dimension von „Rasse" und „Volk" noch ausgeprägter. „Die echte nordische Seele ist auf ihrem Höhenfluge stets ‚zu Gott zu' und stets ‚von Gott her'. Ihre ‚Ruhe in Gott' ist zugleich ‚Ruhe in sich'. Diese Art Umkehrung nach innen war für den NS-Ideologen der Schlüssel der ‚nordischen Mystik' und ermöglichte das Transzendieren der bloßen physischen Existenz."[92]

Das Konstrukt einer ‚reinen Rasse' ist durch jegliche Form verunreinigender Vermischung bedroht.[93] Folglich kam der Kontrolle von Sexualität und Reproduktion im Nationalsozialismus höchste Bedeutung zu.[94] Gegensätze wie innen

---

88 Vgl. Frank, Angelikos Bios, S. 1.
89 Vgl. Nagel, Ordnung im Chaos, S. 55.
90 Paula Diehl, Körperbilder und Körperpraxen im Nationalsozialismus. In: Körper im Nationalsozialismus. Bilder und Praxen, hg. von Paula Diehl, München 2006, S. 9–30, hier S. 28. Vgl. dazu Raul Hilberg, Die Vernichtung der europäischen Juden, Bd. 1, Frankfurt am Main 2016, S. 77 sowie Raphael Gross, Gott und Religion in der Ethik des Nationalsozialismus. In: Nachleben der Religionen. Kulturwissenschaftliche Untersuchungen zur Dialektik der Säkularisierung, hg. von Martin Treml u. Daniel Weidner, München 2007, S. 177–187, hier S. 185.
91 Diehl, Körperbilder und Körperpraxen im Nationalsozialismus, S. 28.
92 Diehl, Körperbilder und Körperpraxen im Nationalsozialismus, S. 21.
93 Vgl. Diehl, Körperbilder und Körperpraxen im Nationalsozialismus, S. 28.
94 Vgl. Diehl, Körperbilder und Körperpraxen im Nationalsozialismus, S. 22 u. S. 29.

und außen, oben und unten, männlich und weiblich, gesund und ungesund, rein und unrein oder heterosexuell und homosexuell stellen in ihrer trennscharfen Markierung das Fundament einer biologistischen Hierarchie dar. Nur auf dieser Basis ließ sich die realitätsferne und ohne ihr Anderes höchst unscharfe Projektion eines „arischen neuen Menschen"[95] entwickeln und aufrechterhalten, für deren Konsolidierung auch die Figur des Engels herangezogen wurde.[96] Dagegen beinhaltet die grenzüberschreitende Tendenz der Engel gerade die Überwindung binärer Terme, wodurch die sich auf diese stützende Ordnung ins Wanken gerät.[97]

In dieser Funktion wird der Engel im *Vulkan* für die Aufwertung des Hybriden und Abweichenden mobilisiert. Die Affirmation von heterogenen Identitäten spiegelt sich formal in der Auflösung von Zeit- und Raumeinheit des Erzählens sowie in der Breite und Transnationalität des Figurenspektrums.[98] Im Gegensatz zu der nationalsozialistischen Norm des Gesunden sowie den restriktiven Geschlechterbildern sind fast alle zentralen Figuren im *Vulkan* überaus mager und androgyn. Sie erscheinen ätherisch und ungesund und opponieren damit nicht nur geistig, sondern auch körperlich der nationalsozialistischen Ideologie ebenso wie bürgerlichen Normen: „‚Sehr verdächtige Gestalt', ist Herrn Korellas Eindruck von dem bleichen Knaben [Kikjou, L.Z.]. ‚Wirkt kolossal ungesund. Ich bezweifle, ob seine Beziehungen zu meinem Martin sich überhaupt noch im Rahmen des Gesetzmäßigen gehalten haben ..."' (V 321)

Viele der Figuren sind bereits zu Beginn des Romans sehr dünn oder magern in seinem Verlauf rapide ab. In diesem körperlichen Schwund drücken

---

95 Diehl, Körperbilder und Körperpraxen im Nationalsozialismus, S. 12. Vgl. auch die Erläuterung von Elke Frietsch: „In der gesellschaftlichen Realität war dieser [der ‚arische', L.Z.] Körper nicht zu finden. [...] Letztlich blieb der ‚arische Körper' eine Imagination und Utopie, die mit ästhetischen und weltanschaulichen Idealen in den Bereich der Kunst verwiesen wurde" (Elke Frietsch, Helden und Engel. Unsterblichkeitsphantasmen in der Kunst des NS-Regimes während der Kriegsjahre. In: Körper im Nationalsozialismus. Bilder und Praxen, hg. von Paula Diehl, München 2006, S. 129–148, hier S. 129).
96 Vgl. zur Semantisierung des Engels im Nationalsozialismus Elke Frietsch: „Unsterblichkeitswünsche wurden nicht – wie etwa in der christlichen Religion – ins Jenseits, sondern ins Diesseits projiziert. Helden und Engel machten so das Unmögliche gewissermaßen möglich. Sie repräsentierten den ‚arischen Körper' als vollkommen, ewig und wahr zu einer Zeit, in der gerade seine Gewaltsamkeit, Konstruiertheit und Unvollkommenheit durch die reale Zerstörung des Krieges immer stärker ins Blickfeld gerieten" (Frietsch, Helden und Engel, S. 148).
97 Vgl. dazu Kapitel 2.1 dieser Studie.
98 Vgl. Tobias Lachmann, ‚Exil' als literarisches Projekt. Nomadische Diskursformen in Klaus Manns ‚Der Vulkan. Roman unter Emigranten'. In: Nomadische Existenzen. Vagabondage und Boheme in Literatur und Kultur des 20. Jahrhunderts, hg. von Walter Fähnders, Essen 2007, S. 75–101, hier S. 86–87.

sich die materiellen Entbehrungen des Exils aus. Allerdings bedeutet dieser Mangel keine Schwächung der Figuren; vielmehr verleiht er ihnen – der Logik der mönchischen Askese folgend – besondere Stärke und Noblesse. Diese ästhetische Überhöhung ist mit dem Engel verknüpft, der immer wieder zur Charakterisierung der Figuren herangezogen wird und sie der nationalsozialistischen Definitionsgewalt entzieht. Die Schönheit Meisjes, die „mit leuchtendem Haar und blanker Stirn [...] einem militanten Erzengel glich" (V 281), wird wiederholt als engelsgleich charakterisiert, und über die Finger von David heißt es, sie seien „wie aus einer gewichtslosen, unirdischen Materie" (V 100) gebildet. Er selbst ist „auffallend bleich und mager" (V 13), seine Lippen „ungesund bläulich" (V 17) gefärbt, und Marion imaginiert ihn als Propheten Jochanah (vgl. V 106). Mit den Engeln teilen Propheten, die ebenfalls als „göttliche Boten"[99] wirken, das Verkünden einer höheren Weisheit und das damit verbundene Oszillieren zwischen medial-passiven und personal-aktiven Anteilen.

An deutlichsten zeigt sich dies an Marion von Kammer. Im Laufe des Romans wird sie zu einer gefeierten Rezitatorin im Kampf gegen den Faschismus und avanciert dabei wie die Engel zu einem Medium höheren Wissens. Auch sie ist sehr mager, mit „großen, jünglingshaft harten und sehnigen Hände[n]" (V 21), und wird schließlich so dünn, dass sie angesichts ihres Spiegelbilds bemerkt: „So mager darf ein Mensch gar nicht sein." (V 256) Auch sie wird mit Prophetinnen – Kassandra und Pythia – verglichen,[100] denen das drohende Unheil in apokalyptischen Visionen des Vulkans erscheint: „Als sie nachts neben ihm [Marcel, L.Z.] lag, sah sie wieder, vor den fassungslos geöffneten Augen, den feuerspeienden Berg, den Vulkan. Rauchmassen, lodernder Brand, und die Felsbrocken, die tödlich treffen. Wehe – was ist uns bestimmt?" (V 281) Ihre purpurn schimmernden Haare ähnlen einer cherubinischen „Löwenmähne"[101], gleich einem Engel fungiert sie als Medium der Verkündung und erscheint

---

99 Wacker, Poetik des Prophetischen, S. 29.
100 Vgl. die rhetorischen Fragen des Erzählers: „Glich sie nicht einer Prophetin, mit dem bewegten Purpur-Schmuck ihres Haares? Solche Züge, solche Blicke hatte Kassandra"; „[a]uch ihr Gesicht war entstellt; Zuckungen um Mund und Augenbrauen ließen es fremd und beinah häßlich werden. War dies die Schmerzens-Raserei der Seherin?" (V 507). Zur Konjunktur der Kassandra-Figur als Sinnbild in der Exilliteratur vgl. Theodore Ziolkowski, Mythologisierte Gegenwart. Deutsches Erleben seit 1933 in antikem Gewand, Paderborn; München 2008, S. 13–18.
101 Vgl. Kikjous Überlegungen anlässlich der ersten Engelsbegegnung: „Sein Haar ist fast eine Mähne –; ‚eine Löwenmähne', stellt Kikjou fest –, sehr locker und üppig, wohl auch widerspenstig. [...] Kikjou konstatiert eine gewisse Ähnlichkeit mit Marions Haar – das freilich nur eine dezente Purpur-Nuance zeigt, während das Gelock des Engels schamlos flammt: blutrotes Feuer über der harten Stirn" (V 350–351).

dabei selbst als eine Art *mysterium tremendum et fascinans*: „Das überanstrengte Leuchten ihres Blickes war sowohl beängstigend als bezaubernd. Durch den gereckten Körper schienen Schauer zu laufen wie elektrische Schläge." (V 186) Armin Strohmeyr geht so weit zu sagen, „daß Marion selbst die Verkörperung eines Engels ist"[102]. In jedem Fall evoziert sie jene Durchlässigkeit der Grenze zwischen Mensch und Engel, die dem *bios angelikos* zugrunde liegt.

Eine besondere Affinität zu Engeln hat auch die Figur, der zweimal ein Engel erscheint und die einen „Vogelname[n]" (V 30)[103] trägt: Kikjou. Dieser „problematisch[e] klein[e] Vagabun[d]" und „grüblerisch[e] Aventurier" (V 317) ist „anstößig hübsch für einen jungen Mann" (V 28), von schillernd-ambiguem Charakter und mit „vielfarbig schimmernden Augen" (V 57). Kikjou spricht viel über Gott und trägt ein Kruzifix, seine Frömmigkeit hat aber eine Nähe zur Heuchelei und Martin wirft ihm vor, dass sie „‚nur eine besonders unappetitliche Form [s]einer maßlosen Geilheit'" (V 220) sei. Wie die Entstehung der Engel ist Kikjous Herkunft undurchsichtig-hybrid,[104] seine Verwandten leben in Rio de Janeiro, in Lausanne und Belgien. Er trägt die Züge des exotischen Fremden, der sich einer letztgültigen Einordnung entzieht und weniger menschlich als tierisch-engelhaft erscheint. Von dem Erzähler als „hündisch-sündiges Gewächs" (V 348), von Gott als „schmiegsamer Gefährte Meiner Cherubim" (V 539) apostrophiert, vereinigt er beide komplementären Abgrenzungsfiguren des Tiers (als reine Sinnlichkeit) und des Engels (als reine Geistigkeit), wobei sich, wie gezeigt, in der hybriden Figur des Engels die beiden Bereiche tendenziell vermischen.[105] „[G]änzlich ohne Bindung und Vaterland" ist Kikjou – anders als die „deutschen Flüchtlingen" (V 540) – losgelöst vom Dispositiv des Nationalen und kann im Lauf des Romans zum designierten Menschheitsvertreter werden.

Die erste Engelserscheinung des Romans wird vorbereitet durch das Tableau der monastischen Existenz, in die Kikjou, nach Martins Tod von Selbstvorwürfen gepeinigt, sich zurückzieht. Die kärgliche Zelle als traditioneller Ort der geistlichen Imagination,[106] das Fasten und Wachen, das Kauern auf dem Boden, die Einsam-

---

102 Strohmeyr, Traum und Trauma, S. 440. Dafür gibt es durchaus Hinweise im Text, etwa folgende Beschreibung von Davids Reaktion auf Marion: „Ihre Stimme, leuchtend zugleich und dunkel, hatte die Macht, sofort die gespannte Aufmerksamkeit aller im Raum wie durch einen Zaubertrick zu gewinnen. David, schreckhaft von Natur, warf, in jäher Drehung zuckend, den Oberkörper herum. Statt zu antworten, bedeckte er die Augen mit der Hand, als hätte zu starkes Licht ihn geblendet" (V 107).
103 Zu den Parallelen von Engeln und Vögeln vgl. Macho, Himmlisches Geflügel.
104 Zur hybriden Herkunft der Engel vgl. Kapitel 2.2 dieser Studie.
105 Vgl. Kapitel 2.3 dieser Studie.
106 Vgl. Keppler, Gebet als poetogene Struktur, S. 351.

keit und die Bußfertigkeit sind asketische Attribute beziehungsweise Exerzitien, die auf eine Annäherung an das engelsgleiche Leben abzielen. Kikjou wird dabei vom Erzähler instruiert: „Denke an alles, was du falsch gemacht hast – es ist reichlich viel! Nimm dir Zeit! Übereile nichts! Sei umständlich! Sei exakt! Rühre dich nicht, wenngleich dir die Knie schon wehtun!" (V 348) Auch zur Nahrungsenthaltung wird er explizit angehalten: „Nicht essen und trinken jetzt! Es ist die Stunde der Konfession." (V 349) Ein biblisches Vorbild für die Engelserscheinung, der Trauern und Fasten vorausgeht, findet sich im Buch Daniel, das ebenfalls von einem Exil handelt, dem babylonischen Exil. Die letzte dort geschilderte Engelsoffenbarung beginnt folgendermaßen: „Zu der Zeit trauerte ich, Daniel, drei Wochen lang. Ich aß keine leckere Speise; Fleisch und Wein kamen nicht in meinen Mund; und ich salbte mich auch nicht, bis die drei Wochen um waren." (Dan 10,2–3)

Kikjou verbringt die Nacht wachend, betend und gestehend auf dem kalten Steinfußboden. In diesem Zustand der Selbstkasteiung erscheint ihm schließlich ein Engel. Dessen unruhiges und ein metallisches Klirren erzeugendes Flügelschlagen „ist wie ein nervöser Tick; dabei aber sehr großartig" (V 350). Er riecht nach Mandelblüten und feinem Benzin,[107] trägt einen silbernen Overall und weckt Assoziationen nicht nur mit einem nervösen Sportler, sondern auch mit dem technischen Objektbereich: „Seine glanzumflossene Figur läßt, auf geheimnisvolle Weise, an ein starkes, elegantes Fahrzeug denken – an ein schnittiges Automobil oder ein flottes Motorboot" (V 350). Auch er ist sehr schlank und sein Gesicht von „überanstrengter Magerkeit, wie man sie bei Sportsleuten findet" (V 350). Als Kikjou sich zunächst weigert, mit ihm in den Schneesturm zu fliegen, offenbart sich die furchtbare Dimension des Engels:

> Und ehe der zurechtgewiesene Knabe sich von seinem Schrecken erholen kann, hat der Engel sich sehr gräßlich verwandelt. Er flattert, er hebt sich, saust und kracht; er wird zum Bienenschwarm, wird zur eisigen Wolke, zur Flamme; er löst sich auf, sammelt sich wieder; scheint ein Raubvogel, der über Kikjou kreist; ein Flugzeug, surrend, mit starren Flügeln; ein Monstrum ohnegleichen ist der schlanke Jüngling geworden; auf den Knaben stürzt er sich, wie der Habicht auf das zitternde Lamm – wie Zeus, in einen Vogel verwandelt, sich auf Ganymed stürzt, so umklammert das himmlische Ungetüm mit furchtbar bewegten, furchtbar harten Gliedern den Kikjou. Hinaus in den Schnee! Hinaus in die Nacht! –: keine Barmherzigkeit kennt der Engel. Er ist selbst Schneesturm geworden, rasendes Element; seine Umarmung ist teuflisch, ist himmlisch, ist viel zu stark; überwältigend sind die Geräusche, die er hören läßt; Motoren-Lärm, holde Sphärenmusik, Raubvogel-Geheul, Stöhnen der Liebenden, gellendes Hohngelächter, tiefe, klagende Menschenstimme –: alles in Einem, betäubende Melodie. (V 351–352)

---

[107] Zu den intertextuellen Bezügen dieser Attribute hinsichtlich der Engel in Stefan Georges „Der Teppich des Lebens" und Jean Cocteaus „L'ange Heurtebise" vgl. Strohmeyr, Traum und Trauma, S. 291–296.

In dieser teuflisch-himmlischen Umklammerung zeigt sich der Engel als Wesen, das konträre Extreme in unerträglicher Intensität umfasst. Auch diese überwältigende Wirkung des Engels erinnert an das Buch Daniel: „Es blieb aber keine Kraft in mir; jede Farbe wich aus meinem Antlitz und ich hatte keine Kraft mehr. Und ich hörte seine [des Engels, L.Z.] Rede; und während ich sie hörte, sank ich ohnmächtig auf mein Angesicht zur Erde." (Dan 10,8–10) Der Engel erscheint mit der elementaren Wucht der Naturkatastrophe als Verkörperung des Monströsen, von dem Rudolf Otto sagt, es sei „eben das Mysteriöse in Kraßheit"[108], aber auch als Entfesselung menschengemachter Technik, die ihr Vernichtungspotential offenbart. Auf seinem Flug nimmt der Engel Kikjou mit zu einem Schauplatz des Spanischen Bürgerkriegs, wo Marcel im Sterben liegt und von Hans Schütte, der mittlerweile Politkommissar der Internationalen Brigade geworden ist, betrauert wird. Im Anschluss fliegen sie zu Marion, die sich gerade für eine Aufführung vorbereitet. Der Engel teilt ihr und dann auch Madame Poiret mit, dass Marcel tot ist.

5.2.3 Verwandlung des Leids

Für Kikjous Lebensführung hat die Begegnung mit dem Engel einschneidende Folgen. Er, der sich selbst rückblickend als „‚faul und ohne Pflichten'" (V 515) beschreibt, wird zum politisch engagierten Menschen und übernimmt Verantwortung. So konnte man ihn, wie der sozialdemokratische Aktivist Theo Hummler an Marion schreibt, „‚unlängst in einer besonders heiklen Mission ins Reich schicken'" (V 434). Damit hat er jenen Auftrag umgesetzt, der ihm nach dem Flug mit dem Engel von Jesus übermittelt wurde. Als der Engel Kikjou wieder in seiner „mönchischen Zelle" (V 359) abgeworfen hatte, empfängt „[u]nfaßbar milde und unfaßbar streng [...] der Blick des Heilands diesen Sterblichen" (V 359). Jesus erscheint als Inbegriff des menschlichen Leidens, „das Haupt voll Blut und Wunden" (V 358), und er verknüpft sein Leid mit dem der Verstorbenen, Marcel und Tilly:

> „Ich habe gelitten wie diese", sagte der Heiland dem jungen Sterblichen. „Ich kenne die Schmerzen, deren Zeuge du gewesen bist. Auch du sollst leiden. Gehe hin. Nimm es auf dich. Es ist bitter, ein Mensch zu sein. [...] Weißt du aber nicht, wie sich das Bittere verwandelt? Leidend und liebend verwandelt sich der Mensch. Mein Vater im Himmel verzeiht uns, wenn wir geliebt und gelitten haben. Gehe hin, Knabe! Nimm es auf dich! Sei ein Mensch!" (V 359–360)

---

[108] Otto, Das Heilige, S. 98.

Jesus, in dem in der christlichen Religion Menschwerdung und Passionsgeschehen untrennbar verquickt sind, verleiht dem Exil-Programm des *Vulkans*, das Erleiden und Menschwerden in eins setzt, eine passionstheologische Note. Während die Verwandlung des Menschen auf der Handlungsebene als Teil der Erlösung in die Zukunft verlagert wird, vollzieht sie sich im *Vulkan* selbst bereits in der Erzählgegenwart und zwar durch die Art und Weise, wie das Leid des Exils dargestellt wird. So leuchtet im Stillstand der Handlung eine andere Dimension auf, die über den rastlosen Überlebens- und Kampfbemühungen der Exilantinnen und Exilanten steht. Dies geschieht zum einen in Form von markierten Pausen, die in deutlichem Kontrast zu der maximalen Beschleunigung des Erzähltempos stehen.[109] Während die erzählte Zeit stagniert, stellt der Erzähler Reflexionen zum apokalyptischen Brodeln an, wendet sich direkt an die Figuren und unterläuft damit immer wieder den dokumentarischen Charakter:

> „Hüte dich, Marion! Wage dich nicht gar zu sehr in die Nähe des Schlundes! Wenn das Feuer dein schönes Haar erfaßt, bist du verloren! Wenn einer der emporgeschleuderten Felsbrocken deine Stirne streift, bist du hin! Auch könnte es sein, daß du am Qualm elend ersticken mußt. Hütet euch, Marion und Marcel! Furchtbar ist der Vulkan. Das Feuer kennt kein Erbarmen. Ihr verbrennt, wenn ihr nicht sehr schlau und behutsam seid. Warum flieht ihr nicht? Oder wollt ihr verbrennen? Seid ihr versessen darauf, eure armen Leben zu opfern? – Aber ihr habt nur diese! Bewahrt euch! Wenn auch ihr im allgemeinen Brand ersticken solltet –: niemand würde sich darum kümmern, niemand dankte es euch, keine Träne fiele über euren Untergang. Ruhmlos – ruhmlos, Marion und Marcel, würdet ihr hingehen!"[110] (V 165–166)

---

109 Vgl. Lachmann, Politische Schreib(-)Szene Exil, S. 237–238.
110 Mit nur geringfügigen Abweichungen wiederholt sich exakt diese Vision der Gefahr, die eng mit Sexualität verknüpft ist, und zwar als Marcel gestorben ist, Marion bereits in New York lebt und den Fensterputzer Tullio zum Liebhaber hat. Vgl. die Szene mit Marcel: „‚Wovor fürchtest du dich?' – Er [Marcel, L.Z.] beantwortete ihre Frage mit einer Stimme, die plötzlich rauh war und etwas keuchte. ‚Gefahren – Gefahren überall ... Oh, wir sind schon verloren! ... Welche Schuld haben wir auf uns geladen, daß man uns zu solcher Strafe verdammt? ... Ach, Marion – Marion ...' Seine Worte vergingen an ihrem Hals. Vielleicht weinte er. ‚Wir werden schon fertig – mit allem!' raunte sie zuversichtlich. Aber auch ihre Augen hatten den entsetzten Blick, als wäre ein Abgrund jäh vor ihnen aufgesprungen. Aus dem Abgrund stiegen Feuerbrände, auch Qualm kam in dicken Schwaden, und Felsbrocken wurden empor geschleudert. Es war der Krater des Vulkans. Hüte dich, Marion!" (V 165). Und später in New York: „Gefahren – Gefahren, überall ... Oh, wir sind schon verloren! ... Welche Schuld haben wir auf uns geladen, daß man uns zu solcher Strafe verdammt? ... Marion und Tullio hatten den entsetzten Blick, als wäre ein Abgrund jäh vor ihnen aufgesprungen. Aus dem Abgrund stiegen Feuerbrände, auch Qualm kam in dicken Schwaden, und Felsbrocken wurden emporgeschleudert. Es war der Krater eines Vulkans. Hüte dich, Marion! Wage dich nicht gar zu sehr in die Nähe des Schlundes! Wenn das Feuer dein schönes Haar erfaßt, bist du verloren! Wenn einer der emporgeschleuderten Felsbrocken deine Stirne streift, bist du hin! Auch könnte es sein, daß du am Qualm elend

5.2 Im Exil und darüber hinaus: Engel in *Der Vulkan* (1939) — 261

Zum anderen vollzieht sich dieser Bruch der historischen Perspektive in religiös aufgeladenen Beschreibungen, die Tod und Leid des Exils im sakralen Bild transfigurieren. So ist eine religiös durchwirkte Schönheit Ausdruck der Verwandlung des Menschen durch sein Leid und Ergebnis der Verwandlung von Leid in Kunst, wobei (Menschen-)Leben und Kunst untrennbar ineinander verflochten sind. Beispiele dafür sind der Todeskampf und letztliche Tod Martins:

> Erschauernd fiel die Mutter über sein Lager. Ihr graute; denn Martin, ihr armer Sohn, ward geschüttelt von Fäusten, die unsichtbar sind. Auch schien es ihr, daß er strahlte. Von seinem Gesicht, das gleich erstarren würde – die Mutter wußte es: nun würden sein Gesicht gleich erstarren – kam Glanz. Um sein immer noch aufgerichtetes Haupt, so schien ihr, zuckte ein Glorienschein wie von Blitzen, ein elektrisches Diadem, eine tödliche Krone. (V 309)

> Seit einigen Tagen ist er nicht mehr rasiert worden; ein blonder Bart – der auf der Oberlippe nicht mehr wächst – rahmt seine sanfte, strahlend bleiche Miene. So sind junge Märtyrer auf Heiligenbildern dargestellt – denkt stolz die Mutter. Was muß er alles durchgemacht haben, daß er so schön werden konnte! (V 307)

Die Stillstellung im überhöhten Bild stellt ein Störmoment in dem linearen Fließen einer den Einzelschicksalen gegenüber indifferenten Geschichte dar. Dieses Prinzip wird im *Vulkan* als Bestandteil des Lebens reflektiert, das selbst schon kulturell überformt ist:

> Bei sehr großen Affekten, in der Wollust oder in der Verzweiflung, bleibt den Menschen nichts übrig, als das festgelegte, klassisch stilisierte Bild zu stellen. Gerade die ungeheuersten Gemütsbewegungen drücken sich in der höchst konventionellen Pose aus. Das Individuelle tritt zurück; was bleibt ist der menschliche Ur-Typ. Tilly von Kammer – am Frühstückstisch in diesem Züricher Hotelzimmer – stellte, sich die Brust schlagend und das Haupt mit den tragisch blicklosen Augen langsam hin und her wiegend, das klassische Bild: Junge Frau, die Trauerbotschaft empfangend. (V 69)

Auf diese Weise werden die Figuren über eine pathosformelhafte Stillstellung im archetypischen beziehungsweise sakralen Bild aufgewertet. In diesem ist die Kontingenz des einzelnen Schicksals aufhoben. Auch der Schrecken des Exils selbst, der sich im unmittelbaren Erleben als beispiellos darstellt, wird in einen transhistorischen Raum der Kultur überführt und damit gemindert. Auf

---

ersticken mußt. Furchtbar ist der Vulkan, das Feuer kennt keine Gnade. Ihr verbrennt, wenn ihr nicht sehr schlau und behutsam sein. Warum flieht ihr nicht? Oder wollt ihr verbrennen? Seid ihr versessen darauf, eure armen Leben zu opfern? – Aber ihr habt nur diese! Hütet sie wohl! Bewahrt euch! Wenn auch ihr im allgemeinen Brand ersticken solltet –: niemand würde sich um euch kümmern, niemand dankte es euch, keine Träne fiele über euren Untergang. Ruhmlos – ruhmlos würdet ihr untergehen!" (V 423–424).

der Handlungsebene realisiert Marion diese Aufhebung des gegenwärtigen Leids durch ihr Vortragsprogramm mit dem Motto „Zeitgemäße Klassik". Hier trägt sie aus Werken von Schiller, Lessing, Goethe, Heine, Victor Hugo, Gottfried Keller, Nietzsche und Walt Whitman vor und macht damit jene Verwandlung des Exils für ihr Publikum erfahrbar:

> In jedem Vers und jeder Prosazeile, die sie ausgewählt hatte, gab es die Beziehung zum Heutigen. [...] Die verewigten Meister schienen an dieses Jahr und an diese Stunde – an dieses Auditorium und seine besonderen Leiden schienen sie gedacht zu haben, als sie gewisse Dinge schrieben, die Marion nun zum Vortrag brachte. Die im Saale unten begriffen: Weder unsere Leiden noch unsere Erkenntnisse sind so unerhört und so neu, wie wir in der ersten Aufregung oft meinen wollten. Andere vor uns haben schon gelitten und schon nachgedacht, und sind von den gleichen Problemen berührt worden wie wir. Aus ihren Erkenntnissen und Schmerzen aber ist Schönheit geworden. (V 187)

Durch die Parallelisierung der Leiden und Erkenntnisse der Exilantinnen und Exilanten mit den Leiden und Erkenntnissen der Dichter und Denker entsteht eine interexilische Schicksalsgemeinschaft, die die historische Linearität transzendiert: „Wie verklärte Brüder schauen sie [die Toten, L.Z.] uns ernst und freundlich an. Geisterhafte Zusammenhänge stellen sich her; aus den großen Toten sind neue Freunde geworden." (V 187)

Indem das Leben im Exil als eine anthropologische Konstante gezeigt wird, diffundiert die Linearität historischer Entwicklung ins Mythisch-Urbildhafte, was nicht nur durch die Vergegenwärtigung vergangener Dichtungen, sondern auch durch die schattenhafte Existenz der Staatenlosen bedingt ist – nach Hannah Arendt ist es „jene komplette Rechtlosigkeit [...], die ihn [den Rechtlosen, L.Z.] sicherer als alle unmittelbare Gewalt von der Welt der Lebenden scheidet"[111]. Diese über die Gegenwart hinausreichende Genealogie spiegelt sich auch im Aufbau des Romans, dessen drei Teilen jeweils Zitate vorangestellt sind, die Ruhelosigkeit, Einsamkeit und die Vertreibung aus dem Paradies thematisieren: von Hölderlin („Doch uns ist gegeben / Auf keiner Stätte zu ruhen [...]" (V 12)), Nietzsche („Wer das verlor, / Was du verlorst, macht nirgends Halt" (V 194)) und Heine („Das goldene Zeitalter, heißt es, liege nicht hinter uns, sondern vor uns; wir seien nicht aus dem Paradiese vertrieben, mit einem flammenden Schwerte, sondern müßten es erobern durch ein flammendes Herz, durch die Liebe; die Frucht der Erkenntnis gebe uns nicht den Tod, sondern das ewige Leben" (V 384)).

---

111 Arendt, Elemente und Ursprünge totaler Herrschaft, S. 442.

5.2.4 Auf „Dienst-Flug" mit dem Engel der Heimatlosen

Die Verwandlung des Leids im Raum der Kultur wird zum Schluss des Romans überboten durch eine Zukunftsvision vom Reich Gottes, die der Engel der Heimatlosen Kikjou als *angelus interpres* – ein erneutes Zitat des Buchs Daniel (vgl. Dan 9,20-23) – übermittelt. Wie bei den Heimatlosen, deren irdische Entbehrungen durch die angelisierte Darstellung ästhetisch transfiguriert werden, ist der Umschlag von leidvollem Mangel in Fülle auch konstitutiv für die Struktur der Apokalypse als Matrix des göttlichen Heilsplans. In diesen wird Kikjou eingeweiht, nachdem er die Lehre aus der ersten Engelserscheinung befolgt hat. So bescheinigt ihm der Erzähler: „Wo du auch gewesen sein magst – du bist dem Leben nicht ausgewichen; du hast dem Befehl gehorcht, den das sinkende Haupt, das Dornengeschmückte, mit trocken-rissigen Lippen dir zurief." (V 513) Der erste Engel erscheint Kikjou, als er betet und seine Sünden bekennt, und auch vor der zweiten Engelserscheinung hält Kikjou Zwiesprache mit Gott. Er denkt an das „Nahe, Irdische" (V 516), an Passschwierigkeiten und finanzielle Nöte, aber auch an die Engel. Wieder ist die Voraussetzung für die Engelserscheinung eine asketische Situation: „Ist sie uns nicht vertraut, diese mönchische Zelle? Das Kruzifix an der grauen Wand, das schmale Bett, und auf dem Tisch die unberührten Speisen –: zu solcher Kargheit zwingt sich Kikjou." (V 513)

Kikjou, dessen Gesicht nun „härter, magerer und strenger" (V 513) ist, wird erneut von einem Engel aufgesucht: „,[M]eines Amtes ist es, solche zu begleiten, die sich ohnedies schon rastlos unterwegs befinden. – Ich bin der Engel der Heimatlosen.'" (V 517) Entsprechend ist er ebenfalls in rastloser Bewegung an den transitorischen Orten der Exilierten zu finden:

> „In engen Hotelzimmern, Schiffs-Kabinen Dritter Klasse, in den Warteräumen der Konsulate, den Vorzimmern der Comités, in billigen möblierten Stuben, in Hospitälern, in den Friedhöfen vieler Städte, in Eisenbahn-Coupés ohne Zahl, auf Schlachtfeldern, auf Bahnsteigen, in vegetarischen Restaurants, in Redaktions-Stuben, billigen Caféhäusern, in obskuren Klubs, in Lagern, wo sie leben müssen – zusammengepfercht wie das Vieh –: überall mein Blick, mein Lächeln, mein stummer Trost ..." (V 518)

Wie seine Schützlinge sieht der Engel zunächst schäbig aus, mit einem zerrissenen Mantel und zerzausten Flügeln. Wie der Ewige Jude steht auch der Engel der Heimatlosen, „zu schrecklichen Märschen verflucht" (V 519),[112] repräsentativ für die Unrast der Heimatlosen. Auf Kikjous Frage, wieso er ihnen nicht ge-

---

[112] Diese mythische Exilfigur wird im *Vulkan* auch im Zusammenhang mit dem Fluch der Sprache genannt, vgl. folgenden Kommentar: „Marcel scheint verdammt zum Sprechen, wie der Ewige Jude zum Wandern" (V 256).

holfen habe, reagiert der Engel zunächst ausweichend: „‚Ich konnte nicht. Ich durfte nicht. Und ich wollte nicht. Die Pläne meines Gebieters sind dunkel. – Dunkel – dunkel – dunkel ...'" (V 519) Als er von all dem Elend erzählt, das er gesehen hat, und seine Augen berührt, werden sie blind. Als Kikjou weiter insistierend nach dem Sinn des Leids fragt, verwandelt sich der Engel angesichts des allgegenwärtigen Elends in eine dämonische Figur; es kommt der höhnische Bescheid, dass eine Antwort Kikjou vernichten würde, begleitet von einem Lachen „wie aus Höllenschlünden" (V 520). Dann aber erhält der Engel wieder himmlische Sterne als Augen, er bittet um Entschuldigung für seinen Anfall, der ihn aufgrund des allzu nahen Kontakts zu negativen Dingen überkommen habe.

Im Anschluss an den Kuss, der in Kikjou den Plan entstehen lässt, eine Chronik des Exils zu verfassen, nimmt ihn der Engel in einer Silberwolke mit. Er ermöglicht Kikjou Einblicke in verschiedene Exilsituationen, zeigt ihm, wie er den Heimatlosen hilft, und erläutert ihm schließlich die göttlichen Pläne. Auf diesem „Dienst-Flug" (V 526) am 14. September 1938 werden verschiedene Heimatlose aufgesucht: zuerst Marion, Benjamin und ihr Kind in den USA, dann ein kleines Restaurant in Paris, wo der Engel David Deutsch beisteht, als er antisemitisch angegriffen wird. Als nächstes fliegt der Engel mit Kikjou in den Spanischen Bürgerkrieg nach Tortosa, wo Hans Schütte als Politkommissar tätig ist und der Engel der Heimatlosen den Refrain der Internationalen summt. Schließlich rettet er einen deutschen Deserteur vor dem Sturz in den Abgrund.

Dass über den Engel der Heimatlosen die für das nationalstaatliche Denken und damit auch die Exilsituation konstitutive Dichotomie von innen und außen transzendiert wird,[113] zeigt sich an Kikjou, dem „Wahl-Emigrant[en]" (V 514) als national unbestimmter Figur der radikalsten Entwurzelung. Er ist er „so gänzlich ohne Bindung und Vaterland – wie der Engel, der ihn geleitete" (V 540). Und auch um Dieter, den deutschen Deserteur, kümmert der Engel sich, denn „‚[d]as Stigma der Heimatlosen – nicht im Exil, in der fremd-gewordenen Heimat hat er sichs erworben'" (V 540–541). Indem die Begriffe Heimat und Fremde hier aus ihrer geopolitischen Verankerung gelöst („‚heimatlos in der Heimat'" (V 539)), also deterritorialisiert und damit auch in ihrer nationalstaatlichen Determinierung hinterfragt werden, sind sie einer politischen Rekonfiguration zugänglich. So finden sich im *Vulkan* bereits Ansätze für die dezidiert kosmopolitische Ausrichtung von Klaus Manns politisch-kulturellem Programm, das auf einen „neuen Humanismus" und eine „Weltdemokratie"[114] abzielt. Die Sphäre eines supranationalen Got-

---

113 Vgl. Lachmann, Politische Schreib(-)Szene Exil, S. 234.
114 Mann, Decision, S. 239.

tesplans bildet den Fluchtpunkt, von dem aus die Überschreitung des nationalen Denkens gedacht wird. So kulminiert das metaphorisch geweitete und zugleich dialektisierte Verständnis von Heimat und Heimatlosigkeit in der Erläuterung des Engels bezüglich der „Väterliche[n] Konzeption eurer Vollendung, de[s] Göttliche[n] Wille[ns] zur Utopie" (V 545). Der Engel erklärt, Gott verhänge „Unannehmlichkeiten" (V 545) über die Menschen, damit sie endlich aufwachten: „Er versucht alle Mittel, zwecks Beschleunigung des Prozesses –: die sanften, wie die weniger glimpflichen. Krieg und Pestilenz, jede Art von Ruin, jede Form des Schmerzes, der Erniedrigung –: lauter erzieherische Tricks, im Sinn und Dienst der gnadenvollen Heils-Konstruktion." (V 545)

In der Reihe dieser Unannehmlichkeiten stellt das Exil einen konstitutiven Bestandteil des numinosen Heilsplans dar, wie der Engel ausführt: „An maßgebender Stelle neigt man zu der Ansicht, daß der Schmerz euch sowohl feinfühliger als auch tapferer macht. Der Umgetriebene, Unbehauste, überall-Fremde hat vergleichsweise gute Chancen, dem Allerhöchsten Plan gerecht zu werden." (V 545)[115] Ganz dem geschichtsphilosophischen Dreischritt von Einheit – Exil – Einheit höherer Ebene entsprechend verkündet der Engel:

> Mit einem Schwerte wurdet ihr vertrieben aus dem Paradies, mit einem Schwerte sollt ihr es zurückerobern. Ihr müßt euch die Heimkehr erkämpfen, ihr Heimatlosen! Er bevorzugt die flammenden Herzen – denn Sein Element ist das Feuer, Sein wehender Odem ist Glut. Die Lauen sind es, die Er aus dem Munde speit. Wer gar zu lange traulich hockt, in der Heimat, wird lau und lahm: es ist beinah unvermeidlich. Deshalb schickt der Liebe Vater euch auf Wanderschaft. Den Staub vieler Landstraßen sollt ihr schlucken, das Pflaster vieler Städte sollt ihr treten, viele Meere sollt ihr überqueren, und auch durch Wüsten führt der lange Weg. Alle Erkenntnisse und Impressionen, die ihr sammelt, könnten, in ihrer Summe, eine erste, leichte Ahnung von den Absichten und Plänen ergeben –: auf dergleichen hofft der Herr. (V 545–546)

Der Engel der Heimatlosen agiert hier als *angelus interpres*, der die göttlichen Pläne einem berufenen Menschen offenbart und deutet. Auf diese Weise wird der transkulturelle Heimatlose, den Kikjou exemplarisch verkörpert, zweifach ausgezeichnet: zum einen durch die privilegierte Position als Empfänger einer angelischen Botschaft, zum anderen durch die explizite Qualifizierung des Unbehausten, der „vergleichsweise gute Chancen" habe dem „Allerhöchsten Plan

---

[115] Ein ähnlicher Gedanke findet sich auch in Feuchtwangers Roman *Exil*: „Viele engte das Exil ein, aber den Besseren gab es mehr Weite, Elastizität, es gab ihnen Blick für das Große, Wesentliche und lehrte sie, nicht am Unwesentlichen zu haften. [...] An diese Emigranten klammerten sich viele Hoffnungen innerhalb und außerhalb des Dritten Reichs. Diese Vertriebenen, glaubte man, seien berufen und auserwählt, die Barbaren zu vertreiben, die sich ihrer Heimat bemächtigt" (Feuchtwanger, Exil, S. 137).

gerecht zu werden", da er durch den Schmerz „sowohl feinfühliger als auch tapferer" (V 545) sei. Diese Überhöhung der Heimatlosigkeit, die im göttlichen Koordinatensystem kein Manko, sondern einen Vorzug darstellt, erinnert an Edward Saids Aufwertung der Exilierten durch ihr „kontrapunktisches Bewusstsein", das aus der „plurality of vision"[116] entstehe.

Im *Vulkan* wird das Exil in seiner theologischen Einfassung ganz explizit zur transhistorischen Metapher, indem der Engel es zur tragenden Säule eines „Väterliche[n], Königliche[n] Experiment[s]" (V 546) erklärt.[117] Umgekehrt werden die scheinbar nichtigen Alltagssorgen im Exil nicht allein ästhetisch durch die angelisierte Darstellung der Heimatlosen aufgewertet, sondern ausdrücklich zu einem tragenden Moment des göttlichen Willens erklärt. Die Exilantinnen und Exilanten sind keine Ausgestoßenen, sondern Auserwählte, die eine „‚exquisite Chance'" (V 546) erhalten und die durch ihre nomadische Daseinsform Gott besonders nah kommen. Im Kampf gegen den Nationalsozialismus geht es nicht nur um die menschliche Sache, sondern ebenso um die göttliche: „Unsere Schritte führen auch Ihn zum Ziel. Unser Sieg ist immer auch der Seine, unsere Entwürdigung wird Seine Schmach" (V 547), wie der Erzähler feststellt.

Gott ist im *Vulkan* nicht nur nicht tot, sondern er kommt gegen Ende in einem fulminanten Monolog selbst zu Wort. Dieser Monolog bricht nicht plötzlich in die Erzählung ein, sondern wird über mehrere Stationen vorbereitet. Aus der internen Fokalisierung, in der Kikjous Zustand nach dem Engelsflug gezeigt wird, entwickelt sich eine allgemeine Reflexion des Erzählers, der nun nicht mehr aus einer zwar mitfühlenden, aber distanzierten Übersicht über die Exil-

---

116 In „Reflections on Exile" betont Said einerseits: „[I]ts [the exile's, L.Z.] essential sadness can never be surmounted" (Said, Reflections on Exile, S. 173) und warnt vor einer Bagatellisierung, die mit der metaphorischen Verwendung des Exilbegriffs drohe. Andererseits meint er: „Seeing ‚the entire world as a foreign land' makes possible originality of vision. Most people are principally aware of one culture, one setting, one home; exiles are aware of at least two, and this plurality of vision gives rise to an awareness of simultaneaus dimensions, an awareness that – to borrow a phrase from music – is *contrapuntal*. [...] There is a unique pleasure in this sort of apprehension, especially if the exile is conscious of other contrapuntal juxtapositions that diminish orthodox judgment and elevate appreciative sympathy" (Said, Reflections on Exile, S. 186).
117 Die Funktionalisierung des Negativen als ein dialektisches Moment des göttlichen Heilsplans findet sich schon bei Augustinus, bei dem das Böse zu einer Art rhetorischem Schmuck der Weltordnung erklärt wird: „Gott würde ja keinen Menschen geschaffen haben und erst recht keinen Engel, dessen künftige Schlechtigkeit er vorausgesehen hätte, wüßte er nicht ebenso, wie er sich ihrer zum Nutzen des Guten bediente und so das geordnete Weltganze wie ein herrliches Gedicht gewissermaßen mit allerlei Antithesen ausschmücken würde" (Augustinus, Vom Gottesstaat, S. 29).

schicksale spricht. Vielmehr ist er zu ihrer Stimme geworden, und da die Heimatlosen ja als exemplarische, von Gott ausgezeichnete Menschen verstanden werden, spricht der Erzähler nun konsequenterweise als die Stimme der Menschheit: „Es ist unsere Erde; wir tragen die Verantwortung – was hier immer geschieht." (V 548) Diese Menschheitsstimme des Erzählers geht unmerklich in die Stimme Gottes über:

> Von uns verlangt Er [Gott, L.Z.] dann: Handelt! Protestiert! Schreitet ein! – Er ruft die Kreatur zur Aktion, damit das kolossale Stinken nur endlich aufhöre. An euch liegt alles: alles liegt bei euch – spricht die Höchste Instanz. Nichts wird euch abgenommen, kein Engel hilft euch – nur als Beobachter sind die Cherubim unterwegs. Ich empfange Berichte – die Mein umfassendes Wissen bestätigen, nicht bereichern können. Ich resümiere, kalkuliere, verifiziere; Ich hoffe, leide, schluchze, gräme mich, freue mich; Ich frohlocke, verstumme; Ich warte. Ich bin geduldig. (V 548)

Mit diesem Übergang von Erzählerstimme in Gottesstimme rückt der Erzähler in die Nähe Gottes, sodass sich hier analog zur Angelisierung der Figuren eine Apotheose des Erzählers vollzieht. Der Eindruck einer quasigöttlichen Stimme wird verstärkt durch das umfassende Wissen des Erzählers über die Figuren (sein artikuliertes Nichtwissen ist meist ein rhetorisches) und seine olympische Übersicht über das Geschehen. Eine weitere Parallele besteht in der Angelisierung der Figuren, das der Erzähler durch sein Erzählern betreibt und das Gott dann explizit zum Menschheitsprogramm erhebt, wenn er den Engel der Heimatlosen zum Vorbild für die menschliche Entwicklung erklärt: „Der Engel der Heimatlosen hat ein Menschen-Gesicht – von der Art, wie es sein sollte und werden muß. Ich liebe Diesen, der unter Meinen Engeln der Geringste ist, weil Ich euch und eure Zukunft liebe." (V 549)

Für die vielfachen ästhetischen und rhetorischen Verwandlungen und Überschreitungen des *Vulkans* ist der Engel der Heimatlosen als der menschlichste unter den Engeln nicht nur als Zielpunkt der anthropologischen Teleologie zentral. Er etabliert auch die dafür notwendige Verbindung zwischen menschlicher und göttlicher Sphäre. Denn als Vermittlungsglied zwischen dem realhistorischen Leid der Heimatlosen und der transhistorischen göttlichen Sphäre übernimmt der Engel, der „Menschenworte" (V 542) spricht, die für den menschlichen Wahrnehmungsapparat adäquate Übermittlung der göttlichen Pläne. Am Ende des Romans bestätigt Gott die Botschaft des Engels, indem er seine fordernde Liebe zu den Menschen offenbart und Chaos und Leid einen Sinn verleiht:

> Ich liebe euer Blühen und euer Verwelken. Mich erschüttert eure Anmut und eure Häßlichkeit. Alle Gesten, mit denen ihr euer Leben verbringt, sind Mir Gegenstand des gerührten Entzückens. Das Herz des Vaters ist Flamme. Es brennt, es verzehrt sich in Flammen der Zärtlichkeit. Dies sollt ihr nicht wissen. Der Liebe Vater verbirgt, stolz und schamhaft, Sein ungeheures Gefühl. Er verhüllt den Blick; Er verschweigt das Wort. Mit liebender Geduld harrt Er jener Stunde entgegen, von der ihr nichts wissen sollt -: der Hochzeitlichen

> Stunde, der Stunde der Kommunion, dem Erlösungs-Fest, dem Feiertag des Großen Kusses, des Erlöschens ... Mit Schauern von Glück und Angst harrt der Vater, geduldet Sich der Große Liebende. – Ihr aber sollt im Schweiße eures Angesichts erledigen, was euch aufgetragen: Euer Erden-Pensum. Die Pläne und Absichten sind zu erfüllen – ob es auch Ströme von eurem Blut und euren Tränen koste. Seid wachsam und tapfer –: dies fordert Meine Liebe von euch! Seid energisch, seid realistisch, seid auch gut! Plagt euch! Kämpft! Habt Ehrgeiz und Leidenschaft, Trotz, Liebe und Mut! Seid rebellisch! Seid fromm! Bewahrt euch die Hoffnung! Steht auf eigenen Füßen! (V 550)

Dieser Gottesmonolog ist aber für die Romanfiguren nicht mehr zu vernehmen. So spricht Gott zu Kikjou, der unter den Figuren der himmlischen Sphäre am nächsten gekommen ist: „Nein – natürlich kannst du Mich nicht verstehen. Deine Entrückung ist ja zu Ende, und übrigens hätte nicht einmal der Engel dir die Ohren öffnen können für Meine Stimme. Du bist irdisch, und du sollst es bleiben." (V 549) Auf der Grundlage der Prämisse, dass irdische und überirdische Sphäre in letzter Konsequenz getrennt sind, werden implizit auch die Leserinnen und Leser des *Vulkans* von jener Transzendierungsbewegung ergriffen, da sie, die die göttliche Stimme (über die Lektüre des Romans) vernehmen können, offensichtlich als nicht irdische entworfen werden.

Über das Herausstreichen der Fragwürdigkeit des angelischen Übersetzungsunterfangens bleibt der Gedanke der Unfassbarkeit Gottes romanintern gewahrt: „Göttliche Andeutungen, ein Nicken, Winken, Schluchzen, versuchen sie [die Engel, L.Z.] in Menschenworten auszudrücken –: die Formulierung bleibt ungenügend; das Resultat konfus." (V 546) Die Romanfiguren wissen also nicht, ob der von dem Engel der Heimatlosen übermittelte Heilsplan tatsächlich Gottes Absichten entspricht. Durch die Figur der vernehmbaren Unvernehmbarkeit wird an dem Gedanke einer kategorial anderen, nicht wahrnehmbaren Ordnungsmacht festgehalten, von der dennoch eine Mitteilung in die Welt der Menschen kommt. Um diese Paradoxie möglich zu machen, bedarf es neben der markierten Differenz von unwissenden Romanfiguren und eingeweihten Leserinnen und Leser eines Prinzips, das an beiden Sphären partizipiert. Der Engel der Heimatlosen als rastloser Verwandlungskünstler ist selbst von dem modernen Exil betroffen. Entsprechend „sonderbar" nimmt er sich in Gottes „Hofstaat" aus, wie dieser bemerkt, „mit dem bestaubten Melonen-Hut, dem zerschlissenen Kleid" (V 548). Gleichzeitig aber ist er Teil einer Sphäre, die sich dem totalitären Herrschaftsanspruch des Nationalsozialismus konsequent entzieht. Als Repräsentant einer religiösen Ordnung transportiert er die Kraft religiösen und das heißt hier wesentlich sinnhaften Sprechens in einer strukturell von Kontingenz und Nihilismus bedrohten Zeit.

Die transzendente Sphäre bietet sich in dieser Konstellation auch deshalb als Sinnspenderin an, weil sie nicht in innerweltlichen Konfrontationen, in denen die Exilantinnen und Exilanten ohne Chancen sind, delegitimiert werden kann.[118] Das Numinose, Ermöglichungsgrund und Zielpunkt der exilischen Transzendierungsästhetik, ist allerdings nicht nur dem Zugriff der hegemonialen Semantik entzogen; auch für die ausgeschlossenen Exilierten ist seine Verwendung nicht unproblematisch. Zwar sind zu Beginn des 20. Jahrhunderts spirituelle und religiöse Bewegungen in der deutschsprachigen Literatur weit verbreitet.[119] In das Unterfangen einer Dokumentation und Analyse der antifaschistischen Emigration und ihrer handfesten Existenznöte ist ein göttlicher Heilsplan dennoch nicht bruchlos zu integrieren, ohne Gefahr zu laufen, das ganze Unternehmen zu diskreditieren. Klaus Mann selbst ist sich dessen bewusst, wenn er etwa die Fragwürdigkeit des Engels in Gides Roman *Les Faux-Monnayeurs* reflektiert: „Nun ließe sich freilich einwenden, daß die Figur des Engels im Rahmen eines modernen Romans ja an sich schon ein bedenkliches Zugeständnis an den romantischen Geschmack bedeutete, ein Abgleiten von der kühlen Höhe psychologischer Analyse in die schwüle Tiefe mystischer Inspiration."[120]

Der *Vulkan* ist durchaus selbst von einem Abgleiten „in die schwüle Tiefe mystischer Inspiration" bedroht, in die die Engel den modernen Roman hinabzuziehen drohen. Entsprechend wird eine göttliche Ordnung im *Vulkan* auch nicht vermittlungslos gesetzt – der Engel als Begegnungsgehilfe der zwei Sphären vermag nur deshalb zu überzeugen, weil sich in ihm die tiefen Ambivalenzen der Moderne spiegeln und er Elend und Armut der Exilierten selbst erleiden muss. Er stellt kein anachronistisches Relikt dar, sondern erfährt im Kontext der *condition moderne* eine Umkodierung, durch die er genuin moderne Eigenschaften wie Maschinenhaftigkeit, Technikaffinität, Rast- und Ortlosigkeit sowie regressive Sehnsüchte umfasst und zugleich wesentlich über die Beschränktheit der Zeitumstände hinausweist. Stilistisch wird diesem Umstand Rechnung getragen, indem alles Mystizistische durch die parodistische Überzeichnung des himmlischen Bürokratieapparats austariert wird. So erscheinen die Engel zwar einerseits als allgewaltig-elementare Mächte, andererseits müssen sie sich strikt an dienstliche Vorschriften halten, wie der Engel der Heimatlosen erklärt:

> „Nun muß ich Bericht erstatten, und alle Details dieses Dienst-Tages treulich melden. Mein Herr wird unwirsch, wenn ich nur das Mindeste vergesse. Seine Neugier ist ebenso grenzenlos wie Sein Wissen – das Er sich durch unsere Reporte immer wieder bestätigen

---

118 Vgl. Koschorke, ‚Säkularisierung' und ‚Wiederkehr der Religion', S. 256.
119 Vgl. Martina Wagner-Egelhaaf, Entangled. Interdisziplinäre Modernen. Eine literaturwissenschaftliche Moderation. In: Moderne und Religion. Kontroversen um Modernität und Säkularisierung, hg. von Ulrich Willems, Detlef Pollack u. Helene Basu, Bielefeld 2013, S. 203–234, hier S. 207–208.
120 Klaus Mann, André Gide und die Krise des modernen Denkens, Reinbek 1995, S. 179.

und gleichsam auffrischen läßt. Er ist sehr pedantisch, bei all Seiner Majestät ..." – Nicht anders klatschen Beamte über den Vorgesetzten. (V 542)

Die Überzeichnung, die dem himmlischen Hofstaat hier zugemutet wird, diskreditiert die religiöse Ordnung indes nicht, sondern erlaubt es vielmehr, deren Wirkmächtigkeit auch im politisch-sozialen Raum der Moderne zu behaupten. In den bürokratischen Abläufen kommt auf humoristische Weise die Anbindung an einen übergeordneten religiösen Ordnungsrahmen zum Ausdruck, der gegen das Chaos der irdischen Zustände installiert wird, ohne dass dabei die modernen Zeitumstände ausgeblendet werden. Das Medium dafür stellt der Engel dar, über den das christliche System modernespezifisch aktualisiert wird.

Dass der Entwurf einer göttlichen Heilsordnung keine artistische Spielerei ist, darauf deutet neben der Ernsthaftigkeit des Exilthemas eine erdachte Tagebuch-Aufzeichnung aus dem *Wendepunkt* hin,[121] die sich mit den Ausführungen im *Vulkan* deckt, nach denen das Schicksal Gottes und das der Menschen untrennbar zusammenhängen:

> *Er braucht uns* ... Diese Einsicht involviert Verantwortungen ungeheurer Art. Gott will, daß wir Ihm gefällig seien, hier und jetzt, auf unserem irdischen Plan. Andere Welten gehen uns nichts an. Ich glaube, daß es andere Welten gibt; aber sie haben keinen Bezug auf unsere hiesige jetzige Pflicht, unser jetziges, hiesiges Drama. [...] *Er braucht uns.* Wenn wir uns im Endlichen nicht erfüllen, bleibt auch Seine Unendlichkeit unerfüllt. Unsere Niederlage wäre auch die Seine; unsere Lüge beeinträchtigt Seine Wahrheit; unsere vergängliche Schande entstellt, versehrt Sein unvergängliches Bild. Je mehr ich an Gott denke, je inniger ich mich mit Ihm beschäftige, desto deutlicher wird mir die enorme Wichtigkeit, die metaphysische Relevanz unserer jetzig-hiesigen Probleme und Affären.[122]

Aus dieser Gedankenfigur heraus, dass der irdischen Misere unmittelbare Bedeutung für das Metaphysische erwächst, setzt Klaus Mann im *Vulkan* gegen die spirituell verarmten und entmenschlichten Umstände der Jahre 1933 bis 1939 mit einigem Kraftaufwand die Dramaturgie einer progressiven Apokalypse. Diese beinhaltet einen göttlichen Heilsplan, der im gegenwärtigen Krisenzustand zwar auf der Kippe steht. Seine Umsetzung wird aber, die mutige und tätige Mithilfe der Menschen vorausgesetzt, durch den Engel der Heimatlosen und den mönchischen Kikjou in Aussicht gestellt. Damit wird ein altes Bündnis

---

[121] Das elfte Kapitel „Entscheidung" trägt die Überschrift „Aus einem Tagebuch", weist das Folgende also strenggenommen auch nicht als die Aufzeichnungen Klaus Manns aus. Ein Abgleich sowohl mit der unvollständigen Ausgabe der Tagebücher Klaus Manns von 1995 als auch mit den vollständigen Tagebüchern, die das Münchner Literaturarchiv Monacensias 2012 online bereitgestellt hat (vgl. http://www.monacensia-digital.de/content/titleinfo/13073), zeigt, dass es sich um andere Aufzeichnungen handelt.
[122] Mann, Der Wendepunkt, S. 593–594.

zwischen Mönch und Engel reaktiviert, die sich gegen die Feinde Gottes stellen.[123] Wichtig ist hier, dass es sich nicht um eine religiös verbrämte Wiederkehr des neuzeitlichen Fortschrittsoptimismus handelt, sondern diese Entwicklung als eine außerweltlich sich vollziehende gedacht wird, der der Mensch tätig zuarbeiten kann (und soll). Dem Roman liegt die Struktur eines „apokalyptischen Aktionismus"[124] zugrunde, der die gegenwärtige Misere nicht duldend hinnimmt, sondern in Rekurs auf eine transzendente Gesetzesstruktur die göttliche Erlösung in der Welt zu forcieren sucht. In Anbetracht der barbarischen Zeitumstände, die Abfassung, Struktur und Inhalt des *Vulkans* bestimmen, erhält das Ringen um Menschlichkeit eine Dringlichkeit, die Kunst und Engagement, vereinigt in der Galionsfigur des Engels der Heimatlosen, zu Bündnisgenossen macht. Als auserwählter Mensch tritt der Schriftsteller als prophetischer Chronist hervor, der in seiner Vermittlung transzendenter Inhalte selbst eine engelhafte Strukturstelle besetzt.

5.2.5 Chronik des Exils: Der „Roman der Heimatlosen"

Der Engel der Heimatlosen offenbart nicht nur einen göttlichen Heilsplan, der dem Leid des Exils eine höhere Bedeutung verleiht, er schreibt dem Romangeschehen auch eine (auto-)poetologische Wendung ein.[125] Zu Beginn ihrer Begegnung hatte der Engel Kikjou geküsst und ihm damit den Plan eingegeben, den „‚Roman der Heimatlosen'" (V 525) zu schreiben. Die Kuss- und Segensbotschaft wird nicht nur von dem Engel der Heimatlosen gesprochen: „Sehr viele Engel – die Heerscharen allesamt – schienen ihrem ramponierten Bruder Gewalt und Süßigkeit ihrer Kehlen zu leihen." (V 520) Angesichts dieser überwältigenden Präsenz weint Kikjou, weicht zurück und fleht den Engel an. Der Engel spricht sein traditionelles „‚Fürchte dich nicht!'" und drängt ihn in eine Ecke. In diesem Moment verlieren sich die körperlichen Konturen des Engels im Glanz, nur die Augen „blieben fest umrissen, bei all der strahlenden Auflösung" (V 521). Dieser Auflösung entspricht, dass das zweite „‚Fürchte dich nicht!'" von oben, und, so lässt sich mutmaßen, von den anderen Engeln oder von Gott kommt, da der Engel auf der Erde steht.

Gegen seinen Willen empfängt Kikjou einen eisigen Kuss und mit ihm die Eingebung, die Textfragmente von Martin und Marcel zu einer „‚genaue[n] Chronik unserer Verwirrungen, Leiden, auch der Hoffnungen'" (V 522) zu mon-

---

123 Vgl. Frank, Angelikos Bios, S. 97.
124 Nagel, Ordnung im Chaos, S. 64.
125 Zu der autopoetologischen Dimension des Vulkans vgl. Thurner, Der andere Ort des Erzählens, S. 227 u. S. 229.

tieren. Er soll sie im „Roman der Heimatlosen" vollenden und so „‚[d]as Verwirrte übersichtlich [...] machen; den Schmerz [...] lindern, indem man ihn analysiert'" (V 524). Der Titel des Romans stellt eine direkte Verbindung zum Engel der Heimatlosen her, der spätestens hier zur autopoetologischen Reflexionsfigur wird. Der Engel lässt sich mit seinen Attributen des Transitorischen und Unheimlichen als eine Figuration des exilischen Zustands begreifen. Dessen Gebrochenheit wird in der Angelophanie sowohl ausgestellt als auch momenthaft überwunden, indem die Vertreibung des Körpers als Grundlage von Kommunikation in der ätherischen Präsenz des Engels suspendiert ist. Als Vergegenwärtigung von Abwesendem stellt die narrativierte Exilerfahrung überdies, wie gezeigt, eine Strukturanalogie zur Tätigkeit der Engel dar, die den abwesenden Gott vertreten.

Heimatlosigkeit meint im *Vulkan* die konkrete historische Situation, begreift aber auch den metaphorischen Überhang der *condition moderne* ein. So heißt es in dem Vorwort zu Martins Roman, das Teil von Kikjous Roman werden soll:

> Es ist eine große Unruhe in der Welt. Nicht nur die, welche ihr Vaterland haben verlassen müssen, irren wie Heimatlose umher. Mit einer Dringlichkeit und einer Angst, mit einer Verzweiflung und einer Hoffnung, wie seit Jahrhunderten nicht mehr, stellt der Mensch sich die Frage nach seiner Bestimmung, seinem Schicksal, seiner Zukunft auf diesem Stern. Zu einem Gott, dessen Antlitz sich uns verhüllt, steigt zu jeder Stunde eines jeden Tages hunderttausend Mal der Schrei: Herr, wohin führst du uns? Was hast du vor mit uns, Herr? Welches ist der Weg, den wir gehen sollen? Siehe: wir sind im Begriffe, uns sehr schlimm zu verirren! (V 190)

Damit ist jene Grunddisposition der Heimatlosigkeit als diskontinuierlicher Seinszustand in der Moderne umschrieben, der von den Exilierten auf existentiell zugespitzte Weise repräsentiert wird – ihre Anrufung Gottes hat „„den dringlichsten Ernst, die meiste Inständigkeit'" (V 190). Als einer von ihnen will Martin „der Chronist [...] sein ihrer Abenteuer und Niederlagen'" (V 190). In der Wendung „‚[m]ir ist aufgetragen'" (V 190) drückt sich ein prophetisches Sendungsbewusstsein aus. Der *poeta vates* degradiert sich zum Empfänger einer höheren Direktive, der er Folge zu leisten hat – Martin will kein genialisches Werk schaffen, sondern als Seismograph fungieren, der „„die tausend Formen und Gebärden, in denen diese Frage [nach dem göttlichen Plan, L.Z.] sich ausdrückt'" (V 190), aufzeichnet und bewahrt.[126]

---

[126] Christina Thurner verweist in diesem Zusammenhang auf die Nähe zum Verständnis des Chronisten bei Walter Benjamin, der sich der Erinnerung in einem Moment aufblitzender Gefahr bemächtigt (vgl. Thurner, Der andere Ort des Erzählens, S. 190–191).

Gleichzeitig legitimiert und beglaubigt die höhere Inspiration über das biographisch verbürgte Leiden des Exils hinaus den Wahrheitsgehalt der Worte und sakralisiert den Sprecher. Neben die medial-registrative Komponente der heteronomen Rede tritt daher das Bild der Erwähltheit des Einzelnen, der für diese Aufgabe berufen und vor anderen ausgezeichnet ist. So spricht Martin von seinem „‚Ehrgeiz, Chronist zu sein'" (V 190). Die intermediäre Stellung in der Trias Gott – Mittler – Mensch, die mediale Demut, aber auch das Selbstbewusstsein als „Wahrheitsorgan"[127] beinhaltet, korrespondiert der Vermittlungslogik des Engels. Wie dieser stellt der Prophet, zu dem eine apokalyptische Nähe besteht (vgl. Offb 22,9), die Scharnierstelle zwischen einer numinosen Sphäre und dem realhistorischen Schicksal der Entwurzelten dar, deren Leid vor dem Vergessen geschützt werden soll.

Die Dimension des Bewahrens verweist auf die zweite Vermittlungsleistung, die zwischen den Zeiten und Generationen. Sie ist aus der Not der aktuellen Umstände geboren, in denen „‚[u]nser Ruf'" (V 191), von dem Chronisten getragen, ungehört zu verhallen droht: „‚Für wen schreibe ich? – Immer haben Dichter sorgenvoll darüber nachgedacht. Und wenn sie es gar nicht wußten, dann haben sie wohl – hochmütig und resigniert, stolz und verzweifelt – behauptet: Für die Kommenden!'" (V 191) Der prophetischen Genealogie sich einschreibend sieht Martin die Überwindung der Verfinsterung voraus: „‚Die Katastrophen aber sind kein Dauerzustand. Die Himmel, die wir heute so tief verschattet sehen, erhellen sich wieder.'" (V 191) Der Chronist hört schon die Schritte der Jüngeren; deren „‚Stirnen sind noch blank von einer Unschuld, die wir längst verloren'" (V 191). Dank der Überlieferung dieser kampfgeprägten, schuldbehafteten Zeit aber kann die Angehörigen der kommenden Generationen eine Ahnung überkommen, „‚was von uns gesündigt und bereitet, durchkämpft und gelitten worden ist – und wir sind nicht vergessen'" (V 192).

Nachdem im Romanverlauf die schriftstellerischen Bemühungen Marcels und Martins an dem Märtyrerwunsch beziehungsweise einer Verweigerung von politischer Verantwortung gescheitert waren – Marcel opferte sich auf dem Schlachtfeld des Spanischen Bürgerkriegs, Martin ging an seiner Drogensucht zugrunde –, wird deutlich, dass nur die Vermittlung der sozialpolitischen mit der ästhetisch-religiösen Sphäre zukunftsträchtig ist. An die Stelle von Marcel und Martin tritt Kikjou, der von dem Engel der Heimatlosen einen mystagogischen Segenskuss erhält. Dem Vorwurf der Eitelkeit und des Ehrgeizes, den der Engel erhebt, begegnet Kikjou ebenfalls mit der für den Dichter-Propheten charakteristischen Demutsgeste,[128]

---

127 Wacker, Poetik des Prophetischen, S. 37.
128 Vgl. Wacker, Poetik des Prophetischen, S. 37.

indem er auf seinen medialen Status im Dienst der Sache verweist: „‚Meine Stimme soll die Stimme meiner Brüder sein – der lebenden wie der toten –: nach Diktat will ich sprechen.'" (V 524)

Kikjous Roman soll dabei nicht nur eine Verbindung zwischen den Zeiten stiften, sondern hat auch eine Funktion im gegenwärtigen Kampf: „‚Du sollst eine Schlacht gewinnen!'" (V 524), „‚[d]as Wort ist, immer noch, eine gute Waffe!'" (V 525),[129] wie der Engel Kikjou mitteilt. Als religiös Inspirierter agiert der Schriftsteller hier nicht nur als Seismograph der gegenwärtigen Entmenschlichung, deren Opfer er vor dem Vergessen bewahrt, sondern auch als Eingeweihter, der dank dem Engel von einer höheren Ordnung weiß und somit aus einer anderen, zuversichtlicheren Perspektive schreiben kann. Während Martin und Marcel im Drogen- beziehungsweise Heldentod verstummten, besteht Hoffnung für Kikjous Unternehmen. Zu jenen kam der Engel in ihrem Sterben, Kikjou hingegen wird im Leben von ihm aufgesucht, ausgezeichnet und auf herausragende Weise qualifiziert, dem Unsagbaren eine Sprache zu geben, es durch begriffliche Analyse und Ordnung fasslich zu machen: „Man muß geflogen sein mit den Engeln, man muß mit den Armen gehungert haben – wenn man Bücher über Menschen schreiben will." (V 527)

Dabei ist im Folgenden nicht unbestimmt von einem Buch die Rede. Vielmehr wird zum adäquaten Medium dieses Unterfangens ausdrücklich der Roman erhoben, dessen „Krise" in den 1920er Jahren noch debattiert wurde.[130] Da der Roman der Heimatlosen die vielen Romane der Einzelschicksale bündeln soll,[131] ist ihm die „Redevielfalt"[132], die Michail Bachtin dem Roman attestiert, in besonderem Maße eigen. Durch die synchron wie diachron wirksame Dialogizität ist er

---

[129] Neben der Aufforderung zum Kampf liegt darin auch das Versprechen, die Krise des Worts zu überwinden, an der Marcel verzweifelt war (zu einer ethisch motivierten Sprachkritik im *Vulkan* vgl. Thurner, Der andere Ort des Erzählens, S. 187–189; zum Sprachexil im *Vulkan* vgl. Susanne Utsch, Sprachwechsel im Exil. Die „linguistische Metamorphose" von Klaus Mann, Köln; Weimar; Wien 2007, S. 285–310).
[130] Vgl. Dietrich Scheunemann, Romankrise. Die Entstehungsgeschichte der modernen Romanpoetik in Deutschland, Heidelberg 1978.
[131] So spricht der Engel der Heimatlosen zu Dieter: „Dein Roman ist noch nicht zu Ende, nur der erste Teil ist abgeschlossen –: der war lang genug, fast sechs Jahre lang. Du und ich kennen seine bitteren Kapitel –: eines Tages werden sie der Welt bekannt, vorher muß viel geschehen. Die Geschichte all deiner Irrtümer und ihrer langsamen Überwindung ist stumm und rätselhaft hinein verwoben in den Roman der Heimatlosen. Zwei Linien, zwei mit Energie geladene Kurven liefen parallel: die Kräfte der inneren und der äußeren Emigration wollen sich nun verbinden. Vereinigt sollen sie wirken –: dies ist die Stunde, euer Engel kennt sie, er darf nicht dulden, daß ihr sie versäumt" (V 541).
[132] Michail Bachtin, Die Ästhetik des Wortes, Frankfurt am Main 1979, S. 205.

sozial nicht festgelegt und kann in seiner Welthaltigkeit jene vergangenen und gegenwärtigen heterogenen Stimmen zusammenführen. Auch die Heteroglossie dieser unhintergehbaren Vielfalt der Rede ist wesentlich für eine adäquate Behandlung des Exils und sein „,internationales Kauderwelsch'" (V 515).[133] Indem der Roman künstlerische wie außerkünstlerische Gattungen zu integrieren vermag, ist in ihm die präzise soziale Analyse ebenso möglich wie religiös durchwirktes Gedankengut.

Neben diesen Qualitäten ist der Roman die Form, in der der Widerstreit von Ästhetik und Ethik überwunden werden kann. Im *Vulkan* werden verschiedene Formen des Umgangs mit der „epochale[n] Denormalisierung durch die Naziherrschaft"[134] im Exil vorgeführt – der apolitische Ästhetizismus Martins, die pazifistische Naivität eines namenlos bleibenden berühmten Schriftstellers, die in abgeschwächter Form auch Benjamin Abel kennzeichnet, die selbstgerechte Frömmigkeit, für die Kikjous Haltung vor Martins Tod steht, oder das parteipolitische Engagement. Erst die Vermittlung der sozialpolitischen mit der ästhetisch-religiösen Sphäre eröffnet einen Weg aus der Isolation, der einen Erfolg versprechenden Kampf gegen Faschismus und nationalistische Ressentiments mit der Beförderung des göttlichen Heilsgeschehens und einem ambitionierten künstlerischen Schaffen verbindet.

Über die Gattungsspezifika des Romans hinaus ist es vor allem die Kunst, die hier in ihrer Qualität als wahrheitsfähiges Medium apostrophiert wird. Während Kikjou als national indeterminierte Figur die Frage, in welcher Sprache der Roman der Heimatlosen verfasst sein soll, als irrelevant abtut („,Darauf kommt es doch gar nicht an. Ich kann alle Sprachen'" (V 522)), ist es das Wahrheitspostulat, das das Unterfangen so heikel macht (vgl. V 522). Es markiert am schärfsten den Abstand zum Nationalsozialismus und zu Hitler als „Essenz der Lüge"[135]

---

[133] Dass die Vielsprachigkeit keine babylonische Entzweiung bedeutet, sondern die Gesinnung alle Sprachbarrieren überwindet, wird mehrfach angedeutet, vgl. etwa: „Die deutschen Soldaten [die im Spanischen Bürgerkrieg gegen die Faschisten gekämpft haben, L.Z.], auf ihrem Lastwagen, sangen ein Lied, als sie die zerstörte Stadt Tortosa verließen. Ihre Kameraden, die noch auf dem Posten blieben, sangen mit. Der Text des Liedes ward in spanischer, französischer, deutscher, englischer, holländischer, schwedischer, portugiesischer Sprache vorgetragen. Indessen war die Melodie für alle gleich, und sie sangen im gleichen Rhythmus, kamen nicht aus dem Takt. Das Lied, mit dem die Männer von Tortosa Abschied von den deutschen Brüdern nahmen, war die ‚Internationale'. Kikjou lauschte, schon von der Wolke empor-geschaukelt. Der Engel der Heimatlosen, mit tiefer, melodischer Stimme, summte den Refrain: ‚Völker, hört die Signale ...'" (V 538).
[134] Lachmann, ‚Exil' als literarisches Projekt, S. 96.
[135] Klaus Mann, Das Wort. In: Mann, Zweimal Deutschland. Aufsätze, Reden, Kritiken 1938–1942, hg. von Uwe Naumann u. Michael Töteberg, Reinbek 1994, S. 318–327, hier S. 321.

und verdeutlicht zugleich die große Bedeutung einer wahrhaftigen Kunst: „Die Lüge hat unsere Zivilisation bis an den Rand des Zusammensturzes geführt. Nur das Zurückfinden zur Wahrheit kann uns retten."[136] Das distinkte Merkmal der Dichterinnen und Dichter gegenüber den Vertreterinnen und Vertretern der Politik liegt vor diesem Hintergrund in ihrem Wahr-Sprechen, das auch den Engel kennzeichnet. So bestimmt Klaus Manns in seinem Artikel „Das Wort" (1941) den Grenzverlauf zwischen Tier, Mensch und Engel entlang der Fähigkeit, zu lügen, die nur dem Menschen zugesprochen wird, da einzig er sich frei zur Wahrheit verhalten könne. Dagegen sei das Lügen den Engeln unmöglich, „weil der eigentliche Kern ihres Wesens Wahrheit ist"[137]. Für Kikjous Unterfangen, für dessen Gelingen die dem nationalsozialistischen Zugriff entzogene Wahrheit eine zentrale Rolle spielt, besteht also anders als bei den gescheiterten Projekten seiner Freunde auch deshalb Hoffnung, weil er mit dem Engel Unterstützung von einer Wahrheitsinstanz erhält, die noch dazu epistemischen Anfechtungen gegenüber immun ist. Neben seiner Unfähigkeit zur Lüge entstammt das Wissen, das der Engel über die Menschen und ihre Bedeutsamkeit für den göttlichen Plan vermittelt, einer Sphäre, die menschlicher Überprüf- und damit Falsifizierbarkeit entzogen ist (vgl. V 527).

Der Engel avanciert somit zum Prisma der Vermittlung von Theorie und Praxis, von Wort und Tat, die entscheidend für die gelingende künstlerische Produktion und umgekehrt gerade auch von dieser zu leisten ist. Auf diese Weise wird mit der Verbindung von Schreiben und Handeln ein zentrales Problem des politischen Schreibens überwunden,[138] an dem Marcel gescheitert war. Die Trennung zwischen drinnen und draußen als Basis der Heimat-Fremde-Dichotomie, die, wie gezeigt, aus ihrer geographischen Verankerung gelöst wurde, wird hier auch in einer anderen Spielart entmachtet: in Bezug auf jenes insbesondere für die Zeit des Nationalsozialismus vieldiskutierte Problem der ‚Innerlichkeit' des Künstlers und sein Verhältnis zur Außenwelt.[139] Insofern ist hier Andreas Grünes zu widersprechen, der behauptet, es stünden „in *Der Vulkan* nach dem Scheitern der Volksfront antifaschistische Dissidenz, Resignation und Abwendung vom Politischen als Konsequenzen des Exils gleichrangig nebeneinander"[140]. Deutlich

---

136 Mann, Das Wort, S. 327.
137 Mann, Das Wort, S. 318.
138 Vgl. Claas Morgenroth, Martin Stingelin u. Matthias Thiele, Politisches Schreiben. Einleitung. In: Die Schreibszene als politische Szene, hg. von Claas Morgenroth, Martin Stingelin u. Matthias Thiele, München 2012, S. 7–33, hier S. 11.
139 Zur Untersuchung dieses Themas in vergleichender Perspektive vgl. Dani Issler, „The World of Yesterday" versus „The Turning Point": Art and the Politics of Recollection in the Autobiographical Narratives of Stefan Zweig and Klaus Mann. In: Naharaim, 8/2, 2014, S. 210–226.
140 Grünes, Klaus Mann: Der Vulkan, S. 436.

werden die Ausweichmanöver gegenüber dem ethischen Imperativ weltpolitischer Verantwortung disqualifiziert und zwar nicht nur hinsichtlich eines gesellschaftlichen Ethos, sondern auch im Hinblick auf die eigene Biographie und das eigene Kunstschaffen.

5.2.6 *Der Vulkan* als Offenbarungstext

Das Prinzip der Überschreitung, das sich in der Transzendierung der Opposition von ästhetizistischer Innenschau und Parteinahme für einen kosmopolitischen Humanismus manifestiert, ist für den gesamten Roman konstitutiv. Dazu heißt es in einem Tagebucheintrag Klaus Manns vom 15. Februar 1939: „Z[auberer (Thomas Mann), L.Z.] sagt etwas Hübsches: die Tendenz zum *Auf-Flug* im Ganzen. Daher bleibt der Engel ‚im Stil'. Auch der ‚ideale Emigrations-Roman', der geschrieben werden soll (Martin – Kikjou): der Roman will über sich selbst hinaus. Der Mensch will über sich selbst hinaus ..."[141] Dieser Gattungsreflexion der Bewegung des Über-sich-Hinaus entspricht auf Romanebene der „Auf-Flug" des Engels der Heimatlosen zur „Höchsten Instanz" (V 545). Es betrifft darüber hinaus aber auch das dem Roman zugrundeliegende Geschichtsbild.

Mochte Klaus Mann das „Verständnis der Mission der Arbeiterklasse" fehlen, wie Albrecht Friedrich im Zusammenhang mit dem *Vulkan* aus DDR-Perspektive feststellt, so trifft es für den Roman insgesamt sicher nicht zu, dass „Klaus Mann die Grenzen eines von starken pessimistischen Zügen geprägten spätbürgerlichen Geschichtsdenkens nicht zu durchbrechen"[142] vermocht habe. Vielmehr ist gerade das Durchbrechen im Sinne der Überschreitung das tragende Prinzip des Romans, das auch anthropologisch tragend wird, und zwar in Form des Menschen, der sich dem Engelhaften nähern und damit seine nationale Verhaftung überwinden soll. Auch die Architektur des Romans basiert auf diesem Prinzip, wobei die Andeutung einer Überschreitung ins Überirdische nach dem Höhepunkt des göttlichen Appells durch zwei rahmende Briefe geerdet wird. Das Prinzip der Überschreitung manifestiert sich schließlich in der autopoetologischen Dimension des Romans, die sich im *Wendepunkt* spiegelt. Denn die Fragen, die Klaus Mann bei der Abfassung des *Vulkans* be-

---

141 Klaus Mann, Tagebucheintrag, 15. Februar 1939. In: Mann, Tagebücher 1938–1939, hg. von Joachim Heimannsberg, Peter Laemmle u. Wilfried F. Schoeller, Reinbek 1995, S. 86–87, hier S. 87.
142 Friedrich Albrecht, Der Vulkan. Roman unter Emigranten. In: Albrecht, Klaus Mann der Mittler, Bern 2009, S. 37–48, hier S. 44.

schäftigen, sind dieselben, die seine Romanfigur Martin umtreiben. So heißt es im *Wendepunkt*:

> Ich schrieb mit Eifer, freilich auch mit Zweifeln. „Für wen schreibe ich?" Die Frage blieb mir immer gegenwärtig. Diese Chronik der vielen Verirrungen und Wanderungen – wer wird sie lesen? Wer wird Anteil nehmen? Wo ist die Gemeinschaft, an die ich mich wenden könnte? ... Unser Ruf geht ins Ungewisse, oder stürzt er gar ins Leere? Bleibt ein Echo aus? Irgend etwas wie ein Echo erwarten wir doch, und sei es auch nur ein undeutliches, weit entferntes. Ganz stumm darf es nicht bleiben, wo so heftig gerufen wurde.[143]

In dem auf der nächsten Seite folgenden Zitat aus dem *Vulkan* werden die beiden Schreibprojekte explizit überblendet: „‚Für wen schreibe ich?' Diesmal bin nicht ich es, der seufzt, oder ich seufze doch mit fremdem Atem. Eine meiner Romanfiguren, der junge Emigrant Martin Korella, brütet über dem Emigrantenroman, den ich ihn schreiben lasse und den er übrigens nie vollenden wird."[144]

Auch den Roman der Heimatlosen, den Kikjou weiterschreiben soll, gibt es nicht in abgeschlossener Form, sondern nur als unausgeführten Vorsatz. Nach der Vermittlung der göttlichen Pläne durch den Engel besetzt Kikjou, so wird angedeutet, in der Angelisierung seiner anachoretischen Lebensform die mediale Position des Engels, indem er die ihm zuteil gewordenen Einsichten in die Welt der Menschen trägt. Diese zweite Vermittlungsleistung, die vom Sehen zum Verkünden, wird allerdings nur umrissen und verweist als Leerstelle innerhalb des Romans autopoetologisch auf den *Vulkan* selbst.

Eine weitere Parallele zwischen *Vulkan* und Roman der Heimatlosen besteht darin, dass der *Vulkan* die in ihm für den Roman der Heimatlosen beschriebene montageartig-intertextuelle Narrativierung des Exils selbst umsetzt und das Exil so für zukünftige Generationen bewahrt. Mit den Stimmen von Jesus, Engel und Gott präsentiert auch der *Vulkan* sich als Medium eines höheren Wissens: Über die göttlich inspirierte Poetologie weist er sich als Offenbarungstext und seinen Autor entsprechend als numinos informierten „revolutionäre[n] Prophet[en]"[145] aus. Diesen bestimmt Klaus Mann in dem posthum veröffentlichten Essay „Die Aufgabe des Schriftstellers in der gegenwärtigen Krise" (1941) als den Künstler, der zukünftige Entwicklungen nicht nur voraussieht, sondern auch durch Agitation der Zeitgenossen zu befördern sucht. In Abkehr von modernetypischen Reduktionstendenzen, nach der im prophetischen Sprechen Gott gestrichen oder substituiert ist, wird im *Vulkan* die traditionelle Form der Prophetie mit ethischer

---

143 Mann, Der Wendepunkt, S. 524.
144 Mann, Der Wendepunkt, S. 525.
145 Mann, Die Aufgabe des Schriftstellers in der gegenwärtigen Krise, S. 264.

Zielsetzung reaktiviert – Gott und die über ihn verbürgte ethische Sendung bilden die tragenden Bezugsgrößen.[146]

Wie in der Etablierung eines exklusiven, die Romanwelt transzendierenden Kommunikationsraums von Gott und Leserinnen und Lesern bereits anklang, beschränkt auch der Wirkungsradius der religiös-ästhetischen Sinnstiftung sich nicht auf die Romanfiguren. Er erstreckt sich, ebenfalls von der konstitutiven Überschreitungsbewegung des Romans erfasst, auf die textexternen Exilanten und Exilantinnen. Folgt man dieser These, dann ist der *Vulkan* nicht nur aus seinem historisch-politischen Kontext zu verstehen, sondern er strahlt auch wirkungsästhetisch auf ihn zurück. Die Gemeinde, an die sich die Botschaft des *Vulkans* richtet und der gegenüber sie ihre nobilitierende und normbildende Kraft entfalten soll, ist die der Heimatlosen des Jahres 1939. Sie werden in ihrem Elend und dem asymmetrischen Kampf gegen den Nationalsozialismus durch die Integration in ein Heilsgeschehen mit einem numinos verbürgten Sinn ausgestattet und selbst zu engelhaften Vermittlungsfiguren berufen.[147]

So erhebt Klaus Mann, laut Selbstauskunft „something like an expert in the science of angels and cherubim"[148], das angelische Mittlertum zur vordringlichen Aufgabe der Heimatlosen. Auf die Frage der *Welt am Sonntag* 1949 nach seiner Situation in den USA antwortet er: „Wir [die europäischen Intellektuellen, L.Z.] müssen versuchen, unserem kulturellen Erbe die Treue zu halten und doch den amerikanischen Einfluß in uns aufzunehmen. Denn es ist die Rolle des *Mittlers*, zu der wir prädestiniert erscheinen."[149] Für Marlis Thiel trägt der Engel im *Vulkan* sogar Züge von Klaus Mann selbst: „[E]r [Klaus Mann, L.Z.]

---

146 Zur ethischen Dimension der Prophetie vgl. Wacker, Poetik des Prophetischen, S. 39. Auch die metaleptische Überschreitungsbewegung ist ein bekanntes Muster der prophetischen Poetik: „Grundlegend für eine Propheten-Autorpoetik ist insbesondere ihre Eigenart, dass sie gemäß dem Postulat des prophetischen ‚Gesamtkunstwerks' die Grenzen zwischen empirischem Autor, implizitem Autor und seinen prophetischen Figuren (teilweise) spielerisch verwischt" (Wacker, Poetik des Prophetischen, S. 77).
147 So sei es „die Rolle des *Mittlers*, zu der wir [die europäischen Intellektuellen, L.Z.] prädestiniert erscheinen" (Klaus Mann, An die Redaktion der ‚Welt am Sonntag'. In: Mann, Briefe und Antworten 1922–1949, hg. von Martin Gregor-Dellin, Reinbek 1991, S. 605–607, hier S. 605). Die gleiche Rolle weist er Deutschland als „Mittler-Volk" zu (Mann, An die Schriftsteller im Dritten Reich, S. 110). Und schließlich wirkt auch Klaus Mann selbst als Mittler mit seinen Bemühungen um Vermittlung unter den Exilantinnen und Exilanten, aber auch in den Gastgeberländern. Zu konkreten Dimensionen und Situationen, in denen sich das Mittlertum Klaus Manns bewährte, vgl. Friedrich Albrecht, Klaus Mann der Mittler. In: Albrecht, Klaus Mann der Mittler, Bern 2009, S. 267–326.
148 Klaus Mann, Brief an Thomas Mann, 13. Oktober 1944. In: K. Mann, Briefe und Antworten 1922–1949, hg. von Martin Gregor-Dellin, Reinbek 1991, S. 527–529, hier S. 527.
149 Mann, An die Redaktion der ‚Welt am Sonntag', S. 605.

stand überall dazwischen, insbesondere für die zerstrittene Emigrationsgemeinschaft eine Integrationsfigur und ein geflügelter Diplomat, bestrebt danach, ein prekäres Gleichgewicht aufrecht zu erhalten."[150] Und während der antifaschistischen Einheitsfront wirkte Klaus Mann als transatlantischer Mittler nicht nur zwischen Kommunisten, Katholiken und Pazifistinnen, zwischen europäischen Exilierten und der US-amerikanischen neuen Heimat;[151] auch an die Schriftsteller im nationalsozialistischen Deutschland wandte er sich mit dem dringlichen Ruf zur Verständigung,[152] und in Deutschland selbst erblickte er gar „das Mittler-Volk zwischen Nord und Süd, Ost und West", das „nicht den Auftrag [hat] zu herrschen, sondern den anderen, schöneren und tieferen: zu versöhnen"[153].

Die Vermittlung des Engels verbindet im *Vulkan* Politik, Ästhetik und Religion, indem die Priorität des politischen Handelns vor der religiösen Kontemplation vermittels der Kunst zur gottgefälligen Maxime erklärt wird. Darin liegt eine wesentlich Erkenntnis von Kikjou, der feststellt: „Während ich mich am schönen Klang Deines [Gottes, L.Z.] Namens berauschte, habe ich ein dummes, weichliches und verfehltes Leben geführt. [...] Du bist der Herrscher, der gerne auf Bezeugungen der Unterwürfigkeit verzichtet, wenn nur gehandelt wird im Sinn Deines Willens. Wenn nur gehandelt wird ..." (V 338) Das christliche Register im *Vulkan* stellt ein Bezugssystem dar, das es erlaubt, den Menschen ins Zentrum zu stellen, dem vor aller juridisch-politischen Formierung Würde zukommt. Der Mensch wirkt politisch gleichermaßen als visionärer Zielpunkt für die Utopie einer Weltdemokratie wie – über eine rhetorische Homogenisierung der antifaschistischen Kräfte – als Kitt in der Gegenwart, indem er weltanschauliche Differenzen transzendiert. Für die Überwindung der gegenwärtigen Misere stellt das Christentum den für Klaus Mann so wichtigen Einheitsgedanken bereit, der die zersplitterten antifaschistischen Gruppierungen zusammenführen und ihre Schlagkraft bündeln und steigern soll.

So überwindet die universalmenschliche Ausrichtung des Christentums diesem Verständnis nach nationalstaatliches Denken und gibt dem erniedrigten Menschen seine Würde zurück. Auf diese Weise stellt es als eine nicht nur der

---

150 Marlis Thiel, Klaus Mann. Die Sucht, die Kunst und die Politik, Pfaffenweiler 1998, S. 222.
151 Vgl. das Programm seiner Zeitschrift *Descision*: Es geht unter anderem darum, „eine Solidarität unter fortschrittlichen Geistern zu beweisen und zu stärken, die über alle nationalen Grenzen hinausgeht" (Mann, Decision, S. 238).
152 Vgl. der eindringliche Appell: „Jetzt aber und neuerdings hat unser aller Situation sich so verändert und zugespitzt, daß eine Verständigung zwischen Euch und uns zur Notwendigkeit wird. Wir *müssen* uns einigen, wiederfinden, wieder-verstehen, Kollegen im Dritten Reich! Wir *müssen*!" (Mann, An die Schriftsteller im Dritten Reich, S. 102).
153 Mann, An die Schriftsteller im Dritten Reich, S. 110.

nationalsozialistischen Ideologie widerstreitende, sondern im Kontext moderner Trennungs- und Differenzierungspraktiken grundsätzlich unzeitgemäß erscheinende Lehre das Instrumentarium bereit, um die Fallstricke von Modernisierungsprozessen kritisch zu hinterfragen, die bei moralischer Indifferenz drohen.[154] Außerdem werden die entwürdigten Exilantinnen und Exilanten über eine Angelisierung aufgewertet, die die Mangelerscheinungen des Exils in Fülle transformiert. Die Angelisierung lässt sie nicht nur über eine schwerelos-sakrale Ästhetik schön in ihrem Elend werden, sondern auch, im Falle Marions und Kikjous, zu Medien höheren Wissens avancieren. Dieses wird über die Vermittlung im Roman, in dem Angelisches und Ästhetisches jeweils als Medien des Virtuellen, noch Unverwirklichten fungieren, in die Welt getragen.

Der Engel verleiht dem Christentum eine katapulthaften Wirkung, indem im Umschlag von Mangel in Fülle der Sprung über die untragbaren Zeitumstände hinaus imaginiert wird. Einen Vorschein dieser Zukunft gewährt der Engel als ästhetisches Prinzip, der – wie der Roman selbst – als ein „dritter Charakter" zum „sinnlichen Pfand der unsichtbaren Sittlichkeit"[155] wird. Mit dem Umschlag von (exilischem) Mangel in (transhistorische) Fülle und der Vermittlung zwischen Sichtbarem und Unsichtbarem laufen im Engel als einer zwischen Sphären und Zeiten stehenden transnationalen Figur die tragenden, geschichtsphilosophisch temporalisierten Strukturprinzipien des *Vulkans* zusammen.

Der zentralen Bedeutung dieser beiden Figuren des Dritten entspricht, dass sie sich jeweils selbst thematisieren – in Form des „Exilsroman im Exilsroman"[156] (der Roman der Heimatlosen im *Vulkan*) und des Engels als Figur der Darstellung der Darstellung (des Undarstellbaren). Mit der Figur des Engels wird das Gewicht politischer Handlungen ins Transzendente verlängert und potenziert – die Heimatlosen kämpfen nicht nur gegen den Faschismus, sondern vor allem für eine neue, göttlich verbürgte Ordnung, der sie durch ihr Wirken auf der Erde zuarbeiten können. So ermöglicht es der Engel als heilsgeschichtliche Figur, eine kontrafaktische Zukünftigkeit und damit eine neue Ordnung zu denken, in der der gegenwärtige Zustand der Unmenschlichkeit und eines technokratisch verwalteten Sinn-Vakuums in die utopische Fülle eines neuen Humanismus umschlägt. Auf diese Weise erfolgt über die religiös fundierte transnationale Perspektive nicht nur eine „epische Analyse", sondern auch eine fundamentale Veränderung in der Bewertung des Exils: Das Exil bezeichnet keinen Zwischen-

---

154 Vgl. Mann, Das Wort, S. 320. Auch in dieser Hinsicht gibt es Parallelen zu Schiller, der davon ausgeht, dass „alle Aufklärung des Verstandes nur insofern Achtung verdient, als sie auf den Charakter zurückfließt" (Schiller, Über die ästhetische Erziehung, S. 592).
155 Schiller, Über die ästhetische Erziehung, S. 576.
156 Volz, Sehnsucht nach dem ganz anderen, S. 151.

beziehungsweise Wartezustand vor der Rückkehr in die alte Heimat, sondern das Vorstadium einer transnationalen Gemeinschaft.

Auch die fragwürdigen Elemente von Religion, insbesondere in ihrer institutionalisierten Form im Kontext des Faschismus, werden im *Vulkan* reflektiert (vgl. V 152–154) und von Kikjou als Missbrauch der Gotteswahrheit abgelehnt (vgl. V 337/338). Eine strukturell problematische Dimension des Rekurses auf religiöse Strukturen wird offenbar, wenn Klaus Mann in einer Rezension zu Winston Churchills Ansprachen zwischen Januar 1938 und Februar 1941 schreibt, dass die „überholte politische Antithese"[157] von Reaktion und Revolution ersetzt sei durch den Gegensatz von gut und böse. In der Konsequenz werden die Nationalsozialisten an anderer Stelle als „apokalyptische[s] Monster"[158] und „Antichrist"[159] selbst tendenziell aus dem Bereich des Menschlichen ausgegrenzt. Hier erfolgt eine bei Exilschriftstellern und Exilschriftstellerinnen verbreitete und nicht unbedenkliche Annäherung an die faschistische Freund-Feind-Logik. Thomas Koebner wendet gegen die Ausgrenzung dieser „Wiederentdeckung des Bösen"[160] ein, dass „mit dem im Grunde theologisch ausgerichteten Begriff des Bösen die Vorstellung einer Befreiung am Ende verbunden"[161] ist; in dieser Logik erscheint der Teufel selbst als Teil des religiösen Weltmodells. Dadurch werde der Blick für unliebsame Affinitäten und untergründige Verwandtschaften in diesem scheinbar manichäischen System geschärft.[162] Klaus Manns Reflexionen bewegen sich in diesem

---

157 Mann, Blut, Schweiß und Tränen, S. 317.
158 Klaus Mann, Erklärung zum Kriegseintritt der USA. In: Mann, Zweimal Deutschland. Aufsätze, Reden, Kritiken 1938–1942, hg. von Uwe Naumann u. Michael Töteberg, Reinbek 1994, S. 373.
159 Mann, Blut, Schweiß und Tränen, S. 311.
160 Thomas Koebner, Unbehauste. Zur deutschen Literatur in der Weimarer Republik, im Exil und in der Nachkriegszeit, München 1992, S. 213.
161 Koebner, Unbehauste, S. 213.
162 Diese mentalitätsgeschichtlichen Zusammenhänge hat insbesondere Thomas Mann reflektiert; neben dem *Doktor Faustus* (1947) und seinem Vortrag „Germany and the Germans" (1945) artikulierte er entsprechende Überlegungen auch im Rahmen der „großen Kontroverse", die sich an Thomas Manns Weigerung, nach Deutschland zurückzukehren, entzündete. In einer Dialektik, die schon der Argumentation seines Aufsatzes „Die Stellung Freuds in der modernen Geistesgeschichte" von 1929 zugrunde liegt, geht Thomas Mann davon aus, dass „oft auf Erden von dem Bösen das Gute kommt – und [...] daß oft das Böse kommt aus dem Guten" (Thomas Mann, Warum ich nicht zurückkehre! In: Die grosse Kontroverse. Ein Briefwechsel um Deutschland, hg. von J.F.G. Grosser, Hamburg 1963, S. 27–36, hier S. 34). In der Konsequenz wird auch die Annahme eines guten und eines bösen Deutschlands abgelehnt und stattdessen von einem Deutschland ausgegangen, das zwar einen „Pakt mit dem Teufel" eingegangen, deshalb aber nicht verloren zu geben sei, denn: „Die Gnade ist höher als jeder Blutsbrief" (Mann, Warum ich nicht zurückkehre!, S. 34).

Fahrwasser, wenn er schreibt, dass die „deutsche Inkarnation des absolut Bösen [...] auf niedrigstem Niveau ein Bruder von Goethes Mephisto"[163] sei.

Während die Exilantinnen und Exilanten im *Vulkan* in ihrem Reden und Handeln teils problematischen Polarisierungen verhaftet bleiben und regressive Sehnsüchte offenbaren, wirkt auch in dieser Hinsicht die angelische Perspektive als Korrektiv. Als der Engel der Heimatlosen mit Kikjou in die Stadt Tortosa fliegt, die in der Schlacht am Ebro zerbombt wurde, bleibt er angesichts der für die Menschen grauenhaften Zerstörung ungerührt: „Der Engel war furchtlos. ‚Es wird ein bißchen geknallt.' Er zuckte die Achseln. ‚Ich habe anderes mitgemacht.'" (V 534) Von dem übergeordneten Blickpunkt des Engels aus, der gleichwohl nicht immun gegenüber den Gräueln der Zeit ist,[164] wird das für die menschlich beschränkte Anschauung furchtbare Böse depotenziert, das der Engel der Heimatlosen dann später explizit als Teil eines göttlichen Plans deklariert. Damit spricht er dem Bösen als abhängigem Moment ohne eigene Machtsphäre ontologische Dignität ab. Aus dieser überlegenen Perspektive sind dann die Faschisten auch keine unmenschlichen Bestien, sondern wiederum schlicht Menschen:

> „Drüben liegen die Faschisten." Der Engel runzelte die Stirn und sah ungnädig aus. Nach einer Pause bemerkte er noch – verächtlich, aber doch schon wieder besänftigt –: „Mein Gott – es sind auch nur Menschen ..." (V 534)

Durch den überirdischen Filter erscheint die historische Situation zugleich größer und kleiner: Einerseits wird der Kampf gegen den Faschismus über den Rekurs auf das christliche Gedankengebäude apokalyptisch stilisiert und mit jener kulturell verfügbaren Semantik ausgestattet, die größtmögliche Wucht und Dramatik erzeugt. Gleichzeitig erlaubt es das universale religiöse Koordinatensystem, einen unmenschlichen, nicht relativierbaren Blickpunkt zu installieren, von dem aus die irdische Auseinandersetzung auf Miniaturgröße zusammenschnurrt.

Eine ähnliche Wirkung wird auf Weltebene für den transhistorischen Raum der Kultur reklamiert, in den sich die Exilantinnen und Exilanten aufgehoben wissen dürfen – „Goethe, Lichtenberg, Humboldt stehen brüderlich neben unseren Kameraden, unseren Leidens-Genossen und Mitkämpfern. Das ist eine gute Nachbarschaft und gibt einen schönen Klang"[165]. In diesem Zusammen-

---

163 Mann, Blut, Schweiß und Tränen, S. 311.
164 So verwandelt der Engel sich vorübergehend, seine Augen werden zu „leere[n] Höhlen, schwarz und tot" (V 519), und er erklärt: „,Ich komme zu oft und nah an Widriges heran: es wirkt ansteckend. Manchmal packt es mich, und ich muß selber gräßlich werden [...]'" (V 520).
165 Klaus Mann, Eine schöne Publikation. In: Mann, Zweimal Deutschland. Aufsätze, Reden, Kritiken 1938–1942, hg. von Uwe Naumann u. Michael Töteberg, Reinbek 1994, S. 70–71, hier S. 71.

hang steht auch die Bewahrung im Medium der Schrift. So wird der Konnex von Leben und Kunst im *Vulkan* nicht nur über Pathosformeln der bildenden Kunst, sondern auch über die Formgebung der Prosa in Szene gesetzt. Vermittelt über den Engel als numinose Instanz, die dort Bedeutsamkeit zusichern kann, wo das menschliche Auge nur sinnlose Vernichtung sieht, erhält das Leben in der Anarchie Struktur und Sinn in der beziehungsweise durch die Kunst.

Vor diesem Hintergrund ist der *Vulkan* extratextuell zweifach als strategische Narration lesbar: autobiographisch in dem Bestreben, die eigene, durch das Exil gebrochene Identität durch die Narration jenseits nationalstaatlicher Kategorisierung auf höherer Ebene wieder zu einer Einheit zusammenzufügen,[166] vor allem aber wirkästhetisch in der bejahenden und agitierenden Botschaft an die Leidensgenossen. Diese werden in ihrem Elend und dem asymmetrischen Kampf gegen den Nationalsozialismus durch die Erhöhung als tragende Exponenten des göttlichen Willens mit einem numinos verbürgten Sinn ausgestattet. Die Botschaft bezieht ihre Autorität nicht nur von der Sphäre des Göttlichen, sondern auch von einer transhistorischen Schicksalsgemeinschaft. Zu ihr gehören die toten und lebenden Dichter und Mitstreiterinnnen. Sie reicht bis in die Zukunft der Nachgeborenen, für die das Erlebte bewahrt wird. Die Integration in ein höheres, sinnerfülltes Ganzes wird so nicht nur vertikal hinsichtlich des göttlichen Heilsplans erschrieben, sondern erstreckt sich auch horizontal auf die Menschheitsgeschichte, in deren kulturellem Gedächtnis dem Leid der Heimatlosen ein Platz gesichert ist.

Der Preis für diese Bedeutungsumwertung des Exils ist, dass das durch den Nationalsozialismus verursachte Leid geschichtsphilosophisch funktionalisiert wird. Der Sinn, der dem durch Ausbürgerung, Verfolgung und Verlust entstandenen Leid zugesprochen wird, wirft die Frage auf, inwiefern die Taten des nationalsozialistischen Regimes eine Legitimation erfahren – ein Gedanke, der in Anbetracht von Klaus Manns vehementer Verurteilung und Bekämpfung des Faschismus, aber auch angesichts der Thematisierung und Bewahrung dieses Leids im *Vulkan* eindeutig zu verneinen ist. Auch ist zu betonen, dass diese Sinnstiftung im Jahr 1939 und damit vor der systematischen Massenvernichtung von Jüdinnen und Juden erfolgt.

---

166 Vgl. Bronfen, Exil in der Literatur, S. 170.

6 Ilse Aichinger: Der Engel als theatrale Figur nach 1945

Setzte diese Untersuchung moderner Engelsfiguren mit der Beleuchtung des Anfangs ein, über den Rilke sein Zukunftsdenken entwickelt, so fällt ihre letzte Station mit der programmatischen Perspektive von Ende und Abschied zusammen. Ihr liegt die traumatische Verlusterfahrung zugrunde, die die Deportation und Ermordung von Millionen Jüdinnen und Juden bedeutete, darunter auch Familienmitglieder von Ilse Aichinger. Die vielfach thematisierte Frage nach der Darstellbarkeit des Holocaust wird im vorliegenden Kapitel anhand von Aichingers Roman *Die größere Hoffnung* (1948) über das Paradigma des Engels und seine strukturanaloge Darstellung des Undarstellbaren in den Blick genommen. Mit dieser Doppelung verschiebt sich die negative Ästhetik, die Darstellungen der Judenvernichtung eingeschrieben ist, auf eine Metaebene. Auf dieser reflektiert der Engel als Figur der Darstellung von etwas Unsinnlichem den Topos der Undarstellbarkeit, der das Schreiben über den Holocaust als poetologisches Axiom begleitet. Bevor der Frage nachgegangen wird, welche ästhetischen, rhetorischen und gattungspoetischen Verfahren Aichingers Roman im Zuge dieser angelischen Doppelung entwickelt, werden zunächst jene Aspekte in ihren Grundzügen aufgefächert, die für die Situation nach 1945 prägend sind. Zu den für die gesamte Arbeit relevanten Anknüpfungspunkten gehören dabei der existentiell zugespitzte und zugleich metaphorisch geweitete Exildiskurs, die unterschiedlichen Poetiken von Anfang und Ende nach 1945, die Rede von der (Un-)Möglichkeit geschichtsphilosophischer Entwürfe und das Verhältnis von Literatur und Geschichtsschreibung. In einem zweiten Schritt folgt eine detailliertere Untersuchung von Aichingers Perspektive auf die Erzählung vom Ende des Erzählens, die eng mit der Krise der Erfahrung und dem Verruf, in den geschichtsphilosophisches Denken spätestens nach 1945 gerät, verwoben ist. Diese Aspekte des Nachkriegsdiskurses werden in einem dritten Schritt mit den ihnen korrespondierenden Eigenheiten des Engels zusammengebracht. Welche von dessen vielzähligen Potentialitäten werden nach 1945 im Zusammenhang mit dem Schreiben über den Holocaust aktualisiert? Inwiefern taugt er noch als Träger geschichtsphilosophischer Entwürfe, utopischer Zukunftsszenarien und paradiesischer Einheitsvorstellungen?

Anders als in Rilkes Œuvre, in das sich die Engel als eine von vielen Preziosen scheinbar passgenau einfügen, muss ihr Auftreten in einem Werk verwundern, dessen Autorin postuliert: „Was wir einsetzen können, ist Nüchternheit."[1] Aller-

---

[1] Ilse Aichinger, Aufzeichnungen 1950–1985. In: Aichinger, Kleist, Moos, Fasane, hg. von Richard Reichensperger, Frankfurt am Main 2016, S. 43–87, hier S. 48.

dings kommt hier Aichingers besondere Sprachverwendung zum Tragen, in der, wie zu sehen sein wird, weder „Engel" noch „Nüchternheit" das bedeuten, was sie zu bezeichnen scheinen. Derartige Inkongruenzen lassen sich als Ausdruck einer angelischen Poetik begreifen, die wie in den vorigen Einzelstudien so auch hier durch Akte der Störung charakterisiert ist. Diese Bewegung, die Aichingers eigenwillige Sprache kennzeichnet, wird im Engel figürlich reflektiert. So tritt der Engel in erster Linie als Medium der Unterbrechung auf. Als unzeitgemäße Figur im Gefolge einer (erinnerten) kindlichen Sicht auf das unzeitgemäße Fest Weihnachten zerstört er in der Erzählung „Engel in der Nacht" gleichermaßen subtil wie radikal die Pfeiler moderner Ordnungskonstruktionen und verkörpert ein Schreiben, das Alltagsperspektiven auf die Welt verunsichert.

Mag dieses poetische Aufkündigen eines unausgesprochenen Wirklichkeitskonsenses hier wenig problematisch erscheinen, so wird der Engel spätestens dann politisch brisant, wenn er diese Wirkung im Schreiben über den Holocaust entfaltet. Entsprechend kritisch fiel teils die Rezeption der *Größeren Hoffnung* aus, die dem Roman eine verklärende Sicht auf die Zeit des Nationalsozialismus unterstellte. Der Kontroverse, die sich an dem Roman entzündete, liegt implizit ein gattungspoetischer Disput zugrunde, der sich exemplarisch an der Figur des Engels beobachten lässt. Im sechsten Roman-Kapitel „Das große Spiel" erscheint der Engel als Verkörperung eines theatralen Paradigmas, das Ansprüche einer geordneten narrativen und restlos erklärenden Chronologie abweist – ein zentraler Vorwurf, der dem Roman gemacht wurde.[2] Die unscheinbar vollzogene Gattungsmischung – das sechste Kapitel enthält ein Theaterspiel – lässt sich als Reaktion auf den Diskurs der Krise des Erzählens sowie geschichtsphilosophischer Entwürfe verstehen, die nach 1945 neuerlich virulent wurde.[3] Die Erfahrung eines totalitären Systems diskreditierte den Anspruch erzählerischer Totalität. Zur Diskussion steht in diesem Kapitel, ob der Engel als theatrale und damit gewissermaßen doppelt zwischen Sein und Schein oszillierende Figur im Schreiben über den Holocaust dessen grauenhafte Tatsachen in Zweifel zieht und ob sich die politische Bedeutung des Engels tatsächlich in dieser Frage erschöpft.

Die erste Etappe des nationalsozialistischen Entmenschlichungs- und Vernichtungsprozesses stellte der Ausschluss aus der Herkunftskultur durch eine

---

2 Vgl. Irene Heidelberger-Leonard, Klärung oder Verklärung? Überlegungen zu Ilse Aichingers Roman ‚Die größere Hoffnung'. In: Verschwiegenes Wortspiel. Kommentare zu den Werken Ilse Aichingers, hg. von Heidy Margrit Müller, Bielefeld 1999, S. 157–168.
3 Zur Gattungshybridität als hervorstechendes Charakteristikum von Aichingers Werk vgl. Wotschal, Schreiben und Reisen über Gattungsgrenzen hinweg, S. 147–212.

Reihe administrativer Maßnahmen dar:[4] Wer sich im nationalsozialistischen Machtbereich befand und nicht den Vorgaben der „Nürnberger Gesetze" entsprach, war gewissermaßen im eigenen Land exiliert. „So fremd wie das Bekannte kann das Unbekannte nie werden"[5], schreibt Aichinger in einer Notiz aus dem Jahr 1952. Die Erfahrung des Ausgeschlossenseins, die ihr gesamtes Werk durchzieht, erhebt Aichinger schließlich zu einem Lebensimperativ: „Man muß immer ‚out' bleiben, draußen bleiben. ‚In' darf man nie sein"[6], sagt sie in einem Interview. Aichingers Werk zeugt entsprechend bis in seine kleinsten sprachästhetischen Verästelungen hinein von der Erfahrung des Ausgestoßenseins und dem singulären Bruch, den der Holocaust für die menschliche Zivilisation bedeutet. Im Bild des „zweiten Sündenfalls", das nach dem Zweiten Weltkrieg kursierte, drückt sich die Empfindung von dessen metaphysischer Tragweite aus.[7] Damit erfährt die Rede vom modernen Exilstadium eine qualitative Verschärfung. Das menschliche Subjekt, dessen prekärer Status in den vorigen Kapiteln immer wieder als Teil eines umfassenden Krisendiskurses behandelt wurde, scheint nach dem Terror des NS-Regimes endgültig untauglich, um als Einheitsgarant von Erfahrung, Sprachsouveränität und Zukunftsoptimismus zu fungieren. Die negierte Singularität des Sündenfalls verdeutlicht zudem, dass auch jene beruhigende Teleologizität ausgehebelt ist, die über den geschichtsphilosophischen Dreiklang von Paradies – Entzweiung – Paradies höherer Einheit noch im *Vulkan* das Erzählen organisiert.

So plausibel die Perspektive des Endes vor diesem Hintergrund auch erscheint, so bildet sie doch keinesfalls die Norm. Nimmt man die Verteilung von Literaturpreisen als Gradmesser, dann dominieren Vertreterinnen und Vertreter der „Inneren Emigration" die literarische Szene der Nachkriegszeit.[8] Als auszeichnungswürdig galten vor allem Verdienste um die deutsche Sprache als Teil der abendländischen Kultur, wie sie Ernst Robert Curtius oder Rudolf Alexander Schröder zugesprochen wurden.[9] Die NS-Zeit erscheint dabei als Verir-

---

4 Dazu gehören die Definitionsversuche „der Juden", sodann Entlassungen und Nötigungen, etwa zum Verkauf von Eigentum und Zwangsarbeit (vgl. Hilberg, Die Vernichtung der europäischen Juden, S. 69–163).
5 Aichinger, Aufzeichnungen 1950–1985, S. 56.
6 Luzia Stettler, „Stummheit immer wieder in Schweigen zu übersetzen, das ist die Aufgabe des Schreibens". In: Ilse Aichinger. Materialien zu Leben und Werk, hg. von Samuel Moser, Frankfurt am Main 1990, S. 36–40, hier S. 40.
7 Vgl. Barbara Thums, „Den Ankünften nicht glauben wahr sind die Abschiede". Mythos, Gedächtnis und Mystik in der Prosa Ilse Aichingers, Freiburg im Breisgau 2000, S. 75.
8 Vgl. Christian Sieg, Die ‚engagierte Literatur' und die Religion. Politische Autorschaft im literarischen Feld zwischen 1945 und 1990, Berlin 2017, S. 57.
9 Vgl. Sieg, Die ‚engagierte Literatur' und die Religion, S. 59.

rung und Verfall, dem sich die Dichterinnen und Dichter entgegenstemmen, indem sie an die verschüttete abendländische Tradition und deren unwandelbare Werte anknüpfen.[10] Gegen entsprechende Appelle und Belehrungen der Arrivierten verwahrte sich die „junge Generation"[11] in Gestalt von Hans Werner Richter, Alfred Andersch oder Wolfdietrich Schnurre. Kein restauratives Bemühen, sondern der „absolut[e] und radikal[e] Beginn von vorn"[12] bildet für sie die Grundlage des Schreibens nach 1945. Als Medium sollte dabei eine von allen faschistischen Schlacken gereinigte Sprache dienen. Federführend bei diesen Bemühungen war die Gruppe 47, zu der auch Ilse Aichinger gehörte. Mit militantem Pathos diagnostiziert Hans Werner Richter im *Ruf*, gewissermaßen der publizistischen Wiege der Gruppe 47, den Tod der überlieferten Literatur. In seinem Artikel „Literatur im Interregnum" bilanziert er 1947 das Scheitern von äußerer wie innerer Emigration, die nur „künstlerischen" beziehungsweise „ästhetischen Leerlauf"[13] hervorgebracht habe: „Eine Generation hat versagt, eine Literatur ist tot. [...] Was uns blieb, ist ein leeres Feld, umrahmt von Ruinen unserer Zeit, auf dem ein paar Verirrte und Verwirrte ihre Bekenntnisse stammeln."[14] Was Richter zur Bestellung dieses Felds fordert, ist ein neuer Realismus, der aus dem „Vakuum unserer Zeit zu einer neuen Wirklichkeit"[15] führt.

Die konträren Schwerpunktsetzungen von Ende und Fortführung beziehungsweise Aufbruch existieren keineswegs neutral nebeneinander. Sie sind vielmehr Ausdruck der unvereinbaren Positionen, die Überlebende, Täterinnen und Täter, Zuschauerinnen und Zuschauer in der Geschichte des Massenmords an den europäischen Jüdinnen und Juden einnehmen.[16] Aufbruchspathos nach 1945 kann nur gedeihen, wo der Blick zurück auf die NS-Verbrechen nicht allzu gründlich ausfällt. Eine tiefergehende Auseinandersetzung mit der massenhaften Folter, Verschleppung und Ermordung verhindern dabei – wenn sie nicht

---

10 Vgl. Sieg, Die ‚engagierte Literatur' und die Religion, S. 60–61.
11 Vgl. die 500. Rede an die deutsche Jugend. Eine Parodie, frei nach Ernst Wiechert. In: Der Ruf, 1, 1946, S. 12. Zur österreichischen „jungen Generation" vgl. Slawomir Piontek, ‚Erben des Feuers'. Krieg, Nationalsozialismus und Identitätsfrage in den Nachkriegsromanen der österreichischen ‚jungen Generation', Poznań 2008.
12 Hans Werner Richter, Warum schweigt die junge Generation? In: Der Ruf, 2, 1946, S. 17–18, hier S. 18.
13 Hans Werner Richter, Literatur im Interregnum. In: Der Ruf, 15, 1947, S. 10–11, hier S. 10.
14 Richter, Literatur im Interregnum, S. 10.
15 Richter, Literatur im Interregnum, S. 11.
16 Vgl. Sigrid Weigel u. Birgit Erdle, Vorwort. In: Fünfzig Jahre danach. Zur Nachgeschichte des Nationalsozialismus, hg. von Sigrid Weigel u. Birgit Erdle, Zürich 1996, S. IX–XII, hier S. X–XI.

gleich mit einem Tabu belegt werden – „problematische Denkmodelle"[17], wie das zur existentiellen Erfahrung schlechthin stilisierte Fronterlebnis in der Gruppe 47. Richter, der über die Zusammensetzung der Gruppe entschied, profiliert das „blutige Erlebnis unserer Zeit"[18] gegenüber den „blutleeren Bildungsgehäusen"[19] des Bürgertums und erhebt es zu der produktiven Erfahrung schlechthin, auf der eine neue Literatur aufbauen soll. In ihr wird die Misshandlung und Ermordung in Konzentrations- und Vernichtungslagern mit der soldatischen Fronterfahrung vermengt und dadurch der Holocaust im Begriff der rhetorisch geweiteten, tatsächlich aber auf eine deutsche Perspektive verengten Grenzerfahrung zum Verschwinden gebracht: „Deutschland ist leergebrannt", die „jungen Talente" des Landes „sind in den Konzentrationslagern und auf den Schlachtfeldern zugrunde gegangen"[20], befindet er. Zwar geht es nicht darum, die Vergangenheit zu vergessen. Die Poetologie des Erlebnisses,[21] die die gegensätzlichen Vorzeichen von Schlachtfeld und Vernichtungslager missachtet, reduziert sie aber auf die Erfahrung des soldatischen männlichen Individuums.

---

17 Michael Hofmann, Im Zwielicht des Erlebnisses. Neuanfang und Abwehr von Verantwortung im Nachkrieg. Zu Hans Werner Richter. In: Literarischer Antisemitismus nach Auschwitz. Perspektiven der Forschung, hg. von Klaus-Michael Bogdal, Klaus Holz u. Matthias N. Lorenz, Stuttgart; Weimar 2007, S. 147–158, hier S. 148. Zur Tabuisierung vgl. etwa Anton Pelinka u. Erika Weinzierl, Das grosse Tabu. Österreichs Umgang mit seiner Vergangenheit, Wien 1997.
18 Richter, Literatur im Interregnum, S. 10. Vgl. zur Bedeutung des „Erlebnisses" als „Zentralkategorie der Heimkehrpublizisten" Klaus Briegleb, „Neuanfang" in der westdeutschen Nachkriegsliteratur – Die „Gruppe 47" in den Jahren 1947–1951. In: Fünfzig Jahre danach. Zur Nachgeschichte des Nationalsozialismus, hg. von Sigrid Weigel u. Birgit Erdle, Zürich 1996, S. 119–163, hier S. 128.
19 Richter, Literatur im Interregnum, S. 11.
20 Richter, Literatur im Interregnum, S. 11.
21 Diesen Begriff verwendet auch Eva Horn in Bezug auf die literarische Aufarbeitung des Ersten Weltkriegs vgl. Horn, Erlebnis und Trauma, S. 132. Tatsächlich lassen sich interessante Parallelen zur literarischen Auseinandersetzung mit dem Ersten Weltkrieg beobachten, die eine ausgeprägte Verbindung zur Lebensphilosophie um 1900 aufweist, vor allem dort, wo die Auswirkung des Kriegs auf das Individuum thematisiert wird (vgl. Lars Koch, Der Erste Weltkrieg als kulturelle Katharsis und literarisches Ereignis. In: Erster Weltkrieg. Kulturwissenschaftliches Handbuch, hg. von Lars Koch, Stefan Kaufmann u. Niels Werber, Stuttgart; Weimar 2014, S. 97–141, hier S. 111). Auch der Reinigungsgedanke und der emphatische Bezug auf das Neue ist beiden gemeinsam (vgl. Koch, Der Erste Weltkrieg als kulturelle Katharsis und literarisches Ereignis, S. 111 sowie Richter, Literatur im Interregnum, S. 11). Eine weitere Form, das Konzentrationslager zu bagatellisieren, stellt die Parallelisierung der Behandlung deutscher Kriegsgefangener und der Gefangenen in Vernichtungslagern dar, wie sie sich bei Andersch findet (vgl. Norman Ächtler, Das Lager als Paradigma der Moderne. Der Kriegsgefangenendiskurs in der westdeutschen Nachkriegsliteratur (1946–1966). In: Deutsche Vierteljahrsschrift für Literaturwissenschaft und Geistesgeschichte, 87, 2013, S. 264–294, hier S. 269).

Vor diesem Hintergrund ist es nicht verwunderlich, dass die vielen ehemaligen Angehörigen der Hitlerjugend und der Wehrmacht, aus denen die Gruppe 47 sich größtenteils zusammensetzte, „ein notorisch schlechtes Verhältnis"[22] zu jüdischen und/oder exilierten Schriftstellern und Schriftstellerinnen hatten. In dieser Hinsicht sind die einflussreichen Treffen symptomatisch für das deutsche Tätergedächtnis nach 1945, das geprägt ist von der Abwehr von Erinnerung beziehungsweise deren selektive Fixierung auf das Leid deutscher Kriegsgefangener.[23] Für Norman Ächtler besteht hier ein Zusammenhang:

> Gerade weil die Qualifizierung des Lagers als Epochensignatur westdeutschen Schriftstellern und Intellektuellen dazu diente, die Nazi-Verbrechen im Abgleich mit den eigenen Erfahrungen und Opfernarrativen in identifikatorische Relation zu setzen, konnte der Holocaust in seinen realen Dimensionen nicht thematisiert werden.[24]

Dass eine umfassende Auseinandersetzung mit dem Holocaust nach 1945 nicht stattfand, hatte sowohl individual- und sozialpsychische als auch politisch-strategische Gründe.[25] In weiten Teilen der deutschen Bevölkerung trat die Frage nach Schuld und Verantwortung hinter der Selbstwahrnehmung als Opfer zurück.[26] Aber auch international war das Interesse an einer Auseinandersetzung mit dem Holocaust gering angesichts der wachsenden Bedeutung der Bundesrepublik im Kalten Krieg – sowohl im öffentlichen als auch im akademischen Bereich war die Erinnerung an den Massenmord „unerbeten"[27], wie der Historiker Raul Hilberg rückblickend über seine 1948 begonnene Forschung zum Holocaust schreibt.

---

22 Hofmann, Im Zwielicht des Erlebnisses, S. 147; vgl. auch Klaus Briegleb, Missachtung und Tabu. Eine Streitschrift über die Frage: „Wie antisemitisch war die Gruppe 47?", Berlin 2003.
23 Zur Abwehr von Erinnerung vgl. Aleida Assmann, 1998 – Zwischen Geschichte und Gedächtnis. In: Geschichtsvergessenheit – Geschichtsversessenheit. Vom Umgang mit deutschen Vergangenheiten nach 1945, hg. von Aleida Assmann u. Ute Frevert, Stuttgart 1999, S. 21–52, hier S. 45.
24 Ächtler, Das Lager als Paradigma der Moderne, S. 271.
25 So unterscheidet Aleida Assmann zwischen einem „Siegergedächtnis", einem „Verlierergedächtnis", einem „Opfergedächtnis" und einem „Tätergedächtnis" (Assmann, 1998 – Zwischen Geschichte und Gedächtnis, S. 41–49).
26 Deutlich wird dies etwa an der „großen Kontroverse", die nach 1945 zwischen Exilschriftstellern und den „Daheimgebliebenen" geführt wurde (vgl. J.F.G. Grosser, Die grosse Kontroverse. Ein Briefwechsel um Deutschland, Hamburg 1963).
27 Raul Hilberg, Unerbetene Erinnerung. Der Weg eines Holocaust-Forschers, Frankfurt am Main 1994.

6 Ilse Aichinger: Der Engel als theatrale Figur nach 1945 — 291

Der machtpolitische Blick nach vorne setzt ebenso wie die selbstbezügliche Verve der jungen Generation eine Absetzungsbewegung gegenüber den Toten der NS-Zeit voraus. Gleichzeitig beruhte das mythisch stilisierte Anfangsdenken nach 1945 stillschweigend auf einer entscheidenden Kontinuitätsannahme:[28] Vorausgesetzt wird die grundsätzliche Intaktheit von menschlicher Erfahrung, Verständigung und Geschichtsschreibung. Dem steht mit der um das Ende kreisenden Perspektive ein „negativer Ursprungsmythos"[29] gegenüber, in dem die Toten und das Trauma zum Dreh- und Angelpunkt des Schreibens werden. Anders als im richterschen Literaturprogramm kann dieses Schreiben, das von dem körperlich und seelisch versehrten Individuum seinen Ausgang nimmt, die Vergangenheit nicht sinn- und zukunftsstiftend in den Begriff des existentiellen Erlebnisses überführen. Es laviert mit dem Holocaust als unbewältigtem Negativum beständig an den Grenzen der Erzählbarkeit und muss ohne festen Grund ein gesteigertes Maß an rhetorischen, ästhetischen und metapoetischen Ressourcen mobilisieren.

Unfassbarkeit und Negativität des Holocaust ziehen in der Zeit danach nicht nur die Erfassbarkeit der konkreten Ereignisse in Zweifel, ebenso fragwürdig wird auch die Darstellbarkeit eines konsistenten Zusammenhangs menschlicher Entwicklung überhaupt. Ist geschichtsphilosophisches Denken noch möglich, verstanden als Hermeneutik eines Menschheitsfortschritts und einer damit implizierten Affirmation des Faktischen,[30] oder hat der Holocaust als potentiell unintegrierbares (Sinn-)Zerstörungsgeschehen derlei semantische Großprojekte mit Erlösungsstruktur endgültig beendet? Dabei geht es nicht nur um die Frage, inwiefern sich der Holocaust selbst theoretisch einholen lässt. Er bedroht mit dem Verständnis von Geschichte als intelligiblem Entwicklungszusammenhang auch die der Ge

---

28 Vgl. generell zu den Kontinuitäten des Neuanfangs Waltraud Wende, Einen Nullpunkt hat es nie gegeben. Schriftsteller zwischen Neuanfang und Restauration – oder: Kontinuitäten bildungsbürgerlicher Deutungsmuster in der unmittelbaren Nachkriegsära. In: Die janusköpfigen 50er Jahre. Kulturelle Moderne und bildungsbürgerliche Semantik, hg. von Georg Bollenbeck u. Gerhard Kaiser, Wiesbaden 2000, S. 17–29.
29 Dominick LaCapra, „Ausagieren" und „Durcharbeiten" des Traumas. In: Fragen zum Holocaust. Interviews mit prominenten Forschern und Denkern, hg. von Daniel Bankier, Göttingen 2006, S. 188–216, hier S. 201. Kritisch sieht Dominick LaCapra diesen „negativen Ursprungsmythos" insbesondere dann, wenn er zur Grundlage für leichtfertige, unreflektierte Identitätsbildungen wird (vgl. LaCapra, „Ausagieren" und „Durcharbeiten" des Traumas, S. 201–202).
30 So liegt für Herta Nagl-Docekal der „ursprünglich[e] Begriffskern" in dem „Projekt, die Entwicklung der Menschheit als ganzer zu deuten", beziehungsweise in der „Konzeption eines Fortschritts der Menschheit zum Besseren" (Herta Nagl-Docekal, Ist Geschichtsphilosophie heute noch möglich? In: Der Sinn des Historischen. Geschichtsphilosophische Debatten, hg. von Herta Nagl-Docekal, Frankfurt am Main 1996, S. 7–63, hier S. 7–18).

schichtsphilosophie inhärente Dimension der Zukunft und damit den Optimismus des modernen Fortschrittsdenkens.[31] Mit der Frage, ob sich Vergangenheit, Gegenwart und Zukunft sinnstiftend in narrativen Bedingungsverhältnissen verklammern lassen, ist die Möglichkeit der Konstruktion historischer Zusammenhänge per se, auch als negativ motivierte, zur Disposition gestellt.[32] Geht man davon aus, dass diese Möglichkeit durch den Holocaust als jede geschichtliche Kontinuität sprengendes *factum brutum* zerstört ist, bedeutet das eine gefährliche Bankrotterklärung. Denn eine solche Absage an kausale Verknüpfungen impliziert, dass sich weder menschliche Verantwortung noch den Holocaust ermöglichende „Zivilisationstechniken"[33] ausmachen lassen. Letztlich wird so seiner Mystifizierung der Weg bereitet und damit auch jegliches politisches Bemühen in der Gegenwart für obsolet erklärt, das darauf abzielt, eine Wiederholung zu verhindern.[34]

Die Leistung der Geschichtswissenschaft liegt vor diesem Hintergrund in ihrem Referenz-, Wahrheits- und Erkenntnisanspruch, der mit der (Re-)Konstruktion von Ereignissen verbunden ist. Im wissenschaftlichen Zusammentragen und Auswerten von Material, der sinnproduzierenden Form der Darstellung sowie der Kontextualisierung und damit verbundenen Entmystifizierung liegt eine eminent wichtige Leistung: zu informieren und kollektive Selbstverständigungsmuster bereitzustellen. Allerdings wohnt auch der wissenschaftlichen Erklärung des Holocaust eine Gefahr inne, ihn nämlich durch die Gleichsetzung mit anderen Gegenständen der Hypothesenbildung zu verharmlosen.[35] Demgegenüber weist die Literatur eine sehr viel breitere Klaviatur an Mitteln der Darstellung auf. Insbesondere in ihren Anfängen steht die Holocaust-Literatur, beginnend mit Primo Levis *Ist das ein Mensch?* (1947), vor allem im Dienst des

---

31 Vgl. Dan Diner, Aporie der Vernunft. Horkheimers Überlegungen zu Antisemitismus und Massenvernichtung. In: Zivilisationsbruch. Denken nach Auschwitz, hg. von Dan Diner, Frankfurt am Main 1988, S. 30–53, hier S. 32.
32 Zur Dialektik der Aufklärung als negative Geschichtsphilosophie vgl. Carl-Friedrich Geyer, Kritische Theorie. Max Horkheimer und Theodor W. Adorno. Freiburg; München 1982, S. 106–116; vgl. auch Nagl-Docekal, Ist Geschichtsphilosophie heute noch möglich?, S. 40.
33 Veronika Zangl, Poetik nach dem Holocaust. Erinnerungen, Tatsachen, Geschichten. München 2009, S. 54.
34 Auch ist letztlich die Kritik an Unterdrückung und Homogenisierung mit den dieser Kritik zugrunde liegenden Idealen von Freiheit und Pluralität selbst wiederum auf die Antizipation einer „besseren Zukunft" angewiesen, wie Herta Nagl-Docekal zeigt. Gerade der Einsatz für konkrete Werte bedarf also der Annahme eines alternativ modellierten Fortschrittsbegriffs (vgl. Nagl-Docekal, Ist Geschichtsphilosophie heute noch möglich?, S. 18).
35 Vgl. Detlev Claussen, Nach Auschwitz. Ein Essay über die Aktualität Adornos. In: Zivilisationsbruch. Denken nach Auschwitz, hg. von Dan Diner, Frankfurt am Main 1988, S. 54–68, hier S. 64.

Bestrebens, „Zeugnis abzulegen"[36]. Zu den Niederschriften von Überlebenden, bei denen die eigene Erfahrung für die Wahrhaftigkeit des Geschriebenen einsteht, treten im Laufe der Zeit immer mehr Erinnerungen zweiter Ordnung, also Texte, die nicht auf der Grundlage unmittelbaren Erlebens geschrieben sind.[37] Die normative Grenzziehung zwischen authentischem Bericht und fiktionaler Dichtung ist dabei ein ethisches Gebot und überdies juristisch bedeutsam, wenn es darum geht, Täterinnen und Täter zu verurteilen.[38] Der nicht verhandelbare Realitätsstatus und eine sich daran bemessende Wahrhaftigkeitsverpflichtung setzen demgegenüber das fiktionale Schreiben, das auf wahrheitsfähige Aussagen verzichtet, einer Reihe von Vorwürfen aus:[39] dem der Verharmlosung, der antiaufklärerischen Ignoranz, der Aushöhlung geschichtlicher Fakten zum bloßen Schein beziehungsweise ihrer Instrumentalisierung für den ästhetischen Effekt sowie der unkritischen Annahme, das Geschehene ließe sich qua Metapher poetisch gefügig machen. Praktisch lässt sich gleichwohl zwischen realitätsbezogener und imaginationsgestützter Thematisierung nicht trennscharf unterscheiden.[40] Dies reflektiert Raul Hilberg, wenn er bemerkt, dass „auch das Schreiben eines historiographischen Werkes eine Form der Kunst [ist], genauso wie das Schreiben eines Romans oder eines Dramas"[41]. Auch Adorno sieht die Verbindung zwischen Kunst und Geschichte, allerdings als negativen Symptomzusam-

---

[36] Primo Levi, Aus einem Brief Primo Levis an den Übersetzer. In: Levi, Ist das ein Mensch? Ein autobiographischer Bericht, München 1994, S. 7–8, hier S. 7. Um ein letztlich unmögliches Bestreben handelt es sich, weil, wie Agamben schreibt, die „‚wirklichen' Zeugen" untergangen sind, und „[w]er es übernimmt, für sie Zeugnis abzulegen, weiß, daß er Zeugnis ablegen muß von der Unmöglichkeit, Zeugnis abzulegen" (Giogio Agamben, Was von Auschwitz bleibt. Das Archiv und der Zeuge, Frankfurt am Main 2003, S. 30).
[37] Vgl. Sigrid Löffler, Der Wandel der deutschen Holocaust-Literatur. In: Deutsche Welle, 26.01.2005 [https://www.dw.com/de/der-wandel-der-deutschen-holocaust-literatur/a-1468594].
[38] Vgl. Ulla Haselstein, „Rücksicht auf Darstellbarkeit": Jonathan Safran Foers Holocaust-Roman *Everything Is Illuminated*. In: Literatur als Philosophie – Philosophie als Literatur, München; Paderborn 2006, S. 193–210, hier S. 199.
[39] Vgl. Saul Friedländer, Introduction. In: Probing the Limits of Representation. Nazism and the „Final Solution", Cambridge 1992, S. 2–21, hier S. 5.
[40] Vgl. Löffler, Der Wandel der deutschen Holocaust-Literatur. So greifen Mittel der Literarisierung als Ausdruck der notwendigen Nachträglichkeit und Distanz, die dem Schreiben innewohnen, schon bei Zeugenberichten und historiographischen Darstellungen.
[41] So Raul Hilberg im Gespräch mit Alfons Söllner: Raul Hilberg u. Alfons Söllner, Das Schweigen zum Sprechen bringen. Ein Gespräch über Franz Neumann und die Entwicklung der Holocaust-Forschung. In: Zivilisationsbruch. Denken nach Auschwitz, hg. von Dan Diner, Frankfurt am Main 1988, S. 175–200, hier S. 193.

menhang: „Fürs Absterben der Kunst spricht die zunehmende Unmöglichkeit der Darstellung des Geschichtlichen."[42]

Das mitreflektierte Scheitern ist in diesem Diskurs insofern Teil eines wahrhaftigen Bemühens, als der Bruch des Holocaust nicht nur das makronarrative Errichten geschichtsphilosophischer Gedankengebäude betrifft, sondern in Form der radikalen Erschütterung menschlicher Erfahrung die für historiographisches wie literarisches Schreibens zentrale Kategorie des Narrativen selbst angreift.[43] Während der neuen Literatur, wie sie Richter vorschwebt, mit dem Erlebnis als zeitlich begrenzter und in sich konsistenter Einheit ein „Ideal der Erzählbarkeit"[44] zur Verfügung steht, ist die Darstellung des Holocaust nicht nur aufgrund des paradoxen Charakters der Darstellung des Undarstellbaren, sondern bereits wegen der beschädigten Prämissen des Darstellens selbst beständig zum Scheitern verdammt. Mit dem von Leo Löwenthal konstatierten *„Zusammenbruch kontinuierlicher Erfahrung"*[45] ist beiden das Fundament abhandengekommen. Allerdings nähern gerade dadurch Form und Inhalt der Darstellung als gleichermaßen zerstörte sich wieder an. Der faschistische Terror macht „[d]as Leben [...] zu einer Kette erwarteter, vermiedener oder erlittener Schocks, und diese fragmentierten Erfahrungen führen zur Fragmentierung des Individuums"[46]. Leidtragende dieses Terrors – und damit auch betroffen von der zerstörten Einheit der Erfahrung – sind nach Löwenthal nicht nur, wenn auch in gesteigertem Maße, die Gefangenen in Konzentrations- und Vernichtungslagern, sondern „der Intention nach tatsächlich alle"[47].

Den Gedanken, dass die Auswirkungen des mit der Synekdoche Auschwitz Umschriebenen nicht nur diejenigen betreffen, die sie unmittelbar an Leib und Seele erfahren haben, sondern anthropologische Grundkonstanten radikal erschüttern, resümiert im selben Band Detlev Claussen: „Über die Bedingung der Möglichkeit von Erfahrung ist gesprochen worden: Auschwitz läßt nichts unberührt."[48] Nimmt man die Universalität dieser traumatischen Erschütterung

---

42 Adorno, Minima Moralia, S. 162.
43 So spricht Dan Diner davon, dass die Vernichtung der europäischen Jüdinnen und Juden als solche eine Statistik, aber keine Narration besitze und aufgrund der zerstörten Erzählstruktur nicht angemessen beschrieben werden könne (vgl. Dan Diner, Gestaute Zeit. In: Fünfzig Jahre danach. Zur Nachgeschichte des Nationalsozialismus, hg. von Sigrid Weigel u. Birgit Erdle, Zürich 1996, S. 3–15, hier S. 5).
44 Horn, Erlebnis und Trauma, S. 133.
45 Leo Löwenthal, Individuum und Terror. In: Zivilisationsbruch. Denken nach Auschwitz, hg. von Dan Diner, Frankfurt am Main 1988, S. 15–25, hier S. 16.
46 Löwenthal, Individuum und Terror, S. 17.
47 Löwenthal, Individuum und Terror, S. 17.
48 Claussen, Nach Auschwitz, S. 68.

an, dann tangiert die Vernichtung auch die Formen des späteren Umgangs mit Trauer und Erinnerung. Das Trauma als die „Nicht-Erfahrung" schlechthin, „die Zerstörung der Möglichkeit einer Wahrnehmung und mithin auch die Zerstörung der Möglichkeit von Erinnerung"[49], ist nicht bloß Stoff der Geschichtsschreibung, sondern erodiert auch deren Form.

Die verabsolutierende Übertragung des Traumas aus dem psychoanalytischen Bereich in epistemologische und historiographische Felder führt allerdings zum selben Problem wie die Ablehnung jeglicher historischen Kontinuität. Als das immer Entzogene, strukturell Nichterfahrbare stellt das Trauma eine Spielart jener Unzugänglichkeitsthese dar, die in eine negative Sakralisierung des Holocaust mündet.[50] Dem Schreiben über den Holocaust zwischen den Klippen von Banalisierung und Mythisierung haftet vor diesem Hintergrund etwas Transzendentales an, insofern es ständig mit den Bedingungen der eigenen (Un-)Möglichkeit konfrontiert und so in gesteigertem Maße von poetischer Selbstreflexion begleitet ist.

6.1 Engel als Ordnungsstörer

Wie ist nun Ilse Aichingers Werk in der Gemengelage von unbekümmertem Aufbruchspathos und traumatisiertem Verstummen zu verorten? Und welche Rolle spielt der Engel dabei? Die Distanz gegenüber dem proklamierten Neuanfang der Gruppe 47 ebenso wie gegenüber einseitigen Untergangsbehauptungen wird an dem kurzen Text „Das Erzählen in dieser Zeit" deutlich. Er erschien zuerst unter dem Titel „Über das Erzählen in dieser Zeit" im März 1952. Später diente er als eine Art Vorrede für Aichingers 1952 publizierten Band früher Erzählungen *Rede unter dem Galgen*.[51] Dem Text liegt eine doppelbödige Argu-

---

49 Aleida Assmann, 1945 – Der blinde Fleck der deutschen Erinnerungsgeschichte. In: Geschichtsvergessenheit – Geschichtsversessenheit. Vom Umgang mit deutschen Vergangenheiten nach 1945, hg. von Aleida Assmann u. Ute Frevert, Stuttgart 1999, S. 97–139, hier S. 115. Vgl. auch Thums, „Den Ankünften nicht glauben wahr sind die Abschiede", S. 199.
50 Mit dessen Inthronisierung als negativ-erhabenes Absolutum wird auch das Prinzip menschlicher Verantwortlichkeit suspendiert (vgl. Zangl, Poetik nach dem Holocaust, S. 178). Den Holocaust, wie Agamben sagt, zu „euphemisieren" (Agamben, Was von Auschwitz bleibt, S. 29), also ihm mit einer sprachlosen, anbetungsvollen Haltung wie einem Gott zu begegnen, hat Konsequenzen für die Gegenwart. So argumentiert Dominick LaCapra, dass das „Ausagieren" als fortdauernde traumatische Verstrickung – im Gegensatz zum „Durcharbeiten" – eine politisch-demokratische Gestaltung der Gegenwart ausschließt (vgl. LaCapra, „Ausagieren" und „Durcharbeiten" des Traumas, S. 193–194).
51 Vgl. Richard Reichensperger, Editorische Nachbemerkung. In: Aichinger, Der Gefesselte, hg. von Richard Reichensperger, Frankfurt am Main 2016, S. 109–111, hier S. 109.

mentation zugrunde. Einerseits greift er die Rede von der Erzählkrise auf. Andererseits weist er sie als Teil einer historisch ungenügenden Vorstellung vom Erzählen zurück. Denn, so das Argument, nicht das Erzählen selbst ist überholt, sondern dessen antiquierte Metaphern. Mit dem Erzählen verbinden „viele immer wieder die Vorstellung des Behagens, des sanften Feuers, das ihre Hände wärmt"[52]. Ein anderes konventionelles Bild ist das vom „Fluß der Erzählung", mit „freundlichen Ufer[n]" links und rechts, den man jederzeit verlassen kann. Die Menschen, die sich solche Bilder machen, beklagten nun, dass es „mit dem Erzählen zu Ende sei"[53]. Das Befremden, das der Titel des Erzählbandes *Rede unter dem Galgen* unter ihnen auslösen müsse, wird registriert und konjunktivisch mit einer These zum Erzählen selbst überboten: Es „würde noch befremdender klingen, wollte man das Erzählen an sich als ein Reden unter dem Galgen bezeichnen"[54]. Mit dieser Vorstellung müsse auch das Bild des friedlichen Erzählflusses modifiziert werden, der heute als reißender, schnell zum Meer strebender Fluss mit steinigen, bedrohlichen und bedrohten Ufern zu denken sei.

Die betont wackelige Argumentationsstruktur macht deutlich, dass Aichingers erzählende Charakterisierung des Erzählens eine tastende ist, die ihre eigene Fragilität ausstellt. Sie arbeitet mit Fragen, Konjunktiven und Unterstellungen und verkehrt und bestätigt gleichermaßen den Eindruck des Endes. Denn obwohl das klischeehafte Lamentieren über den Verlust des Erzählens zurückgewiesen wird, kommt auch dieser Text nicht ohne den Befund der Gefahr aus, dass der Erzählende „angesichts der Bedrohung und unter dem Eindruck des Endes den Mund nicht mehr aufbringt"[55]. Dass sich diese Diagnose von gleichlautenden unterscheidet, liegt daran, dass die gängige Vorstellung des Endes als Abbruch in einen offenen Modus der lebensbezogenen Produktivität verkehrt wird. Sinnbildlich dafür steht das Bild des Galgens. Der Galgen evoziert einerseits mit dem gewaltsamen Tod eine besonders drastische Form des Endes, andererseits verweist er etymologisch – das althochdeutsche Wort *galgo* bezeichnet auch das Kreuz Christi – auf die Auferstehung und damit das dialektische Verhältnis von Leben und Tod im Christentum.

Die Produktivität des todesnahen Erzählens scheint damit zunächst ein spezifisch gegenwärtiges Phänomen zu sein. Sodann wird aber das Bild des von bedrohten Grenzen umgebenen Flusses auf das Erzählen überhaupt ausgeweitet: „Aber haben denn die Ufer für den Fluß nicht immer schon Grenzen be-

---

[52] Ilse Aichinger, Das Erzählen in dieser Zeit. In: Aichinger, Der Gefesselte. Erzählungen (1948–1952), hg. von Richard Reichensperger, Frankfurt am Main 2016, S. 9–11, hier S. 9.
[53] Aichinger, Das Erzählen in dieser Zeit, S. 9.
[54] Aichinger, Das Erzählen in dieser Zeit, S. 9.
[55] Aichinger, Das Erzählen in dieser Zeit, S. 9.

deutet? [...] Und sind nicht alle Geschichten, die jemals erzählt wurden, von Grenzen bestimmt gewesen und von bedrohten Grenzen?"[56] Diese Fragen münden in den Befund, dass „Form nie aus dem Gefühl der Sicherheit entstanden [ist], sondern immer im Angesicht des Endes"[57]. Die biblische Anmutung des Angesichts verstärkt dabei die mythisch-menschheitliche Dimension der produktiven Grenze, als die das Ende hier aufgefasst wird. „Das Erzählen in dieser Zeit" arbeitet nicht mit Projektionen eines ahistorisches Paradiesszenarios, vor dessen Hintergrund die Krise des gegenwärtigen Erzählens sich umso effektvoller abhebt. Anders und trotzdem so wie immer, das ist der paradoxe Befund zum Erzählen in der Gegenwart. In dem Spagat zwischen der Singularität der historischen Situation nach Auschwitz und den widrigen Bedingungen, mit denen der *homo narratus* es immer schon zu tun hatte, werden die veränderten Bedingungen für das Erzählen anerkannt und zugleich mit der grundsätzlich prekären Lage des Erzählens verwoben.

Mit dem Fokus auf dem Ende und – ungenannt, aber mitschwingend – dem Eingedenken enthält „Das Erzählen in dieser Zeit" die ethischen Pfeiler des gesamten Werks von Ilse Aichinger.[58] Anders als in Richters Entwurf der Literatur nach 1945 wird hier die Todeserfahrung zum unhintergehbaren Ausgangspunkt eines ehrlichen Erzählens erhoben: „So können alle, die in irgendeiner Form die Erfahrung des nahen Todes gemacht haben, diese Erfahrung nicht wegdenken, sie können, wenn sie ehrlich sein wollen, sich und die andern nicht freundlich darüber hinwegtrösten."[59] Aus diesem Befund folgt allerdings keine fatalistische Haltung. Die Nähe zum Tod eröffnet vielmehr, das ist das Fazit dieses unscheinbaren Manifests, einen neuen Zugang zum Leben: „Aber sie können ihre Erfahrung zum Ausgangspunkt nehmen, um das Leben für sich und andere neu zu entdecken."[60] Dem Erzählenden, dem das Ende, ja, der leidvolle Galgentod vor Augen steht,[61] geht das Leben wieder auf. Das Erzählen am behaglichen Feuer, das Geborgenheit und Sesshaftigkeit impliziert, ist möglicherweise in der Tat zu Ende. Nicht aber ein nomadisches, exilisches Erzählen. Ein solches entwirft Aichingers Text zum einen räumlich über das Bild des reißenden, zum Meer und in die Fremde drängenden Flusses, zum anderen zeitlich als menschliche Praktik, die sich im Augenblick zwischen Leben und Tod entfaltet. Diese Bestimmung des

---

56 Aichinger, Das Erzählen in dieser Zeit, S. 9.
57 Aichinger, Das Erzählen in dieser Zeit, S. 10.
58 Vgl. Thums, „Den Ankünften nicht glauben wahr sind die Abschiede", S. 267.
59 Aichinger, Das Erzählen in dieser Zeit, S. 10.
60 Aichinger, Das Erzählen in dieser Zeit, S. 11.
61 Vgl. Ilse Aichinger, Rede unter dem Galgen. In: Aichinger, Der Gefesselte, hg. von Richard Reichensperger, Frankfurt am Main 2016, S. 99–105.

Erzählens, das sich aus einer existentiellen Situation entspinnt und zugleich aus ihr herausführt, schließt an das exilische Erzählen an, wie es ganz ähnlich der hochgradig selbstreflexive Roman *Transit* (1944) von Anna Seghers entwirft, dessen namenloser Erzähler ein unheimlich-mythisches Dasein zwischen Leben und Tod fristet.[62]

Wo steht der Engel als Exilfigur in diesem vom Ende her gedachten und gerade dadurch neue Lebensperspektiven eröffnenden Schreiben? Zunächst muss sein Auftreten im Werk einer Autorin verwundern, bei der alles abgestellt ist auf das antipathetische Schweigen. Denn der Engel ist weder sachlich noch zweckmäßig – nicht einmal in einer religiösen Logik, wo er als Figur des ästhetischen Überflusses zu widergöttlichen Abwegen verführt. Gleichwohl ist in der achtbändigen Werkausgabe Ilse Aichingers, die der Fischer Verlag 1991 herausgegeben hat, kein Band zu finden, in dem Engel nicht vorkommen.[63] Für die sich aufdrängende Frage, wie der Engel in diesen Zusammenhang passt, ist das besondere Verhältnis aufschlussreich, das Aichinger zu Wörtern und ihren Bedeutungen hat. Neben der performativen Umwertung gängiger Konnotationen wie der des Endes in „Das Erzählen in dieser Zeit" wird dies an dem programmatischen Text „Schlechte Wörter" deutlich, der 1973 entstand und mit einem Bekenntnis beginnt: „Ich gebrauche jetzt die besseren Wörter nicht mehr."[64] Dieser Beschluss bedeutet eine Absage an scheinbare Genauigkeit. Das Text-Ich unterlässt es, nach der treffendsten, besten Formulierung zu suchen. Ein Satz wie „Der Regen, der gegen die Fenster stürzt", lässt „alles in seinem unzutreffenden Umkreis, bei ihm bleiben wir, damit wir wir bleibt, damit alles bleibt, was es nicht ist, vom Wetter bis zu den Engeln"[65]. Engel sind also auch immer das, was sie nicht sind. Allerdings scheinen sie mit ihrer beiläufigen Nennung

---

62 In *Transit* wird gleich in der allerersten Szene die Opposition zwischen dem behaglichen Feuer und dem Meer aufgerufen, und zwar als Wahlmöglichkeit, die der Erzähler Leserinnen und Leser unterbreitet, bevor er mit seiner Erzählung beginnt: „Setzen Sie sich bitte zu mir! Was möchten Sie am liebsten vor sich sehen? Wie man die Pizza bäckt auf dem offenen Feuer? Dann setzen Sie sich neben mich. Den alten Hafen? Dann besser mir gegenüber" (Anna Seghers, Transit, Berlin 2011, S. 5).
63 Engel kommen in folgenden Werken vor: *Die größere Hoffnung* (1948), „Engel in der Nacht" (1949), „Rede unter dem Galgen" (1949), *Aufzeichnungen 1950–1985* (1950–1985), „Sonntagsdienst" (1954), „Das neue Lied" (1954), „Nach mir" (1960), „Mein Vater aus Stroh" (1962), „Herodes" (1962), „Die Puppe" (1963), „Der Engel" (1963), „Vor der langen Zeit" (1964), „Auckland" (1966), „Der 1. September 1939" (1969), „Zweifel an Balkonen" (1972), „Schlechte Wörter" (1973) und „Der geheime Leonce. Zu Georg Trakl" (1979).
64 Ilse Aichinger, Schlechte Wörter. In: Aichinger, Schlechte Wörter, hg. von Richard Reichensperger, Frankfurt am Main 2007, S. 11–14, hier S. 11.
65 Aichinger, Schlechte Wörter, S. 14.

zunächst nur ein beliebig herausgegriffenes Beispiel für Aichingers Schreibpraxis zu sein, „die das Identische immer in seiner Bedingtheit vom Nicht-Identischen her denk[t]"[66].

Dass die Engel hier aber nicht zufällig auftauchen, wird deutlich, wenn man sich vergegenwärtigt, dass sie die prototypischen Figuren identitärer Destabilisierung sind, die unauflösbar zwischen Selbst- und Fremdreferenz oszillieren. Einerseits ist der Engel als ästhetisch intensivierte Präsenz in gesteigertem Maße Bild seiner selbst, andererseits aber immer auch Repräsentation eines abwesenden Anderen. Insofern der Engel nie restlos mit sich übereinstimmt, fungiert er bei Aichinger als selbstreflexives Element in einer Poetik der schlechten Wörter, die die Inkongruenz von Sachverhalt und Sprache ausstellt. Auf die Engel bezogen lässt sich also festhalten, dass ihre Bedeutung keineswegs als gegeben angenommen werden kann. Gleiches gilt für die Nüchternheit, die kein Antonym zu Exuberanz und Trunkenheit ist, sondern in ein metonymisches Verhältnis zur Verklärung gesetzt wird: „Vielleicht ist das der Himmel: dieselbe Landschaft, aber ernüchtert bis zur Verklärung. Es liegt an uns, ob wir dieser Ernüchterung standhalten."[67]

Diese unzutreffenden Bezeichnungen und unerwarteten Verwandtschaften erzeugen einen Haarriss im Gefüge von Wirklichkeit und Sprache. Damit ist ein weiterer Unterschied zwischen Aichingers Schreiben und dem richterschen Programm markiert. Denn während Aichinger in ihrem Schreiben das Schiefe, Ungenaue ausstellt, fordert Richter einen Realismus mit dem „Bekenntnis zum Echten, zum Wahren und zur Wirklichkeit des Erlebten, das bedeutet, daß sich die Sprache dem Gegenständlichen anpaßt wie ein festgeschneidertes Kleid, das bedeutet die unmittelbare Aussage und die lebendige Gestaltung"[68]. Wirklichkeit, Wahrheit und Unmittelbarkeit sind allesamt Kategorien, die bei Aichinger ausschließlich über Umwege und Behelfe oder augenblickshaft aufscheinend und damit immer nur bedingt möglich sind. Ein Medium dieser Schreibpraxis stellt dabei ähnlich wie bei Walter Benjamin der Engel und seine Verunsicherung der kalendarisch-linearen Zeit dar. Als übersinnliche Figur zeigt sein Auftreten in der aufgeklärten Moderne eine Problematisierung der Wirklichkeit und sich an diese knüpfende Zeit- und Raumkonzepte an.

---

66 Thums, „Den Ankünften nicht glauben wahr sind die Abschiede", S. 129. Der Befund bezieht sich an dieser Stelle auf Aichingers mit Adorno als solche identifizierten „Wörter aus der Fremde" (Thums, „Den Ankünften nicht glauben wahr sind die Abschiede", S. 129) beziehungsweise Aichingers Sprache als „eine, die zu Fremdwörtern neigt" (Ilse Aichinger, Meine Sprache und ich. In: Aichinger, Eliza Eliza. Erzählungen (1958–1968), hg. von Richard Reichensperger, Frankfurt am Main 2016, S. 198–202, hier S. 198).
67 Aichinger, Aufzeichnungen 1950–1985, S. 56.
68 Richter, Literatur im Interregnum, S. 11.

In dieser Funktion ist der Engel in Aichingers Werk eng mit Weihnachten verbunden, wobei Weihnachten als Erzählung, Klischee, Datum, „lebengebende[r] Augenblick"⁶⁹ und gesellschaftliches Symptom auftritt. Neben den vielfältigen Implikationen, die mit diesen unterschiedlichen Semantisierungen verbunden sind, ist es vor allem die Unzeitgemäßheit dieses Festes, die für Aichinger seine besondere Attraktivität ausmacht: „Es [Weihnachten, L.Z.] ist hier und im Augenblick so weit abgelegen, so weit davon entfernt, je wieder ins Gespräch zu kommen, daß seine Biographie verlockend wird, auch seine Accessoires."⁷⁰ Die Unzeitgemäßheit, die Weihnachten in der Moderne bedeutet und die der Engel mit dem Fest gemeinsam hat, wird auf mehreren Ebenen poetisch produktiv gemacht. Zunächst eignet sich Weihnachten, das typische Kinderfest, als Medium der Erinnerung an eine vergangene Zeit, die bei Aichinger mit dem Zweiten Weltkrieg und den Anfängen der Judenvernichtung zusammenfällt. In der Prosaskizze „Vor der langen Zeit" (1964) erzählt die Ich-Erzählerin von einem Erlebnis mit acht oder neun Jahren im Kloster, dessen scheinbare Unmittelbarkeit durch den betonten Modus der Erinnerung, aber auch durch das Auseinandertreten von biographischer und kalendarischer Zeit gebrochen wird: „[I]m Grunde fiel es [Weihnachten, L.Z.] mit jedem Jahr, das ich älter wurde, früher."⁷¹

Vergangenheit und Gegenwart treten hier wie in Benjamins Konstellation des blitzhaften Erkennens in einer „Jetztzeit" (T 701) zusammen. Im Präsens erinnert die Erzählerin sich in einer Augenblickskonstellation aus Fensterstellung, Lichteinfall, aufsteigendem Staub und kahlen Ästen im Wind „der Stunde, die diesem Staub und diesem Licht und dieser Schwester aufgesetzt ist: es ist kurz nach drei Uhr nachmittags, am dreiundzwanzigsten Dezember"⁷². Und die Erzählerin „weiß in diesem Augenblick" – und hier bleibt in der Schwebe, ob es um den Augenblick des Erlebens oder Erinnerns geht oder ob beides paradox zusammenfällt – „daß jetzt Weihnachten ist, zu dieser Stunde, daß es jetzt schon ist, nicht morgen, und daß nichts sie [die Stunde, L.Z.] überbieten wird"⁷³. Weihnachten, so wird anhand weiterer Beispiele deutlich, ist ein „Augenblick"⁷⁴. Als solcher wirbelt es die kalendarische Ordnung durcheinander und kann auf den zweiten Dezember, aber auch in den Oktober oder gar September fallen. Die

---

69 Ilse Aichinger, Vor der langen Zeit. In: Aichinger, Kleist, Moos, Fasane, hg. von Richard Reichensperger, Frankfurt am Main 2016, S. 19–22, hier S. 21.
70 Ilse Aichinger, Weihnachten 1927, 1937, 1941. In: Aichinger, Film und Verhängnis. Blitzlichter auf ein Leben, Frankfurt am Main 2016, S. 27–30, hier S. 27.
71 Aichinger, Vor der langen Zeit, S. 20.
72 Aichinger, Vor der langen Zeit, S. 19.
73 Aichinger, Vor der langen Zeit, S. 19.
74 Aichinger, Vor der langen Zeit, S. 20.

„ärgste Angst", dass „Weihnachten vorübergehen"[75] könnte, nährt das „Verlangen, die Zeit aus dem Raum zu drängen"[76]. Und zugleich sind es gerade diese „Verschiebungen der Furcht und des Verlangens"[77], die dafür sorgen, dass Weihnachten als Augenblick die Bindung an Weihnachten als Datum verloren hat.

Weihnachten ist nicht im Kalender fixierbar, sondern lässt sich nur in Relation zu dem es erlebenden Subjekt und seiner Biographie sowie zu den jeweiligen historischen Umständen fassen. So führt die Erzählerin aus – wiederum im Modus der betonten Erinnerung –, dass es ihr außer in der frühen Kindheit nur vor und im Krieg gelungen sei, das Fest auf das Fest fallen zu lassen. Das war zu einer Zeit, „als die äußere Bedrängnis der inneren zu Hilfe kam und beide zusammen wie zwei Engel den Augenblick wieder in sein Recht setzen"[78]. Engel fungieren hier als Bild eines Verwandlungsvorgangs, in dem eine Notlage den Augenblick, genauer den intensivierten ästhetischen Augenblick des Festes, wieder im Kalender verankert. Als Figur des Nicht-Identischen kann der Engel Weihnachten wieder mit sich identisch machen, sodass Weihnachten wieder auf Weihnachten fällt. Diese Verwandlung ist allerdings mit bestimmten Zeitumständen verbunden. Die Erzählerin, die mit ihrer Familie ihre Wohnung verlassen musste, berichtet von der Verfolgung und Unsicherheit, die zu Weihnachten 1938 in Österreich für viele begann. Die Fensterscheiben zittern, wenn Lastwagen vorüberfahren, vielleicht dieselben, „die nur wenig später den Deportationen dienten"[79]. Diese Umstände reduzieren nicht etwa die Bedeutung des Weihnachtsfestes, vielmehr vermutet die Erzählerin einen direkten Zusammenhang zwischen Weihnachten und den furchtbaren Leiden der vielen, die „der kurzen und ebenso ungeschmälerten Freude dieses Festes zu Hilfe kamen"[80]. Da der ungetröstete Schmerz der Menschheitsgeschichte „dieser und aller Freude dient, der Kindheit, dem Christfest"[81], besteht eine Schuld, die es zu begleichen gilt. Nur so kommen Augenblick und Datum wieder ins Gleichgewicht: „Wenn es uns gelänge" – das Ermessen des Schmerzes oder das Abtragen der Schuld – „und sei es auch nur durch die Hinnahme der Ernüchterung, der Angst und Verwirrung dieser Zeit: Vielleicht fiele dann noch einmal der heilige Abend auf den heiligen Abend, die Stimme des Engels auch für uns wieder in die heilige Nacht"[82].

---

75 Aichinger, Vor der langen Zeit, S. 20.
76 Aichinger, Vor der langen Zeit, S. 21.
77 Aichinger, Vor der langen Zeit, S. 21.
78 Aichinger, Vor der langen Zeit, S. 21.
79 Aichinger, Vor der langen Zeit, S. 22.
80 Aichinger, Vor der langen Zeit, S. 22.
81 Aichinger, Vor der langen Zeit, S. 22.
82 Aichinger, Vor der langen Zeit, S. 22.

Den Augenblick als gegenläufiges Moment zur Alltagsordnung und damit die ursprüngliche Intensität von Weihnachten wieder ins Recht zu setzen, ist auch die Aufgabe des Engels in der Erzählung „Engel in der Nacht", die zuerst am 25. Dezember 1949 in der *Wiener Tageszeitung* erschien. Parallel zu den routinierten Abläufen der Weihnachtszeit, zu deren Staffage kitschige Engelsbilder gehören, stürzt die Frage, ob es Engel gibt, die Ich-Erzählerin in eine existentielle Krise. Während das Weihnachtsfest in der Erwachsenenwelt Teil einer klaren, berechenbaren Ordnung ist, ist der Glaube an Engel mit dem unberechenbaren, seltsamen Auftauchen der „hellen Tage im Dezember"[83] verbunden. Von diesen gibt es nur wenige – „[d]enn wenn es viele wären, geschähen auch zu viele seltsame Dinge, zu viele Kirchturmuhren würden sich ganz einfach in Gottes eigene Augen verwandeln" (EN 53). Diese Tage sind selten, damit die Kriegsheimkehrer „nicht zu oft Schmerzen haben an ihren abgeschossenen Gliedern und nicht zuviel in Händen halten, die schon längst abgefroren sind" (EN 53). Die hellen Tage irritieren wie die verirrten Vögeln, die nicht nach Süden geflogen sind, die Alltagsordnung, und wenn es beides nicht gäbe, gäbe es möglicherweise „auch keinen, der noch an Engeln glaubt, wenn alle anderen schon hinter seinem Rücken lachen" (EN 53).

Die Erzählung ist allerdings keine einfache Aufklärungsgeschichte, wie es zunächst den Anschein hat. Der Glaube an Engel ist nicht Ausdruck eines kindlichen Stadiums, aus dem man herauswächst. Denn die Engel wachsen mit, wenn man sie nicht rechtzeitig losgeworden ist: „[D]ie Engel, die mit uns zur Welt kommen, sind nur am Anfang so klein wie wir, sie wachsen mit uns, werden wilder und stärker, und ihre Flügel wachsen mit ihnen. Je älter wir werden, desto schwerer wird der Kampf." (EN 56) Insofern geht es hier nicht um einen naiven Kinderglauben, sondern um ein existentielles, liminales Stadium, in dem die Engel einerseits für das alltägliche Funktionieren unbedingt abgeschüttelt werden müssen, andererseits als Zerstörer eben jener Alltagsordnung herbeigesehnt werden.

Dass die Erzählerin sich nicht rechtzeitig von ihren Engeln befreit hat, liegt an ihrer Schwester. Von ihr wird sie morgens aus dem Bett gerissen, sie schlafe zu lange und verpasse deshalb die Engel. Seitdem beginnt die Erzählerin, „den Schlaf wie den Tod zu fürchten. Was ist denn Schlafen anderes, als die Engel zu versäumen?" (EN 54). Sie versucht, die Kontaktstellen zwischen menschlicher und angelischer Ordnung ausfindig zu machen, und lauert beständig auf deren Zeichen, namentlich Flügelrauschen und Silber in der Luft. Ihre Klassenkameraden verspotten sie, und als auch die Mutter sagt, sie habe keine Engel

---

[83] Ilse Aichinger, Engel in der Nacht. In: Aichinger, Der Gefesselte. Erzählungen (1948–1952), hg. von Richard Reichensperger, Frankfurt am Main 2016, S. 53–62, hier S. 53. Im Folgenden EN.

gesehen, ist ihre Tochter einerseits erschüttert. Andererseits war „ich [...] damals schon zu groß, um es einfach hinzunehmen, ich hatte zu lang daran geglaubt, und wenn sie mich getäuscht hatten, so hatten sie mich zu lange getäuscht" (EN 55). Der Konformitätsdruck der Umwelt intensiviert die Ambivalenz der Engelobsession, die sich zwischen den Polen von Abwehr und Sehnsucht entfaltet. Aus dem Kampf mit den Engeln, der Jakobs Ringen mit dem Engel evoziert,[84] wird ein handfester Kampf mit der Schwester, die sich weigert, die Existenz der Engel zu beschwören. Während das „Heer" der Erzählerin „sinnlos die Flucht ergriff" (EN 59), liegt das ihrer Schwester „verwundet in tiefen Wäldern, ein Heer, das, von Anbeginn verwundet, nicht den leisesten Versuch gemacht hatte, sich zu verteidigen, ein Heer von Blutern, das den Tod erwartete, das Heer der geschlagenen Engel" (EN 59).

Gleichzeitig sehnt die Erzählerin die Engel herbei, die als Träger der Apokalypse plötzlich über die Welt hereinbrechen sollen. Der Engelglaube ist so nicht nur ein Ereignis, das aus der Ordnung fällt, sondern die Engel selbst werden mit dem gewaltsamen, augenblickshaften Aufbrechen der Ordnung verbunden, sind Imaginationen eschatologischer Zerstörung. Die Erzählerin will „plötzlich Heere von Engeln über die Plätze brausen hören", will „alle Spötter zu Boden fallen sehen" (EN 55). „Wenn jemals", heißt es, als die Schwestern nach ihrem Kampf in der dunklen Stille sitzen, „so hätten sie [die Engel, L.Z.] jetzt kommen müssen, um die Dächer der Buden abzuheben, um das falsche Engelshaar aus seiner niedlichen Verpackung zu reißen und das richtige fliegen zu lassen, das lang und strähnig war und wie Peitschenschnüre die Wangen aufriß, die es traf" (EN 58); sie hätten „kommen müssen, um die Laternen auszublasen und die Bäume auf den Märkten in Brand zu stecken, ehe sie verkauft waren" (EN 58).

Ähnlich wie in den *Duineser Elegien* werden die Engel als Zerstörer des Kitsches imaginiert, der mit ihnen betrieben wird. Aber sie kommen nicht, „[s]ie führten uns nicht aus der Gefangenschaft" (EN 58), wie Moses das versklavte Volk Israel. In dieser ihnen zugedachten Rolle sind die Engel nicht mehr Boten so wie im brennenden Dornbusch, aus dem Gott zu Moses spricht (vgl. Ex 3,2), sondern Vollstrecker. Diese subtilen Umkehrungen greifen auch in der Adaption der Johannes-Offenbarung, die über die apokalyptischen Phantasien der Erzählerin evoziert wird. In Aichingers Erzählung ist der Engel kein Zeichendeuter, wie es seine Rolle als *angelus interpres* nahelegt, sondern Zeichenproduzent und

---

84 Vgl. Almuth Hammer, „Die Engel träumen uns". Zur Poetologie der Transzendenz bei Ilse Aichinger. In: „Was wir einsetzen können, ist Nüchternheit." Zum Werk Ilse Aichingers, hg. von Britta Herrmann u. Barbara Thums, Würzburg 2001, S. 93–107, hier S. 103–104.

damit Sinngarant. Der Glaube an Engel befördert einen allegorischen Blick, der in den Dingen den Verweis auf eine höhere Realität entdeckt und damit der Welt erst ihre Bedeutung verleiht. Denn wenn es keine Engel gibt, dann ist der Himmel kein Himmel mehr, nur noch Luft (vgl. EN 55), „sinnlos" sind Fenster und Tore, wenn Engel sie nicht mit ihren Flügeln streifen. „[B]esser keine Welt als eine ohne Engel!" (EN 56), so das Fazit der Erzählerin. Auch von Jesus emanzipieren sich die Engel als Medien der Verkündigung seiner Geburt. In der Wahrnehmung der Erzählerin schieben die Ankündiger sich vor das Angekündigte,[85] das ohne sie belanglos wird: Der Gedanke, dass „in irgendwelchen Kirchen gerade gesungen wurde, wenn es keine Engel gab, die dem Kind vorausflogen", ist für die Erzählerin „lächerlich" (EN 58). Weihnachten selbst wird unsinnig, wenn es die Engel nicht gibt, die als zerstörerische, unverfügbare Wesen das Gegenteil ihrer zugerichteten irdischen Abbilder sind, „süßes Backwerk, dem man die Flügel abbeißen konnte" (EN 58).[86]

Das Ringen um die Engel wird zum Prüffall für die Sinnhaftigkeit der Welt. Der Konflikt, der sich an der Frage entzündet, ob es Engel und damit Welt hinter den Dingen gibt, spitzt sich im gescheiterten Kampf der Schwestern zu, ohne eine Auflösung zu erfahren. Als die Erzählerin danach schlafen geht, träumt sie nichts, ihr Schlaf ist so „leer geworden wie der Tod der Leute, die keine Auferstehung erwarten" (EN 59). Mit der „Auferstehung" ist das Stichwort gegeben für die Osternacht. Dass diese in die Adventszeit fällt, markiert die nun einsetzende Verschiebung der Alltagsordnung. Als Nacht der Nächte zwischen Tod und Auferstehung ist sie eine weitere Spielart der exilischen Schwebe zwischen Leben und Tod. Die Erzählerin erwacht „ohne Zeit und in einem fremden Raum" (EN 59), also in einem Zustand, in dem das „Verlangen, die Zeit aus dem Raum zu drängen"[87], realisiert ist. Die andere Qualität, die dieser Raumwechsel bedeutet, wird durch einen Medienwechsel angezeigt. Nachdem das mittelbare Wort in Form des Schwurs, den die Schwester zum Zeugnis ihrer Engelsvisionen hätte leisten sollen, verweigert wurde, tritt an seine Stelle das unmittelbare Bild der Engelserscheinung, das Momente größtmöglicher Evidenz erzeugt („Wie hab

---

85 Das betrifft auch den jüdischen Topos des Wartens auf den Messias, der in der Beschreibung der Erzählerin deutlich anklingt: „Meine Schwester wartete schon, meine Schwester wartete immer. Sie erwartete anscheinend etwas, was man nicht sehen konnte, jemanden, der nie kam, weil er schon da war. Ich hatte immer gedacht, sie erwartete die Engel" (EN 56).
86 In diese Reihe der kommodifizierten Engel gehört auch das „Engelkleben" als Teil des „Hochleistungssport[s]", den Kinder in der Adventszeit verrichten müssen (Ilse Aichinger, Abschied von Weihnachten. In: Aichinger, Unglaubwürdige Reisen, hg. von Simone Fässler u. Franz Hammerbacher, Frankfurt am Main 2005, S. 77–79, hier S. 78), wie Aichinger den SWR zitiert.
87 Aichinger, Vor der langen Zeit, S. 21.

ich zweifeln können?" (EN 60)), die aber flüchtig und brüchig bleiben („Wieder packten mich furchtbare Zweifel" (EN 61)). Die veränderten medialen Vorzeichen werden begleitet von einem Wechsel ins Präsens, erlebter Rede und intensiven Sinneseindrücken: „Die Decke ist schwer wie eine Grabplatte aus Marmor. Unmöglich, sich zu bewegen oder die Augen zu öffnen. Ich will den Stein nicht. Schnee ist schöner, Schnee schmilzt!" (EN 59/60)

Das Wunder der Ostergeschichte verkehrt sich hier in einen unvollständigen Zwischenzustand, in dem die Erzählerin nicht tot ist und dann aufersteht, sondern im Modus des Lebendig-begraben-Seins zwischen beiden Zuständen festhängt. Die Decke wird ihr zur unbeweglichen Grabplatte, „[s]ie haben mich begraben, ohne daß ich gestorben bin!" (EN 60). Draußen tobt ein Schneesturm und die Erzählerin fleht die Engel um Hilfe an, bis sie feststellt, dass diese ebenfalls lebendig unter Steinen begraben sind, also hier erneut eine Jesus-Rolle einnehmen. Dass die Engel nicht vom Himmel kommen, sondern im Grab sind, ist eine weitere Andeutung für die umfassenden Umkehrungen, die sich in dieser Nacht vollziehen. Die Erzählerin will ihnen helfen und hebt den Stein, der plötzlich leicht ist, denn „[d]er Stein war Schnee" (EN 60). Darin liegt eine erneute Verkehrung der biblischen Vorlage. Im Matthäus-Evangelium, in dem der Schnee als bildliche Rede ebenfalls auftaucht, ist es der Engel, der den Grabstein beiseiteschiebt: „Denn ein Engel des Herrn kam vom Himmel herab, trat hinzu und wälzte den Stein weg und setzte sich darauf. Seine Erscheinung war wie der Blitz und sein Gewand weiß wie der Schnee." (Mt 28,2–3) Eine zentrale Operation bei diesen intertextuellen Anleihen ist, dass die biblischen Vergleiche wörtlich genommen werden. So dient der Schnee hier nicht mehr der Illustration des Engelskleids, sondern er ersetzt den Stein, der sich dadurch leicht heben lässt. Die bildliche Sprache der Bibel wird auf diese Weise unmittelbar handlungsbestimmend.

Die mehrfachen Positionswechsel in der Osternacht der Erzählung, die das Geschehen und die Identität von Erzählerin und Engel gleichermaßen fragwürdig werden lassen, alludieren den Engel als Doppelgänger. Dass sich die Erzählerin ständig mit größter Willensanstrengung wachzuhalten versucht, ist nicht nur als Hinweis auf die von Gläubigen wachend verbrachte Osternacht zu verstehen, sondern legt auch eine Spur zu der angedeuteten Angelisierung; ist doch das Wachen eine der Praktiken des engelsgleichen Lebens.[88] So legt sich die Erzählerin nachts auf Holz, denn nur wer wie die Engel wird – wachend in der Nacht – hat eine Chance, sie zu sehen. In der Schwellensituation der hellen Nacht wird diese Annäherung evoziert und in der schwankenden Umgebung

---

88 Vgl. Kapitel 2.3. dieser Studie.

gespiegelt, in der die gewöhnliche Ordnung außer Kraft gesetzt ist: „Mondlicht flutet ins Zimmer, es ist so hell, daß man verschlossene Türen für offene Fenster halten könnte, die Wände haben sich gedreht, die Kästen und Betten haben heimlich ihre Plätze getauscht." (EN 60) Das laut schlagende Herz der Erzählerin wird zum möglichen Klopfen des Engels am Fenster. Sie sieht ihn wie bei Matthäus im weißen Kleid und ahnt dahinter „ein Heer" (EN 60) weiterer Engel. Sie fragt, ob sie näherkommen darf, und begrüßt den Engel als apokalyptischen Zerstörer: „[K]omm herein, mein Engel, wirf alles um mit deinen breiten Flügeln und sei willkommen!" (EN 61) Die Rückkehr ins Präteritum ist Ausdruck der nun folgenden Ernüchterung: Der Engel schüttelt den Kopf und die Erzählerin erkennt, „daß er den Saum seines Kleides nicht berührt haben wollte" (EN 61). Dass das *Noli me tangere* sich hier mit dem Engel verbindet, ist ein weiteres Indiz dafür, dass die Engel als Protagonisten Jesus aus der Weihnachts- und Ostergeschichte verdrängt haben. Jesus begründet sein „Rühre mich nicht an" beziehungsweise „Halte mich nicht fest"[89] gegenüber Maria Magdalena damit, dass er noch nicht „aufgefahren" ist „zum Vater" (Joh 20,17). Das Berühr- beziehungsweise Festhalteverbot verweist so auf den engelstypisch paradoxen Schwebezustand zwischen Präsenz und Absenz, Sichtbarkeit und Unsichtbarkeit, Leiblichkeit und Transkorporalität, Tod und (wiederauferstandenem) Leben.[90]

Die Unmöglichkeit, sich eines unsinnlichen Geschehens sinnlich zu vergewissern, lässt in der Erzählerin erneut die Zweifel wachsen, verstärkt durch die widrigen Umweltbedingungen. Schnee dringt ihr in Mund und Augen, Windstöße schlagen das Fenster zu. Als sie wieder sehen kann, sieht sie nur den Schnee und ruft verzweifelt ihre Umgebung an, die Engel aufzuhalten: „Haltet sie, haltet sie: Wachset hoch, ihr Dächer, ihr Häuser werdet Türme, daß sie nie mehr hinüberkommen, ihr Rauchfänge treibt Rauch auf ihren Weg, damit sie ihn nicht finden, ihr Schläfer zündet Lichter an, daß ihr sie seht. Wer holt sie ein, wer macht den Tag zum jüngsten?" (EN 61) Mit der Beschwörung des Jüngsten Tags beziehungsweise Jüngsten Gerichts und damit der Auferstehung der Toten wird die österliche Auferstehung Christi ins Menschheitliche geweitet. Mit diesem negativen Höhepunkt der ausbleibenden Apokalypse endet die Nacht. Am Morgen will die Erzählerin ihre Schwester wecken. Die Schwester hält die Decke „nicht mit ihren Fäusten fest", sie „stöhnt nicht und wehrt sich nicht, wie ich mich jeden Morgen gegen den kalten Boden und die Engel

---

[89] Die Stelle wird in der Lutherübersetzung mit „Rühre mich nicht an" wiedergegeben, in der Einheitsübersetzung mit „Halte mich nicht fest".
[90] Zu den weitreichenden Implikationen dieser Stelle vgl. Jean-Luc Nancy, Mè mou haptou – Noli me tangere. In: Nancy, Noli me tangere. Aufhebung und Aussegnung des Körpers, Berlin 2008, S. 29–36, ebenso wie die anderen Essays des Bandes.

wehre, sie stößt mich nicht zurück, sie bleibt so still wie alle, die nicht schlafen, wenn man sie weckt, so sanft, wie nur die bleiben, die nicht hier sind" (EN 62).

Bei dem letzten Teil handelt es sich wieder um ein Zitat aus der Ostergeschichte, in der der Engel zu den Frauen am leeren Grab spricht: „Er [Jesus, L.Z.] ist nicht hier" (Mt 28,6). Der zweite Teil des biblischen Satzes fehlt hingegen: „[E]r ist auferstanden, wie er gesagt hat." (Mt 28,6) Auch das steinerne Grab Jesu wird aufgerufen und zwar über die zuvor hergestellte Identität von Stein und Schnee als Balancepunkt der Verwandlung – „Der Stein war Schnee" (EN 60) –, denn die Schwester liegt nicht im Grab, sondern unter Schnee begraben und bleibt still, „als wir sie im Hof fanden und aus dem Schnee hoben, der sie schon bedeckt hatte" (EN 62). Vor diesem Hintergrund erscheint ihr Tod auch als Endpunkt der Verwandlung von Stein in Schnee, der über das Wörtlichnehmen des biblischen Vergleichs realisiert wurde.

Diese Verwandlung ist insofern bedeutungsvoll, als der Schnee nicht nur ein Lieblingsthema Aichingers ist, sondern auch poetologische Qualität als Wort im emphatischen Sinne hat. Der Text „Schnee", 1975 verfasst, 1987 zuerst gedruckt, präsentiert Schnee als ein „Wort", was bemerkenswert sei, denn „[e]s gibt nicht viele Wörter"[91]. Wörter, für die „Schnee" exemplarisch steht, sind „nicht eins [...] mit dem, was sie nicht bezeichnen, weil sie damit eins sind"[92]. Übereinstimmung und Bezeichnung sind weder im Modus der Identität noch der Nicht-Identität zu fassen. Die Negation setzt die Position voraus und führt zu ihr zurück, nicht in die dialektische Synthese voran. Diese paradoxe Poetik bleibt nicht auf Sprache beschränkt, sondern ist durch das erwähnte Wörtlichnehmen bezogen auf eine Wirksamkeit in der Welt: „Reden und Regen gehen in der Regel zu weit und bewirken doch meistens nicht, worauf es ankommt. Wenn es zur Zeit der Sintflut geschneit und nicht geregnet hätte, hätte Noah seine selbstsüchtige Arche nichts geholfen. Und das ist nur ein Beispiel."[93]

Als die Erzählerin in „Engel in der Nacht" von ihrer Mutter hört, diese habe keine Engel gesehen, handelt es sich um den größten Tiefschlag für ihren Engelglauben (vgl. EN 55). Dies geschieht an einem „warme[n], traurige[n] Tag" (EN 55). Nach ihrem Kampf mit der Schwester, geht die Erzählerin ein erstes Mal schlafen, als draußen Schneeregen fällt (vgl. EN 59). Diesem Zwischenzustand entspricht der „Halbschlaf" der Erzählerin (EN 59), die sieht, wie der Schneeregen „den müden Engeln die Flügel schwerer und immer schwerer machte" (EN 59). Als sie zum zweiten Mal einschläft und erwacht, sieht sie mut-

---

[91] Ilse Aichinger, Schnee. In: Aichinger, Kleist, Moos, Fasane, hg. von Richard Reichensperger, Frankfurt am Main 2016, S. 113–114, hier S. 113.
[92] Aichinger, Schnee, S. 113.
[93] Aichinger, Schnee, S. 114.

maßlich einen Engel, es fällt dichter Schnee und die „furchtbaren Zweifel" gelten der Überlegung, dass der Engel „Schnee sein könnte" (EN 61). Der leichte Schnee steht in Opposition zum „schweren Stein" (EN 60) und die Verwandlung von Stein in Schnee antizipiert die Auferstehung als Verwandlung des schweren irdischen Körpers in die unirdische Materie. Was aber ist tatsächlich geschehen? Die Erzählung bietet mehrere Lesarten an. Für die erwachsene, rationale Sicht hält der Schluss eine nüchterne Auflösung parat: Die Schwester ist aus dem Fenster gefallen und gestorben. Ihr Tod bezeugt die zuvor im Zweifel gehaltene Nichtexistenz der Engel, denn was die Erzählerin in der Nacht gesehen hat, war ihre Schwester und kein Engel. Was in der Nacht selbst geschehen ist, wird allerdings nicht gesagt. Damit funktioniert die gesamte Erzählung strukturell analog zur Osternacht, die die zentrale Leerstelle des Neuen Testaments darstellt. Denn dessen heilsgeschichtliches Ereignis, also das, was tatsächlich im Grab passiert, bleibt ausgespart, und die Verwandlung von schwerem Stein in leichten Schnee lässt sich als Sinnbild der Auferstehung fassen. Dann beweist der Tod der Schwester nicht die Nichtexistenz von Engeln, sondern ist die Voraussetzung für die österliche Auferstehung.

Anders als die rückwirkend-analytische Erklärung, die diese Leerstelle qua logischer Verknüpfung füllt, funktioniert die rationalitätskritische Kinderperspektive über augenblicksbasierte semiotische und bildliche Verfahren. Ihre Provokation liegt zunächst darin, dass sie Weihnachtsfest und Engel, die in der Erwachsenenwelt bedeutungsleer sind, mit einem existentiellen Ernst und einer fundamentalen Bedeutung für die Gegenwart auflädt. Das Hinterfragen von Ordnungen, das sich auf dem schmalen Grat zwischen Leben und Tod abspielt, wird über den Engel und seine enge Verbindung zu den zentralen christlichen Festen Weihnachten und Ostern realisiert. Diese Feste sind einerseits eingelassen in die alltägliche, kalendarische Ordnung, andererseits jedoch sprengen sie diese mit der ihnen eigenen alinearen Chronologie, was im Engel als außeralltäglicher Figur, die in den Alltag einbricht, ihren Ausdruck findet. Der Engel ist damit wie auch in den Werken der vorigen Autoren Teil des Versuchs, der in der Moderne als zunehmend prekär empfundenen Erfahrung schreibend neue Räume zu eröffnen. Sein Auftreten ist mit der Kindheit verbunden, die einerseits eine Zeit intensiven Erlebens bezeichnet, andererseits aber nur indirekt im Modus der Nachträglichkeit, im rückblickenden Erzählen, verfügbar ist.

Die besondere Chronologie der Erzählung verhindert auch, dass die Kinderperspektive von der analytischen Auflösung, die der Schluss impliziert, widerlegt wird. Ein Kommentar aus der Erzählzeit, die der erzählten Zeit deutlich nachgeordnet ist, überbietet ungefähr in der Mitte des Textes die unausgesprochene Erklärung des Endes und ficht damit ihren Status als letztgültiges Wort an. In diesem Kommentar weist die Erzählerin nicht nur die Existenz von Engeln als Wissen aus. Sie radikalisiert diese Annahme, indem sie die menschliche Existenz in Zweifel zieht: „Damals wußte ich noch nicht, daß es die Engel sind, die uns beschwören. Nicht wir sind es, die sie erträumen, die Engel träumen uns. Wir sind die Geister in ihren hellen Nächten, wir sind es, die mit Türen schlagen, die es nicht gibt, und über Schnüre springen, die wie Ketten rasseln." (EN 57)

Wie in den *Duineser Elegien*, in denen die Menschen sich permanent verflüchtigen,[94] steht hier nicht die Existenz der Engel, sondern die der Menschen in Frage. Einem von angelischen Stereotypen ungetrübten Blick, der den Engel gemäß Aichingers Poetik als das sieht, was er nicht ist, dem zeigt er sich gerade nicht in der traditionellen Schutzengel-„Rolle [...] als einhüllendes, vor den Kränkungen der Welt abschirmendes Medium"[95], wie Barbara Agnese meint. Vielmehr ist der Engel eine ihren medialen Status überschreitende Figur, die in ihrer Verselbstständigung den Schirm menschlicher Selbstgewissheit durchbricht. Über diese Emanzipation des Mediums wird eine „Sicht der Entfremdung"[96] installiert, die „die bekannte Sicht auf die Schauplätze des Alltäglichen abzuschütteln und zu verfremden"[97] sucht. Aichingers Erzählverfahren, das Xenia Wotschal dergestalt beschreibt, hat in der Erzählung „Engel in der Nacht" eine erkenntniskritische Schlagseite. Wie bei Rilke und Benjamin birgt der Engel das Versprechen einer außeralltäglichen, außerordentlichen Wahrnehmung, das hier auf seinen eigenen ontologischen Status rückgebogen wird. Vermeintlich gesichertes Wissen – es gibt keine Engel – wird nicht über die Behauptung des Gegenteils hinterfragt. Stattdessen wird das vermeintlich Gewisse in eine Schwebe zwischen Existenz und Nichtexistenz gebracht und die exklusive Beziehung von Wissen und Existenz durch die generative Kraft des Glaubens gelöst: „Alles, woran man glaubt, beginnt zu existieren."[98]

Dass über die Allianz von Kindersicht und angelischer Transrealität der Weltzugang vervielfältigt und der erwachsene Wirklichkeitskonsens herausgefordert wird, mag hier harmlos wirken. Zum Politikum wird diese Art des Schreibens aber,

---

[94] Vgl. Kapitel 3.1.4 dieser Studie.
[95] Barbara Agnese, Aichingers „Briefwechsel". Der Weg eines Gedichts durch das Medium Tageszeitung: „ ... So behutsam und leise dasz keiner es merke". In: Absprung zur Weiterbesinnung. Geschichte und Medien bei Ilse Aichinger, hg. von Christine Ivanović u. Sugi Shindo, Tübingen 2011, S. 135–145, hier S. 139.
[96] Dieser Begriff geht auf Aichingers Essay „Die Sicht der Entfremdung. Über Berichte und Geschichten von Ernst Schnabel" (1952) zurück. Barbara Thums hebt die Bedeutung der „Sicht der Entfremdung" als Wahrnehmungskonzept im Zusammenhang mit Transkulturalitätsdebatten ebenso wie im Hinblick auf Aichingers Beschäftigung mit Bild und Film hervor (vgl. Barbara Thums, Zumutungen, Ent-Ortungen, Grenzen: Ilse Aichingers Poetik des Exils. In: Literatur und Exil. Neue Perspektiven, hg. von Doerte Bischoff u. Susanne Komfort-Hein, Berlin 2013, S. 183–209, hier S. 191–198).
[97] Wotschal, Schreiben und Reisen über Gattungsgrenzen hinweg, S. 153.
[98] Aichinger, Aufzeichnungen 1950–1985, S. 75.

wenn es um den Holocaust geht, mit dem sich das ethische Postulat einer skrupulösen Beachtung der Realität verbindet. Darstellungen in diesem Zusammenhang werden an einem besonderen Anspruch auf Wahrhaftigkeit und Integrität gemessen. Ein Text, der aus kindlicher Perspektive geschrieben ist und dadurch wenigstens momenthaft die historisch korrekte Darstellung einer totalitär zugerichteten Wirklichkeit überschreitet, setzt sich dem Vorwurf der Verharmlosung und Verklärung aus.

6.2 Fest-Schau-Spiel statt Geschichtsphilosophie? Der Engel als Medium einer *Größeren Hoffnung* (1948)

Der Vorwurf der Verklärung wurde im Zusammenhang mit Ilse Aichingers einzigem Roman *Die größere Hoffnung* laut, den sie 1948 publiziert und 1960 einschneidend überarbeitet hat.[99] Er spielt im nationalsozialistisch besetzten Wien und zeigt das bedrohte Leben von „Kinder[n], mit denen irgend etwas nicht in Ordnung war"[100]. Mit zu vielen „falschen Großeltern" (GH 9) – falsch, weil sie den „Nürnberger Gesetzen" nach das Existenzrecht ihrer Enkelinnen und Enkel nicht verbürgen können – sind die Kinder als jüdisch klassifiziert und damit der drohenden Vernichtung preisgegeben. Dieser Sachverhalt wird jedoch nicht diskursiv verhandelt, sondern erschließt sich Leserinnen und Lesern nur indirekt über die Perspektive der kindlichen Protagonisten und Protagonistinnen beziehungsweise durch die ihr verpflichteten Reflexionen der narrativen Instanz.

Der Roman zeigt in mehreren szenischen Miniaturen das Leben der Kinder als eines im Exil. Denn auch wenn sie angesichts gesperrter Grenzen ihre Heimatstadt nicht verlassen können, so hat sich die Heimat selbst unter der Hand in feindseliges Terrain verwandelt hat. Keines der Kinder hat „die Erlaubnis zu bleiben und keines [...] die Erlaubnis zu gehen" (GH 9). Da die vorreflexive

---

99 Zu den einschneidenden Überarbeitungen vgl. Miriam Seidler, „Sind wir denn noch Kinder?". Untersuchungen zur Kinderperspektive in Ilse Aichingers Roman „Die größere Hoffnung" unter Einbeziehung des Fassungsvergleichs, Frankfurt am Main 2004, S. 19–28. Heftige Kritik an dem Roman äußert Irene Heidelberger-Leonard. Sie behauptet zwar, es solle in ihrem Beitrag nicht „präskriptiv ein Modell der Fiktionalisierung des Judeozids entworfen werden, an dem gemessen Aichingers Roman für unzulänglich erachtet wird" (Heidelberger-Leonard, Klärung oder Verklärung?, S. 159). Ein solches Modell wird zwar nicht *expressis verbis* entworfen, es begleitet aber implizit die Argumentation, wenn Heidelberger-Leonard davon spricht, dass es „Grade des mehr oder weniger richtigen bzw. falschen Umgangs" gebe (Heidelberger-Leonard, Klärung oder Verklärung?, S. 166), wobei die *Größere Hoffnung* letztlich als falscher Umgang verworfen wird.
100 Ilse Aichinger, Die größere Hoffnung, Frankfurt am Main 2016, S. 9. Im Folgenden GH.

Selbstverständlichkeit der Heimat verloren ist und Möglichkeiten, sich eine neue zu erschließen, versperrt bleiben, sind die Kinder in einem radikalen Sinn exiliert: „‚Welches von allen Ländern nimmt uns noch auf?' Nicht der Süden und nicht der Norden, nicht der Osten und nicht der Westen, nicht die Vergangenheit und nicht die Zukunft." (GH 59) Das Exil der Kinder ist ein universales, weil es sich nicht in territorialen Kategorien fassen und überwinden lässt, sondern sich aus der antisemitischen Zuschreibung des „Jude[n] als Dritter" speist, der weder drinnen noch draußen, sondern „an jedem Ort de-plaziert"[101] ist.

Diese sich einer Kartographierung sperrende Dislokation stellt der Roman über die Hauptfigur Ellen aus, die mit „zwei falschen" und „zwei richtigen" Großeltern – ein „unentschiedenes Spiel'" (GH 39) – doppelt ausgegrenzt ist. Im ersten Kapitel wollen die Kinder im Hof nicht mit Ellen spielen, weil sie als jüdisch gilt. Das zweite Kapitel kehrt die Perspektive um. Hier ist Ellen bei den jüdischen Kinder am Kai unerwünscht, die sie ebenfalls nicht mitspielen lassen wollen: „‚Du gehörst nicht zu uns!' ‚Mit zwei falschen Großeltern! Das ist zu wenig.'" (GH 37) Mit dieser Unentschiedenheit der Identität exponiert Ellen die wesenhafte Unbestimmtheit des Menschen im anthropologischen Denken, das sich behelfsmäßig der Konstruktionen von Engel und Tier als Figurationen anthropologischer Liminalität bedient. Dass sich diese Unbestimmtheit im Moderne-Diskurs zu einer veritablen Krise des Subjekts und dessen Unbehaustheit ausweitet, klingt immer wieder an. So erwidert der Ringelspiel-Betreiber auf die Entdeckung des „unentschiedenen Spiels": „‚Das sind wir alle' [...], ‚sei froh, wenn es deutlich wird!'" (GH 39)

Das Exil erscheint hier nicht nur als biographische Folge der identitären Zwangskonstruktionen des NS-Regimes, sondern als allgemeinmenschliches Schicksal. Ellen als Repräsentantin des modernen Menschen macht diesen Zustand sichtbar, indem sie die ihm zugrunde liegende Matrix transzendiert und damit zugleich die Widersprüchlichkeiten und Unschärfen der NS-Klassifizierung aus der Latenz hebt.[102] Die exilische Struktur ist dabei nicht nur inhaltlich thematisch, sondern schreibt sich als ästhetisches Verfahren tief in die Form des Poetischen ein, „als ein ‚Weder-Noch' zwischen Bruch und Kontinuität, dort, wo Vergangenes und Zukünftiges, Erinnerung und Hoffnung aufeinander-

---

101 Klaus-Michael Bogdal, Literarischer Antisemitismus nach Auschwitz. Perspektiven der Forschung. In: Literarischer Antisemitismus nach Auschwitz, hg. von Klaus-Michael Bogdal, Klaus Holz u. Matthias N. Lorenz, Stuttgart; Weimar 2007, S. 1–12, hier S. 9. Vgl. auch den Beitrag von Klaus Holz, Die Paradoxie der Normalisierung. Drei Gegensatzpaare des Antisemitismus vor und nach Auschwitz. In: Literarischer Antisemitismus nach Auschwitz, hg. von Klaus-Michael Bogdal, Klaus Holz u. Matthias N. Lorenz, Stuttgart; Weimar 2007, S. 37–57, hier S. 46.
102 Vgl. Hilbert, Die Vernichtung der europäischen Juden, S. 69–84.

treffen, schließlich als ein Unterwegssein in der Sprache ohne gesicherte Ankunft"[103]. In der Konsequenz kann es auf die Frage der Kinder, welches Land sie noch aufnehme, nur eine Antwort geben, „kann es nur ein Land sein: Wo die Toten lebendig werden" (GH 60), also in der strukturell exilischen Sprache als Medium vergegenwärtigender Erinnerung.

Die ethische Dimension dieser Sprache liegt darin, dass sie die täuschende Hoffnung auf Rückkehr und Restitution verweigert. Das unterscheidet die *Größere Hoffnung* von den beiden dominanten Strömungen, die sich nach 1945 in der deutschsprachigen Literatur herausbilden: Weder partizipiert der Roman an der Rückbesinnung auf traditionelle Formen,[104] noch schreibt er an der Programmatik eines postulierten Neubeginns mit – beides Ansätze, die eine direkte Auseinandersetzung mit den NS-Verbrechen scheuen, sei es durch die Annahme einer von der Judenvernichtung weitgehend unbehelligten Kontinuität, sei es durch ein forciertes Aufbruchspathos, das diese ebenfalls ignoriert. Die *Größere Hoffnung* hingegen setzt sich bis in ihre Tiefenstruktur hinein mit dem Holocaust auseinander. Allerdings ohne erlittenes Unrecht anzuklagen und wirklichkeitsgetreu die Fakten der Unterdrückung und Vernichtung zu referieren. Der Referentialitätsanspruch des Romans richtet sich vielmehr an jenem Phänomen aus, das Elisabeth Bronfen mit Bezug auf Charlotte Beradts Sammlung von Träumen zwischen 1933 und 1939 als „Verschränkung von privatem und öffentlichem Raum"[105] bezeichnet, die in totalitären Systemen besonders ausgeprägt sei.[106]

So bedürfen durch politische Ereignisse und entsprechende Gesetze ausgelöste Traumata einer imaginären Verarbeitung, wie sie im Traum als psychischer Repräsentanz zum Ausdruck kommt.[107] Die *Größere Hoffnung* bezieht ihr Material aus jenen Bildern, die der von den politischen Ereignissen (de-)formierte Wahrnehmungsapparat produziert. Indem diese Bilder nicht in eine reflexive Ordnung überführt werden, trägt der Roman der besonderen Struktur des Traumas Rechnung. Dieses kann nicht über das Bewusstsein und in Form gespeicherter Inhalte erinnert werden, weil es nie Eingang in das Bewusstsein

---

[103] Susanne Komfort-Hein, „Vom Ende her und auf das Ende hin". Ilse Aichingers Ort des Poetischen jenseits einer ‚Stunde Null'. In: „Was wir einsetzen können, ist Nüchternheit". Zum Werk Ilse Aichingers, hg. von Britta Herrmann u. Barbara Thums, Würzburg 2001, S. 26–38, hier S. 29.
[104] Vgl. Ralf Schnell, Traditionalistische Konzepte. In: Literatur in der Bundesrepublik Deutschland bis 1967, hg. von Ludwig Fischer, München 1986, S. 214–299.
[105] Bronfen, Entortung und Identität, S. 70.
[106] Die *Größere Hoffnung* „sollte ein Bericht darüber werden, wie es wirklich war" (zit. n. Richard Reichensperger, Editorische Nachbemerkung. In: Aichinger, Die größere Hoffnung, hg. von Richard Reichensperger, Frankfurt am Main 2016, S. 285–286, hier S. 285).
[107] Vgl. Bronfen, Entortung und Identität, S. 70.

gefunden hat.[108] Die Erzählperspektive in der *Größeren Hoffnung* orientiert sich entsprechend konsequent an den Verschiebungen, die in imaginären Modi wie dem Traum, dem Fieber, dem Spiel oder der Phantasie zum Ausdruck kommen. Darin liegt die irreduzibel autobiographische Dimension des Romans. Die Bezeichnung meint dabei nicht so sehr Übereinstimmungen mit einer kontinuierlich entfalteten Lebensgeschichte als vielmehr die Struktur traumatischen Erlebens und Verarbeitens eines versehrten Lebens.

Dass der Ton des Romans in Anbetracht der Unmöglichkeit von Entfliehen und Ankommen kein fatalistischer ist, weder in Bezug auf das Leben der Kinder noch auf die sprachlichen Möglichkeiten, gibt der Titel programmatisch vor. Die Hoffnung auf Flucht ist hinfällig und so wird in dieser Situation eine „größere Hoffnung" nötig, wie Aichinger in ihrer „Rede an die Jugend" (1988) erklärt: „Achtzehn Monate später [nach dem rechtswidrigen ‚Anschluss' Österreichs an das nationalsozialistische Deutschland, L.Z.] begann der Krieg und wir mußten auch die Hoffnung, zu fliehen und so vor dem Terror, der rasch um sich griff, gerettet zu werden, in eine Hoffnung verwandeln, die dem Tod standhielt."[109] Diese Hoffnung ist unmittelbar an den kindlichen Weltzugang geknüpft. Er ist kritischer Wachsamkeit und zweckrationalem Verhalten entgegengesetzt und irritiert in einer für kindliche Verhaltensweisen denkbar feindlichen Zeit gängige Interpretations- und Darstellungskonventionen in Bezug auf den Nationalsozialismus. Anstelle eines angemessen misstrauischen und wachsamen Verhaltens schaffen sich die Kinder nämlich eine emotional und semantisch übervolle Atmosphäre, indem sie feiern und spielen, tanzen und springen – in einer Zeit, über die Ilse Aichinger 1946 schreibt, man habe „aneinander vorbeigeschaut", habe „geflüstert anstatt zu sprechen", sei „geschlichen anstatt zu gehen"[110], geschweige denn zu tanzen.

Dem Modus des Spiels kommt dabei eine herausragende Bedeutung zu. Erstens wird im Spielen der Kinder der doppelte Ausschluss Ellens deutlich: Gemeinschaft unter den Kindern konstituiert sich entlang der Leitdifferenz von Mit-Spielen und Außen-vor-Bleiben. Zweitens ist dieses Spielen der Kinder in einer Situation drohender Vernichtung, die das nötige Vertrauen durch nichts rechtfertigt, irritierend und beklemmend, eine „Rebellion" (GH 143) des Bleibens, die das erzwungene Dableiben zum Ethos und größeren Wagnis umkodiert.[111]

---

108 Vgl. Thums, „Den Ankünften nicht glauben wahr sind die Abschiede", S. 199.
109 Ilse Aichinger, Rede an die Jugend. In: Aichinger, Materialien zu Leben und Werk, hg. von Samuel Moser, Frankfurt am Main 1990, S. 18–29, hier S. 19.
110 Ilse Aichinger, Aufruf zum Mißtrauen. In: Ilse Aichinger. Materialien zu Leben und Werk, hg. von Samuel Moser, Frankfurt am Main 1990, S. 16–17, hier S. 16.
111 So meint Ellen im Gespräch mit Julia, die nach Amerika ausreist, dass sie, die bleibt, das „größere Abenteuer'" (GH 115–116) erleben werde.

Drittens bezeichnet das Spielen eine Praxis, die auf semantische und existentielle Freiräume in einer totalitär umstellten Welt drängt. Entsprechend ist die Modalität einer „größeren Hoffnung" das gegenwartsbezogene, möglichkeitseröffnende Spiel.[112] Und viertens reflektiert das Spiel als Form des Imaginären und Modus der Darstellung die hier im Besonderen interessierende Darstellungsfrage im Zusammenhang mit der Deportation der Kinder. „Man kann immer spielen, d. h. jeder Zustand ist in Liebe darstellbar"[113], heißt es in einer Aufzeichnung Aichingers aus dem Jahr 1953. Sowohl der magische, die tödliche Gefahr spielerisch transformierende Wahrnehmungsmodus der Kinder als auch der Engel als Spiegel beziehungsweise Fenster zur Darstellung des Undarstellbaren sind Mittel, die metapoetisch die Darstellung der Judenvernichtung reflektieren.[114] Aus einer konsequenten Kinderperspektive und mit der metapoetischen Engelsfigur kann etwas erzählt werden, was sich sonst nicht erzählen ließe.

In dem „Das große Spiel" titulierten sechsten Romankapitel der *Größeren Hoffnung*, dem im Folgenden das Interesse gilt, wird über die Trias von Kindheit, Spiel und Engel exemplarisch jene Verschränkung von öffentlichem Raum des Gesetzes und seiner traumatischen Gewalt mit dem privaten Raum der imaginären Verarbeitung verhandelt.[115] Die Trennung dieser Sphären verläuft sich

---

112 Vgl. Nicole Rosenberger, Poetik des Ungefügten. Zur Darstellung von Krieg und Verfolgung in Ilse Aichingers Roman „Die größere Hoffnung", Wien 1998, S. 156.
113 Aichinger, Aufzeichnungen 1950–1985, S. 58.
114 Die Aufgabe, „den Spiegel zum Fenster [zu] machen", formuliert Aichinger im Zusammenhang mit der autobiographischen Dimension der *Größeren Hoffnung*: „Es ist nicht leicht über sich selbst zu reden, es ist so, als würde man in den Spiegel schauen; man macht dann nicht das richtige Gesicht. Aber wenn das Spiegelbild auch irreführend ist, so haben wir doch kein anderes und müssen uns darin durchschauen und müssen den Spiegel zum Fenster machen" (Ilse Aichinger, Die Vögel beginnen zu singen, wenn es noch finster ist. In: Ilse Aichinger. Materialien zu Leben und Werk, hg. von Samuel Moser, Frankfurt am Main 1990, S. 23–24, hier S. 23). In der Doppeldeutigkeit des Durchschauens mit der Betonung einmal auf der ersten, einmal auf der zweiten Silbe wird Erkenntnis mit einer spezifischen Form des Schauens verknüpft; ein Gedanke, der für das im Folgenden untersuchte sechste Romankapitel „Das große Spiel" prägend ist.
115 Neben ihrer Verbindung zum Spiel hat die Kindheit auch eine besondere Nähe zu den Engeln, die in den vorigen Kapiteln immer wieder gestreift wurde; so etwa im *Vulkan* mit der Vorstellung von der Kindheit als einem dem Paradies und damit auch den Engeln weniger entfremdeten Zustand (vgl. Kapitel 6.2.1). Während die erwachsene Perspektive in der *Größeren Hoffnung* durch ihre markierte Abwesenheit auffällt – Ellens Mutter ist im Exil und ihr Vater Teil des NS-Regimes, die Eltern der anderen Kinder tauchen nicht auf –, kommt den Großeltern beziehungsweise der Großmutter, bei der Ellen lebt, eine besondere Bedeutung zu. Die zweite Vorfahrengeneration stiftet auch die (lautliche) Nähe zwischen Engeln und Kindern, die in Aichingers Prosagedicht „Im Werd" ausgestellt wird. Die drei Strophen enden jeweils mit „Eure Enkel sind lange fort", „Eure Engel kommen nicht wieder" und „Engel halten Nachschau" (Ilse Aichinger, Im Werd. In: Aichinger, Kurzschlüsse, hg. von Simone Fässler, Wien 2001, S. 30).

dabei zusehends in der Performanz des Spielens. Das Spiel der Kinder heißt „‚Frieden suchen'" (GH 151) und sie spielen es in einem dunklen Zimmer, in dem sie sich vor der „geheimen Polizei" (GH 125) versteckt halten. Beschrieben als eine „einzige schwankende Kapuze, die schlecht schloß" (GH 129), kommen im Spielzimmer als räumliche Übersetzung verschiedener Schwellenzustände Freiheitshoffnung und drohende Deportation zusammen. In dem existentiell exilischen Raum zwischen Leben und Tod, Freiheit und Zwang, Erinnern und Vergessen drängt die prekäre Lage der Kinder auf eine Entscheidung im Ringen zweier ludisch bewegter Kräftefelder: jenem Spiel, „‚das wir spielen'", und jenem Spiel, „‚das mit uns gespielt wird'" (GH 146).

An dem Friedensspiel wirken mit: Maria/Bibi, Josef, das Kind/ein Bündel, ein Engel/Leon, drei Landstreicher/drei heilige Könige, der Krieg und ein schwarzer Hund, später die Welt/(deportierte Hanna)/Ellen und noch später ein unheiliger König/Mann von nebenan. Dass dieses Spiel eine Adaption der Weihnachtsgeschichte darstellt, zeigt das biblische Personal, insbesondere der Engel, der ikonische Zitate aus dem Lukasevangelium wie „‚Fürchtet euch nicht!'" (GH 133) oder „Denn siehe, ich verkündige euch eine große Freude!" (GH 133) einspielt (vgl. Lk 1,30 u. Lk 2,10). Die drei Landstreicher suchen nicht Jesus, sondern das, wofür er nach christlicher Lesart als „Friedefürst" (Jes 9,5) steht. Sie suchen den Frieden nach eigenem Bericht allerdings mit denkbar unfriedlichen Mitteln, nämlich raubend, tötend und brennend (vgl. GH 128). Friedensthema und Weihnachtsbotschaft verbinden sich im „Niemandsland zwischen Verrat und Verkündigung" (GH 81), wie es an anderer Stelle des Romans heißt, in der impliziten Referenz auf die viel beschäftigten Verkündigungsengel des Lukasevangeliums. So kündigt Gabriel dort zunächst Zacharias die Geburt seines Sohnes Johannes an (vgl. Lk 1,13), dann Maria die Geburt Jesu (vgl. Lk 1,31). Dessen Geburt verkündet „des Herrn Engel" (Lk 2,9) wiederum den Hirten, woraufhin die himmlischen Heerscharen erscheinen und Frieden ausrufen: „Und alsbald war da bei dem Engel die Menge der himmlischen Heerscharen, die lobten Gott und sprachen: Ehre sei Gott in der Höhe und Friede auf Erden bei den Menschen seines Wohlgefallens." (Lk 2,13–14)

Auch im Illusionsraum des Spiels scheinen Liebe und Frieden der angelisch übermittelten Weihnachtsbotschaft auf. Allerdings sind diese Momente hochgradig fragil, da sie immer wieder durch die äußere Verfolgungsrealität in Form einer unentwegt schrillenden Türklingel unterbrochen werden. Deren unheilverkündenden Störungen diktieren Rhythmus und Tempo des Spiels und erhöhen sukzessive dessen Grad an Selbstreferentialität. Denn die Unterbrechungen nötigen die Kinder immer wieder aus der Illusion des Spiels – Illusion bedeutet wörtlich ‚Im-Spiel-Sein' (*illudere*) – in eine Metakommunikation, in der sie Probleme der Verkleidung und Fragen des Fortlaufs bis zur Möglichkeit des Spielabbruchs thematisieren. Das Kapitel selbst beginnt *in medias res* mit der Gleichzeitigkeit von Weihnachtsbotschaft und Verfolgungsrealität, nämlich dem Erschrecken der spielenden Kinder über das Läuten. Der Engel hatte, so wird rückblickend erzählt, die Landstreicher gerade „mit einem leisen Jauchzen seiner schwankenden Knabenstimme" (GH 124) aufgefordert: „‚Werft eure Mäntel ab!'", auf dass die weihnachtlich-königliche Aufmachung, die sich unter ihren „schmutzigen Fetzen" (GH 124) verbergen soll, sichtbar werde. Das geschieht jedoch nicht, denn „es war keine Zeit mehr. Es hatte geläutet" (GH 124). Wegen der „Angst", ihre Mäntel abzuwerfen, müssen die Kinder auch „die alte Ungewißheit weiter ertragen, ob wir nichts oder Könige sind" (GH 124). Als es läutet, die äußere Realität also in den Raum des Spiels drängt, lässt Maria außerdem vor Schreck das „Bündel", Garant der Weihnachtsbotschaft, fallen, und Josef stößt den Engel in die Seite. Auch „[d]er Engel verlor alle Überlegenheit" (GH 124). „Mit einer verrosteten Sicherheitsnadel" steckt er „das Leintuch fester um seine Schultern" (GH 125) und als er auf das Klingeln, also die Störung und Desillusionierung des Spiels, eingeht – „‚Es wird nichts sein', stammelte er, ‚es klingt wirklich nur, als ob –'" –, herrscht ihn der größte Landstreicher „höhnisch" an, er solle bei seiner „‚Rolle'" (GH 125) bleiben.

In diesen mehrfachen Unterbrechungen des Spiels und der Sprechenden untereinander wird das Spiel nicht nur als Spiel, das heißt als Illusion, sondern genauer als ein Theaterspiel sichtbar. Auf dieses weisen neben der Handlungslastigkeit des Kapitels und dem ausgeprägten Einsatz von gebundener Rede die Verwendung von Begriffen wie „‚Rolle'" (unter anderem GH 125), „‚Publikum'" (GH 133), „‚Bühne'" (GH 133), „‚Regisseur'" (GH 135), „‚Vorhang'" (GH 138 u. 139), „‚Souffleur'" (GH 145), „‚Einsatz'" (GH 145), „‚Kulissen'" (GH 146), „‚Probe'" (GH 152) und „‚Aufführung'" (GH 152), die den theatrale Rahmen des Kapitels abstecken. Die Performanz des (Theater-)Spiels reagiert, so die hier zu erprobende These, auf die eingangs skizzierte, durch die Holocaust entscheidend verschärfte moderne Krise des Erzählens.[116] Diese wird über den Engel reflektiert, der metapoetisch die Frage nach der Darstellung des Undarstellbaren aufwirft. Die Besonderheit des Kapitels liegt darin, dass mit dem Undarstellbaren der Holocaust (Verfolgungsrealität) ebenso gemeint ist wie die Möglichkeit einer numinosen Wirklichkeit (Weihnachtsgeschichte). Formale wie inhaltliche Linearität und Teleologizität setzen ein intaktes Wahrnehmungs- und Erinnerungsgefüge voraus, dem das versehrte Leben, um das es geht, nicht mehr zugänglich ist.[117]

---

[116] Zum Erzählen als Problem vgl. Rosenberger, Poetik des Ungefügten, S. 113.

[117] In dieser Hinsicht ist die Darstellungsform des Romans dem Ansatz von Günter Butzer verpflichtet, der die „Auffassung einer Erinnerung des Exils als Erinnerung der Entstellung und des Entzugs" befürwortet und der Ansicht widerspricht, „dass das Exil mithilfe einer Erinnerungskonzeption zu verstehen sei, die von der Katastrophe selbst nicht berührt werde" (Günter Butzer, Erinnerung des Exils. In: Handbuch der deutschsprachigen Exilliteratur. Von Heinrich

Anstatt von dem Spiel der Kinder zu erzählen, wird es daher in seinem Vollzug gezeigt, in dem Verfolgungsrealität und imaginäre Spielrealität kollidieren und im Zustreben auf ihre gegenläufigen Kulminationspunkte schließlich ineinanderfließen – mit ungewissem Ausgang, denn in den angelischen Momenten des Spiels wird das NS-Regime über die Infragestellung seines totalitären Wirklichkeitsanspruches herausgefordert.

Die folgenden Ausführungen widmen sich vor dem Hintergrund dieser Beobachtung dem theatralen Code des Kapitels, der – so die These – ein spezifisch angelischer ist. Zwischen dem Theater und der Angelophanie gibt es eine ganze Reihe von Ähnlichkeiten. Beide beanspruchen als selbstreferentielle Phänomene besondere aisthetische Aufmerksamkeit der Betrachtenden, indem sie sich in ihrer sinnlichen Präsenz auf betonte Weise zur Schau stellen. Beide werfen in ihrer Oppositions- oder, vorsichtiger ausgedrückt, ihrer Differenzstellung gegenüber der Wirklichkeit die Frage nach Sein und Schein auf, eng verknüpft mit der nach (Dis-)Identität von Person und Rolle. Damit zusammenhängend ist für beide ein Ineinander von Selbst- und Fremdbezug charakteristisch: Theatralität lässt sich definieren „als eine besondere Art von semiotischen Prozessen, in denen spezifische Zeichen [...] als Zeichen von Zeichen verwendet werden"[118], und die Darstellung beziehungsweise Beschreibung der Engelserscheinung kann wiederum als eine Darstellung der Darstellung (des Undarstellbaren) gefasst werden. Beide kennzeichnet die Unmöglichkeit der Reproduktion, das Zeitmaß des Transitorischen und eine ausgestellte Ereignishaftigkeit. So irritieren das Theaterspiel und die Angelophanie über „ereignishaft[e] Brüche etablierter Ordnungssysteme"[119] und öffnen in ihrer vollzugshaften Ästhetik eines gegenüber der Alltagswelt differenten Geschehens den Blick für eine andere Ordnung, eine Gegen-Welt, die potentiell kritisch-utopisch ist.

Diese grundsätzlichen Strukturanalogien lassen sich über eine ganze Reihe untergründiger Verwandtschaften zwischen Engelsfigur und „großem Spiel" konkretisieren. Konstitutiv für dessen angelische Ästhetik sind erstens eine Hybridisierung des Spiels durch die Vermischung von weihnachtlicher Liebes- und Friedensbotschaft und nationalsozialistischer Vernichtungsmaschinerie, zweitens eine gebrochene Ästhetik der Stellvertretung zwischen Präsenz und Repräsentation, drittens Verwandlungen im Grenzbereich von Sichtbarkeit und

---

Heine bis Herta Müller, hg. von Bettina Bannasch u. Gerhild Rochus, Berlin 2013, S. 151–169, hier S. 164).
118 Erika Fischer-Lichte, Ästhetische Erfahrung. Das Semiotische und das Performative, Tübingen; Basel 2001, S. 282–283.
119 Helmar Schramm, Theatralität. In: Ästhetische Grundbegriffe, Bd. 6, hg. von Karlheinz Barck, Martin Fontius u. Dieter Schlenstedt, Stuttgart; Weimar 2010, S. 48–73, hier S. 70.

Unsichtbarkeit im Modus von Spiel und Fest sowie viertens poetologische und politische Fragen der Darstellbarkeit des Holocaust. Für alle diese Aspekte charakteristisch ist eine übergeordnete ästhetische Bewegung, die zwischen angelischer Illusionierung, also verstärktem ‚Im-Spiel-Sein', und angelischer Desillusionierung als Bruch mit der Spielebene hin- und herpendelt. Die Verfolgung, die dem Spiel als Realität zugrunde liegt, und die Weihnachtsbotschaft, die seinen fiktiven Schauraum grundiert, lassen sich in ihrer Funktionsweise als Momente von Illusionsbildung und Desillusionierung beschreiben. Zwischen ihnen vermittelt der Engel. Als Verkündigungsfigur ist er Teil der neutestamentlichen Illusionsbildung, die gestört wird – „‚Denn siehe, ich verkündige euch eine große Freude!' ‚Ihr dürft verrecken, das ist alles!' unterbrach ihn [den Engel, L.Z.] Kurt." (GH 133). Gleichzeitig werden über den Engel aber auch Versatzstücke der Verfolgungsrealität eingespielt: „‚Juden dürfen keine Haustiere haben', flüsterte der Engel, ‚und ein versiegelter Waggon trägt auch. Die Frage ist nur, wohin.'" (GH 125)

Das Schwanken zwischen ästhetischem Schein, der Konnotate wie Ganzheitlichkeit, Überweltlichkeit und symbolhafte Geschlossenheit mit sich führt, und dessen ideologiekritisch gefärbter Störung, die den Schein als trügerisch entlarvt, sich allegorisch verdichtet und in Benjamins Terminologie zur Ausdruckslosigkeit gerinnt, ist aus den vorigen Kapitel bekannt. Es wird hier über mehrere Stationen in seinen verschiedenen Ausprägungen verfolgt. Dies geschieht zunächst unter dramenästhetischen Gesichtspunkten, dann mit Fokus auf den inversen Licht-, Schau- und Aufklärungszusammenhängen in Verfolgungsrealität und Angelophanie sowie im Hinblick auf die paradoxen Botschaften des Engels. Im Anschluss werden die (Rück-)Verwandlungen beleuchtet, die das Spielgeschehen freisetzt, und das abschließende Résumé bündelt die dabei gewonnenen Erkenntnisse unter der Leitfrage nach der Darstellung des Undarstellbaren des Holocaust.

6.2.1 Angelische Dramenästhetik im „großen Spiel"

Zunächst kommt dem Engel als intertextueller Figur eine zentrale Bedeutung für das „große Spiel" zu. Bereits numerisch steht das Kapitel als das sechste des Romans in Verbindung mit dem Verkündigungsengel Gabriel, der „im sechsten Monat" zu Maria „gesandt" (Lk 1,26) wird und ihr die Geburt von Gottes Sohn verkündet. Das christliche Weihnachtsfest und die Perspektive der als jüdisch klassifizierten Kinder stehen sich zunächst entgegen; verbunden werden sie über den Engel Gabriel, der nicht nur die Weihnachtsbotschaft überbringt, sondern auch dem Judentum nahesteht. Als Schutzengel Israels ist

Gabriel eng mit der Befreiung unterdrückter Jüdinnen und Juden verknüpft.[120] Im Buch Daniel als jüdischer Apokalypse, in der das babylonische Exil 597–539 v. Chr. als Folie genutzt wird, um die religionspolitische Drangsalierung von Jüdinnen und Juden im 2. Jahrhundert v. Chr. darzustellen, erklärt Gabriel als *angelus interpres* Daniel dessen Visionen (vgl. Dan 8,15–27 u. Dan 9,20–27). Er erläutert die Dauer des Exils und weissagt sein Ende.

Gabriel ist folglich nicht nur mit der christlichen Weihnachtsgeschichte verbunden, sondern steht auch in direktem Bezug zum jüdischen Exil und dessen Überwindung. Als Übermittler höheren Wissens, als der er sowohl im Buch Daniel als auch im Lukasevangelium auftritt, eröffnet er eine Perspektive, die die exilische Gegenwart überschreitet. Sie hat ihre strukturelle Entsprechung in dem, was Aichinger als Bereich der „anderen Existenz, der Wärme, der Geborgenheit, des Spiels" hinter dem „dunklen Vorhang"[121] aus Angst und Verfolgung bezeichnet. So wie der „blitzende Streifen", der diesen Bereich veranschaulicht, macht ihn auch der Engel medial zugänglich, ohne dass diese „andere Existenz"[122] hier in einem göttlichen Narrativ aufgehoben wäre.

Der Nähe zwischen epistemisch unsicherer Angelophanie und illusionärem Spiel entsprechend ist der Engel beziehungsweise sein Darsteller im „großen Spiel" mit der Spielleitung betraut. Gegen alle inneren und äußeren Störungen hält Leon/der Engel das Spielgeschehen in Gang, und wenn es abgebrochen zu werden droht, treibt er die anderen zum Weiterspielen an: „‚Spielt weiter!' rief der Engel" (GH 130), „‚Weiter!' rief Leon fieberisch. ‚Wir müssen weiterspielen!'" (GH 133), „‚Weiter, spielt weiter!'" (GH 134), „‚Spielt weiter!' sagte Leon" (GH 140), „‚Spielt weiter!'" (GH 148), „‚Weiter!' unterbrach ihn Leon" (GH 154). Als Advokat des Spiels pariert er Einwände der anderen Kinder wie den, man habe „schlechte [n] Rollen": „Schwere Rollen, und sind nicht die schwersten Rollen die besten?", und auch die Kritik am Publikum: „‚Aber was für ein furchtbares Publikum wir haben, ein dunkler Rachen, der uns verschlingt, Menschen ohne Gesichter!'" weist er zurück: „‚Hättest du mehr Erfahrung, Ruth, du wüßtest, daß vor jeder Bühne eine seufzende Finsternis ist, die getröstet sein will.'" (GH 133)

Das Inganghalten durch Leon/den Engel ist ein konstitutives Element dieses Spiels; denn seine grundsätzliche Voraussetzung – seine Begrenztheit – ist hier beständig von außen bedroht durch das Eindringen von Mördern. Der Abbruch eines fragilen Spiels fällt in eins mit dem Abbruch eines fragilen Lebens. Diese Gleichung gibt dem Spiel seinen drängenden Puls: „‚Beeilt euch! [...] Sie rennen uns

---

120 Zur Bedeutung des Engels für Israel vgl. Dürr, Der Engel Mächte, S. 34.
121 Ilse Aichinger, Hilfsstelle. In: Aichinger, Kleist, Moos, Fasane, hg. von Richard Reichensperger, Frankfurt am Main 2016, S. 28–31, hier S. 28.
122 Aichinger, Hilfsstelle, S. 28.

die Tür ein. Sie verladen uns sonst, bevor wir fertig sind'" (GH 130), mahnt der Krieg. Dass die Kinder der Vollendung des Spiels höchste Priorität beimessen, konfligiert mit wichtigen Vorsichtsmaßnahmen, sodass das Spiel selbst zur Bedrohung wird. Als jüdisch definierte sitzen die Kinder, deren Fluchtversuche misslungen sind, im nationalsozialistisch besetzten Wien in der Falle: „Jede kleinste Bewegung konnte sie verraten." (GH 124) Anstatt in dieser Situation das Vernünftige zu tun, nämlich zu warten, wachsam zu sein und sich möglichst ruhig zu verhalten, spielen sie, lenken also ihre Aufmerksamkeit von ihrer Verfolgung und drohenden Vernichtung hin zu einer selbst gewählten Handlung. Damit riskieren sie einerseits Entdeckung und den Tod, andererseits spielen sie sich frei von der Ohnmacht des Wartens auf diesen und damit vom exilischen Warten,[123] indem sie in der Spaltung von äußerer Verfolgungsrealität und innerer Spielrealität dem Primat von ersterer eine durchgehende Anerkennung verweigern.

Symbolisch verdichtet verbinden sich beide Ebenen, das Weihnachtsspiel und die Verfolgungsrealität, im Stern. Der Stern führt in der Erzählung von Jesu Geburt als Wegweiser zur Krippe. Ihm sollen die Kinder folgen, rät ihnen am Schluss des vorigen Kapitels Anna, die „die Aufforderung für Polen" (GH 119) erhalten hat: „Geht dem Stern nach! Fragt nicht die Erwachsenen, sie täuschen euch, wie Herodes die drei Könige täuschen wollte. Fragt euch selbst, fragt eure Engel!" (GH 122–123) Gleichzeitig markiert der Stern im „großen Spiel" als „Stern an der Tür" (GH 149) die Bewohnerinnen und Bewohner als jüdisch und dient damit den NS-Schergen als Zeichen. Der Dialektik von Stigma und Auserwähltheit, die der Stern in der *Größeren Hoffnung* repräsentiert, entspricht eine Reperspektivierung von Ein- und Ausschluss. Während die biblischen Figuren Maria und Josef verzweifelt Einlass in eine Herberge begehren, ist das Spiel der Kinder von Anfang an ein Anspielen gegen die Bedrohung von draußen. Im Wort- wie im übertragenen Sinne sind sie eingeschlossene Ausgeschlossene – eingeschlossen im NS-Gebiet und zugleich ausgeschlossen aus dem Leben in diesem, während sie als ausgeschlossene Andere die eingeschlossenen Zugehörigen erst zu solchen machen.

Neben den explizit benannten „,Deportationen nach Polen'" (GH 149) spiegelt sich die Bedrohung der Kinder auch in der Weihnachtsgeschichte selbst. Ihre Fluchtbewegungen, die ohne Hoffnung auf ein wirkliches Entfliehen den gesamten Roman durchziehen, konzentrieren sich im „großen Spiel" in der mythisch verdichteten Obdachlosigkeit der Weihnachtsgeschichte. In ihr klingt die Rastlosigkeit des Ewigen Juden an: „,Zerfetzt ist unser Kleid', / ,Zerrissen unsere Schuh!' / ,Wir

---

[123] Nicole Rosenberger verweist darauf, dass das Spiel den Kindern erlaube, „aus ihrem ohnmächtigen Status heraus[zu]treten, ohne die Verfolgung selbst ausblenden zu müssen" (Rosenberger, Poetik des Ungefügten S. 21); die Passivität des Ausgeschlossenseins wird so in aktive Gestaltung transformiert.

finden keine Ruh' /,in Ewigkeit.'" (GH 129) Anders als im Neuen Testament ist hier mit der Geburt Jesu kein Ankommen verbunden, denn es ist die Welt selbst, die Maria und Josef Obdach verweigert: „‚Wir tragen Gott, / sind auf der Flucht. / Die Welt jagt uns von Tür zu Tür, / hat uns nicht aufgenommen, / drum suchen wir die Herberg hier, / wir flohen ja vor dir.'" (GH 144) Beiläufig wird erwähnt, dass auch Gott — verkörpert in seinem Sohn – auf der Flucht ist, ebenso wie die entwurzelte und verwahrloste Welt: „‚Ich bin die Welt / und auf der Flucht, / ach, daß ich Frieden fände!' Die Welt war barfuß und hatte eine alte Decke um Kopf und Schultern geschlungen, wirr und lang hing ihr Haar darunter hervor." (GH 143)

Im Weihnachtsspiel löst sich die exilische Situation der Kinder also nicht in Verklärung auf, es zeigt vielmehr die Auswirkungen ungenannter fundamentaler Verwerfungen, die das Auf-der-Flucht-Sein nicht nur als universalmenschliches (und göttliches) Schicksal ausstellen, sondern buchstäblich die Welt aus den Angeln heben. Das wird deutlich in den Anklängen an das barocke *theatrum mundi* beziehungsweise an Nietzsches Sein und Schein mischendes „Welt-Spiel"[124], das die Frage nach (göttlicher) Determiniertheit des menschlichen Rollenspiels aufwirft, aber auch in der expressionistisch anmutenden unheimlichen Belebung der Umgebung. So zittert, als ein Lastwagen vorbeifährt, nicht nur das Fenster, sondern auch der Himmel (vgl. GH 133). Anders als es zunächst den Anschein haben könnte, bedeutet also das Spiel der Kinder keine Verdrängung des nationalsozialistischen Vernichtungsgeschehens. Vielmehr wird gerade über die spezifische Aktualisierung der Weihnachtsgeschichte ästhetisch ein Gegenwartsbefund in Szene gesetzt, der zeigt, wie jegliche Orientierung und jegliches Ankommen in einer fundamental gestörten Welt unmöglich geworden sind. Entsprechend prägen Durchlässigkeit und Unabgeschlossenheit nicht nur den physischen Spielraum, sondern auch das Weihnachtsspiel selbst. Dieses ist bereits um die Verfolgung durch Herodes und dessen das Schicksal der jüdischen Kinder spiegelnden Kindstötungen sowie die Kreuzigung Christi erweitert:[125]

> Sie [Maria, L.Z.] schmiegte sich an Josef, der wegsah, wie der König in ihrem Arm sich an das Kreuz schmiegen würde, an das er geschmiedet war. Während die Kinder sich fürchteten, ahnten sie seine Lehre, sich zu schmiegen, woran man geschmiedet wird, und sie fürchteten diese Ahnung mehr als das schrille schnelle Läuten draußen vor der Tür. Möglich aber, daß diese Ahnung selbst zu läuten begonnen hatte. (GH 124/125)

---

124 Vgl. Nietzsches Gedicht „An Goethe": „‚Welt-Spiel, das herrische / Mischt Sein und Schein: – / Das Ewig-Närrische / Mischt *uns* – hinein! ..." (Friedrich Nietzsche, An Goethe. In: Nietzsche, Die fröhliche Wissenschaft. Werke in drei Bänden, Bd. 2, hg. von Karl Schlechta, München 1954, S. 261).
125 Zu Herodes vgl. folgende Stelle: „Das Wunder war zur Welt gekommen, aber die Welt wollte es selber sein. Maria hatte Bedingungen gestellt, der Engel hatte vergessen, die drei Könige zu warnen, und Gott war dem Herodes in die Hände gefallen" (GH 138).Vgl. auch Rosenberger, Poetik des Ungefügten, S. 155.

Spuren zur Verfolgungsrealität werden damit auch innerhalb des neutestamentarischen Referenzsystems gelegt, die die Weihnachtsbotschaft von Liebe und Frieden aus ihrem eigenen Kern heraus ins Wanken bringen. Neben den expliziten Hinweisen auf ein mögliches Verraten-, Entdeckt- und Deportiertwerden durch die „geheime Polizei" und auf die Instabilität der Welt, wie sie die Weihnachtsgeschichte prägt, wird die Bedrohung der Kinder vor allem atmosphärisch evoziert: „Wieder splitterte das Eis auf dem dunklen Teich und das Wagnis, weiterzulaufen, wurde immer größer" (GH 139) oder „Seidig knisterte die Finsternis" (GH 145). Mit ihrer Nähe zur Erlebnisperspektive der Kinder, der hohen Metapherndichte und ästhetischen Intensität ihrer Kommentare hilft die narrative Instanz nicht dabei, Sein und Schein zu scheiden. Sie klärt nicht auf, was ‚wirklich' passiert und was ‚nur' im Spiel, im Gegenteil, sie wirkt vielmehr wesentlich mit an der Atmosphäre einer unbestimmten Bedrängnis.

Wie hier auch deutlich wird, beruht die ausgestellte Ästhetizität vor allem auf einer hohen Dichte an nonverbalen Zeichen und einer Semantisierung von asemantischen Phänomenen wie Licht und Geräuschen. Das Läuten an der Tür klingt einmal „flehend" (GH 126), die Laternen der drei Landstreicher flackern „waghalsig" (GH 127). Die Ästhetizität des „großen Spiels" bedeutet also kein Aussetzen der sich zuspitzenden Verfolgungsbedrohung. Sie harmonisiert und verklärt nicht, sondern schürt im Gegenteil die Spannung, die zwischen den Polen von Bedrohung und möglicher Transzendierung die Spielrealität durchzieht. Jeder Moment ist der Moment, in dem die „geheime Polizei" kommen oder aber, so wird angedeutet, sich eine Verwandlung der Verfolgungsrealität ereignen kann. Eine solche wird bereits zu Beginn durch den Engel und seine Aufforderung evoziert, die Landstreicher mögen ihre Mäntel abwerfen und darunter als Könige sichtbar werden. In dieser diffusen Lage von Bedrohung und Verwandlungshoffnung treten Gefährdung und Kostbarkeit des Augenblicks als temporale Einheit, aber auch als ästhetisches Konzept des Spiels heraus.

Bereits in dessen Personal mischen sich verschiedene semantische Felder: Maria, Josef und der Engel entstammen der Bibel, der Landstreicher ist als ein Verwandter des Lumpensammlers wie die jüdischen Kinder ein „*outcast* der kulturellen Ordnung"[126] mit besonderer Konjunktur im ersten Viertel des 20. Jahrhunderts,[127] Allegorien wie der Krieg weisen auf das barocke Welttheater und die Welt ruft die mittelalterliche Vorstellung der Frau Welt auf. Auf diese Weise ver-

---

[126] Barbara Thums, Im Zweifel für die Reste: Lumpensammler und andere Archivisten der Moderne. In: Sprachen des Sammelns. Literatur als Medium und Reflexionsform des Sammelns, hg. von Sarah Schmidt, Paderborn 2016, S. 545–559, hier S. 549.
[127] Vgl. etwa die Erzählung „Der Landstreicher" (1900) von Maxim Gorki, Der Roman *Lampioon küßt Mädchen und kleine Birken* (1925) von Manfred Hausmann, „Landstreicher" (1927) von Knut Hamsun oder die Operette *Die Landstreicher* (1899) von Carl Michael Ziehrer.

binden sich im Spiel drohende Deportation, liturgisches Weihnachtsspiel, barockes Welttheater und die obdachlose Existenz als Schicksal von Mensch und Welt.[128] Die Desillusionierung greift überdies bereits im disparaten Theaterpersonal selbst, denn mal richten sich die Akteursbezeichnungen nach den Rollen („Mit abgetretenen Absätzen stieß der Krieg an den Rand der Kiste" (GH 145)), mal werden die Darstellerinnen und Darsteller benannt („lächelte Herbert ängstlich" (GH 139)). Nicht nur schwanken die Bezeichnungen zwischen gespielten und spielenden Figuren, auch das virtuelle Figurenverzeichnis und die Struktur seiner Zuordnungen sind inkonsistent. Während manche Rollen und Kinder niemandem zugeordnet werden – wer den „Krieg" und wer „Josef" spielt, aber auch wen Herbert oder Georg spielen, weiß man nicht –, werden andere mal mit ihrem Eigennamen (Leon), mal mit ihrer Rollenbezeichnung (Engel) apostrophiert.[129] Dadurch wird nicht nur die Spielillusion immer wieder aufgehoben, auch die vermeintliche Realität erhält einen trügerischen Charakter. Wieder andere Rollen werden nicht qua Eigenname einem sie darstellenden Kind, sondern anderen Figuren zugewiesen. Auf diese Weise ist nicht nur die Zuordnung von Person und Rolle, sondern auch die Möglichkeit ihrer Unterscheidbarkeit hinfällig, ein Aspekt, der unmittelbar auf das mehrfach evozierte Verwandlungsgeschehen verweist. So handelt es sich bei den drei Landstreichern dem Text nach nicht etwa um drei der Kinder, sondern um „heilig[e] drei König[e] [...], die als Landstreicher verkleidet nebeneinander auf der großen Kiste saßen" (GH 124).

Die identitäre Destabilisierung, die in diesen unsicheren Sprecherzuordnungen zum Ausdruck kommt, ist die des biblischen Schwankens zwischen göttlicher und angelischer Stimme. So wie der Bibeltext zwischen direkter und indirekter Rede, zwischen Gott, der selbst (durch den Engel) spricht, und dem Engel, der Gottes Worte referiert, schwankt, so schwankt der Text des „großen Spiels" engelsgleich zwischen Darstellendem und Dargestelltem, zwischen diegetisch-repräsentierendem und mimetisch-präsentierendem Modus. Da „ich" im Sprechen des Engels nie zu referentialisieren ist – spricht Gott beziehungsweise eine andere Instanz durch ihn oder der Engel für sich selbst?[130] –, drückt sich im Sprechen des Engels exemplarisch die identitäre Spaltung des „Ich ist ein anderer" aus. Dem angelischen Sprechen liegt strukturell dasselbe Prinzip zugrunde wie der Rede von Schauspielerinnen und Schauspielern. Als unauflösbare Unsicherheit identitärer Zuordnungen wird es im „großen Spiel" durch

---

128 Zum barocken Welttheater vgl. Rosenberger, Poetik des Ungefügten, S. 33.
129 Der Name Leon lässt sich als Übersetzung von Ariel, dem Namen eines Erzengels, lesen, der so viel wie „Löwe Gottes" bedeutet (vgl. Hammer, „Die Engel träumen uns", S. 106–107).
130 Vgl. Caroline Sauter, Engel. Figuren der Sprache. In: Weimarer Beiträge, 4, 2014, S. 568–580, hier S. 569.

die wechselnden Bezeichnungen „Leon" und „der Engel" als spezifisch angelisches Phänomen ausgestellt.

Diese Form des angelischen Sprechens greift außerdem das Bild „des Juden" als eine die nationale Ordnung störende, paradoxe Nicht-Identität auf und macht es produktiv für Verwandlungen.[131] Gleichzeitig wird deutlich, dass es sich bei der Distanznahme zum eigenen Selbst um eine anthropologische Grundkonstante handelt. So erinnern Ethel Matala de Mazza und Clemens Pornschlegel im Rückgriff auf Aristoteles daran, dass „Selbstsein [...] für das mimetisch begabte Menschenwesen immer schon Anders- und Außer-Sich-Sein"[132] bedeutet, und zeigen damit, dass die in der Postmoderne am Repräsentationsbegriff geäußerte Kritik bereits in Aristoteles Mimesis-Konzept enthalten ist.[133] Dieses Ineinander von Präsenz und Repräsentation wird im „großen Spiel" genutzt, um die gewaltförmigen Definitionsakte der nationalsozialistischen Nomenklatur aufzubrechen.[134] Für die Kinder, die ohne gültige Papiere im staatsbürgerlichen Sinne keine Subjekte sind, entscheidet sich im Spiel, „ob wir nichts oder Könige sind" (GH 124), wie es gleich zu Anfang heißt. Das Königsein firmiert dabei als Metapher für Geliebtsein, und die Hoffnung darauf ist, so spekuliert der Erzähler, möglicherweise der eigentliche Grund für die Verfolgung: „Ihre Schuld war, geboren zu sein, ihre Angst war, getötet und ihre Hoffnung, geliebt zu werden: die Hoffnung, Könige zu sein. Um dieser Hoffnung willen vielleicht wird man verfolgt." (GH 124) Am Schluss dieser Trias steht nach schuldhafter Geburt und Todesangst der Ausblick auf das erneute Königsein als Endpunkt einer Verwandlung: „‚Zuletzt werden Sie die Lumpen abwerfen und ein heiliger König sein!'" (GH 152), so erklären es die Kinder gegen Ende des Kapitels dem Mann von nebenan, der einen Landstreicher spielen soll. Da die drei Landstreicher eingangs als Könige bezeichnet werden, so handelt es sich – so die implizierte Schlussfolgerung – bei dieser Verwandlung durch das Ablegen der Verkleidung um eine Verwandlung zu sich selbst.

In diesem Unschärfebereich sich überlappender Semantiken vollzieht sich der Wechsel zwischen Illusionsbildung und Desillusionierung, der Fortgang und Tonalität des gesamten Kapitels prägt. Momente gesteigerter ästhetischer Präsenz, die über eine Durchlässigkeit der Spiel- auf die Verfolgungsrealität

---

[131] Zur Nicht-Identität vgl. Holz, Die Paradoxie der Normalisierung, S. 46.
[132] Ethel Matala de Mazza u. Clemens Pornschlegel, Einleitung. In: Inszenierte Welt. Theatralität als Argument literarischer Texte, hg. von Ethel Matala de Mazza u. Clemens Pornschlegel, Freiburg im Breisgau 2003, S. 9–23, hier S. 11.
[133] Vgl. Matala de Mazza u. Pornschlegel, Einleitung, S. 11.
[134] Nicole Rosenberger spricht von der „mimetische[n] Grundstruktur des Spiels" als „Möglichkeit, *ein anderer als ich selbst zu werden*" (Rosenberger, Poetik des Ungefügten, S. 93).

deren Verwandlung zu implizieren scheinen, werden konterkariert durch das ostentative Ausstellen des bloß repräsentativen und damit für die Verfolgungsrealität folgenlosen Charakters des Spiels. Umgekehrt wird dieser herausgefordert von der ästhetischen Präsenz, die mehr als nur ein „Als ob" der gespielten Vorgänge zu versprechen scheint. Damit lässt sich das gesamte Kapitel als Auseinandersetzung mit der zentralen Aufgabe von Exil-Literatur verstehen, die nach Bernhard Greiner darin besteht, die spannungsträchtige Verknüpfung von Entzug und Vergegenwärtigung in der literarischen Repräsentation zu leisten.[135] Deutlich wird dies an der ausgeprägten Verwendung von direkter Rede, die nur gelegentlich einzelnen Sprecherinnen und Sprechern zugeordnet werden kann. Insbesondere die versifizierten Passagen lösen sich von einzelnen Figuren, und auch die narrative Instanz, die häufig Stichwörter der Kinder aufgreift und wieder einspielt, lässt sich nicht distinkt von der Erlebnisperspektive der Kinder trennen. Auf diese Weise entsteht ein polyphoner Stimmenteppich, aus dem sich über Inquit-Formeln und Repetitionen gelegentlich Figurenkonturen herausschälen. Die Unsicherheit, wer spricht, ist als Schwanken zwischen Präsenz und Repräsentation wesentlicher Bestandteil der Grenzüberschreitungen und Verwandlungen, die sich im Fortlauf des Spiels ereignen.

Der Engel/Leon fordert aber nicht nur Verwandlung, er ist auch selbst von ihr betroffen. Darauf deutet zunächst, dass bei ihm das Schwanken der Bezeichnungen zwischen Person und Rolle am ausgeprägtesten ist, was die Möglichkeit nahelegt, dass es Leon *und* einen Engel gibt, beziehungsweise dass Leon zum Engel *wird*. Das erste Signal dafür ist eine Engelsstimme, die niemandem zugeordnet werden kann. Die als Landstreicher verkleideten Könige suchen gerade mit Laternen den Frieden in der Dunkelheit, als sie von ihr aufgeschreckt werden:

> „Wir leuchteten in jedes Haus."
> „Man warf uns überall hinaus."
> „Zu schwach brennt euer Licht!"
> sagte der Engel in die Atempause der Menschen.
>
> „Was sagt ihr da?"
> „Ich sprach kein Wort."
> „Es kam von da!"
> „Es kam von dort!"
>
> Unbeirrt stritten die Landstreicher weiter, zerpflückten die Stimme des Engels und lösten sie in Unruhe auf: [...]. (GH 127–128)

---

135 Vgl. auch Kapitel 5.2.1 dieser Studie.

Mit der Opposition von Engel und Menschen, die hier aufgemacht wird, geht eine Verunsicherung einher, ob wirklich noch Leon, der menschliche Engelsdarsteller, oder nicht vielmehr eine unmenschliche Engelsgestalt spricht. Verstärkt wird der Eindruck, es handle sich um eine transhumane Stimme, durch die Unmöglichkeit, den Sprecher im Halbdunkel zu identifizieren. Für die Verwandlungen, die das gesamte Spiel durchziehen, sind generell Licht und Dunkelheit von zentraler Bedeutung. So hat die ausgefeilte Lichtdramaturgie des gesamten Kapitels entscheidenden Anteil an dessen theatraler Form, indem sie das *theatrum* als ‚Ort des Schauens' über die Irritation geläufiger Wahrnehmungskonventionen in Szene setzt. Die Unsicherheit, wer spricht, bildet das rezeptionsästhetische Pendant dieser schummrigen Verhältnisse. Im Folgenden wird die komplexe Semantik von Helligkeit und Finsternis mit Bezug auf Verfolgungsrealität und Angelophanie näher beleuchtet.

6.2.2 Paradoxes Schauen als Bindeglied von Verfolgungsrealität und Angelophanie

„Ich habe es [den Spiegel zum Fenster zu machen, L.Z.] in meinem ersten Buch *Die größere Hoffnung* versucht, und weil es damals vor den Fenstern draußen gerade Nacht war, Krieg und Verfolgung, habe ich mich bemüht, im Finstern schauen zu lernen und darin die Masse des Tages wiederzuerkennen."[136] So beschreibt Ilse Aichinger 1952 die Herausforderung, unter lichtlosen, also sichtfeindlichen Bedingungen schauen zu lernen und auf diese Weise in der opaken Dunkelheit den Tag, und damit Wärme, Leben, Hoffnung und Zukunft zu erkennen. Die Vermessenheit eines solchen Unterfangens schwächt sie mit dem Verweis auf die Vögel ab, die im Rahmen dieser Arbeit schon mehrfach als Verwandte der Engel in Erscheinung getreten sind. Auch hier bedienen sie eine analoge Semantik: „Vielleicht könnte man es für überheblich halten, ohne die Erfahrungen des Tages von Hoffnungen zu reden und von einer größeren Hoffnung, aber die Vögel beginnen ja auch zu singen, wenn es noch finster ist."[137] Wie die Engel so antizipieren auch die Vögel als ästhetische Metalepse etwas Zukünftiges und bezeichnen dabei als Metaphern der Dichtung ein spezifisches Vermögen der Literatur während des NS-Regimes.

Im „großen Spiel" wird die Metaphorik der finsteren Verhältnisse zunächst in ihren wahrnehmungsästhetischen Literalsinn rückübersetzt, indem die Kin-

---

136 Aichinger, Die Vögel beginnen zu singen, S. 23–24.
137 Aichinger, Die Vögel beginnen zu singen, S. 24.

der im Dunkeln spielen, in dem die visuelle Erfahrbarkeit wesentlich eingeschränkt ist. Gleichzeitig wird diesem Spiel im Dunkeln über die Weihnachtsgeschichte, die um das Licht in der Finsternis kreist, eine höhere Bedeutung verliehen. Mit dem Hinweis, dass sie „in der halben Dämmerung" (GH 124) sitzen und das Spiel in einem „dunkle[n] Zimmer" (GH 127), also auf der Schwelle von Sichtbarkeit und Unsichtbarkeit, stattfindet, wird gleich zu Beginn des Kapitels die Aufmerksamkeit auf den Bereich des (Un-)Sichtbaren gelenkt. Dass dieser von nun an im Fokus steht, dafür sorgen schwankende und daher immer wieder zu thematisierende Lichtverhältnisse, die die Schwellensituation der Kinder zwischen Leben und Tod abbilden. Die zunehmende Dunkelheit wird punktuell erleuchtet von elektrischem Licht und Kerzenfeuer, aber auch von undefinierbaren, sich aus einer Transrealität speisenden numinosen Lichtquellen wie dem Engel oder dem aufleuchtenden Jesus-Bündel (vgl. GH 147).

Im Laufe des Spiels wird die aufklärungsmetaphorisch wie christologisch gängige Annahme, dass Licht auch bessere Einsicht bedeutet,[138] ins Wanken gebracht. In Anlehnung an den Topos des täuschenden Scheins ist von dem „trügerischen Licht" und seiner „kalten Helligkeit" (GH 142) die Rede, und die deportierte Hanna wird mit der Aussage zitiert, die Sonne „sei eine Betrügerin, die die Menschen täuscht und brutal macht'" (GH 139). Die Umkodierung der physikalischen Implikationen von hell und dunkel kulminiert in der dialektischen Schlusspointe des „großen Spiels". Als der Mann von nebenan die Kinder fragt: „Warum spielt ihr im Dunkeln?", erhält er die Antwort: „Wir sehen besser so!" (GH 152) Die Dunkelheit stellt nicht nur keine Beschränkung für das Sehen dar, sondern befördert es diesem Verständnis nach sogar. Über die paradoxe Form des Sehens im Spannungsfeld von asemantischer Physik und numinosem Außerkraftsetzen physikalischer Gesetze sind Verfolgungsrealität, Weihnachtsbotschaft und Angelophanie verzahnt. Wie der im „großen Spiel" aufgerufene Engel Gabriel steht die Lichtdramaturgie einerseits in Bezug zur Verfolgung von Jüdinnen und Juden, andererseits ruft sie die Weihnachtsbotschaft auf und stellt damit auch eine ästhetische Übersetzung der späteren Engelsbotschaften im „großen Spiel" dar.

Zunächst bilden Sichtbarkeit und Unsichtbarkeit als die Licht und Dunkelheit korrelierenden wahrnehmungsästhetischen Phänomene das Dilemma der Verfolgungsrealität ab, dem die Kinder ausgeliefert sind und das durch den gesamten Roman hindurch entfaltet wird. Der fortschreitende Ausschluss aus dem öffentlichen Raum zwingt die Kinder in die Unsichtbarkeit. Gegen dieses

---

138 Vgl. die ausgeprägte visuelle Antithetik des Neuen Testaments, etwa im Johannesevangelium: „Da redete Jesus abermals zu ihnen und sprach: Ich bin das Licht der Welt; wer mir nachfolgt, der wird nicht wandeln in der Finsternis, sondern wird das Licht des Lebens haben" (Joh 8,12).

reduzierte Leben lehnen sie sich auf, indem sie trotz entsprechender Verbote Ringelspiel (Karussell) fahren oder Bänke benutzen. Daraufhin werden die Kinder von Soldaten bedrängt, die nur abgewehrt werden können, weil Ellens Vater unter ihnen ist (vgl. GH 48–51). Dass sie Englischunterricht bei einem alten Mann nehmen, obwohl sie „sterben" (GH 83) werden, erregt den Verdacht der „Kinder in Uniform" (GH 90), die eine „‚Hausdurchsuchung'" (GH 94) durchführen. Ellen macht sich mit dem freiwilligen Tragen des Sterns als Jüdin sichtbar – „Leuchten mußte man, wenn es so dunkel war, und wie sollte man leuchten, wenn nicht durch den Stern?" (GH 101) – und setzt sich damit dem „Haß" (GH 103) einer antisemitischen Umgebung aus. All diese Situationen machen deutlich, dass für die Ausgeschlossenen Sichtbarkeit als intensivierter Ausdruck des Lebens nur um den Preis von dessen gesteigerter Bedrohung zu haben ist. So ziehen die Kinder sich für ihr Spielen schließlich völlig aus dem öffentlichen Raum in das „dunkle Zimmer" zurück. Die Sicherheit vor Verfolgung, die die Unsichtbarkeit ihres Verstecks suggeriert, ist allerdings nur eine scheinbare. Sie bringt eine andere Form der Verunsicherung mit sich, die von Selbst- und Fremdwahrnehmungen:

> Josef und Maria blieben ermattet stehen, versuchten sich gegenseitig ins Gesicht zu schauen, aber *man sah nicht mehr viel.* Auch die Gesichter der übrigen *versickerten wie helle Farben in die Schwärze der Schatten.* In dieser *zunehmenden Undeutlichkeit* wurde klar, wie *unerreichbar* eines für das andere war, wie *unerreichbar für sich selbst* und *den Rest aller Verfolger* [meine Hervorhebungen, L.Z.]. (GH 141)

In diesem Passus, in dem wieder ein tendenziell anästhetischer Zustand die Grundlage für Erkenntnis ist („in dieser zunehmenden Undeutlichkeit wurde klar"), drückt sich die Ambivalenz der Unsichtbarkeit aus. Die Amorphisierung der Dunkelheit bedeutet einerseits rettende Unsichtbarkeit für die Verfolgten, andererseits die Bedrohung der eigenen Identität durch den Verlust klarer Formen, der ihr Sein annulliert. Die Instabilität der eigenen Identität verweist nicht nur auf die Situation der Verfolgung, sondern ist durchlässig auf gängige Moderne-Diagnosen eines exilierten Subjekts und einer entsprechend unsicheren Weltwahrnehmung. Anthropologische Reflexionen der *condition moderne* klingen im „großen Spiel" mehrfach an; neben der Obdachlosigkeit, die die ganze Welt ergriffen hat, auch in der Szene, in der die Kinder Ellen nicht mitspielen lassen wollen, weil sie nicht „‚geholt'" (GH 132) wird: „‚Ich verspreche es euch', sagte Ellen, ‚daß ich geholt werde.' ‚Wie kannst du solche Dinge versprechen?' rief Georg zornig. ‚Manche wissen es', sagte Ellen leise, ‚und manche wissen es nicht. Und geholt werden alle.'" (GH 132)

Sich der Sichtbarkeit zu entziehen, ist also Begehren und Angst zugleich. Dadurch entsteht die unheimliche Wirkung der Unsichtbarkeit.[139] Denn sie bietet zwar unmittelbar Schutz vor Verfolgung, letztlich sorgt aber auch sie wie die Sichtbarkeit dafür, dass die Kinder verschwinden – zunächst aus dem Leben, dann aus dem kulturellen Gedächtnis.[140] Wie die Exilantinnen und Exilanten im *Vulkan* werden die Ausgeschlossenen in der *Größeren Hoffnung* in heterotopische Orte abgedrängt. Da sie nicht im Stadtpark spielen dürfen, spielen die Kinder auf dem Friedhof und „die Toten spielen mit" (GH 53). Leon bittet die anderen Kinder eindringlich, sich nicht zu verstecken, das heißt, unsichtbar zu machen, denn:

> „Wenn ihr euch jetzt versteckt, so könnte es sein, daß ich euch nicht mehr finde. Ich gehe zwischen den Gräbern und rufe eure Namen, ich schreie und stampfe mit dem Fuß, aber ihr meldet euch nicht. Plötzlich ist es kein Spiel mehr. [...] Der Wächter starrt mir ins Gesicht. Plötzlich beginnt er zu lachen. Warum lachen Sie? Wo sind meine Freunde? Wo sind die andern? Die andern gibt es nicht. Sie haben sich in den Gräbern versteckt und sind begraben worden." (GH 54)

---

139 Das Exil im Sinne eines dritten Raums steht als „Ort zwischen Bekanntem und Fremdem" in Verbindung zu Freuds Begriff des Unheimlichen, „mit dem er jenen Grenzbereich bezeichnet, wo als Resultat von psychischer Ambivalenz oder intellektueller Unsicherheit ein Gefühl von Vertrautheit, stabiler Identität und Zugehörigkeit aufgebrochen wird und sich eine Spaltung zeigt" (Bronfen, Exil in der Literatur, S. 171). Vgl. dazu auch Kapitel 5.2.1 dieser Studie.
140 Das Kino ist für Aichinger der Ort, an dem „das Verschwinden geübt" wird (Ilse Aichinger, Einübung in Abschiede. Hartmut Bitomsky: Die Ufa. In: Aichinger, Film und Verhängnis. Blitzlichter auf ein Leben, Frankfurt am Main 2001, S. 73–75, hier S. 74). Die Ambivalenz des Verschwindens zwischen Flucht und Vernichtung klingt bei Aichinger immer wieder an, so auch in „Eine Synagoge zwischen Tal und Hügel": „*Eine Synagoge zwischen Tal und Hügel* und der an ihn anschließende *De grote Vakantie* von Johan van der Keuken, der mit der Diagnose von Utrechter Krebsspezialisten beginnt und mit einem Drachenflug des totgesagten Patienten endet, haben evident eines gemeinsam: den Widerstand gegen das Verschwinden – und eine versteckte Lust daran. Das kommt einem meiner frühesten und stärksten Wünsche entgegen: dem eigenen Verschwinden, der Verborgenheit" (Ilse Aichinger, Eine Synagoge zwischen Tal und Hügel. In: Der Standard, 23. Oktober 2000). In diesem Wunsch überschneiden sich die biographische Dimension der Zwillingsexistenz, die filmische Immersion im Kino und die traumatische Erfahrung der NS-Zeit, in der das Verschwinden zum einen die momentane Sicherheit vor Verfolgung, zum anderen aber auch das Verschwinden in der Deportation bezeichnet (vgl. Christine Ivanović, Masse. Medien. Mensch. Ilse Aichingers bioskopisches Schreiben. In: Geschichte und Medien bei Ilse Aichinger, hg. von Christine Ivanović u. Sugi Shindo, Tübingen 2011, S. 173–184, hier S. 175–176). Vgl. zu Kino und Verschwinden auch Sigrid Nieberle, Ilse Aichinger im Kino des Verschwindens. In: „Was wir einsetzen können, ist Nüchternheit". Zum Werk Ilse Aichingers, hg. von Britta Herrmann u. Barbara Thums, Würzburg 2001, S. 127–146.

Wer nicht „nachgewiesen" ist, das heißt, keine den „Nürnberger Gesetzen" nach religiös einwandfreien Vorfahren vorweisen kann,[141] der existiert nicht. „,So gehörst du zu ihnen? So bist auch du nicht nachgewiesen? So gibt es auch dich nicht'" (GH 54), so, imaginiert Leon weiter, sagt der Wächter. Die Unsichtbarkeit der Ausgeschlossenen, die wesentlich eine der genealogischen Entwurzelung ist, rückt die Kinder wie die Exilierten in ein Schattenreich zwischen Leben und Tod, in dem sie sich selbst unheimlich werden: „,Wer weiß, ob wir überhaupt hier sind', sagte Leon. ,Wir haben keine Toten, die uns beweisen. Unsere Großeltern sind verächtlich, unsere Urgroßeltern bürgen nicht für uns.'" (GH 55)[142] Der Gedanke des Nachweises verkehrt im Laufe des Friedhofspiels seine temporalen Vorzeichen und beginnt mehrdeutig zu schillern. Zunächst wird der Abstammungsnachweis über die Grundlosigkeit der menschlichen Existenz *ad absurdum* geführt und in ein eschatologisches Szenario transponiert:

> Hundert Jahre zurück, zweihundert Jahre zurück, dreihundert Jahre zurück? Nennt ihr das den großen Nachweis? Zählt weiter! Tausend Jahre, zweitausend Jahre, dreitausend Jahre. Bis dorthin, wo Kain für Abel und Abel für Kain bürgt, bis dorthin, wo euch schwindlig wird, bis dorthin, wo ihr zu morden beginnt, weil auch ihr nicht mehr weiter wißt. Weil auch ihr nicht verbürgt seid. Weil auch ihr nur Zeugen seid des strömenden Blutes. Wo treffen wir uns wieder, wo wird das Gezeugte bezeugt? Wo wird der große Nachweis für uns alle an den Himmel geschrieben? Das ist dort, wo die geschmolzenen Glocken Anfang und Ende zugleich läuten, das ist dort, wo die Sekunden enthüllt sind, das kann doch nur dort sein, wo endlich alles blau wird. Wo der letzte Abschied zu Ende ist und das Wiedersehen beginnt. (GH 52/53)

Der Nachweis verliert sich nicht nur in den Untiefen der Menschheitsgeschichte. Er wandert auch aus der nationalsozialistischen Bürokratie, wo er als Abstammungszeugnis etwas Vergangenes dokumentieren soll, in den Bereich der Erin-

---

[141] Raul Hilberg weist darauf hin, dass über die Einteilung in „arisch" und „nichtarisch" nicht ein vermeintlich „rassischer" Kriterienkatalog, sondern allein die Religion der Vorfahren – nicht die der Person selbst – entschied: „Daher wurde es erforderlich, seine Abstammung *nachzuweisen*" (Hilberg, Die Vernichtung der europäischen Juden, S. 77). Die Bedeutung des Nachweises ist den Kindern wohl bewusst: „Wer den Nachweis nicht bringen kann, ist verloren, wer den Nachweis nicht bringen kann, ist ausgeliefert. Wohin sollen wir gehen? Wer gibt uns den großen Nachweis? Wer hilft uns zu uns selbst? Unsere Großeltern haben versagt. Unsere Großeltern bürgen nicht für uns. Unsere Großeltern sind uns zur Schuld geworden ist. Schuld ist, daß wir da sind, Schuld ist, daß wir wachsen von Nacht zu Nacht" (GH 52).
[142] Insofern ist es ein Irrtum, wenn Nicole Rosenberger meint, „die Ängste der Kinder, beim verbotenen Karussell-Fahren ertappt zu werden oder auf dem Friedhof verloren zu gehen", seien im Vergleich zu dem Geschehen während der NS-Zeit „ernüchternd harmlos" (Rosenberger, Poetik des Ungefügten, S. 147). Mag der Anlass dieser Ängste gering erscheinen, so steht hinter ihm das Wissen der existentiellen Bedrohung des Lebens – in seiner Gegenwart und in der Erinnerung.

nerung als Nachweis von gelebter Existenz, also in eine antizipierte Zukunft: Flieger und Krähen verlieren sich in der Dunkelheit, aber „[w]ir nicht. Wir wollen nicht ohne Nachweis verlorengehen" (GH 58), so die Kinder. Ihr Einspruch richtet sich gegen die Unsichtbarkeit ihres Lebens im Vergessen, in einem zweiten Tod,[143] der sich bereits in der Gegenwart zu erfüllen beginnt. Denn die Verstümmelung und Vernichtung von Erinnerung ist selbst schon Teil der „Endlösung". In dieser Logik beginnt „die Nachgeschichte [...] inmitten der Geschichte"[144].

Die ausgestellten schwankenden Sichtverhältnisse, die dadurch entstehenden ästhetischen Kontraste und ihre semantische Auflading bilden nicht nur die Situation der Verfolgten im nationalsozialistisch besetzten Wien ab, sie bezeichnen auch die distinkten visuellen Merkmale der Angelophanie. Die Angelophanie stellt sich aus rezeptionsästhetischer Perspektive als Ereignis zwischen den Polen von Sichtbarkeit und Unsichtbarkeit dar. Das angelische Erscheinen als Verlauf des Sichtbarwerdens umfasst notwendig auch die Unsichtbarkeit, die dieses Erscheinen flankiert. Als Ausgangspunkt setzt das Erscheinen zunächst die Abwesenheit des Erscheinenden voraus und beinhaltet im Falle des Engels auch als Endpunkt die erneute Abwesenheit: Die wahrnehmbare Anwesenheit von Engeln als überirdische Mittler im irdischen Raum ist wegen ihrer funktionalen Gebundenheit dem biblischen Verständnis nach immer eine nur punktuelle. Insofern figuriert der Engel die für das „große Spiel" zentrale Ästhetik des Augenblicks, die sich wie gesehen mit Weihnachten verbindet. Aufgrund der angelischen Spannung von Wesen und Erscheinung hat die Unsichtbarkeit im Zusammenhang mit dem Engel aber noch eine zweite Bedeutung, die sich gegenläufig zu den Implikationen des angelischen Erscheinens verhält: die der grundsätzlichen Nichtwahrnehmbarkeit von Engeln als körperlose Wesen.[145] Als Folge des gegenstrebigen Verhältnisses von Wesen und Erscheinung schwankt der Engel daher selbst zwischen visueller Überfülle und Unsichtbarkeit.

Auch das Verhältnis von Licht und Dunkelheit ist für den Engel zentral. So wie die Vögel im Finstern zu singen beginnen, so tragen die Engel ihr Licht in die Dunkelheit. Diese kontrastive Wahrnehmungsästhetik zeichnet Engelsdarstellungen nicht nur im Medium der Schrift, sondern auch in der bildenden Kunst aus. In dieser bewegen sich Engelsfiguren häufig zwischen anthropomorphisierter Konkretion – Engel, die als solche durch überkommene Attribute wie Flügel, fließende Gewänder, gewelltes Haar oder einen entrückten Blick identifizierbar sind – und expressiver, anikonischer Abstraktion, die sich als Eindruck ästhe-

---

143 Vgl. Thums, „Den Ankünften nicht glauben wahr sind die Abschiede", S. 195.
144 Weigel u. Erdle, Vorwort, S. X.
145 Vgl. Kapitel 2.2 dieser Studie.

scher Intensität einstellt und auf den Gedanken zurückgeht, dass Engel als die Gott am nächsten stehenden Wesen auch am ungeformtesten sind. Darauf deutet auch das In-Ohnmacht-Fallen angesichts der Engelserscheinung hin, das die Engel der Wahrnehmbarkeit entzieht (vgl. Mt 28,2–4 oder Dan 10,8–10). Vor allem auf jenen Bildern, in denen sie selbst als ästhetisches Phänomen von Bedeutung sind, erscheinen Engel häufig als hell gewandete Lichtquelle, was eine relative Dunkelheit der Umgebung voraussetzt. Das Lichte des Engels ist dabei kein asemantisches physikalisches Phänomen, sondern markiert ein numinoses Kräftefeld. Helligkeit ist ein entscheidendes Attribut, um den Engel als solchen zu identifizieren. Sie soll auf sinnlicher Ebene die höhere Realität bezeugen, der der Engel entstammt.[146] Die ikonische Urszene der leuchtenden Engelserscheinung im Dunkeln ist die Verkündigung des Engels an die Hirten aus der Weihnachtsgeschichte bei Lukas, ein beliebtes Sujet christlicher Kunst. Sie wird auch im „großen Spiel" zitiert. Das Hell-dunkel-Verhältnis verbindet dabei mit jeweils unterschiedlichen Implikationen Verfolgungsrealität und Weihnachtsbotschaft, die im „großen Spiel" fortwährend ineinandergreifen. Licht und Dunkelheit erhalten ihre Bedeutsamkeit – man könnte auch sagen: ihre theatrale Qualität – im Lukasevangelium wie im „großen Spiel" durch ihre antithetische Aufladung, wie der folgende Textvergleich zeigt. Dabei markieren Kursivierungen die Hell-Dunkel-Isotopie, Rotfärbungen die Schreckenssemantik und Blaufärbungen direkte Übereinstimmungen zwischen Lukasevangelium und „großem Spiel":

> Und es waren Hirten in derselben Gegend auf dem Felde bei den Hürden, die hüteten *des Nachts* ihre Herde. Und des Herrn Engel trat zu ihnen, und die Klarheit des Herrn *leuchtete* um sie; und sie fürchteten sich sehr. Und der Engel sprach zu ihnen: Fürchtet euch nicht! Siehe, ich verkündige euch große Freude, die allem Volk widerfahren wird; denn euch ist heute der Heiland geboren, welcher ist Christus, der Herr, in der Stadt Davids.

---

[146] Den Gedanken, dass die Kommunikation von Engeln über Licht funktioniert, führt Gustav Theodor Fechner in seiner *Vergleichenden Anatomie der Engel* (1825) aus: „Die Engel teilen einander ihre Gedanken durch das Licht mit" (Gustav Theodor Fechner, Vergleichende Anatomie der Engel, Leipzig 1825, S. 24). Mit den Engeln sei der Höhepunkt einer Kommunikationsevolution erreicht; gesprochene Sprache ist diesem Verständnis nach gegenüber der unendlichen Vielfalt der Lichtsprache der Engel eine reduzierte: „Seine [des Engels, L.Z.] Sprache reicht wiederum weiter als die vorigen; und wenn wir in der vorhin aufgeführten Stufenfolge schon bemerken konnten, wie die Sprache immer entwickelter ward, einen immer mannigfaltigeren Ausdruck gestattete, so sehen wir hier im Lichte, als Medium der Sprache, den Gipfel erreicht; denn in Farben und Zeichnung gibt es unendlich mannigfaltigere Kombinationen als in den Lauten, und es läßt sich voraussetzen, daß die Engel noch viele Modifikationen des Lichts vernehmen werden, die uns verborgen sind, weil ihr ganzer Bau darauf eingerichtet ist, während unser Auge nur einen schwachen Abdruck derselben gibt" (Fechner, Vergleichende Anatomie der Engel, S. 26).

[...] Und alsbald war da bei dem Engel die Menge der himmlischen Heerscharen, die lobten Gott und sprachen: Ehre sei Gott in der Höhe und Friede auf Erden bei den Menschen seines Wohlgefallens. Und da die Engel von ihnen gen Himmel fuhren, sprachen die Hirten untereinander: Laßt uns nun gehen gen Bethlehem und die Geschichte sehen, die da geschehen ist, die uns der Herr kundgetan hat [meine Hervorhebungen, L.Z.]. (Lk 2,8–11)

„Fürchtet euch nicht!" rief Leon und sein Kopf züngelte wie eine *schmale, dunkle Flamme* aus den *weißen Tüchern*.
„Denn siehe, ich verkündige euch eine große Freude!"
„Ihr dürft verrecken, das ist alles!" unterbrach ihn Kurt.
Der Engel verstummte vor dem Mißtrauen auf den nächtlichen Feldern, vor den blassen Gesichtern der Ausgelieferten. Er wußte nicht weiter.
„Noch lange nicht alles", half ihm eines der Kinder aus der *Finsternis*, „denn euch ist heute –"
Unten durch die enge Gasse fuhr ein schwerer Lastwagen. Die Fenster zitterten und auch der Himmel vor den Fenstern begann zu zittern [meine Hervorhebungen, L.Z.]. (GH 133)

Die ikonischen Zitate aus dem Lukasevangelium werden in dieser Szene des „großen Spiels" beständig unterbrochen und konterkariert durch Splitter der Verfolgungsrealität. Zusammen bilden sie ein Mosaik aus Heilsbotschaft und Todesdrohung. Kulminationspunkt dieses allegorischen Verfahrens ist das Bild des zitternden (Verfolgungsrealität) Himmels (Weihnachtsbotschaft), in dem beide Ebenen unmittelbar zusammengezogen sind. Neben dem exponierten Verhältnis von Licht und Dunkelheit stellt der damit eng verknüpfte Engel die zentrale intertextuelle Übersetzungsstelle zwischen Lukasevangelium und „großem Spiel" in seiner oxymoronischen Beschaffenheit als *mysterium tremendum et fascinans* dar. Auch ins Lukasevangelium trägt er wie in die spätere Grabesszene ein Moment der Furcht ein, denn bevor er die frohe Botschaft überbringt, erschrecken sich die Hirten vor ihm.[147] Als die Figur, über die biblische Referen-

---

[147] Dass die entsprechende angelische Beruhigungsformel „Fürchtet euch nicht" ebenso gut eine List sein kann, demonstriert später der Mann von nebenan, der die Kinder verraten hat: „Er sagte: ‚Fürchtet euch nicht!' ‚Ich bin es', ergänzte Ellen. Der Mann warf ihr einen ärgerlichen Blick zu" (GH 149). Mit Ellens Ergänzung wird dieser angelisch-weihnachtliche Ausspruch mit dem älteren Jesus-Zitat überblendet, die Szene aus dem Johannesevangelium aufrufend, in der Jesus auf dem Meer geht. Auch diese Szene ist wie das „große Spiel" in Dunkel getaucht: „Und es war schon finster geworden." (Joh 6,17) Die Jünger fürchten sich vor dem sich nähernden Jesu, „[e]r aber sprach zu ihnen: Ich bin's; fürchtet euch nicht! Da wollten sie ihn in das Schiff nehmen; und alsbald war das Schiff am Lande, da sie hin fuhren" (Joh 6,20–21). So wie Jesus das Schiff betritt, so begehrt im „großen Spiel" der Mann von nebenan Einlass in das Spiel der Kinder, allerdings ist seine Absicht keine gute: Er will die Kinder hinhalten, bis die „geheime Polizei" kommt.

zen eingespielt werden, ist der Engel einerseits Medium einer betonten Textualität, die das „großen Spiel" durchzieht. So taucht etwa ein kleiner Hund auf, „obwohl er nirgends in der Schrift genannt war" (GH 140). Andererseits figuriert der Engel mit den im Folgenden beleuchteten Engelsbotschaften die Verheißung der Stimme und mit ihr potentielle Verwandlungen in der Spielgegenwart. Damit wird eine Fähigkeit des Engels aktualisiert, die auf das Neue Testament zurückgeht.

Der unsichtbare Gott bedient sich in der Weihnachtsgeschichte der Sichtbarkeit der Engel, um seine Botschaften unmittelbar sinnlich erfahrbar zu machen. Noch prägnanter geschieht dies in der Szene am leeren Grab, bei der die angelische Überwältigungsästhetik für das Nichtsichtbare als Ausweis des Unfasslichen einsteht: für den fehlenden Leib Jesu, der das Wunder seiner Auferstehung bezeugen soll. Ginge es nur um die Botschaft selbst, so müsste Gott dafür keinen Engel schicken, denn dessen zentrale Aussage ist bereits bekannt: „Ich weiß, daß ihr Jesus, den Gekreuzigten, sucht. Er ist nicht hier; er ist auferstanden, wie er gesagt hat." (Mt 28,5–6) Das Entscheidende sind nicht so sehr die Worte des Engels als vielmehr seine übermenschliche sinnliche Präsenz. Sie kippt in ihrer Wirkung ins Unsinnliche und lässt die ihr beiwohnenden Menschen in Ohnmacht fallen: „Und siehe, es geschah ein großes Erdbeben. Denn der Engel des Herrn kam vom Himmel herab, trat hinzu und wälzte den Stein weg und setzte sich darauf. Seine Erscheinung war wie der Blitz und sein Gewand weiß wie der Schnee. Die Wachen aber erbebten aus Furcht vor ihm und wurden, als wären sie tot." (Mt 28,2–4)

Die Wirkung des Engels illustriert damit genau das, was dann in der Aufforderung, zu sehen, was nicht zu sehen ist, ausgedrückt wird, denn das Wunder erweist sich gerade an seiner Unsichtbarkeit (vgl. Mt 28, 5–6). So wie hier über eine gesteigerte, ans Anästhetische grenzende ästhetische Präsenz des Engels numinoses Geschehen unmittelbar sinnlich nachvollziehbar werden soll, so sind es im Weihnachtsspiel angelische Momente der Unsichtbarkeit, des Anästhetischen, des ausfallenden Sinneskontinuum, die den Boden für intensivierte ästhetische Fülle bereiten. Auf die Engel trifft zu, was Jean-Luc Nancy über das christliche Gleichnis schreibt: „Es gibt einen Überschuss an Sichtbarkeit, oder genauer, es gibt einen doppelten Überschuss an Sichtbarkeit und Unsichtbarkeit."[148] In dieser doppelten Exzessivität schürt der Engel im „großen Spiel" den Glauben an eine höhere Instanz und die Möglichkeit des Wunders, die von paradoxen Konstruktionen wie dem Sehen im Dunkeln begleitet wird.

---

[148] Jean-Luc Nancy, Prolog. In: Nancy, Noli me tangere. Aufhebung und Aussegnung des Körpers, Berlin 2008, S. 7–15, hier S. 12.

6.2.3 Engelsoffenbarungen: Umschlag von Mangel in Fülle

Nachdem sich das Dröhnen des Lastwagens in der Stille verloren hat, kommt erneut die Aufforderung „Weiter, spielt weiter!" (GH 134). Das Spiel wird zur letzten Option, zum göttlichen Gebot erklärt: „Zu spielen. Es war die einzige Möglichkeit, die ihnen blieb, die Haltung knapp vor dem Unfaßbaren, die Anmut vor dem Geheimnis. Dieses verschwiegenste Gebot: Spielen sollst du vor meinem Angesicht!" (GH 134) Für die Einhaltung dieses Gebots tritt Leon beziehungsweise der Engel als göttlicher Bote ein, der ständig zum Weiterspielen aufruft und damit eine Art Anagnorisis auslöst. Die Kindern entdecken in ihrem Leid den Grund für das Spielgebot: „In der Sturzflut der Qualen hatten sie es erraten. Wie die Perle in der Muschel lag die Liebe in dem Spiel." (GH 134) In Folge dieser Erkenntnis rufen die Landstreicher dazu auf, ihren Streit zu beenden. Sie wollen schlafen gehen und „Stille setzte ein, das Stichwort für die Engel" (GH 134). Dass es nicht „den", sondern „die" Engel heißt, ist ein weiterer Indikator für eine Rede von Engeln, die über Leons singuläre Darstellung hinausgeht und eine Art allgemeinen angelischen Sachverhalt zu bezeichnen scheint. Die Stille, die auf das Erkennen des im Innern Verborgenen, also äußerlich Unsichtbaren, folgt, verweist in der *Größeren Hoffnung* auf eine „paradiesisch[e] Sprache der Ungeschiedenheit"[149] und ist entsprechend an den Engel als Figur zwischen paradiesischer und historischer Zeit gebunden.

Stille, Schlaf und Finsternis bereiten den Weg für die angelische Offenbarung. Dieser geht ein paradoxer Sprung voraus: „Leon sprang mit einem Ruck vom Schrank in den matten Kreis der Laternen. Er sprang dazwischen, um darüber zu bleiben." (GH 134) Mit diesem Sprung, der durch ein Hineinspringen ins Dazwischen ein Hineingeraten verhindert, begibt sich Leon beziehungsweise der Engel in einen Zwischenraum menschlicher Realität, ohne in ihr aufzugehen. Als transhumane Figur über der Verfolgungsrealität kann der Engel die Kinder von oben sehen:

> „Wenn ihr sehen könntet, wie ich euch sehe!" stammelte der Engel seiner Rolle entgegen. „Wie still ihr da liegt und wie unmenschlich tapfer in diesem finsteren Zimmer."
> Er ließ die Arme hängen. Die Lust, zu schauen, und der Ruf, das Bild zu halten, überwältigte ihn auch hier. Wenn ihr sehen könntet, wie ich euch sehe. Aber das Licht nahm ab. (GH 134)

Als ein Verwandter des Engels der Geschichte konstruiert auch dieser Engel an einem Ort des Schauens (*theatrum*) eine andere, transhumane Form des Schauens, die das Gesehene im Bild stillstellt und zu bewahren versucht. Den Topos

---

[149] Thums, „Den Ankünften nicht glauben wahr sind die Abschiede", S. 111.

der besonderen Qualität angelischen Schauens radikalisiert Gustav Theodor Fechner im 19. Jahrhundert. Für ihn sind Engel „vollkommenere Augen", wobei „[d]ie Augensprache der Liebe [...] eine Vorbedeutung der Sprache der Engel"[150] ist. Hier ist im angelischen Schauen wie in den „Thesen" das sichtbar und aufgehoben, was ohne den Engelsblick Teil des unsichtbaren Geschichtlich-Unbewussten geblieben wäre: die „unmenschliche" Tapferkeit der Kinder.[151] Wie in Benjamins IX. These ist auch hier der Engel mit seiner ihn überwältigenden Schaulust das Medium eines anderen, transhumanen Blicks. Der „Ruf", der dem Bewahren des Bilds zugrunde liegt, signalisiert die Medialität des Engels und damit eine ihn übersteigende Realität, die im Verborgenen bleibt. Auch hier wirkt der Engel als Bildspender, als Medium einer anthropologischen Reflexion, das gerade in seiner Unmenschlichkeit Menschliches beziehungsweise das Unmenschliche im Menschlichen (die unmenschliche Tapferkeit) sichtbar machen kann. Das angelische Schauen als Ausdruck einer anderen Perzeption ist allerdings nur momenthaft da und wird schließlich abgebrochen durch das abnehmende Licht. Mit dem wachenden Engel und den schlafenden Landstreichern setzt jene Resignifizierung von Licht und Dunkelheit ein, die schließlich in der Behauptung der Kinder kulminiert, im Dunkeln besser sehen zu können.

Zunächst kam dem Licht entscheidende Bedeutung für die Suche der Landstreicher zu. Den Frieden suchten sie – neben dem Morden und Brennen, von dem sie berichten – vor allem mit ihren Laternen, deren Licht ständig bedroht ist: „‚Verflucht, auch unser Licht geht aus.' / ‚Jetzt finden wir ihn [den Frieden, L.Z.] nimmermehr'" (GH 127), „‚Der Friede läuft davon!' / ‚Ich hol ihn ein!' / ‚Nein,‚ich –' / ‚O nein!' / ‚Wo ist das Licht?' / ‚Ich find es nicht –'" (GH 131) oder „‚Seht, unser Licht geht aus, / der Sturm will es verwehen / und unsere Kraft zerbricht'" (GH 134). Hatte Leon beziehungsweise der Engel diese Einschätzungen zunächst geteilt und das Licht der Landstreicher als „[z]u schwach" (GH 127) kritisiert, so fordert er nun die Landstreicher auf, ihre Lichter zu löschen, da sie in die Irre führten:

> „Vielleicht im Traum
> schenkt Gott euch,
> was ihr suchen gingt
> auf einem falschen Weg.
> Löscht eure Lichter aus,
> denn keins von ihnen führt nach Haus,
> einzig das Licht der Liebe blinkt
> über den schwachen Steg!"

---

150 Fechner, Vergleichende Anatomie der Engel, S. 27.
151 Zum Geschichtlich-Unbewussten vgl. Kapitel 4.2.2 dieser Studie.

> Der Engel beugte sich nieder und blies die Laternen aus. Wie die letzte einsame Kerze in einem dunklen Fenster blieb er in der Finsternis. (GH 135)

Das irdische Licht der Laternen, so die Botschaft des Engels, lenkt ab von dem „Licht der Liebe", das wahre Orientierung spendet. Indem er das irdische Licht löscht und selbst zum „Licht der Liebe" am Fenster wird, beglaubigt der Engel performativ die eigene Botschaft. Er wird in dieser metaphorischen Übertragung zum „Steg", der die Verbindung aus der Verfolgungsrealität hinaus in einen anderen Raum eröffnet. Dann fährt er fort:

> „Werft euern Stolz dahin,
> er macht euch gegen nichts gefeit,
> die Liebe hat ein anderes Kleid.
> Ich frage euch: wohin
> wollt ihr den Frieden suchen gehn?
> Das Streiten hat hier keinen Sinn,
> der Friede liegt im Herzen drin,
> das habt ihr übersehn."
>
> Der Engel breitete die Arme so weit über die drei Schlafenden aus, als wollte er damit alle Schlafenden und auch die geheime Polizei umfangen, die am hellsten zu wachen glaubte und am tiefsten schlief.
>
> „Schlaft tief,
> vielleicht im Traum
> schenkt Gott euch,
> was ihr suchen gingt
> durch Mord und Brand.
> Löscht eure Lichter aus,
> denn keines von ihnen führt nach Haus,
> allein das Licht der Liebe strahlt
> von Land zu Land."
>
> Der Engel trat zurück. (GH 136)

Der Engel spricht von einer Liebe, die nicht durch äußere Hilfsmittel, sondern nur im Innern zu entdecken ist, und spinnt damit die Erkenntnis der im Kern des Spiels verborgenen Liebe fort. Die Pause, in der die Menschen schlafen und still sind, eröffnet einen Raum der Offenbarung. Analog zur Entdeckung der Liebe im Innern des Spiels führt die Friedenssuche, die mit der Heimkehr parallelisiert wird, nach innen, ins „Herz". Die im Außen vollzogene Suchbewegung mit den Laternen ist zum Scheitern verurteilt. Dagegen setzt der Engel das Licht der Liebe als die Kraft, die ins Herz und damit zum Frieden führt. Mit ausgebreiteten Armen, der Segensgeste, transzendiert er schließlich den Spielraum und wendet sich mit seiner Botschaft an „alle Schlafenden"; er spricht, als wolle er „auch die geheime Polizei umfangen, die am hellsten zu wachen glaubte und am tiefsten schlief".

Mit Wachen und Schlafen kommt hier deutlich die epistemische Dimension der Hell-Dunkel-Metaphorik zum Ausdruck. So wird die Engelsbotschaft im Zustand reduzierter äußerer Wahrnehmungsfähigkeit empfangen, nämlich im Schlaf. Der Schlaf als Medium des Traums, der wiederum das Medium der Engelsbotschaft darstellt, ist hier zunächst positiv konnotiert. Der Traum ist ein in der Bibel vielfach verwendetes Mittel der Offenbarung, in das Engel involviert sind. So erklärt ein Engel dem Traumdeuter Daniel seine Visionen, fordert Joseph im Traum auf, nach Ägypten zu fliehen, und fungiert im Bild der Engelsleiter, das Jakob im nächtlichen Traum erscheint, als Vehikel für Zukunftsvisionen (vgl. 1 Mos 28,11–15). Die hier im Traum empfangene angelische Liebesbotschaft eröffnet einen Raum, der über die Verfolgungsrealität hinausreicht. Gleichzeitig erscheint der Schlaf negativ, wenn er mit Wachheit verwechselt wird, wie es die „geheime Polizei" tut. Diese Widersprüchlichkeit verweist auf die tiefe Ambivalenz des Traums. So birgt er die Möglichkeit einer höheren Offenbarung, gleichzeitig führt der Traum als Werkzeug falscher Propheten aber auch auf den Irrweg der Täuschung, vor dem Gott im Alten Testament explizit warnt (vgl. Jer 23,25–32). Der Traum weist damit einerseits auf den umfassenden Trug der nationalsozialistischen Ideologie, andererseits aber auch auf das Theater als Ort der Illusion. Ob die im Traum empfangenen Bilder und Stimmen und ihre anschließende Auslegung verlässlich sind, bleibt unbestimmt; flüchtig wie der Engel können sie genauso täuschend und trügerisch sein wie er.

Nach seiner Botschaft tritt der Engel zurück und markiert damit den Schluss dieses Aktes. Die Illusion der Weihnachtsbotschaft, die durch die konsequente Bezeichnung „Engel" – von Leon ist hier nicht mehr die Rede – sowie durch Inhalt und Form von dessen universaler Liebesbotschaft aufgebaut wurde, unterbricht das nun einsetzende Geschehen: „In der Finsternis hörte man, wie Josef erregt auf Maria einsprach ‚Komm jetzt, wir sind an der Reihe!'" (GH 136) Maria beziehungsweise Bibi weigert sich aber, ihre Rolle ohne Schleier zu spielen. Daraufhin holt Ellen ein weißes, leuchtendes Tuch hervor, in das Bibi sich hüllt. Mit dem Schleier, der neben der Jungfräulichkeit auch Täuschung und Schein symbolisiert,[152] wird erneut die Frage nach der Wahrheit aufgeworfen und der Faden des Illusionären aus den Engelsbotschaften weitergesponnen. Indem der Schleier etwas verhüllt, das dennoch erahnbar ist, verweist er außerdem auf „das Paradox einer sichtbaren

---

[152] Vgl. Johannes Endres, Schleier. In: Metzler Lexikon literarischer Symbole, hg. von Günter Butzer u. Joachim Jacob, Stuttgart; Weimar 2012, S. 374–376, hier S. 374–375.

Unsichtbarkeit"[153]. Damit ist er Teil der Licht- beziehungsweise Sichtbarkeitsdramaturgie des Spiels und reflektiert auf einer übergeordneten Ebene die Frage von Sichtbarkeit und Darstellbarkeit:

> „Wie schön du [Maria beziehungsweise Bibi, L.Z.] bist!" riefen die Kinder. Sie klatschten in die Hände, warfen Falten, strichen sie wieder glatt und sahen geblendet hinauf wie arme Seelen am Rande des Fegefeuers, wo Himmel und Hölle mit ihren letzten Halbinseln grenzen. Und sie lachten glücklich. Wenn ihr sehen könntet, wie ich euch sehe, dachte Leon. Aber während er glaubte, das Bild zu verlieren, blieb es im wachen Blick des beiseite gelegten Gottes. (GH 137)

Erneut ist es der Blick Leons respektive des Engels, der das Bild der Kinder von außen entwirft, der sich in die Realität begibt und zugleich „darüber bleibt". Ein intensiver ästhetischer Moment der Kinder wird im angelischen Zwischenraum von Himmel und Hölle durch sein Schauen und dessen Bildkonstruktion sichtbar: die Erfahrung von Schönheit und Glück. Auch hier ist die Möglichkeit des Verlierens präsent, das Erinnerungsbild ist ein fragiles, flüchtiges. In der Staffelung von Schauen, Bewahren und Verlieren wird der Verlust aber überwölbt durch das höhere Bewahren. Während den Kindern, die sich selbst nicht so sehen können wie Leon/der Engel, diese Perspektive fehlt, kann Leon sie für die Rezipientinnen und Rezipienten sichtbar machen. Auch diese Perspektive aber wird noch einmal überstiegen, denn während das Bild für Leon verloren geht, bleibt es, wie die narrative Instanz die Rezipientinnen und Rezipienten wissen lässt, im höchsten, „wachen" Wahrnehmungs- und Bewahrungsmedium aufbewahrt, dem „Blick des beiseite gelegten Gottes".

Die Latenz Gottes signalisiert aus jüdischer Perspektive eine unheilvolle Gegenwart, in der Gott nicht bei seinem Volk ist; gleichzeitig ist Gott aber in diesem Bild weiterhin am Werk, wenn er das Glück der Kinder, das sich in der angelischen Transperspektive eröffnet, als eine Art metapoetisches Speichermedium bewahrt. Der Blick des Engels zwischen Unwissenheit beziehungsweise Verlust (Kinder) und Bewahrung (göttlicher Blick) wirkt hier wie in den „Thesen" als zugleich entbergendes und bewahrendes transhumanes Erkenntnismedium, das die Dynamik von Bleiben und Bewahren solcher Momente in der *Größeren Hoffnung* reflektiert. Damit wird über den Engel der Wunsch der Kinder, nicht ohne Nachweis in der Unsichtbarkeit zu verschwinden, als gestaffelter Prozess des Erinnerns im Medium der Literatur vorgeführt.

Der Wunsch, erinnert zu werden, verweist schließlich auch auf den dritten Pfeiler, der neben Spiel und Theater als Ausdruck gesteigerter Sichtbarkeit Performativität und Inszenierung des „großen Spiels" konstituiert und durch die

---

[153] Endres, Schleier, S. 374.

Verkündigung des Weihnachtsengels in den Blick gerückt wird: das Fest. In Entgegensetzung zur Wachsamkeit des Alltags, der nach Jan Assmann „einer emotional und semantisch reduzierten Atmosphäre"[154] bedarf, ist das Fest durch Hingabe charakterisiert, eine „[a]ffektive Verschmelzung", die nur „in einer Atmosphäre besonderen Vertrauens"[155] gelingt. Mit Blick auf die wahrnehmungsästhetische Grundierung der Verfolgungsrealität formuliert: Das Fest ist Ausdruck einer Inszenierung von Sichtbarkeit. So wie Spiel und Theater stellt auch das Fest mit seiner ausgeprägten Ästhetizität in dezidierter Abkehr von der (Alltags-)Welt Bilder einer Gegen-Welt vor Augen.[156] Indem Feste „in der Inszenierung des Anderen ihr [der Wirklichkeit, L.Z.] Auch-anders-Möglichsein aufzeigen"[157], eignet ihnen wie dem Spiel und dem Theater ein kritisch-utopisches Moment. Dabei bewahrt das Fest als ein Medium kultureller Erinnerung, nach Jan Assmann sogar „das [u]rsprünglichste"[158], in der Inszenierung eines ästhetischen Überflusses die Lebensfülle der Kinder vor dem Tod des Vergessens und stellt eine Form des von ihnen ersehnten Nachweises dar. Das Fest wirkt nach Benjamin als Motor des Eingedenkens im Kurzschluss von individuellen und kollektiven Gehalten der Vergangenheit,[159] hier von individueller Verfolgungsrealität und kollektiver Weihnachtsgeschichte. Indem das Fest als „Urform des kulturellen Gedächtnisses"[160] die Toten, das Heilige und das Kosmische umschließt, produziert es einen im Alltag nicht abgerufenen Sinnüberschuss. Im „großen Spiel" wirkt es spezifischer der Sinnentwertung durch Exil und nahenden Tod entgegen, und stiftet Zugehörigkeit zu einem höheren Ganzen.[161]

Das Fest ist nach Jan Assmann Ausdruck der „Zweidimensionalität"[162] des Menschen. Ihm haftet etwas Widerständiges an, indem es die durch Zwänge geprägte Alltagszeit über die Etablierung einer anderen Zeit relativiert, die ins Transzendente ausgreift. Für Assmann handelt es sich dabei um eine anthropo-

---

154 Jan Assmann, Der zweidimensionale Mensch. Das Fest als Medium des kollektiven Gedächtnisses. In: Kontrapunkte des Alltags. Studien zum Verstehen fremder Religionen 1, hg. von Jan Assmann u. Theo Sundermeier, Gütersloh 1991, S. 13–30, hier S. 16.
155 Assmann, Der zweidimensionale Mensch, S. 16.
156 Wolfgang Iser spricht von der „Lust des Spiels, die alle Begrenzung sprengt, die den Haltungen durch die Pragmatik lebensweltlicher Notwendigkeit ansonsten gezogen bleibt" (Wolfgang Iser, Das Fiktive und das Imaginäre. Perspektiven literarischer Anthropologie, Frankfurt am Main 1991, S. 447–448).
157 Assmann, Der zweidimensionale Mensch, S. 27.
158 Assmann, Der zweidimensionale Mensch, S. 13.
159 Vgl. Benjamin, Über einige Motive bei Baudelaire, S. 611.
160 Assmann, Der zweidimensionale Mensch, S. 25.
161 Vgl. Assmann, Der zweidimensionale Mensch, S. 26.
162 Assmann, Der zweidimensionale Mensch, S. 17.

logische Disposition: „Der Mensch ist darauf angelegt, in zwei Welten zu leben."[163] In der Normierung totalitärer Systeme wird dieser wesensmäßigen Dualität Gewalt angetan, hier dominiert der „eindimensionale Mensch"[164] in seinem alltäglichen Sinnmangel. Es ist diese Bedeutung einer Zweidimensionalität für das Überleben in einem totalitären System, das Aichinger in dem Text „Hilfsstelle" beschreibt:

> Heute, das war Donnerstag. Die anderen Tage hießen gestern, vorgestern, vorvorgestern oder auch morgen, übermorgen, überübermorgen, sie teilten die alten Lasten unter sich, Vergangenheit und Zukunft, sie teilten unter sich Unsicherheit, Furcht vor Bomben und Staatspolizei, Gerüchte, Deportationsmöglichkeiten, schlechte Nachrichten. Sie waren ein finsterer Vorhang, und vielleicht wären manche von uns fortgegangen aus diesem Raum, der sich unsere Welt, unser Leben nannte, wäre nicht der blitzende Streifen gewesen, der uns das Licht hinter dem Vorhang bewies, die Möglichkeit der anderen Existenz, der Wärme, der Geborgenheit, des Spiels. Des sinnvollen und unaufhebbaren Augenblicks.[165]

Die Alltagszeit als die kalendarische Zeit ist geprägt von ständiger Bedrohung und Angst, zudem ist sie in sich paradox verschoben, wenn das „Heute" als etwas Vergangenes im Präteritum verortet ist und so nicht gelebt werden kann. Wie ein „finsterer Vorhang" dichtet die Alltagszeit das Leben ab gegenüber Licht und Wärme. Allerdings ist der Vorhang durchlässig für jenen „blitzenden Streifen", der im Herausfallen aus dieser Ordnung einsteht für „die Möglichkeit der anderen Existenz", die sich im Spiel ausdrückt. Deren temporale Einheit ist die gesteigerte Präsenz, der „sinnvolle und unaufhebbare Augenblick". Als Figur an der Schnittstelle zwischen diesen beiden Zeiten ist der Engel der „blitzende Streifen", der als eine andere Existenz in die Welt des Alltäglichen einbricht. Das Numinose als Medium, das eine feindliche Gegenwart zu überschreiten verspricht, wird hier wie im *Vulkan* als Ressource der Ausgeschlossenen aktiviert.[166]

Zugang zu diesem Bereich bietet das Spiel. Als Modus der festlichen Inszenierung nutzen die Kinder es, um in einen anderen Raum jenseits der Normierung des NS-Regimes zu gelangen, einen Raum, in dem man im Dunkeln besser sieht. Inmitten der Finsternis des Kriegs stellen die Kinder im Weihnachtsspiel eine Gegenordnung von Liebe und Frieden her, die, hochgradig fragil und von Verfolgungsrealität durchsetzt, jedem Augenblick neu abgerungen werden muss. Innere

---

163 Assmann, Der zweidimensionale Mensch, S. 13.
164 Jan Assmann knüpft mit seiner These vom zweidimensionalen Menschen an Herbert Marcuses Werk *Der eindimensionale Mensch* an (vgl. Assmann, Der zweidimensionale Mensch, S. 17–18).
165 Aichinger, Hilfsstelle, S. 28.
166 Vgl. Kapitel 5.2.3 dieser Studie.

und äußere Bedrängnis kommen hier „wie zwei Engel"[167] zusammen und setzen den Augenblick wieder in sein Recht. Dieser Form von Weihnachten steht die gegenwärtige inhaltsleere gegenüber, die Ilse Aichinger in „Abschied von Weihnachten" beschreibt. Sie ist geprägt von „Unverständnis für eine Kinderwelt"; „hier kommt kein Licht ins Dunkel und vor allem kein Dunkel ins Licht"[168].

In der Distanz gegenüber dem Alltag, in dem „Gefühl der Spannung und Freude und einem Bewusstsein des ‚Andersseins' als das ‚gewöhnliche Leben'"[169], das nach Johan Huizinga kennzeichnend für das Spiel ist, liegt das verbindende Element von Spiel und Fest. In einer Zeit, in der menschliches Zusammenleben radikal reduziert ist und die Kinder als jüdische sukzessive dehumanisiert werden, sind gerade sie in ihrem Spiel mit Schillers berühmtem Diktum ganz in ihrem Menschsein.[170] Fest, Theater und Spiel sind in ihrer ästhetischen Fülle Ausdruck des gesteigerten Lebens und damit die Gegenspieler der Alltagsrealität, die von Ausgrenzung und Verfolgung geprägt ist. Insbesondere Weihnachten, „dieser lebengebende Augenblick"[171], wie es in Aichingers Text „Vor der langen Zeit" heißt, ist ein überaus kraftvolles, seit dem 4. Jahrhundert zirkulierendes Medium der Erinnerung, das sich in zweifacher Hinsicht als Spielsemantik anbietet: Die Erzählung von der Obdachlosigkeit Marias und Josephs schlägt die Brücke zur eigenen Erfahrung von Verfolgung und Ausschluss. Darüber hinaus baut die gesamte Weihnachtsgeschichte auf dem Kontrast von Licht und Finsternis auf. Sie ist um das Bild zentriert ist, dass die Nacht – und im weiteren metaphorischen Sinne der Zustand von Verirrung, Unrecht oder Krieg – erleuchtet wird von einem göttlichen Licht, das aus einer anderen Ordnung auf die Welt kommt und die Hoffnung auf Erlösung mit sich bringt. Diese Hoffnung realisiert sich im „großen Spiel" allerdings nur punktuell und in verfremdend-flüchtigen Modi. Dazu gehören Fest, Schauspiel, Traum, Krankheit und Engelsblick.

So wird auch die Erfahrung von Glück und Schönheit, die der angelischen Blick bewahrt, erneut durch Streit und Scheitern zerstört. Ellen/die Welt entreißt Bibi den Schleier und legt ihn selbst um: „Das Wunder war zur Welt gekommen, aber die Welt wollte es selber sein. Maria hatte Bedingungen gestellt, der Engel hatte vergessen, die drei Könige zu warnen, und Gott war dem Herodes in die Hände gefallen." (GH 138) Diese Abweichungen vom biblischen Verlauf der Weihnachtsgeschichte antizipieren bereits das katastrophische Ende des

---

167 Aichinger, Vor der langen Zeit, S. 21.
168 Aichinger, Abschied von Weihnachten, S. 77.
169 Johan Huizinga, Homo Ludens. Vom Ursprung der Kultur im Spiel, Reinbek 1987, S. 37.
170 Vgl. Schiller, Über die ästhetische Erziehung des Menschen, S. 618.
171 Aichinger, Vor der langen Zeit, S. 21.

„großen Spiels". Zunächst kämpfen Bibi und Ellen um den Schleier, bis sie plötzlich begreifen, dass es sich dabei um den Vorhang handelt, den die deportierte Hanna genäht hat. In die darauf einsetzende Diskussion der Kinder fährt wieder die Stimme des Engels, dessen Botschaft die Erzählinstanz kommentierend weiterspinnt und die beschlossen wird von Leons Appell des Weiterspielens:

> „Hanna hätte den Schleier behalten sollen, vielleicht hätte er sie beschützt."
> „Man behält nur das, was man hergibt."
> Die Kinder hoben erschrocken die Köpfe. Niemals wurde klar, wer das gesagt hatte. Die lichte Stimme des Engels in einem finsteren Traum. Man behält nur das, was man hergibt. Gebt ihnen also, wovon sie euch nehmen, denn sie werden immer ärmer davon. Gebt ihnen euer Spielzeug, eure Mäntel, eure Mützen und euer Leben. Schenkt alles weg, um es zu behalten. Wer nimmt, verliert. Lacht, wenn sie euch die Kleider vom Leib und die Mützen vom Kopf reißen, denn man behält nur das, was man hergibt. Lacht über die Gesättigten, lacht über die Beruhigten, die Hunger und Unruhe verloren haben, die kostbarsten Gaben, die dem Menschen verliehen sind.
> Schenkt euer letztes Stück Brot weg, um den Hunger zu bewahren, gebt das letzte Stück Boden auf und bleibt in Unruhe. Werft den Glanz eurer Gesichter in die Finsternis, um ihn zu verstärken.
> „Spielt weiter!" sagte Leon. (GH 139–140)

Erneut tut sich eine Kluft zwischen Kindern und Engel auf. Ästhetisch umgesetzt wird der Einbruch einer höheren Realität durch das Bild der „lichten Stimme des Engels in einem finsteren Traum", das strukturell dem Bild des Engels als „letzte einsame Kerze in einem dunklen Fenster" (GH 135) entspricht. Auch die weihnachtliche Verkündigungsszene wird erneut bemüht: „Fürchteten" sich die Hirten im Lukasevangelium beim Ansichtigwerden des Engels „sehr" (Lk 2,9), so heben die Kinder hier „erschrocken die Köpfe", als der Engel spricht.

Anders als im Lukasevangelium werden Finsternis und dadurch bedingte Unsichtbarkeit nicht durch die visuelle Fülle der Angelophanie durchbrochen; stattdessen ist die angelische Überwältigungsästhetik in das Paradigma der Stimme und des Hörens verlagert. Die visuelle Dimension der Engelserscheinung, die sich im Lukasevangelium im Leuchten ausdrückt, das der Engel zu den Hirten bringt (vgl. Lk 2,9), geht dabei aber nicht verloren, sondern wird in der Metapher der „lichten Stimme" mit dem Akustischen verflockten. Auch die erneute Bezugnahme auf den Modus des Traums markiert die Differenz zur Alltagsrealität. So ist der Engel hier ganz sprachbildliche Stimme. Mag sein ontologischer Status entsprechend unsicher sein, seine Botschaft jedenfalls ist überaus radikal. Sie kodiert gemäß der kontrastiven Ästhetik den Mangel an Ruhe und Sättigung in Fülle um, Hunger und Unruhe werden zu den „kostbarsten Gaben, die dem Menschen verliehen sind" (GH 140). Dieser Logik nach sind plötzlich die verfolgten jüdischen Kinder die reichsten unter den Menschen, denn die, die gewaltsamen nehmen, verlieren unweigerlich, das freiwillige Hergeben aber bewahrt den kostbaren Mangel. Deutlich verweist der gewaltsame Verlust von „Kleidern", „Spielzeug", „Brot" und „Boden" (GH 139–140) auf die konkreten Entbehrungen des exilischen Kinderlebens. Im letzten Satz werden diese lebenspraktisch verankerten Aufrufe in die zentrale Hell-Dunkel-Metaphorik des „großen Spiels" überführt: „Werft den Glanz eurer Gesichter in die Finsternis, um ihn zu verstärken." (GH 140)

Der Engel als Figur, in dessen Erscheinung sich historische Alltagszeit und numinose Festzeit kreuzen, bricht hier die Opposition von Mangel der Verfolgungsrealität und Festfülle des Spiels auf und verknüpft beide in einem Appell, über das Verstärken des Mangels zu Fülle zu gelangen. Damit erfolgt in dieser Engelsbotschaft ein zentraler Bruch mit der gesamten Semantik des „großen Spiels". Trafen Verfolgungsrealität und aufblitzende höhere Realität bis dahin im Modus wechselseitigen Unterbrechens als Maximalkontrast aufeinander, wobei die Anfechtungen von außen sich in zunehmend aggressivem Klingeln Gehör verschafften, so bindet diese letzte Engelsoffenbarung beide rhetorisch im Prisma der Paradoxie zusammen. Figurativ finden sie Ausdruck in der Unsicherheit, ob Leon oder ein Engel spricht. Der Umschlag von Mangel und Fülle beschwört die Vorstellung des *bios angelikos*, denn der Mangel an irdischen Gütern, den die Kinder erleben, bezeichnet zugleich auch die Voraussetzung für die Verwandlung in das engelsgleiche Leben.[172] Eine solche Verwandlung wird in Leon evoziert, aber im Ungewissen belassen.

In dieser rhetorischen und figurativen Paradoxie des Mangels als Fülle konvergieren Botschaft und Bote, ist doch der Engel selbst als medienästhetisches Phänomen die Verkörperung eines Paradoxons, in dem Präsenz und Absenz, Immanenz und Transzendenz aufeinandertreffen.[173] Wie bei der angelischen Weihnachtsbotschaft handelt es sich hier um eine festliche Verkündigung auf inhaltlicher und formaler Ebene. Die Rhetorik des sinnvollen Mangels flankiert den ästhetischen Überfluss in der „Inszenierung einer utopischen Fülle"[174], wie sie konstitutiv für das Fest ist. Der Engel als ästhetische Metalepse, in der etwas Zukünftiges, das in seiner Abwesenheit in der Gegenwart notwendig unsinnlich ist, ästhetisch als schon realisiert erscheint, ist Ausdruck eben dieser utopischen Fülle. Die Merkmale, die Jan Assmann dem Fest zuweist, sind somit auch allesamt Eigenschaften des Engels, nämlich „ästhetische Kategorien oder Erscheinungsformen von *Schönheit*:

---

172 Vgl. Kapitel 2.3 dieser Studie.
173 Das Medium definiert Christian Kiening als „ein[en] herausgehobene[n] Ort der Paradoxie, weil es sowohl zwischen Präsenz und Absenz als auch zwischen Immanenz und Transzendenz vermittelt" (Christian Kiening, „Medialität in mediävistischer Perspektive". In: Poetica, 39, 2007, S. 285–352, hier S. 333).
174 Assmann, Der zweidimensionale Menschen, S. 15.

Ordnung, Fülle und Ergriffenheit"[175]. Die Unmöglichkeit, diese Schönheit und Ganzheit in der Alltagswelt zu realisieren,[176] verweist auf den utopischen Charakter, der nicht nur dem Fest, sondern auch dem Engel eigen ist.

Diese Struktur ist bereits aus dem *Vulkan* bekannt.[177] Wie in Klaus Manns Emigrantenroman spricht auch im „großen Spiel" zu den durch das NS-Regime Marginalisierten ein Engel, der die Situation des nackten Überlebenskampfs verkehrt und der Reduktion auf die bloße Existenz und dem Verlust menschlicher Würde durch die Umwertung von Mangel und Fülle entgegenarbeitet – allerdings sehr viel fragmentierter, versteckter und mit einer Unschärfe, die der größeren Schärfe der Situation eingeschlossener jüdischer Kinder des Jahres 1943 gegenüber der von erwachsenen Exilantinnen und Exilanten des Jahres 1939 entspricht. Anders als im *Vulkan* geht diese Engelsbotschaft, die das Umschlagen von Mangel in Fülle verheißt, nicht so weit, sich explizit als Teil einer göttlich sanktionierten Heilsteleologie auszuweisen. Wohl aber wird sie ästhetisch über den messianisch aufgeladenen Hell-Dunkel-Kontrast und rhetorisch über eine paradoxe Botschaft für den gegenwärtigen Moment evoziert.

Der Aspekt einer qualitativ anderen Ordnung mit anderer Räumlich- und Zeitlichkeit – das griechische Wort *eschatos* (ἔσχατος) bedeutet zeitlich und räumlich ‚letzter' – scheint durch die gegenläufige Ordnung der angelischen Botschaften als Emergenz des „großen Spiels" auf. Allerdings wird diese andere Ordnung im „großen Spiel" nicht in eine konkret umrissene Zukunft verlagert, sondern entfaltet sich nach der Art jener „Augenblicke ohne Zukunft, die sehr verheißungsvoll sind", die „ihrem Wesen nach schon eher Orte sind"[178]. Die Darstellung einer solchen Heilszeit findet sich im Buch Daniel, das im „großen Spiel" durch den Engel Gabriel und die Offenbarung im Traum aufgerufen wird. Dort wird im siebten Kapitel Daniels Vision als Ausdruck des Endgerichts unter Bezug auf den für das „große Spiel" wichtigen Topos der (drei) Könige ausgelegt.[179] Ein weiteres Vorbild für die Rhetorik paradox-utopischer Umwer-

---

175 Assmann, Der zweidimensionale Menschen, S. 17.
176 Vgl. Assmann, Der zweidimensionale Menschen, S. 17.
177 Vgl. Kapitel 5.2.3 dieser Studie.
178 Aichinger, Aufzeichnungen 1950–1985, S. 59.
179 Vgl. folgende Stelle: „Nach ihnen aber wird ein anderer aufkommen, der wird ganz anders sein als die vorigen und wird drei Könige stürzen. Er wird den Höchsten lästern und die Heiligen des Höchsten vernichten und wird sich unterstehen, Festzeiten und Gesetz zu ändern. Sie werden in seine Hand gegeben werden eine Zeit und zwei Zeiten und eine halbe Zeit. Danach wird das Gericht gehalten werden; dann wird ihm seine Macht genommen und ganz und gar vernichtet werden. Aber das Reich und die Macht und die Gewalt über die Königreiche unter dem ganzen Himmel wird dem Volk der Heiligen des Höchsten gegeben werden, dessen Reich ewig ist, und alle Mächte werden ihm dienen und gehorchen" (Dan 7,24–27). Vgl. außerdem:

tungen von Mangel und Fülle findet sich in der heilsgeschichtlichen Spannung im Neuen Testament. So gehört zu den bekanntesten solcher Umwertungen die Rede des sogenannten eschatologischen Vorbehalts von den Letzten, die die Ersten sein werden. Neben dem Lukas-Evangelium (vgl. Lk 13,22–30) steht sie bei Matthäus im Zusammenhang mit dem Reich Gottes und dem ewigen Leben, das Jesus seinen Jüngern verspricht. Hier sind ebenfalls Heimatlose die Adressatinnen und Adressaten, die dies allerdings freiwillig geworden sind: „Und wer verläßt Häuser oder Brüder oder Schwestern oder Vater oder Mutter oder Weib oder Kinder oder Äcker um meines Namens willen, der wird's hundertfältig nehmen und das ewige Leben ererben. Aber viele, die da sind die Ersten, werden die Letzten, und die Letzten werden die Ersten sein." (Mt 19,27–30)[180]

Wie in der Angelophanie als ästhetische Metalepse für eine andere, mehr oder weniger als zukünftig ausgewiesene Ordnung in den Werken Rilkes und Manns tritt der Engel hier im Zustand von Entfremdung und Exilierung in seiner bis dahin extremsten Form als Figur einer utopischen Fülle auf. Im Angesicht der drohenden Deportation ist diese allerdings auf den gegenwärtigen Moment beschränkt. Sie entfaltet sich in der ästhetischen Intensität einer Rhetorik vom Mangel als Fülle und der (unsichtbaren) Angelophanie. So wie der Engel Gott und mit diesem verbundene Potenzen vergegenwärtigt, die die menschliche Wahrnehmungs- und Erfahrungsrealität überschreiten, so evoziert die Vergegenwärtigung des Engels durch Leon eine ähnliche Möglichkeit der Grenzüberschreitung. Wenn in der Logik des Spiels ein „echter" Engel, der mehr ist als der von Leon gespielte, als Ausdruck einer die Alltagsrealität übersteigenden Kraft möglich ist, dann, so die naheliegende Überlegung, kann vielleicht auch die Realität, in der die jüdischen Kinder in Wien gefangen und akut von Vernichtung bedroht sind, überschritten werden.

6.2.4 Falsche und echte Könige

Derartige Umwertungen und Verwandlungen durchziehen den gesamten Roman. Die Besonderheit des „großen Spiels" liegt darin, dass sie hier theatral inszeniert,

---

„Zu jener Zeit wird Michael auftreten, der große Engelfürst, der für dein Volk einsteht. Denn es wird eine Zeit so großer Trübsal sein, wie sie nie gewesen ist, seitdem es Völker gibt, bis zu jener Zeit. Aber zu jener Zeit wird dein Volk errettet werden, alle, die im Buch geschrieben stehen. Und viele, die im Staub der Erde schlafen, werden aufwachen, die einen zum ewigen Leben, die andern zu ewiger Schmach und Schande" (Dan 12,1–2).
180 Auch diese umgekehrte Richtung der Umwertungen gibt es im „großen Spiel": „Gebt ihnen also, wovon sie euch nehmen, denn sie werden immer ärmer davon" (GH 139).

ausgeleuchtet, an eine angelische Sprechinstanz rückgebunden und in ihrer Verbindung mit der Deportationsthematik dezidiert als konstitutiver Bestandteil einer Poetik nach Auschwitz reflektiert werden. Das „große Spiel" führt damit performativ jene Spannung aus Vereindeutigung und anschließender Vernichtung durch das NS-Regime und der Verunsicherung kausaler Verhältnisse vor, wie sie in der traumartigen Anverwandlung der Realität durch die Kinder zum Tragen kommt. Auch die Fragwürdigkeit derartiger Umwertungen ist nirgends so deutlich wie hier, wo die Kinder kurz vor der Deportation nicht nur aufgefordert werden, zu lachen, wenn ihnen ihr letztes Hab und Gut genommen wird, sondern sie sogar ihr Leben weggeben sollen.

Dass die Folgen des durch das NS-Regime bewirkten Leids zu erstrebenswerten Eigenschaften und Zuständen erklärt werden, wirft die Frage auf, inwiefern damit die Taten dieses Regimes funktionalisiert und legitimiert werden. So kritisiert Irene Heidelberger-Leonard an der *Größeren Hoffnung*: „Oft scheint es, als würde das Grauen der Verfolgung nur als Versatzstück eingesetzt, um den Ausflügen ins Transzendentale erst die rechte Flughöhe zu verleihen."[181] Diese Bewegung ist auf den ersten Blick in der Tat überaus irritierend. Allerdings ist hier auf die der Flughöhe entsprechende sprachlos-ästhetische Fallhöhe zu verweisen, die aufgrund ihrer Negativität leicht aus dem Blick gerät. Denn auch wenn die Kontrastwirkung der Einbrüche einer höheren Realität über den Engel als Figur höchster sinnlicher und rhetorischer Intensität immens ist, machen auch hier „[d]ie Dienste der Engel"[182] sich nicht bezahlt, wie es an anderer Stelle in Aichingers Werk heißt. So behauptet schließlich die äußere Verfolgungsrealität ihr Recht und dies umso unerbittlicher, je eindringlicher die Möglichkeit einer anderen Ordnung zuvor beschworen wurde.

So gesehen verklärt die Rede vom „Glanz eurer Gesichter" (GII 140) der letzten Engelsbotschaft, in dem sich der ästhetische Überfluss des „großen Spiel" bündelt, nicht die Deportation. Der Glanz ist vielmehr eine Wirkung dieser, genauer des durch sie erzwungenen Abschieds,[183] wie der Fortlauf des Spiels deutlich macht. Das sich zuspitzende Spielgeschehen verstärkt den Glanz, weil

---

181 Heidelberger-Leonard, Klärung oder Verklärung?, S. 162.
182 So heißt es in „Absprung zur Weiterbesinnung" über den Sascha-Palast, der das Judenverbotsschild versteckter anbrachte, dass auch dieses Kino später eingangen sei – „[d]ie Dienste der Engel machen sich selten bezahlt, und ich hatte und habe immer wieder Gelegenheit, das zu erfahren" (Ilse Aichinger, Absprung zur Weiterbesinnung. In: Aichinger, Film und Verhängnis. Blitzlichter auf ein Leben, Frankfurt am Main 2001, S. 13–18, hier S. 15).
183 Vgl. folgende Ausführung in „Die Vögel beginnen zu singen, wenn es noch finster ist": „Und den Glanz, den der Abschied gab, habe ich versucht, in dem Buch [die *Größere Hoffnung*, L.Z.] festzuhalten; ich wollte damit keinem Pessimismus das Wort reden, aber vielleicht erkennen wir einander nur richtig in einem Licht von Abschied, und vieles, das wir sonst vergeuden würden, erscheint uns darin kostbar" (Aichinger, Die Vögel beginnen zu singen, wenn es noch finster ist, S. 23).

mit dem Abschied seine Quelle näher rückt. Gesteigerter Glanz und gesteigerte Gefahr wiederum setzen in ihrem Zusammenspiel das Verwandlungsgeschehen frei. Der Krieg bedrängt die Welt, wird aber unterbrochen, „die Kinder wußten nicht weiter, denn es läutete Sturm" (GH 145), und Leons Aufforderung „‚Spielt weiter!'" (GH 146) wird nun hinterfragt:

> „Welches Spiel meinst du?"
> „Das wir spielen oder das mit uns gespielt wird?"
> Die Kinder zögerten. Das Läuten setzte aus und setzte wieder ein, fuhr wie der blutige Kopf eines Raubvogels an die verschlossene Tür.
> „Spielt weiter, hört ihr!"
> Aber was mit uns gespielt wird, verwandelt sich nur unter Schmerzen in das, was wir spielen. Sie befanden sich inmitten der Verwandlung, spürten deutlich den Dunst der Fetzen um ihre Leiber und ahnten zugleich stärker den verborgenen Glanz der Christbaumketten um Hüften und Hals. Schon begannen die beiden Spiele ineinanderzuströmen und flochten sich untrennbar zu einem neuen. Die Kulissen schoben sich beiseite, die vier engen Wände der Faßbarkeiten zerschellten, siegreich wie fallendes Wasser brach das Unfaßbare hervor. Spielen sollst du vor meinem Angesicht!
> „Spielt weiter!" (GH 146)

An dieser Stelle kehrt das Spiel zu der gestörten Verwandlung des Anfangs zurück: Der Engel hatte die Kinder dort aufgefordert, ihre Mäntel abzuwerfen „als Beweis dafür, daß sie Suchende seien, daß sie von weit her kämen, daß sie Geschenke trügen und silberne Christbaumketten unter ihren schmutzigen Fetzen um den Leib geschlungen hätten, daß – daß / Aber es war keine Zeit mehr. Es hatte geläutet" (GH 124). Hier interferiert das üble „Spiel" des NS-Regimes, in dem die Kinder durch die Fetzen symbolisiertes verworfenes Leben sind, mit dem Weihnachtsspiel und seinem „verborgenen Glanz der Christbaumketten". Mit dieser Auflösung der ersten Spieleebene, deren Kulissen sich selbst beiseiteschieben, fließen beide Ebenen, Verfolgungsrealität und Weihnachtsspiel, ineinander. Dabei verwandelt sich das Ausgeliefertsein in die Freiheit des eigenen Spielens, allerdings „nur unter Schmerzen", und das „Unfaßbare" und Höhere – evoziert durch die biblische Rede vom Angesicht Gottes, das im Alten Testament Ausdruck seiner „heilshafte[n] Zuwendung"[184] ist –, sprengt die Ordnung des dreidimensionalen fassbaren Raums.

---

[184] Reinhold Bernhardt, Im Angesicht Gottes. In: Uni Nova, 116, 2011, S. 39–40, hier S. 40. Prominent im Zusammenhang mit dem Engel ist von dem Angesicht Gottes etwa nach dem Kampf Jakobs die Rede: „Und Jakob hieß die Stätte Pniel; denn ich habe Gott von Angesicht gesehen, und meine Seele ist genesen" (Gen 32,31). Das Angesicht Gottes wird bei Luther explizit mit den guten Engeln verbunden. Diese seien klüger als böse Engel – „Ursache: Sie haben einen Spiegel, darein sie sehen, den hat der Teufel nicht; der heißt Facies Patris, unsers Herrn Gottes Angesicht" (Luther, Predigt über das Evangelium am Feste Michaelis, S. 184).

Das Spiel ist damit nicht nur ein ästhetisches Verhalten, sondern wird als Modus der Gottesbegegnung und Ausdruck der göttlichen Auserwähltheit bedeutsam: „Spielen sollst du vor meinem Angesicht!" (GH 146). Das Spielen bewirkt eine Verwandlung ins Unsichtbare, die keine Marginalisierung oder Auslöschung bedeutet, sondern im Gegenteil eine intensivierte Erfahrung, eine momentane Fülle und damit ein Übersteigen der Verfolgungsrealität. Es entsteht ein neues Spiel, das einem höheren, unfaßbaren Geschehen den Weg bereitet. Diese Verwandlung macht sich geltend als intensivierter („deutlich", „stärker") Vorgang auf der angelischen Schwelle zwischen Ästhetischem – das Spüren „des Dunstes der Fetzen um ihre Leiber" – und Anästhetischem – die Ahnung, also nicht das unmittelbar Wahrnehmbare, von etwas Verborgenem, also sinnlich Nichtwahrnehmbarem.

Dieser Transformationsprozess greift auch die Architektur des Kinderspiels und dessen von Beginn an labile spatiale Integrität an: „Höhnend tauchte der Krieg aus den Schatten. Er sprang aus einer Ecke und doch zugleich aus allen Ecken und schien mit dem Schrillen der Glocke durch eine Unzahl von Falltüren aus Decke und Fußnoten zu brechen." (GH 146) Fackeln und Bogenlampen fallen „unhörbar ins Bodenlose" und erlöschen, das Bündel aber „schien zu leuchten" (GH 147). Die Verwandlung lässt sich hier analog zum angelischen Umschlagen einer sich steigernden ästhetischen Intensität begreifen, die in ihrer Kulmination ins Anästhetische kippt. Auf dem Höhepunkt dieser Transformation rückt der Engel aus dem Zentrum des Spiels an den Rand. Als Spiel im Spiel spielt der Krieg sein „‚wildes Spiel'" (GH 147) mit der Welt, reißt sie an sich und stößt sie wieder fort, derweil „der Engel auf den linken Ellbogen gestützt im Dunkel hing wie am Rand einer Kuppel" (GH 147). Mit der Kuppel, die in sakraler Baukunst zuhauf von Engelsbildern geziert wird, seinem Hängen und dem Aufstützen auf den linken Ellbogen wird der Engel, der vorher als Bildspender wirkte, nun selbst zum Bild. Als Zitat der wohl berühmtesten Engelsdarstellungen, Raffaels *Sixtinischer Madonna* (1512/13) und Dürers *Melencolia I* (1514), verabschiedet sich der Engel von seiner Rolle als Figur intensivierter Präsenz in eine kosmische Entrücktheit, wobei die melancholische Pose mit Benjamin auf das Trauerspiel verweist.[185] Anders als beim angelischen Schauen ist hier die Distanz des Engels zum Spielgeschehen nicht Teil von dessen gedächtnisstiftender Medialisierung, vielmehr stellt sie ein selbstreflexives Moment des sich nun ins innere Weihnachtsspielgeschehen ergießenden Trauerspiels dar.

Nach ihrer Hybridisierung und dem Hervorbrechen des Unfassbaren treten Weihnachtsspiel und Verfolgungsrealität im Streben auf ihre gegenläufigen Endpunkten wieder maximal auseinander. Der Krieg fordert, die Welt solle bei

---

[185] Vgl. Benjamin, Ursprung des deutschen Trauerspiels, S. 318.

ihm bleiben und das Kind allein lassen; „[d]ie Flurglocke tobte und verlangte nach einer Entscheidung" (GH 147). Während im äußeren Spiel die Katastrophe kurz bevorsteht, strebt das innere Spiel seinem guten Ende zu. Die Welt entscheidet sich für das Kind, worauf der Krieg den Helm vom Kopf nimmt und sich als der gesuchte Friede entpuppt: „‚Wie freu ich mich, / ich bin der Friede!'" (GH 148) Die Freude währt allerdings nicht lange, die Glocke schrillt und „[d]ie Wehen der Verwandlung fielen über die Kinder" (GH 148). Ihr Zusammenhalt löst sich und sie stehen „gegeneinander" (GH 148): „Josef riß sich von Maria los, der Knotenstock polterte lärmend zu Boden. Der Engel sah auf seine Hände hinab, als wären sie gefesselt. Georg tappte die Mauer entlang und versuchte die Tür zu finden." (GH 148)

Draußen steht „der Herr von drüben" (GH 148), der ihren Aufenthaltsort der „geheime[n] Polizei" (GH 154) verraten hat und die Kinder bis zu ihrer Abholung in der Wohnung festhalten soll. Auf den Höhepunkt der Verwandlung folgt so unmittelbar das Ende der Spielgemeinschaft und teils auch das Ende des Lebens der Kinder. Eingeleitet wird dieses Ende über eine erneute, nun auf das Matthäus-Evangelium gestützte und negativ verkehrte Adaption des Weihnachtsgeschehens, der Geschichte von König Herodes, deren Verbindung zu der Verfolgungsrealität des Romans im Kindsmord liegt. Nach der Geburt Jesu erscheint im Matthäus-Evangelium der „Engel des Herrn" Joseph im Traum und warnt ihn: „Steh auf, nimm das Kindlein und seine Mutter mit dir und flieh nach Ägypten und bleib dort, bis ich dir's sage; denn Herodes hat vor, das Kindlein zu suchen, um es umzubringen." (Mt 2,13) Im „großen Spiel" dagegen hatte der Engel die drei Könige zu warnen vergessen, woraufhin „Gott [...] dem Herodes in die Hände gefallen" (GH 138) war. Leon/der Engel hat die Gefahr nicht erkannt, die von dem Mann als „unheilige[m] Köni[g]" (GH 154) beziehungsweise von dessen Auftraggebern ausgeht; er ist derjenige, über den die Bekanntschaft zustande kam (vgl. GH 149).

Wie in der Bibel treffen in dieser Begegnung die Ansprüche zweier gegenläufiger Ordnungen – hier der nationalsozialistischen und der weihnachtlichen – über den Topos eines weltlichen und eines überweltlichen Königs aufeinander. Dem Weihnachtsspiel mit Jesus als „König der Juden" (Mt 2,2 und GH 126), den die Weisen/Könige aus dem Morgenland suchen, ist der um seine Macht fürchtende König Herodes gegenübergestellt. Die Trennung zwischen weltlich und überweltlich lässt an die Unterscheidung zwischen dem sterblichen und dem unsterblichen Körper des Königs denken, wobei Kantorowicz letzteren mit den Engeln vergleicht, wie Sigrid Weigel bemerkt.[186] Wenn er die Landstreicher auffordert, sie sollen ihre Mäntel abwerfen und so ihre wahre Königsidentität freilegen, dann figuriert

---

186 Vgl. Weigel, Die Grammatologie der Bilder, S. 341.

der Engel im „großen Spiel" nicht statisch das Unveränderliche, sondern die Verwandlung des Veränderlichen, also der Historie, ins Unveränderliche. Er ist damit Ausdruck eines höheren Königtums, dem mit physischer Vernichtung nicht beizukommen ist. Unklar ist im „großen Spiel" bis dahin, ob das überweltliche Königtum sich gegen das weltliche durchsetzen kann, ob es also Hoffnung gibt, dass die Kinder gerettet werden.

Während der Weg zum Frieden über das im Innern leuchtende Licht der Liebe führt, wird das Herausfallen der Kinder aus dem Friedensspiel durch das „Andrehen" (vgl. GH 149) des elektrischen Lichts verdeutlicht, das in gänzlich undialektischem Sinne wieder für Sichtbarkeit sorgt und die Kinder der Fassbarkeit aussetzt. War die Zeit im Spiel eine der gesteigerten Präsenz mit einem Raum erweiterter Möglichkeiten, jeder Augenblick gefährlich und kostbar, so steht nun am Ende des Spiels die Uhr als chronometrisches Präzisionsinstrument, dessen kleiner Zeiger „betrogen" (GH 151) worden ist: „Seit die Kinder das Spiel unterbrochen hatten, sanken schwere Pausen zwischen die Sekunden, die Abstände wuchsen." (GH 151) Der Mann teilt ihnen mit, dass „[d]ie Deportationen nach Polen [...] eingestellt" (GH 149) seien, was die Kinder keinesfalls freudig aufnehmen: „Finster drohte sein [Georgs, L.Z.] Gesicht unter der zerlumpten Kapuze hervor: Stör uns nicht, täusch uns nicht, laß uns! Gerettet, ein fremdes Wort. Wort ohne Inhalt, Tor ohne Haus. Gibt es einen Menschen auf der Welt, der gerettet ist?" (GH 150) In einer Welt, die selbst in sich verschoben ist, kann es keine Rettung geben, nur eine Zeit nach der Gemeinschaft; „wenn alles vorüber wäre, würden wir aneinander vorbeigehen und uns nicht wiedererkennen"', so Leon, „wir wollen nicht mehr zurück"' (GH 150).

Der Mann von nebenan befiehlt den Kindern, ihm vorzuspielen, was sie ablehnen: „‚Wir spielen', sagte Leon, ‚aber wir spielen niemandem vor.'" (GH 151) Der Mann muss also mitspielen, ihm wird die Rolle eines Landstreichers angetragen. „‚Etwas Besseres nicht?'", fragt er, woraufhin ihm mitgeteilt wird: „Zuletzt werden Sie die Lumpen abwerfen und ein heiliger König sein!"' (GH 152) Gegenläufig zu der Verwandlung der als Landstreicher verkleideten Könige, die sich zu ihrer wahren Königidentität zurückverwandeln sollen, durchläuft der Mann von nebenan eine Verfremdung. Scheint er den Kindern zunächst vertraut – „[d]ie Kinder atmeten erleichtert auf" (GH 148/149) –, so wird er bald nicht mehr beschrieben als „der Herr, der ihnen helfen wollte" (GH 149), sondern ist schlicht „[d]er Mann" (GH 149 u. GH 154) und schließlich „der Fremde" (GH 149, 150, 151, 152, 153 u. 154) beziehungsweise „der fremde Mann" (GH 152). Dieser verweigert sich dem Spiel und seinem Verwandlungsgeschehen. Als er anfängt zu lachen, schlagen die Kinder auf ihn ein, Herbert, der an den Fremden „glaubte", reißt „[f]ieberhaft [...] an dem Mantel" (GH 154), aber der Mann wirft ihn nicht ab, verwandelt sich nicht in einen echten König. Er weint, aber er behält die „Rolle des unheiligen Königs" (GH 154) bei, auch wenn er „[f]ür einen Augenblick [...] um eines anderen Auftrags willen den Auftrag seiner Behörde" (GH 154) vergaß: „Er vergaß, daß er ein Häscher war, er vergaß die geheime Polizei und den Befehl, diese Kinder so lange aufzuhalten, bis man sie holen kam. Keines von ihnen durfte mehr die Wohnung verlassen." (GH 154)

Der Mann will die Kinder warnen, „fühlte sich aber gelähmt und auf unbegreifliche Weise in ihren Bann geschlagen" (GH 154). Leon fordert ein letztes Mal zum Weiterspielen auf. Die bevorstehende Deportation wird dabei über eine erzählperspektivische Trennung vorbereitet. Die narrative Instanz verlässt die Wahrnehmungsperspektive der Kinder beziehungsweise von Leon und heftet sich an die des Mannes von nebenan. Es folgen Zitatfetzen aus dem vorigem Spielverlauf, nun aus der Außenperspektive: die Frage, wo der Frieden gesucht werden soll, Träume, die „zu glühen" (GH 155) beginnen, ein unter den fliehenden Schritten der Welt erzitternder Boden, klirrende Fenster und die Übergabe des Kindes an die Welt. Der Mann hört den Engel warnen, der dieses Mal daran denkt, allerdings zu spät; „und als es zum drittenmal läutete" – dreimal, wie bei der Verleugnung Jesu – „war er [der Mann, L.Z.] der letzte, der aufsprang" (GH 155). Der Mann handelt „[w]ie im Traum" (GH 155) und wie unter Zwang; „[e]r mußte die Rolle des unheiligen Königs zu Ende spielen" (GH 155).

Wie das erste so hat der Engel auch das letzte Wort. Am Schluss steht seine Forderung des Beginns: „‚Werft eure Mäntel ab!'" (GH 124 und 155), und unmittelbar danach leuchten „[s]elig [...] die Silberschnüre auf" (GH 155). Die Verwandlung scheint geglückt: Die bis dahin unter den Mänteln beziehungsweise Fetzen verborgenen „silbern[e] Christbaumketten" (GH 124) werden sichtbar, leuchten und evozieren die mit der Seligkeit verbundene Erlösung. Dann stürzen die Kinder zur Tür und „[w]ie eine große tanzende Flamme schlug ihr Spiel über ihnen zusammen" (GH 155). Die ästhetische Fülle des Spiels, die in der (Rück-)Verwandlung der Könige kulminiert, lodert ein letztes Mal auf, bevor Spiel, Freiheit und Leben verlöschen. Nach ihrer Dynamisierung in der Engelsbotschaft treten am Ende Licht und Dunkelheit, Sichtbarkeit und Unsichtbarkeit wieder auseinander. Sie markieren den finalen Kontrast zwischen dem ästhetischen Überfluss des Spiels und dem Nichts, dem Undarstellbaren der Deportation und den Gaskammern als den „schwarzen Löchern der Geschichte"[187]. Diese sind als anästhetisches Phänomen nur im Umschlagen der Weihnachtsgeschichte erahnbar, deren dunkler Abgrund im Kontrast zum Licht der Lebens-, Spiel- und Festfülle als solcher wahrnehmbar wird. Spiel, Fest, Engel und Theater sind aus dieser Perspektive des Endes allesamt Medien des „Glanz[es], den der Abschied gab"[188]. Indem das

---

[187] Zangl, Poetik nach dem Holocaust, S. 175.
[188] Aichinger, Die Vögel beginnen zu singen, S. 23.

„große Spiel" diesen Abschiedsglanz, der vom Ende her entsteht, nicht aber das Ende selbst zum Thema macht, wirft es in Form einer negativen Ästhetik im Kern die Frage nach der Darstellung des Undarstellbaren auf, die sich für den gesamten Roman stellt. Denn das Ende entsteht nur in der Vorstellung, über die Kontrastwirkung der prononcierten Sichtbarkeit des Spiels, deren besonderer Glanz ein Widerschein der Unsichtbarkeit und verlöschenden Existenz ist.

6.2.5 Darstellung des Undarstellbaren unter angelischer Regie

Wird auch der Vollzug der Deportation nicht dargestellt, so wird gleichwohl die Frage nach der Darstellung des Undarstellbaren im „großen Spiel" aufgeworfen. Wie im Laufe dieser Arbeit gesehen, handelt es sich dabei um eine genuin angelische Frage, die auch hier über den Engel verhandelt wird. Im Anschluss an das erste Bild, das Leon/der Engel von den „unmenschlich tapferen" Kindern durch seinen Blick entstehen lässt, äußern diese ihr Bedauern, dass Leon „,nie Regisseur sein wir[d]'" (GH 135). Daraufhin entgegnet er:

> „Doch, ich werde es sein. Auf dem Lastauto und im Waggon, es wird ein gutes Stück, das könnt ihr mir glauben! Kein Happy-End und kein Applaus, still sollen sie nach Hause gehen, mit blassen Gesichtern, die im Finstern leuchten –"
> „Sei still, Leon! Siehst du denn nicht, wie rot ihre Gesichter sind und wie schillernd ihre Augen? Hörst du sie denn nicht jetzt schon lachen, wie sie lachen werden, wenn man uns über die Brücken führt?"
> „Leon, in welcher Währung wird man dich bezahlen und mit welcher Gesellschaft läuft dein Vertrag?"
> „Menschliche Gesellschaft, zahlt mit Feuer und Tränen."
> „Bleib ein Engel, Leon!" (GH 135)

Dieser Dialog zwischen Leon und den anderen Kindern führt an den Rand der Frage der Darstellung des Undarstellbaren, zur Deportation, deren Beförderungsmittel Leon als Bühne einer theatralen Aufführung entwirft. Es ist die einzige Stelle im gesamten Roman, in der die Darstellung der Deportation thematisiert wird, allerdings nicht direkt, sondern vermittels eines imaginierten Theaterstücks. Sie nimmt damit ihren Ausgang nicht von der Deportation selbst, die eine Perspektive der Nachträglichkeit voraussetzt, sondern bleibt an das Leben der Kinder gebunden. Die Vernichtung wird nicht als solche thematisch, sondern tritt als potentielles Hindernis für Leons Regietraum auf, das anzuerkennen er sich weigert, indem er sich die eigene Deportation als Inszenierungsraum imaginativ aneignet – eine überaus befremdliche Vorstellung, die in ihrer Drastik selbst wiederum das Vorstellungsvermögen an seine Grenzen bringt, gleichzeitig aber in völligem Einklang mit Aichingers „Poetik des Endes" steht: „Form ist nie aus dem Gefühl der Sicherheit entstanden, sondern immer im Angesicht des Endes."[189] Indem Leon für den Zustand totaler Auslieferung und das Abtransportiertwerden in den Tod an seinem künstlerischen Formungsanspruch festhält („es wird ein gutes Stück"), formuliert er jene schmerzhafte Transformation der Passivität des „Spiels, das mit uns gespielt wird", in die Aktivität der eigenen Gestaltung, die sich im „großen Spiel" vollzieht.

Leon will diese Regie nicht als bloße Erfüllung eines individuellen Wunschs verstanden wissen; sie ist nicht an einen bestimmten Vertrag und eine bestimmte Währung gebunden, sondern steht im Auftrag der mit Feuer und Tränen zahlenden „menschlichen Gesellschaft", wodurch der Regie eine kollektive Bedeutung verliehen wird. Gleichzeitig bezeichnet das Bild der Deportation über eine Brücke mit lachenden Zuschauern ein zentrales autobiographisches Trauma Ilse Aichingers, die in einem Zeit-Interview auf die Frage, was sie in ihrem Überleben nicht überlebt habe, antwortet: „Den Anblick meiner Großmutter im Viehwagen auf der Schwedenbrücke in Wien. Und die Leute um mich herum, die mit einem gewissen Vergnügen zugesehen haben."[190] Dieses Blickbild der Zeugenschaft am 6. Mai 1942 markiert ein unintegrierbares Trauma, ein Stück Gestorbensein, das dem überlebten Leben eingetragen bleibt und somit die Grenze dessen bezeichnet, was von überlebenden Miterlebenden noch sprachlich eingeholt werden kann. Dieses Trauma der Deportation ist im Medium der Literatur aufbewahrt. Die animalisierende Komponente von Entwürdigung und Vernichtung, die sich in dem „Viehwagen" ausdrückt, wird im „großen Spiel" gekontert durch den Engelsdarsteller Leon, der diese Szene zum Ausgang seines Stücks macht.

An der Entwürdigung wirkt der zustimmende Blick von außen mit und an ihm setzt auch die ethische Dimension dieser Regie an. Sie greift für die von der theatralen Form implizierte Zuschauerrolle die tatsächliche Zuschauerrolle auf, die so viele Menschen angesichts der Drangsalierung und Deportation von Jü-

---

189 Aichinger, Das Erzählen in dieser Zeit, S. 10.
190 Ilse Aichinger, „Ich will verschwinden". In: Aichinger, Es muss gar nicht bleiben. Interviews 1952–2005, hg. von Simone Fässler, Wien 2011, S. 110–121, hier S. 112–113. Fast wortgleich findet sich diese Erinnerung auch in „Wien 1945": „Diejenigen, die zusahen, wie meine Großmutter und die jüngeren Geschwister meiner Mutter auf offenen Viehwagen über die Schwedenbrücke in Folter und Tod gefahren wurden, sahen jedenfalls mit einem gewissen Vergnügen zu. Es war das letzte Mal, daß ich meine Großmutter sah" (Ilse Aichinger, Wien 1945. Kriegsende. In: Aichinger, Film und Verhängnis. Blitzlichter auf ein Leben, Frankfurt am Main 2001, S. 56–61, hier S. 59–60).

dinnen und Juden als „bystanders"[191] eingenommen haben. Indem explizit die Wirkung auf die Zuschauenden thematisiert wird, werden sie als Teilnehmende an dem Geschehen sichtbar.[192] Die Wirkung seines Stücks auf die Zeuginnen und Zeugen der Deportation malt Leon gemäß der angelischen Weihnachtsästhetik aus: „blasse Gesichter, die im Finstern leuchten". Die anderen Kindern aber unterbrechen ihn, ob er denn nicht sehe, wie „rot" ihre Gesichter und wie „schillernd" ihre Augen seien, und ob er nicht jetzt schon höre, wie sie, statt „still" zu sein, lachten. Als (Theater-)Spiel im Spiel reflektiert Leons vorgestellte Regie so *en miniature* die Konstruktion des „großen Spiels": Wie dieses basiert sie auf der Kollision von Weihnachtsbotschaft und Verfolgungsrealität sowie der Transformation von Erleiden (Deportiertwerden) in Gestaltung (künstlerische Aneignung der Deportation) im Modus betonter Gegenwärtigkeit („siehst du denn nicht", „hörst du sie denn nicht jetzt schon lachen"). Damit ist das poetische und ethische Programm der *Größeren Hoffnung* bezeichnet, das nicht in einer moralisch-diskursiven Verurteilung, sondern in der unmittelbaren Vergegenwärtigung des Schreckens besteht, der, so lässt sich ergänzen, an den Grenzen seiner extremsten Form von Deportation und Tod haltmacht.

Indem die ausgefeilte Darstellungsökonomie des „großen Spiels" konsequent an Spiel und Fest als Medien potentieller Freiheitsmomente ausgerichtet ist,[193] bleibt das „große Spiel" dem Befund Adornos verpflichtet, dass mit dem

---

191 Vgl. Victoria J. Barnett, Bystanders. Conscience and Complicity During the Holocaust, Westport 1999.

192 In dem Posastück „Das vierte Tor" (1945), das das Thema der verfolgten und spielenden Kinder aufgreift, werden Leserinnen und Leser als Zuschauende explizit adressiert und suggestiv in das Geschehen hineingezogen. In Anbetracht der unbegleiteten Kinder auf dem Friedhof heißt es: „Nicht wahr – das erschüttert Sie ein wenig und Sie fragen neugierig: ‚Wohin geht ihr?' ‚Wir gehen spielen!' ‚Spielen! Auf den Friedhof? Warum geht ihr nicht in den Stadtpark?' ‚In den Stadtpark dürfen wir nicht hinein, nicht einmal außen herum dürfen wir gehen!' ‚Und wenn ihr doch geht?' ‚Konzentrationslager' sagt ein kleiner Knabe ernst und gelassen und wirft seinen Ball in den strahlenden Himmel" (Ilse Aichinger, Das vierte Tor. In: Aichinger, Die größere Hoffnung, hg. von Richard Reichensperger, Frankfurt am Main 2016, S. 272–275, hier S. 272). Die dominierende Haltung zu dieser Zeit, das Wegschauen, wird den Leserinnen aufgebürdet. In Anbetracht der Möglichkeit, beobachtet zu werden, heißt es: „Könnte es Ihnen nicht schaden, mit diesen Kindern hier gesehen zu werden? Sicher ist es besser, vorsichtig zu sein! Sie verabschieden sich also schnell und wenden sich um" (Aichinger, Das vierte Tor, S. 272–273).

193 Die Verkettung von Freiheit, Spiel und Ästhetik lässt unweigerlich an Schiller denken. Als mittlere Kraft zwischen sinnlichem Vermögen und sittlichen Gesetzen „baut der ästhetische Bildungstrieb unvermerkt an einem dritten, fröhlichen Reiche des Spiels und des Scheins, worin er dem Menschen die Fesseln aller Verhältnisse abnimmt und ihn von allem, was Zwang heißt, sowohl im Physischen als im Moralischen entbindet" (Schiller, Über die ästheti-

Ende der Freiheit auch das Ende der Darstellbarkeit verbunden ist.[194] Das Spiel setzt ästhetische Energien jenseits der Verfolgungsrealität frei und lässt so deren Grenzen sichtbar werden. Anders als in Adornos Diktum, das makroperspektivisch von der völligen Unfreiheit im Faschismus ausgeht, liegt als Bedingung der Möglichkeit von Darstellung beziehungsweise Sich-Darstellen dem „großen Spiel" die Annahme zugrunde, dass sich über eine theatrale Ästhetik Risse in der Unfreiheit des Totalitären aufspüren lassen.

Diese reflexive Darstellung des Undarstellbaren als Teil einer verwandelnden Aneignung durch die Opfer selbst wird hier über den Engelsdarsteller Leon als Vorstellung evoziert, aber nicht als Darstellung eingelöst. Die Unmittelbarkeit der theatralen Situation, die er entwirft, kontrastiert mit der mehrfachen Vermittlung, über die sie aufgerufen wird: in Form der Reflexion eines Kindes/Engels über diese Darstellung in dem Spiel „Das große Spiel" in dem Roman *Die größere Hoffnung*. Dieses Ineinander von Aufschub und Präsenzfülle folgt dabei der für den Engel charakteristischen Spannung aus Vermittlung, Verschiebung und Indirektheit und der Unmittelbarkeit der Angelophanie als ästhetischem Phänomen. Die Deportation selbst als Geschehen auf der Schwelle von Sichtbarkeit und Unsichtbarkeit zeigt sich dieser angelischen Darstellungslogik folgend im Kontrast zwischen dem letzten synästhetischen Bild der über den Kindern zusammenschlagenden Spielflamme, das exemplarisch für die Ästhetik des gesamten Kapitels steht, und dem Abbruch der Darstellung – der Roman folgt Leon und den anderen Kindern nicht auf ihrem Weg in Lastauto und Waggon.

Mit der grenzsetzenden Flamme, die die Vernichtung mit einem ästhetischen Darstellungsbann belegt, entzieht auch Claude Lanzmann den Holocaust jeglicher Form der Medialisierung: „Der Holocaust ist vornehmlich dadurch einzigartig,

---

sche Erziehung des Menschen, S. 667). In seiner strukturellen Bedeutung als mittlere Kraft eignet dem ästhetischen Zustand überdies eine besondere Verbindung zum vermittelnden Engel. Die Freiheit des ästhetischen Spiels ist nach Schiller nicht als positive Setzung zu erzwingen, sondern vielmehr das Resultat einer Abwesenheit von Zwang, ein Emergenzprodukt der Aufhebung wechselseitiger Nötigung. Die Einbildungskraft sei die energetische Kraft, die den Anstoß von dem passiven Zustand des Erleidens hin zur tätigen, geistdurchwirkten Aneignung der Welt, zum Eintritt in die Geschichte gebe und die Transformation von Naturverhaftung zu Kulturbewegung entscheidend katalysiere, zugleich aber imstande sei, diesen Prozess über die retrograde Bewegung in den mittleren Zustand einer freien Bestimmbarkeit aufzuheben, der im ästhetischen Spiel unabhängig von jedem übergeordneten Erkenntnisinteresse als Wechselwirkung von Stoff- und Formtrieb gegeben sei (vgl. Schiller, Über die ästhetische Erziehung des Menschen, S. 612–613).
194 Vgl. Adorno, Minima Moralia, S. 164–165.

dass er einen Flammenkreis, eine unüberwindliche Grenze um sich errichtet, weil eine bestimmte Absolutheit des Entsetzens nicht vermittelt werden kann"[195], so heißt es in seiner Kritik an Spielbergs Film *Schindlers Liste*. Indem aber der Lichtkegel der Aufmerksamkeit konsequent auf dem Leben der Kinder als Erzählgegenwart liegt, und das Ende nur indirekt, in der Kostbarkeit, die es dem einzelnen Augenblick verleiht, zum Tragen kommt, entsteht im „großen Spiel" keine Hypostasierung des Holocaust als Absolutum. Dieser wird nur in seinen Vorboten thematisch: als räumliche Instabilität, als schrillende Türklingel, in den ausgesprochenen und unausgesprochenen Ängsten der Kinder und ihrer unheimlichen Umgebung. Im Gegensatz zur historischen Darstellung, die notwendig nachträglich und äußerlich ist – „[a]ll history in a sense says the inside from the outside"[196] –, wird hier als Mittel und Möglichkeit im Medium der Literatur eine andere Form reflektiert und zugleich implizit zurückgewiesen: Das Innere von innen zu sagen, aus dem Flammenkreis heraus, ist für die Vernichtung nicht möglich. Dargestellt wird daher nicht die Vernichtung, sondern das Sichdarstellen des Lebens, das aber nicht als handhabbare Form der nachträglichen Erinnerung verfügbar ist, sondern nur als Moment des Vollzugs evoziert werden kann. Es ist daher ein Missverständnis, wenn Irene Heidelberger-Leonard schreibt, dass sich in dem Roman „der grässlichste Massenmord unserer Kulturgeschichte in einen quasi sakralen Vollzug"[197] verkehre. Die *Größere Hoffnung* sakralisiert nicht den Massenmord, sondern – und darin steht das „große Spiel" exemplarisch für den Roman – feiert und bewahrt das von diesem bedrohte und schließlich ausgelöschte Leben von jüdischen Kindern. Diesem und nicht der Vernichtungsmaschinerie gilt die aktive Erinnerung.

Das „große Spiel" ist damit selbst ein die Alltagslogik verfremdendes, unheimliches Fest, in dem verschiedene temporale Strukturen konvergieren und eine chronologische Ordnung sich auflöst – in dem gespanntesten Moment der Gegenwart, dem Moment einer jederzeit möglichen Deportation und Auslöschung des Lebens, und der Leerstelle einer möglichen Zukunft, die in dem kritisch-utopischen Moment des Festes mit religiösem Anstrich evoziert wird. Als Medium der Erinnerung trägt das „große Spiel" so einem zentralen, aus dem Benjamin-Kapitel bekannten Anliegen Ilse Aichingers Rechnung, nämlich „dem Eingedenken der

---

[195] Claude Lanzmann, Holocaust, die unmögliche Darstellung. Zu Schindlers Liste. In: Lanzmann, Das Grab des göttlichen Tauchers, Reinbek 2015, S. 492–498, hier S. 494.
[196] Dan Stone, The Harmony of Barbarism: Locating the Scrolls of Auschwitz in Holocaust Historiography. In: Representing Auschwitz. At the Margins of Testimony, hg. von Nicholas Chare u. Dominic Williams, Basingstoke 2013, S. 11–32, hier S. 21.
[197] Heidelberger-Leonard, Klärung oder Verklärung?, S. 165.

Toten"[198], das sich im Festgeschehen des Spiels performativ vollzieht. „Sätze sind nur wichtig, wenn sie zugleich Taten sind"[199] – in diesem Sinne hat der Roman *Die größere Hoffnung* selbst performativen Charakter. Er stiftet Erinnerung, „kontert"[200] die reduzierte Alltagsgegenwart und eröffnet damit Spielräume auch in der Gegenwart. Darin besteht das Engagement von Sprache und die Wirkmacht von Fest und Spiel,[201] in denen die Erinnerung an Vergangenes und die gesteigerte Gegenwärtigkeit als konzentrierte Präsenz einhergehen, dem ebenfalls von Benjamin bekannten Gedanken folgend, dass der Zugang zu Vergangenem nur über einen einzigartigen, unkontrollierbaren Augenblick in der Gegenwart möglich ist.[202]

Theatrales Erzählen mit einem Engel als Spielleiter heißt auch – und das hängt mit dem Zeitmodus des Präsentischen zusammen – nicht nachträglich die Leerstellen traumatischer Erlebnisse zu füllen und diese Füllungen in eine narrative Ordnung zu bringen. Ein Herrschaftsanspruch gegenüber dem Gewesenen, der sich in der scheinbar souveränen Beherrschung des „Stoffs" und damit einer zweiten Mortifikation ausdrückt, wird dabei mehrfach zurückgewiesen: erstens in der Beschaffenheit von Leons Stück, das transitorisch und unwiederholbar ist, zweitens in den Momenten des aufflackernden Bilds, das der Engelsblick entwirft, und drittens in der übersinnlichen Ästhetik als Pfeiler der theatralen Grundkonzeption des „großen Spiels". Statt das Vergangene handhabbar zu machen, geht es darum, Raum zu schaffen für einen Lesefestvollzug und die darin enthaltene Möglichkeit von Erinnerung. Der ist Chronologie „so wenig gemäß" wie dem Glück, wie Aichinger in der „Vorbemerkung zum ,Journal des Verschwindens'" (2001) schreibt: „Die Erinnerung splittert leicht, wenn man sie zu

---

198 Thums, „Den Ankünften nicht glauben wahr sind die Abschiede", S. 18.
199 Aichinger, Rede an die Jugend, S. 18.
200 So Aichinger in Heinz F. Schafroth, Gespräche mit Ilse Aichinger. Meine Sprache und ich (1971). In: Ilse Aichinger, Materialien zu Leben und Werk, hg. von Samuel Moser, Frankfurt am Main 1990, S. 26–29, hier S. 29.
201 Zu Engagement und Sprache vgl. folgende Erläuterung Aichingers: „Sprache und Engagement stellen sich mir nicht als Gegensatz dar, ich verstehe einen solchen Gegensatz nicht. Sprache ist, wo sie da ist, für mich das Engagement selbst, weil sie kontern muß, die bestehende Sprache kontern muß, die etablierte Sprache, weil sie fort muß aus dem Rezept der Wahrheit in die Wahrheit, weil sie das Gegenteil von Etabliertheit sein muß, aus sich selbst" (Schafroth, Gespräche mit Ilse Aichinger, S. 29).
202 Zur Nähe zu Benjamins Geschichtsphilosophie vgl. Thums, Zumutungen, Ent-Ortungen, Grenzen, S. 193, Ivanović, Ilse Aichingers bioskopisches Schreiben, S. 183 sowie Rosenberger, Die Poetik des Ungefügten, S. 153–154. Noch deutlicher tritt dieses Verfahren in *Film und Verhängnis* hervor, wo Bruchstücke aus Zeitungsmeldungen, Filmausschnitte, Fotografien und Erinnerungssplitter der Deportation collagiert werden.

beherrschen versucht."[203] Nicht nur „Glück" und „Erinnerung" lassen an Benjamin denken, auch die Ablehnung von geschichtlicher Kontinuität als falsche Ganzheit und Ausdruck von Zwang schließt an seine Geschichtsphilosophie an.

Diese temporalen und gattungspoetischen Fragen führen zum axiologischen Kern der Frage der Darstellbarkeit des Holocaust, mit der sich Hayden White beschäftigt, wenn er fragt: „Can it be said that sets of real events *are* intrinsically tragic, comic, or epic, such that the representation of those events as tragic, comic, or epic story can be assessed as to its *factual* accuracy? Or does it all have to do with the perspective from which the events are viewed?"[204] Nicole Rosenberger sieht trotz ihrer Wertschätzung für den Roman in dem „Unmittelbarmachen" des Schreckens anstelle einer diskursiven Verurteilung in moralischer Hinsicht eine „Verharmlosung der Ereignisse"[205] am Werk. Die Verweigerung gegenüber einer inhaltlichen Festlegung reiche soweit, dass der Roman auch eine „Ideologie" des „Einstehens für die Gequälten"[206] ablehne. Irene Heidelberger-Leonard zählt *Die größere Hoffnung* mit Manfred Karnick zu einer „Literatur der Geschichtslosigkeit"[207]. Dieser wird eine „literarische Historiographie" gegenübergestellt, „in der die Fakten des *Holocaust* in ihrer erzählenden Rekonstruktion Bestand haben"[208]. Hier treffen zwei gänzlich verschiedene Ansprüche aufeinander: der narrative Anspruch einer „erzählenden Rekonstruktion" der Fakten, die „Geschichte, zumal die Geschichte der Judenverfolgung, [...] verstehbar [...] machen"[209] soll, und eine literarische Praxis der Vergegenwärtigung, die auf formaler und inhaltlicher Ebene mit Aufmerksamkeitsmarkern wie semantischen und gattungspoetischen Unterbrechungen darauf hinwirkt, den Rezeptionsprozess beständig zu irritieren, zu fragmentieren und so die rückblickende Festschreibung eines passiven Opferstatus zu durchkreuzen. In der paradoxen Struktur einer präsentischen Vergangenheit, die eine präsentische Eschatologie beschwört, macht die angelische Dramenästhetik eine andere Zeitlichkeit sichtbar. Es handelt sich bei ihr nicht um eine willkürliche Formentscheidung,

---

203 Ilse Aichinger, Vorbemerkung zum „Journal des Verschwindens". In: Aichinger, Film und Verhängnis. Blitzlichter auf ein Leben, Frankfurt am Main 2001, S. 65–71, hier S. 69.
204 Hayden White, Historical Emplotment and the Problem of Truth. In: Probing the Limits of Representation. Nazism and the „Final Solution", hg. von Saul Friedländer, Cambridge 1992, S. 37–53, hier S. 38–39.
205 Rosenberger, Poetik des Ungefügten, S. 146.
206 Rosenberger, Poetik des Ungefügten, S. 174.
207 Heidelberger-Leonard, Klärung oder Verklärung?, S. 167.
208 Heidelberger-Leonard, Klärung oder Verklärung?, S. 167.
209 Heidelberger-Leonard, Klärung oder Verklärung?, S. 166–167.

sondern um eine der spezifischen Zeitstruktur des Gegenstands geschuldete Notwendigkeit: „In der Zeit der Verfolgung gab es kein Später."[210]

Im „großen Spiel" wird dieser Befund auch für das nachträgliche Erzählen ernst genommen. Das theatrale Erzählen als präsentisches steht für eine Ablehnung der Vergangenheit als vergangene. „Bestand" haben hier nicht die „Fakten des Holocaust", sondern die Momente scheinhafter, gleichwohl aber gegenwärtiger Freiheit, in denen die NS-Ordnung transzendiert wird, verkörpert durch die transhumane Figur des Engels. Auf diese Weise wirkt der Text nicht mit an der literarischen Restauration von Kontinuität und Erfahrung, wie sie in einer „erzählenden Rekonstruktion" zum Tragen kommt. Eine nachvollziehende und nachvollziehbare Chronologie wird hier insofern aufgesprengt, als im Modus des (Schau-)Spiels jeder Moment der einer Verwandlung in etwas anderes sein kann. Das steht auch in einem Verhältnis zu dem, was erinnert wird: In der *Größeren Hoffnung* ist das nicht die Vernichtung der jüdischen Kinder, sondern Würde und Freiheit ihrer Existenz.

Dass der Engel die zentrale Rolle im Bereich der Frage nach Darstellung und Erinnerung einnimmt, ist nicht auf eine kontingente Figurenkonstellation zurückzuführen, sondern figurativer Ausdruck einer angelischen Ästhetik, für die der Zusammenschluss des Visuellen mit Formen des Unterbrechens, der Unkontrollierbarkeit und des Plötzlichen maßgeblich ist. Die brüchige Textur von Erinnern und Erkennen trat bereits im Kontext von Benjamin „Thesen" als herausragende Eigenschaft einer angelisch strukturierten Geschichtsphilosophie auf. Der Vorstellung einer chronologischen Rekonstruktion ist die Angelophanie entgegengesetzt, die in ihrer Plötzlichkeit die Kontinuität der Zeitwahrnehmung unterbricht. Unableitbar aus vorigen Zuständen ist die Engelserscheinung damit auch immer eine Absage an menschliches Kausalitätsdenken. Sie durchkreuzt die beruhigende Vorstellung einer Verkettung von Augenblicken, die sich zu einem logischen Muster fügen. Nietzsche spricht mit Schopenhauer vom „Grausen", welches den Menschen ergreift, „wenn er plötzlich an den Erkenntnisformen der Erscheinung irre wird, indem der Satz vom Grunde, in irgend einer seiner Gestaltungen, eine Ausnahme zu erleiden scheint."[211] Der Schein der Ausnahme, den der Engel verkörpert, lässt hier nur momenthaft „Grausen" entstehen – ausgedrückt in dem „Fürchtet euch nicht" –,

---

210 Aichinger, Rede an die Jugend, S. 19.
211 Friedrich Nietzsche, Die Geburt der Tragödie aus dem Geiste der Musik. In: Nietzsche, Werke in drei Bänden, Bd. 1, hg. von Karl Schlechta, München 1954, S. 21–134, hier S. 24. Diese Stelle zieht Karl Heinz Bohrer heran, um Nietzsches Einfluss auf die „Herausbildung der ‚Plötzlichkeits'-Struktur" zu dokumentieren (Karl Heinz Bohrer, Zur Vorgeschichte des Plötzlichen. Die Generation des „gefährlichen Augenblicks", Frankfurt am Main 1987, S. 43–67, hier S. 44).

und ansonsten die Hoffnung, dass die zwangsläufig erscheinende Vernichtung aufzuhalten wäre. In einer Situation, in der das Folgende nur grauenhaft sein kann, ist die Ausnahme in der Kausalitätskette das Erstrebenswerte.

Es ist ein Schein, dem die Geschichte eine Absage erteilt hat. Darin liegt der zentrale Unterschied zu den Engelsfiguren im *Vulkan*. Zunächst bringt wie diese auch Leon/der Engel eine Botschaft, die das gegenwärtige Elend umkodiert in eine höhere Fülle. Während der „Engel der Heimatlosen" im *Vulkan* diese Botschaft über die Evokation einer höheren Ordnung stützt, die schließlich von Gott selbst beglaubigt wird, liegt im „großen Spiel" der Fokus auf dem Engel als ästhetischer Irritation einer nationalsozialistisch beherrschten Realität. Zwar spielen insbesondere die intertextuellen Bibelanleihen, die dem Umschlag von Mangel in Fülle zugrunde liegen, eschatologische Bilder ein. Sie bleiben aber illusionär, also dem Spiel immanent, und vermögen es nicht, den Kurs des Vernichtungsgeschehens zu ändern.

Dass das im politischen Sinne engagierte Bekenntnis des *Vulkans* fehlt, bedeutet aber nicht, dass die Figur des Engels in diesem Zusammenhang weniger politisch wäre. Sie ist es nur auf versteckterer, indirektere Weise. Richtet man den Fokus auf die Operation des Unterbrechens, die Widerstand gegen die Ordnung des Erzählens übt und die sich, wie in allen vorigen Kapiteln so auch hier, als zentrale Eigenschaft des Engels erwiesen hat, gelangt man zu einer wesentlich aisthetisch gedachten Form des Politischen, wie sie Jacques Rancière vertritt. In seinen „Zehn Thesen zur Politik" (2008) bestimmt Rancière das Politische als „eine Intervention in das Sichtbare und das Sagbare"[212]. Die politische Tätigkeit ist dabei sekundär, ihr geht immer eine spezifische „symbolische Verteilung der Körper" voraus, die eine Aufteilung beinhaltet in „jene, die man sieht, und jene, die man nicht sieht; jene, von denen es einen *Logos* – ein erinnertes Wort, eine aufzustellende Rechnung – gibt, und jene, von denen es keinen *Logos* gibt"[213]. Über die sinnliche Aufteilung von Räumen und Zeiten werden Redepositionen festgelegt, Handlungsmöglichkeiten bestimmt und Sichtbarkeiten reguliert. Der Kern der politischen Tätigkeit besteht in einer Unterbrechung dieser Ordnung des Sinnlichen, „sie lässt sehen, was keinen Ort hatte gesehen zu werden, lässt eine Rede hören, die nur als Lärm gehört wurde"[214]. Damit korreliert diese Bestimmung des Politischen Aichingers Bestimmung von (engagierter) Sprache, die

---

[212] Jacques Rancière, Zehn Thesen zur Politik, Zürich 2008, S. 32.
[213] Jacques Rancière, Das Unvernehmen. Politik und Philosophie, Frankfurt am Main 2002, S. 34.
[214] Rancière, Das Unvernehmen, S. 41.

nicht aus sich selbst heraus bestimmbar ist, sondern nur über ihre Aufgabe, „die bestehende Sprache [zu] kontern"[215].

In der „Entfaltung einer spezifischen Bühne der Sichtbarmachung"[216] der politischen Tätigkeit, die nicht nur eine genuin ästhetische, sondern noch spezifischer eine theatrale Praxis ist, besteht eine zentrale Verbindung zur Angelophanie ebenso wie zum „großen Spiel". Dieses entfaltet sich als theatrales, immer wieder synästhetisch verdichtetes Geschehen zwischen den Polen von Sichtbarkeit und Unsichtbarkeit. Damit gibt es denjenigen eine Stimme, die durch das NS-Regime zum Verstummen gebracht wurden.[217] So bestimmt Giorgio Agamben das gewaltsame Auseinanderzwängen von Lebewesen mit und ohne Sprache, also die aristotelische Differenz, auf der Rancières Ausführungen in *Das Unvernehmen* (2002) aufbauen,[218] als zentrales Merkmal der nationalsozialistischen Menschenvernichtung.[219] Politisch in Rancières Verständnis ist das Spiel nicht einfach dadurch, dass die Kinder ein um Frieden und Liebe kreisendes Weihnachtsspiel spielen, während um sie der Krieg wütet; es wird es vielmehr in jenen Momenten, in denen sich (geheim-)polizeiliche Ordnung und Weihnachtsbotschaft im Medium des Spiels kreuzen,[220] mit paradoxen Effekten im Verhältnis von Sichtbarkeit und Unsichtbarkeit als szenischem Ausdruck dieses Ringens der Ordnungen. Das Spiel, das momenthaft Freiheiten eröffnet, lässt sich daher als subjektivierende Handlung verstehen, insofern es „eine Instanz und eine Fähigkeit zur Aussage erzeug[t], die nicht in einem gegebenen Erfahrungsfeld identifizierbar waren, deren Identifizierung also mit der Neuordnung des Erfahrungsfeldes einhergeht"[221]. Emanzipation nach Rancière erfolgt nicht über diskursive Anerkennung, sondern in Form einer Subjektivie-

---

215 Aichinger in Schafroth, Gespräche mit Ilse Aichinger, S. 29.
216 Rancière, Das Unvernehmen, S. 37.
217 Vgl. zum Verhältnis von Fiktion und Politik: „Fiktion bestimmt eine spezifische Anordnung von Ereignissen und gleichzeitig das Verhältnis einer referenziellen Welt zu alternativen Welten. Dabei geht es nicht um das Verhältnis zwischen Realem und Imaginärem, sondern um eine Frage der Verteilung von Fähigkeiten sinnlicher Erfahrung, um die Fragen, welches Leben Individuen leben können, welche Erfahrungen sie machen können und in welchem Maß ihre Gefühle, Gesten und Verhaltensweisen es wert sind, anderen Individuen erzählt zu werden" (Jacques Rancière, Der Wirklichkeitseffekt und die Politik der Fiktion. In: Realismus in den Künsten der Gegenwart, hg. von Dirck Linck, Michael Lüthy u. Brigitte Obermayr, Zürich 2010, S. 141–157, hier S. 145).
218 Vgl. Rancière, Das Unvernehmen, S. 14–15.
219 Vgl. Agamben, Was von Auschwitz bleibt, S. 136.
220 Polizei bedeutet für Rancière in erster Linie eine Verteilung der Körper, die einen bestimmten Platz und eine bestimmte Funktion zugewiesen bekommen; die Polizei regelt dadurch, was sichtbar und sagbar ist und was nicht (vgl. Rancière, Das Unvernehmen, S. 41).
221 Rancière, Das Unvernehmen, S. 47.

rung, die sich in sinnlichen, konkreten Handlungen manifestiert. Das Spiel öffnet den Raum für die Möglichkeit von Erfahrung, die im Diskurs der Moderne und insbesondere in der Zeit des Nationalsozialismus immer wieder als verarmt und schließlich als unmöglich beschrieben worden ist. Diese Operationen lassen sich in der *Größeren Hoffnung* topologisch über eine Verschiebung der Kinder aus den Randbezirken, aus dem Grenzbereich des Sichtbaren in die Fülle der Mitte beobachten (vgl. GH 43).

Der politischen Tätigkeit analog, die die „Aufteilung des Sinnlichen"[222] unterbricht, bringt die Figur des Engels zwei unvereinbare Ordnungen im Modus der Unterbrechung zur Anschauung. In der Wendung des Dazwischenspringens und gleichzeitigen Darüberbleibens ist der Engel als Leon einerseits Teil der Verfolgungsrealität, andererseits steht er aber, wie in dem prononcierten, dialektisch verkehrten Verhältnis von Licht und Dunkel deutlich wird, für eine andere Ordnung des Sichtbaren. In der *Größeren Hoffnung* wird das Dilemma der Kinder gezeigt, für die Sichtbarkeit und Unsichtbarkeit gleichermaßen tödlich sind. Das „große Spiel" nun macht diejenigen, die man nicht sieht, im Finstern sehend und sichtbar, stellt sie in ein bewahrendes Licht der Erinnerung. Freiheit wird im „Großen Spiel" wesentlich als Freiheit der Identität und, damit zusammenhängend, als Freiheit zur Verwandlung gefasst. Indem Leon das Spiel entgegen allen Störungen von außen ebenso wie durch die Darstellenden selbst auf Kurs hält, hält er den Zugang zur Freiheit offen, der wiederum zum göttliches Gebot stilisiert wird („Spielen sollst du vor meinem Angesicht!" (GH 146)).

Die jüdischen Kinder, die als solche jenseits der Handlung(-sfähigkeit) als „Sphäre der Existenz"[223] stehen, erobern sich diese momenthaft im Spiel. Es ist die Freiheit, die nationalsozialistisch determinierte Realität und Rollenzuweisung zu durchbrechen, wie der Engel darin und gleichzeitig und trotzdem darüber zu bleiben. Insofern Freiheit außerdem wesentlich Freiheit ist, Neues zu schaffen, wird hier einmal mehr die Verbindung zwischen Neuem und Engel ausgestaltet. Auf diese Weise ist die Darstellung der spielenden Kinder mit der Intensität der ästhetischen Erfahrung, die der Engel verkörpert, politisch. Eine politische Aussage kann in dieser Situation nicht darin bestehen, eine Rettung der jüdischen Kinder im Roman zu zeigen, die es in der Wirklichkeit ganz überwiegend nicht gegeben hat, weil dies den falschen Schein der Versöhnung trüge. Die Möglichkeit des Engagements von Literatur liegt vielmehr darin, eine andere „Aufteilung des Sinnlichen" vorzunehmen, wie sie in der paradoxen

---

[222] Rancière, Das Unvernehmen, S. 36.
[223] Rancière, Der Wirklichkeitseffekt und die Politik der Fiktion, S. 145.

Weihnachtsästhetik der gesteigerten Sichtbarkeit im Dunkeln zum Ausdruck kommt.

Die politische Dimension des Unterbrechens als konstitutiver Bestandteil eines intertextuell-montierenden Verfahrens, das im „großen Spiel" widersprüchliche Ordnungen zusammenschaltet, lässt sich mit jeweils vertauschten Rollen perspektivieren. Mit Rancière betrifft das Unterbrechen die unheimliche Ästhetik, die Verkehrung der Hell-Dunkel-Semantik oder das Oszillieren zwischen Leon und dem Engel als Elemente des die Verfolgungsrealität unterbrechenden Spiels der Kinder. Hier wird die durch die (geheim-)polizeiliche Ordnung bestimmte Verfolgungsrealität als gesetzt angenommen, die durch das Spiel unterbrochen wird. Das Ganze lässt sich aber auch umgekehrt betrachten, vom Spiel aus, das fortwährend durch die hereindrängende Verfolgungsrealität gestört wird. Diese zweite Perspektive, die das Spiel als Ausgangspunkt nimmt, weist auf eine spezifische Theatertheorie, nämlich die von Brechts epischem Theaters,[224] dessen Affinität zu der Figur des Engels bereits angerissen wurde.[225] Augenfällig ist dabei die Verbindung von episch-erzählenden und dramatischen Elemente im „großen Spiel", konzentriert in der Figur des Engels, die in ihrem Sprechen zwischen dramatischem und diegetischem Modus schwankt. Indem der genuin angelische Bruch zwischen Figur und Rolle durch die fortwährenden Unterbrechungen sichtbar gemacht wird, tritt der Engel nicht nur als Figur der Illusionierung, des scheinhaften Symbols, der potentiellen Verwandlung und der Suggestion einer höheren Wirklichkeit auf, sondern zugleich auch als Figur der Zerstörung dieses Scheins. Er wirkt damit als desillusionierende Kraft an dem von Brecht geforderten „Entfremdungsprozess"[226] mit. Indem er die Konstruktion und Montage verschiedener Ebenen, die in ihm zusammenlaufen, zeigt, macht der Engel zugleich die Beschaffenheit des eigenen Scheins transparent.

Unterbrechung und Montage sind außerdem jene Elemente, die nach Benjamin die lebenspraktisch fundierte Konstruktionsästhetik des Films begründen: „Der Film ist die der betonten Lebensgefahr, in der die Heutigen leben, entsprechende Kunstform."[227] Analog dazu markieren die Unterbrechungen des

---

[224] Vgl. Bertolt Brecht, Das moderne Theater ist das epische Theater. In: Brecht, Schriften zum Theater. Frankfurt am Main 1960, S. 13–28, hier S. 19–20.
[225] In dieser Hinsicht lässt sich das „große Spiel" als Vorläufer jener Auseinandersetzung mit der szenischen Darstellbarkeit von Geschichte, insbesondere der des Holocaust, fassen. Diese ging mit einer Politisierung und Performativierung des Theaters in den 1960er Jahren einher (vgl. Erika Fischer-Lichte, Ästhetische Erfahrung, S. 146), getragen unter anderem von Peter Weiss, Heiner Müller und Elfriede Jelinek.
[226] Bertolt Brecht, Vergnügungstheater oder Lehrtheater? In: Brecht, Schriften zum Theater, Frankfurt am Main 1960, S. 60–73, hier S. 63.
[227] Benjamin, Das Kunstwerk im Zeitalter seiner technischen Reproduzierbarkeit, S. 464.

„großen Spiels" ganz unmittelbar Lebensgefahr, nämlich die Bedrohung der Deportation. Die vielen Unterbrechungen erzeugen in der Dramaturgie des Spiels ständig anti-illusionistische Effekte. Durch die Schockmomente in Form des aggressiven Klingelns oder der Nachricht, dass Hanna deportiert wurde, gerät das Spiel aus der eigenen Fassung, sodass die Illusion, also das ‚Im-Spiel-Sein', immer wieder durchkreuzt wird. Auf diese Weise wird die von Brecht verurteilte Einfühlung unmöglich gemacht, die den Gedanken gesellschaftlicher Veränderung verhindert. Ein ähnliches Programm liegt implizit auch dem „großen Spiel" zugrunde.

Metapoetisch schafft dieses szenische Erzählen, das in seinem Vokabular dramatisch, in seiner Machart filmisch ist,[228] eine ästhetisch gesteigerte, intensivierte Gegenwärtigkeit. In ihr ist die Geschichte nicht als abgeschlossene, sondern – und hier besteht die Parallele zum Engel der Geschichte – als spezifisch gegenwärtig sich ereignende dargestellt. Indem die Grenze zwischen Rezeptionsgegenwart und Erzählvergangenheit im „großen Spiel" eingerissen ist, präsentiert Geschichte sich hier als etwas, das nicht determiniert ist. Wenn im Spiel der Kinder plötzlich eine Engelsstimme laut wird als Zeichen für die Möglichkeit einer die menschliche Verfolgungsrealität übersteigenden Macht, dann scheint darin auch die Möglichkeit der Rettung vor der Deportation auf. Gleichzeitig korreliert die Eigenart der Filmtechnik, temporale Kontinuitäten als Effekt zusammengesetzter Sequenzen zu produzieren, mit der disruptiven Beschaffenheit der Erinnerung. Auf diese Nähe von flüchtigen Filmbildern und flüchtigen Erinnerungsbildern als mediales wie historisches Fundament von Aichingers „Poetik des Exils", die beide gleichermaßen diskontinuierlich sind und „verfremdend[e] Wahrnehmungseffekte"[229] freisetzen, hat bereits Barbara Thums hingewiesen.[230]

Als disruptive Figur, die unterschiedliche Bilder momenthaft zusammenschließt, steht die Nähe des Engels zu filmästhetischen Paradigmen wie bei Benjamin im Zusammenhang mit einem exilisch verankerten Schreiben, das wesentlich ethisch gedacht ist – Erinnerung an die Toten ist nicht einfach ver-

---

228 So sprechen auch Christine Ivanović und Sugi Shindo davon, dass die *Größere Hoffnung* „in hohem Maße filmisch strukturiert ist" (Christine Ivanović u. Sugi Shindo, Geschichte und Medien bei Ilse Aichinger. In: Absprung zur Weiterbesinnung. Geschichte und Medien bei Ilse Aichinger, hg. von Christine Ivanović u. Sugi Shindo, Tübingen 2011, S. 7–12, hier S. 8). Eine ästhetische Parallele zwischen „großem Spiel" und Kino liegt außerdem in der Dunkelheit, die in Verbindung zum Verschwinden steht. Von „filmische[m] Erzählen" spricht in Bezug auf die Filme, Bilder und Portraits in *Film und Verhängnis* bereits Barbara Thums (Thums, Zumutungen, Ent-Ortungen, Grenzen, S. 195).
229 Thums, Zumutungen, Ent-Ortungen, Grenzen, S. 195.
230 Vgl. Thums, Zumutungen, Ent-Ortungen, Grenzen, S. 194–198.

fügbar und nicht ohne Erschütterung der Lebenden zu haben. Als ein den Bezug zu den Toten stiftendes und die Lebenden erschütterndes Medium greift der Engel in Aichingers Frühwerk bereits auf ihr Spätwerk voraus, das konkrete Filme über filmische Verfahren mit Entortungserfahrungen überblendet. Die Besonderheit von *Film und Verhängnis* (2001) liegt darin, dass die autobiographischen Bezüge, die das Werk Aichingers von seinen Anfängen an durchziehen, nun explizit als solche ausgewiesen werden, dass gleichzeitig aber auch eine medienästhetisch fundierte „Poetik des Exils" entfaltet wird, die nicht auf die Zeit des Nationalsozialismus beschränkt ist. Mit dem Konzept einer über filmische Verfahren vermittelten „Sicht der Entfremdung"[231] ist vielmehr ein Exilverständnis verbunden, das historisch zwar in der NS-Zeit verankert ist, gleichzeitig aber eine existentielle Deplazierung bezeichnet und damit offen ist für eine Fortschreibung im Zuge globaler Migrationsbewegungen. So heißt es in der „Vorbemerkung zum ‚Journal des Verschwindens'": „Vieles lernte ich langsam, aber ‚ich' sagte ich bald und empfand es ebenso bald als daneben. Wie jede Anrede an Fremde, von denen man nicht weiß, wer sie sind."[232] Der Modus, der dieser Zumutung der Existenz angemessen ist, ist der der „Flüchtigkeit", der die „Freiheit wegzubleiben"[233], ja zu verschwinden, offenhält. Die Kinokarten erweisen sich dabei als Schlüssel für das Verschwinden. Mit ihren „Ein- oder Ausreisemöglichkeiten"[234] erlauben sie es, aus den Zwängen des (eigenen) Daseins auszusteigen und in andere Welten einzutauchen. Als Medium unsicherer und unbeherrschbarer Erfahrung, das chronologische Zusammenhänge systematisch aufbricht, ähnelt das Kino dabei der Erinnerung, die „an diejenigen Augenblicke gebunden" ist, „in denen sie aus sich herausgerät"[235]. Insofern bereitet für Aichinger gerade der Kinobesuch den Boden für das Aufblitzen von Erinnerungsfragmenten. Diese gehören zu Aichingers Biographie, überschreiten sie aber gleichzeitig als Teil eines transhistorischen Teppichs aus exilischen Querverbindungen, die ein kritisches Potential entfalten, das sich bis zu den xenophoben Tendenzen im Wien der Gegenwart erstreckt.[236]

Der Engel tritt in Aichingers Spätwerk in den Hintergrund. Gleichwohl sind über ihn im Frühwerk jene transnationalen und transkulturellen Überschreitungsbewegungen schon angelegt, die die Ausweitung von Fluchtbewegungen im 20. und 21. Jahrhundert begleiten. In „Engel in der Nacht" ebenso wie in der

---

231 Ilse Aichinger, Die Sicht der Entfremdung. Über Berichte und Geschichten von Ernst Schnabel. In: Aichinger, Kurzschlüsse, hg. von Simone Fässler, Wien 2001, S. 51–62.
232 Aichinger, Vorbemerkung zum „Journal des Verschwindens", S. 65.
233 Aichinger, Vorbemerkung zum „Journal des Verschwindens", S. 65.
234 Aichinger, Vorbemerkung zum „Journal des Verschwindens", S. 69.
235 Aichinger, Vorbemerkung zum „Journal des Verschwindens", S. 70.
236 Vgl. Thums, Zumutungen, Ent-Ortungen, Grenzen, S. 206.

Größeren Hoffnung erscheint der Engel als hybrides, dissonantes und destabilisierendes Medium, das unkontrollierbar-plötzlich in die Alltagsrealität einfällt und dabei am Eigenen Spuren des Fremden sichtbar macht und umgekehrt. Mit seinen zeitlichen und räumlichen Grenzüberschreitungen bricht er historische und nationale Fixierungen auf und weist damit voraus auf die zunehmende Häufung und intensivierte Verflechtung von Migrationsprozessen im Zuge globaler Vernetzungen ebenso wie chronisch schwelender Konfliktherde.

Mit den angelischen Operationen des Unterbrechens und Überschreitens ist folglich eine eminent politische Dimension verbunden, die in der *Größeren Hoffnung* auf zwei Ebenen zum Tragen kommt: in der mit Rancière beleuchteten ästhetischen Störung der Verfolgungsrealität ebenso wie der Desillusionierung des Spiels, die an Brechts episches Theater erinnert. Die Unterbrechung der Aisthesis setzt direkt bei der Wahrnehmungsrealität der Kinder an, lässt sie als Gesehene und Gehörte hervortreten und erinnert sie als solche über eine zweite Irritation von Wahrnehmungsmustern – die der Leserinnen und Leser – im Medium der Literatur. Dagegen hat die Theaterpraxis bereits das „große Spiel" als Kunstform zur Voraussetzung und zielt wirkungsästhetisch auf die Rezeptionsebene der Leserinnen und Leser. Diese schreiten in ihrer Lektüre keine abgeschlossene Chronologie von Deportationsstationen ab, denn Narrativität und Repräsentation lösen sich immer wieder im Theatralen auf. Stattdessen werden sie konfrontiert mit der ästhetisch hochverdichteten Vergegenwärtigung eines Schwellen- und exilischen Schwebezustands zwischen Leben und Tod, in den Splitter einer angelisch vermittelten Transzendenz eingelassen sind.

7 Fazit: Moderne Angelophanien

Woher rührt die ausgeprägte Präsenz der Engel im 20. Jahrhundert? Ein wesentlicher Grund wurde in ihrer Affinität zu Exilzuständen und entsprechend zu wesentlichen Fragen der Zeit ausgemacht. So bildeten das Gravitationszentrum dieser Studie Engelsfiguren im Spannungsfeld von verlorenen und falschen Paradiesen, individualbiographischen und metaphysischen Entortungen sowie politischen und ästhetischen Zukunftsvisionen. Die Krise von Gott und Subjekt als tragender Pfeiler der Moderne-Debatte führt, dies wurde deutlich, keineswegs zum Verschwinden der Engel, im Gegenteil: Durchbricht man das einseitige Schema von religiöser Vormoderne und atheistischer Moderne, gerät die Zeitgemäßheit der Engel als moderne Krisenphänomene in den Blick, die exilische Strukturen offenlegen und zugleich an ihrer Überwindung mitwirken. Die in dieser Studie beleuchtete Vielfalt von geschichtsphilosophischen, medienästhetischen, anthropologischen und politischen Aspekten, die mit Engelsfiguren in der Moderne verknüpft sind, hängt mit dem breiten Spektrum des Exilbegriffs im 20. Jahrhundert zusammen. „Exil" bezeichnet nicht nur den Verlust der geographischen Heimat, sondern wird als Metapher für jegliche Formen phylo- und ontogenetischer Brüche gebraucht. Diese Übertragungen reichen bis zur Vertreibung des Menschen aus dem Paradies zurück und gewinnen an Intensität in einer Debatte, in der das Exil als konstitutives Merkmal des modernen Lebens gilt. In den untersuchten Reflexionen zur exilischen *condition moderne* im 20. Jahrhundert trat die Diagnose des Mangels als dominierendes Merkmal hervor: Mangel an Verbundenheit in der Welt, Mangel an Verortung in höheren Sinnstrukturen, Mangel an Gemeinschaft, aber auch an Nahrung, Einkommen, staatsbürgerlich verbürgten Rechten und sicheren Lebensräumen. Die Rolle, die Engel in dieser Gemengelage von metaphorischen und existentiell-biographischen Exilerfahrungen spielen, wurde in den Werken von Rainer Maria Rilke, Walter Benjamin, Klaus Mann und Ilse Aichinger untersucht. Die Studie folgte dabei dem Spannungsbogen einer zunächst metaphysisch grundierten Entfremdungsempfindung um 1900 über die existentielle Zuspitzung im Ersten Weltkrieg (Rilke) mit geschichtsphilosophischen Reflexionen (Rilke und Benjamin) bis zur sich Bahn brechenden nationalsozialistischen Vernichtungsgewalt 1939/1940 (Benjamin und Mann) und schließlich der Perspektive nach dem Holocaust (Aichinger).

Die Verbindung zwischen den Entfremdungsempfindungen und Vertreibungserfahrungen des 20. Jahrhunderts einerseits und der Figur des Engels andererseits erschöpft sich nicht in der naheliegenden Annahme, dass Engel als Trostfiguren den „Tod Gottes" kompensieren und eine verlorene Ganzheit heraufbeschwören. Stattdessen, so kann nach der Untersuchung der genannten Werke resümiert werden, treten Engel auf vielfache Weise als Verursacher, Indikatoren und zukunftsgerichtete Überwinder moderner Formen des Exils in Erscheinung. So stellt der Engel erstens als Medium, das für seine Vermittlung den Bruch zwischen zwei Polen voraussetzt, eine Reflexionsfigur für exilische Zustände dar, ob als Teil geschichtsphilosophischer Gedankengebäude oder eines individualbiographischen Traumas. Zweitens wird über den Engel als unmenschliche Figur die im Zuge des Ersten Weltkriegs debattierte Deformation und Auflösung des Menschlichen illustriert und wahlweise zu heilen oder voranzutreiben versucht. Drittens bildet der Engel als ambivalente Exekutivkraft, die die himmlische Hierarchie stützt und zugleich gefährlich weltzugewandt agiert, die spannungsträchtige Gleichzeitigkeit von Säkularisierungs- und Sakralisierungsbewegungen in der Moderne ab. Viertens werden über den Engel neue Geschichtsbilder und politische Ordnungen entworfen, die er als ästhetische Metalepse, die Zukünftiges sichtbar macht, in der Exilgegenwart veranschaulicht. Fünftens bietet der Engel eine Möglichkeit, Fragen der Darstellung des Undarstellbaren zu verhandeln, die insbesondere nach dem Holocaust eine zentrale Rolle für den Umgang mit Geschichte und die Neukonstitution von Gesellschaften spielen.

Worauf gründet dieser Bezug zu Exil- und Entfremdungsdebatten? Engel sind mit ihrer theologischen Botenfunktion genuin exilische Figuren, da ihre Vermittlung zwischen Gott und Mensch erst dann von Nöten wird, wenn der Mensch aus dem Paradies vertrieben ist – und sich damit im Exil befindet. Indem der am Paradieseingang postierte Cherub den Menschen die Rückkehr verwehrt, hält er sie überdies in diesem Exil. Auch in Form eines eigenständigen Narrativs ist der Engel mit dem Exil verknüpft: Rebellische Engel, die sich gegen Gott auflehnen und daraufhin aus dem Himmel verstoßen werden, initiieren den Bruch mit dem entwicklungslosen Guten. Das Böse wiederum setzt jene geschichtsphilosophische Dynamik in Gang, die schließlich in der Überwindung der historischen Zeit und dem Reich Gottes zum Stillstand kommen soll. Auch dabei spielen Engel eine tragende Rolle: als Deuteengel, die Einsichten in den göttlichen Heilsplan eröffnen (vgl. Dan 9,20–27 u. Offb 1,1), sowie als zentrale Exekutivkräfte der Apokalypse, die die „Auserwählten sammeln" (Mt 24,31), aber auch – in Form der sieben Engel mit den sieben Posaunen – Hagel, Feuer, Blut, Heuschrecken, Qualen und Tod auf die Erde bringen (vgl. Offb 8,6–15).

Neben ihrem Bezug zu Exilzuständen wurde der Grund für das Auftauchen der Engel in spezifisch modernen Debattenkontexten in einer Reihe von schillernden und widersprüchlichen Potentialitäten entdeckt. Diese Unstimmigkeiten machten Engel in der Bibel und in ihrer Rezeption in spätantiken und scholastischen Angelologien schwierig und unbequem, im 20. Jahrhundert hingegen hochgradig anschlussfähig. Da Engel ihrer Funktion nach auf einen unsichtbaren Gott verweisen und dessen Willen umsetzen, dabei aber selbst nicht in den Vordergrund treten sollen, ist ihnen das Paradox eingeschrieben, im selben Moment Aufmerksamkeit zu heischen und abzulehnen. Engel treten als ästhetisch maximal beeindruckende Figuren auf, die Ohnmachtsanfälle provozieren (vgl. etwa Dan 10,9), gleichzeitig werden sie als eigenständige Wesen nur äußerst selten thematisiert, da es nicht um sie, sondern um Gott gehen soll. Daraus resultiert eine chronische Diskrepanz zwischen den teils spektakulären angelischen Auftritten und den spärlichen oder ganz fehlenden Erklärungen ihrer Umstände. Auf diese Weise wurden die Engel selbst zum Mysterium. Als solches übten und üben sie eine immense Faszination aus und zirkulieren dank einer regen narrativen und ikonographischen Rezeption als biblische Sekundärphänomene. Gerade das Unausgeführte und Ungereimte der biblischen Engel hat dazu geführt, dass die Imagination sich bis heute an ihnen abarbeitet.

Zu den fehlenden Auskünften über Engel traten die widersprüchlichen Beschreibungen verschiedener seltsamer Wesen in der Bibel, darunter Heerscharen, Throne, Cherubim oder Seraphim, die außerisraelitischen Ursprungs sind und teils tierisch-menschliche Hybridwesen darstellen. Erst in nachbiblischen Zeiten bündelte man diese heterogenen Phänomene unter dem Begriff „Engel". So wurden im Zuge der Konsolidierung des Monotheismus fremde Gottheiten als „Engel" respektive „Dämonen" in eine klar definierte Hierarchie (unter Gott stehende und geschaffene Wesen) eingegliedert und resignifiziert. Die Engel waren damit einerseits Teil der monotheistischen Stabilisierungsbewegung, die Fremdgötter anderer Kulturkreise durch die Eingliederung in ein striktes hierarchisches System zu depotenzieren suchte, andererseits barg ihre hybride Genese aus heidnisch-polytheistischen und neuplatonischen Versatzstücken eine genuin heterodoxe Tendenz.[1]

Neben der hybriden Genealogie wurde ein weiterer Grund für die Unstimmigkeiten der Engel in ihrer Wirkweise als Medien ausgemacht. Als Träger himmlischer Botschaften sind sie dafür zuständig, die göttliche Offenbarung zu vermitteln, die durch den angelischen Transfer auf die Erde jedoch notwendig verweltlicht wird. In diesem Sinne sind Engel selbst Motoren der Profanisierung und entsprechend ist die moderne Überschreitung überlieferter Ordnungsstrukturen im Zusammenhang mit dem Engel nicht Ausdruck einer Säkularisierung dieser Figur, sondern direkt mit ihrem operativen Kern verknüpft. Darüber hinaus liegt in dem performativen Überschuss ihrer Erscheinung immer auch die

---

1 Vgl. Hobson, Angels of Modernism, S. 7.

Gefahr, dass die Engel ihre mediale Gebundenheit und damit den göttlichen Ordnungsrahmen überschreiten und selbst zum Gegenstand eigener Wahrnehmung und Wertschätzung werden.

Diese Vermischungen und Übertretungen im Grenzbereich von irdischer und himmlischer Ordnung wiederum sorgten im 4. Jahrhundert dafür, dass das *bios angelikos* als Ideal des Reinen zum Vorbild für die menschlichen Lebensführung wurde. Im Lukas-Evangelium erklärt Jesus, dass die Menschen, „welche aber gewürdigt werden, jene Welt zu erlangen und die Auferstehung von den Toten, die werden weder heiraten noch sich heiraten lassen. Denn sie können hinfort nicht sterben; denn sie sind den Engeln gleich und Gottes Kinder, weil sie Kinder der Auferstehung sind" (Lk 20,35–36). Das Ideal des engelsgleichen Lebens basierte auf dem wirkmächtigen Gedanken, dass sich mithilfe asketischer Praktiken die Grenze zwischen Mensch und Engel, irdischer und himmlischer Sphäre überschreiten ließe und tugendhaft und enthaltsam lebende Menschen schon in der Gegenwart zu geschlechtslosen, engelsgleichen Wesen werden könnten.[2] Damit war nicht nur der zukünftige himmlische Zustand eschatologisch vorweggenommen, sondern auch der verlorene paradiesische wiederhergestellt.[3] Gleichzeitig beinhaltete das engelsgleiche Leben eine Gefahr für die soziale Stabilität. Denn indem Menschen für sich beanspruchten, aus hierarchischen Strukturen wie den Geschlechterrollen oder dem sozialen Stand auszusteigen, stellten sie diese Ordnung in Frage.

Die Ambivalenz von Reinheit und Hybridität sowie Ordnungsstabilisierung und Ordnungsbedrohung zeigt sich auch in den Erscheinungsformen der Engel selbst. Engel gelten als mehr oder weniger körperlose, reingeistige Wesen. In ihrer sinnlichen Erscheinung aber entfalten sie eine immense ästhetische Präsenz. Auch die Formen dieser Erscheinung sind unstimmig: Einerseits treten Engel als Sinnbild strahlender Schönheit auf, die ihre Vollkommenheit als reine Geistwesen zum Ausdruck bringt. Andererseits sind sie von teils monströser Gestalt wie die Cherubim, die in der Vision von Ezechiel als Konglomerat aus Mensch, Tier und Fahrzeug erscheinen (vgl. Ez 1,4–21).

Während die hier resümierten ästhetischen, genealogischen und funktionalen Unstimmigkeiten der Engel innerhalb eines monotheistischen Weltbilds irritierten und in Angelologien entschärft werden sollten, boten im 20. Jahrhundert eben diese rätselhaften und ambivalenten Züge Anschlusspunkte für die Reflexion und Darstellung drängender Fragen. Diesen wurde zunächst im Werk von Rainer Maria Rilke nachgegangen. Im ersten Teil des Rilke-Kapitels lag der Schwerpunkt auf

---

[2] Vgl. Frank, Angelikos Bios, S. 22.
[3] Vgl. Frank, Angelikos Bios, S. 57–58.

Krisen- und Exilzuständen, während im zweiten Teil der Engel als Motor einer ästhetischen Erweiterungs- und Heilungsbewegung im Fokus stand. Dass beide Bewegungen sich letztlich nur heuristisch trennen lassen, wird an Rilkes Erzählung „Das Märchen von den Händen Gottes" (1900) deutlich. In ihr ist ein Engel Auslöser der Selbstentfremdung Gottes, der Unfertigkeit des Menschen und der gestörten Beziehung zwischen Gott und den Menschen. Die Grundlage des „Märchens", in dem sich eine parodistisch erzählte Schöpfungsgeschichte mit einer modernen Rahmenerzählung bricht, ist die zweifache Achse des Exils: als Zustand nach dem Sündenfall wie als spezifische Moderne-Pointe. Nicht nur kann Gott in dieser Erzählung die Schöpfung des Menschen wegen der angelischen Störung nicht vollenden, aufgrund der verunstaltenden Mode bleibt ihm die genaue Beschaffenheit des unvollständigen Menschen auch bis zum gegenwärtigen Tag verborgen. Daher müssen Kinder und Künstler ihm sagen, wie die Menschen wirklich sind. Der Engel nimmt in diesem Gefüge eine ambivalente Rolle ein: Einerseits macht er sich mit seiner Lüge einer Sünde schuldig, andererseits ist es die Unterbrechung des Engels, derentwegen es überhaupt etwas zu erzählen gibt.

Als Ordnungsstörer wird der Engel so zur Reflexionsfigur des modernen Erzählens. Das Erzählen wiederum ist im „Märchen" Bestandteil einer anthropologischen Praxis, über die die Überwindung der umfassenden Entfremdung bewerkstelligt werden soll. Eine zentrale Aussage des „Märchens" liegt darin, dass die Störung bereits im Anfang selbst wirksam und daher das Paradies etwas nie Dagewesenes ist. Insofern geht es bei der Annäherung von Gott und Mensch nicht darum, etwas Verlorenes zu restituieren, sondern etwas genuin Neues zu schaffen. Das Exil wird auf diese Weise zur Bedingung künstlerischer Produktivität stilisiert. Auch in theoretischen Reflexionen wie „Über Kunst" und „Moderne Lyrik" erklärt Rilke gerade das Unzeitgemäße als das, was in der Gegenwart nicht aufgeht, zur Quelle des künstlerischen Schaffens, das wiederum das für die Zukunft anvisierte Einigungsgeschehen voranbringt. Dies setzt eine Isolation des Künstlers gegenüber anderen Menschen voraus, wobei seine Einsamkeit durch den Engel als unmenschliche Figur sichtbar gemacht wird. Die anthrophobe Haltung des Künstlers illustriert Rilke mehrfach über eine Verbindung von Engeln und Steinen als Formen des Anorganischen, in deren Reich er flieht. Über die Verbindung von petrologischen und angelologischen Bildern stilisiert sich Rilke zum auratischen Solitär, der sich in Gestein flüchtet, „die Leute übersprungen" hat und im „Übernächste[n]", nämlich dem „Engelische[n]"[4] angekommen ist. Gleichzeitig dient ihm dieser Zusammen-

---

4 Rilke, Brief an Karl von der Heydt, 15. März 1913, S. 189.

hang aber auch zur Illustration der angelischen Verwandlung des Leids in die Schönheit des Amethysten.

Mit der Vorstellung, dass der Einsame und sozial Abgeschottete einen exklusiven Zugang zu Engeln hat, greift Rilke auf den Topos des *bios angelikos* zurück und aktualisiert ihn im Zusammenhang mit dem doppelten Exil des modernen Künstlers: Dieser ist heimatlos in einem übergeordneten Zustand der strukturellen Exilierung in der Moderne. Das Exil ist hier nicht, wie es der Rilke-Mythos postuliert, als nostalgische Flucht aus der Gegenwart in eine reanimierte vormoderne Ursprünglichkeit gedacht, sondern für Rilke prägendes Moment der Zeit selbst ist. Insofern erscheint die Abwendung von dieser als sekundäres Exil, als bewusste Abkehr von einer Welt, in der Gott und Mensch gleichermaßen exiliert sind. Ihre positive Ausrichtung erhält diese Heimatlosigkeit in der Heimatlosigkeit durch die Zukunft als sozial wie poetologisch zentrale Kategorie in Rilkes Werk, der „der Geistige [...] verbündet und zugeschworen"[5] ist. Dem entspricht eine emphatische Betonung des Neuen, das Künstler durch ihre randständige Position in der Gegenwart aktiv befördern.

Die Stilisierung des exilierten Dichters wird schließlich von dem realhistorischen Exil im Ersten Weltkrieg überrollt. An ihm tritt in bis dahin ungekanntem Ausmaß die gewaltvolle Seite technologischer Modernisierungsprozesse hervor. Statt der vielfach ersehnten intensiven Erfahrung erweist sich der „erste moderne Krieg" als „der totale Ausfall des Erlebnisses"[6]. Diese universale Dimension kommt in Rilkes Briefen zum Ausdruck. Der Krieg, der geprägt ist durch Technisierung, Kommerzialisierung und Medialisierung, vertieft dabei die sich wechselseitig bedingenden Zustände von Entgötterung und Menschheitsexil. Im Vordergrund steht eine als unerträglich empfundene „Warte-Zeit"[7], die in Form des modernetypischen „leere[n] Warten[s]"[8] auftritt, dem die sinnstiftende Dimension der Zukunft fehlt.[9] Gott ist dabei in Rilkes Befund nicht zugunsten einer Inthronisierung des Menschen aus der Welt vertrieben, sondern die Menschen sind im selben Maße Leidtragende dieser Entwicklung – ein Leid, das im Zwischenraum von Wahrnehmbarem und Nichtwahrnehmbarem über den Engel einer ästhetischen Anschauung zugänglich gemacht und so bewältigt wird.

---

[5] Rainer Maria Rilke, Brief an Gräfin Aline Dietrichstein, 6. August 1919. In: Rilke, Briefe zur Politik, hg. von Joachim W. Storck, Frankfurt am Main; Leipzig 1992, S. 269–275, hier S. 270.
[6] Horn, Erlebnis und Trauma, S. 39.
[7] Rilke, Brief an Ellen Delp, 10. Oktober, S. 142.
[8] Pikulik, Warten, Erwartung, S. 11.
[9] Vgl. Pikulik, Warten, Erwartung, S. 11.

Ästhetisch verdichtet und mit zugespitzter Dringlichkeit erscheint die Spannung von universeller Sinn- und Kommunikationskrise und deren Überwindung in den *Duineser Elegien* (1912–1922). Der rhetorische Gestus des Werkes fordert ein Verstehen ein, das es zugleich fortwährend abweist. Diese Grundkonstellation wird über den Engel ausgestellt, der einerseits Bedeutung zu vermitteln scheint, diesen Transfer in seiner störenden Überpräsenz aber andererseits fortwährend hintertreibt. Entsprechend inszeniert der berühmte Anfang der „Ersten Elegie" mit der nur hypothetischen Hinwendung an die Engel Kommunikation in ihrem Scheitern. Dabei wird die Übertragung semantischer Gehalte zwischen Menschlichem und Absolutem ebenso wie hermeneutisch zwischen Kunstwerk und Rezipientinnen und Rezipienten aufgerufen. Zugleich, und darin liegt die tiefe Ambivalenz des Engels zwischen Krise und Rettung, wird er als das Medium apostrophiert, das die exilische Gegenwart in einer bewahrten Vergangenheit und antizipierten Zukunft sinnstiftend verankern soll. Die Stellung zwischen Krisenindikator und Überwinder der Krise nimmt der Engel auch in Bezug auf den Menschen ein: Er macht dessen Deformation und Unwirklichkeit im 20. Jahrhundert sichtbar und wirkt zugleich als Medium einer anthropologischen Neubestimmung.

Dieses Vorhaben soll über eine durch den Engel gestützte Erweiterungsbewegung der sinnlichen Wahrnehmung im Gedicht realisiert werden. In dieser Rolle steht der Engel ein für eine Fülle ästhetischer Erfahrungen, die mit dem modernen Anschaulichkeits- und Erfahrungsverlust kontrastiert. Grundlage der über ihn organisierten Verwandlungen ist zum einen seine Position zwischen Sichtbarkeit und Unsichtbarkeit, zum anderen seine ästhesiologische Rolle zwischen Bildhauerei, Poesie, Malerei und Musik. In dem Aufsatz „Ur-Geräusch" von 1919 bestimmt Rilke als Aufgabe der Dichtung, Gebiete jenseits des verarmten menschlichen Wirklichkeitssinns zu erschließen und damit den Bereich des Sichtbaren in den des Unsichtbaren hinein zu erweitern. Diese Bewegung ist bereits, so Rilke, durch den Engel (der *Duineser Elegien*) umgesetzt als „dasjenige Geschöpf, in dem die Verwandlung des Sichtbaren in Unsichtbares, die wir leisten, schon vollzogen erscheint"[10]. Der Engel nimmt damit als ästhetische Metalepse das noch nicht Realisierte vorweg. Diese Rolle kommt der Engelsfigur insbesondere in den *Gedichten an die Nacht* zu, in denen sie als „Scheinwerfe[r] der Sensualität"[11], so eine Formulierung aus „Ur-Geräusch", den Bereich des sinnlich Erfahrbaren ausweitet. Auch die gegenläufige Bewegung wird über den Engel organisiert: die Verwandlung des unsichtbaren Leids in eine anschauliche Form im Modus der Kunst. So ist der Engel in seiner Vor-

---

10 Rilke, Brief an Witold Hulewicz, 13. November 1925, S. 337.
11 Rilke, Ur-Geräusch, S. 703.

dergründigkeit nicht nur Ausdruck einer gekippten Ordnung, sondern ebenso, in seinem spezifischen Zuschnitt als Figur, Ausdruck einer Anstrengung des Gestaltens, für die exemplarisch seine Geformtheit als Skulptur beziehungsweise seine eigene Formungstätigkeit im Kampf steht. In den untersuchten Gedichten zeigte sich, dass der Engel nicht nur den Bruch und die verarmte sinnliche Wahrnehmung überwindet, sondern auch den Menschen beziehungsweise dessen Begrenzungen. Die mehrfach zitierte biblische Vorlage ist Jakobs mysteriöser Kampf mit dem Engel. Der Engel ist in jener Auseinandersetzung zwar die stärkere Macht, wird aber dennoch bezwungen. Diese Paradoxie greift Rilke auf und spielt sie in Variationen auf den Gedanken durch, dass das Bezwungenwerden das heimliche Ziel ist, denn „der Erfolg selbst macht uns klein"[12].

Als geheimnisvoller Angreifer tritt der Engel auch in Walter Benjamins Notiz „Agesilaus Santander" auf. Im Sommer 1933 verfasst, ist dieser Text ebenfalls in einem Exil-Kontext verortet. Ihm liegt der Befund einer umfassenden Armut zugrunde, die Benjamin in der zeitgleich entstandenen Schrift „Erfahrungsarmut" als Resultat aus dem Ersten Weltkrieg erklärt. Sowohl in Rilkes als auch in Benjamins Diagnose zum Ersten Weltkrieg spielen technische Medien beziehungsweise die technischen Grundlagen ihrer massenhaften Verbreitung als neue Mittler von Erfahrung eine zentrale Rolle. Für beide sind damit der Mensch und seine Erfahrung fundamental in Frage gestellt. Beide greifen in dieser Situation für eine anthropologische Neujustierung auf den Engel zurück, allerdings aktualisieren sie ihn dabei auf ganz unterschiedliche Weise. Während Rilke sich eine Heilung des Menschen über eine neue, hyperästhetische Ganzheit erhofft, die über den Engel entworfen und im Gedicht realisiert wird, vertieft der Engel bei Benjamin angesichts der Untauglichkeit des idealistischen Humanismus das Unmenschliche und wirkt als Medium eines „realen Humanismus".

Die Frage von Menschlichkeit und Unmenschlichkeit durchzieht die Notiz „Agesilaus Santander", die in zwei Fassungen vorliegt. Der Text setzt ein mit der Erzählung eines Sohnes, der von seinen vorausschauenden Eltern berichtet, die ihm bei seiner Geburt zusätzlich zu seinem jüdischen Namen zwei weitere gaben. Diese sollte der Sohn für eine mögliche publizistische Tätigkeit verwenden, um als Jude unentdeckt zu bleiben. Er hält es aber genau andersherum und verbirgt die zusätzlichen Namen. Dabei entwickeln sie ein Eigenleben und werden zu einem einzigen, geheimen. Aus diesem tritt dann mit einem neuen „Mannbarwerden" (AS 520, erste Fassung) ein neuer Name oder ein „Neuer Engel" (AS 522, zweite Fassung) hervor. Zwischen dem Engel und dem Erzähler bilden sich daraufhin seltsame Verschränkungen. Der Erzähler stört den Engel

---

[12] Rilke, Der Schauende, S. 332.

bei dessen Lobgesang vor Gottes Thron. Daraufhin schickt der Engel als eine Art Bestrafung seine weibliche Gestalt der männlichen auf Umwegen nach. Auf diese Weise erweist sich allerdings die besondere Stärke des Erzählers, der auf eine geliebte Frau so lange wartet, bis sie ihm am Ende ihres Lebens zufällt. Neben dem Warten kommt auch der Verlust als zentraler Topos des Exils zum Tragen. Denn der Engel ähnelt den Dingen und Menschen, die der Erzähler verloren hat. Zum Schluss zieht der Engel einen Menschen mit in die Zukunft, aus der er gekommen ist, nachdem er ihn in einer Mischung aus Angriff und Rückzug mit seinem Blick fixiert hat.

Prägend für die Lektüre dieses sonderbaren Textes wurde die Lesart von Gershom Scholem, nach der der Engel einen satanischer Doppelgänger Benjamins darstellt („der Angelus Satanas" ist ein Anagramm von „Agesilaus Santander") und der Verhandlung von Benjamins privaten (Liebes-)Erfahrungen dient. Ungeachtet dessen, dass sich der Name in der Logik von Benjamins Sprachphilosophie einer Entschlüsselung sperrt, wurde eine solche in den verschiedenen Deutungen von „Agesilaus Santander" immer wieder unternommen. In dieser Studie hingegen stand der Engel nicht als Schlüssel zu Benjamins Biographie, sondern als Reflexionsfigur des Exils wie als Teil einer Isotopie theoretischer Versatzstücke im Zentrum. So sind Name, Engel, Bild, Ähnlichkeit, Blick, Neues und Glück, die „Agesilaus Santander" durchziehen, zentrale Elemente von Benjamins Philosophie. Name und Engel verbindet dabei, dass sie als Figurationen von (Meta-)Medialität den Bereich des Menschlichen übersteigen. Indem sich in den entscheidenden Verwandlungsszenen des Textes die grammatikalischen Bezüge zu einer strukturell unentwirrbaren Mehrdeutigkeit verdichten, werden Name, Bild und Engel aus ihren Abhängigkeitsverhältnissen (Bild und Name von etwas respektive jemandem, der Engel als Repräsentant Gottes) gelöst. Sie sind damit Ausdruck einer Medialität, die sich nicht instrumentalisieren lässt und die auf den paradiesischen ebenso wie auf den messianischen Zustand zurück- beziehungsweise vorausweist.

Den Engel in „Agesilaus Santander" charakterisiert darüber hinaus seine besondere Verbindung zum Exil als biographischem Bruch und Bestandteil einer umfassenden Moderne-Diagnose, denn er stößt das Warten an und macht als Figur der Erinnerung das im Exil Verlorene sichtbar. Geschichtsphilosophisch tritt er als unmenschliche Spiegelfigur des im Krieg ebenfalls unmenschlich gewordenen Menschen auf. Als barbarische Figur mit „Klauen [...] und [...] messerscharfe[n] Schwingen" (AS 523, zweite Version), die an den „menschenfresserische[n] Engel"[13] in „Karl Kraus" anschließt, zerstört der Engel die zum

---

13 Benjamin, Zur Theorie des Unmenschen, S. 1106.

Scheitern verurteilten Bemühungen, den idealistischen Humanismus wiederzubeleben, und steht stattdessen für einen „realen Humanismus", der die gegenwärtige Armut akzeptiert und radikalisiert. Gerade in der Zerstörungsbewegung des Engels liegt allerdings die Möglichkeit, dass Teile des Zerstörten bewahrt werden. Das gilt sowohl für den Humanismus als auch für die Theologie. Die Erzählung der Kabbala von einer Vielzahl neuer Engel, die einen Augenblick lang Gott ihr Lob singen, bevor sie wieder vergehen, ruft in „Agesilaus Santander" die theologische Tradition auf. Indem der Erzähler den Engel bei dieser Tätigkeit unterbricht und damit auf Abwege führt, wird diese Tradition jedoch verkehrt. Gleichzeitig, und dieser Gedanke knüpft an die Schlussfolgerungen an, die in dieser Studie im Rahmen von Rilkes „Märchen" gezogen wurden, ermöglicht gerade die angelische Störung, dass die Tradition in verkehrter Form in der Moderne fortdauern kann.

Die gebrochene und dadurch in Fragmenten bewahrte religiöse Dimension des Engels gibt Benjamin in der sieben Jahre später verfassten Thesensammlung „Über den Begriff der Geschichte" nicht preis; sie erhält aber vor dem Hintergrund der sich zuspitzenden faschistischen Gefahr einen dezidiert politischen Anstrich. In „Über den Begriff der Geschichte" wird eine Bestimmung des historischen Materialismus entwickelt, für den die Operation des Unterbrechens ebenfalls das tragende Prinzip darstellt. So besteht die Tätigkeit des historischen Materialisten in den „Thesen" darin, dass „das Denken in einer von Spannungen gesättigten Konstellation plötzlich einhält" und ihr „einen Chock" erteilt, „durch den es sich als Monade kristallisiert" (T 702/703). In dieser Unterbrechung wird „das Zeichen einer messianischen Stillstellung des Geschehens" sichtbar, „anders gesagt, ein[e] revolutionär[e] Chance im Kampfe für die unterdrückte Vergangenheit" (T 703). Zu ihr ist nur jene Gegenwart befähigt, die von der grundsätzlichen Unabgeschlossenheit der Geschichte ausgeht. Dafür muss sie sich im emphatischen Sinne in einem Bild der Vergangenheit, wie es im Augenblick der Gefahr aufblitzt, als gemeint erkennen.

Der Engel der Geschichte erscheint in der IX. These als eine Figur, die als unmenschliche das dem menschlichen Blick Verborgene sichtbar macht und zugleich vergeblich versucht, das von der Gewalt der Geschichte Zerschlagene zusammenzufügen. Damit unterbricht der Engel die lineare Fortschrittsgeschichte und die Gleichgültigkeit gegenüber den Verlierern der Geschichte. Stattdessen zeigt er die Geschichte als sich unablässig ereignende und erschütternde Katastrophe. Zwar gelingt es dem Engel nicht, ihr Einhalt zu gebieten, er entbirgt sie aber als das „Geschichtlich-Unbewusste" und zwar analog zur Funktionsweise moderner Medien. Das Moment der Unterbrechung und die anschließende Montage der Geschichtsbilder, die im Blick des Engels entsteht, bestimmt Benjamin als konstitutive Verfahren des Films und diesen wiederum als das der aktuellen Lebenssituation der Gefahr angemessene Medium. Die Gefahr verbindet außerdem einen vergangenen mit einem gegenwärtigen Moment und wirkt so als Zündstoff für die Tätigkeit des historischen Materialisten.

Neben dem filmästhetischen Aufbau der gesamten Szene des IX. These liegt eine weitere Verbindung des Engels zu einer modernen Wahrnehmungsästhetik in der Funktionsweise von Engelsblick und Kamera: Das technische Auge der Kamera und der starrende Blick des Engels fixieren und konservieren beide als unmenschliche Filter und Aufzeichnungsmedien ein Geschehen, das in dieser Form für das menschliche Auge nicht wahrnehmbar ist. Der filmischen Ästhetik mit ihren technischen Apparaturen steht allerdings die mit dem Engel verbundene Affinität zum Modus der Erscheinung und zu den potentiell anachronistischen Kategorien Aura und Symbol entgegen. Denn der Engel ist die prototypische Figur einer Mitteilung, die nicht aus bloßer Information besteht, sondern mit der Erfahrung ihrer Erscheinung und der „Einheit von sinnlichem und übersinnlichem Gegenstand"[14] (so Benjamins Definition des Symbols) verbunden ist. In der überdeterminierten Räumlichkeit von irdischer und himmlischer Sphäre und der überdeterminierten Zeitlichkeit, die das Paradies ebenso wie die zukünftige Erlösung umfasst, verkörpert der Engel eine „einmalige Erscheinung einer Ferne, so nah sie sein mag"[15], wie Benjamin die Aura charakterisiert. Diese Gleichzeitigkeit von Nähe und Ferne zeichnet den Engel bei Benjamin spezifischer als Medium des Exils aus: Sowohl in „Agesilaus Santander" als auch in den „Thesen" macht er Verlorenes und Vergangenes in der Gegenwart sichtbar. Damit übernimmt er zugleich die Funktion des Eingedenkens, das den Tod und die Klage wachhält, die der wissenschaftliche Umgang mit Geschichte nicht kennt. Seine besondere Stellung erhält der Engel somit nicht nur durch die ästhetische Konstruktion seiner Darstellung und seines Blicks, sondern auch durch seine geschichtsphilosophische Rolle, die durchlässig ist auf die faschistische Gefahrensituation. Vor dem Hintergrund der nationalsozialistischen Vertreibungs- und Vernichtungsbestrebungen wird der Engel zu einer Reflexionsfigur des Exils, der Möglichkeit seiner Darstellung und der Andeutung seiner Überwindung in dem eschatologischen Wunsch, die Toten zu erwecken.

Diese Rolle kann der Engel nur aufgrund seiner Besonderheit als gebrochen theologische Figur wahrnehmen, die die Rettung der Toten will, aber nicht vollziehen kann. Diesem Bruch entspricht die Ambivalenz zwischen dem theologischen Symbol als gelungener Vermittlung zwischen Sinnlichem und Übersinnlichem und dem Allegorischen, in dem diese paradiesische Geschlossenheit zerstört ist. Mit seiner Spannung zwischen Apparatur und Apparition verlässt der Engel einer-

---
14 Benjamin, Ursprung des deutschen Trauerspiels, S. 336.
15 Benjamin, Das Kunstwerk im Zeitalter seiner technischen Reproduzierbarkeit, S. 440.

seits die religiöse Tradition und fungiert als Träger einer spezifisch modernen Wahrnehmungsästhetik. Darin liegt revolutionäres Potential, indem der Engel die gängige, auf die Sieger fixierte Blickkonvention zerstört. Andererseits aber hält er eine Beziehung zur Sphäre des Göttlichen aufrecht, indem er das Leid der Geschichte überwinden will. So lässt sich die Figur des Engels bei Benjamin trotz ihrer Affinität zu säkularästhetischen Adaptionen nicht zur Gänze aus ihrer theologischen Bezogenheit lösen.

Nach den geschichtsphilosophischen Reflexionen im Angesicht des sich ausbreitenden Faschismus wurde mit Klaus Manns Exilroman *Der Vulkan. Roman unter Emigranten* von 1939 ein literarisches Werk in den Blick genommen, das unmittelbar auf die weltpolitische Lage bezogen ist. Auch in diesem steht der Engel unter dem Eindruck der menschlichen Entwürdigung im Faschismus. Anhand verschiedener, teils verschlungener Schicksale von Exilantinnen und Exilanten werden die Verwerfungen und das Leid dokumentiert, die die nationalsozialistische Expansion kurz vor dem Zweiten Weltkrieg nach sich zogen. Bankiers, Wirtinnen, Kommunisten, Künstlerinnen, Professoren und adelige Damen verbindet dabei, dass sie alle in einer aus den Fugen geratenen Welt das als Prüfung gefasste Exil bestehen müssen. Neben dem Verlust der geographischen Heimat sind die Figuren ergriffen von einem übergeordneten Gefühl der Unruhe und Orientierungslosigkeit und einer daraus erwachsenden Sehnsucht nach paradiesischen Orten, die durch den Nationalsozialismus verstärkt, aber nicht hervorgerufen wurden: Die Exilzustände im *Vulkan* gehen nicht in ihrer territorialen Komponente auf, sondern verweisen auf ein ihr vorausgehendes geistiges Entwurzelungsempfinden.

Im Gegensatz zu den Engelsfiguren bei Rilke und Benjamin, bei denen keine Weisungsgebundenheit mehr zu erkennen ist, sind die Engel im *Vulkan* wieder in ein markiertes, teils satirisch überzeichnetes Ordnungsgefüge integriert und mit einem klaren Auftrag versehen. Während in den *Duineser Elegien* der angelologische Kommunikationszusammenhang von Mensch – Engel – Gott sich angesichts moderner Krisen weitgehend aufgelöst hat, rekurrieren die Engelsdarstellungen im *Vulkan* strukturell auf den traditionellen angelologischen Funktions- und Kommunikationszusammenhang. Dies ist allerdings nicht als Anachronismus zu verstehen, sondern auf die Dringlichkeit des kommunikativen Anliegens zur Zeit der nationalsozialistischen Expansion zurückzuführen. In seinem Artikel „Der Staat des Menschen" (1941) bestimmt Klaus Mann als „Auftrag" von Intellektuellen und Künstlerinnen und Künstlern, „die Struktur einer neuen Gesellschaft anschaulich zu machen und in ihren Umrissen darzustellen"[16]. Der *Vulkan* lässt sich als Umsetzung dieses Postulats verstehen,

---

[16] Mann, Der Staat des Menschen, S. 249.

indem über den Engel ein göttlicher Zukunftsplan in Aussicht gestellt wird, an dessen Verwirklichung die Exilierten mitwirken sollen. Angelehnt an das Buch Daniel erscheint dem asketisch lebenden Kikjou der „Engel der Heimatlosen" und eröffnet ihm als *angelus interpres* Einsichten in die Rolle des Exils in Gottes geheimem Plan. Das Leid der Gegenwart sei Mittel zum Zweck, um die begriffsstutzigen Menschen endlich zum Aufwachen und zur Erfüllung der göttlichen Heilskonstruktion zu bewegen. Denn das Exil, und hier wird der Gedanke der Prüfung nun göttlich legitimiert, diene dazu, den Menschen mutiger und feinfühliger zu machen: „Der Umgetriebene, Unbehauste, überall-Fremde hat vergleichsweise gute Chancen, dem Allerhöchsten Plan gerecht zu werden." (V 545)

So wird über den Engel eine universelle, über das Elend der Exilgegenwart hinausreichende Auseinandersetzung von Gut und Böse mit größtmöglichem Pathos inszeniert. Dieser Kampf führt über eine entbehrungsreiche Gegenwart bis hin zu der göttlich beglaubigten Utopie einer befreiten Menschheitszukunft. Während an den Worten des Engels noch Zweifel geschürt werden – die Engel „schnappen alles auf", was Gott an kleinsten Regungen zeigt; „vielleicht mißverstehen sie manches, oder interpretieren es in ungehöriger Weise" (V 546) –, räumt Gott mit diesen auf. Er bestätigt selbst das kommende „Erlösungs-Fest" (V 550) und fordert in einem flammenden Schlussappell die Menschen auf, wachsam, tapfer und gut zu sein, sich zu plagen und zu kämpfen. Seine Worte erreichen allerdings explizit keine der Romanfiguren und richten sich so einzig an die Leserinnen und Leser des Romans. Diese Besonderheit ist Teil einer dezidierten Wirkästhetik, die sich an die zeitgenössischen Exilantinnen und Exilanten, aber auch an die Nachwelt richtet. Während diese das Leid vor dem Vergessen bewahren soll, richtet der Roman an die Exilgemeinde des Jahres 1939 Bekräftigung und Aufruf: Die Mitstreiterinnen und Mitstreiter im Kampf gegen den Faschismus werden zu engelhaften Mittlerfiguren mit himmlischem Beistand erhoben.

Über den Engel ist im *Vulkan* bereits ein Vorschein dieser neuen Ordnung in der Erzählgegenwart zu ahnen. So prägt der Gedanke einer durch den Engel vermittelten höheren Ordnung den Roman gleich auf mehreren Ebenen. Zunächst liegt er der biblischen Rhetorik und der Ästhetisierung des leidvollen Lebens der Exilierten zugrunde. Die ausgemergelte Erscheinung der Heimatlosen, die Ausdruck der materiellen Entbehrungen ist, erhält durch die angelomorphe Gestaltung besondere Stärke und Noblesse, und wie die Engel sind auch die Exilierten in verschiedenem Grad Medien höheren Wissens. Der vielfache Umschlag von Exilleid in eine überirdische, angelisch konnotierte Fülle folgt dabei der Logik des *bios angelikos*. Zu einer Zeit, als der Mensch im Nationalsozialismus sukzessive dehumanisiert wurde, fungiert der Engel als Gegenbild der animalisierenden Entwürdigung. Über die Nobilitierung der Heimatlosen hinaus bildet der Engel auch das Vehikel einer anthropologischen Teleologie, die Gott persönlich verkündet: „Der Engel der Heimatlosen hat ein Menschen-Gesicht – von der Art, wie es sein sollte und werden muß. Ich liebe Diesen, der unter Meinen Engeln der Geringste ist, weil Ich euch und eure Zukunft liebe." (V 549)

Neben der zukunftsgerichteten Umkodierung des Exils steht der Engel in dem Romangefüge aber auch für die gegenläufige Entwicklung. Als androgyner Todesengel verleitet er die Figuren dazu, aus der historischen Zeit und ihrer Last in das Trugbild paradiesischer Vollkommenheit zu fliehen. Exemplarisch dafür stehen die Wege Tillys und Martins, die über Schlaftabletten und Drogenkonsum in den Tod führen. Der NS-Spitzel Walter Konradi wiederum erscheint Friederike als schneidiger Engel Gabriel in sportlicher Aufmachung und mit Silberflügeln (vgl. V 219), bevor er sie hintergeht. Diesen zu falschen Paradiesen verführenden Engeln steht die Ausrichtung auf jene heilsgeschichtlich unterfütterte bessere Zukunft gegenüber, die ebenfalls über Engelsbilder vermittelt ist – der Zugang zum Paradies wird nicht aus einer Haltung regressiver Resignation gewonnen, sondern muss, durch den Engel der Heimatlosen unterstützt, über einen langen und strapaziösen Weg mit flammendem Herzen erkämpft werden.

Neben der romaninternen Bedeutung des Engels macht sich an ihm auch die autopoetologische Wendung des *Vulkans* fest: Nachdem er einen Inspirationskuss des Engels der Heimatlosen erhalten hat, will Kikjou den „Roman der Heimatlosen" schreiben. Dazu sollen die Fragmente seiner mit ihren Schreibprojekten gescheiterten Freunde aufgegriffen und zu einer Chronik des Exils montiert werden. Auf diese Weise wird, so Kikjous Überlegung, das Erlebte für die Nachwelt bewahrt, gleichzeitig aber auch das Leid durch Analyse gelindert. Der Roman der Heimatlosen liegt nicht in abgeschlossener Form vor, sondern nur als Vorsatz, der auf den Roman *Der Vulkan* selbst verweist. So wie Kikjou die nötige Kraft und Einsicht für sein Projekt erst mit dem Engelskuss, den über den Engel vermittelten Einsichten in den göttlichen Heilsplan und dem anschließenden Engelsflug gewinnt, so gibt sich auch der *Vulkan*, der die Stimmen von Jesus, Engeln und Gott enthält, als Medium revolutionärer Prophetie aus.

Der strategische Beitrag, den er für die antifaschistische Bewegung leistet, liegt ganz wesentlich in einer umfassenden Bedeutungsumwertung des Exils. Gegen das Gefühl der Gottverlassenheit im 20. Jahrhundert und die zerstörten Hoffnungen auf ein schnelles Ende der Hitler-Diktatur wird die zielgerichtete und sinnerfüllte Er-Wartung eines göttlichen Heils gesetzt. Das Exil ist hier kein Wartezustand vor der Rückkehr in die national gedachte Heimat, sondern weist bereits auf eine kommende transnationale Ordnung hin, deren Vorschein der Engel als Vermittler des Noch-nicht-Sichtbaren in die Gegenwart trägt. Entscheidend ist, dass über die Veranschaulichung hinaus das Exil durch die Figur des Engels mit einem numinos verbürgten Sinn ausgestattet wird. Die Klammer zwischen der Dokumentation des Leids und seiner Überschreitung stiftet eine durch den Engel der Heimatlosen vermittelte und von Kikjou aufgenommene Poetik, die das Elend der Zeit sowohl zu bewahren als auch – in einem aufblitzenden Zusammenschluss von künstlerischem Engagement und *providentia* – das aporetische Gefüge der Moderne zu transzendieren vermag. Dies ist möglich, weil der Engel in der Dialektik von Ent- und Resakralisierung seine religiös-metaphysische Anbindung trotz moderner Aktualisierung in Form von Technikaffinität und Rastlosigkeit beibehält. Als Patron der Heimatlosen überhöht er die Heiligkeit des *homo sacer* als bio- beziehungsweise thanatopolitische Kategorie zu einem Signum göttlicher Auserwähltheit.

Ein solch ungebrochenes beziehungsweise strategisch eingesetztes Zukunftsvertrauen, in dem das Leid als Teil eines göttlichen Heilsplans funktionalisiert wird, lässt sich im Schreiben über den Nationalsozialismus nach dem Holocaust nicht mehr aufbringen. Mit Ilse Aichinger wurde schließlich ein Werk in den Blick genommen, dem das Trauma der Deportation und der Vernichtung von Jüdinnen und Juden eingeschrieben ist. Der Engel tritt in diesem Zusammenhang als Reflexionsfigur des Undarstellbarkeitstopos auf, der das Schreiben über den Holocaust insbesondere in seiner Anfangszeit begleitete. Ilse Aichingers Werk, das Ende, Abschied und Schweigen fokussiert, ist dabei dem Pathos des Neubeginns diametral entgegengesetzt, das insbesondere von Hans-Werner Richter als führender Figur der Gruppe 47 verbreitet wurde.

Neben der Reflexion einer Darstellung des Undarstellbaren wirkt der Engel in Aichingers Texten als eine Figur der Unterbrechung, die die Restaurationsbemühungen der Nachkriegszeit irritiert. In der Erzählung „Engel in der Nacht" (1949) wird über die Frage nach der Existenz von Engeln die Ordnung des Alltäglichen ins Wanken gebracht. Die Erzählung handelt von einem Mädchen, das an Engel glaubt, obwohl es dafür eigentlich schon zu alt ist. Angestachelt von ihrer Schwester, die behauptet, Engel gesehen zu haben, versucht die Ich-Erzählerin während der Adventszeit, Spuren von Engeln auszumachen, die sie herbeisehnt und gleichzeitig loswerden möchte. Eines Nachts sieht sie tatsächlich einen Engel, der sich am nächsten Morgen als die Schwester entpuppt, die tot im Schnee liegt – so die aufklärerische Perspektive. Allerdings enthält der Text auf vielen Ebenen semantische Strudel, die sich dieser Lesart entgegenstellen. Bei näherem Hinsehen erweist sich etwa die vorweihnachtliche Nacht der Engelserscheinung als untergründiges Ostergeschehen, in dem wie im biblischen Vorbild das zentrale heilsgeschichtliche Geschehen ausgespart ist. Die Auferstehung wird angedeutet in Form der Verwandlung von schwerem Stein in leichten Schnee, die von Engeln begleitet und mit der toten Schwester verknüpft ist. Aufgebrochen wird die glatte rationale Lesart überdies durch einen

Kommentar der Erzählerin aus ihrem späteren Leben, der sie nicht nur nicht geläutert, sondern nun fest überzeugt von der Existenz der Engel zeigt: „Damals wußte ich noch nicht, daß es die Engel sind, die uns beschwören. Nicht wir sind es, die sie erträumen, die Engel träumen uns." (EN 57) Die Provokation der Erzählung liegt darin, dass hier ein Säkularisierungsverständnis, das von der grundsätzlichen Entleerung religiöser Feste und Figuren ausgeht, scheinbar bestätigt wird, letztlich aber ins Leere läuft. Der Engel steht dafür ein, dass sich jederzeit etwas im emphatischen Sinne ereignen kann. Er ist so auch bei Aichinger Teil jenes Bemühens, der als krisenhaft wahrgenommen Kategorie der Erfahrung schreibend neue Räume jenseits der Alltagsrationalität zu eröffnen.

Die Verbindung von kindlicher Wahrnehmung und angelischer Transrealität, die den erwachsenen Wirklichkeitskonsens in Frage stellt, liegt auch Aichingers einzigem Roman *Die größere Hoffnung* zugrunde. Im Zusammenhang mit dem Holocaust sind die Implikationen einer angelisch vermittelten Realitätsüberschreitung allerdings sehr viel radikaler, was die Kritik an diesem Roman zeigt. Die erzählte Zeit umfasst die Jahre 1939 bis 1945 und schließt damit nahtlos an das bis Januar 1939 reichende Romangeschehen des *Vulkans* an.[17] Beide Romane verbindet außerdem der dezidierte Anspruch der Wirklichkeitsreferenz, auf den Autorin und Autor sie explizit verpflichten: Die *Größere Hoffnung* „sollte ein Bericht darüber werden, wie es wirklich war"[18], während Klaus Mann seinen Roman als Versuch beschreibt, „unsere soziologische und psychologische Lage in breiterem Rahmen episch zu analysieren"[19]. Trotz der chronologischen Kontinuität und der betonten Referentialität liegt zwischen beiden Romanen ein Bruch. Das Wissen um den Holocaust wirkt, wie gezeigt wurde, bis tief in das Verständnis und die poetologische Grundlage dessen, was als Wirklichkeit, als Grundlage ihrer Erfahrbarkeit und als Möglichkeit ihrer geschichtsphilosophischen Semantisierung vorausgesetzt ist.

Auf den ersten Blick scheint die für diese Studie zentrale Exilthematik in der *Größeren Hoffnung* weniger ausgeprägt. Während sich die Figuren im *Vulkan* in fremden Ländern durchschlagen müssen, sind sämtliche Fluchtversuche der als jüdisch definierten Kinder in der *Größeren Hoffnung* misslungen. Es gibt keine Kindertransporte mehr, die Grenzen sind gesperrt. Entsprechend entfallen Orientierungsschwierigkeiten in der Fremde, Fragen des politischen Widerstands lassen sich aufgrund der Kinderperspektive ebenfalls als irrelevant abtun. Während der Lektüre wird jedoch schnell klar, dass zwar die Kinder ihren

---

17 In der *Größeren Hoffnung* selbst gibt es keine Jahresangaben, nichtsdestotrotz lässst sich dieser Zeitraum aus Hinweisen erschließen (vgl. Rosenberger, Poetik des Ungefügten, S. 10).
18 Zit. n. Richard Reichensperger, Editorische Nachbemerkung, S. 285.
19 Mann, Brief an Hans Hamm, 18. April 1939, S. 376.

Heimatort nicht verlassen haben, dass sich aber dieser selbst unter der Hand in feindseliges Terrain verwandelt hat, auf dem sie nicht bleiben und das sie nicht verlassen dürfen. In einer Vielzahl szenischer Miniaturen, in denen sich die Brutalität der geschichtlichen Wirklichkeit und die poetische Produktivität einer spielerisch-kindlichen Weltaneignung amalgamieren, zeigt der Roman die Erlebniswelt der unmittelbar von Deportation bedrohten Kinder.

Im sechsten Kapitel, das in dieser Studie beleuchtet wurde, spielen die Kinder in ihrem dunklen Zimmerversteck ein an die Weihnachtsgeschichte angelehntes Spiel, das „Frieden suchen" heißt. Die biblische Heilsbotschaft ist im „großen Spiel" allerdings fortwährenden Störungen ausgesetzt. Die äußere Bedrohung der Deportation manifestiert sich in ständigem Läuten an der Wohnungstür, aber auch in der Sprache der Kinder selbst. Als der Engel mitteilt, er verkündige eine große Freude, wird er von Kurt unterbrochen: „‚Ihr dürft verrecken, das ist alles!'" (GH 133) Anstatt von dem Theaterspiel nur zu erzählen, wird es in seinem Vollzug gezeigt. Der theatrale Code des „großen Spiels" wurde dabei als ein spezifisch angelischer ausgemacht – nicht nur weil der Engelsdarsteller Leon der Spielführer ist, sondern auch, weil die engelstypische Unsicherheit, wer spricht, als Schwanken zwischen Präsenz und Repräsentation die Grenzüberschreitungen und Verwandlungen ermöglicht, die sich in diesem Spiel ereignen. Die grundlegendste Verbindung von Engel und Theater liegt darin, dass sie Unwirkliches und Unsinnliches als wirklich und wahrnehmbar vor Augen stellen können. Dabei kollidieren im „großen Spiel" die Kräftefelder von Verfolgungsrealität und imaginärer Spielrealität. Sie ergießen sich im Zustreben auf ihre jeweiligen Kulminationspunkte ineinander – mit ungewissem Ausgang, denn durch die angelischen Momente wird die Vorstellung einer transrealen Ebene beschworen, die die NS-Realität übersteigt. So durchdringen sich im „großen Spiel" wechselseitig nationalsozialistische Vernichtungsmaschinerie und Liebes- und Friedensbotschaft des Neuen Testaments als gegensätzliche Ordnungen. Wie im Brennglas zeigt der ästhetische Raum des Spiels einen Zustand auf der Kippe zwischen Deportation und Verwandlung: Die Kinder sollen, das ist die Botschaft des Engels, ihre zerlumpten Mäntel abwerfen und zum Schluss als Könige sichtbar werden.

Das Warten, das in der äußeren Verfolgungsrealität eines ohne (Lebens-)Erwartung ist und sich letztlich auf den Tod richtet, wird immer wieder transformiert in die Erwartung einer inneren Spielrealität, die sich auf eine transreale Wirklichkeit stützt und anderen Gesetzen folgt, gleichwohl aber von der prekären Verfolgungsrealität affiziert bleibt. Das Spiel stellt kein Mittel dar, um engelhaft entrückt der Realität zu entgehen. Es ist strukturell verfremdende Mimesis an der Realität, insofern es in seiner theatralen Qualität mit der Spaltung von Innen und Außen, Person und Rolle die moderne Entfremdung und forcierter den nationalsozialistischen Identitäts- und daraus resultierenden Maskierungszwang aufgreift. Das Spiel bedeutet performativen Widerstand, da die Kinder an die Stelle des Wartens auf ihren Tod das Spiel als ästhetisches Verhalten setzen und in dem Entwurf einer anderen Ordnung das Vexierbild der verkehrten Welt zur Darstellung bringen. Denn in dem Zwang, sich zu verstellen und zu verstecken, der die nationalsozialistische Ordnung prägt, wird das Leben in dieser Realität als scheinhafte Rolle, das intensivierte Erleben im Spiel dagegen als wahres Sein sichtbar. Dem entspricht, dass die Kinder das Spiel mit existentiellem Ernst vollziehen, während das Lachen im „großen Spiel" auf der Seite der Opportunisten und Verräter zu finden ist.[20]

Ein wesentliches Element, das Verfolgungsrealität und Verwandlungsmöglichkeit verbindet, ist das Verhältnis von Licht und Dunkel beziehungsweise das rezeptionsästhetische Pendant von Sichtbarkeit und Unsichtbarkeit. Diese sind in der *Größeren Hoffnung* keineswegs bloß wahrnehmungsästhetische Phänomene, vielmehr bilden sie das Dilemma der Verfolgungsrealität ab, dem die Kinder ausgesetzt sind – machen sie sich sichtbar, laufen sie Gefahr, von der „geheimen Polizei" gefasst zu werden, bleiben sie unsichtbar, drohen Selbstverlust und das Vergessenwerden. Gleichzeitig evozieren Licht und Dunkelheit die Möglichkeit einer Transzendierung der politischen Verhältnisse. Das geschieht zum einen über die Kontrastästhetik, die über Zitate der Verkündigungsszene aus dem Lukas-Evangelium aufgerufen wird und auf eine Erleuchtung beziehungsweise ein Sehen in der Dunkelheit hinausläuft. Zum anderen vollzieht sich die Umwertung über eine Botschaft des Engels: Gemäß dem Umschlag des *bios angelikos* werden ähnlich wie im *Vulkan* Hunger und Unruhe zu den „kostbarsten Gaben, die dem Menschen verliehen sind" (GH 140), erklärt. Damit erscheinen die jüdischen Kinder als Sieger, denn die, die nehmen, verlieren, die, die herschenken, gewinnen dagegen (vgl. GH 140). Mit diesem Paradox, das an den heilsgeschichtlichen Vorbehalt aus dem Neuen Testament erinnert, scheint das NS-Regime verharmlost, so ein Vorwurf an den Roman. Allerdings behält zum Schluss die Verfolgungsrealität die Oberhand: Ein Nachbar hat die Kinder verraten und die „geheime Polizei" holt sie ab. Gerade im Kontrast zu ihrem Spiel und ihrer Verwandlungshoffnung tritt die Brutalität ihrer Vernichtung hervor. Reflektiert wird diese Darstellung des Holocaust, die sich nicht auf den Tod, sondern auf die Feier des Lebens richtet, in dem Entwurf eines Theaterstücks des Engelsdarstellers Leon, das er im Vollzug seiner Deportation aufführen will. Leons Stück ist insofern autopoetologisch, als es wie das „große Spiel" aus einem Ineinander von Weihnachtsbotschaft und Verfol-

---

20 So lacht der Mann von nebenan, der die Kinder an die „geheime Polizei" verraten hat, und über die Zuschauer der Deportation heißt es: „‚Hörst du sie denn nicht jetzt schon lachen, wie sie lachen werden, wenn man uns über die Brücken führt?'" (GH 135).

gungsrealität besteht, es die Passivität des Wartens und Erleidens in die aktive Gestaltung von Spiel und Kunst überführt und eine radikale Gegenwärtigkeit beansprucht. Diese Gegenwärtigkeit ist konstitutiv für das Erzählen der *Größeren Hoffnung*, denn der Roman rekonstruiert nicht rückblickend die Stationen der Judenvernichtung, sondern vergegenwärtigt, feiert und bewahrt das vernichtete Leben. Damit ist das „große Spiel" in zweifacher Hinsicht politisch. Es bricht mit der nationalsozialistischen Ordnung, indem es den als jüdisch verfolgten Kindern Sichtbarkeit und Gehör verleiht; gleichzeitig zerstört es aber auch die Illusion einer Rettung, die in der Realität überwiegend nicht stattgefunden hat. Denn das Spiel der Kinder erfährt fortwährende Störungen, die an die desillusionierenden Unterbrechungen von Brechts epischem Theater erinnern.

Als ein Endpunkt der in dieser Studie beleuchteten Geschichte eines Schreibens, das an der Grenze des menschlich Fassbaren verläuft und über Engelsfiguren vermittelt wird, lässt sich schließlich Herta Müllers Roman *Atemschaukel* (2009) lesen. Darin berichtet Leo Auberg von seiner Gefangenschaft während der Jahre 1945 bis 1949 in einem sowjetischen Arbeitslager, in das er mit siebzehn Jahren als Angehöriger der deutschen Minderheit in Siebenbürgen verschleppt wurde. Auch wenn er deutlich später erschienen ist, knüpft der Roman mit seinem historischen Gegenstand an die nationalsozialistische Vernichtung an, die Aichingers Roman *Die größere Hoffnung* zugrunde liegt. Das NS-Regime, auf das die Deportationen in die sowjetischen Gulags für den sogenannten Wiederaufbau folgten, bestimmt das geistige Klima in Leos Umfeld: „Meine Mutter und besonders mein Vater glaubten, wie alle Deutschen in der Kleinstadt, an die Schönheit blonder Zöpfe, weißer Kniestrümpfe. An das schwarze Viereck von Hitlers Schnurrbart und an uns Siebenbürger Sachsen als arische Rasse."[21]

Die Empfindung fortwährender Angst begleitet Leo Auberg nicht nur während der Lagerzeit. Repression und Ausschluss aus der Gemeinschaft drohen ihm aufgrund seiner gelebten Homosexualität durch die verschiedenen politischen Systeme und durch öffentliches wie privates Leben hindurch: „Vor, während und nach meiner Lagerzeit, fünfundzwanzig Jahre lang habe ich in Furcht gelebt, vor dem Staat und vor der Familie."[22] Im Fortgang des Romans wird deutlich, dass auch die tiefe physische und seelische Beschädigung durch die Misshandlungen im Arbeitslager in der Zeit danach fortwirken. In sich gespalten ist Leo Auberg nach der Freilassung unfähig, an sein altes Leben anzuknüpfen: „Ich war eingesperrt in mich und aus mir herausgeworfen, ich gehörte nicht ihnen [den Familienmitgliedern, L.Z.] und fehlte mir. [...] Fremdsein ist bestimmt

---

21 Herta Müller, Atemschaukel, München 2009, S. 8.
22 Müller, Atemschaukel, S. 7.

eine Last, aber Fremdeln in unmöglicher Nähe eine Überlast."[23] Wenn die Furcht vor der Freiheit zur „Verzauberung des Zwangs"[24] führt und das Heimweh, seines Inhalts beraubt, „mit dem konkreten Zuhause nichts mehr zu tun"[25], dann wird der Zustand von Exil und Ich-Verlust absolut.

Nicht nur hinsichtlich der historischen Situation, auch im Hinblick auf die exilische Spaltung, die im vermeintlich Vertrautesten wirkt, knüpft *Atemschaukel* damit an die *Größere Hoffnung* von Ilse Aichinger an, die 1952 notiert: „So fremd wie das Bekannte kann das Unbekannte nie werden."[26] Eine weitere zentrale Gemeinsamkeit der Romane liegt darin, dass sich mit ihrem Thema von totalitärer Verfolgung und Entwürdigung, von Deportation und Lager eine gesteigerte, dabei immer schon problematische Forderung nach Authentizität verbindet, der sie beide auf Umwegen gerecht zu werden suchen. Problematisch ist dieser Anspruch deshalb, weil sich zwischen Erleben, Erinnern und Schreiben Brüche auftun, die sich rhetorisch kaschieren, aber nicht überwinden lassen.

Die Schwierigkeit, über das Lager zu schreiben, wird in *Atemschaukel* entsprechend als eine strukturelle Schwierigkeit reflektiert. Nachdem er mit seinem Versuch gescheitert ist, das Geschehene unmittelbar nach seiner Freilassung aufzuschreiben, realisiert Leo Auberg, dass er „jetzt auf freiem Fuß unabänderlich allein und für [s]ich selbst ein falscher Zeuge"[27] ist. Angesichts der Unzuverlässigkeit des eigenen Bezeugens kann es glaubwürdiges Erzählen nur als Effekt geben, sodass hier gerade die ausgestellte Poetizität des Romans als eine Form erscheint, dem Wahrheitspostulat zu begegnen. Dieser Herangehensweise liegt der Gedanke zugrunde, dass bereits die scheinbare unmittelbare Wahrnehmung kein bloß passives Geschehen ist, sondern ein produktiv-imaginatives Verhältnis des Subjekts zu seiner Umwelt voraussetzt – in Form einer „erfundenen Wahrnehmung"[28]. Umso mehr gilt dies für erinnerte Wahrnehmungen und Empfindungen, die aus einer zeitlichen und räumlichen Distanz heraus niedergeschrieben werden.

Die Figur des Engels, die in *Atemschaukel* als „Hungerengel" Sinneseindrücke und Gedanken im Zustand der völligen physischen Auszehrung prägt, steht exemplarisch für die zentrale Bedeutung der Einbildungskraft in dieser Poetik der Wahrnehmung und Erinnerung. Gleichzeitig stellt sie gegenüber der Fakten-

---

23 Müller, Atemschaukel, S. 372.
24 Müller, Atemschaukel, S. 406.
25 Müller, Atemschaukel, S. 318.
26 Aichinger, Aufzeichnungen 1950–1985, S. 56.
27 Müller, Atemschaukel, S. 388.
28 Herta Müller, Der Teufel sitzt im Spiegel. Wie Wahrnehmung sich erfindet, Berlin 1991. Vgl. dazu Norbert Otto Eke, Die erfundene Wahrnehmung. Annäherung an Herta Müller, Paderborn 1991.

treue, die im Zusammenhang mit dem in totalitären Systemen verursachten Leid eingefordert wird, den denkbar größten Affront dar. Im Bereich des Irrealen angesiedelt ist der Engel als religiöse Figur mit einem Sinn- und als ikonische Figur mit einem Ästhetiküberschuss verbunden, die ihn zum Inbegriff eines verfehlten Zugangs zu dem Thema machen. So wie jene Aspekte der *Größeren Hoffnung*, die wesentlich über den Engel vermittelt sind (ästhetische Intensität, Verwandlung, Alterität, Spiel und Fest), besondere Kritik auf sich gezogen haben,[29] so wurden neben vielen positiven Besprechungen von *Atemschaukel* auch Stimmen laut, die den Hungerengel als Symbol für ein dem Gegenstand unangemessenes vergleich- und metaphernreiches Schreiben verwarfen.

Nina Frieß etwa tut dies anhand einer Untersuchung der Hunger-Darstellung in mehreren Werken, die sie entlang der Leitdifferenz „authentisch[e] und nichtauthentisch[e] Erinnerungsliteratur"[30] kategorisiert. Aufgrund ihrer engen Verbindung zu ehemaligen Lagerinsassen (ihre Mutter und Oskar Pastior, auf dessen Erfahrungen *Atemschaukel* beruht) nimmt Herta Müller für Frieß eine „Zwitterstellung"[31] ein. Letztlich aber wird *Atemschaukel* der „nicht-authentischen Erinnerungsliteratur" zugerechnet, was implizit vor allem mit der sprachlichen Beschaffenheit des Romans begründet wird. So kommt Frieß am Schluss ihrer Untersuchung zu dem Ergebnis, dass sich jene Autoren mit einer „authentischen Lagererfahrung" bei der Schilderung des Hungers einer klaren, nüchternen Sprache bedienten und dabei überwiegend chronologisch erzählten.[32] Im Gegensatz dazu sei *Atemschaukel* durchzogen von einer Sprache, die durch verschiedenste Bilderwelten vagabundiere und dabei ihren Gegenstand verfehle. Die Vergleiche, in die sich Herta Müller bei der Schilderung des Hungers verstricke, blieben „leer"[33] und „inhaltlo[s]"[34], es gelinge ihr nicht, den Hunger fassbar zu machen.[35] Darüber hinaus, so das Fazit von Frieß, zeigten Müller und Amis (mit *House of Meetings*), die als Gewährsfrau und Gewährsmann der „nicht-

---

29 Vgl. Kapitel 6.2.4 und 6.2.5.
30 Nina Frieß, Hatte Ivan Denisovič einen ‚Hungerengel'? Über Differenzen authentischer und fiktiver Erinnerungen an das stalinistische Arbeitsbesserungslager. In: Texturen – Identitäten – Theorien, hg. von Nina Frieß, Inna Ganschiw, Irina Gradinari u. Marion Rutz, Potsdam 2011, S. 303–318, hier S. 303.
31 Frieß, Hatte Ivan Denisovič einen ‚Hungerengel'?, S. 308.
32 Vgl. Frieß, Hatte Ivan Denisovič einen ‚Hungerengel'?, S. 312. Die Forderung nach einer chronologischen Erzählweise als Kriterium eines adäquaten Erzählens über den Holocaust wurde auch gegenüber der *Größeren Hoffnung* erhoben (vgl. Heidelberger-Leonard, Klärung oder Verklärung?, S. 167).
33 Frieß, Hatte Ivan Denisovič einen ‚Hungerengel'?, S. 314.
34 Frieß, Hatte Ivan Denisovič einen ‚Hungerengel'?, S. 315.
35 Vgl. Frieß, Hatte Ivan Denisovič einen ‚Hungerengel'?, S. 315.

authentischen Lagererfahrung" fungieren, „Sonderschicksale von Sonderlingen"[36], die sich nur bedingt übertragen ließen und damit keinerlei die jeweilige Romansituation übersteigende Aussagekraft für sich beanspruchen dürften. Mit dem Beitragstitel „Hatte Iwan Denisovič einen ‚Hungerengel'?", der die Figur aus *Atemschaukel* zur rhetorischen Abgrenzung gegenüber dem auf „authentischer Lagererfahrung" basierenden Solschenizyn-Roman *Ein Tag im Leben des Iwan Denissowitsch* nutzt, wird der Engel zum Symbol einer die historische Lagererfahrung verfehlenden Sprache. Diese Argumentation liegt auch der Rezension von Iris Radisch in der Wochenzeitung Die Zeit zugrunde. Als poetische Figur schlechthin gilt ihr der Engel symptomatisch für ein Bestreben, Leid plakativ zu behaupten und damit zu trivialisieren.[37] Gemeinsam mit anderen Versatzstücken aus der Lyrik des 19. Jahrhunderts gehe der Engel in *Atemschaukel* eine „süßliche, infantilisierende Allian[z]" ein „mit den Instrumenten des Terrors"[38]. Er gehöre, so die Kritik, mit der Iris Radisch den gesamten Roman verwirft, in „ein Zeitalter, dem die Erfahrung des Gulags noch bevorsteht"[39].

Die Abwertung des Engels als anachronistisch, „überinstrumentiert"[40] und der Tragweite des Gegenstands unangemessen mag auf den ersten Blick naheliegen. Sie verkennt aber die genuine Modernität dieser Figur und ihren besonderen Bezug zu traumatischen Krisenerfahrungen des 20. Jahrhunderts.[41] So ist es ein Missverständnis zu glauben, der Hungerengel in *Atemschaukel* entstamme „dem poetischen Vokabular des Humanismus"[42]. Tatsächlich ist er ähnlich wie der

---

36 Frieß, Hatte Ivan Denisovič einen ‚Hungerengel'?, S. 316.
37 Vgl. Iris Radisch, Kitsch oder Weltliteratur? In: Die Zeit, 35, 2009.
38 Radisch, Kitsch oder Weltliteratur?.
39 Radisch, Kitsch oder Weltliteratur?.
40 So nennt Christoph Schröder den Hungerengel als einen Beleg für das „poetisierte Eigenleben" auf Motivebene, das „doch deutlich überinstrumentiert" wirke (Christoph Schröder, Wieder und immer der Hunger. In: taz am Wochenende, 22.08.2009, S. 24).
41 Nicht ohne Grund wurde im Zusammenhang mit Auschwitz mehrfach auf die Bezeichnung „Engel" zurückgegriffen. Diese Titulierung bringt, der genuinen Ambivalenz der Engelsfigur entsprechend, die Empfindung von Un- wie Übermenschlichkeit zum Ausdruck. So wurde Josef Mengele, der als Lagerarzt des Konzentrationslagers Auschwitz-Birkenau eine Vielzahl kriegsverbrecherischer und menschenverachtender Experimente an Häftlingen durchführte, als „Todesengel von Auschwitz" bezeichnet (vgl. die zuletzt erschienene die Biographie des Historikers David G. Marwell, Unmasking the „Angel of Death", New York 2020). Aber auch Menschen, die sich auf besondere und ihre Mitmenschen beeindruckende Weise im Lager für andere einsetzten und Übermenschliches zu leisten schienen, wurden mit Engeln gleichgesetzt. Beispielsweise die Krankenschwester Maria Stromberger, die ebenso als „Engel von Auschwitz" bezeichnet wurde wie die Nonne Angela Maria Autsch, der Papst Franziskus im Mai 2018 den heroischen Tugendgrad verlieh.
42 Iris Radisch, Kitsch oder Weltliteratur?.

Engel bei Benjamin eine dezidiert ahumane Figur, die eine Form darstellt, die Negativität, Unanschaulichkeit und Unmenschlichkeit des chronischen Hungers im Lager fassbar zu machen und zugleich die Bedingtheiten und Unzulänglichkeiten dieser Darstellung metapoetisch zu reflektieren. Der Engel als unpassende Figur steht in *Atemschaukel* für eine Sprache, die immer schon unpassend ist – „[e]s gibt keine passenden Wörter fürs Hungerleiden"[43], wie Leo Auberg feststellt. Von dieser basalen Einsicht getragen lässt er eine Fülle an Wörtern und Wendungen um das Hungerleiden entstehen, die es sprachlich nicht einholen, aber als leere Mitte umkreisen können. In zwei Kapiteln, die beide „Vom Hungerengel" heißen, wird die besondere Form der Sprachproduktion in *Atemschaukel* als Wirkung einer Wahrnehmung vorgeführt, die der Hungerengel ausgehend von einem Zustand totaler Entkräftung anstößt:

> Ich bin kurz vor dem Zusammenbruch, im süßen Gaumen schwillt mir das Zäpfchen. Und der Hungerengel hängt sich ganz in meinen Mund hinein, an mein Gaumensegel. Es ist seine Waage. Er setzt meine Augen auf, und die Herzschaufel wird schwindlig, die Kohle verschwimmt. Der Hungerengel stellt meine Wangen auf sein Kinn. Er lässt meinen Atem schaukeln. Die Atemschaukel ist ein Delirium und was für eins. Ich hebe den Blick, da oben stille Sommerwatte, die Stickerei der Wolken. Mein Hirn zuckt mit einer Nadelspitze am Himmel fixiert, besitzt nur noch diesen einen festen Punkt. Und der phantasiert vom Essen. Schon sehe ich die weißgedeckten Tische in der Luft, und der Schotter knirscht mir unter den Füßen. Und die Sonne scheint mir hell mitten durch die Zirbeldrüse.[44]

Der Hungerengel versetzt die titelgebende Atemschaukel in Bewegung, aus der wiederum phantastisch schaukelnde Bilder entstehen. Nicht nur die von ihm angestoßene Bilderproduktion, auch er selbst als „phantasierte Verkörperung der Qual"[45] lässt sich als Effekt jenes angelischen Umschlags von physischem Mangel in imaginative Fülle verstehen. Das Hungern – beziehungsweise in der metaphorischen Kausalität des Romans dessen Figuration, der Hungerengel, – setzt einen sprachlichen und imaginativen Überschuss frei, der eine geistige Fülle im Zustand physischer Leere schafft:

> Hungerwörter sind eine Landkarte, statt Ländernamen sagt man sich die Namen vom Essen in den Kopf. Hochzeitssuppe, Faschiertes, Rippchen, Eisbein, Hasenbraten, Leberknödel, Rehkeule, Saurer Hase usw. Jedes Hungerwort ist ein Esswort, man hat das Bild des Essens vor Augen und den Geschmack am Gaumen. Hungerwörter oder Esswörter füttern die Phantasie.

---

43 Müller, Atemschaukel, S. 29.
44 Müller, Atemschaukel, S. 114–115.
45 Hartmut Steinecke, „Atemschaukel". In: Herta-Müller-Handbuch, hg. von Norbert Otto Eke, Stuttgart 2017, S. 59–67, hier S. 64.

Die Verbindung, die der Engel zu dem chronischen Hunger im Lager hat, besteht nicht nur in der Veranschaulichung von Unanschaulichem, sondern darüber hinaus auch in einer jahrhundertelangen Tradition, die die Figur des Engels und das Phänomen des Hungers verknüpft. Die Weigerung, das physische Bedürfnis nach Nahrung zu stillen, bringt in der asketischen Tradition die Hungernde oder den Hungernden dem Engel nahe als einem Wesen ohne physische Bedürfnisse, dafür aber mit immenser geistiger Fülle.[46] Während diese Logik des *bios angelikos* in Klaus Manns Roman *Der Vulkan* zur Aufwertung und geistigen Transzendierung der Entbehrungen der Exilierten dient, erfolgt in *Atemschaukel* kein Umschlag in ein seliges, engelsgleiches Leben. Dem physischen Mangel, den der Hungerengel verkörpert, erwächst eine momenthafte halluzinatorische Fülle, aber kein transzendenter Ausweg. Das wird auch deutlich an dem gänzlich anderen Zeitverständnis. Während in der Vorstellung des *bios angelikos* eine zukünftige, das zurückliegende Paradies spiegelnde Seligkeit vorweggenommen wird, die im *Vulkan* in der Aussicht auf das Gottesreich ihren Niederschlag findet, herrscht in *Atemschaukel* durchgehend eine exilische Zeit der Heimsuchungen und Spaltungen, die einen Zustand des Ganzseins weder in der Vergangenheit als Mythos noch für die Zukunft als Möglichkeit kennt.

Dass das Unmenschliche, das der Engel verkörpert, hier keinen Zugang zum Übermenschlichen eröffnet, macht auch die Darstellung der Androgynität deutlich, die unmittelbar mit dem Gedanken des *bios angelikos* verknüpft ist und ihn gewissermaßen physisch beglaubigt. In dem Schwinden geschlechtsspezifischer Merkmale drückt sich demnach eine Überwindung der sexuellen Gespaltenheit und eine Annäherung an den Engel als Sinnbild einer asexuellen Vollkommenheit (vgl. Lk 20,34–36) aus. Die Verbindung von Engel und Geschlechtslosigkeit wird auch in *Atemschaukel* aufgerufen: In der „Hautundknochenzeit", so erzählt Leo Auberg, läuft der „Hungerengel hysterisch mit uns"[47] herum. Männer und Frauen sind „in der Dreieinigkeit von Haut, Knochen und dystrophischem Wasser [...] nicht zu unterscheiden und geschlechtlich stillgestellt"[48]. Anders als in der Vorstellung des engelsgleichen Lebens bedeutet diese Androgynisierung aber keine Erhebung des Menschen zu den Engeln, sondern ein entwürdigendes Herabsinken auf die animalische Ebene: „[N]ackt sahen wir aus wie ausgemustertes Arbeitsvieh."[49] Entsprechend ist der Engel hier nicht Inbegriff einer jungfräulichen Reinheit, sondern tritt im Gegenteil als Verkörperung einer maßlosen Sexualität auf:

---

46 Vgl. Kapitel 2.3 dieser Studie.
47 Müller, Atemschaukel, S. 127.
48 Müller, Atemschaukel, S. 217.
49 Müller, Atemschaukel, S. 321.

„Seit wir als Knochenmännlein und Knochenweiblein füreinander geschlechtslos waren, paarte sich der Hungerengel mit jedem [...]."[50]

Auch in *Atemschaukel* wirkt der Engel als eine zutiefst ambivalente Figur. Einerseits quält er die Lagerinsassen unablässig als eine Art pervertierter, parasitärer Schutzengel: „[M]it jedem Leichnam wird vermutlich auch ein Hungerengel frei und sucht sich einen neuen Wirt. Aber zwei Hungerengel kann keiner von uns ernähren."[51] Andererseits ermöglicht er die imaginative Auseinandersetzung mit einem Verursacher des eigenen Leids, die in der Wirklichkeit nicht stattfinden kann, und schafft damit neben einer ästhetisch-halluzinatorischen Produktivität auch die Grundlage für Widerstand und Selbstbehauptung:

> Der Hungerengel schaut auf seine Waage und sagt: Du bist mir noch immer nicht leicht genug, wieso lässt du nicht locker. Ich sage: Du betrügst mich mit meinem Fleisch. Es ist dir verfallen. Aber ich bin nicht mein Fleisch. Ich bin etwas anderes und lasse nicht locker. Von Wer bin ich kann nicht mehr die Rede sein, aber ich sag dir nicht, was ich bin. Was ich bin, betrügt deine Waage.[52]

Der Hungerengel erscheint daher als Qual und Rettung zugleich.[53] Als poetisches Prinzip des intensiven Umkreisens einer leeren Mitte – der „Nullpunkt", der „das Unsagbare"[54] ist, – wirkt er nicht erst im nachträglichen Schreiben über die Zeit im Lager, sondern bereits im Erleben der Hungerleere selbst. Der Hungerengel lenkt die Wahrnehmung und das Denken („Der Engel ist ins Hirn gestiegen"[55]) und gibt gleichzeitig Halt, indem er als figuratives Prinzip vor das Nichts der Selbstaufgabe tritt und ein gestalterisches Verhältnis zur Welt anstößt. Der Satz „ICH WEISS DU KOMMST WIEDER"[56], den die Großmutter bei seiner Deportation sagt, arbeitet in Leo „mehr als alle mitgenommenen Bücher"[57]. Dieser Satz wird zum Gegenspieler des Hungerengels, zum Instrument des Ringens mit ihm, und weil er am Ende recht behalten hat, kann Leo befinden: „So ein Satz hält einen am Leben."[58]

---

50 Müller, Atemschaukel, S. 218.
51 Müller, Atemschaukel, S. 283.
52 Müller, Atemschaukel, S. 115.
53 Leo Auberg schildert, wie er unmittelbar nach seiner Rückkehr mit dem Schreiben über die Zeit im Lager beginnt. Seine Notizen zum Hungerengel kommentiert er so: „Beim Hungerengel kam ich ins Schwärmen, als hätte er mich nur gerettet, nicht gequält" (Müller, Atemschaukel, S. 388).
54 Müller, Atemschaukel, S. 339.
55 Müller, Atemschaukel, S. 196.
56 Müller, Atemschaukel, S. 13.
57 Müller, Atemschaukel, S. 13–14.
58 Müller, Atemschaukel, S. 14.

Wörter und Sprache treten so weniger als Werkzeuge einer nachträglichen Darstellungsabsicht auf. Ihre Bedeutung erhalten sie vor allem als Instrumente einer lebensnotwendigen Realitätstransformation im Lager selbst. Den giftigen Substanzen, denen er bei der Arbeit ausgesetzt ist, gibt Leo neue Bezeichnungen, um „die Gerüche der Fabrik zu meinen Gunsten umzudeuten"[59] und sich vor ihrer schädlichen Wirkung zu schützen. Die Grenzen überschreitende und Realität transformierende Kraft der Sprache, die es Leo ermöglicht, sich Bedrohliches anzueignen und der Negativität des Hungers eine (angelische) Kontur zu verleihen, wendet sich aber gleichzeitig auch immer wieder gegen ihn. So ist die Sprache das Medium, in dem sich Fremdes und Vertrautes, Vergangenes und Gegenwärtiges auf unheimliche Weise vermischen. Auf diese Weise hält sie das Exil als Lebensstruktur auch in der Zeit nach dem Lager fortwährend präsent:

> Es gibt Wörter, die machen mit mir, was sie wollen. Sie sind ganz anders als ich und denken anders, als sie sind. Sie fallen mir ein, damit ich denke, es gibt erste Dinge, die das Zweite schon wollen, auch wenn ich das gar nicht will. [...] Es gibt Wörter, die mich zum Ziel haben, als wären sie nur für den Rückfall ins Lager gemacht, außer dem Wort RÜCK-FALL selbst.[60]

Wie der Hungerengel bedeuten die Wörter daher nicht nur Rettung, sondern zugleich auch Qual. Das vergleichende In-Beziehung-Setzen von Wörtern und Wendungen aus entlegenen Bereichen etabliert einerseits eine fragile Ordnung, die eine Widerständigkeit gegen den Lagerzwang darstellt. Andererseits wirkt die Sprache als verselbstständigte Kraft, die Leo heimsucht und ihn an das Lager bindet. In dieser Ambivalenz von imaginativer Ordnungsbildung und Zeitgrenzen auflösender Ordnungsstörung, die sich in *Atemschaukel* über Metaphern und Leitmotive ausprägt,[61] liegt dem Roman eine der Tätigkeit des Engels analoge Struktur zugrunde, die auf vertikalen und horizontalen Übertragungsvorgängen basiert.

In den beiden Kapiteln „Vom Hungerengel" werden diese sprachlichen Verfahren des Romans als Möglichkeit des Sprechens über das Lager metapoetisch reflektiert. Das erste Kapitel „Vom Hungerengel" zeigt die erzählerische Fülle um Hunger und Entkräftung: die Hassliebe zur Herzschaufel, die Dispute mit dem Hungerengel, die „Gnade des Esszwangs im Traum", die zugleich eine „Qual"[62] ist, die Toten im Lager. Das zweite Kapitel, das dem Hungerengel ge-

---
59 Müller, Atemschaukel, S. 184.
60 Müller, Atemschaukel, S. 317.
61 Vgl. dazu sowie zu der rhetorischen, stilistischen und semantischen Vielfalt der Sprache in *Atemschaukel* Steinecke, „Atemschaukel", S. 61.
62 Müller, Atemschaukel, S. 117.

widmet ist, besteht aus Sätzen mit apodiktischem Anstrich, die nichts begründen: „Der Hungerengel geht offenen Auges einseitig. Er taumelt enge Kreise und balanciert auf der Atemschaukel. Er kennt das Heimweh im Hirn und in der Luft Sackgassen."[63] Beide Kapitel werden über einen Widerspruch verbunden. So greift der erste Satz des zweiten Hungerengel-Kapitels („Der Hunger ist ein Gegenstand"[64]) den letzten Satz des ersten Hungerengel-Kapitels auf und verkehrt ihn in sein Gegenteil („Der Hunger ist kein Gegenstand"[65]).

Über die hermetische, teils paradoxe Aussagestruktur, die vor allem das zweite Hungerengel-Kapitel prägt, wird die Unmöglichkeit gezeigt, widerspruchsfrei und abschließend über das Unfassbare zu sprechen. Die Gleichung „1 Schaufelhub = 1 Gramm Brot", die in den beiden Hungerengel-Kapiteln, aber auch darüber hinaus immer wieder auftaucht,[66] enthält die komprimierte Verzweiflung darüber, dass Energiegewinn (Brot) immer zugleich einen diesen übersteigenden Energieverlust (Zwangsarbeit) bedeutet; die erarbeitete Energie in Form von Brot wird durch die Arbeit selbst wieder aufgezehrt. Von dieser Verzweiflung wissen die Leserinnen und Leser aber nur, weil die Gleichung eingebettet ist in die Darstellung der wirren Imaginationen und verstörenden Ersatzhandlungen, die mit Brot und Arbeit verknüpft sind: die zirkulären Tauschverfahren, die die Gefangenen untereinander mit ihren gleichgewichtigen Brotrationen betreiben, in der Hoffnung, sie könnten so an ein größeres Stück gelangen, bis sie schließlich dasselbe Brot wie zu Beginn in den Händen halten („Eigenbrot"[67]); oder die artistische Grazie des Kohleschaufelns mit der „Herzschaufel", die zu mögen sich Auberg „gezwungen" hat, wodurch das Kohleschaufeln zu dem paradoxen Phänomen der Zwangsarbeit als „vornehmste[m] Sport"[68] wird. In den Kapiteln „Vom Hungerengel" wird auf diese Weise deutlich, dass die Imagination im Schreiben über das Lager in *Atemschaukel* kein nachträglich angewandtes und zugleich unzulängliches Mittel ist, um Erfahrungsdefizite zu kompensieren, sondern dass sie im Kern dieser Erfahrung selbst wirksam ist – als Teil der Ambivalenz von Qual und Rettung, die der Hungerengel im Grenzbereich des (Un-)Menschlichen verkörpert.

Mit dem Schreiben an jener Grenze des Fassbaren, die die massenhafte und systematische Folter und Vernichtung im 20. Jahrhundert errichten, endet die in dieser Studie beleuchtete Geschichte des Engels als moderne Exil- und Kri-

---

63 Müller, Atemschaukel, S. 196.
64 Müller, Atemschaukel, S. 196.
65 Müller, Atemschaukel, S. 121.
66 Vgl. Müller, Atemschaukel, S. 113, S. 121, S. 197, S. 340, S. 359 u. S. 389.
67 Müller, Atemschaukel, S. 163.
68 Müller, Atemschaukel, S. 109.

senfigur.[69] All die hier untersuchten Werke verbindet, dass Engel darin aufgrund ihrer Nähe und gleichzeitigen Opposition zu hierarchischen Strukturen die Krise von Ordnungen illustrieren und darüber hinaus an den Grenzen menschlicher Sag- und Erkennbarkeit neues Terrain erschließen und zur Anschauung bringen. Neben dem Eigensinn der jeweiligen Werke wiesen unterschiedliche Schwerpunktsetzungen auf die Verschiedenheit der historischen Situationen: Die Engel bei Rainer Maria Rilke und Klaus Mann veranschaulichen Entfremdung und Leid, ihre ästhetische Potenz wird aber vor allem fruchtbar gemacht, um eine bessere Zukunft vor Augen zu stellen. Bei Rilke bildet dieser Zukunftsbezug, der im Ersten Weltkrieg massiv gestört ist, die Grundlage für das künstlerische Schaffen des strukturell exilierten Künstlers. Bei Mann ist die angelisch vermittelte Gestaltung eines göttlichen Heilsplans strategisch motiviert und dient als Appell an die Mitstreiterinnen und Mitstreiter im Kampf gegen den Faschismus. Die Engel bei Walter Benjamin und Ilse Aichinger bilden ein Gegengewicht zu dieser zukunftsorientierten Ausrichtung. Hier steht die Frage im Zentrum, wie die Toten und die Schrecken der Geschichte sichtbar gemacht werden können, die die Erzählungen von Sieg und Neuanfang verdecken. Während bei Benjamin nur über diese Rückwendung zur Vergangenheit überhaupt Veränderung und Rettung möglich ist, hat bei Aichinger der tatsächliche Gang der Geschichte jeden ungebrochenen Zukunftsoptimismus zerstört. Gleichwohl eröffnet der Engel auch in dieser Situation Momente einer Verwandlungshoffnung. Die Engelsfiguren sind in den untersuchten Werken durchaus verschieden. Gemeinsam ist ihnen allen, dass der Engel die Wahrnehmung für das gegenwärtig Unsichtbare öffnet; für das im Exil Verlorene und von der Geschichte Zerstörte ebenso wie für Visionen einer zukünftigen neuen Welt.

Die ungeheuer vielfältigen Implikationen moderner Angelophanien hängen wesentlich damit zusammen, dass der Engel nicht so religiös und die moderne Welt nicht so religionsfrei ist, wie es eine schematische Säkularisierungserzählung nahelegt. Der Geschichte der Moderne als fortschreitende Emanzipation von religiösem Gedankengut bleibt das zu Überwindende als zentraler Baustein eingetragen. Diese untergründige Verbindung von Religion und Moderne heben Engel aus der Latenz, die sowohl historisch als auch systematisch einen Knotenpunkt figurieren, in dem religiöse und profane Inhalte und Strukturen sich überschneiden. Einerseits werden Engel wegen ihrer allzu ausgeprägten, polytheistisch gefärbten Weltlichkeit durch christentumsimmanente Verweltlichungs-

---

69 In der Folge werden andere der vielen Engelsaspekte aktualisiert, so etwa in transhumanistischen Debatten (vgl. Philip Hefner, The Animal That Aspires To Be an Angel: The Challenge of Transhumanism. In: Dialog. A Journal of Theology, 48/2, 2009, S. 164–173).

prozesse aus der christlichen Religion herausgedrängt, andererseits stoßen sie mit ihrer Versinnlichung unsinnlicher Gehalte selbst Profanisierungsbewegungen an.

Indem Engel so fortwährend Übergänge zwischen scheinbar strikt getrennten Bereichen herstellen und gegensätzliche Zeitmodi mit paradoxen Effekten zusammenschließen, schärfen sie den Blick für jene subtilen Zusammenhänge zwischen religiösen und profanen Ordnungen, die in normativen Epochenkonzepten wie dem einer religionsfreien Moderne unerkannt bleiben müssen. Mit ihrem Bezug zu Krisenzuständen illustrieren Engel diese Verbindungen überdies bevorzugt in solchen Situationen, in denen Ordnungsstrukturen in ihrer Fragilität sichtbar werden und nach Neujustierungen verlangen.

Die in dieser Studie gewonnenen Einsichten zu Engeln als modernen Krisenfiguren eröffnen so nicht nur Anknüpfungspunkte für die Exilforschung. Die Erkenntnisse zu religiös kodierten Inhalten und Strukturen, die durch die Figur des Engels zum Ausdruck kommen, zeigen die Revisionsbedürftigkeit teleologischer Säkularisierungsnarrative. Was aus historischer, kulturwissenschaftlicher oder soziologischer Perspektive bezüglich der Fragwürdigkeit einer Entgegensetzung von Religion und Moderne geschlussfolgert wird, dafür bietet die Engelsfigur mit ihrem Provokations- und Innovationspotential eine ästhetische Anschauung.

8 Literaturverzeichnis

8.1 Siglen

AS = Benjamin, Walter, Agesilaus Santander. In: Benjamin, Gesammelte Schriften, Bd. VI.1, hg. von Rolf Tiedemann u. Hermann Schweppenhäuser, Frankfurt am Main 1991, S. 520–523.
DE = Rilke, Rainer Maria, Duineser Elegien. In: Rilke, Gedichte 1910–1926. Kommentierte Ausgabe in vier Bänden, Bd. 2, hg. von Manfred Engel u. Ulrich Fülleborn, Frankfurt am Main; Leipzig 1996, S. 199–234.
M = Rilke, Rainer Maria, Das Märchen von den Händen Gottes. In: Rilke, Prosa und Dramen. Kommentierte Ausgabe in vier Bänden, Bd. 3, hg. von August Stahl, Frankfurt am Main; Leipzig 1996, S. 347–354.
GH = Ilse Aichinger, Die größere Hoffnung, Frankfurt am Main 2016.
T = Benjamin, Walter, Über den Begriff der Geschichte. In: Benjamin, Gesammelte Schriften, Bd. I.2, hg. von Rolf Tiedemann u. Hermann Schweppenhäuser, Frankfurt am Main 1991, S. 693–794.
ÜK = Rilke, Rainer Maria, Über Kunst. In: Rilke, Schriften. Kommentierte Ausgabe in vier Bänden, Bd. 4, hg. von Horst Nalewski, Frankfurt am Main; Leipzig 1996, S. 114–120.
V = Mann, Klaus, Der Vulkan. Roman unter Emigranten, Hamburg 2004.

8.2 Quellen

500. Rede an die deutsche Jugend. Eine Parodie, frei nach Ernst Wiechert. In: Der Ruf, 1, 1946, S. 12.
Adorno, Theodor W., Ästhetische Theorie, Frankfurt am Main 1970.
Adorno, Theodor W., Brief an Walter Benjamin, 17. Dezember 1934. In: Adorno, Über Walter Benjamin, hg. von Rolf Tiedemann, Frankfurt am Main 1970, S. 103–110.
Adorno, Theodor W., Charakteristik Walter Benjamins. In: Adorno, Über Walter Benjamin, hg. von Rolf Tiedemann, Frankfurt am Main 1970, S. 11–29.
Adorno, Theodor W., Einleitung zu Benjamins „Schriften". In: Adorno, Über Walter Benjamin, hg. von Rolf Tiedemann, Frankfurt am Main 1970, S. 33–51.
Adorno, Theodor W., Minima Moralia. Reflexionen aus dem beschädigten Leben. Gesammelte Schriften, Bd. 4, Frankfurt am Main 1980.
Adorno, Theodor W. u. Horkheimer, Max, Dialektik der Aufklärung. In: Adorno, Gesammelte Schriften, Bd. 3, Frankfurt am Main 1981.
Agamben, Giorgio, Ausnahmezustand, Frankfurt am Main 2004.
Agamben, Giorgio, Die Beamten des Himmels, Frankfurt am Main; Leipzig 2007.
Agamben, Giorgio, Herrschaft und Herrlichkeit, Berlin 2010.
Agamben, Giorgio, Homo sacer. Die Souveränität der Macht und das nackte Leben, Frankfurt am Main 2002.
Agamben, Giorgio, Lob der Profanierung. In: Agamben, Profanierungen, Frankfurt am Main 2005, S. 70–91.

Agamben, Giorgio, Vorwort. In: Agamben, Die Beamten des Himmels, Frankfurt am Main; Leipzig 2007, S. 11–27.

Agamben, Giorgio, Was von Auschwitz bleibt. Das Archiv und der Zeuge, Frankfurt am Main 2003.

Aichinger, Ilse, Abschied von Weihnachten. In: Aichinger, Unglaubwürdige Reisen, hg. von Simone Fässler u. Franz Hammerbacher, Frankfurt am Main 2005, S. 77–79.

Aichinger, Ilse, Absprung zur Weiterbesinnung. In: Aichinger, Film und Verhängnis. Blitzlichter auf ein Leben, Frankfurt am Main 2001, S. 13–18.

Aichinger, Ilse, Aufruf zum Mißtrauen. In: Aichinger, Materialien zu Leben und Werk, hg. von Samuel Moser, Frankfurt am Main 1990, S. 16/17.

Aichinger, Ilse, Aufzeichnungen 1950–1985. In: Aichinger, Kleist, Moos, Fasane, hg. von Richard Reichensperger, Frankfurt am Main 2016, S. 43–87.

Aichinger, Ilse, Das Erzählen in dieser Zeit. In: Aichinger, Der Gefesselte. Erzählungen (1948–1952), hg. von Richard Reichensperger, Frankfurt am Main 2016, S. 9–11.

Aichinger, Ilse, Das vierte Tor. In: Aichinger, Die größere Hoffnung, hg. von Richard Reichensperger, Frankfurt am Main 2016, S. 272–275.

Aichinger, Ilse, Die größere Hoffnung, Frankfurt am Main 2016.

Aichinger, Ilse, Die Sicht der Entfremdung. Über Berichte und Geschichten von Ernst Schnabel. In: Aichinger, Kurzschlüsse, hg. von Simone Fässler, Wien 2001, S. 51–62.

Aichinger, Ilse, Die Vögel beginnen zu singen, wenn es noch finster ist. In: Aichinger, Materialien zu Leben und Werk, hg. von Samuel Moser, Frankfurt am Main 1990, S. 23/24.

Aichinger, Ilse, Eine Synagoge zwischen Tal und Hügel. In: Der Standard, 23. Oktober 2000 [http://derstandard.at/359595].

Aichinger, Ilse, Einübung in Abschiede. Hartmut Bitomsky: Die Ufa. In: Aichinger, Film und Verhängnis. Blitzlichter auf ein Leben, Frankfurt am Main 2001, S. 73–75.

Aichinger, Ilse, Engel in der Nacht. In: Aichinger, Der Gefesselte. Erzählungen (1948–1952), hg. von Richard Reichensperger, Frankfurt am Main 2016, S. 53–62.

Aichinger, Ilse, Hilfsstelle. In: Aichinger, Kleist, Moos, Fasane, hg. von Richard Reichensperger, Frankfurt am Main 2016, S. 28–31.

Aichinger, Ilse, Im Werd. In: Aichinger, Kurzschlüsse, hg. von Simone Fässler, Wien 2001, S. 30.

Aichinger, Ilse, Meine Sprache und ich. In: Aichinger, Eliza Eliza. Erzählungen (1958–1968), hg. von Richard Reichensperger, Frankfurt am Main 2016, S. 198–202.

Aichinger, Ilse, Rede an die Jugend. In: Aichinger, Materialien zu Leben und Werk, hg. von Samuel Moser, Frankfurt am Main 1990, S. 18–29.

Aichinger, Ilse, Rede unter dem Galgen. In: Aichinger, Der Gefesselte. Erzählungen (1948–1952), hg. von Richard Reichensperger, Frankfurt am Main 2016, S. 99–105.

Aichinger, Ilse, Schlechte Wörter. In: Aichinger, Schlechte Wörter, hg. von Richard Reichensperger, Frankfurt am Main 2007, S. 11–14.

Aichinger, Ilse, Schnee. In: Aichinger, Kleist, Moos, Fasane, hg. von Richard Reichensperger, Frankfurt am Main 2016, S. 113/114.

Aichinger, Ilse, Vor der langen Zeit. In: Aichinger, Kleist, Moos, Fasane, hg. von Richard Reichensperger, Frankfurt am Main 2016, S. 19–22.

Aichinger, Ilse, Vorbemerkung zum „Journal des Verschwindens". In: Aichinger, Film und Verhängnis. Blitzlichter auf ein Leben, Frankfurt am Main 2001, S. 65–71.

Aichinger, Ilse, Weihnachten 1927, 1937, 1941. In: Aichinger, Film und Verhängnis. Blitzlichter auf ein Leben, Frankfurt am Main 2016, S. 27–30.

Aichinger, Ilse, Wien 1945. Kriegsende. In: Aichinger, Film und Verhängnis. Blitzlichter auf ein Leben, Frankfurt am Main 2001, S. 56–61.
Aichinger, Ilse u. Radisch, Iris, „Ich will verschwinden". In: Aichinger, Es muss gar nicht bleiben. Interviews 1952–2005, hg. von Simone Fässler, Wien 2011, S. 110–121.
Arendt, Hannah, Der Perlentaucher. In: Arendt und Benjamin. Texte, Briefe, Dokumente, hg. von Detlev Schöttker u. Erdmut Wizisla, Frankfurt am Main 2006, S. 85–97.
Arendt, Hannah, Elemente und Ursprünge totaler Herrschaft, Frankfurt am Main 1958.
Athanasius, Leben des heiligen Antonius. Ausgewählte Schriften, Bd. 2. Aus dem Griechischen übersetzt von Anton Stegmann u. Hans Mertel, München 1917 [https://bkv.unifr.ch/works/5/versions/19/divisions/126670].
Augustinus, Vom Gottesstaat. Aus dem Lateinischen übertragen von Wilhelm Thimme, München 2007.
Basilius von Caesarea, De virginitate de Saint Basile. Texte vieux-slave et trad. française par A. Vaillant, Paris 1942.
Basilius von Caesarea, Drei vorläufige ascetische Unterweisungen. Ausgewählte Schriften des heiligen Basilius des Grossen. Übersetzt von Dr. Valentin Gröne, Kempten 1877 [https://bkv.unifr.ch/works/245/versions/266/divisions/110130].
Barthes, Roland, Der Kampf mit dem Engel. Textanalyse der Genesis 32,23–33. In: Barthes, Das semiologische Abenteuer, Frankfurt am Main 1988, S. 251–265.
Barthes, Roland, Einführung in die strukturale Analyse von Erzählungen. In: Barthes, Das semiologische Abenteuer, Frankfurt am Main 1988, S. 102–143.
Bataille, Georges, Die Literatur und das Böse, München 1987.
Baudelaire, Charles, Der Maler des modernen Lebens. In: Baudelaire, Sämtliche Werke/Briefe in acht Bänden, hg. von Friedhelm Kemp Kemp u. Claude Pichois, München; Wien 1989, S. 213–258.
Bauman, Zygmunt, Moderne und Ambivalenz. Das Ende der Eindeutigkeit, Hamburg 2005.
Benjamin, Walter, Brief an Gershom Scholem, 23. Mai 1933. In: Benjamin, Briefe II, hg. von Gershom Scholem u. Theodor W. Adorno, Frankfurt am Main 1978, S. 575–576.
Benjamin, Walter, [Antithetisches über Wort und Name]. In: Benjamin, Gesammelte Schriften, Bd. VII.2, hg. von Rolf Tiedemann u. Hermann Schweppenhäuser, Frankfurt am Main 1991, S. 795–796.
Benjamin, Walter, Agesilaus Santander. In: Benjamin, Gesammelte Schriften, Bd. VI.1, hg. von Rolf Tiedemann u. Hermann Schweppenhäuser, Frankfurt am Main 1991, S. 520–523.
Benjamin, Walter, Ankündigung der Zeitschrift: Angelus Novus. In: Benjamin, Gesammelte Schriften, Bd. II.1, hg. von Rolf Tiedemann u. Hermann Schweppenhäuser, Frankfurt am Main 1991, S. 241–246.
Benjamin, Walter, Anmerkungen [Erfahrung und Armut]. In: Benjamin, Gesammelte Schriften, Bd. II.3, hg. von Rolf Tiedemann u. Hermann Schweppenhäuser, Frankfurt am Main 1991, S. 960–963.
Benjamin, Walter, Anmerkungen [Karl Kraus]. In: Benjamin, Gesammelte Schriften, Bd. II.3, hg. von Rolf Tiedemann u. Hermann Schweppenhäuser, Frankfurt am Main 1991, S. 1078–1130.
Benjamin, Walter, Anmerkungen [Lehre vom Ähnlichen, Über das mimetische Vermögen]. In: Benjamin, Gesammelte Schriften, Bd. II.2, hg. von Rolf Tiedemann u. Hermann Schweppenhäuser, Frankfurt am Main 1991, S. 950–960.
Benjamin, Walter, Anmerkungen [Über den Begriff der Geschichte]. In: Benjamin, Gesammelte Schriften, Bd. I.3, hg. von Rolf Tiedemann u. Hermann Schweppenhäuser, Frankfurt am Main 1991, S. 1223–1266.

Benjamin, Walter, Berliner Chronik. In: Benjamin, Gesammelte Schriften, Bd. VI, hg. v. Rolf Tiedemann u. Hermann Schweppenhäuser, Frankfurt am Main 1991, S. 465-519.
Benjamin, Walter, Berliner Kindheit um Neunzehnhundert. In: Benjamin, Gesammelte Schriften, Bd. IV.1, hg. von Tillman Rexroth, Frankfurt am Main 1991, S. 235-304.
Benjamin, Walter, Brief an Gershom Scholem, 16. Juni 1933. In: Benjamin, Briefe II, hg. von Gershom Scholem u. Theodor W. Adorno, Frankfurt am Main 1978, S. 576-579.
Benjamin, Walter, Brief an Gershom Scholem, 16. Oktober 1933. In: Benjamin, Briefe II, hg. von Gershom Scholem u. Theodor W. Adorno, Frankfurt am Main 1978, S. 593/594.
Benjamin, Walter, Brief an Gershom Scholem, 31. Juli 1933. In: Benjamin, Briefe II, hg. von Gershom Scholem u. Theodor W. Adorno, Frankfurt am Main 1978, S. 588-590.
Benjamin, Walter, Das Jetzt der Erkennbarkeit [Benjamin-Archiv, Ms 471]. In: Benjamin, Gesammelte Schriften, Bd. I.3, hg. von Rolf Schweppenhäuser u. Hermann Tiedemann, Frankfurt am Main 1974, S. 1237.
Benjamin, Walter, Das Kunstwerk im Zeitalter seiner technischen Reproduzierbarkeit. In: Benjamin, Gesammelte Schriften, Bd. I.2, hg. von Rolf Tiedemann u. Hermann Schweppenhäuser, Frankfurt am Main 1991, S. 435-508.
Benjamin, Walter, Das Passagen-Werk. Gesammelte Schriften, Bd. V, hg. von Rolf Tiedemann, Frankfurt am Main 1982.
Benjamin, Walter, Der Autor als Produzent. In: Benjamin, Gesammelte Schriften, Bd. II.2, hg. von Rolf Tiedemann u. Hermann Schweppenhäuser, Frankfurt am Main 1991, S. 683-701.
Benjamin, Walter, Der Erzähler. Betrachtungen zum Werk Nikolai Lesskows. In: Benjamin, Gesammelte Schriften, Bd. II.2, hg. von Rolf Tiedemann u. Hermann Schweppenhäuser, Frankfurt am Main 1991, S. 438-465.
Benjamin, Walter, Der Sürrealismus. Die letzte Momentaufnahme der europäischen Intelligenz. In: Benjamin, Gesammelte Schriften, Bd. II.1, hg. von Rolf Tiedemann u. Hermann Schweppenhäuser, Frankfurt am Main 1991, S. 295-310.
Benjamin, Walter, Die Aufgabe des Übersetzers. In: Benjamin, Gesammelte Schriften, Bd. IV.1, hg. von Tillman Rexroth, Frankfurt am Main 1991, S. 9-21.
Benjamin, Walter, Die Bedeutung der Zeit in der moralischen Welt. In: Benjamin, Gesammelte Schriften, Bd. VI, hg. von Rolf Tiedemann u. Hermann Schweppenhäuser, Frankfurt am Main 1991, S. 97/98.
Benjamin, Walter, Druckvorlage: Benjamin-Archiv, Ms 658. In: Benjamin, Gesammelte Schriften, Bd. II.2, hg. von Rolf Tiedemann u. Hermann Schweppenhäuser, Frankfurt am Main 1991, S. 1284-1287.
Benjamin, Walter, Druckvorlage: Benjamin-Archiv, Ms 1098v. In: Benjamin, Gesammelte Schriften, Bd. I.3, hg. von Rolf Tiedemann u. Hermann Schweppenhäuser, Frankfurt am Main 1991, S. 1231.
Benjamin, Walter, Eduard Fuchs, der Sammler und der Historiker. In: Benjamin, Gesammelte Schriften, Bd. II.2., hg. von Rolf Tiedemann u. Hermann Schweppenhäuser, Frankfurt am Main 1991, S. 465-505.
Benjamin, Walter, Erfahrung und Armut. In: Benjamin, Gesammelte Schriften, Bd. II.1, hg. von Rolf Tiedemann u. Hermann Schweppenhäuser, Frankfurt am Main 1991, S. 213-219.
Benjamin, Walter, Fragmente einer früheren Niederschrift [Karl Kraus], Blatt 42. In: Benjamin, Gesammelte Schriften, Bd. II.3, hg. von Rolf Tiedemann u. Hermann Schweppenhäuser, Frankfurt am Main 1991, S. 1108-1115.

Benjamin, Walter, Franz Kafka. Zur zehnten Wiederkehr seines Todestages. In: Benjamin, Gesammelte Schriften, Bd. II.1, hg. v. Rolf Tiedemann u. Hermann Schweppenhäuser, Frankfurt am Main 1991, S. 409–438.

Benjamin, Walter, Goethes Wahlverwandtschaften. In: Benjamin, Gesammelte Schriften, Bd. I.1, hg. von Rolf Tiedemann u. Hermann Schweppenhäuser, Frankfurt am Main 1991, S. 125–201.

Benjamin, Walter, Karl Kraus [Ästhetische Fragmente]. In: Benjamin, Gesammelte Schriften, Bd. II.2, hg. von Rolf Tiedemann u. Hermann Schweppenhäuser, Frankfurt am Main 1991, S. 624–625.

Benjamin, Walter, Karl Kraus. In: Benjamin, Gesammelte Schriften, Bd. II.1, hg. von Rolf Tiedemann u. Hermann Schweppenhäuser, Frankfurt am Main 1991, S. 334–367.

Benjamin, Walter, Lehre vom Ähnlichen. In: Benjamin, Gesammelte Schriften, Bd. II.1, hg. von Rolf Tiedemann u. Hermann Schweppenhäuser, Frankfurt am Main 1991, S. 204–210.

Benjamin, Walter, Nachträge zu den Anmerkungen [Lehre vom Ähnlichen, Über das mimetische Vermögen]. In: Benjamin, Gesammelte Werke, Bd. VII.2, hg. von Rolf Tiedemann u. Hermann Schweppenhäuser, Frankfurt am Main 1991, S. 791–796.

Benjamin, Walter, Tagebuch vom siebenten August Neunzehnhunderteinunddreissig bis zum Todestag. In: Benjamin, Gesammelte Schriften, Bd. VI, hg. von Rolf Tiedemann u. Hermann Schweppenhäuser, Frankfurt am Main 1991, S. 441–446.

Benjamin, Walter, Theologisch-politisches Fragment. In: Benjamin, Gesammelte Schriften, Bd. II.1, hg. von Rolf Tiedemann u. Hermann Schweppenhäuser, Frankfurt am Main 1991, S. 203–204.

Benjamin, Walter, Über das mimetische Vermögen. In: Benjamin, Gesammelte Schriften, Bd. II.1, hg. von Rolf Tiedemann u. Hermann Schweppenhäuser, Frankfurt am Main 1991, S. 210–213.

Benjamin, Walter, Über das Programm der kommenden Philosophie. In: Benjamin, Gesammelte Schriften, Bd. II.1, hg. v. Rolf Tiedemann und Hermann Schweppenhäuser, Frankfurt am Main 1991, S. 157–171.

Benjamin, Walter, Über das Rätsel und das Geheimnis. In: Benjamin, Gesammelte Schriften, Bd. VI, hg. von Rolf Tiedemann u. Hermann Schweppenhäuser, Frankfurt am Main 1991, S. 17/18.

Benjamin, Walter, Über den Begriff der Geschichte. In: Benjamin, Gesammelte Schriften, Bd. I.2, hg. von Rolf Tiedemann u. Hermann Schweppenhäuser, Frankfurt am Main 1991, S. 693–794.

Benjamin, Walter, Über einige Motive bei Baudelaire. In: Benjamin, Gesammelte Schriften, Bd. I.2, hg. von Rolf Tiedemann u. Hermann Schweppenhäuser, Frankfurt am Main 1991, S. 607–653.

Benjamin, Walter, Über Sprache überhaupt und über die Sprache des Menschen. In: Benjamin, Gesammelte Schriften, Bd. II.1, hg. von Rolf Tiedemann u. Hermann Schweppenhäuser, Frankfurt am Main 1991, S. 140–157.

Benjamin, Walter, Ursprung des deutschen Trauerspiels. In: Benjamin, Gesammelte Schriften, Bd. I.1, hg. von Rolf Tiedemann u. Hermann Schweppenhäuser, Frankfurt am Main 1991, S. 207–430.

Benjamin, Walter, Was ist das epische Theater? (2) Eine Studie zu Brecht. In: Benjamin, Gesammelte Schriften, Bd. II.2, hg. von Rolf Tiedemann u. Hermann Schweppenhäuser, Frankfurt am Main 1991, S. 532–539.

Benjamin, Walter, Zentralpark. In: Benjamin, Gesammelte Schriften, Bd. I.2, hg. von Rolf Tiedemann u. Hermann Schweppenhäuser, Frankfurt am Main 1991, S. 655–690.
Benjamin, Walter, Zum Bilde Prousts. In: Benjamin, Gesammelte Schriften, Bd. II.1, hg. von Rolf Tiedemann u. Hermann Schweppenhäuser, Frankfurt am Main 1991, S. 310–324.
Benjamin, Walter, Zur Theorie des Unmenschen. In: Benjamin, Gesammelte Schriften, Bd. II.3, hg. von Rolf Tiedemann u. Hermann Schweppenhäuser, Frankfurt am Main 1991, S. 1106.
Die Bibel nach Martin Luthers Übersetzung. Lutherbibel revidiert 2017, Stuttgart 2016.
Bibliotheca Rabbinica. Übersetzt von August Wünsche, Leipzig 1880.
Biermann, Brigitte, Engel haben keinen Hunger. Kathrin L. Die Geschichte einer Magersucht, Weinheim 2008.
Blumenberg, Hans, Die Botschaft vor aller spaltenden Theologie. Trilogie von Engeln, zweiter Teil: Undeutlicher Chorgesang. In: Frankfurter Allgemeine Zeitung, 300, 1996, S. N6.
Blumenberg, Hans, Die Weltzeit erfassen. Trilogie von Engeln, erster Teil: Anfang, Mitte und Ende der Geschichte. In: Frankfurter Allgemeine Zeitung, 300, 1996, S. N5.
Bohrer, Karl Heinz, Zur Vorgeschichte des Plötzlichen. Die Generation des „gefährlichen Augenblicks", Frankfurt am Main 1987, S. 43–67.
Bousset, Wilhelm, Die Religion des Judentums im neutestamentlichen Zeitalter, Berlin 1903.
Brecht, Bertolt, Das moderne Theater ist das epische Theater, In: Brecht, Schriften zum Theater, Frankfurt am Main 1960, S. 13–28.
Brecht, Bertolt, Vergnügungstheater oder Lehrtheater? In: Brecht, Schriften zum Theater, Frankfurt am Main 1960, S. 60–73.
Degen, Rolf, Engel aus Haut und Knochen. In: Die Zeit, 51, 1993 [https://www.zeit.de/1993/51/engel-aus-haut-und-knochen].
Douglas, Mary, Reinheit und Gefährdung. Eine Studie zu Vorstellungen von Verunreinigung und Tabu, Frankfurt am Main 1988.
Fechner, Gustav Theodor, Vergleichende Anatomie der Engel, Leipzig 1825.
Feuchtwanger, Lion, Exil, Berlin 2004.
Foucault, Michel, Die Ordnung der Dinge, Frankfurt am Main 1974.
Foucault, Michel, Von anderen Räumen. In: Foucault, Dits et Ecrits. Schriften, Bd. 4, hg. von Daniel Defert u. François Ewald, Frankfurt am Main 2005, S. 931–942.
Freud, Sigmund, Eine Schwierigkeit der Psychoanalyse. In: Imago. Zeitschrift für Anwendung der Psychoanalyse auf die Geisteswissenschaften, 5, 1917, S. 1–7.
Freud, Sigmund, Jenseits des Lustprinzips. In: Freud, Gesammelte Werke, Bd. 13, hg. von Anna Freud, E. Bibring, W. Hoffer, E. Kris u. O. Isakower, London 1940, S. 3–69.
Grosser, J.F.G., Die grosse Kontroverse. Ein Briefwechsel um Deutschland, Hamburg 1963.
Habermas, Jürgen, Glauben und Wissen. Friedenspreisrede 2001. In: Habermas, Zeitdiagnosen. Zwölf Essays 1980–2001, Frankfurt am Main 2003, S. 249–262.
Hegel, Georg Wilhelm Friedrich, Vorlesungen über die Aesthetik, Bd. 3, hg. von Heinrich Gustav Hotho, Berlin 1838.
Das Buch Henoch, hg. von Katja Wolf, Bad Schwartau 2010.
Iser, Wolfgang: Das Fiktive und das Imaginäre. Perspektiven literarischer Anthropologie, Frankfurt am Main 1991.
Kant, Immanuel, Kritik der reinen Vernunft, Hamburg 1998.
Kant, Immanuel, Kritik der Urteilskraft. Schriften zur Ästhetik und Naturphilosophie. Werke III, hg. von Manfred Frank u. Véronique Zanetti, Frankfurt am Main 1996, S. 479–880.
Kippenberg, Katharina, Rainer Maria Rilke. Ein Beitrag, Leipzig 1948.

Kleist, Heinrich von, Über das Marionettentheater. In: Kleist, Werke und Briefe in vier Bänden, Bd. 3, Berlin; Weimar 1978, S. 473–481.
Kracauer, Siegfried, Die Wartenden. In: Kracauer, Das Ornament der Masse, Frankfurt am Main 1963, S. 106–199.
Kracauer, Siegfried, Zu den Schriften Walter Benjamins. In: Kracauer, Das Ornament der Masse, Frankfurt am Main 1963, S. 249–255.
Laclau, Ernesto, Was haben leere Signifikanten mit Politik zu tun? In: Laclau, Emanzipation und Differenz, Wien; Berlin 2010, S. 65–78.
Lanzmann, Claude, Holocaust, die unmögliche Darstellung. Zu Schindlers Liste. In: Lanzmann, Das Grab des göttlichen Tauchers, Reinbek 2015, S. 492–498.
Levi, Primo, Aus einem Brief Primo Levis an den Übersetzer. In: Levi, Ist das ein Mensch? Ein autobiographischer Bericht, München 1994, S. 7–8.
Lotman, Jurij M., Die Innenwelt des Denkens. Eine semiotische Theorie der Kultur, Berlin 2010.
Lukàcs, Georg, Die Theorie des Romans, München 1994.
Luther, Martin, Drei Predigten von guten und bösen Engeln, am Fest St. Michaelis zu Wittenberg gethan, Anno 1533. In: Dr. Martin Luther's vermischte Predigten, Bd. 2, hg. von Johann Georg Plochmann, Erlangen 1828, S. 190–221.
Luther, Martin, Predigt über das Evangelium am Feste Michaelis. In: Dr. Martin Luther's vermischte Predigten, Bd. 2, hg. von Johann Georg Plochmann, Erlangen 1828, S. 177–190.
Mann, Golo, Erinnerungen an meinen Bruder Klaus. In: K. Mann, Briefe und Antworten 1922–1949, hg. von Martin Gregor-Dellin, Reinbek 1991, S. 629–661.
Mann, Klaus, An die deutschen Intellektuellen. In: Mann, Zweimal Deutschland. Aufsätze, Reden, Kritiken 1938–1942, hg. von Uwe Naumann u. Michael Töteberg, Reinbek 1993, S. 161–164.
Mann, Klaus, An die Redaktion der ‚Welt am Sonntag'. In: Mann, Briefe und Antworten 1922–1949, hg. von Martin Gregor-Dellin, Reinbek 1991, S. 605–607.
Mann, Klaus, An die Schriftsteller im Dritten Reich. In: Mann, Zweimal Deutschland. Aufsätze, Reden, Kritiken 1938–1942, hg. von Uwe Naumann u. Michael Töteberg, Reinbek 1994, S. 94–112.
Mann, Klaus, André Gide und die Krise des modernen Denkens, Reinbek 1995.
Mann, Klaus, Appell an die Freunde. In: Mann, Zahnärzte und Künstler. Aufsätze, Reden, Kritiken 1933–1936, hg. von Uwe Naumann u. Michael Töteberg, Reinbek 1993, S. 322–327.
Mann, Klaus, Blut, Schweiß und Tränen. In: Mann, Zweimal Deutschland. Aufsätze, Reden, Kritiken 1938–1942, hg. von Uwe Naumann u. Michael Töteberg, Reinbek 1994, S. 310–318.
Mann, Klaus, Brief an Hans Hamm, 18. April 1939. In: Mann, Briefe und Antworten 1922–1949, hg. von Martin Gregor-Dellin, Reinbek 1991, S. 375–377.
Mann, Klaus, Brief an Katia Mann, 28. März 1934. In: K. Mann, Briefe und Antworten 1922–1949, hg. von Martin Gregor-Dellin, Reinbek 1991, S. 168–169.
Mann, Klaus, Brief an Paul Geheeb, 12. Juni 1923. In: Mann, Briefe und Antworten 1922–1949, hg. v. Martin Gregor-Dellin, Reinbek 1991, S. 14–15.
Mann, Klaus, Brief an Thomas Mann, 13. Oktober 1944. In: K. Mann, Briefe und Antworten 1922–1949, hg. von Martin Gregor-Dellin, Reinbek 1991, S. 527–529.
Mann, Klaus, Das Wort. In: Mann, Zweimal Deutschland. Aufsätze, Reden, Kritiken 1938–1942, hg. von Uwe Naumann u. Michael Töteberg, Reinbek 1994, S. 318–327.
Mann, Klaus, Decision. In: Mann, Zweimal Deutschland. Aufsätze, Reden, Kritiken 1938–1942, hg. von Uwe Naumann u. Michael Töteberg, Reinbek 1994, S. 235–239.

Mann, Klaus, Der Staat des Menschen. In: Mann, Zweimal Deutschland. Aufsätze, Reden, Kritiken 1938–1942, hg. von Uwe Naumann u. Michael Töteberg, Reinbek 1994, S. 246–254.
Mann, Klaus, Der Vulkan. Roman unter Emigranten, Hamburg 2004.
Mann, Klaus, Der Wendepunkt, Reinbek 2005.
Mann, Klaus, Deutschland, die Apokalypse und die konservative Revolution. In: Mann, Zweimal Deutschland. Aufsätze, Reden, Kritiken 1938–1942, hg. von Uwe Naumann u. Michael Töteberg, Reinbek 1994, S. 351–360.
Mann, Klaus, Die Aufgabe des Schriftstellers in der gegenwärtigen Krise. In: Mann, Zweimal Deutschland. Aufsätze, Reden, Kritiken 1938–1942, hg. von Uwe Naumann u. Michael Töteberg, Reinbek 1994, S. 263–271.
Mann, Klaus, Drinnen und draußen. In: Mann, Zahnärzte und Künstler. Aufsätze, Reden, Kritiken 1933–1936, hg. von Uwe Naumann u. Michael Töteberg, Reinbek 1993, S. 69–73.
Mann, Klaus, Eine schöne Publikation. In: Mann, Zweimal Deutschland. Aufsätze, Reden, Kritiken 1938–1942, hg. von Uwe Naumann u. Michael Töteberg, Reinbek 1994, S. 70–71.
Mann, Klaus, Erklärung zum Kriegseintritt der USA. In: Mann, Zweimal Deutschland. Aufsätze, Reden, Kritiken 1938–1942, hg. von Uwe Naumann u. Michael Töteberg, Reinbek 1994, S. 373.
Mann, Klaus, Ich liebe dieses Land. Gedanken in einem amerikanischen Pullman-Wagen. In: Mann, Zweimal Deutschland. Aufsätze, Reden, Kritiken 1938–1942, hg. von Uwe Naumann u. Michael Töteberg, Reinbek 1994, S. 145–158.
Mann, Klaus, Ich soll kein Deutscher mehr sein. In: Mann, Zahnärzte und Künstler. Aufsätze, Reden, Kritiken 1933–1936, hg. von Uwe Naumann u. Michael Töteberg, Reinbek 1993, S. 217–218.
Mann, Klaus, In eigener Sache. In: Mann, Zweimal Deutschland. Aufsätze, Reden, Kritiken 1938–1942, hg. von Uwe Naumann u. Michael Töteberg, Reinbek 1994, S. 374–380.
Mann, Klaus, Joseph Breitbach, der richtige. In: Mann, Zahnärzte und Künstler. Aufsätze, Reden, Kritiken 1933–1936, hg. von Uwe Naumann u. Michael Töteberg, Reinbek 1993, S. 159–163.
Mann, Klaus, Nach dem Sturze Hitlers. Ein Diskussionsbeitrag. In: Mann, Zweimal Deutschland. Aufsätze, Reden, Kritiken 1938–1942, hg. von Uwe Naumann u. Michael Töteberg, Reinbek 1994, S. 88–91.
Mann, Klaus, Situation der deutschen Literatur, drinnen und draußen. In: Mann, Zahnärzte und Künstler. Aufsätze, Reden, Kritiken 1933–1936, hg. von Uwe Naumann u. Michael Töteberg, Reinbek 1993, S. 87–107.
Mann, Klaus, Tagebucheintrag, 15. Februar 1939. In: Mann, Tagebücher 1938–1939, hg. von Joachim Heimannsberg, Peter Laemmle u. Wilfried F. Schoeller, Reinbek 1995, S. 86–87.
Mann, Klaus, Tagebucheintrag, 20. August 1936. In: Mann, Tagebücher 1936–1937, hg. von Joachim Heimannsberg, Peter Laemmle u. Wilfried F. Schoeller, Reinbek 1995, S. 69–70.
Mann, Klaus, Tagebucheintrag, 24. April 1939. In: Mann, Tagebücher 1938–1939, hg. von Joachim Heimannsberg, Peter Laemmle u. Wilfried F. Schoeller, Reinbek 1995, S. 102.
Mann, Klaus, Wer sind wir? In: Mann, Zweimal Deutschland. Aufsätze, Reden, Kritiken 1938–1942, hg. von Uwe Naumann u. Michael Töteberg, Reinbek 1994, S. 339–347.
Mann, Klaus u. Mann, Erika, Europa ist eng. In: K. u. E. Mann, Escape to Life. Deutsche Kultur im Exil, München 1991, S. 233–246.
Mann, Thomas, Brief an Klaus Mann, 22. Juli 1939. In: K. Mann, Briefe und Antworten 1922–1949, hg. von Martin Gregor-Dellin, Reinbek 1991, S. 388–391.

Mann, Thomas, Warum ich nicht zurückkehre! In: Die grosse Kontroverse. Ein Briefwechsel um Deutschland, hg. von J.F.G. Grosser, Hamburg 1963, S. 27–36.
Moritz, Karl Philipp, Über die bildende Nachahmung des Schönen. In: Moritz, Werke in zwei Bänden, Bd. 1, ausgewählt und eingeleitet von Jürgen Jahn, Berlin; Weimar 1973, S. 255–290.
Müller, Herta, Atemschaukel, München 2009.
Müller, Herta, Der Teufel sitzt im Spiegel. Wie Wahrnehmung sich erfindet, Berlin 1991.
Nancy, Jean-Luc, Mè mou haptou – Noli me tangere. In: Nancy, Noli me tangere. Aufhebung und Aussegnung des Körpers, Berlin 2008, S. 29–36.
Nancy, Jean-Luc, Prolog. In: Nancy, Noli me tangere. Aufhebung und Aussegnung des Körpers, Berlin 2008, S. 7–15.
Nietzsche, Friedrich, An Goethe. In: Nietzsche, Die fröhliche Wissenschaft. Werke in drei Bänden, Bd. 2, hg. von Karl Schlechta, München 1954, S. 261.
Nietzsche, Friedrich, Der Fall Wagner. In: Nietzsche, Werke in drei Bänden, Bd. 2, hg. von Karl Schlechta, München 1954, S. 901–939.
Nietzsche, Friedrich, Der tolle Mensch. In: Nietzsche, Die fröhliche Wissenschaft. Werke in drei Bänden, Bd. 2, hg. von Karl Schlechta, München 1954, S. 126–128.
Nietzsche, Friedrich, Die Geburt der Tragödie aus dem Geiste der Musik. In: Nietzsche, Werke in drei Bänden, Bd. 1, hg. von Karl Schlechta, München 1954, S. 21–134.
Origenes, Über die Grundlehren der Glaubenswissenschaft. Wiederherstellungsversuch von Dr. Karl Fr. Schnitzer, Stuttgart 1835 [https://bkv.unifr.ch/works/318].
Otto, Rudolf, Das Heilige. Über das Irrationale in der Idee des Göttlichen und sein Verhältnis zum Rationalen, Breslau 1917.
Pico della Mirandola, Giovanni, De hominis dignitate. Über die Würde des Menschen, hg. von August Buck, Hamburg 1990.
Pleşu, Andrei, Engel. Elemente für eine Theorie der Nähe. In: Engel, :Engel. Legenden der Gegenwart, hg. von Cathrin Pichler, Wien 1997, S. 33–50.
Pseudo-Dionysius Areopagita, Himmlische Hierarchie. In: Des heiligen Dionysus Areopagita angebliche Schriften über die beiden Hierarchien. Aus dem Griechischen übersetzt von Josef Stiglmayr, München 1911 [https://bkv.unifr.ch/works/15/versions/27/divisions/97142].
Rancière, Jacques, Das Unvernehmen. Politik und Philosophie, Frankfurt am Main 2002.
Rancière, Jacques, Der Wirklichkeitseffekt und die Politik der Fiktion. In: Realismus in den Künsten der Gegenwart, hg. von Dirck Linck, Michael Lüthy u. Brigitte Obermayr, Zürich 2010, S. 141–157.
Rancière, Jacques, Zehn Thesen zur Politik, Zürich 2008.
Richter, Hans Werner, Literatur im Interregnum. In: Der Ruf, 15, 1947, S. 10–11.
Richter, Hans Werner, Warum schweigt die junge Generation? In: Der Ruf, 2, 1946, S. 17–18.
Rilke, Rainer Maria, Ach aus eines Engels Fühlung falle. In: Rilke, Gedichte 1910–1926. Kommentierte Ausgabe in vier Bänden, Bd. 2, hg. von Manfred Engel u. Ulrich Fülleborn, Frankfurt am Main; Leipzig 1996, S. 94.
Rilke, Rainer Maria, An den Engel. In: Rilke, Gedichte 1910–1926. Kommentierte Ausgabe in vier Bänden, Bd. 2, hg. von Manfred Engel u. Ulrich Fülleborn, Frankfurt am Main; Leipzig 1996, S. 46.
Rilke, Rainer Maria, Asrael. In: Rilke, Jugendgedichte. Sämtliche Werke, Bd. 3, hg. von Ernst Zinn u. Ruth Sieber-Rilke, Wiesbaden 1959, S. 264–265.
Rilke, Rainer Maria, Auguste Rodin. In: Rilke, Schriften. Kommentierte Ausgabe in vier Bänden, Bd. 4, hg. von Horst Nalewski, Frankfurt am Main; Leipzig 1996, S. 401–480.

Rilke, Rainer Maria, Brief an Anton Kippenberg, 26. Mai 1925. In: Rilke, Briefe an seinen Verleger 1906 bis 1926, Wiesbaden 1949, S. 419.

Rilke, Rainer Maria, Brief an Arthur Fischer-Colbrie, 20. Dezember 1923. In: Rilke, Briefe zur Politik, hg. von Joachim W. Storck, Frankfurt am Main; Leipzig 1992, S. 458–462.

Rilke, Rainer Maria, Brief an Axel Juncker, 19. Oktober 1914. In: Rilke, Briefe zur Politik, hg. von Joachim W. Storck, Frankfurt am Main; Leipzig 1992, S. 97–98.

Rilke, Rainer Maria, Brief an Bernhard von der Marwitz, 9. März 1918. In: Rilke, Briefe zur Politik, hg. von Joachim W. Storck, Frankfurt am Main; Leipzig 1992, S. 212–214.

Rilke, Rainer Maria, Brief an Clara Rilke, 24. April 1903. In: Rilke, Gesammelte Briefe in sechs Bänden, Bd. I, hg. von Ruth Sieber-Rilke u. Carl Sieber, Leipzig 1939, S. 352–355.

Rilke, Rainer Maria, Brief an Dorothea Freifrau von Ledebur, 19. Dezember 1918. In: Rilke, Briefe zur Politik, hg. von Joachim W. Storck, Frankfurt am Main; Leipzig 1992, S. 236–238.

Rilke, Rainer Maria, Brief an Elisabeth Taubmann, 18. Mai 1917. In: Rilke, Briefe zur Politik, hg. von Joachim W. Storck, Frankfurt am Main; Leipzig 1992, S. 165–167.

Rilke, Rainer Maria, Brief an Ellen Delp, 10. Oktober 1915. In: Rilke, Briefe zur Politik, hg. von Joachim W. Storck, Frankfurt am Main; Leipzig 1992, S. 142–143.

Rilke, Rainer Maria, Brief an Ellen Delp, 27. Oktober 1915. In: Rilke, Briefe aus den Jahren 1914 bis 1921, hg. von Ruth Sieber-Rilke u. Carl Sieber, Leipzig 1937, S. 80.

Rilke, Rainer Maria, Brief an Ellen Key, 13. Februar 1903. In: Rilke, Briefe zur Politik, hg. von Joachim W. Storck, Frankfurt am Main; Leipzig 1992, S. 52–54.

Rilke, Rainer Maria, Brief an Erica Yvette Hauptmann-von Scheel, 5. März 1915. In: Rilke, Briefe zur Politik, hg. von Joachim W. Storck, Frankfurt am Main; Leipzig 1992, S. 133–135.

Rilke, Rainer Maria, Brief an Eva Cassirer, 20. August 1908. In: Rilke, Briefe zur Politik, hg. von Joachim W. Storck, Frankfurt am Main; Leipzig 1992, S. 73–74.

Rilke, Rainer Maria, Brief an Eva-Marie Freifrau von Heyl zu Herrnsheim, 1. März 1919. In: Rilke, Briefe zur Politik, hg. von Joachim W. Storck, Frankfurt am Main; Leipzig 1992, S. 258–259.

Rilke, Rainer Maria, Brief an Gräfin Aline Dietrichstein, 6. August 1919. In: Rilke, Briefe zur Politik, hg. von Joachim W. Storck, Frankfurt am Main; Leipzig 1992, S. 269–275.

Rilke, Rainer Maria, Brief an Hanns Buchli, 25. April 1920. In: Rilke, Briefe zur Politik, hg. von Joachim W. Storck, Frankfurt am Main; Leipzig 1992, S. 306–309.

Rilke, Rainer Maria Brief an Helene von Nostitz, 12. Juli 1915. In: Rilke, Briefe zur Politik, hg. von Joachim W. Storck, Frankfurt am Main; Leipzig 1992, S. 125–126.

Rilke, Rainer Maria, Brief an Hermann Pongs, 21. Oktober 1924. In: Rilke, Briefe zur Politik, hg. von Joachim W. Storck, Frankfurt am Main; Leipzig 1992, S. 432–440.

Rilke, Rainer Maria, Brief an Ilse Erdmann, 11. September 1915. In: Rilke, Briefe zur Politik, hg. von Joachim W. Storck, Frankfurt am Main; Leipzig 1992, S. 138–139.

Rilke, Rainer Maria, Brief an Jakob von Uexküll, 19. August 1909. In: Rilke, Briefe aus den Jahren 1907 bis 1914, hg. von Ruth Sieber-Rilke u. Carl Sieber, Leipzig 1933, S. 72–75.

Rilke, Rainer Maria, Brief an Karel Maria Pol de Mont, 10. Januar 1902. In: Rilke, Briefe zur Politik, hg. von Joachim W. Storck, Frankfurt am Main; Leipzig 1992, S. 42–46.

Rilke, Rainer Maria, Brief an Karl und Elisabeth von der Heydt, 6. November 1914. In: Rilke, Briefe zur Politik, hg. von Joachim W. Storck, Frankfurt am Main; Leipzig 1992, S. 101–102.

Rilke, Rainer Maria, Brief an Karl von der Heydt, 11. März 1913. In: Rilke, Die Briefe an Karl und Elisabeth von der Heydt 1905–1922, hg. von Ingeborg Schnack u. Renate Scharffenberg, Frankfurt am Main 1986, S. 186–188.

Rilke, Rainer Maria, Brief an Karl von der Heydt, 15. März 1913. In: Rilke, Briefe aus den Jahren 1907 bis 1914, hg. von Ruth Sieber-Rilke u. Carl Sieber, Leipzig 1933, S. 275–277.

Rilke, Rainer Maria, Brief an Karl von der Heydt, 15. März 1913. In: Rilke, Die Briefe an Karl und Elisabeth von der Heydt 1905–1922, hg. von Ingeborg Schnack u. Renate Scharffenberg, Frankfurt am Main 1986, S. 188–189.

Rilke, Rainer Maria, Brief an Leopold von Schlözer, 12. Februar 1914. In: Rilke, Briefe zur Politik, hg. von Joachim W. Storck, Frankfurt am Main; Leipzig 1992, S. 86–87.

Rilke, Rainer Maria, Brief an Leopold von Schlözer, 21. Januar 1920. In: Rilke, Briefe zur Politik, hg. von Joachim W. Storck, Frankfurt am Main; Leipzig 1992, S. 296–298.

Rilke, Rainer Maria, Brief an Magda von Hattingberg, 2. Oktober 1919. In: Rilke, Briefwechsel mit Magda von Hattingberg „Benvenuta", hg. von Ingeborg Schnack u. Renate Scharffenberg, Frankfurt am Main 2000, S. 188–190.

Rilke, Rainer Maria, Brief an Magda von Hattingberg, 2. September 1914. In: Rilke, Briefwechsel mit Magda von Hattingberg „Benvenuta", hg. von Ingeborg Schnack u. Renate Scharffenberg, Frankfurt am Main 2000, S. 187–188.

Rilke, Rainer Maria, Brief an Magda von Hattingberg, 4. Februar 1914. In: Rilke, Briefwechsel mit Magda von Hattingberg „Benvenuta", hg. von Ingeborg Schnack u. Renate Scharffenberg, Frankfurt am Main 2000, S. 34–36.

Rilke, Rainer Maria, Brief an Margot Gräfin Sizzo-Noris-Crouy, 17. März 1922. In: Rilke, Briefe zur Politik, hg. von Joachim W. Storck, Frankfurt am Main; Leipzig 1992, S. 373–378.

Rilke, Rainer Maria, Brief an Marianne Mitford, 15. Oktober 1915. In: Rilke, Briefe zur Politik, hg. von Joachim W. Storck, Frankfurt am Main; Leipzig 1992, S. 144–145.

Rilke, Rainer Maria, Brief an Marianne Mitford, 5. März 1915. In: Rilke, Briefe zur Politik, hg. von Joachim W. Storck, Frankfurt am Main; Leipzig 1992, S. 105–108.

Rilke, Rainer Maria, Brief an Marie von Thurn und Taxis, 18. Mai 1914. In: Rilke und von Thurn und Taxis, Briefwechsel, Bd. 1, hg. von Ernst Zinn, Zürich 1951, S. 376–379.

Rilke, Rainer Maria, Brief an Marie von Thurn und Taxis, 2. August 1915. In: Rilke, Briefe zur Politik, hg. von Joachim W. Storck, Frankfurt am Main; Leipzig 1992, S. 128–130.

Rilke, Rainer Maria, Brief an Marie von Thurn und Taxis, 26. November 1915. In: Rilke und von Thurn und Taxis, Briefwechsel, Bd. 1, hg. von Ernst Zinn, Zürich 1951, S. 452–455.

Rilke, Rainer Maria, Brief an Nanny Wunderly-Volkart, 30. Januar 1923. In: Rilke, Briefe zur Politik, hg. von Joachim W. Storck, Frankfurt am Main; Leipzig 1992, S. 409–413.

Rilke, Rainer Maria, Brief an Nora Purtscher-Wydenbruck, 20. Dezember 1923. In: Rilke, Briefe zur Politik, hg. von Joachim W. Storck, Frankfurt am Main; Leipzig 1992, S. 420–422.

Rilke, Rainer Maria, Brief an Reinhold von Walter, 4. Juni 1921. In: Rilke, Briefe zur Politik, hg. von Joachim W. Storck, Frankfurt am Main; Leipzig 1992, S. 296–298.

Rilke, Rainer Maria, Brief an Sidonie Nádherný von Borutin, 20. November 1920. In: Rilke, Briefe zur Politik, hg. von Joachim W. Storck, Frankfurt am Main; Leipzig 1992, S. 315–319.

Rilke, Rainer Maria, Brief an Sidonie Nádherný von Borutin, 26. November 1912. In: Rilke, Briefe an Sidonie Nádherný von Borutin, hg. von Bernhard Blume, Frankfurt am Main 1973, S. 165–167.

Rilke, Rainer Maria, Brief an Sidonie Nádherný von Borutin, 4. Februar 1912. In: Rilke, Briefe an Sidonie Nádherný von Borutin, hg. von Bernhard Blume, Frankfurt am Main 1973, S. 141–144.

Rilke, Rainer Maria, Brief an Sidonie Nádherný von Borutin, 7. Februar 1919. In: Rilke, Briefe an Sidonie Nádherný von Borutin, hg. von Bernhard Blume, Frankfurt am Main 1973, S. 286–288.

Rilke, Rainer Maria, Brief an Thankmar von Münchhausen, 3. Februar 1918. In: Rilke, Briefwechsel mit Thankmar von Münchhausen 1913 bis 1925, hg. von Joachim W. Storck, Frankfurt am Main; Leipzig 2004, S. 78.

Rilke, Rainer Maria, Brief an Thankmar von Münchhausen, 5. August 1918. In: Rilke, Briefwechsel mit Thankmar von Münchhausen 1913 bis 1925, hg. von Joachim W. Storck, Frankfurt am Main; Leipzig 2004, S. 85–86.

Rilke, Rainer Maria, Brief an Thankmar von Münchhausen, 5. März 1918. In: Rilke, Briefwechsel mit Thankmar von Münchhausen 1913 bis 1925, hg. von Joachim W. Storck, Frankfurt am Main; Leipzig 2004, S. 81–82.

Rilke, Rainer Maria, Brief an Witold Hulewicz, 13. November 1925. In: Rilke, Briefe aus Muzot 1921–1926, hg. von Ruth Sieber-Rilke u. Carl Sieber, Leipzig 1935, S. 330–338.

Rilke, Rainer Maria, Da leben Menschen, weißerblühte, blasse. In: Rilke, Gedichte 1895–1910. Kommentierte Ausgabe in vier Bänden, Bd. 1, hg. von Manfred Engel u. Ulrich Fülleborn, Frankfurt am Main; Leipzig 1996, S. 235–236.

Rilke, Rainer Maria, Das Jüngste Gericht. In: Rilke, Gedichte 1895–1910. Kommentierte Ausgabe in vier Bänden, Bd. 1, hg. von Manfred Engel u. Ulrich Fülleborn, Frankfurt am Main; Leipzig 1996, S. 528.

Rilke, Rainer Maria, Das Märchen von den Händen Gottes. In: Rilke, Prosa und Dramen. Kommentierte Ausgabe in vier Bänden, Bd. 3, hg. von August Stahl, Frankfurt am Main; Leipzig 1996, S. 347–354.

Rilke, Rainer Maria, Der Engel. In: Rilke, Gedichte 1895–1910. Kommentierte Ausgabe in vier Bänden, Bd. 1, hg. von Manfred Engel u. Ulrich Fülleborn, Frankfurt am Main; Leipzig 1996, S. 23.

Rilke, Rainer Maria, Der Schauende. In: Rilke, Gedichte 1895–1910. Kommentierte Ausgabe in vier Bänden, Bd. 1, hg. von Manfred Engel u. Ulrich Fülleborn, Frankfurt am Main; Leipzig 1996, S. 332–332.

Rilke, Rainer Maria, Der Schutzengel. In: Rilke, Gedichte 1895–1910. Kommentierte Ausgabe in vier Bänden, Bd. 1, hg. von Manfred Engel u. Ulrich Fülleborn, Frankfurt am Main; Leipzig 1996, S. 265–266.

Rilke, Rainer Maria, Die Aufzeichnungen des Malte Laurids Brigge. In: Rilke, Prosa und Dramen. Kommentierte Ausgabe in vier Bänden, Bd. 3, hg. von August Stahl, Frankfurt am Main; Leipzig 1996, S. 453–635.

Rilke, Rainer Maria, Duineser Elegien. In: Rilke, Gedichte 1910–1926. Kommentierte Ausgabe in vier Bänden, Bd. 2, hg. von Manfred Engel u. Ulrich Fülleborn, Frankfurt am Main; Leipzig 1996, S. 199–234.

Rilke, Rainer Maria, Fünf Gesänge. In: Rilke, Gedichte 1910–1926. Kommentierte Ausgabe in vier Bänden, Bd. 2, hg. von Manfred Engel u. Ulrich Fülleborn, Frankfurt am Main; Leipzig 1996, S. 106–111.

Rilke, Rainer Maria, Gebet. In: Rilke, Gedichte 1895–1910. Kommentierte Ausgabe in vier Bänden, Bd. 1, hg. von Manfred Engel u. Ulrich Fülleborn, Frankfurt am Main; Leipzig 1996, S. 76.

Rilke, Rainer Maria, Hat auch mein Engel keine Pflicht mehr. In: Rilke, Gedichte 1895–1910. Kommentierte Ausgabe in vier Bänden, Bd. 1, hg. von Manfred Engel u. Ulrich Fülleborn, Frankfurt am Main; Leipzig 1996, S. 73–74.

Rilke, Rainer Maria, Ich komme aus meinen Schwingen heim. In: Rilke, Gedichte 1895–1910. Kommentierte Ausgabe in vier Bänden, Bd. 1. hg. von Manfred Engel u. Ulrich Fülleborn, Frankfurt am Main; Leipzig 1996, S. 185–186.

Rilke, Rainer Maria, Ich ließ meinen Engel lange nicht los. In: Rilke, Gedichte 1895–1910. Kommentierte Ausgabe in vier Bänden, Bd. 1, hg. von Manfred Engel u. Ulrich Fülleborn, Frankfurt am Main; Leipzig 1996, S. 73.

Rilke, Rainer Maria, Klage. In: Rilke, Gedichte 1910–1926. Kommentierte Ausgabe in vier Bänden, Bd. 2, hg. von Manfred Engel u. Ulrich Fülleborn, Frankfurt am Main; Leipzig 1996, S. 102.

Rilke, Rainer Maria, Kunstwerke. In: Rilke, Schriften. Kommentierte Ausgabe in vier Bänden, Bd. 4, hg. von Horst Nalewski, Frankfurt am Main; Leipzig 1996, S. 303–304.

Rilke, Rainer Maria, L'Ange du Méridien. In: Rilke, Gedichte 1895–1910. Kommentierte Ausgabe in vier Bänden, Bd. 1, hg. von Manfred Engel u. Ulrich Fülleborn, Frankfurt am Main; Leipzig 1996, S. 462–463.

Rilke, Rainer Maria, Moderne Lyrik. In: Rilke, Schriften. Kommentierte Ausgabe in vier Bänden, Bd. 4, hg. von Horst Nalewski, Frankfurt am Main; Leipzig 1996, S. 114–120.

Rilke, Rainer Maria, Nächtens will ich mit dem Engel reden. In: Rilke, Gedichte 1910–1926. Kommentierte Ausgabe in vier Bänden, Bd. 2, hg. von Manfred Engel u. Ulrich Fülleborn, Frankfurt am Main; Leipzig 1996, S. 120.

Rilke, Rainer Maria, Seine Hände blieben wie blinde. In: Rilke, Gedichte 1895–1910. Kommentierte Ausgabe in vier Bänden, Bd. 1, hg. von Manfred Engel u. Ulrich Fülleborn, Frankfurt am Main; Leipzig 1996, S. 74–75.

Rilke, Rainer Maria, Seit mein Engel mich nicht mehr bewacht. In: Rilke, Gedichte 1895–1910. Kommentierte Ausgabe in vier Bänden, Bd. 1, hg. von Manfred Engel u. Ulrich Fülleborn, Frankfurt am Main; Leipzig 1996, S. 73.

Rilke, Rainer Maria, Siehe, Engel fühlen durch den Raum. In: Rilke, Gedichte 1910–1926. Kommentierte Ausgabe in vier Bänden, Bd. 2, hg. von Manfred Engel u. Ulrich Fülleborn, Frankfurt am Main; Leipzig 1996, S. 79.

Rilke, Rainer Maria, So viele Engel suchen dich im Lichte. In: Rilke, Gedichte 1895–1910. Kommentierte Ausgabe in vier Bänden, Bd. 1, hg. von Manfred Engel u. Ulrich Fülleborn, Frankfurt am Main; Leipzig 1996, S. 171–172.

Rilke, Rainer Maria, Sturm. In: Rilke, Jugendgedichte. Sämtliche Werke, Bd. 3, hg. von Ernst Zinn u. Ruth Sieber-Rilke, Wiesbaden 1959, S. 725–727.

Rilke, Rainer Maria, Über Kunst. In: Rilke, Schriften. Kommentierte Ausgabe in vier Bänden, Bd. 4, hg. von Horst Nalewski, Frankfurt am Main; Leipzig 1996, S. 114–120.

Rilke, Rainer Maria, Um die vielen Madonnen sind. In: Rilke, Gedichte 1895–1910. Kommentierte Ausgabe in vier Bänden, Bd. 1, hg. von Manfred Engel u. Ulrich Fülleborn, Frankfurt am Main; Leipzig 1996, S. 75.

Rilke, Rainer Maria, Ur-Geräusch. In: Rilke, Schriften. Kommentierte Ausgabe in vier Bänden, Bd. 4, hg. von Horst Nalewski. Frankfurt am Main; Leipzig 1996, S. 699–704.

Rilke, Rainer Maria, Verkündigung. In: Rilke, Gedichte 1895–1910. Kommentierte Ausgabe in vier Bänden, Bd. 1, hg. von Manfred Engel u. Ulrich Fülleborn, Frankfurt am Main; Leipzig 1996, S. 291–292.

Rilke, Rainer Maria, Was irren meine Hände in den Pinseln. In: Rilke, Gedichte 1895–1910. Kommentierte Ausgabe in vier Bänden, Bd. 1, hg. von Manfred Engel u. Ulrich Fülleborn, Frankfurt am Main; Leipzig 1996, S. 165–166.

Rilke, Rainer Maria, Wer könnte einsam leben und nicht dies. In: Rilke, Gedichte 1895–1910. Kommentierte Ausgabe in vier Bänden, Bd. 1, hg. von Manfred Engel u. Ulrich Fülleborn, Frankfurt am Main; Leipzig 1996, S. 375–376.

Rilke, Rainer Maria, Wie der Abendwind. In: Rilke, Gedichte 1910–1926. Kommentierte Ausgabe in vier Bänden, Bd. 2, hg. von Manfred Engel u. Ulrich Fülleborn, Frankfurt am Main; Leipzig 1996, S. 89.

Rilke, Rainer Maria, Wir haben eine Erscheinung. In: Briefe zur Politik, hg. von Joachim W. Storck, Frankfurt am Main; Leipzig 1992, S. 98–100.
Said, Edward: Reflections on Exile. In: Said, Reflections on Exile and Other Essays, hg. von Edward Said, Cambridge 2000, S. 173–186.
Schiller, Friedrich, Über die ästhetische Erziehung des Menschen in einer Reihe von Briefen. In: Schiller, Sämtliche Werke in 5 Bänden, Bd. 5, hg. von Peter-André Alt, Albert Meier u. Wolfgang Riedel, München 2004, S. 570–669.
Schleiermacher, Friedrich, Der christliche Glaube, Teilband 1 (1830/31), Berlin 2003.
Schmid, Heinrich, Die Dogmatik der evangelisch-lutherischen Kirche, Erlangen 1843.
Seghers, Anna, Transit, Berlin 2011.
Serres, Michel, Die Legende der Engel, Frankfurt am Main; Leipzig 1995.
Der Spiegel, Rein wie Engel, 42, 1983, S. 284/285 [https://www.spiegel.de/spiegel/print/d-14023756.html].
Der Spiegel, Raumflug nach Jerusalem, 1, 1973, S. 85/96 [http://www.spiegel.de/spiegel/print/d-42762354.html].
Thomas von Aquin, Summe der Theologie. Die katholische Wahrheit oder die theologische Summa des Thomas von Aquin. Deutsch wiedergegeben durch Ceslaus Maria Schneider, Regensburg 1886–1892 [https://bkv.unifr.ch/works/8/versions/18/divisions/12113].
Trakl, Georg, Psalm. Karl Kraus zugeeignet. In: Trakl, Gedichte, Leipzig 1913, S. 47/48.
Twesten, August, Vorlesungen über die Dogmatik der Evangelisch-Lutherischen Kirche, nach dem Compendium des Herrn Dr. W. M. L. de Wette, Bd. 2, Hamburg 1837.

8.3 Forschungsliteratur

Abgott, In: Etymologisches Wörterbuch des Deutschen (1993). Digitalisierte und von Wolfgang Pfeifer überarbeitete Version im Digitalen Wörterbuch der deutschen Sprache [https://www.dwds.de/wb/Abgott].
Ächtler, Norman, Das Lager als Paradigma der Moderne. Der Kriegsgefangenendiskurs in der westdeutschen Nachkriegsliteratur (1946–1966). In: Deutsche Vierteljahrsschrift für Literaturwissenschaft und Geistesgeschichte, 87, 2013, S. 264–294.
Agnese, Barbara, Aichingers „Briefwechsel". Der Weg eines Gedichts durch das Medium Tageszeitung: „. . . So behutsam und leise dasz keiner es merke". In: Absprung zur Weiterbesinnung. Geschichte und Medien bei Ilse Aichinger, hg. von Christine Ivanović u. Sugi Shindo, Tübingen 2011, S. 135–145.
Ahn, Gregor, Grenzgängerkonzepte in der Religionsgeschichte. Von Engeln, Dämonen, Götterboten und anderen Mittlerwesen. In: Engel und Dämonen. Theologische, anthropologische und religionsgeschichtliche Aspekte des Guten und Bösen, hg. von Gregor Ahn u. Manfried Dietrich, Münster 1997, S. 1–48.
Albrecht, Friedrich, Der Vulkan. Roman unter Emigranten. In: Albrecht, Klaus Mann der Mittler, Bern 2009, S. 37–48.
Albrecht, Friedrich, Klaus Mann der Mittler. In: Albrecht, Klaus Mann der Mittler, Bern 2009, S. 267–326.
Albrecht, Ruth, Zum Ideal der Überwindung der Geschlechterdifferenz in der spätantiken christlichen Askese. In: Askese. Geschlecht und Geschichte der Selbstdisziplinierung, hg. von Irmela Marei Krüger-Fürhoff u. Tanja Nusser, Bielefeld 2005, S. 17–42.

Allensbach-Institut, Studie „Glaube 1986 und 2017" [https://www.ifd-allensbach.de/filead min/kurzberichte_dokumentationen/FAZ_Dezember2017_Christentum.pdf].
Alves, Eva-Maria, Vorwort. In: Unter Engeln, hg. von Eva-Maria Alves, Berlin 2011, S. 9–29.
Apel, Friedmar, Himmelssehnsucht. Die Sichtbarkeit der Engel in der romantischen Literatur und Kunst sowie bei Klee, Rilke und Benjamin, Paderborn 1994.
Assmann, Aleida, 1945 – Der blinde Fleck der deutschen Erinnerungsgeschichte. In: Geschichtsvergessenheit – Geschichtsversessenheit. Vom Umgang mit deutschen Vergangenheiten nach 1945, hg. von Aleida Assmann u. Ute Frevert, Stuttgart 1999, S. 97–139.
Assmann, Aleida, 1998 – Zwischen Geschichte und Gedächtnis. In: Geschichtsvergessenheit – Geschichtsversessenheit. Vom Umgang mit deutschen Vergangenheiten nach 1945, hg. von Aleida Assmann u. Ute Frevert, Stuttgart 1999, S. 21–52.
Assmann, Aleida u. Assmann, Jan, Geheimnis und Offenbarung. In: Schleier und Schwelle. Archäologie der literarischen Kommunikation V, Bd. 2: Geheimnis und Offenbarung, hg. von Aleida Assmann u. Jan Assmann, München 1998, S. 7–14.
Assmann, Jan, Der zweidimensionale Mensch. Das Fest als Medium des kollektiven Gedächtnisses. In: Kontrapunkte des Alltags. Studien zum Verstehen fremder Religionen 1, hg. von Jan Assmann u. Theo Sundermeier, Gütersloh 1991, S. 13–30.
Aurnhammer, Achim, Androgynie. Studien zu einem Motiv in der europäischen Literatur, Köln; Wien 1986.
Bachtin, Michail, Die Ästhetik des Wortes, Frankfurt am Main 1979.
Bärsch, Claus-Ekkehard, Der junge Goebbels. Erlösung und Vernichtung, München 2004.
Barnett, Victoria J., Bystanders. Conscience and Complicity During the Holocaust, Westport 1999.
Bauer, Markus, Imagination und Politik. Zum Begriff des Exils bei Walter Benjamin. In: global benjamin, Bd. 3, hg. von Klaus Garber u. Ludger Rehm, München 1999, S. 1569–1583.
Bei, Neda, Die schreckliche Ubiquität der Engel. In: Engel, :Engel. Legenden der Gegenwart, hg. von Cathrin Pichler, Wien 1997, S. 33–50.
Berger, Peter, The Desecularization of the World: A Global Overview. In: The Desecularization of the World, hg. von Peter Berger, Grand Rapids 1999, S. 1–18.
Bergfleth, Gerd, Die Souveränität des Bösen. Zu Batailles Umwertung der Moral. In: Georges Bataille, Die Literatur und das Böse, München 1987, S. 189–236.
Bering, Dietz, Der Name als Stigma. Antisemitismus im deutschen Alltag 1812–1933, Stuttgart 1987.
Bernhardt, Reinhold, Im Angesicht Gottes. In: Uni Nova, 116, 2011, S. 39–40.
Bertschik, Julia, Mode und Moderne. Kleidung als Spiegel des Zeitgeistes in der deutschsprachigen Literatur (1770–1945), Köln 2005.
Bhatti, Anil u. Kimmich, Dorothee, Einleitung. In: Ähnlichkeit. Ein kulturtheoretisches Paradigma, hg. von Anil Bhatti u. Dorothee Kimmich, Konstanz 2015, S. 7–31.
Bischoff, Doerte, Exil und Interkulturalität – Positionen und Lektüren. In: Handbuch der deutschsprachigen Exilliteratur. Von Heinrich Heine bis Herta Müller, hg. von Gerhild Rochus u. Bettina Bannasch, Berlin 2013, S. 97–119.
Bischoff, Doerte u. Komfort-Hein, Susanne, Einleitung: Literatur und Exil. Neue Perspektiven auf eine (historische und aktuelle) Konstellation. In: Literatur und Exil. Neue Perspektiven, hg. von Doerte Bischoff u. Susanne Komfort-Hein, Berlin 2013, S. 1–19.
Blumrich, Josef F., Da tat sich der Himmel auf. Die Begegnung des Propheten Ezechiel mit außerirdischer Intelligenz, Berlin 1994.

Böhme, Hartmut, Das Unsichtbare – Mediengeschichtliche Annäherungen an ein Problem neuzeitlicher Wissenschaft. In: Performativität und Medialität, hg. von Sybille Krämer, München 2004, S. 215–245.

Bogdal, Klaus-Michael, Literarischer Antisemitismus nach Auschwitz. Perspektiven der Forschung. In: Literarischer Antisemitismus nach Auschwitz, hg. von Klaus-Michael Bogdal, Klaus Holz u. Matthias N. Lorenz, Stuttgart; Weimar 2007, S. 1–12.

Bohnenkamp, Klaus E., Der reine Dichter. Rainer Maria Rilke im Urteil Robert Musils und Stefan Zweigs. In: „Auf geborgtem Boden". Rilke und die französische Sprache. In: Blätter der Rilke-Gesellschaft, 26, hg. von Rudi Schweikert, Frankfurt am Main; Leipzig 2005, S. 99–144.

Borutta, Manuel, Genealogie der Säkularisierungstheorie. Zur Historisierung einer großen Erzählung der Moderne. In: Geschichte und Gesellschaft, 36, 2010, S. 347–376.

Bradley, Brigitte L., Marginalien zur Biographie Rilkes. Briefliche Äußerungen zu Kriegs- und Nachkriegserscheinungen. In: Colloquia Germanica, 7, 1973, S. 9–27.

Brauchitsch, Boris von, Jenseits von Eden. Engel in der zeitgenössischen Kunst. In: Die Wiederkunft der Engel. Beiträge zur Kunst und Kultur der Moderne, hg. von Markwart Herzog, Stuttgart 2000, S. 101–120.

Braungart, Georg, „Katastrophen kennt allein der Mensch, sofern er sie überlebt; die Natur kennt keine Katastrophen." Anthropozän, Kulturgeschichte der geologischen Kränkung und Globale Umweltethik. In: Ethik in den Wissenschaften. 1 Konzept – 25 Jahre – 50 Perspektiven, hg. von Regina Ammicht Quinn u. Thomas Potthast, Tübingen 2015, S. 321–328.

Braungart, Wolfgang, Ästhetische Religiosität oder religiöse Ästhetik? Einführende Überlegungen zu Hofmannsthal, Rilke und George und zu Rudolf Ottos Ästhetik des Heiligen. In: Ästhetische und religiöse Erfahrungen der Jahrhundertwenden, Bd. 2, hg. von Wolfgang Braungart, Gotthard Fuchs u. Manfred Koch, Paderborn u. a. 1998, S. 15–29.

Braungart, Wolfgang, Literatur und Religion in der Moderne, Paderborn 2016.

Briegleb, Klaus, „Neuanfang" in der westdeutschen Nachkriegsliteratur – Die „Gruppe 47" in den Jahren 1947–1951. In: Fünfzig Jahre danach. Zur Nachgeschichte des Nationalsozialismus, hg. von Sigrid Weigel u. Birgit Erdle, Zürich 1996, S. 119–163.

Briegleb, Klaus, Missachtung und Tabu. Eine Streitschrift über die Frage: „Wie antisemitisch war die Gruppe 47?", Berlin 2003.

Brittnacher, Hans Richard, Porombka, Stephan u. Störmer, Fabian, Einleitung. In: Poetik der Krise. Rilkes Rettung der Dinge in den ‚Weltinnenraum', hg. von Hans Richard Brittnacher, Stephan Porombka u. Fabian Störmer, Würzburg 2000, S. 7–20.

Bronfen, Elisabeth, Entortung und Identität: Zum Thema der modernen Exilliteratur. In: The Germanic Review, 69/1, 1994, S. 70–78.

Bronfen, Elisabeth, Exil in der Literatur: Zwischen Metapher und Realität. In: Arcadia. Zeitschrift für Vergleichende Literaturwissenschaft, 28, 1993, S. 167–183.

Brown, Peter, Die Keuschheit der Engel. Sexuelle Entsagung, Askese und Körperlichkeit am Anfang des Christentums, München; Wien 1991.

Butzer, Günter, Erinnerung des Exils. In: Handbuch der deutschsprachigen Exilliteratur. Von Heinrich Heine bis Herta Müller, hg. von Bettina Bannasch u. Gerhild Rochus, Berlin; Boston 2013, S. 151–169.

Canal, Héctor, Neumann, Maik u. Sauter, Caroline, Vorwort: Das Heilige (in) der Moderne. In: Das Heilige (in) der Moderne. Denkfiguren des Sakralen in Philosophie und Literatur des 20. Jahrhunderts, hg. von Héctor Canal, Maik Neumann u. Caroline Sauter, Bielefeld 2013, S. 7–12.

Cha, Kyung-Ho, Das „Walten der Boten". Zur Wissensgeschichte vormoderner Medien und Ethik der Neigung bei Walter Benjamin. In: Profanes Leben. Walter Benjamins Dialektik der Säkularisierung, hg. von Daniel Weidner, Berlin 2010, S. 191–212.

Claussen, Detlev, Nach Auschwitz. Ein Essay über die Aktualität Adornos. In: Zivilisationsbruch. Denken nach Auschwitz, hg. von Dan Diner, Frankfurt am Main 1988, S. 54–68.

Cosma, Ioana, Angels In-Between. The Poetics of Excess and the Crisis of Representation, Toronto 2009.

Diehl, Paula, Körperbilder und Körperpraxen im Nationalsozialismus. In: Körper im Nationalsozialismus. Bilder und Praxen, hg. von Paula Diehl, München 2006, S. 9–30.

Diner, Dan, Aporie der Vernunft. Horkheimers Überlegungen zu Antisemitismus und Massenvernichtung. In: Zivilisationsbruch. Denken nach Auschwitz, hg. von Dan Diner, Frankfurt am Main 1988, S. 30–53.

Diner, Dan, Gestaute Zeit. In: Fünfzig Jahre danach. Zur Nachgeschichte des Nationalsozialismus, hg. von Sigrid Weigel u. Birgit Erdle, Zürich 1996, S. 3–15.

Dipper, Christof, Religion in modernen Zeiten. Die Perspektive des Historikers. In: Moderne und Religion. Kontroversen um Modernität und Säkularisierung, hg. von Ulrich Willems, Detlef Pollack u. Helene Basu, Bielefeld 2013, S. 261–292.

Dober, Hans Martin, Die Moderne wahrnehmen. Über Religion im Werk Walter Benjamins, Gütersloh 2002.

Döhl, Hartmut G., Engel und andere Geistwesen in der Antike. Ein Beitrag zu den religionsgeschichtlichen Ursprüngen des Engels. In: Die Wiederkunft der Engel. Beiträge zur Kunst und Kultur der Moderne, hg. von Markwart Herzog, Stuttgart 2000, S. 21–34.

Dürr, Oliver, Der Engel Mächte. Systematisch-theologische Untersuchung: Angelologie, Stuttgart 2009.

DWDS-Wortverlaufskurve für das Wort „Exil", erstellt durch das Digitale Wörterbuch der deutschen Sprache [https://www.dwds.de/r/plot?view=1&corpus=dta%2Bdwds&norm= date%2Bclass&smooth=spline&genres=0&grand=1&slice=10&prune=0&window= 3&wbase=0&logavg=0&logscale=0&xrange=1800%3A2000&q1=Exil].

Ebach, Jürgen, Agesilaus Santander und Benedix Schönflies. Die verwandelten Namen Walter Benjamins. In: Antike und Moderne. Walter Benjamins „Passagen", hg. von Norbert W. Bolz u. Richard Faber, Würzburg 1986, S. 148–153.

Eberlein, Johann Konrad, „Angelus Novus". Paul Klees Bild und Walter Benjamins Deutung, Freiburg im Breisgau; Berlin 2006.

Eckel, Winfried, Wendung. Zum Prozeß der poetischen Reflexion im Werk Rilkes, Würzburg 1994.

Ehrenspeck, Yvonne, Die Idee der Humanisierung des Menschen im Medium ästhetischer Bildung bei Friedrich Schiller und Johann Friedrich Herbart. In: Bildung: Angebot oder Zumutung, hg. von Yvonne Ehrenspeck, Gerhard de Haan u. Felicitas Thiel, Wiesbaden 2008, S. 75–93.

Eke, Norbert Otto, Die erfundene Wahrnehmung. Annäherung an Herta Müller, Paderborn 1991.

Eliade, Mircea, Die Religionen und das Heilige, Darmstadt 1976.

Elm, Susanna, „Schon auf Erden Engel". Einige Bemerkungen zu den Anfängen asketischer Gemeinschaften in Kleinasien. In: Historia: Zeitschrift für Alte Geschichte, 45/4, 1996, S. 483–500.

Endres, Johannes, Schleier. In: Metzler Lexikon literarischer Symbole, hg. von Günter Butzer u. Joachim Jacob, Stuttgart; Weimar 2012, S. 374–376.

Engel. In: Religion in Geschichte und Gegenwart. Handwörterbuch für Theologie und Religionswissenschaft, hg. von Hans Dieter Betz, Don S. Browning, Bernd Janowski u. Eberhard Jüngel, Tübingen 1999, S. 1270–1290.

Engel, Manfred, Rainer Maria Rilkes ‚Duineser Elegien' und die moderne deutsche Lyrik, Stuttgart 1986.

Engel, Manfred u. Lamping, Dieter, Einleitung. In: Rilke und die Weltliteratur, hg. von Manfred Engel u. Dieter Lamping, Düsseldorf; Zürich 1999, S. 7–16.

Feigel, Lara, Cursed Legacy: The Tragic Life of Klaus Mann – review. In: The Guardian, 2016 [https://www.theguardian.com/books/2016/mar/06/cursed-legacy-frederic-spotts-review-tragic-life-of-klaus-mann-son-thomas-nazism-communism-suicide].

Finkelde, Dominik, Benjamin liest Proust. Mimesislehre – Sprachtheorie – Poetologie, München 2003.

Fischer-Lichte, Erika, Ästhetische Erfahrung. Das Semiotische und das Performative, Tübingen; Basel 2001.

Flasch, Kurt, Die geistige Mobilmachung. Die deutschen Intellektuellen und der Erste Weltkrieg, Berlin 2004.

Forsa-Umfrage. In: GEO-Heft „Warum glaubt der Mensch?", 1, 2006 [https://assets.geo.de/_components/GEO/info/presse/files/2006/geo_200601_glauben.pdf].

Frank, Suso, Angelikos Bios. Begriffsanalytische und begriffsgeschichtliche Untersuchung zum „engelgleichen Leben" im frühen Mönchtum, Münster 1964.

Frankenberg, Hartwig, Engel in der Werbung. Eine kultursemiotische Analyse. In: Die Wiederkunft der Engel. Beiträge zur Kunst und Kultur der Moderne, hg. von Markwart Herzog, Stuttgart 2000, S. 129–148.

Friedländer, Saul, Introduction. In: Probing the Limits of Representation. Nazism and the „Final Solution", Cambridge 1992, S. 2–21.

Friedman, Régine-Mihal, Jüdische Charaktere/Nazi-Schauspieler. Zwischen Mimikry und Mimesis. In: Körper im Nationalsozialismus. Bilder und Praxen, hg. von Paula Diehl, München 2006, S. 91–105.

Frieß, Nina, Hatte Ivan Denisovič einen ‚Hungerengel'? Über Differenzen authentischer und fiktiver Erinnerungen an das stalinistische Arbeitsbesserungslager. In: Texturen – Identitäten – Theorien, hg. von Nina Frieß, Inna Ganschiw, Irina Gradinari u. Marion Rutz, Potsdam 2011, S. 303–318.

Frietsch, Elke, Helden und Engel. Unsterblichkeitsphantasmen in der Kunst des NS-Regimes während der Kriegsjahre. In: Körper im Nationalsozialismus. Bilder und Praxen, hg. von Paula Diehl, München 2006, S. 129–148.

Fülleborn, Ulrich, Rilkes Gebrauch der Bibel. In: Rilke und die Weltliteratur, hg. von Manfred Engel u. Dieter Lamping, Düsseldorf; Zürich 1999, S. 19–38.

Fuld, Werner, Agesilaus Santander oder Benedix Schönflies. Die geheimen Namen Walter Benjamins. In: Neue Rundschau, 89, 1978, S. 253–263.

Fulton, Birgit, Klaus Mann: Das Scheitern am „mißratenen Leben". Untersuchungen zum Identitätskonstrukt Klaus Manns, Wien 2009.

Gagnebin, Jeanne Marie, „Über den Begriff der Geschichte". In: Benjamin-Handbuch. Leben – Werk – Wirkung, hg. von Burkhardt Lindner, Stuttgart 2011, S. 284–300.

Gerwen, Wil van, Walter Benjamin auf Ibiza. Biographische Hintergründe zu „Agesilaus Santander". In: global benjamin, Bd. 2, hg. von Klaus Garber u. Ludger Rehm, München 1999, S. 969–981.

Gess, Nicola, Primitives Denken. Wilde, Kinder und Wahnsinnige in der literarischen Moderne (Müller, Musil, Benn, Benjamin), München; Paderborn 2013.
Geyer, Carl-Friedrich, Kritische Theorie. Max Horkheimer und Theodor W. Adorno. Freiburg; München 1982.
Gillispie, Charles Coulston, Genesis and Geology. A Study in the Relations of Scientific Thought, Natural Theology, and Social Opinion in Great Britain, 1790–1850, Cambridge 1996.
Goebel, Rolf J., Großstadterfahrung und das Exil in der Moderne. In: Benjamin und das Exil, hg. v. Bernd Witte, Würzburg 2006, S. 36–43.
Gosewinkel, Dieter, Einbürgern und Ausschließen. Die Nationalisierung der Staatsangehörigkeit vom Deutschen Bund bis zur Bundesrepublik Deutschland, Göttingen 2001.
Gould, Stephen Jay, Time's Arrow – Time's Cycle. Myth and Metaphor in the Discovery of Geological Time, London 1996.
Greiert, Andreas, Geschichte als Katastrophe. Zu einem theologisch-politischen Motiv bei Walter Benjamin. In: Zeitschrift für Religions- und Geistesgeschichte, 64/4, 2012, S. 359–376.
Greiner, Bernhard, Re-Präsentation: Exil als Zeichenpraxis bei Anna Seghers. In: Placeless Topographies, hg. von Bernhard Greiner, Tübingen 2003, S. 161–174.
Gross, Raphael, Gott und Religion in der Ethik des Nationalsozialismus. In: Nachleben der Religionen. Kulturwissenschaftliche Untersuchungen zur Dialektik der Säkularisierung, hg. von Martin Treml u. Daniel Weidner, München 2007, S. 177–187.
Grünes, Andreas, Klaus Mann: *Der Vulkan. Roman unter Emigranten* (1939). In: Handbuch der deutschsprachigen Exilliteratur. Von Heinrich Heine bis Herta Müller, hg. von Bettina Bannasch u. Gerhild Rochus, Berlin 2013, S. 435–441.
Gunkel, Hermann, Göttinger Handkommentar zum Alten Testament. Genesis, Göttingen 1922.
Hafner, Johann Ev., Angelologie, Paderborn u. a. 2010.
Hamburger, Käte, Rilke. Eine Einführung, Stuttgart 1976
Hammer, Almuth, „Die Engel träumen uns". Zur Poetologie der Transzendenz bei Ilse Aichinger. In: „Was wir einsetzen können, ist Nüchternheit." Zum Werk Ilse Aichingers, hg. von Britta Herrmann u. Barbara Thums, Würzburg 2001, S. 93–107.
Handelman, Susan, Walter Benjamin and the Angel of History. In: CrossCurrents, 41/3, 1991, S. 344–352.
Haselstein, Ulla, „Rücksicht auf Darstellbarkeit": Jonathan Safran Foers Holocaust-Roman *Everything Is Illuminated*. In: Literatur als Philosophie – Philosophie als Literatur, München; Paderborn 2006, S. 193–210.
Haug, Walter, Geheimnis und dunkler Stil. In: Schleier und Schwelle. Archäologie der literarischen Kommunikation V, Bd. 2: Geheimnis und Offenbarung, hg. von Aleida Assmann u. Jan Assmann, München 1998, S. 203–217.
Hausenstein, Wilhelm, Erinnerungen an Rilke. In: Stimmen der Freunde. Ein Gedächtnisbuch, hg. von Gert Buchheit, Leipzig 1931, S. 84–91.
Hebräisches und aramäisches Wörterbuch zum Alten Testament, hg. von Georg Fohrer, Berlin; New York 1997.
Hefner, Philip, The Animal That Aspires To Be an Angel: The Challenge of Transhumanism. In: Dialog. A Journal of Theology, 48/2, 2009, S. 164–173.
Heidelberger-Leonard, Irene, Klärung oder Verklärung? Überlegungen zu Ilse Aichingers Roman ‚Die größere Hoffnung'. In: Verschwiegenes Wortspiel. Kommentare zu den Werken Ilse Aichingers, hg. von Heidy Margrit Müller, Bielefeld 1999, S. 157–168.

Heininger, Jörg, Erhaben. In: Ästhetische Grundbegriffe, Bd. 2, hg. von Karlheinz Barck, Martin Fontius u. Dieter Schlenstedt, Stuttgart; Weimar 2010, S. 275–310.

Herkommer, Hubert, Sphärenklang und Höllenlärm, Lächeln oder Fratzen. Zur sinnenhaften Wahrnehmung der Geistwesen. In: Engel, Teufel und Dämonen. Einblicke in die Geisterwelt des Mittelalters, hg. von Hubert Herkommer u. Rainer Christoph Schwinges, Basel 2006, S. 199–224.

Herold, Milan, Der lyrische Augenblick als Paradigma des modernen Bewusstseins. Kant, Schlegel, Leopardi, Baudelaire, Rilke, Göttingen 2017.

Herzog, Markwart, Einleitung: Rückzug und Wiederkunft der Engel. In: Die Wiederkunft der Engel. Beiträge zur Kunst und Kultur der Moderne, hg. von Markwart Herzog, Stuttgart 2000, S. 9–18.

Hilberg, Raul, Die Vernichtung der europäischen Juden, Bd. 1, Frankfurt am Main 2016.

Hilberg, Raul, Unerbetene Erinnerung. Der Weg eines Holocaust-Forschers, Frankfurt am Main 1994.

Hilberg, Raul u. Söllner, Alfons, Das Schweigen zum Sprechen bringen. Ein Gespräch über Franz Neumann und die Entwicklung der Holocaust-Forschung. In: Zivilisationsbruch. Denken nach Auschwitz, hg. von Dan Diner, Frankfurt am Main 1988, S. 175–200.

Hirsch, Alfred, Der Dialog der Sprachen. Studien zum Sprach- und Übersetzungsdenken Walter Benjamins und Jacques Derridas, München 1995.

Hobson, Suzanne, Angels of Modernism. Religion, Culture, Aesthetics 1910–1960, Basingstoke 2011.

Hoch, Matthias, ‚Reinheit' und ‚Ordnung'. Leibliches und seelisches Dasein in den Schriften *de virginitate, vita Sanctae Macrinae, de anima et resurrectione, de hominis opificio* und *de oratio catechetica magna* des Gregor von Nyssa, Hamburg 2013.

Hörisch, Jochen, Vom Geheimnis zum Rätsel. Die offenbar geheimen und profan erleuchteten Namen Walter Benjamins. In: Schleier und Schwelle. Archäologie der literarischen Kommunikation V, Bd. 2: Geheimnis und Offenbarung, hg. v. Aleida Assmann u. Jan Assmann, München 1998, S. 161–178.

Hofmann, Michael, Im Zwielicht des Erlebnisses. Neuanfang und Abwehr von Verantwortung im Nachkrieg. Zu Hans Werner Richter. In: Literarischer Antisemitismus nach Auschwitz. Perspektiven der Forschung, hg. von Klaus-Michael Bogdal, Klaus Holz u. Matthias N. Lorenz, Stuttgart; Weimar 2007, S. 147–158.

Holz, Klaus, Die Paradoxie der Normalisierung. Drei Gegensatzpaare des Antisemitismus vor und nach Auschwitz. In: Literarischer Antisemitismus nach Auschwitz, hg. von Klaus-Michael Bogdal, Klaus Holz u. Matthias N. Lorenz, Stuttgart; Weimar 2007, S. 37–57.

Horn, Eva, Erlebnis und Trauma. Die narrative Konstruktion des Ereignisses in Psychiatrie und Kriegsroman. In: Modernität und Trauma. Beiträge zum Zeitenbruch des Ersten Weltkrieges, hg. von Inka Mülder-Bach, Wien 2000, S. 131–162.

Hüppauf, Bernd, Medien des Krieges. In: Erster Weltkrieg. Kulturwissenschaftliches Handbuch, hg. von Lars Koch, Stefan Kaufmann u. Niels Werber, Stuttgart; Weimar 2014, S. 311–340.

Huizinga, Johan, Homo Ludens. Vom Ursprung der Kultur im Spiel, Reinbek 1987.

Issler, Dani, „The World of Yesterday" versus „The Turning Point": Art and the Politics of Recollection in the Autobiographical Narratives of Stefan Zweig and Klaus Mann. In: Naharaim, 8/2, 2014, S. 210–226.

Ivanović, Christine, Masse. Medien. Mensch. Ilse Aichingers bioskopisches Schreiben. In: Geschichte und Medien bei Ilse Aichinger, hg. von Christine Ivanović u. Sugi Shindo, Tübingen 2011, S. 173–184.

Ivanović, Christine u. Shindo, Sugi, Geschichte und Medien bei Ilse Aichinger. In: Absprung zur Weiterbesinnung. Geschichte und Medien bei Ilse Aichinger, hg. von Christine Ivanović u. Sugi Shindo, Tübingen 2011, S. 7–12.
Jäger, Ludwig, Störung und Transparenz. Skizze zur performativen Logik des Medialen. In: Performativität und Medialität, hg. von Sybille Krämer, München 2004, S. 35–73.
Jaeger, Stephan, Theorie lyrischen Ausdrucks. Das unmarkierte Zwischen in Gedichten von Brentano, Eichendorff, Trakl und Rilke, München 2001.
Jakobson, Roman, Linguistik und Poetik. In: Jakobson, Ausgewählte Aufsätze 1921–1971, hg. von Elmar Holenstein u. Tarcisius Schelbert, Frankfurt am Main 1979, S. 83–120.
Jauß, Hans Robert, Ästhetische Erfahrung und literarische Hermeneutik, Frankfurt am Main 1982.
Joas, Hans, Im Bannkreis der Freiheit. Religionstheorie nach Hegel und Nietzsche, Berlin 2020.
Kambas, Chryssoula, Positionierung des Linksintellektuellen im Exil. In: Benjamin-Handbuch. Leben – Werk – Wirkung, hg. von Burkhardt Lindner, Stuttgart 2011, S. 420–436.
Kamper, Dietmar u. Wulf, Christoph, Einleitung. In: Das Heilige. Seine Spur in der Moderne, hg. von Dietmar Kamper u. Christoph Wulf, Frankfurt am Main 1987, S. 1–30.
Kapust, Antje, Der Krieg und der Ausfall der Sprache, München 2004.
Kaulen, Heinrich, Der Kritiker und die Öffentlichkeit. Wirkungsstrategien im Frühwerk und im Spätwerk Walter Benjamins. In: global benjamin, Bd. 2, hg. von Klaus Garber u. Ludger Rehm, München 1999, S. 918–942.
Kazmaier, Daniel, Kerscher, Julia u. Wotschal, Xenia, Warten als Kulturmuster – eine Einführung. In: Warten als Kulturmuster, hg. von Daniel Kazmaier, Julia Kerscher u. Xenia Wotschal, Würzburg 2016, S. 7–20.
Keck, Annette, Merkwürdiges Warten. Imre Kertész' Beitrag zu einer Poetik des Wartens zwischen Erinnern und Vergessen im ‚Roman eines Schicksallosen'. In: Überleben schreiben. Zur Autobiographie der Shoah, hg. von Manuela Günter, Würzburg 2002, S. 139–154.
Kemper, Dirk, Literatur und Religion. Von Vergil bis Dante. In: Ästhetik – Religion – Säkularisierung I. Von der Renaissance zur Romantik, hg. von Silvio Vietta u. Herbert Uerlings, München 2008, S. 37–53.
Khatib, Sami, „Teleologie ohne Endzweck". Walter Benjamins Ent-stellung des Messianischen, Marburg 2013.
Kiening, Christian, „Medialität in mediävistischer Perspektive". In: Poetica, 39, 2007, S. 285–352.
King, Martina, Pilger und Prophet. Heilige Autorschaft bei Rainer Maria Rilke, Göttingen 2009.
King, Martina, Säkularisierung und Re-Sakralisierung. Rainer Maria Rilke als poeta vates der Moderne. In: Ästhetik – Religion – Säkularisierung II. Die Klassische Moderne, hg. von Silvio Vietta u. Stephan Porombka, München 2009, S. 89–105.
Kletzin, Birgit, Europa aus Rasse und Raum. Die nationalsozialistische Idee der Neuen Ordnung, Münster 2000.
Klonaris, Maria u. Thomadaki, Katerina, Dem Geschlecht nicht unterworfen. Ein Manifest [Auszug]. In: Engel, :Engel. Legenden der Gegenwart, hg. von Cathrin Pichler, Wien 1997, S. 282–285.
Koch, Lars, Der Erste Weltkrieg als kulturelle Katharsis und literarisches Ereignis. In: Erster Weltkrieg. Kulturwissenschaftliches Handbuch, hg. von Lars Koch, Stefan Kaufmann u. Niels Werber, Stuttgart; Weimar 2014, S. 97–141.
Koch, Lars, Kaufmann, Stefan u. Werber, Niels: Der Erste Weltkrieg: Zäsuren und Kontinuitäten. In: Erster Weltkrieg. Kulturwissenschaftliches Handbuch, hg. von Lars Koch, Stefan Kaufmann u. Niels Werber, Stuttgart; Weimar 2014, S. 1–4.

Koch, Manfred, Rilkes Engel oder Der heilige Kampf um die Sprache. In: Ästhetische und religiöse Erfahrungen der Jahrhundertwenden, Bd. 2, hg. von Wolfgang Braungart, Gotthard Fuchs u. Manfred Koch, Paderborn u. a. 1998, S. 123–140.

Koebner, Thomas, Unbehauste. Zur deutschen Literatur in der Weimarer Republik, im Exil und in der Nachkriegszeit, München 1992.

Komfort-Hein, Susanne, „Vom Ende her und auf das Ende hin". Ilse Aichingers Ort des Poetischen jenseits einer ‚Stunde Null'. In: „Was wir einsetzen können, ist Nüchternheit". Zum Werk Ilse Aichingers, hg. von Britta Herrmann u. Barbara Thums, Würzburg 2001, S. 26–38.

Koschorke, Albrecht, ‚Säkularisierung' und ‚Wiederkehr der Religion'. Zu zwei Narrativen der europäischen Moderne. In: Moderne und Religion. Kontroversen um Modernität und Säkularisierung, hg. von Ulrich Willems, Detlef Pollack u. Helene Basu, Bielefeld 2013, S. 237–260.

Koschorke, Albrecht, Ähnlichkeit. Valenzen eines post-postkolonialen Konzepts. In: Ähnlichkeit. Ein kulturtheoretisches Paradigma, hg. von Anil Bhatti u. Dorothee Kimmich, Konstanz 2015, S. 35–45.

Krämer, Sybille, Was haben ‚Performativität' und ‚Medialität' miteinander zu tun? Plädoyer für eine in der ‚Aisthetisierung' gründende Konzeption des Performativen. Zur Einführung in diesen Band. In: Performativität und Medialität, hg. von Sybille Krämer, München 2004, S. 13–32.

Krajewski, Markus u. Maye, Harun, Was sind böse Bücher? In: Böse Bücher. Inkohärente Texte von der Renaissance bis zur Gegenwart, hg. von Markus Krajewski u. Harun Maye, Berlin 2019, S. 7–27.

LaCapra, Dominick, „Ausagieren" und „Durcharbeiten" des Traumas. In: Fragen zum Holocaust. Interviews mit prominenten Forschern und Denkern, hg. von Daniel Bankier, Göttingen 2006, S. 188–216.

Lachmann, Tobias, ‚Exil' als literarisches Projekt. Nomadische Diskursformen in Klaus Manns ‚Der Vulkan. Roman unter Emigranten'. In: Nomadische Existenzen. Vagabondage und Boheme in Literatur und Kultur des 20. Jahrhunderts, hg. von Walter Fähnders, Essen 2007, S. 75–101.

Lachmann, Tobias: Politische Schreib(-)Szene Exil. Zu Klaus Manns Emigrantenroman *Der Vulkan*. In: Die Schreibszene als politische Szene, hg. von Claas Morgenroth, Martin Stingelin u. Matthias Thiele, München 2012, S. 229–238.

Lang, Tilman, Mimetisches oder semiologisches Vermögen? Studien zu Walter Benjamins Begriff der Mimesis, Göttingen 1998.

Lehmann, Johannes Friedrich, Vom Fall des Menschen. Sexualität und Ästhetik bei J.M.R. Lenz und J.G. Herder. In: Die Grenzen des Menschen. Anthropologie und Ästhetik um 1800, hg. von Maximilian Bergengruen, Roland Bogards u. Johannes Friedrich Lehmann, Würzburg 2001, S. 17–35.

Lehmann, Volker, Der narrative Redetyp und seine Analyse. In: Textkohärenz und Narration. Untersuchungen russischer Texte des Realismus und der Moderne, hg. von Robert Hodel u. Volker Lehmann, Berlin 2008, S. 179–226.

Lenzen, Verena, Benjamins Engel. In: Verantwortung und Integrität heute. Theologische Ethik unter dem Anspruch der Redlichkeit, hg. von Jochen Sautermeister, Freiburg; Basel; Wien 2013, S. 437–454.

Lexer, Matthias, Mittelhochdeutsches Taschenwörterbuch, Leipzig 1992.

Lindner, Burkhardt, Zu Traditionskrise, Technik, Medien. In: Benjamin-Handbuch. Leben – Werk – Wirkung, hg. von Burkhardt Lindner, Stuttgart 2011, S. 451–464.
Löffler, Sigrid, Der Wandel der deutschen Holocaust-Literatur. In: Deutsche Welle, 26.01.2005 [https://www.dw.com/de/der-wandel-der-deutschen-holocaust-literatur/a-1468594].
Löwenstein, Sascha, Poetik und dichterisches Selbstverständnis. Eine Einführung in Rainer Maria Rilkes frühe Dichtungen (1884–1906), Würzburg 2004.
Löwenthal, Leo, Individuum und Terror. In: Zivilisationsbruch. Denken nach Auschwitz, hg. von Dan Diner, Frankfurt am Main 1988, S. 15–25.
Logemann, Cornelia, Allegorie im Atelier. Körperbilder in der amerikanischen Skulptur nach 1900. In: Körper-Ästhetiken. Allegorische Verkörperungen als ästhetisches Prinzip, hg. von Cornelia Logemann, Miriam Oesterreich u. Julia Rüthemann, Bielefeld 2013, S. 61–90.
Luhr, Geret, „was noch begraben lag". Zu Walter Benjamins Exil. Briefe und Dokumente, Berlin 2000.
Macho, Thomas, Himmlisches Geflügel. Beobachtungen zu einer Motivgeschichte der Engel. In: Engel, :Engel. Legenden der Gegenwart, hg. von Cathrin Pichler, Wien 1997, S. 83–100.
Magnússon, Gísli, Dichtung als Erfahrungsmetaphysik. Esoterische und okkultistische Modernität bei R. M. Rilke, Würzburg 2009.
Marchesoni, Stefano, Walter Benjamins Konzept des Eingedenkens. Über Genese, Stellung und Bedeutung eines ungebräuchlichen Begriffs in Benjamins Schriften, Trient; Berlin 2013.
Martin, Gehard Marcel, Der nackte Leib Christi. In: „Leiblichkeit ist das Ende der Werke Gottes". Körper – Leib – Praktische Theologie, hg. von Michael Klessmann u. Irmhild Liebau, Göttingen 1997, S. 101–111.
Marwell, David G., Unmasking the „Angel of Death", New York 2020.
Matala de Mazza, Ethel u. Pornschlegel, Clemens, Einleitung. In: Inszenierte Welt. Theatralität als Argument literarischer Texte, hg. von Ethel Matala de Mazza u. Clemens Pornschlegel, Freiburg im Breisgau 2003, S. 9–23.
Melzer, Max, Moment mal: Thronwagen oder Quadrocopter? In: theologiestudierende.de [https://www.theologiestudierende.de/2014/07/07/moment-mal-thronwagen-oder-quadrocopter/].
Menke, Bettine, Sprachfiguren. Name – Allegorie – Bild nach Benjamin, Weimar 2001.
Menninghaus, Winfried, Schwellenkunde. Walter Benjamins Passage des Mythos, Frankfurt am Main 1986.
Metzger, Martin, Die Paradieserzählung (Genesis 2,4b–3,24). Die Geschichte ihrer Auslegung von J. Clericus bis W.M.L. de Wette, Bonn 1959.
Morgenroth, Claas, Stingelin, Martin u. Thiele, Matthias, Politisches Schreiben. Einleitung. In: Die Schreibszene als politische Szene, hg. von Claas Morgenroth, Martin Stingelin u. Matthias Thiele, München 2012, S. 7–33.
Nagel, Alexander K., Ordnung im Chaos. Zur Systematik apokalyptischer Deutung. In: Apokalypse. Zur Soziologie und Geschichte religiöser Krisenrhetorik, hg. von Alexander K. Nagel, Bernd U. Schipper u. Ansgar Weymann, Frankfurt am Main 2008, S. 49–72.
Nagl-Docekal, Herta, Ist Geschichtsphilosophie heute noch möglich? In: Der Sinn des Historischen. Geschichtsphilosophische Debatten, hg. von Herta Nagl-Docekal, Frankfurt am Main 1996, S. 7–63.
Naumann, Uwe u. Töteberg, Michael, Vorwort. In: Mann, Zweimal Deutschland. Aufsätze, Reden, Kritiken 1938–1942, hg. von Uwe Naumann u. Michael Töteberg, Reinbek 1994, S. 9–15.

Nieberle, Sigrid, Ilse Aichinger im Kino des Verschwindens. In: „Was wir einsetzen können, ist Nüchternheit". Zum Werk Ilse Aichingers, hg. von Britta Herrmann u. Barbara Thums, Würzburg 2001, S. 127–146.
Oei, Bernd, Rilke und die Magie des Ortes, Berlin 2010.
Oldenburg, Leonie von, Moderne Esoterik am Beispiel von Engel-Orakel-Karten. Verwendung und Verfremdung religiöser Vorstellungen und Sujets, Tübingen 2016.
Pasewalck, Silke, „Die fünffingrige Hand". Die Bedeutung der sinnlichen Wahrnehmung beim späten Rilke, Berlin; New York 2002.
Pauen, Michael, Der Protest ist Schweigen. Zur Benjamin-Rezeption Th. W. Adornos. In: global benjamin, Bd. 3, hg. von Klaus Garber u. Ludger Rehm, München 1999, S. 1428–1452.
Pelinka, Anton u. Weinzierl, Erika, Das grosse Tabu. Österreichs Umgang mit seiner Vergangenheit, Wien 1997.
Peterson, Thomas, Heilige Nacht? Eine Dokumentation des Beitrags von Dr. Thomas Petersen in der Frankfurter Allgemeinen Zeitung Nr. 295 vom 20. Dezember 2017, Allensbach 2017 [https://www.ifd-allensbach.de/uploads/tx_reportsndocs/FAZ_Dezember2017_Christentum.pdf].
Pichler, Cathrin, :Engel :Engel. In: Engel, :Engel. Legenden der Gegenwart, hg. von Cathrin Pichler, Wien 1997, S. 69–81.
Pieper, Dietmar, „Der Himmel ist leer". In: Der Spiegel, 17, 2019, S. 40–48.
Pikulik, Lothar, Warten, Erwartung. Eine Lebensform in End- und Übergangszeiten. An Beispielen aus der Geistesgeschichte, Literatur und Kunst, Göttingen 1997.
Piontek, Slawomir, ‚Erben des Feuers'. Krieg, Nationalsozialismus und Identitätsfrage in den Nachkriegsromanen der österreichischen ‚jungen Generation', Poznań 2008.
Polaschegg, Andrea, (K)ein Anfang des Ganzen. Das skulpturale Werkkonzept der Klassik und seine Folgen für die Literaturwissenschaft. In: Konstellationen der Künste um 1800, hg. von Thorsten Valk u. Albert Meier, Berlin; Boston 2015, S. 99–124.
Polaschegg, Andrea, Literarisches Bibelwissen als Herausforderung für die Intertextualitätstheorie. Zum Beispiel: Maria Magdalena. In: Scientia Poetica, 11, 2007, S. 209–240.
Polaschegg, Andrea, Literatur auf einen Blick. Zur Schriftbildlichkeit der Lyrik. In: Schriftbildlichkeit. Wahrnehmbarkeit, Materialität und Operarativität, hg. von Sybille Krämer, Eva Cancik-Kirschbaum u. Rainer Totzke, Berlin 2012, S. 245–264.
Polaschegg, Andrea, Moses in Wonderland oder Warum Literatur (nicht) fetischisierbar ist. In: Der Code der Leidenschaften. Fetischismus in den Künsten, hg. von Hartmut Böhme u. Johannes Endreß, München 2010, S. 70–95.
Polaschegg, Andrea, Von der Vordertür des Paradieses. Kleists cherubinische Poetik. In: Deutsche Vierteljahrsschrift für Literaturwissenschaft und Geistesgeschichte, 87/4, 2013, S. 465–501.
Polaschegg, Andrea u. Weidner, Daniel, Bibel und Literatur. Topographie eines Spannungsfelds. In: Das Buch in den Büchern. Wechselwirkungen von Bibel und Literatur, hg. von Andrea Polaschegg u. Daniel Weidner, München 2012, S. 9–35.
Pollack, Detlef, Religion und Moderne: Theoretische Überlegungen und empirische Beobachtungen. In: Moderne und Religion. Kontroversen um Modernität und Säkularisierung, hg. von Detlef Pollack, Ulrike Spohn u. Thomas Gutmann, Bielefeld 2013, S. 293–329.
Pollack, Detlef, Spohn, Ulrike u. Gutmann, Thomas, Einleitung. In: Moderne und Religion. Kontroversen um Modernität und Säkularisierung, hg. von Detlef Pollack, Ulrike Spohn u. Thomas Gutmann, Bielefeld 2013, S. 9–23.

Porombka, Stephan, Turn on – tune in – drop out. Auf dem Weg zur säkular-sakralen Ästhetik der Netzkultur. In: Ästhetik – Religion – Säkularisierung II. Die Klassische Moderne, hg. von Silvio Vietta u. Stephan Porombka, München 2009, S. 265–279.

Proust, Françoise, Die verschlungene Zeit. Der Verlust der Erfahrung. In: Der Sinn des Historischen. Geschichtsphilosophische Debatten, hg. von Herta Nagl-Docekal, Frankfurt am Main 1996, S. 270–301.

Prümm, Karl, In der Hölle – im Paradies der Bilder. In: Mediengebrauch und Erfahrungswandel. Beiträge zur Kommunikationsgeschichte, hg. von Detlev Schöttker, Göttingen 2003, S. 142–156.

Pulz, Waltraud, Askese, Charisma oder Krankheit? Bedeutungen und Funktionen frühzeitlicher ‚Fastenwunder'. In: Askese. Geschlecht und Geschichte der Selbstdisziplinierung, hg. von Irmela Marei Krüger-Fürhoff u. Tanja Nusser, Bielefeld 2005, S. 43–54.

Raagaard, Ingrid, Ezechiel im Alten Testament. Sah ein biblischer Prophet ein Ufo? In: Bild, 11.03.2016 [https://www.bild.de/news/mystery-themen/mystery/ezechiel-und-das-ufo-44866142.bild.html].

Raddatz, Fritz J., Rainer Maria Rilke. Überzähliges Dasein. Eine Biographie, Hamburg 2016.

Radisch, Iris, Kitsch oder Weltliteratur? In: Die Zeit, 35, 2009 [https://www.zeit.de/2009/35/L-B-Mueller-Contra].

Raulet, Gérard, Allegorie und Moderne. In: global benjamin, Bd. 1, hg. von Klaus Garber u. Ludger Rehm, München 1999, S. 203–219.

Reich-Ranicki, Marcel, Schwermut und Schminke. In: Reich-Ranicki, Thomas Mann und die Seinen, München 2007, S. 323–348.

Reichensperger, Richard, Editorische Nachbemerkung. In: Aichinger, Der Gefesselte. Erzählungen (1948–1952), hg. von Richard Reichensperger, Frankfurt am Main 2016, S. 109–111.

Reichensperger, Richard, Editorische Nachbemerkung. In: Aichinger, Die größere Hoffnung, hg. von Richard Reichensperger, Frankfurt am Main 2016, S. 285–286.

Riedel, Wolfgang, Kommentar [Ästhetische Abhandlungen]. In: Schiller, Sämtliche Werke in fünf Bänden, Bd 5, hg. von Peter-André Alt, Albert Meier u. Wolfgang Riedel, München 2004, S. 1151–1341.

Riederer, Günter, Film und Geschichtswissenschaft. Zum aktuellen Verhältnis einer schwierigen Beziehung. In: Visual History. Ein Studienbuch, hg. von Gerhard Paul, Göttingen 2006, S. 96–113.

Rösch, Perdita, Die Hermeneutik des Boten. Der Engel als Denkfigur bei Paul Klee und Rainer Maria Rilke, München 2009.

Röttgers, Kurt, Die Physiologie der Engel. In: Engel in der Literatur-, Philosophie- und Kulturgeschichte, hg. von Monika Schmitz-Emans u. Kurt Röttgers, Essen 2004, S. 29–51.

Rosenberger, Nicole, Poetik des Ungefügten. Zur Darstellung von Krieg und Verfolgung in Ilse Aichingers Roman „Die größere Hoffnung", Wien 1998.

Ruh, Ulrich, Bleibende Ambivalenz. Säkularisierung/Säkularisation als geistesgeschichtliche Interpretationskategorie. In: Ästhetik – Religion – Säkularisierung I. Von der Renaissance zur Romantik, hg. von Silvio Vietta u. Herbert Uerlings, München 2008, S. 25–36.

Sagriotis, Georgios, Barbarians and Their Cult: On Walter Benjamin's Concept of New Barbarism. In: Thamyris/Intersecting: Place, Sex & Race, 29, 2015, S. 255–265.

Sauter, Caroline, Engel. Figuren der Sprache. In: Weimarer Beiträge, 4, 2014, S. 568–580.

Schäfer, Peter, Der göttliche Name. Geheimnis und Offenbarung in der Merkava-Mystik. In: Schleier und Schwelle. Archäologie der literarischen Kommunikation V, Bd. 2: Geheimnis und Offenbarung, hg. v. Aleida Assmann u. Jan Assmann, München 1998, S. 143–159.

Schafroth, Heinz F., Gespräche mit Ilse Aichinger. Meine Sprache und ich (1971). In: Ilse Aichinger, Materialien zu Leben und Werk, hg. von Samuel Moser, Frankfurt am Main 1990, S. 26–29.

Schart, Aaron, Der Engelglaube in der biblischen Tradition. Mit Ausblicken in die Religionsgeschichte. In: Die Wiederkunft der Engel. Beiträge zur Kunst und Kultur der Moderne, hg. von Markwart Herzog, Stuttgart 2000, S. 35–69.

Scheffel, Michael, Erzählen als anthropologische Universalie: Funktionen des Erzählens im Alltag und in der Literatur. In: Die Anthropologie der Literatur. Poetogene Strukturen und ästhetisch-soziale Handlungsfelder, hg. von Rüdiger Zymner u. Manfred Engel, Paderborn 2004, S. 121–138.

Scheunemann, Dietrich, Romankrise. Die Entstehungsgeschichte der modernen Romanpoetik in Deutschland, Heidelberg 1978.

Schildmann, Mareike, Poetik der Kindheit. Literatur und Wissen bei Robert Walser, Göttingen 2019.

Schmersahl, Peter, Mohn in der bildenden Kunst – Eine Pflanze zwischen Traum und Tod. In: Deutsche Apotheker Zeitung, 5, 2003, S. 45 [https://www.deutsche-apotheker-zeitung.de/daz-az/2003/daz-5-2003/ui-9092].

Schmider, Christine, Visionen der Askese. Orgiastisches Schreiben bei Gustave Flaubert. In: Askese. Geschlecht und Geschichte der Selbstdisziplinierung, hg. von Irmela Marei Krüger-Fürhoff u. Tanja Nusser, Bielefeld 2005, S. 116–132.

Schmider, Christine u. Werner, Michael, Das Baudelaire-Buch. In: Benjamin-Handbuch. Leben – Werk – Wirkung, hg. von Burkhardt Lindner, Stuttgart 2011, S. 567–584.

Schmidt, Arwed, Exilwelten der 30er Jahre. Untersuchungen zu Klaus Manns Emigrationsromanen ‚Flucht in den Norden' und ‚Der Vulkan. Roman unter Emigranten', Würzburg 2003.

Schmitz-Emans, Monika, Engel. Ein Steckbrief. In: Engel in der Literatur-, Philosophie- und Kulturgeschichte, hg. von Monika Schmitz-Emans u. Kurt Röttgers, Essen 2004, S. 10–28.

Schneider, Manfred, Aufzeichnungen. In: Benjamin-Handbuch. Leben – Werk – Wirkung, hg. von Burkhardt Lindner, Stuttgart 2011, S. 663–679.

Schneider, Manfred, Der Barbar. Endzeitstimmung und Kulturrecycling, München; Wien 1997.

Schnell, Ralf, Traditionalistische Konzepte. In: Literatur in der Bundesrepublik Deutschland bis 1967, hg. von Ludwig Fischer, München 1986, S. 214–299.

Schödlbauer, Ulrich, Rilkes Engel, Heidelberg 2002.

Schöttker, Detlev, Reduktion und Montage. Benjamin, Brecht und die konstruktivistische Avantgarde. In: global benjamin, Bd. 2, hg. von Klaus Garber u. Ludger Rehm, München 1999, S. 745–773.

Scholem, Gershom, Die geheimen Namen Walter Benjamins (1978). In: Walter Benjamin und sein Engel. Vierzehn Aufsätze und kleine Beiträge, hg. von Rolf Tiedemann, Frankfurt am Main 1983, S. 73–77.

Scholem, Gershom, Walter Benjamin und sein Engel. In: Zur Aktualität Walter Benjamins, hg. von Siegfried Unseld, Frankfurt am Main 1972, S. 87–138.

Schramm, Helmar, Theatralität. In: Ästhetische Grundbegriffe, Bd. 6, hg. von Karlheinz Barck, Martin Fontius u. Dieter Schlenstedt, Stuttgart; Weimar 2010, S. 48–73.

Schröder, Christoph, Wieder und immer der Hunger. In: taz am Wochenende, 22.08.2009, S. 24 [https://taz.de/!601047/].

Schulze, Karin, „Ein luftiger Austausch". Das implizite Wissen vom Subjekt in den „Duineser Elegien" Rainer Maria Rilkes, Frankfurt am Main u. a. 1988.

Schwarz, Egon, Das verschluckte Schluchzen. Poesie und Politik bei Rainer Maria Rilke. In: „Ich bin kein Freund allgemeiner Urteile über ganze Völker". Essays über österreichische, deutsche und jüdische Literatur, hg. von Dietmar Goltschnigg u. Hartmut Steinecke, Berlin 2000, S. 176–194.

Schweppenhäuser, Hermann, Physiognomie eines Physiognomikers. In: Zur Aktualität Walter Benjamins, hg. von Siegfried Unseld, Frankfurt am Main 1972, S. 139–171.

Schwinges, Rainer Christoph, Wider Heiden und Dämonen – Mission im Mittelalter. In: Engel, Teufel und Dämonen. Einblicke in die Geisterwelt des Mittelalters, hg. von Hubert Herkommer u. Rainer Christoph Schwinges, Basel 2006, S. 9–32.

Seidler, Miriam, „Sind wir denn noch Kinder?". Untersuchungen zur Kinderperspektive in Ilse Aichingers Roman „Die größere Hoffnung" unter Einbeziehung des Fassungsvergleichs, Frankfurt am Main 2004.

Shahar, Galili, In the Name of the Devil: Reading Walter Benjamin's „Agesilaus Santander". In: Secularism in Question. Jews and Judaism in Modern Times, hg. von Ari Joskowicz u. Ethan B. Katz, Philadelphia 2015, S. 98–114.

Sheehan, Jonathan, The Enlightenment Bible. Translation, Scholarship, Culture, Princeton 2005.

Sieg, Christian, Die ‚engagierte Literatur' und die Religion. Politische Autorschaft im literarischen Feld zwischen 1945 und 1990, Berlin 2017.

Stahl, August, Kommentar [Geschichten vom lieben Gott]. In: Rilke, Kommentierte Ausgabe in vier Bänden, Bd. 3, hg. von August Stahl, Frankfurt am Main; Leipzig 1996, S. 848–858.

Steinecke, Hartmut, „Atemschaukel". In: Herta-Müller-Handbuch, hg. von Norbert Otto Eke, Stuttgart 2017, S. 59–67.

Stephens, Anthony, Duineser Elegien. In: Rilke-Handbuch. Leben – Werk – Wirkung, hg. von Manfred Engel, Stuttgart; Weimar 2013, S. 365–384.

Stettler, Luzia, „Stummheit immer wieder in Schweigen zu übersetzen, das ist die Aufgabe des Schreibens". In: Ilse Aichinger. Materialien zu Leben und Werk, hg. von Samuel Moser, Frankfurt am Main 1990, S. 36–40.

Stiegler, Bernd, Die Aufgabe des Namens. Untersuchungen zur Funktion der Eigennamen in der Literatur des 20. Jahrhunderts, München 1994.

Stiegler, Bernd, Objektives Sehen und subjektiver Blick. Zur Theorie der Fotografie in den zwanziger Jahre. In: Mediengebrauch und Erfahrungswandel. Beiträge zur Kommunikationsgeschichte, hg. von Detlev Schöttker, Göttingen 2003, S. 157–169.

Stöckmann, Ingo, Erkenntnislogik und Narrativik der Moderne. Einige Bemerkungen zu Anke-Marie Lohmeiers Aufsatz „Was ist eigentlich modern?" und Thomas Anz' Kritik. In: Internationales Archiv für Sozialgeschichte der deutschen Literatur 34, 2009, S. 221–234.

Stone, Dan, The Harmony of Barbarism: Locating the Scrolls of Auschwitz in Holocaust Historiography. In: Representing Auschwitz. At the Margins of Testimony, hg. von Nicholas Chare u. Dominic Williams, Basingstoke 2013, S. 11–32.

Storck, Joachim W., Politisches Bewußtsein bei Rilke. In: Rilke, Briefe zur Politik, hg. von Joachim W. Storck, Frankfurt am Main; Leipzig 1992, S. 697–725.

Strohmeyer, Armin, Traum und Trauma. Der androgyne Geschwisterkomplex im Werk Klaus Manns, Augsburg 1997.

Swiderski, Carla, Über das „Quallenschwein". Mensch/Tier-Konstellationen in Oskar Maria Grafs Exilroman *Die Flucht ins Mittelmäßige*. In: Exil Lektüren. Studien zu Literatur und Theorie, hg. von Doerte Bischoff, Miriam N. Reinhard u. Claudia Röser, Berlin 2014, S. 92–99.

Theel, Robert, „Analphabet des Unheils". Rilke, der Krieg, die „poetische Mobilmachung" und der Cornet. In: Blätter der Rilke-Gesellschaft, 20, 1993, S. 87–114.
Thiel, Marlis, Klaus Mann. Die Sucht, die Kunst und die Politik, Pfaffenweiler 1998.
Thielen, Helmut, Eingedenken. Walter Benjamins theologischer Materialismus. In: global benjamin, Bd. 3, hg. von Klaus Garber u. Ludger Rehm, München 1999, S. 1371–1409.
Thomä, Dieter, Benjamin, Wittgenstein. Schwierigkeiten beim Philosophieren gegen den Fortschritt. In: global benjamin, Bd. 2, hg. von Klaus Garber u. Ludger Rehm, München 1999, S. 1229–1250.
Thomä, Dieter, Kaufmann, Vincent u. Schmid, Ulrich, Walter Benjamin, Der heiße und der kalte Erzähler. In: Der Einfall des Lebens. Theorie als geheime Autobiographie, München 2015, S. 76–88.
Thums, Barbara, „Den Ankünften nicht glauben wahr sind die Abschiede". Mythos, Gedächtnis und Mystik in der Prosa Ilse Aichingers, Freiburg im Breisgau 2000.
Thums, Barbara, Engelsfigurationen in der Literatur der Moderne. In: Himmlisch, irdisch, höllisch. Religiöse und anthropologische Annäherungen an eine historische Ästhetik, hg. von Olivia Kobiela u. Lena Zschunke, Würzburg 2019, S. 205–221.
Thums, Barbara, Im Zweifel für die Reste: Lumpensammler und andere Archivisten der Moderne. In: Sprachen des Sammelns. Literatur als Medium und Reflexionsform des Sammelns, hg. von Sarah Schmidt, Paderborn 2016, S. 545–559.
Thums, Barbara, Kracauer und die Detektive: Denk-Räume einer ‚Theologie im Profanen'. In: Deutsche Vierteljahrsschrift für Literaturwissenschaft und Geistesgeschichte, 84/3, 2010, S. 390–406.
Thums, Barbara, Zumutungen, Ent-Ortungen, Grenzen: Ilse Aichingers Poetik des Exils. In: Literatur und Exil. Neue Perspektiven, hg. von Doerte Bischoff u. Susanne Komfort-Hein, Berlin 2013, S. 183–209.
Thurner, Christina, Der andere Ort des Erzählens. Exil und Utopie in der Literatur deutscher Emigrantinnen und Emigranten 1933–1945, Köln 2003.
Tiedemann, Rolf u. Schweppenhäuser, Hermann, Anmerkungen [Lehre vom Ähnlichen, Über das mimetische Vermögen]. In: Benjamin, Gesammelte Werke, Bd. II.2, hg. von Rolf Tiedemann u. Hermann Schweppenhäuser, Frankfurt am Main 1991, S. 950–960.
Tiedemann, Rolf u. Schweppenhäuser, Hermann, Aufzeichnungen 1933–1939 [Agesilaus Santander]. In: Benjamin, Gesammelte Schriften, Bd. VI, hg. v. Rolf Tiedemann u. Hermann Schweppenhäuser, Frankfurt am Main 1991, S. 808–815.
Timm, Hermann, Dichtung des Anfangs. Die religiösen Protofiktionen der Goethezeit, München 1996.
Treml, Martin u. Weidner, Daniel, Zur Aktualität der Religionen. Einleitung. In: Nachleben der Religionen. Kulturwissenschaftliche Untersuchungen zur Dialektik der Säkularisierung, hg. von Martin Treml u. Daniel Weidner, München 2007, S. 7–22.
Ulbricht, Justus H., „Transzendentale Obdachlosigkeit". Ästhetik, Religion und „neue soziale Bewegungen" um 1900. In: Ästhetische und religiöse Erfahrungen der Jahrhundertwenden, Bd. 2, hg. von Wolfgang Braungart, Gotthard Fuchs u. Manfred Koch, Paderborn u. a. 1998, S. 47–67.
Utsch, Susanne, Sprachwechsel im Exil. Die „linguistische Metamorphose" von Klaus Mann, Köln; Weimar; Wien 2007.
Vietta, Silvio, Zweideutigkeit der Moderne: Nietzsches Kulturkritik, Expressionismus und literarische Moderne. In: Die Modernität des Expressionismus, hg. von Thomas Anz u. Michael Stark, Stuttgart; Weimar 1994, S. 9–20.

Vietta, Silvio u. Uerlings, Herbert, Einleitung: Ästhetik – Religion – Säkularisierung. In: Ästhetik – Religion – Säkularisierung I. Von der Renaissance zur Romantik, hg. von Silvio Vietta u. Herbert Uerlings, München 2008, S. 7–23.
Voigts, Manfred, Thesen zum Verhältnis von Aufklärung und Geheimnis. In: Schleier und Schwelle. Archäologie der literarischen Kommunikation V, Bd. 2: Geheimnis und Offenbarung, hg. von Aleida Assmann u. Jan Assmann, München 1998, S. 65–80.
Volz, Gunter, Sehnsucht nach dem ganz anderen. Religion und Ich-Suche am Beispiel von Klaus Mann, Frankfurt am Main 1994.
Vondung, Klaus, Die Faszination der Apokalypse. In: Apokalypse. Zur Soziologie und Geschichte religiöser Krisenrhetorik, hg. von Alexander K. Nagel, Bernd U. Schipper u. Ansgar Weymann, Frankfurt am Main 2008, S. 177–196.
Wacker, Gabriela, Poetik des Prophetischen. Zum visionären Kunstverständnis in der klassischen Moderne, Berlin; Boston 2013.
Wagner-Egelhaaf, Martina, Entangled. Interdisziplinäre Modernen. Eine literaturwissenschaftliche Moderation. In: Moderne und Religion. Kontroversen um Modernität und Säkularisierung, hg. von Ulrich Willems, Detlef Pollack u. Helene Basu, Bielefeld 2013, S. 203–234.
Waldow, Stephanie, Der Mythos der reinen Sprache. Walter Benjamin, Ernst Cassirer, Hans Blumenberg. Allegorische Intertextualität als Erinnerungsschreiben der Moderne, München 2006.
Weidner, Daniel, Religious turns, heute und damals. Giorgio Agamben liest Kafka – anders als Theodor W. Adorno, Gershom Scholem und Walter Benjamin [http://www.literaturkritik.de/public/rezension.php?rez_id=17298&ausgabe=201211].
Weidner, Daniel, Thinking Beyond Secularization: Walter Benjamin, the „Religious Turn", and the Poetics of Theory. In: New German Critique, 111, 2010, S. 131–148.
Weigel, Sigrid, Die Grammatologie der Bilder, Berlin 2015.
Weigel, Sigrid, Die Vermessung der Engel. Bilder an Schnittpunkten von Kunst, Poesie und Naturwissenschaften in der Dialektik der Säkularisierung. In: Zeitschrift für Kunstgeschichte, 70, 2007, S. 237–262.
Weigel, Sigrid, Entstellte Ähnlichkeit. Walter Benjamins theoretische Schreibweise, Frankfurt am Main 1997.
Weigel, Sigrid, Schauplätze, Figuren, Umformungen. Zu Kontinuitäten und Unterscheidungen von Märtyrerkulturen. In: Märtyrer-Porträts. Von Opfertod, Blutzeugen und heiligen Kriegern, hg. von Sigrid Weigel, Berlin 2007, S. 11–38.
Weigel, Sigrid, Walter Benjamin. Die Kreatur, das Heilige, die Bilder, Frankfurt am Main 2008.
Weigel, Sigrid u. Erdle, Birgit, Vorwort. In: Fünfzig Jahre danach. Zur Nachgeschichte des Nationalsozialismus, hg. von Sigrid Weigel u. Birgit Erdle, Zürich 1996, S. IX–XII.
Welbers, Ulrich, Sprachpassagen. Walter Benjamins verborgene Sprachwissenschaft, München; Paderborn 2009.
Wende, Waltraud, Einen Nullpunkt hat es nie gegeben. Schriftsteller zwischen Neuanfang und Restauration – oder: Kontinuitäten bildungsbürgerlicher Deutungsmuster in der unmittelbaren Nachkriegsära. In: Die janusköpfigen 50er Jahre. Kulturelle Moderne und bildungsbürgerliche Semantik, hg. von Georg Bollenbeck u. Gerhard Kaiser, Wiesbaden 2000, S. 17–29.
Werckmeister, Otto Karl, Benjamins „Engel der Geschichte" oder Die Läuterung des Revolutionäres zum Historiker. In: global benjamin, Bd. 1, hg. von Klaus Garber u. Ludger Rehm, München 1999, S. 597–624.

Weymann, Ansgar, Gesellschaft und Apokalypse. In: Apokalypse. Zur Soziologie und Geschichte religiöser Krisenrhetorik, hg. von Alexander K. Nagel, Bernd U. Schipper u. Ansgar Weymann, Frankfurt am Main 2008, S. 13–48.

White, Hayden, Historical Emplotment and the Problem of Truth. In: Probing the Limits of Representation. Nazism and the „Final Solution", hg. von Saul Friedländer, Cambridge 1992, S. 37–53.

Wilde, Marc de, Meeting Opposites: The Political Theologies of Walter Benjamin and Carl Schmitt. In: Philosophy & Rhetoric, 44/4, 2011, S. 363–381.

Wotschal, Xenia, Schreiben und Reisen über Gattungsgrenzen hinweg. Gattungsmischung und -bildung bei Rolf Dieter Brinkmann, Ilse Aichinger und Herta Müller, Heidelberg 2018.

Zangl, Veronika, Poetik nach dem Holocaust. Erinnerungen, Tatsachen, Geschichten, München 2009.

Ziolkowski, Theodore, Mythologisierte Gegenwart. Deutsches Erleben seit 1933 in antikem Gewand, Paderborn; München 2008.

Zschunke, Lena, „Leidend und liebend verwandelt sich der Mensch". Ästhetische Strategien der Angelisierung in Klaus Manns *Der Vulkan*. In: Himmlisch, irdisch, höllisch. Religiöse und anthropologische Annäherungen an eine historische Ästhetik, hg. von Olivia Kobiela u. Lena Zschunke, Würzburg 2019, S. 253–291.

Zweig, Stefan, Abschied von Rilke. Rede im Rahmen einer Gedächtnisfeier am 20. Februar 1927, gehalten im Staatstheater München. In: Rainer Maria Rilke und Stefan Zweig in Briefen und Dokumenten, hg. von Donald A. Prater, Frankfurt am Main 1987, S. 113–129.

Zymner, Rüdiger u. Engel, Manfred, Nichtkunst und Dichtkunst. In: Die Anthropologie der Literatur. Poetogene Strukturen und ästhetisch-soziale Handlungsfelder, hg. von Rüdiger Zymner u. Manfred Engel, Paderborn 2004, S. 7–10.

Personenregister

Adorno, Theodor W. 69, 141, 181, 293, 355–356
Agamben, Giorgio 1, 7, 12, 18–19, 27–29, 31–32, 52, 59, 160, 219, 221, 245, 293, 295, 362
Aichinger, Ilse 15–16, 32, 70, 285–288, 295–300, 303, 307, 309–310, 313–314, 319, 326, 341–342, 347, 354, 357–358, 361, 365–366, 368, 382–383, 386–387, 395
Arendt, Hannah 215, 231–232, 262
Athanasius 13
Augustinus 39, 43–44, 266

Barthes, Roland 86, 140, 170
Basilius von Caesarea 43, 46, 48–49
Baudelaire, Charles 11, 88, 149
Bauman, Zygmunt 31
Benjamin, Walter 13, 18, 15–16, 32, 70, 149–160, 162, 164, 166, 168–184, 187–188, 190–195, 198–201, 203–216, 218–228, 230, 232–234, 242, 248, 264, 275, 299–300, 309, 318, 336, 340, 349, 357–360, 364–365, 368, 375–379, 390, 395
Blumenberg, Hans 183
Brecht, Bertolt 206, 364–365, 367, 386

Douglas, Mary 34–35, 43, 47–48, 61

Fechner, Gustav Theodor 332, 336
Feuchtwanger, Lion 245
Foucault, Michel 187, 248
Freud, Sigmund 67, 247, 250

Habermas, Jürgen 64
Hegel, Georg Wilhelm Friedrich 6
Horkheimer, Max 69, 114

Jakobson, Roman 6

Kant, Immanuel 29–31, 55
Kleist, Heinrich von 77, 208
Kracauer, Siegfried 9, 66–67, 184–186, 212

Lanzmann, Claude 356
Levi, Primo 292
Luther, Martin 3, 348

Mann, Klaus 15–16, 32, 42, 70, 230–241, 245, 247, 253, 257, 264, 269–270, 276–280, 282, 284, 345–346, 368, 379, 383, 391, 395
Mann, Thomas 277, 282
Müller, Herta 386, 388

Nancy, Jean-Luc 306, 334
Nietzsche, Friedrich 62, 66, 243, 262, 321, 360

Origenes 24–26, 29, 40, 52, 219
Otto, Rudolf 55, 259

Pico della Mirandola, Giovanni 49
Pseudo-Dionysius Areopagita 23–24, 26, 29, 32–33, 35, 37, 50, 53–54, 113, 188

Rancière, Jacques 361–362, 364, 367
Richter, Hans Werner 288–289, 294, 297, 299, 382
Rilke, Rainer Maria 8, 11, 15–16, 18, 32, 70, 72–81, 87–95, 97–106, 114, 119–125, 128–135, 139–140, 142–143, 145, 147, 149–151, 180, 184, 224, 234, 248, 285, 309, 346, 368, 371–375, 377, 379, 395

Said, Edward 10, 266
Schiller, Friedrich 239–240, 262, 342, 355

Scholem, Gershom 152, 154–155, 158, 163, 168–169, 191–192, 195, 219, 223, 376
Seghers, Anna 298
Serres, Michel 11, 58–59, 106, 108

Thomas von Aquin 22, 24–26, 28–29, 32–34, 38, 56–57
Trakl, Georg 8
Twesten, August 22–23

www.ingramcontent.com/pod-product-compliance
Lightning Source LLC
Chambersburg PA
CBHW052055230426
43662CB00037B/1802